人民文学出版社

高洪雷 著

另一半中国史

图书在版编目(CIP)数据

另一半中国史/高洪雷著.—北京：人民文学出版社,2015（2025.4重印）
ISBN 978-7-02-010944-9

Ⅰ.①另… Ⅱ.①高… Ⅲ.①少数民族—民族历史—中国 Ⅳ.①K28

中国版本图书馆 CIP 数据核字(2015)第 101163 号

责任编辑　付如初
装帧设计　黄云香
责任校对　刘晓强
责任印制　王重艺

出版发行　人民文学出版社
社　　址　北京市朝内大街 166 号
邮政编码　100705

印　　刷　三河市宏盛印务有限公司
经　　销　全国新华书店等
字　　数　537 千字
开　　本　680 毫米×1000 毫米　1/16
印　　张　30.5　插页 3
印　　数　108001—112000
版　　次　2015 年 9 月北京第 1 版
印　　次　2025 年 4 月第 24 次印刷

书　　号　978-7-02-010944-9
定　　价　58.00 元

如有印装质量问题，请与本社图书销售中心调换。电话：010-65233595

目　　录

引　子 ·· 1

第一章　匈奴——第一个胡人的故事 ··· 1
　　　　正如高耸的喜马拉雅山挡不住探险者一样,人工砌起的长城怎能挡得住入侵者的云梯？况且为了完成这一巨大的工程耗费了无数的生命和财富,以致人们将战国初年的孟姜女与百年后的秦始皇联系起来,演绎出孟姜女哭长城的离奇故事……

第二章　乌桓与鲜卑——前赴后继的东胡兄弟 ································· 43
　　　　历史是一种精神和力量的链接,不管做了多少糊涂事,不管屈死了多少含恨的鬼,地球总还是拿一个白天去交换一个白天。只要天不塌,地不陷,人们就得顽强地生存下去。万般无奈之下,东胡人分两路退走,退居乌桓山的一支称"乌桓";退居鲜卑山的一支称"鲜卑"……

第三章　柔然——昙花一现的游牧帝国 ·· 82
　　　　乌桓和鲜卑相继南下后,一个名叫柔然的帝国在辽阔的蒙古草原上开出了繁花,美丽而灿然。然而笔者参观内蒙古历史博物馆时,竟找不到有关他的任何文字……

第四章　白匈奴——真的是匈奴吗 ·· 96
　　　　匈奴人和大月氏人的混血儿我们既不能称他"匈奴",也不能称他"大月氏",只好给他起个新的名字:哎哒或者白匈奴……

第五章　突厥——从大草原走向东罗马 ··· 103
　　　　尽管各个原始部落迁徙的历史久远而迷离,故乡只是各个民族迁徙的最后一个站点,但毫无疑问的是土耳其人的祖先突厥人发迹和得名的地方就是今日新疆的阿尔泰山……

第六章　回鹘——大唐帝国的亲密兄弟 ··· 134
　　　　云对着池塘自我欣赏时永远是苍白的,当它去歌颂太阳时自己已光辉灿烂了。在大唐的呵护下,回纥在突厥故地建立起了东起室韦、西至金山、南控大漠的草原汗国……

第七章　乌古斯——回鹘的孪生姐妹 ………………………………… 155
　　　　以爷爷之名命名其国的图格里尔，既是塞尔柱帝国的创立者，又是帝国疆域的开拓者。他于1043年灭掉了伽色尼王朝的附庸花剌子模，又于1059年迫使伽色尼王朝退出河中，硬是在虎狼出没的猎场里圈出了一片天地。仿佛，我又在叙说一个中亚版越王句践的故事……

第八章　黠戛斯——凌空翱翔的帕米尔雄鹰 ……………………… 166
　　　　也许为了洗去满身的晦气，到了唐代，契骨取了一个诗意的名字——黠戛斯，"黠"意为40，"戛斯"意为姑娘，"黠戛斯"显然是指40个如花似玉的姑娘。据说最初有40名汉女嫁给了契骨男子，黠戛斯因此得名。读到这里，你还对黠戛斯女人个个天生丽质有所怀疑吗？

第九章　契丹——风云一时的大辽国 ………………………………… 178
　　　　从此，契丹名声大振，以致当时许多欧洲大陆国家只知契丹，不知中国。在包括俄罗斯在内的整个斯拉夫语世界中，至今还用"契丹"来称呼中国……

第十章　靺鞨——从白山黑水走来 …………………………………… 196
　　　　渤海依然在，美景尚可歌。但作为一个独立国家，它的生命终止了。从此，这个世界文明的一大中心变成了一片广袤的荒野，只剩下以渤海国命名的渤海湾挥泪叙说着一个昔日繁荣的故事……

第十一章　朝鲜族——傲雪迎春的金达莱 …………………………… 236
　　　　无数的抗联烈士已经长眠，他们却向死而生。当逝去的生命被纳入漆黑的彼岸，灵魂却结晶成雪白的燧石。被追忆和崇敬所激活的火花，与我们鲜活的生命同在……

第十二章　蒙古——席卷欧亚的黄色狂飙 …………………………… 255
　　　　每个人的心中都有一个舞台，心有多大，舞台就有多大。蒙古人关于"天下"的概念，远远超过了汉唐以及任何其他中国政权所能梦想到的范围。成吉思汗没有满足在中亚和印度取得的惊人胜利，转而"西北望，射天狼"，大举进军高加索……

第十三章　鞑靼——塔塔尔族的先人 ………………………………… 297
　　　　塔塔尔人跟随成吉思汗参加了史诗般的西征，15万蒙古铁蹄横扫欧亚大陆，成为西方人挥之不去的黄色噩梦。从此，金帐汗国统治下的鞑靼人、蒙古人、伏尔加——保加尔人、钦察人等被西方统称为鞑靼。也就是这一原因，这笔血债被西方史学家记在了鞑靼账上……

第十四章　吐蕃——盛开在雪域的格桑花 …………………… 303

　　真正的爱情如象征着爱与吉祥的格桑花，越是生长在贫瘠的高原上，越是令人赏心悦目。从此，一个固定的爱情词组——"松赞干布和文成公主"，像中国神话传说中的"牛郎织女"一样，在中国漫长而纷繁的历史银河中永恒地闪烁……

第十五章　羌——西部牧羊人 …………………………………… 326

　　牧羊人是汉人的祖先吗？当我提出这个令人震惊的问题时，也许每一个汉族读者都想抽我的嘴巴，但职业敏感告诉我，我还没有发烧烧到胡说八道的地步……

第十六章　氐——兵败淝水的历史童话 ……………………… 346

　　前秦大军像一片卷动的乌云，扑向天光灿烂的东晋天空，去做统一中国的最后冲刺……

第十七章　月氏——印欧人伸向东方的箭头 ………………… 361

　　当张骞到达大月氏时，大月氏王已死，王后当政，已在中亚安居乐业的大月氏人已经摆脱了血腥而残酷的梦魇，不想再与凶悍的匈奴厮杀。难道那里真有一种忘忧草，抚平了他们昔日的伤疤吗？张骞不信……

第十八章　乌孙——名副其实的"流浪汉" …………………… 384

　　不信请做个试验，如果让一个人一生就住在一个地方，他(或她)能接受得了吗？如果硬要其接受的话，那个地方只有监狱。从这个意义上说，世界上的每一个民族都是"哈萨克"……

第十九章　回族——千年商海的弄潮儿 ……………………… 397

　　一粒沙，再加一粒沙，不停地加下去，就成了沙漠。一个人，再加一个人，不停地加下去，就成了一个族群……

第二十章　越人——从句践"卧薪尝胆"说起 ………………… 412

　　一方卧薪尝胆，另一方却歌舞升平。在风景秀丽的灵岩山，夫差建造了金碧辉煌的馆娃宫，也就是今天所谓的"美女集中营"，作为自己与比香香不语、比玉玉无瑕的越女们调情嬉戏的地方……

第二十一章　西南夷——大理国的另类传奇 ………………… 441

　　种下希望，收获的却是沮丧。一天，唐朝皇帝的脸上布满了阴云，因为南方传来消息，羽翼丰满的南诏不再听从唐朝调遣，而且与同属藏缅语系的吐蕃结成了兄弟之邦,上演了三国时代刘备联吴抗曹的精彩一幕……

第二十二章　濮人——被历史冤屈的夜郎王 ················· **457**
　　　　　　古人之所以把具有贬义的成语加在夜郎王身上传扬,不过因为夜郎国比滇国名气大罢了,就如同我们吓唬小孩用阎王比用小鬼更有作用一样……

第二十三章　楼兰——沉睡千年的绿洲神话 ················· **468**
　　　　　　白面书生李白也在《塞下曲》中高喊:"愿将腰下剑,直为斩楼兰!"其实真实的楼兰已经消失上百年了,因为古楼兰名气很大的缘故,唐代的"楼兰"也就成了西部边关民族的代号……

后记 ··· **478**

中国古代少数民族历史脉络图

引 子

迄今被我们称作"中国史"的只能算是半个中国的历史,历史学家们所记录的大多是中原王朝的兴衰荣辱,各少数民族即便偶然被提起,也不过是因为与中原王朝的瓜葛而被迫匆匆地一笔带过。因此,在历史资料匮乏的情况下,专门讲述传统中国边缘地带各少数民族的历史,无异于和"正统"的历史学家们较劲,困难程度恰如让一名小学生端坐在书桌前读博大精深的《易经》。

对此,我并不后悔。

因为多年前就有一些年轻人问我:丝绸之路上的绿洲城邦为何消失了?譬如乌孙、月氏(ròu zhī)、楼兰。如日中天的草原帝国为何远去了?譬如匈奴、柔然、突厥。逐鹿中原的游牧部落是怎样被融合的?譬如鲜卑、羯(jié)人、氐(dī)人、羌人。星光闪烁的南方诸侯是否还有后裔?譬如越国、夜郎、南诏、大理。

从此,我开始进入尘封的民族宫殿,仔细翻阅泛黄的古代典籍,艰难追寻游牧部落的神秘踪迹,着手创作这部50余万字的中国少数民族史话。

它没有断代史的宏伟,也没有编年史的缜密,最多算是各个边关部落历史溪流中叮咚流淌的传奇故事,而且我告诉大家其实都已经发生过并且被人们不止一次地叙述过。稍显不同的是,通过追踪求源,使模糊的民族渊源变得明晰;通过归纳整理,使残缺的民族记忆变得系统;通过剖析思辨,使单调乏味的历史事件变得生动。

如果你有兴趣读它,如今中国55个少数民族的来龙去脉都可以从中找到答案。

那就让我们穿越"秦时明月汉时关",进入翱翔着雄鹰、奔驰着骏马、镶嵌着穹庐的茫茫大漠——中国第一个胡人的精神家园。

第 一 章
匈奴——第一个胡人的故事

> 胡:任意,不守规矩。如胡乱、胡闹、胡搅、胡诌、胡思乱想、胡说八道。①

一、为什么被称为"胡"

这是一个像秦始皇的身世一样古老的疑问。

但信言不美,真水无香,其答案既不神秘,也不浪漫,更不复杂。要揭开谜底,还需要从他们所处的地理环境和与之相适应的民族心理特征着眼。

诞生于今内蒙古河套及大青山一带的匈奴,作为一个典型的游牧部落,早期一直踏着季节的鼓点追逐着肥嫩的水草而迁徙。这种随时开拔、来回游荡的日子,造就了他们全民皆兵和擅长游击的典型特征。

令人恐怖的是,匈奴军团从不将战利品收归国库。一场战争下来,不仅战俘成为参战者的奴隶,劫掠的财物归参战者所有,而且斩首一颗要赏酒一卮(zhī)②,这就为匈奴骑士投入战争提供了充足的燃料和持续的动力。于是,匈奴人以嗜杀和痛饮为人生之乐,马背上的生活就剩下简简单单的两件事:扬鞭放牧、挥刀杀戮。前者是物质需要,后者是精神追求。

更为残酷的是,从东北到西南的一条400毫米年等降水量线③,沿大兴安岭、阴山、贺兰山、冈底斯山将中国分割为季风区(受夏季风影响的区域)和非季风区。季风区年平均降雨在400毫米以上,适宜种田;非季风区属温带大陆性气候,干燥多风,只能放牧。气候干旱、牧草枯萎的年份,非季风区马背上的窃掠者就不由自主地打算袭取季风区通常有半年积蓄的种田人。零星的袭击渐渐扩大为战争,防守者则企图报复,有时也全面出击以图先发制人。这一根

---

① 见《辞海》,上海辞书出版社1999年版。
② 古代盛酒的器皿。
③ 这是中国地理课本的说法,史学家黄仁宇则认为"15英寸等雨线与长城走向基本一致"。

本原因导致塞外的牧人与关内的农民沿长城开始了连亘两千年的血腥战争。试想,如果在草原上能够丰衣足食,他们何必冒着生命危险和恶劣的名声到别人的地盘上偷鸡摸狗呢?

正是这一"不得不"的缘由,使得草原民族受到了中原人长达千年的鄙视和诋毁,被具有文字发明权和史书编写权的中原官僚文人冠以侮辱性的名字。其名称里大多有"犭"旁,就是铁证。

匈奴人在远古时期被中国史书称为"荤粥"(xūn yù)①,因为越界抢劫被中原部落首领黄帝赶到了荒凉的草原②,所以在商代又被称为"鬼方"③。后来,被西周史学家命名为"猃狁"(xiǎn yǔn)④。当周武王率军渡过黄河进军朝歌之际,狁乘虚挺进关中,一度占据了周部落留下的权力真空。多少年后,周宣王才派出大将尹吉甫将猃狁赶走。之后,他们和氐羌⑤一起被泛称为"戎狄"⑥。直到战国时期,才有了令人恐怖的名称——匈奴⑦。

中原已经对匈奴的骚扰忍无可忍,因而在秦汉时期又给匈奴起了一个含有深刻贬义的名字——胡⑧。而且其他边疆民族也跟着遭殃,居住在匈奴东部的乌桓、鲜卑部落被称为"东胡",居住在匈奴以西的西域绿洲民族被称为"西胡",以后"胡人"就成了汉人对西方和北方各游牧民族的泛称。

二、万里长城

边关再无宁日。

战国时期,匈奴开始在赵国和秦国北部、东胡开始在燕国北部频繁出没。从此,中原王朝的兴衰不再是封闭舞台上自我演绎的故事,互相的对视、冲突、融合,影响着剧情的走向。

追又追不上,防又防不住,因为胡人行动诡异,来去无踪。有人提出能否仿照京城的样子,在国境线上立起一道高高的城墙呢?

此议一出,一片哗然:在万里边境线上修筑城墙,简直就是痴人说梦。但是要做到国泰民安,居然没有任何办法比修筑城墙更为保险。然后,燕昭王、

---

① 指没有开化的糊涂虫。
② 见西汉司马迁《史记·五帝本纪》卷一,中华书局1982年版。
③ 类似于荒地野鬼。
④ 丑陋的长嘴猎犬。
⑤ 中国西部的两个古代少数民族。
⑥ 意思是被"驱逐到远方"。
⑦ 一种恶犬。
⑧ 指不守规范的人。

赵武灵王、秦昭王下令分段开工了。

"这哪里是什么城墙,简直就是一道长城嘛!"不知是谁的一句感叹得到公认,"长城"这一边境城墙的美称便诞生了。

看到农人如此惧怕自己,匈奴变得更加忘乎所以。这一点恰恰被一位名叫李牧的赵国将军所利用。李牧的防守步骤是:派出大批人员侦探敌情,一旦发现敌情,立即点燃烽火狼烟。看到警报,军民就在第一时间组织所有人马物品退入坚固的堡垒。数年下来,赵军无任何伤亡,匈奴则一无所获。尽管如此,匈奴终究还是认为李牧胆怯,用兵出击更加肆无忌惮。而赵国边兵得到丰厚的供养却未能效力,无不摩拳擦掌请求出战,其情形犹如绷紧的弓弦。

李牧精选战车1300乘、精骑13000匹、勇士5万人、射手10万人暗中演练战术。同时故意放纵边民畜牧,做出毫无防备的假相。匈奴小股骑兵侵入时,赵军一触即溃,抛下数千民众被匈奴俘获。

突如其来的甜头让匈奴人喜不自胜,也促使他们下决心大举劫掠。不久,匈奴首领亲自率领大队人马进入赵国边境。

一排排大雁结队南飞,一朵朵白云飘散在天际,秋日的雁门关像一位瞌睡的老人蹲踞在空旷的原野里,零零星星地有几位农民在田野里悠闲地劳作,但雁门大道两边却埋伏着枕戈待旦的近20万赵兵。待匈奴大军进入口袋阵,李牧的伏兵从两侧蜂拥而出,一向胆怯的赵军突然变得凶神恶煞,10余万匈奴铁骑成为鬼魂。最终,匈奴首领带着少数亲兵落荒而逃,剩下满地的断肢残骸在肃杀的秋风里风干。

此后多少年,长城卫兵的胡子都白了,也没有再望见匈奴的影子。

直到秦国实施统一六国最后决战的秦王嬴政二十六年(前221),匈奴马队才像被风吹皱的一条线般地惊现在边塞。他们在头曼单于(chán yú)①率领下,乘机攻占了原属赵国的河套以南地区。

院内的恶狗未灭,怎顾得上院外的豺狼?在无奈和叹息中,秦始皇的噩梦一直持续了6年。6年,对于这位血性十足的年轻皇帝来说是难以忍受的,因而在"安内"之后,他开始疯狂"攘外"。据说还有一个离奇而玄妙的原因,那就是秦始皇帝三十二年(前215),渴望江山永固的秦始皇再次派方士卢生入海寻求仙人指点未来,总是无功而返的方士这次带回了一本《录图书》,这本谶书上记录着一个惊天的秘密:"亡秦者胡也!"(后来此谶歪打正着地应验于秦二世胡亥)于是这句搪塞责任的话引发了秦朝针对胡人的一系列疯狂行动。

---

① 匈奴最高首领,相当于中原的国王。

就在这一年，蒙恬率30万秦军以急行军的速度抵达北疆，似旋风一样扑向匈奴的帐篷和马群，将黄河以北的高阙、阳山踏在脚下。逶迤而雄峻的长城内外，黑压压的苍鹰在低空盘旋，因为那里散落着一片片在血迹中喘息的胡马和身首异处的胡人。

尽管侵略者被赶跑了，但谁又能保证他们不卷土重来呢？而他们卷土重来的途径，就是北方诸侯国之间的长城缺口。为了获得一劳永逸的效果，刚经历过七国纷争、地贫人稀的秦王朝，征集79万军民，从秦始皇帝三十三年（前214）开始，在崇山峻岭之上将秦、赵、燕的古长城连接起来，筑起了一条西起临洮（今甘肃岷县），东至辽东（朝鲜平壤西北海滨）的万里长城。

正如高耸的喜马拉雅山挡不住探险者一样，人工砌起的长城怎能挡得住入侵者的云梯？（不管气势如何磅礴，它毕竟只是一道城墙，还不足以让一个王朝安全地躲在它背后度日。）况且为了完成这一巨大的工程耗费了无数的生命和财富，以致人们将战国初年的孟姜女与百年后的秦始皇联系起来，演绎出孟姜女哭长城的离奇故事，以表达对累死在长城的亲人们的怀念和对工程发起者的痛恨。

但万里长城像金字塔一样，毕竟是令人叹为观止的世界奇迹，地球以长城为骄傲，千年不倒的万里长城也成为中华民族的精神象征。正如泰戈尔所言，如今的长城"因残破而展示了生命的力量，因蜿蜒而影射着古老的国度"。它不再只是一条抵御侵略的城墙，它已经深深地植入国人的心中，幻化成一种强大的精神力量。国有危难时，它是"把我们的血肉，筑成我们新的长城"的呐喊；改革开放中，它是"爱我中华，修我长城"的号角；在民族复兴的征程上，它是"不到长城非好汉"的壮志。长城是一首沉雄浑厚、大气磅礴的史诗，是一种坚忍不拔、砥砺奋进的标志，是中华民族生生不息、昭彰日月的图腾。

终秦之世，匈奴铁骑再也不敢南下牧马。

三、废长立幼

"废长立幼"是个敏感的历史话题，因为长子继承是铁定的祖制，古今中外世袭王朝包括今天的君主立宪制国家莫不如此。

一个匈奴人却不信这个邪。

他姓挛鞮（luán dī），名头曼，是一个如秦始皇一样满脑子改革思想的人，他不仅将军事驻地命名为"头曼城"（今内蒙古包头境内），而且自称"匈奴单于"，全称为"撑犁孤涂单于"，相当于汉语的"天子"，跟埃及法老自称"太阳之子"类似。

单于的权力一如中原的皇帝,说一不二,至高无上,骏马任骑,臣民任杀,美女任娶。正因如此,围绕继承权展开的争夺从未停止过,一不留神就会演化出父杀子、子弑父、兄灭弟、弟害兄的悲剧。令人意想不到的是,第一个单于就会在继承权问题上独出心裁。习惯了为所欲为的头曼偏偏想让爱妾所生的幼子成为继承者,从而把长子冒顿(mò dú)①送到月氏做人质(国家之间相互滞留对方的皇室成员,以此作为互不侵犯的保证)。更过分的是,他居然在爱妾的挑唆下故意向月氏进攻,逼着对方撕票。

千钧巨石的重压没能阻止一颗小小的种子发芽,这是英雄的特点。生死关头,早有防备的冒顿成功地盗窃了一匹骏马逃出月氏边境。

多事的东风冉冉地来到草原。单于庭的大穹庐内荡漾着无尽的春意,爱妾正一杯接一杯地向头曼敬酒,因为按照正常的规律,月氏很快就能传来冒顿的死讯,她年幼的儿子将成为唯一的单于继承人。不知何时,冒顿像一尊凝固的雕塑一样瞪着一双血红的眼睛,披着满身的风尘出现在帐前,头曼和爱妾立时目瞪口呆。

也许对自己的所作所为有些后悔,也许为长子的英雄气概所触动,头曼暂时将废长立幼的计划搁置下来,并且给了长子一万兵马。

显然,父亲低估了有着鹰隼般深邃目光的长子。冒顿在获悉父亲此前的真实意图后,开始对父亲恨之入骨,那种父子之间的亲情早已被残酷的现实无情地剥蚀了。其实这也没有什么可奇怪的,因为鸡下了蛋,蛋就不属于鸡了。

冒顿发明了一种骨箭,在上面穿上孔,使它在发射时发出刺耳的声音,他把这种用于发号施令的响箭命名为"鸣镝"。他命令部下:"鸣镝射什么,你们就射什么,不服从命令的立即处死。"冒顿先后把鸣镝射向自己的良马和妻子,不敢跟射的部下被全部处死。过了一些时候,冒顿用鸣镝射父亲的坐骑,部属们不敢再不跟射,头曼的宝马在顷刻间就被射得如同刺猬一般。冒顿知道已经训练成功,于是在秦二世胡亥元年(前209)的一次狩猎中,果断地把鸣镝射向自己的亲生父亲,头曼——草原帝国的第一位单于稀里糊涂地死在了乱箭之下,因废长立幼导致的子弑父的惊天奇谋闪电般成功。算起来,头曼仅仅比他的对头——中国第一位皇帝秦始皇多活了一年。

从犯罪心理学的角度分析,罪犯残杀第一个人时是最困难的,但只要开了先例,杀下去就不存在心理障碍了。冒顿一不做,二不休,把继母、弟弟连同父亲的亲信一起杀掉,一身轻松地自立为单于。

至此,匈奴人对废长立幼惯例的挑战以血腥而告终,我们不仅为那位因溺

---

① 意为英雄。

爱亲生儿子而要求头曼更换继承人的继母悲哀，更为那位少不更事的儿子而惋惜，但历史不会因为我们的同情而有丝毫的改变，废长立幼不管成功与否，都几乎无一例外地导致流血冲突。因为当事人一旦面对继承权的诱惑，往往深陷其中不能自拔，很少有人翻翻血腥的历史，想想可怕的后果，停下愚蠢的脚步。

  往事尚未忘却，悲剧一再重演。冒顿后母和同父异母弟弟的哭声还未消散，邻近的汉朝另一幕废长立幼的悲剧已经开演。汉高祖①刘邦娶了一位年轻的戚夫人，她不仅生得花容月貌，而且是西汉初年的歌舞名家，擅跳一种"翘袖折腰"的舞蹈，引得刘邦魂不守舍。她在生了儿子如意后便怂恿刘邦废长立幼。刘邦几次动议更换太子，只是因为群臣的激烈反对才暂时搁置下来。与历史惊人相似的是，作为靠山的皇帝一死，他们母子的倒霉日子就开始了。太子刘盈即位不久，吕后就派人剪去了戚夫人的一头秀发，将沉重的铁链套在她的脖子上，罚她像奴隶一样天天在永春巷舂（chōng）米。这位祖籍山东定陶的女人生性倔强，她一边舂米，一边用柔美的歌喉倾吐满腔的怨恨："子为王，母为虏！终日舂，薄暮常与死相伍！相离三千里，谁当使告汝！"歌声传到吕后耳中，那位时任赵王的如意被毒死，唱歌的女人被砍去四肢，挖去眼睛，熏聋耳朵，灌上哑药，扔进厕所做了"人彘"（zhì）②。

四、后发制人

  每一朵鲜花都应乐于为自己的果实而自动凋谢。

  如果头曼九泉之下有知，恐怕不会感到死得冤枉，因为儿子很快就用超人的智慧和滴血的马刀实现了他未及的梦想。冒顿创立了政治军事二元体制，在单于之下，由左右骨都侯③辅政；左右屠耆王④掌管地方行政，左方管理东部，右方管理西部，单于直接管理中部。除单于亲自统领军队外，从左右贤王、谷蠡王⑤、大将、大都尉到左右大当户也都分别统军作战。统领万骑的24个军事首领被称为"万骑长"，万骑以下设置千骑长、百骑长、十骑长、裨小王、相封、都尉、当户、且渠等官职，完整而严密的军政体系建制正式定型。

---

① 这是刘邦的庙号。庙号是皇帝驾崩后，在其太庙立牌位奉祀的称号。自汉代起，第一任皇帝皆以太祖、高祖、世祖为庙号，之后的嗣君则以太宗、世宗等为庙号。
② 意为猪。
③ 匈奴官名，为匈奴异姓大臣之首，辅佐单于执政。
④ 匈奴官名，单于之下的最高官职，分领匈奴左右二部，由单于子弟担任，汉人称为"左右贤王"。
⑤ 匈奴官名，分左右，位在左右贤王之下，管理军事和行政，由单于子弟担任。

人的激情不在于爆发,而在于控制。冒顿显然具备了这种非凡的控制力,并在未来的日子里不断受益。

冒顿弑父自立的消息传到东胡,自称长辈并自恃强大的东胡大人①居然义愤填膺,派出特使向冒顿兴师问罪,并公开索要老单于头曼的千里马。冒顿在自己的大帐中召集群臣商议对策,大家齐声反对:"我国只有一匹千里马,怎能轻易送人!"但冒顿面无表情地说,"怎能为了一匹马而得罪邻居呢?送给他们吧。"

过了数旬,东胡大人又得寸进尺,要求冒顿将最宠爱的阏氏(yān zhī)②送给他为妾。大臣们怒发冲冠地说:"东胡简直无礼透顶,请求单于立即兴兵讨伐!"冒顿却平静地摇头说:"怎能为了一个女子得罪一个邻国呢?把我的阏氏送给他好了。"

大臣们开始大惑不解了,许多人还在私下里怀疑起冒顿的能力;对手也开始得意忘形了,想不到连父亲都敢杀的冒顿竟然如此软弱可欺!于是东胡大人日间驾良马驰骋,夜间与美人偎抱,丝毫不加防备。只有忍气吞声的冒顿清醒异常,因为他那坚定的表情和深邃的眼神告诉我们,一个酝酿已久的可怕阴谋即将诞生。

几个月后,已经肆无忌惮的东胡大人又派人索要两国之间的空地。冒顿再次召集大家商讨对策。有了前两次让人看不懂的经历,大臣们无所适从了,有的说可以送地,有的说不能退让,有的则不置可否。此时的冒顿却拍案而起,高声怒喝道:"土地是国家根本,怎能随便送人?!"主张送地的大臣被推出帐外斩首。

一个风高月皎的夜晚,一群群志在必得的骑兵拎着寒光闪闪的马刀,突然出现在东胡边境,一片片帐篷被连根拔掉,一个个士兵被齐肩斩首,正在搂着阏氏寻欢作乐的东胡大人被生擒。在写满象形文字的月光里,不可一世的东胡大人瑟瑟发抖地匍匐在冒顿的脚下。那一刻的冒顿,眼里没有一丝的怜悯和温情。

冒顿剁下这位仇人的脑袋,做成了自己专用的尿壶。

火山要爆发,你总得给它腾出一片燃烧的天空。此后,他向北击败了浑庾(yǔ)、屈射、丁零诸部,拓地远达贝加尔湖;向西赶走了在河西走廊驻牧的月氏,使楼兰等26个西域国家臣服;向南征服了楼烦、白羊河南王,夺取了河套以南的大片土地。

---

① 意为国王。
② 单于的正妻。

一个幅员辽阔的草原帝国正式诞生。

这使我想起了中国古人的策略："将欲取之，必先予之。"也想到了一位西方哲人对一个国际性宗教教义的修正："有人要打你的右脸，你可以给他；但他又要打你的左脸，你可以回他一个耳光，因为容忍的结果是他完全有可能会卸掉你的左腿和右腿的。有人要拿你的外衣，你可以给他；但他又要你的内衣，你不妨连外衣也抢回来，因为容忍的结果是他完全有可能扒你的皮！"冒顿不可能听说过这些话，但他比谁都明白这些道理。他的故事的精彩程度丝毫不逊色于500年前郑庄公对付"多行不义必自毙"的弟弟共叔段的故事。

五、和亲的由来

冒顿同秦皇汉武等强势皇帝一样，善于把自己的欢乐强加在别人的痛苦之上。汉高祖刘邦六年（前201）秋，冒顿逼迫驻守马邑（今山西朔县）的韩王信投降，然后跨越长城占据了晋阳（今山西太原）。

兵败的消息雪片般飞到不远处的长安，处于童年时期的西汉帝国受到强烈震撼。第二年初冬，刘邦亲率32万步兵迎击匈奴，一场势均力敌的血战在所难免。

在太原附近两战两胜（此乃冒顿的诱兵之计）后，刘邦不顾天寒地冻、后援不继以及大臣娄敬的苦苦劝谏（娄敬因此被关了禁闭），随同先头骑兵部队乘胜追击到了平城（今山西大同）以东的白登山①。

这是个优美的去处，疯长着名目繁多的古树。倘若在春天，满山开满了如云的鲜花。眼下尽管已是万木凋敝的冬日，但头顶上是一碧如洗的蓝天，脚下是层层叠叠的霜叶，连光秃秃的树枝也在点头微笑。在如刀的寒风里，刘邦没有感觉到一丝寒意。

记得美国西点军校有一条军规：如果你的攻击很顺利，那你一定是中了圈套。果然，踌躇满志的刘邦连同汉军先头部队不知不觉地步入了冒顿的陷阱，被40万匈奴骑兵重重围住，被围部队与后续步兵的联系也被切断。无论是左冲，还是右突，刘邦竟然七天七夜无法脱身。

情急之下，刘邦采纳了谋士陈平的计策，暗中派人用珠宝贿赂冒顿的阏氏。财迷心窍的阏氏在冒顿面前刮起了枕边风："你围住汉帝不放，汉兵能不拼死来救吗？再说我也不习惯这里的气候，还是与人为善撤兵回国吧。"然后施展女人特有的娇嗔和温柔，逼着单于表态。

---

① 指今山西大同市东北的采凉山，因顶部平坦呈台状，在汉魏时期称"白登台"或"白登山"。

也许是枕边风发挥了作用,也许韩王信的部将王黄、赵利没有及时赶来会合使冒顿有些心虚,第二天一早,被一夜温柔折磨得睡眼惺忪的冒顿下令解开重围的一角,刘邦得以乘大雾弥漫仓皇而逃。

刘邦在后怕的同时变得现实起来,他在向被拘禁的娄敬(后被赐姓刘)道歉的同时,耐心听取了这位大臣一个石破天惊的建议——和亲。作为一种绥靖政策,娄敬的解释是:"冒顿单于作为弑父凶手,只认识武力。降服他的唯一办法是把汉朝公主嫁给他,嫁妆一定要丰厚,他既然用不着抢劫就能得到大笔财富,自然也就不必发动战争,况且作为汉朝的女婿是不能与岳父作对的。将来公主的儿子继任单于,就是汉朝的外甥外孙,就更不可能与舅舅和外公作对了。"

似乎"茅塞顿开"这个词就是专门为这一刻的刘邦量身打造的。他立即下令自己的独生女儿鲁元公主①离婚改嫁匈奴。尽管女儿因为母亲吕后的阻挠未能成行,但刘邦还是将一位家人子收为公主,嫁给了匈奴单于。这就是中国历史上"和亲"政策的由来,也是世界上"以女人换和平"的最原始版本。

没想到这个本属无奈的发明给枯燥无味的民族交往史平添了一抹玫瑰色,也引发了许多或美丽或悲凄的传奇故事。从此,进入史书的女人不再只有皇后、嫔妃和公主,也有了许多的冒牌公主②,如细君、解忧、昭君、文成。

正如发明了机器导致手工业者下岗一样,"和亲"这一发明的受害者无疑是冒顿的阏氏。结果,刘邦此举引得这位女人醋性大发,大骂汉人③不讲信用。

再不凡的英雄也跳不出他所处的时代。冒顿其实和他的前辈没有多少区别,最大的区别大概就是学会了用书信侮辱别人。汉高祖驾崩④、吕后听政时,冒顿竟修书一封,要求迎娶寡居的吕后。

冒顿这种只图一时痛快、不顾长远后果的历史局限性,使他的后代在不远的将来付出了血的代价。

六、丢失化妆品基地

正如泰戈尔所言,人类的历史耐心地等待着被虐待者的胜利。

---

① 秦汉法令规定,帝王的女儿结婚时,由丞相、太尉、御史大夫"三公"做主婚人,"公主"一词即由此而来。
② 亲王之女和宫廷女子被封为"公主"后远嫁。
③ 汉朝人被周边国家称作"汉人",汉朝国民被称作"汉族"。
④ 古代人死之称也分等级,帝王和王后死叫崩,诸侯叫薨(hōng),大夫叫卒,士叫不禄,平民叫死。

汉朝经过高祖至景帝①60多年的休养生息,到汉武帝上任时已经缓过劲来。既然已经具备了为高祖白登之围和吕后书信之辱雪耻的实力,汉武帝刘彻便从元光②二年(前133)开始对匈奴军臣单于③发起了一轮又一轮暴风骤雨般的进攻。中国北部草原的地平线上不断扬起滚滚的尘云,尘云前头的马队里簇拥出三位威风凛凛的汉将——李广、卫青、霍去病。

李广,出身将门,精于骑射。元光六年(前129),汉武帝派卫青、李广等4名将军分头迎击来犯的匈奴,匈奴人集中兵力专攻年事已高的李广,寡不敌众的李广受伤就擒,然后被卧放在两马之间的绳网上。行进间,李广腾身跃上敌兵的坐骑,策马冲出敌阵,并一连射杀了几名匈奴追兵。从此,李广被匈奴人称为"飞将军"。匈奴军队惧其名,怯其勇,慑其威,一般不敢贸然进犯他所防守的城池。直到唐代,边塞诗人王昌龄仍对他追慕有加:"秦时明月汉时关,万里长征人未还。但使龙城飞将在,不教胡马度阴山。"

卫青,虽出身骑奴,但战功不在李广之下。元光六年(前129),三路汉军皆无功而返,唯有卫青率兵直捣匈奴圣地龙城,俘获匈奴700余人而归,一战成名。时隔两年,卫青率4万铁骑击败匈奴楼烦王、白羊王两部,捕获牛羊上百万头,收复了河套以南广阔而富庶的地区,因战功卓著(应考虑身为皇妃的妹妹卫子夫的影响)受封长平侯。

霍去病,卫青的外甥,空前绝后的少年英雄。18岁时就随卫青出征匈奴,并在处女战中亲率800劲骑长途奔袭匈奴后方,活捉了单于的叔父,大胜而归。汉武帝元狩二年(前121),霍去病率1万骑兵横扫了河西匈奴,迫使浑邪王率4万人投降。时隔两年,霍去病与卫青各带5万精兵合击匈奴,卫青从定襄出塞,将伊稚邪单于④击败;霍去病则穿越漫漫黄沙大破左贤王,一直追到狼胥山下。

生命如同故事,重要的不在于它有多长,而在于有多精彩,霍去病用自己23岁的短暂人生诠释了这一朴素的道理。当汉武帝决定为他修建一座豪宅时,他发出了"匈奴不灭,何以家为"的铮铮誓言。他英年早逝(因为饮用了被匈奴巫师施过毒的水感染瘟疫而死)后,汉武帝给了他陪葬茂陵的殊荣,模拟祁连山的形貌为他修筑了巨大的墓冢,在陵墓上放置了"马踏匈奴"、"卧虎"

---

① 西汉第六位皇帝刘启的谥号。谥号是皇帝死后朝廷根据其生平行为给予的称号,由礼官议定,继任皇帝认可。褒扬的谥号有"文、武、昭、元、平、桓、康、景、惠、宣、成、明、献、穆"等,同情的有"哀、悼、怀、殇"等,批评的有"灵、炀、厉"等。
② 年号,帝王纪年的名号。汉武帝于公元前140年即位后称"建元元年",为年号之始。之后,新皇帝登基都要改变年号,有的皇帝在位期间多次改变年号。
③ 冒顿单于的孙子,老上单于的儿子。
④ 军臣单于的弟弟。

等巨型石雕,向世世代代宣扬着这位少年英雄凛然无敌、豪气冲天的不凡风采。

李广、卫青的纵横驰骋,特别是霍去病对河西走廊的空前胜利,给了匈奴沉重的打击。匈奴妇女们用婉转悠长的嗓音传唱起一支哀怨的歌:"亡我祁连山,使我牲畜不繁息。失我焉支山,使我嫁妇无颜色。夺我金神人,使我不得祭于天。"

对于匈奴女人来说,丢失了畜产品基地用不着过于伤心,因为在别处可以找到新的牧场;丢失了金神人也没有什么,因为祭天本来就是男人的事情。但丢失了焉支山,她们就无法为出嫁的新娘化妆了。

原来焉支山中有一种名叫"红蓝花"的植物,花瓣中含有红、黄两种色素,在石钵中淘去黄汁,便可制成鲜艳的红色颜料,单于的阏氏用这种颜料混合油脂涂抹面颊,使得因风吹日晒稍显粗糙的脸蛋立时生动红润起来。令人振奋的消息一经披露,匈奴贵族妇女们纷纷仿效,以至这种颜料逐渐成为匈奴妇女的主流化妆品,这种化妆品也因产于焉支山并由阏氏首先使用而得名。

中国"胭脂"一词即由此而来。

七、苏武牧羊

随着李广自尽谢幕,卫青年老体衰,霍去病英年早逝,没有名将的岁月变得平淡起来。汉武帝晚年,疲惫的汉朝开始与匈奴寻求妥协。

正如高音可以激发人们一时的激情,而中音则更加容易流行一样,老百姓更喜欢汉武帝这种难得的平和,因为正是这种平和给匈汉人民带来了和平的福音。

和平福音的传导者只有使者,长长的军事家名单被苏武、张骞、班超等外交家所代替。

第一位外交家名叫苏武,是名将苏建的后代,出场时间是汉武帝天汉元年(前100),匈奴到汉朝求和。作为回应,汉武帝派中郎将[1]苏武出使匈奴,随从是副中郎将张胜和假吏[2]常惠等百余人。

40岁的苏武只得与爱妻无奈别离。

一弯下弦月挂上树梢,把几缕清冷的光投向相拥而泣的苏武夫妻。道不

---

[1] 官名,西汉分五官、左、右三中郎署,各置中郎将,以统领皇帝的侍卫。
[2] 临时代理职务的官吏。

完的珍重,发不尽的誓言。在这个蔓延着别情离苦的不眠之夜,他们拼命地释放自己。温柔过后,苏武仍毫无睡意。据说他披衣下床,挥泪写下了《留别妻》:"结发为夫妻,恩爱两不疑。欢娱在今夕,嫣婉及良时。征夫怀远路,起视夜何其。参辰皆已没,去去从此辞。行役在战场,相见未有期。握手一长欢,泪为生别滋。努力爱春华,莫忘欢乐时。生当复来归,死当常相思。"

苏武在诗中的担心并非庸人自扰,因为使者在当时是提着脑袋用舌头作战的高危职业。苏武一到匈奴就遇到了麻烦,先前随同卫律投降匈奴的虞常暗地与旧友——汉朝副使张胜联络,图谋杀掉顽固追随匈奴的卫律,劫持单于的母亲逃回中原邀功请赏。阴谋不幸败露,且鞮(jū dī)侯单于(第九任单于)将主谋虞常砍了脑袋,并将同谋张胜和毫不知情的苏武、常惠囚禁起来。审讯的结果出乎意料:同谋张胜禁不住折磨很快宣布投降,蒙冤的苏武和常惠则宁死不屈。匈奴人将苏武幽禁在大窖中,断绝了水粮。当时天降大雪,苏武便以雪就着毡毛充饥。几天过去了,苏武竟然还活着。

消息传进大帐,一向迷信的单于认为苏武有神灵保佑,便不再试图饿死他,而是将他和随从分开流放。苏武的流放地是荒无人烟的北海(今贝加尔湖),任务是放牧公羊。鉴于苏武有着使者的特殊身份,匈奴在名义上并没有将他终生流放,而是向他承诺:"羝乳乃得归!"①这一判决令被告失望的程度不亚于一个恶贯满盈的美国人被判了280年"有期徒刑"。

漠北恶劣的自然环境使生长在中原的苏武度日如年,更为严酷的是,匈奴断绝了口粮,逼迫他归降,宁折不弯的苏武只得挖掘鼠洞中的野果充饥。苍天、草场、风沙、严寒、狼群、寂寞伴随着这一铮铮铁汉度过了一个又一个春秋冬夏,有多少个白昼,这位牧羊人望穿秋水盼望着远方的音信;又有多少个夜晚,苏武南望群星思念着故国与亲人。从此,一个经典镜头定格在中国历史上:一位白须飘飘、满脸沧桑的老人手拄旌节遥望南天,背景是茫茫的草原、成群的公羊、高飞的大雁和苍凉的晚霞。

青空悠悠,时序袅袅。匈奴单于已三易其人,分别是李陵的岳父且鞮侯、且鞮侯的长子狐鹿孤、狐鹿孤的儿子壶衍鞮。幼小的壶衍鞮被生母颛渠阏氏和丁零王卫律扶上台后,匈奴在汉昭帝刘弗陵始元二年(前85)发生分裂,汉昭帝趁机派使者前往匈奴索要苏武,但得到的答复是苏武早已死亡。

苏武不解,野草的悲鸣为何传不到遥远的故乡?大雁的呼唤为何唤不动他的归程?但他深信只要有所谓真相存在,就总有被证实的那一天。在汉使二次出使匈奴时,滞留匈奴的常惠以重金买通匈奴卫兵,偷偷将苏武牧羊的实

---

① 公羊生仔方能返回。

情转告了汉使。故弄玄虚、巧舌如簧是使者的基本素养。果然,使者在面见单于时称汉帝在上林苑狩猎时射下一只大雁,雁爪上绑着一封书信,信上说苏武就在北海放牧。

我无法用语言描述壶衍鞮单于的震惊。他的确见识过苏武的忠义,也听说过"感天动地"这句汉话,但从来没听说过大雁也会被人感动,并且穿越了风沙弥漫的万里长空。于是他诚惶诚恐地把苏武从北海接回来还给了汉朝。"鸿雁传书"的典故从此诞生。

物质不灭,宇宙不灭,唯一能与苍穹比阔的是气节。苏武回家时,长安万人空巷出城迎接这位传奇般的英雄。经过19年的风霜雪雨,他须发全白,满脸沧桑,不变的只有他手中仍握着的代表庄严使命的旌节。800多年后,唐代诗人杜牧仍在感叹:"何处吹笳薄暮天,塞垣高鸟没狼烟。游人一听头堪白,苏武争禁十九年。"

从此,"苏武牧羊"成为逆境求生的代名词。

与苏武一起回到汉朝的有9人,常惠、徐圣、赵终根皆拜为中郎,其余6人因年老体衰各赏钱10万,告老还乡。

但苏武已经找不到原来的家。他的兄弟先后自戕,母亲与世长辞,儿子获罪被杀,妻子改嫁他人。

岁月如水,水深如曾经的爱情。时间的巨浪淹没了爱情童话中的两个人:妻子已经上岸,苏武还在水底。从此,他不再看重什么富贵,也不再相信什么真情。尽管得到了大批赏赐,但他把赏赐全都馈赠给了故旧,以致身无余财。尽管他身为显赫的典属国①,赐爵关内侯,但直到老死也再未续弦②,他把真情永远融注进了玫瑰色的回忆,任荒草埋心。

在草原上度过了19个春秋的苏武是否听惯了胡琴的吟唱?果如是,韶华凋尽的苏武只能将岁月收进琴腹,借弓弦重读。

八、李陵降胡

汉武帝天汉二年(前99),闻听匈奴扣押苏武,两国芥蒂重生,战云再起。

汉武帝派宠妃③之兄李广利率骑兵3万出酒泉,向匈奴发起攻击;派李广之孙李陵率步兵5000人从居延出发,深入塞外牵制匈奴。李广利刚与匈奴交

---

① 掌管边疆和民族事务。
② 史书上关于苏武在匈奴娶了一名胡女并生有一子的说法,作者未予采纳。
③ "北方有佳人,绝世而独立;一顾倾人城,再顾倾人国;宁不知倾城与倾国,佳人难再得。"这是宫廷音乐家李延年为妹妹所作的歌,汉武帝闻后将她纳为宠妃。

手便大败而归,只剩下李陵孤军奋战。结果,小小的步兵分队被且鞮侯单于统率的6万骑兵包围,李陵兵败被俘。

汉武帝对这位将门虎子束手就擒难以接受,先将李陵的家人关进监狱,然后召集群臣为李陵定罪。

在逃跑、投降还是自杀的问题上,中国与西方一向有着截然相反的价值标准。中国人可以原谅临阵脱逃的逃兵,却绝不原谅向敌人投降的降兵。而西方人认为在无力抵抗的情况下,既不逃跑,也不自杀,而是向敌人投降,一来尽到了军人的责任;二来可以保存最为珍贵的生命,并不算什么可耻之事。而临阵脱逃则是逃避军人的责任,是军人最大的耻辱,应该受到道义的谴责和军法的严惩。这也就是"二战"中西方战场降兵多逃兵少,中国战场降兵少逃兵多的深层次原因。因此,临阵退却的李广利毫发无损,无奈投降的李陵却被大臣们口诛笔伐。

只有太史令司马迁辩解说,李陵只有5000兵马,却杀敌上万,足以告白天下。至于不肯马上自杀,必有原因。

只知舞文弄墨的太史令太不了解汉武帝了,他可是一位典型的专制帝王,按照他的逻辑,为了帝国的名声,被包围的将军应该而且必须选择自杀。也许汉武帝已经意识到这位太史令不仅想为李陵说情,而且暗示了对皇亲李广利临阵脱逃的不满,于是将司马迁以"沮贰师"的罪名革职下狱,后以"污罔罪"对其实施了惨无人道的腐刑(阉割)。

在君权至上的年代,人权是一个奢侈的话题。羞愤交加的司马迁几乎自杀,后来他在痛苦中深深感悟到,假使他这样地位卑微的人死去,在许多达官贵人眼中,"若九牛亡一毛,与蝼蚁何以异?"(成语"九牛一毛"由此而来)于是,他以失明的左丘明、遭膑刑的孙膑、被流放的屈原和潦倒的孔丘自勉,倾毕生心血著就了中国首部纪传体通史——《史记》。正是这种不屈不挠的精神,才使得"大势已去"①的他能够重新站在历史的巅峰呼啸:"人固有一死,死,或重于泰山,或轻于鸿毛!"

后来,匈奴传来了李陵(实际是李绪)帮助匈奴操练兵马的消息,于是皇帝下令对李陵灭三族②。事情到了这种地步,李陵再也无颜南归。苏武归汉前,李陵设宴饯行。在宴席上,李陵再也抑制不住满腔的冤屈与悲哀,长歌当

---

① 古汉语中人和动物的睾丸称"势",成语"大势已去"即从此来。
② 源于商代的一种酷刑,指灭父、母、子三族,或父、兄、子三族。后来发展到灭九族,一种说法为本身及本身以上的父、祖、曾祖、高祖,本身以下的子、孙、曾孙、玄孙;另一种说法为父族四(自己一族,出嫁的姑母及其儿子,出嫁的姐妹及其外甥,出嫁的女儿及其外孙),母族三(外祖父一家,外祖母的娘家,姨母及其儿子),妻族二(岳父一家,岳母的娘家)。

哭,为老朋友也为被泪水染黄的汉史留下了一首著名的《别歌》:"径万里兮度沙幕,为君将兮奋匈奴。路穷绝兮矢刃摧,士众灭兮名已隤(tuí)。老母已死,虽欲报恩将安归!"

哀莫大于心死,悲莫过于无志。从此,万念俱灰的李陵甘心娶单于的女儿为妻,被封在遥远而寒冷的坚昆,客死异乡。从此,红发绿眼的坚昆人中的黑发人被认为是李陵后裔,就连他们也自称都尉苗裔。

那位对李陵被俘不无责任的李广利尽管受到了妹夫汉武帝的一再庇护,但可惜只能算是一位皮影戏高手,打起仗来实在勉为其难,几度出征,非平即败,最多也就是小胜。李陵降胡7年后,李广利统率14万大军进攻匈奴。京城里一位宦官将李广利和宰相刘屈牦①企图拥戴自己的外甥刘髆(bó)为皇太子的事和盘托出,并说李广利的夫人请女巫诅咒武帝早死。武帝立即将宰相全家砍头示众,将李广利的夫人打入天牢。前线的李广利听到消息,寻机抛下自己统率的大军,只身向匈奴投降。主帅投降后,大军灰溜溜地撤退,这也成为由汉武帝的残忍性格逼出来的国际笑柄。

这位天天谦恭地自称"孤"(不能得众)、"寡人"(少德之人)、"不谷"(不够善良),而又亲自导演了李陵、司马迁、李广利悲剧的皇帝,是否真的认识到了自己的孤、寡人和不谷呢?

晚年的汉武帝果然有所感悟,并在巡游泰山时发布的《轮台诏》中检讨说:"朕即位以来,所为狂悖,使天下愁苦,不可追悔。自今事有伤害百姓,靡费天下者,悉罢之。"

九、第一批汉奸

通常我们习惯把卖国投敌的汉人称作"汉奸"。

汉朝投敌者自然就是第一批汉奸。算起来,在汉奸中,李陵并不是级别最高的一位,级别最高的是贰师将军李广利;也不是最有名的一位,最有名的出现在汉文帝时期,他叫中行(háng)说(yuè),本是汉宫的一位太监。

汉文帝刘恒六年(前174),冒顿的儿子稽粥(号老上单于)继位。按照"和亲"的惯例,汉文帝把一位宗室女孩嫁给了老上。同时汉文帝诏令中行说随"公主"出塞。中行说痛哭流涕地请求留下,但未获准。临行前,他丢下一句话:"陛下②一定要我出塞,汉朝恐怕要不得安宁了!"

---

① 李广利的亲家。
② 意为阶下。古人尊称皇帝为"陛下",侯王和皇太子为"殿下",三公及郡守为"阁下",将帅为"麾(huī)下",父母为"膝下",同辈为"足下"。

众人以为这不过是一句气话,没想到中行说说到做到,一到草原,就彻底投降了匈奴,成了一个地地道道的"汉奸"。

一般人投降并没有什么,问题是他不是一般人。这位来自汉朝内宫的宦官,不仅了解汉朝军事机密,而且富有谋略。很快,他就成为老上单于的高级谋士。

他极力阻止匈奴贵族汉化,宣称汉朝的织物虽然华美,但并不适宜在草原穿着;汉族的食品尽管味美,却没有奶酪便于携带。要维护草原铁骑的优势,必须保持自己的民族传统。

他帮助匈奴建立了"疏记"制度,即定期统计经济收入,摸清家底。继而变漫无目的的入侵为秋收季节入关抢粮,这样既得到了必要的军需,又重创了丢失一年劳动成果的汉朝农民,还不至于逼迫汉朝发动全面反击,一举三得,恶毒至极。

在外交舞台上,他更是如鱼得水,常常辩驳得汉朝使者哑口无言。

另一个投降者叫赵信,原是匈奴的一个支系小王,因为在内讧中失势而投降了汉朝,被封为翕(xī)侯。后来在随同卫青出击匈奴时兵败投降。在汉朝,是绝对容不下这种朝秦暮楚、反复无常的小人的,但匈奴则不然,他们以草原博大的胸怀欢迎叶落归根的浪子。伊稚邪单于封他为"自次王"①,还把自己的姐姐嫁给了他。就是这位赵信提出了撤军到漠北、与汉军脱离接触的建议,使得汉匈双方取得了军事上的均势。

像赵信一样先叛国然后归来的匈奴人还有被封为丁零王的卫律。

而汉人投降者同样受到了优待,如燕王卢绾(wǎn)受封东胡卢王,李陵受封右校王,陈良受封贲(bēn)都侯。唯一的例外只有李广利,他在投降后因为受到另一位投降者卫律的诬陷而被冤杀,但后来单于专门为他修建了一座祠堂,也算是一种补偿。

为什么具有嗜杀本性的匈奴会有如此博大的胸襟?为什么他们对投降者的宽容和信任要远远超过汉人?

这个问题要从匈奴的民俗说起。匈奴作为一个没有民族文字、没有固定住所的游牧民族,他们性格直爽,开放豁达,勇猛善战,但缺乏细腻思考的习惯,缺乏运筹帷幄的谋士,缺乏排兵布阵的将军,无论是政治斗争的智慧,还是军事斗争的谋略,与已有上千年文明历史的中原王朝相去甚远。譬如,战国时期赵国李牧的示弱之法曾让他们吃尽苦头;白登之围中陈平的行贿伎俩曾让他们大呼上当。于是他们开始千方百计吸纳人才,即便是叛逃者,也绝不秋后

---

① 意思是仅次于自己的人。

算账。正是这种兼容并蓄的草原情怀,成就了匈奴人数百年的草原霸业;正是这种海纳百川的明智国策,使得匈奴人在败走西方的日子里仍气势如虹(阿提拉手下就有多位西方智囊)。

对此,不知杀掉李陵全家的汉武帝有何感想?

十、同室操戈

汉朝的外交明星苏武去世了,但他的助手常惠还在。汉宣帝刘询本始三年(前71),经常惠穿针引线,汉朝与乌孙组成联军向匈奴发起进攻,匈奴亲王连同部下4万人成了俘虏。汉宣帝神爵二年(前60),驻守西域的匈奴日逐王因为对新单于屠耆堂不满,毅然率领部下带着西域版图归顺了汉朝。

屋漏偏逢连夜雨,船破又遇顶头风。不久,匈奴发生饥荒,继而发生分裂,以致在汉宣帝五凤元年(前57)出现了5个单于争位的局面。

经过一轮又一轮的火并,最终剩下南北对峙的两个单于。北方的单于叫郅支,是哥哥;南方的单于叫呼韩邪(yé),是弟弟。哥哥的拥护者显然要多过弟弟,因而弟弟逐渐败下阵来。万般无奈之下,弟弟于汉宣帝甘露三年(前51)率领南匈奴全部人众牲畜向汉朝投降称臣。

长安城正月的蓝天上掠过一群北来的大雁。就在甘泉宫,汉宣帝刘询接见了远道而来的呼韩邪,宾主进行了热情友好的交谈,呼韩邪表示愿意称臣,并承诺替汉朝守卫边塞。刘询大喜,立即下达圣旨:"允许呼韩邪迁居河套,命令大将韩昌率兵保护。必要时可以联合发动对北匈奴的反攻。"随后赐给他一枚"匈奴单于玺"。

呼韩邪附汉,不仅宣告了汉匈两大民族之间战争状态的终结,而且打破了"胡、越不受中土正朔"的惯例,开创了北方民族政权接受中原王朝领导的先河。

消息传到漠北,北匈奴郅支单于慌忙夺路西去,顺便占领了西域北部的坚昆和丁零。站稳脚跟后,他要求汉朝送还充当人质的太子。

对于已经知趣远遁的郅支,汉朝姿态很高,专门派遣使者谷吉不远千里送还了太子。不曾想见到太子的郅支过河拆桥,把远道而来的使者砍了脑袋。等到单于冷静下来,才意识到闯了大祸,因而放弃了刚刚占领的坚昆,继续向远离汉边的西方逃亡。

汉元帝刘奭(shì)初元五年(前44),也就是罗马帝国的伟大首领尤利乌斯·恺撒被暗杀那年,郅支单于率领他的部下到达远西的康居,娶到康居王的女儿之后，开始以康居国的保护人自居，并将今哈萨克江布尔以自己的名字命名为"郅支城"。匈奴人还传令西域各国进贡，并封闭了驼铃声声的丝绸之路。

8年后，汉人终于出手了。

大漠沙如雪，燕山月似钩。月光下的中亚大草原上，一支庞大的军队正衔枚疾进。汉朝西域都护、甘肃人甘延寿和副校尉、山东人陈汤冒着触犯汉律的危险（此次乃矫诏发兵），以皇帝的名义秘密调发西域各国军队，连同屯垦军共4万余人，兵分两路——南路翻越葱岭，穿过大宛国；北路穿过乌孙国，在郅支城下形成合围。

当黎明的第一缕曙光洒上绿洲，远远的，土质外壳包裹着木城墙的郅支城出现在汉朝西征军的视野里。汉将令旗一挥，大队人马风驰电掣般合围过去。

睡梦中的匈奴军人仓促应战，城池很快陷落，北匈奴从此灭亡，郅支单于在康居国东部被军侯杜勋一刀砍翻，他的头颅被快马传送到3300公里外的长安。两个不光彩的记录被郅支改写：他是第一个被汉军在战场上砍头的单于，也是第一个身首异处、死后不能全尸埋葬的冒顿子孙。同时被俘的还有一些着黑衣、举盾牌的西方军人，据说他们是在与安息作战失败后向东方逃跑的罗马军团士兵。

大功告成的甘延寿、陈汤在给汉元帝的报告中底气十足地写道："明犯强汉者，虽远必诛！"我还仿佛听到了他们的心在喊："天空才是我们的极限！"

十一、昭君出塞

从此，没有人自愿飞蛾扑火，也没有人敢螳臂当车。

汉元帝下旨令寻求保护的呼韩邪回到草原上收拾残局。习惯了戈壁风沙、听惯了战马嘶鸣的呼韩邪离开汉边北归单于庭，使匈奴重新归于统一。

呼韩邪地位稳固后，于汉元帝竟宁元年（前33）向汉元帝提出了愿为汉家之婿的请求。

让人不解的是，汉元帝没有让自己的亲生女儿远嫁，也没有选择皇室贵族的女儿嫁给单于，而是别出心裁地在自己的上万名宫女中选择5人远嫁。这样，一来不得罪皇亲国戚；二来满足了呼韩邪和亲的请求。

但这位皇帝太粗心大意了。汉元帝有两大嗜好，一爱音乐，二爱美女。他遍采天下美色入宫，又懒得逐一面见，宠幸宫女完全凭借画像。引得各位宫女纷纷贿赂画工，多则10万，少则5万钱，其中最典型的受害者就是王昭君。

王昭君,原名王嫱①,字昭君,出生于楚歌之乡——秭归香溪水畔②的一个平民之家。香溪水畔的青年男女以能歌舞、擅筝筑闻名八乡。汉乐府采歌采诗,必然选择能歌善乐之女充入后宫,因此色艺俱佳的昭君幸运地进入汉宫。在身处僻壤的乡亲们眼里,好像她距离皇后的位置只有半步之遥了。其实汉宫后妃等级森严,元帝时有"昭仪、婕妤、娥、容华、美人、八子、充依、七子、良人、长使、少使、五官、顺常、无涓"十四级,作为"良家子"入宫的昭君并无职号,身处十四级之外,仅仅是一位"掖庭待诏"——随时"候选"的普通宫女。加上昭君自感天姿过人,不肯贿赂宫廷画师,结果被画师毛延寿在画像上做了手脚,本应点在眼睛上的丹青被点在了面颊上,因而入宫之后一直未能见上元帝一面。就人格而言,昭君维护了做人的尊严;就美貌而言,昭君确有自负的本钱;就环境而言,昭君认定皇宫绝不会永远暗无天日。就这样,她开始孤傲地与流俗对抗着,甘心情愿地扎进了红墙碧瓦的牢笼。天上的月亮圆了又缺,宫中的大树绿了又黄,日复一日,年复一年,那位高高在上的皇帝仍旧"以画取人"。按照宫中惯例,她在皇帝死后将面临被"夷灭"和"流放"的悲惨命运。

听说元帝下诏选择宫女与匈奴和亲,陪伴孤灯冷月3年之久的昭君同其他4位宫女应诏前往。貌若天仙的昭君被呼韩邪一眼选中。很快,汉元帝下达诏书——"收昭君为公主远嫁"。昭君的侄子王歙(xī)被封为和亲侯陪姑姑出塞。

那是一个阳光灿烂的上午,汉元帝按照外交惯例为只是在画布上见过面的公主送行。大红灯笼高高挂,文武大臣分列大殿两边,皇后和宠妃簇拥着红光满面的皇帝,朝堂上洋溢着喜庆的气氛。当呼韩邪与昭君双双向元帝跪拜谢恩时,王昭君柳腰款摆,娇如杨柳迎风;粉颊喷红,艳似映日荷花;浅颦微蹙,仿佛梨花带雨。脸庞上透出的是清雅若空谷幽兰、明净若秋水长天的绝代风华,眉眼中透出的是比国风、楚辞、汉赋、唐诗还要美的风韵,元帝醋意顿起,悔意陡生。

这一刻,皇帝的瞳仁似乎已经凝固,时间的激流仿佛骤然静止,但诏书已下,覆水难收。

回过神来之后,汉元帝赏给昭君大量锦帛棉絮黄金美玉,并"破例"送出长安10余里,眼睁睁看着昭君"马后桃花马前雪"绝尘而去。

昭君出塞的路线是由长安北上,经北地郡、上郡、西河郡、朔方郡至五原,

---

① 又名王牆,见《汉书·元帝纪》、《汉书·匈奴传》(下);直到《后汉书·南匈奴列传》中才首次出现"王嫱"之名并延误至今。
② 今湖北省兴山县昭君村,发源于神农架的香溪河经兴山县、秭归县入长江。

即今陕西、甘肃、内蒙古交会地,而后向胡地纵深奔去。那是一条黄云白草、风沙迷茫的路线。对于历史来说,昭君永远是一个怀抱琵琶、寂寞无言地走在斜阳荒草之中的女子。从此,华美霓裳代之以厚重皮裘,流水飞红变之为漫漫黄沙,南国水梦蜕变为塞外笛鸣。"阳关万里遥,不见一人归。唯有河边雁,秋来南向飞。"

然而她没有后悔,既然选择了出塞,就注定选择了坚强,选择了责任。她从此与众不同,不只为落雁①之貌,更为奉献之心。昭君出塞后,被呼韩邪封为宁胡阏氏。汉匈出现了"边城晏闭,牛马布野,三世无犬吠之警,黎庶无干戈之役"的奇特景观,燃烧了一个世纪的烽火熄灭了,出现在边境线上的是和平居民的袅袅炊烟。就这样,一个纤弱女子撑起了汉匈和好一片天,有了"一身归朔漠,数代靖兵戎"的佳话,有了"若以功名论,几与卫霍同"的美誉。

不后悔并不代表她甘心,因为一想起宫中的时光,她心中因画师留下的那道黑色伤疤就隐隐作痛。

昭君出塞后,汉元帝同样心有不甘。他没有反思"以画取人"的弊端,却把毛延寿杀掉以解心头之恨。杀了毛延寿,元帝余怒未消,又将当时著名的画家陈敞、刘白、龚宽、阳刻、樊育等一并杀掉。因为一个人得罪了自己,而把与仇家职业相同的人一起杀掉,在中外历史上绝无仅有。清人刘献廷感叹道:"汉主曾闻杀画师,画师何足定妍媸(yán chī)②。宫中多少如花女,不嫁单于君不知。"

爱的需求和力量一旦逝去,人就会成为一个活着的墓穴,苟延残喘的只是一副躯壳。或许对昭君远嫁仍旧耿耿于怀,元帝因此抑郁成疾,当年夏天便含恨而逝,年仅41岁。

昭君再无遗憾。从此,她像所有牧女一样去爱与被爱,全身心融入了奶茶一般热滚浓醇的生活。她与呼韩邪生有一男(后为右日逐王),与呼韩邪的长子复株累单于生有二女。在之后的漫长岁月里,她的女儿、女婿、外孙一直为汉匈和平奔走呼号。

昭君于汉成帝刘骜鸿嘉二年(前19)含笑而去,此时的她只有33岁,一树美丽的芙蓉才刚刚盛开。

长眠后的昭君被安葬在内蒙古呼和浩特大黑河南岸的冲积平原上。令人欣慰的是,在草木凋零的秋冬,唯有昭君墓旁草青木葱。而且因为杜甫"群山

---

① 传说她的美貌和一曲琵琶使雁落平沙。
② 指美与丑。

万壑赴荆门,生长明妃尚有村。一去紫台连朔漠,独留青冢向黄昏"的诗句,昭君墓又被诗意地称为"青冢"①。

从此,她在原野上沐雨而立,一站就是2000多年。

十二、寄人篱下

牧草黄了又青,青了又黄,历史之河在淡淡的哀伤中徐徐流淌。

后来,中原一位外戚不仅替代了刘姓皇帝,而且实施了挥刀自宫性的改革——王莽改制。

与"书同文,车同轨,置郡县"的秦始皇改革相比,除了效果甘拜下风之外,王莽改制的力度、广度、声势有过之而无不及。这是个满脑袋新思维和满肚子花花肠子的白面书生,他不仅把自己的王朝命名为"新"朝,而且把老掉牙的井田制搬了出来,规定天下土地都叫"王田",由朝廷按人口重新分配。下令废止了市面上流通已久的五铢钱,单是新出台的钱币面值就达28种,甚至把远古时期一度用作交易媒介的贝壳也作为货币使用。就连最为敏感的民族政策也被更改,他将匈奴随意地分成15个单于,首领由王降成侯,匈奴单于被改称"降奴服于","匈奴单于玺"被更换成"降奴服于章";高句丽②被改名为"下句丽"。

中国有句古话:"变古乱常,不死则亡。"试想,循序渐进式的改革都往往遇到天大的阻力,况且这种类似梦游症患者的举动了。于是国内的反对派、饥饿的农民和周边的小国鼓噪、反叛乃至起义不断,王莽很快就陷入了四面楚歌,匈奴趁乱向南方渗透。

正当匈奴向汉边步步紧逼时,匈奴草原发生了可怕的旱蝗,如乌云般的蝗虫过处,牧草树木被一扫而光,人畜死耗大半,乌桓乘机领兵来犯,匈奴主力被迫北迁数千里。南方的8个匈奴部落在呼韩邪单于的孙子比的率领下,公开与跑到北方的蒲奴单于叫板,另起炉灶成立了南匈奴国,比采用他祖父的名号,自称为"呼韩邪单于二世"。

自封的单于毕竟势单力薄,南匈奴在与北匈奴的征战中很快便处于劣势。东汉光武帝刘秀建武二十六年(50),已无法在草原立足的南匈奴向汉朝求救,光武帝同意其内迁屯居北地、朔方、五原、云中、定襄、雁门、代郡。

寄人篱下的日子是安全的,但随之而来的便是地位的下降。东汉与匈奴

---

① 见林幹《匈奴史》,内蒙古人民出版社1979年版。
② 又称"高丽"、"高骊",本义是指高大的黑马。

的关系已由呼韩邪单于一世时代的准君臣关系转换成了真正的君臣关系。东汉按年度给予南匈奴援助，还委派使匈奴中郎将陪伴单于，监督匈奴的动向，参与匈奴部落争端的裁定。更令匈奴有苦难言的是，东汉以"卫护"匈奴为名，将大批军民移居边境，显然是想通过杂居将南匈奴融合。

一向独往独来的匈奴人甘心束手待毙吗？

十三、胡笳①十八拍

蔡文姬，原名蔡琰，出身于书香门第，父亲蔡邕（yōng）是东汉名士。博学而自负的蔡邕早年得罪了专权的宦官，被发配到边关。军阀董卓专权后，为了笼络人心，骗取虚名，将蔡邕召回，连升了三级。靠打仗起家的董卓不仅将朝政集于一身，而且擅自废立汉帝，敲诈盘剥黎民，逼迫洛阳居民迁往新都长安，激起了臣民的一致义愤，众人皆欲除之。依《三国演义》的说法，司徒王允先将有闭月之貌的貂蝉（据说她拜月时月儿躲进云层不敢与之斗艳）献给董卓，暗地里又将貂蝉许配给董卓最信任的部将吕布，致使二人争风吃醋，反目成仇，借吕布之手除掉了董卓。

董卓一死，受到重用的蔡邕被当做董卓的同党抓了起来，冤死狱中。后来，董卓部将作乱，关中一片混战，长安成为鬼城，随难民一起流浪的蔡文姬被趁火打劫的匈奴骑兵劫走。

躲在难民堆里的蔡文姬尽管衣衫褴褛、蓬头垢面，但仍难掩高雅清丽的气质。左贤王对她一见倾心，立即收为夫人。23岁的蔡文姬在匈奴一住就是12年，并为左贤王生下二子：阿迪拐和阿眉拐。

从此，蔡文姬再也梦不到那遥远而亲切的故乡。不承想中原还有人牵挂她，而且是已经可以对匈奴发号施令的曹操。

汉献帝刘协建安十三年（208），曹操派出使者周近携带黄金千两、白璧一双前往南匈奴，向左贤王索要好友蔡邕之女。

左贤王不敢违抗曹操的意志，只得放爱妻回归。12年的胡地生活令蔡文姬早已不惧风霜雨雪，但有谁知她内心的无边苍凉？去留两依依，中原故乡在这头，两个孩子在那头，这边是游子最刻骨的乡愁，那边却是母亲最深邃的爱意！面对子女与故国的两难选择，她欲哭无泪，心如刀绞。35岁的蔡文姬在汉使的催促下，恍恍惚惚地登车而去。在车轮辚辚的转动中，12年的风风雨雨滴滴注入心头。

---

① 胡人将芦苇叶卷成双簧片形状或圆锥管形状吹奏，即为原始的胡笳。

她饱含血泪写下了《胡笳十八拍》(又名《胡笳鸣》)这一令惊蓬坐振、沙砾自飞的千古绝唱。全曲通过她被掳、思乡、别子、归汉等一系列坎坷遭遇的倾诉,生动地再现了战乱年代一代才女悲欢离合的传奇经历。歌里字字血、声声泪,每一拍①都如泣如诉:"为天有眼兮何不见我独漂流?为神有灵兮何事处我天南海北头?我不负天兮天何配我殊匹?我不负神兮神何殛(jí)②我越荒州?制兹八拍兮拟排忧,何知曲成兮心转愁。""喜得生还兮逢圣君,嗟别稚子兮会无因,十有二拍兮哀乐均,去住两情兮难具陈。""十六拍兮思茫茫,我与儿兮各一方,日东月西兮徒相望,不得相随兮空断肠。"

直到今天,我们仿佛还能听到那悲怆的吹奏乐曲和凄婉的歌声,仿佛看到一位身心疲惫的女子正行走在屈辱与痛苦铺成的长路上。

才华横溢的蔡文姬回到邺城,立刻赢得了朝野的一致尊重。35岁的她由曹操做主嫁给了屯田都尉董祀。蔡文姬还将其父所传的经典文章凭记忆默写下来,留下了一笔宝贵的精神遗产。

与昭君墓被一再整修天差地别的是,我们在同为汉代美女的蔡文姬的家乡——河南杞县圉(yǔ)镇基本找不到什么令人流连的文物古迹,只有一尊显然谈不上精美的蔡文姬汉白玉雕像矗立在尘土飞扬的十字街头,而她那最为钟情的蔡家花园已经颓墙满目、枯叶遍地。

十四、韬光养晦

已经索回蔡文姬的曹操"得寸进尺",当匈奴的合法单于在汉献帝建安二十一年(216)从平阳(今山西临汾西北)去邺城(今河北临漳)拜会汉朝宰相、魏国公曹操时,被曹操供奉于宫廷之内,名为享受荣华,实则扣为人质。

曹操让匈奴右贤王去卑替单于管理国家,并把南匈奴分为五部,安置在陕、晋、冀以北人烟稀少的边境,左部统率1000余落,居住在今山西临汾;右部统率6000余落,居住在今山西祁县;南部统辖3000余落,居住在今山西隰(xí)县;北部统辖4000余落,居住在今山西忻县;中部统辖6000余落,居住在今山西文水县。每部设置一名匈奴部帅,并派一名汉人司马予以监督。

那个被扣押的匈奴单于名叫呼厨泉,据说他在被扣为人质后俯首帖耳、自得其乐,直到默默地离开人间。

---

① 突厥语称"首"为"拍"。
② 杀死。

一个在草原上呼风唤雨的人怎么会甘心沉沦呢？也许会有许多人对此不以为然，但我却被他的忍耐和牺牲精神深深震撼。

我一直在思考一个问题：生命是什么？生命的价值何在？直到最近，我才从一位西方哲人口中得到了最为信服的答案："生命就是上帝派遣一个灵魂到世上来受苦，然后死去。可由于这个人的努力，他所受过的苦，后人不必再受。"

正是因为这位首领的屈从和忍耐，雄风不再的匈奴人避免了被杀戮和践踏的悲惨命运，得以在中国的北部边疆安居下来。后来，以其娴熟的弓马技术成为中原军队的组成部分。就这样，中国边疆及其防御体系沿线聚集了大量半汉化的胡人。这与晚期的罗马帝国极其相似，因为后者的大部分边疆地区和防御体系这时也同样落入了日耳曼"蛮夷"手中。正如拉丁人和日耳曼人共同缔造了后世欧洲一样，中华帝国的后世历史也开始由"蛮夷"与汉人共同谱写。

历史应该记住"呼厨泉单于"这个名字，因为他比《水浒》还惨，比《西游》诡异，比《三国》睿智。

记不清过了多少年，晋朝的太阳渐渐西斜。皇位传到大白痴晋惠帝手上，皇后贾南风掌握了朝政大权——她的办法很简单，就是借助于一名亲王节制其他手握重兵的亲王。其他亲王不服，于是演变成历时 16 年的"八王之乱"。渐渐地，晋朝被战乱、天灾和流民压得喘不过气来，中原人口由公元 156 年的 5600 万下降到 306 年的不足 1600 万，这也为内迁的各少数民族逐鹿中原提供了千载难逢的机遇。也就是说，中原正值风和日丽、雨水充沛，任何独立的种子撒上去都会生出灿烂的国家之花。

已经半汉化的南匈奴人于晋惠帝司马衷永安元年（304）趁乱起兵，成功地建立了中国历史上的第一个少数民族中原王朝。

王朝的建立者叫刘渊，屠各匈奴人①，自称是南匈奴于扶罗单于的儿子左部帅刘豹之子。

十五、偷天换日

刘渊是一个传奇人物。

史书这样描述青年时代的他——"姿仪魁伟，身长八尺四寸，当心有赤毫毛三根，长三尺三寸。"就连一贯卖弄深沉的算命先生见到他都连连惊叹："此

---

① 投降西汉的匈奴休屠部后裔。

人相貌非常,吾所未见也。"

他的青少年时代是在洛阳度过的,身份是人质,因而能够受到汉文化的长期熏陶。父亲病死后,他回到本部世袭了左部帅一职。

"八王之乱"开始,失控的中原如潮澎湃,汾水流域的匈奴五部也蠢蠢欲动。永安元年(304),刘渊乘乱从邺城逃回山西,在离石县自称"大单于",将五部匈奴整合在一起,组成了5万人的骑兵部队。一个新王朝的影子在遥远的地平线上,披着曙光,带着血与火的洗礼蹒跚走来。

历史无法拒绝。同年十月,他在今山西离石东北的左国城南郊建坛登基,宣布"复国"。为笼络辖区内的汉人,他尊蜀汉刘禅为孝怀皇帝,自称"汉王"。"乐不思蜀"的刘禅做梦也想不到,在他入土几十年后,竟然有个姓刘的匈奴人打着他的旗号光复汉朝。阿斗的裤裆再松,也不至于漏出这么一位雄才大略的豪雄。

晋怀帝司马炽永嘉二年(308),刘渊正式称汉皇帝,迁都平阳,国号汉(史称"北汉")。不久,刘渊将目标直指中华帝国的中心——古都洛阳,可惜他目标未竟就一命归天。

太子刘和继位后,方才发现军权掌握在4个兄弟手中,经过密谋策划,决定对亲兄弟下手。但隔墙有耳,风声泄露,手握重兵的匈奴右部统领——四弟刘聪竟然杀进京城,将新皇帝刘和处死在尸骨未寒的父亲灵前,自己当上了梦寐以求的皇帝。

这位因为偶然事件登上皇位的年轻人是个性情中人,他的故事还要从晋怀帝说起。

永嘉五年(311),刘聪派大将刘曜、石勒占领了洛阳,晋怀帝司马炽被生俘,晋朝帝王的陵墓被掘开,这就是历史上有名的"永嘉之祸"。

一天,兴高采烈的刘聪大摆宴席,招待被俘后被封为新会稽公的司马炽。酒过三巡,刘聪对战战兢兢的司马炽说:"爱卿做豫章王时,我专程到你府上拜访,你说对朕闻名已久,并对朕所作的歌赋赞叹良久。后来,你又带我去皇堂射箭,赠给了我良弓美砚,你还记得吗?"

从中午到日落,两位"老朋友"相见甚欢。临别之时,刘聪一时兴起,将自己最宠爱的妃子刘贵人赐给了晋怀帝。

后来,长安传来了司马邺被立为晋朝皇太子的消息。永嘉七年(313)春节,刘聪在光极殿大宴群臣。席间,他一改往日对晋怀帝的彬彬有礼之态,逼着晋怀帝身着仆人的青衣小褂,跟奴隶一起为在座的匈奴贵族斟酒。折腾够了以后,可怜的晋怀帝被一杯毒酒结束了29岁的年轻生命,先前赐给晋怀帝的美人仍旧回到刘聪的后宫做她的贵人。

第一章 匈奴——第一个胡人的故事

不幸的消息传到长安"行台"①,皇太子司马邺继承了帝位,特意把年号定为建兴。建邺②避司马邺之讳从此改名建康。

"建兴"这一年号并未带来好运。晋愍(mǐn)帝司马邺建兴四年(316),刘聪引兵包围长安,迫使晋愍帝投降。晋愍帝在被俘前留下诏书,要镇守建康的琅玡王司马睿③继承皇位。第二年3月,因为晋愍帝还活在世上,司马睿勉强在建康称"晋王",史称"晋国既建"。

刘聪开始得意忘形,每当喝得酩酊大醉时就到大臣家里串门,遇到漂亮姑娘就要立即尝鲜。一天,他来到大臣靳准家里,见其两个女儿靳月光、靳月华芙蓉如面,芳兰竟体,立即口头承诺纳二女为贵嫔,并当即在新岳父家里入了洞房。

尽管心情不错,但刘聪还是除掉了表面老老实实、实为心腹之患的司马邺。按照并不科学的历史记载方式,最后一位落难皇帝一死,历时52年的西晋才算灭亡。听到皇帝被害,晋元帝司马睿于建武二年(318)在建康举行了登基大典,改年号为大兴,宣称晋朝在东方复兴,史称"东晋"。

在这个成王败寇的时代,匈奴人收获的每一声欢呼只能验证他们的努力不曾白费。我们需要关注的是这支牧民后裔正在给、将要给混乱的中原带来什么,他们会不会像西晋那样成为后人嗤笑的对象?

事实证明,他们并没有走出西晋后期自毁长城的惯性。刘聪一死,北汉的倒霉日子就降临了,原因是刘聪生了一位荒唐的儿子刘粲,而且没让刘粲跟自己学会如何打仗,只是跟自己学会了如何玩乐。东晋大兴元年(318),刘粲一上台就把5位如花似玉的后母收为己有,其中大臣靳准的两个女儿也一下子由后母变成了皇后和贵妃。刘粲和他的后宫彼此像盒子里的豌豆一样滚作一团,至于小盒子外面发生了什么,他们一无所知。很快,岳父(也是他父亲的岳父)靳准掌握了朝廷大权。不到两个月,荒唐的刘粲就被岳父砍了脑袋,刘姓皇族被统统杀光。

同时靳准下令掘开刘渊、刘聪的陵墓,将已经腐烂的刘渊尸体一顿乱捅,将尚未腐烂的刘聪的脑袋从尸体上砍了下来。

可惜啊,企盼中的永恒不到3代。

他们灭亡的根子还是缘于他们的蒙昧。尽管匈奴人建立了皇权,穿上了龙袍,坐在了龙椅上,但他们的文化、观念、心胸并未因此有根本的改变。正如我们如今的一些官员、学者,出了几趟国,喝了两杯速溶咖啡,认识了几个洋

---

① 中央临时机构。
② 古城在今江苏省南京市建邺区。
③ 司马懿之曾孙,司马觐之子。

人,说几句外语,就以为与外国接轨了,其实文明、知识、境界、修养、素质不是艾滋病毒,扎一针就能传染上的。

十六、自掘坟墓

北汉令人遗憾地谢幕了,但匈奴人的皇帝梦还在延续。政变发生后,北汉亲王刘曜和大将石勒①填补了北汉留下的空缺。

刘曜出身于屠各匈奴部落,父母早亡,被刘渊收养,后来成长为一名仪态不凡、遐迩闻名的神射手和灭晋功臣。

东晋大兴元年(318),位居相国、镇守长安的刘曜听说靳准在都城发动叛乱,立即率领军队赶赴平阳救驾,大军行至赤壁(今山西河津市赤石川),遇到了从平阳出逃的两位大臣,获知了皇帝刘粲被杀的消息。

于是他在众臣的拥戴下宣布称帝,改元光初,国名被定为赵②。

接下来的任务就是全力收拾叛乱者了。

刘曜从长安、石勒从襄国(今河北邢台)分别向平阳进军,靳氏家族像此前的刘姓皇族一样被统统杀光,巍峨的宫室被付之一炬,已经具有相当规模的平阳城被从历史名城的名单中永远抹掉了,其消失过程颇像东方世界里一个遥远而恐怖的童话。

由于平阳成为一堆废墟,周围又被石勒占据,因而刘曜领兵还都长安。漫漫长路,他并未感到丝毫寂寞,因为他在攻下洛阳后抢来的晋惠帝皇后羊氏一直陪伴着他。一经回到长安,他就将曾经母仪天下、风韵天然、刚过30岁的羊氏立为皇后。

世间许多的美,你不能奢望它们同时呈现或者相加,譬如喷薄的朝阳和皎洁的月轮,不可能同时出现在地平线上。情场得意的刘曜,事业并不顺利,因为他有一位天生的对手——石勒。看来刘曜昏头了,身为赵王的刘曜居然将竞争对手石勒也封为赵公,这不是明摆着自掘坟墓吗?而此时的石勒自感还没有能力击败刘曜,也就顺水推舟地接受了封号,回到了根据地襄国,建立了历史上的后赵。

一个天空出现了两个太阳,两个赵国先后诞生,这是否预示着他们必然火并的命运呢?

荀子说:兼并易而坚凝难。刘曜初入关中时尚能从谏如流,但在击杀凉

---

① 羯人,他的事迹见月氏一章。
② 刘曜曾受封中山王,中山古代叫赵。

王、收服氐羌①不久就听不进劝谏了。尤为令人意外的是，在外有强敌、内乏国力的情势下，他竟然耗费上亿巨资为父母建永垣陵、显平陵，致使朝政荒废、民怨沸腾。

在前赵自掘坟墓的日子里，后赵趁机发起了进攻。激战在洛阳爆发，两国皇帝亲自参加了战斗，时间是光初十一年(328)。如果说石勒是一只猛虎，那么这时的刘曜只能算一头猪。当石勒小心翼翼地进行战前准备时，刘曜却每天和亲信赌博饮酒，谁要是规劝一下就要被推出帐篷斩首。决战开始时，刘曜已经喝得烂醉如泥。上马后，为了表示从容不迫，他又大喝了几口酒。于是两军一交战，便败下阵来，醉意未消的刘曜马陷石渠坠于冰上，身上有十几处伤口鲜血直流，最终被石堪②生俘，他的5万名部下也被剁去了脑袋。

刘曜的所作所为很容易让我们想起在战场上因为整理松掉的帽带而被敌兵杀死的子路，如果说子路代表的2000年前某种中国士大夫"气节"有些迂腐、可爱的话，那么刘曜代表的中国痞子们的那种虚张声势、不自量力就过于可悲、好玩了。

昏昏沉沉的刘曜被押解到后赵的都城襄国，扔进一个破烂、昏暗的小屋里。好不容易等到刘曜醒了酒，石勒命令刘曜写信劝儿子刘熙投降。但是刀架在脖子上的刘曜仍豪气不减，他在信中明确指示儿子"与大臣一起维护江山社稷，不要因为我改变主意"。石勒火冒三丈，立即处死了这个死猪不怕开水烫的俘虏。从刘曜的后期表现我们感觉到：是做一株会思考(居安思危)的芦苇，还是做一头快乐(盲目乐观)的猪，是人类永远应该考虑的问题。

但刘曜的临终指示不无道理，只要儿子们坚守关中，前赵就有同石勒对抗下去的资本。显然，他高估了从未经历过磨难的儿子们。光初十二年(329)正月，刘曜被囚杀的消息传到长安，太子刘熙和哥哥刘胤变得六神无主，他们居然撇下都城和坚守都城的大军西逃上邽(guī)(今甘肃天水)。

主子都跑了，我们为谁卖命？于是留守长安的前赵将军蒋英率10万军队开城投降。洛阳军方兵不血刃地接收了这座本来要搭上10万精兵也未必能攻克的坚城。

雁声阵阵的九月，喘息已定的刘胤又后悔当初不该撤出长安，便率领数万精兵卷土重来。

刘胤太天真了，他应该明白：历史从不给退席者以补席的机会。

---

① 见王桐龄《中国史》，江西人民出版社2008年版。
② 后赵大将。

听到这个消息,石勒高兴坏了:天堂有路你不走,地狱无门偏进来!立刻,石勒派中山公石虎带 2 万骑兵增援长安。

结果,刘胤在义渠战败后再次西逃,石虎沿途追杀,枕尸千里,一直追进还未来得及关闭城门的上邽城,将前赵帝王将相一网打尽。5000 多名王公贵族被押送洛阳集体阬杀①,曾经被称为"天之骄子"的屠各匈奴人被斩尽杀绝。

这个王朝只存在了 11 年。

十七、河西王

一个伤感的故事结束了,接下来的故事还如此低沉吗？我无法预测。

这是一个关于卢水胡的故事。他们是由南匈奴与月氏、羌人杂居而成,因世代居住在卢水(今青海西宁西)而得名。

故事里的第一位人物名叫蒙逊,出生在一个部落酋长世家,先祖曾担任过匈奴和前秦的官员。有一天,担任后凉大臣的两位伯父被听信谗言的后凉国王吕光无辜杀害。复仇的火焰烧红了蒙逊的双眼,趁回家埋葬伯父的机会,他和太守段业一起背叛了吕光。

在蒙逊的拥戴下,段业于东晋安帝司马德宗隆安元年(397)自称"大都督"、"凉州牧",两年后自行升格为凉王(历史上称为"北凉")。后来,两人的关系因段业心胸狭窄走向破裂,伯父的悲剧眼看就要重演,握有实权的蒙逊率先发难,以残害忠良为由处死了主子段业。

他成为大都督、大将军、凉州牧、张掖公。

接手北凉的蒙逊并没有多少骄傲的资本,因为在当时的中国版图上,除了自称正统的东晋和日益强盛的北魏,还有长安的后秦姚兴(羌族),苑川的西秦乞伏乾归(陇西鲜卑),西平(今青海西宁)的南凉秃发利鹿孤(河西鲜卑),姑臧(今甘肃武威)的后凉吕隆,敦煌的西凉李暠(hào)(汉族),得罪了他们中的哪一个,他都可能陷入万劫不复的深渊。为此,他对外向后秦纳贡,继而又向南凉纳款;对内则励精图治,颇有一点韩信胯下受辱、句践卧薪尝胆的味道。

到了北魏明元帝拓跋嗣永兴二年(410),有了底气的北凉开始奉行远交近攻战略,除了向北魏称臣外,不再向其他任何邻国进贡。南凉王秃发傉

---

① 后常写作"坑杀",因而被误解为活埋。阬:本义为高大的门楼,与"京观"意思相同;阬杀:指将战俘屠杀后,将尸体堆积在道路两旁用土夯实,形成金字塔式的土堆,号称"京观"和"武军",以夸耀武功并震慑敌人。

檀勃然大怒,立即派出使者斥责北凉。结果,使者被驱逐出境,两国约定适时决战。

于是默默无闻的穷泉(今甘肃山丹县东南)见证了一次恶战。毫无大战准备的南凉军队被彻底击溃,南凉都城姑臧随之换了主人。时隔两年,蒙逊把都城从张掖迁到姑臧,自称"河西王"。

北魏明元帝泰常六年(421),蒙逊又倾力灭亡了西凉,得到了著名的绿洲重镇酒泉、敦煌,占据了梦一般美丽、油一样丰饶的河西走廊。

河西走廊是中原通向西域的黄金路线,也是佛教继丝路进入中原的主要通道。沉迷于佛教、醉心译经造像的沮渠氏①进入河西后,佛教艺术文化开出了灿烂的花朵。走廊西口的敦煌莫高窟—酒泉的文殊山石窟—张掖的马蹄寺、千佛洞、金塔寺—武威的天梯山石窟……恰似一条自西向东滚滚流淌的文明长河,将佛教的帆船载进古老的中国,其中一名划桨者就是沮渠氏。

英雄总有迟暮的一天,蒙逊于北魏太武帝拓跋焘延和二年(433)病重。临终前,他一再告诫三子牧犍:"与北魏亲善是我们的国策,请儿子铭记!"

遵照父亲的嘱咐,牧犍继续奉行向北魏称臣的政策,将妹妹兴平长公主②送给北魏拓跋焘为右昭仪,对方也将妹妹武威公主嫁给牧犍为妻。有北魏这个巨人撑腰,北凉似乎可以长治久安了。

问题是并非每间闺房都值得采花贼光顾。拓跋焘的妹妹长得太黑了,好色的牧犍只是把她当"菩萨"一样高高供着,背地里与粉妆玉琢、貌美如花的寡嫂李氏双宿双飞。想不到这位色胆包天的李氏为了与小叔子长相厮守,竟然在武威公主的饭菜里下毒,多亏北魏皇帝派御医快马赶到,才将妹妹的小命从死神手中夺回。大怒之下,拓跋焘要妹夫交出李氏,但嗜色如命的牧犍却暗中将嫂子藏到了酒泉。这一著名的桃色事件发生在北魏太武帝太延六年(439)。

拓跋焘决定发兵亲征薄情寡义的妹夫。

针锋相对,北凉人也摆出了决一雌雄的架势。还是那句老话,堡垒往往从内部攻破。沮渠祖、沮渠万年③暗中做了北魏的内应,固若金汤的姑臧城门大开,牧犍被迫率文武5000人向妹夫兼大舅子缴械投降。只经历了两位国主,立国39年的北凉走下了神坛。

卢水胡并没有举部归降,牧犍的3个弟弟因驻扎在外幸免于难,他们从敦

---

① 卢水胡首领蒙逊的姓氏。
② 皇帝的女儿称"公主",皇帝的姐妹称"长公主",皇帝的姑姑称"大长公主"。
③ 北凉贵族。

煌到鄯善①,最终远走高昌②,建立了流亡政府,一度强占了车师前国③都城,使交河城从此退出了国都的行列。北魏文成帝拓跋濬(jùn)和平元年(460),这个弱小的流亡政府被草原新霸主柔然灭亡。

下一场将是哪个匈奴部落身披历史的霞光登场演出呢?

十八、可怜无定河边城

陪伴血色黄昏的往往是灿烂无比的晚霞。在整个匈奴走下坡路的年代,一支名叫"铁弗"的匈奴部落留下了一支凄美的绝唱。

所谓"铁弗",意为匈奴父、鲜卑母的后裔。晋永嘉四年(310),铁弗匈奴人从山西北部出发,渡过奔流不息的黄河,迁居今内蒙古河套一带,相继依附汉主刘聪、后赵石虎、前秦苻坚、西燕慕容永、后秦姚苌(cháng)。

北魏道武帝拓跋珪登国六年(391)的一个冬夜,急促的马蹄声敲碎了草原的静谧,北魏突袭了铁弗匈奴首领刘卫辰的老窝代来城(今内蒙古乌拉特旗东南)。刘卫辰在乱军中被杀,只有年方11岁的三子刘屈孑侥幸冲出重围投奔了后秦。

一个浪打上礁石,海鸟惊逃,以为是一次谋杀;孩子欢喜,以为是大海开出了鲜花。刘屈孑善骑射、多智谋、喜杀戮的特点,引起了许多后秦大臣的警惕和不安。而后秦高平公没奕于却把女儿许配给了他,一心笼络人才的后秦皇帝姚兴也给了他无限的信任。

让有些人敞开心胸,大概只有在手术台上。刘屈孑在被派到朔方协助岳父没奕于的日子里,先是扣留了柔然可汗向姚兴进贡的8000匹战马,然后在一次围猎中从背后射死了岳父没奕于,吞并了岳父的人马,随后以姚兴与北魏暗中勾结为借口宣布独立。

因为自认为是夏后氏苗裔,所以他在北魏道武帝天赐四年(407)自称"大夏天王""大单于",建元龙升。他还认为先人随汉朝公主姓刘是匈奴的一大耻辱,于是下诏:"帝王者,继天为子,是为徽赫,实与天连,今改姓赫连氏,庶协皇天之意。"从此,刘屈孑改名赫连勃勃。

雄心勃勃的赫连勃勃于龙升七年(413)征调10万人在黑水之南营建都

---

① 古西域国名,在新疆境内,汉代丝路名城,本名楼兰,后名鄯善。
② 地名,在新疆境内,距吐鲁番4000米,汉代丝路重镇,北凉国都,回鹘高昌国首府,1275年毁于战火。
③ 古西域国名,国都为交河城(今吐鲁番交河古城遗址),因遭北凉攻击,于公元450年西迁焉耆东部地区。

城。部下请他为新都城命名,他自信地说:"我正在统一天下,驾驭万邦,这个都城就叫统万吧!"他还亲自为4个城门起了颇具意味的名字:南门叫朝宋门,北门叫平朔门,东门叫招魏门,西门叫服凉门(类似于蒋介石退居台湾后将台北的大街换成了大陆的省名)。

受命修筑都城的叱干阿利①丝毫不敢懈怠,每筑一层,他都要亲自检验,用铁锥刺去,若扎入一寸就斩杀筑城者,甚至连尸体一起筑入城内,因而这座以鲜血为浆、白骨为墙铸就的城池被时人视为坚不可摧的城垣。后来,北凉和南凉合兵围困此城两年之久仍徒唤奈何。

苍天有时也会瞎眼,机遇竟然一再垂青这位飞扬跋扈、反复无常的人。东晋安帝义熙十三年(417),东晋太尉刘裕灭掉后秦以后,带大军返回洛阳谋划篡晋,只留下年仅12岁的次子刘义真镇守长安。赫连勃勃乘虚包围了长安,近乎疯狂的进攻持续到第二年,坚固的长安被撕开了缺口,抵抗者的头颅被全部割下,堆积成一座高耸的小山供胜利者参观,还美其名曰"髑髅(dúlóu)台"。然后,他宣布成为皇帝。那一刻,他高坐在金色宝座上,仰望着蔚蓝的天空,心潮澎湃,踌躇满志。

之后,他经常站在城头上,将弓箭放在身边,凡是看到不顺眼的人,便亲手将其射杀。大臣中胆敢正视他的人被挖掉眼睛,对他笑的人被割去嘴唇,谏阻他的人被割掉舌头。一天,他亲临兵器制造厂检验兵器的质量,如果所造的弓箭不能穿透铠甲,就斩掉制造弓箭的人;如果所造的弓箭能够穿透铠甲,就斩掉制造铠甲的工匠。就这样,这位识字不多的国王竟然为神奇的"悖论"提供了一个生动的范例。

晚年的赫连勃勃居然玩起了"通过竞争选择接班人"的游戏,让太子赫连璝(guī)、次子赫连昌、幼子赫连伦互相攻杀。结果,赫连昌表现最为抢眼,就被赫连勃勃立为新太子。

夏真兴八年(425),赫连勃勃驾崩,太子赫连昌继位。

并非所有靠竞争上台的人都有真本领,尤其是参与竞争的只有兄弟3人,属于典型的"矬子里面拔将军"。果然,上台后的赫连昌既无父亲的谋略,也无父亲的凶残,加上兄弟间的攻杀游戏一直未停,几天前还绿树荫荫的"大夏"突然临近了凋敝的深秋。第二年,北魏国主拓跋焘督兵攻进大夏,大夏先丢长安,后丢统万,王公、卿将、诸母、后妃、宫女都做了俘虏,所幸赫连昌带着7万户军民逃脱。

---

① 鲜卑族叱干部首领,与赫连勃勃一起背叛后秦,被赫连勃勃任命为御史大夫、梁公,成为大夏重臣。

不久，赫连昌就被拓跋焘在临时喘息的安定城生擒，他还幸运地被封为王公，并娶到了拓跋焘的妹妹始平公主。但他耻于寄人篱下，后来在叛逃途中被北魏轻骑兵追上砍了脑袋。

至此，历经25个夏天的大夏，在西下的残阳里，急剧地合上了喧闹一时的帷幕。

大夏灭亡了，但象征着大夏的都城统万（今陕西榆林西南白城子）还在。在随后的漫长岁月里，这座顽强屹立的坚固城池似乎总易滋生一种反叛的精神。隋炀帝杨广大业十三年（617），梁师都①曾割据此地称帝。从五代到宋朝，党项人②也以此为根据地建立了与宋对抗的西夏。自然而然地，它成了中央朝廷的眼中钉，肉中刺。宋太宗赵炅（jiǒng）淳化五年（994），宋朝下令毁掉这座钢铁城池，20万居民被强行赶走，几度辉煌的白城子沦为废墟。

昔日芳草茵茵、水流潺潺的无定河上游，如今只剩下苍鹰落日，塞外风沙。从碧波荡漾的河边营帐到指点江山的塞外名城，再到风沙弥漫的历史遗迹。500年，它经历了一个可怕的轮回。

十九、浅浅的记忆

就在我准备结束匈奴的中国部分时，差点儿犯下一个不可饶恕的错误。因为在历史的角落里还苟延残喘着一个不起眼的匈奴部落。

它叫稽胡（也叫步落稽），是南匈奴的一个分支。在北汉和前赵衰亡之后，他们辗转来到晋、陕北部山谷，与当地的女人组成家庭，过起了寂寞而安定的日子。

隋文帝杨坚开皇元年（581），隋朝"发稽胡修筑长城，二旬而罢"，其中没有他们闹事的记载。

横征暴敛的隋炀帝上台后，他们就忍无可忍了。山西离石胡人首领刘龙儿率数万稽胡造反，后来被隋朝军队斩杀。惨痛的失败并没有扑灭反抗的烈火，刘季真与弟弟刘六儿再次起兵，攻陷石州并杀死了刺史王俭。刘季真自称"突利可汗"，刘六儿受封拓定王。

岁月在悄悄流逝，等到中原皇帝换成隋朝国戚李渊的时候，稽胡的可汗也换成了先前的拓定王刘六儿。眼看着大唐周边的割据政权被逐一消灭，明智的刘六儿于唐高祖李渊武德二年（619）派遣使者向大唐请降，被唐高祖任命

---

① 夏州大姓豪强，公元617年联合突厥占领了隋朝的雕阴（今陕西绥德）、延安、弘化（今甘肃庆阳）等郡，在统万建立梁国。公元628年，唐太宗趁突厥内乱之机将梁国灭亡。
② 羌人的一支。

为岚州总管,按说他们可以过一阵温馨的日子了吧。

可是匈奴人血管里流淌的是桀骜不驯的血液,温顺和安乐根本不符合他们的性格。唐高祖武德四年(621),稽胡首领刘仚(xuān)成统率数万骑兵骚扰唐边,一时间狼烟滚滚,边关告急。唐高祖李渊命令太子李建成统率10万大军前往征讨。

后来被弟弟李世民杀掉的这位太子绝非史书上说的那样优柔寡断、碌碌无为(因为史书由李世民的臣下所写)。战争几乎自始至终按照太子的计划进行,刘仚成被打得丢盔弃甲,噩梦连连,在得到保住自己脑袋的承诺后宣布投降。不料,李建成以他们反复无常为借口,把已经投降的几千人全部阬杀。

霸气十足的岚州城很快沉寂下来,射一支响箭也听不到一丝回音。

如流星坠入了太空,生命回归了土地,小溪汇入了大河,稽胡连同所有匈奴人在中国永远地消失了,唐朝后期的史书上已经全然找不到他们的名字,残存的只是一段模糊不清的历史回忆。这太可悲了,因为匈奴人无论在身体上,还是在精神上,都有许多非常杰出的品质。

事情往往如此,我们无能为力。

二十、亡命天涯

故土难离,除非到了万不得已的地步。

北匈奴人较大规模地离开蒙古草原西迁发生在公元1世纪中期。正如第十节所述,因为杀死了汉朝使节,已经西迁康居的郅支单于被西域都护府率各国联军所灭。

历史正如一首赋格曲,不断地变调,却又回复到原点,出现了令人匪夷所思的轮回。一个世纪之后,草原上的匈奴人又分裂为南、北两部分。南匈奴投降汉朝,北匈奴蒲奴单于则不肯就范。因而汉朝对北匈奴发起了4次猛烈的攻击,特别是东汉和帝刘肇(zhào)永元三年(91),耿夔在今阿尔泰山大破北匈奴,北单于在混战中逃得无影无踪。唐代诗人卢纶在《塞下曲》中这样写道:"月黑雁飞高,单于夜遁逃。欲将轻骑逐,大雪满弓刀。"

更为可怕的是,原来附属于匈奴的民族群起而攻之。北匈奴残余被迫在永元五年(93)前后仓皇西逃,剩余的10万部众被占据此地的鲜卑合并,至此,蒙古草原上长达几个世纪的匈奴时代宣告结束。

帝国消失了,但流动的帝国余脉尚存。从此,他们以马蹄为笔,以亚欧大草原为背景,书写了一部近400年持续迁徙的悲壮史诗。

只要大旗不倒,他们就要持续西进:准噶尔盆地东部——巴尔喀什湖附近的悦般——阿姆河流域的康居（160—260）——泽拉夫善河流域的粟特国（260—350）。而后，受柔然压迫的北匈奴追逐着落日继续西行。

命运多舛，是说它无常，也是说它机遇丛生。只有让你迷路的地方，才是你新的出路。最初踏上西行路时，总有一种不甘和委屈，那似乎是一种对失败的默认和对命运的屈从。但这一走，历史翻开了新的一页。因为令人惊奇的是，太阳降落的地方并不荒凉，也不像当时大多数人想象的那样，如果一直向西走，人就会从地平线上摔下去，或者被灼热的太阳烤焦。越向西走，地势越低，气候愈加宜人，牧草愈加丰腴，似乎有些走近极乐世界的感觉。前方探路者把这一令人振奋的发现快马传递给西域举棋不定的匈奴人，一传十，十传百，西去的人马越聚越多，妇幼老弱在骑兵护卫下有序行进，踌躇满志的匈奴人决心在远离汉人的地方重建自己的帝国。

已由逃难者变成征服者的匈奴先遣部队于公元4世纪中期进入钦察草原，遭遇了当地的霸主——以冒险为乐、杀人为荣的阿兰人①。但阿兰战车最终未能挡住匈奴铁骑，阿兰国王阵亡，被俘的阿兰武士被强行编入了匈奴军队。

20年后，由于草原出现大旱，数十万匈奴和阿兰联军又贯甲提兵，扬鞭奋蹄，向顿河和多瑙河的肥美草原进发，兵锋直指哥特人。

哥特人是日耳曼人的一支，于公元3世纪进入黑海沿岸地区，以德涅斯特河为界，河东称东哥特，河西为西哥特。在匈奴人悄悄逼近的时候，东哥特已经在其著名领袖亥尔曼的领导下实现了独霸黑海北岸的野心，亥尔曼因此被部下誉为"哥特人的亚历山大大帝"。

公元374年隆冬，在金发碧眼的日耳曼人建立的东哥特国边境，突然出现了一群黑头发、黄皮肤、身材短粗但强悍雄健的外来人。

这些人来自地球的何处？到底有多少人？如何进行战斗？东哥特人没有一个人知道，其震惊的程度仿佛我们今天遇到了外星人。这支神秘的铁骑身粘在马上，刀箭共用，忽聚忽散，来去无踪，未等东哥特步兵布好方阵，已经像高山上的暴风雪一样"从天而降"。此前战无不胜的东哥特部队遭到从未有过的惨败，亥尔曼因为接受不了这一突如其来的结局绝望自杀。

"上帝，请饶恕我们吧！"多数东哥特人被迫投降，并将美丽的公主送给了匈奴领袖巴拉米尔；那些不愿屈服的人则逃入西亚地区，把压力和恐惧留给了自己的同胞西哥特人。

---

① 因阿兰山而得名，又称"钦察人"。

二十一、欧洲大乱

战火烧到了美丽的多瑙河边。

东哥特灭亡的消息传到德涅斯特河西和多瑙河北的西哥特,已经割据为3个部落的西哥特人匆匆联合起来,在河西布置了一条钢铁防线,随时准备痛击这支神秘之旅。

但巴拉米尔并未被暂时的胜利和新婚的喜悦冲昏头脑,他率领大军巧妙地绕道而行,在德涅斯特河上游偷渡成功,从西哥特联军背后发起了冲锋。联军不战自溃,军队连同家属数十万人潮水般拥到多瑙河沿岸。走投无路的西哥特人认为只有波涛汹涌的多瑙河和强大的罗马帝国才能挡住匈奴人,于是向罗马帝国提出了入境申请,表示愿做罗马的顺民,为罗马守卫边防。正为兵源发愁的罗马皇帝瓦伦斯欣然同意,条件是西哥特人解除武装并交出妻子和孩子作为人质,其情景和后果恰如中国南北朝时期的梁武帝接纳侯景。

公元376年,疲惫不堪且饥寒交迫的西哥特人忍辱答应了罗马的要求,争先恐后地登上独木舟,仓皇渡过多瑙河,进入罗马境内,在新主人的压榨下苟且偷生。后来,不堪凌辱的西哥特人发动起义,烧死了西罗马皇帝瓦伦斯,在公元410年攻陷了伟大的罗马,使象征着奴隶制强权的"永恒之城"匍匐在了"野蛮人"奴隶的脚下。

如此看来,是匈奴骑兵的到来导致欧洲发生了史无前例的百年动荡。其情景犹如后浪推前浪的潮水:西哥特人先是来到意大利灭掉了西罗马帝国,而后又越过高卢在西班牙建立了西哥特王国。原来居住在西班牙的汪达尔人不得不渡过地中海,到北非去建立他们自己的国家——汪达尔国。与此同时,居住在莱茵河下游的法兰克人向南扩展到高卢一带,建立了法兰克王国。原来居于欧洲东部的东哥特人则逃到意大利半岛和西西里岛,建立了东哥特王国。从此,欧洲古典文明的版图变得面目全非,难怪西方学者把古典文明的终结怪罪到日耳曼人和匈奴人头上,而匈奴人无疑是整个事件的始作俑者。

这时,先后到达欧洲的匈奴各部已经统一在乌单麾下,欧洲史书称乌单为"多瑙河以外一切蛮族的首领"。可能是出于对罗马文明的向往和崇敬,刚刚来到多瑙河流域的匈奴人和罗马帝国保持了一定程度的友好关系。乌单曾于公元400年将一名东罗马叛将杀死并将其头颅送回东罗马,又于公元404年配合西罗马打败了进攻意大利的东哥特人。

随着地位的上升,匈奴人的头脑开始发热。当东罗马的边境长官向乌单请求相互尊重边境安全时,乌单威胁说:"凡是太阳能够照到的地方,只要我需要都能被征服。"这使人联想到了《伊索寓言》里的苍蝇,坐在车轮的轴心上,嗡嗡地叫道:"车子的前进,都是我的力量。"

得意无罪,但忘形无知。公元408年的一天,乌单率众进入东罗马境内掠夺。当他们携带大批战利品大摇大摆回撤时,遭到了张网以待的东罗马军队的伏击,匈奴军队损失惨重,乌单也差点儿丢了性命。

乌单威信扫地、自信全无,谁敢迎难而上、挺身而出?

在一片嘈杂和喧闹声中,一个新的王族站了出来。

二十二、"上帝之鞭"

这个小小的家族由兄弟3人组成:鄂克塔、卢噶斯、蒙杜克。

第一任执政鄂克塔是一位勇敢而有作为的领袖,他带领匈奴人向西挺进莱茵河畔,把匈奴人的势力伸展到了中欧和西欧,勾画出了地跨欧亚大陆的匈奴帝国的蓝图。

第二任执政卢噶斯与哥哥鄂克塔的进攻方向截然不同,他将向西的铁拳收回来打向了南部,矛头指向没落而富有的东罗马。东罗马皇帝狄奥多二世被迫每年送给匈奴350磅金子并不断订立屈辱的和约。

当公元434年东罗马和平使团再次诚惶诚恐地到达匈奴谈判时,罗马人不仅心中窃喜,因为令人恐怖的卢噶斯已死,执政者成了卢噶斯的两个侄子、蒙杜克之子布雷达和阿提拉。

但罗马人万万想不到两个年轻的执政者更加恐怖,提出的条件更为苛刻:处死逃亡东罗马的两位匈奴部落王子,向匈奴的贡赋增加到700磅黄金,在多瑙河岸开设市场为匈奴供应物资。

"人家能和你坐下来谈判就不错了,有条件总比没有条件好吧!"于是东罗马使团将匈奴人提出的条件逐一答应下来。

布雷达与阿提拉共同统治匈奴达10年之久,布雷达性格沉稳,阿提拉雷厉风行,这对"双子星座"一起托起了匈奴明天的太阳。公元444年,匈奴帝国正式建立,帝国以班诺尼亚为中心,东起咸海,西至莱茵河,南达巴尔干,北濒波罗的海,疆域横跨欧、亚两大洲,面积达400多万平方公里。

公元445年,布雷达神秘地遇刺身亡,阿提拉成为唯一的单于。

匈奴史上足以与冒顿齐名的政治家、军事家阿提拉是欧洲讲话最有分量的人。由他掌舵的匈奴帝国是匈奴史最后也是最辉煌的一章。他发展了匈奴人"利则进,不利则退,不羞遁走"的军事策略,指挥数十万大军四处掠夺,足迹几乎遍及欧洲大陆。早在公元441年,阿提拉就挥戈南下,一直打到东罗马帝国首都君士坦丁堡城下,迫使其答应每年进贡 2100 磅黄金,并把巴尔干半岛上的大部分领土割让给匈奴。公元 447 年,阿提拉在多瑙河沿岸的交易市场挑起事端,随后率大军进入东罗马,70 多个城堡被攻破,东罗马纵深千里受到蹂躏,前锋逼近达达尼尔海峡和希腊的温泉关。从此,阿提拉被绝望的东罗马人称为"上帝之鞭"(他们认为人间之所以突然冒出这么多恐怖的家伙,是因为自己犯错太多,是上帝用鞭子来教训自己)。

好在"上帝之鞭"并未攻打君士坦丁堡,但他派人送来了撤兵的条件:东罗马让出多瑙河南岸相当于 15 天旅程的大片土地,立即遣返逃往东罗马的匈奴叛民,无偿交还在战争中被俘的匈奴人,而被俘的东罗马人每人要交 12 片黄金方能赎回。对此,东罗马一一照办。

这种不平衡在公元 450 年左右发生了微妙的改变,一方面,强硬的东罗马元老马西安代替了笨蛋皇帝狄奥多二世,东罗马国防得到巩固;另一方面,东罗马已经被搜刮将尽,基本失去了掠夺的价值。

阿提拉决定把矛头转向繁华富庶的西罗马。

二十三、为情痴狂

就在阿提拉对意大利垂涎三尺之际,罗马宫廷发生了一桩丑闻。

公元 449 年,西罗马皇帝瓦伦丁尼安三世的妹妹奥诺莉亚和侍卫长私通被发现,皇帝将她送进修道院软禁起来。千娇百媚、风流成性的奥诺莉亚耐不住青灯孤影的寂寞,暗中写信向阿提拉求救,声称愿意以身相许。

由于曾在罗马做过人质的缘故,阿提拉对奥诺莉亚心仪已久。立刻,他向西罗马皇帝提议迎娶奥诺莉亚,并要求得到西罗马的一半领土作为公主的嫁妆,无理且过分的要求自然遭到了西罗马的严词拒绝。

于是,阿提拉入侵西罗马帝国有了一个冠冕堂皇的理由。

以下是一个对性与权力的贪欲、对金钱与土地的渴求的故事,主角就是富有传奇色彩的阿提拉。公元 451 年,阿提拉亲率 50 万各族联军沿莱茵河攻入西罗马的高卢,高卢名城一个接着一个地陷落。在渡过莱茵河的时候,阿提拉军团顺便拦截了 1 万多名从不列颠岛前往罗马朝圣的处女,这些圣女坚定地拒绝了阿提拉军团的侵犯要求。一怒之下,阿提拉将万名圣女全部屠杀。

残酷的暴行震惊了罗马教会,也震惊了西罗马帝国的所有蛮族,法兰克人、西哥特人、勃艮第人与西罗马人组成联合军团,与阿提拉在今法国东北部的香槟平原遭遇。

这是一片一望无际的冲积平原,平原上坐落着玲珑的小城沙隆,马恩河蜿蜒流过,两岸长满高高的白杨。如今,沙隆城外 5 英里的马恩河边,一个名叫"阿提拉营地"的小山包突然隆起,周围依稀可见古战场的痕迹,1500 多年前曾有一支军队在这里掘壕据守。

公元 451 年 9 月 20 日,就在这块弥漫着香槟酒香的土地上,爆发了欧洲历史上规模最大的会战,一方是日薄西山的罗马帝国,另一方是如日中天的"上帝之鞭"。双方总共投入了超过 100 万的兵力,会战虽然只持续了一天,但尸横遍野,血流成河,16 万人在战斗中丧生。匈奴军队败退到小山包据守,将大篷车首尾相连,弓箭手密布其间,形成了一道坚固的防线;阿提拉用木制马鞍堆起一座小山,将所有的金银珠宝和妃嫔置于其上,自己端坐在中间,打算一旦罗马军队攻破营垒,他就引火自焚。此时的他肯定后悔不迭,自己怎么会为了一个风流成性的女人落到如此境地。

罗马帝国联军统帅是被称为"最后的罗马人"的埃裘斯,他虽然无力阻止海潮般的蛮族入侵,但凭借高超的政治智慧和军事才华同蛮族部落周旋,才使摇摇欲坠的罗马帝国不至于倾覆。就是这位名将在沙隆之战中击败了不可一世的匈奴大军,并把阿提拉围困在马恩河边的营地里。不知为什么,面对垂死挣扎的阿提拉,埃裘斯突然犹豫起来,迟迟没有发动最后一击。

幸运的阿提拉得以撤回匈牙利平原。

王者的成色是要靠失败后的崛起去验证的。次年,阿提拉从南路越过阿尔卑斯山直接攻入西罗马帝国的心脏——意大利,仓促应战的西罗马军队节节败退,米兰、帕维亚等意大利北部城市被彻底摧毁,古城罗马危在旦夕。

这时出现了一个在基督教历史上有名的故事,罗马教皇利奥一世亲自前往阿提拉的军营,说服阿提拉放弃了掠夺计划。在一幅表现圣迹的油画上,教皇的光环笼罩着一切圣徒并延伸到云端,而阿提拉被上帝的仁慈所感召,心甘情愿地皈依了基督教。事实是阿提拉傲慢地骑在马上,教皇也骑马站在对面,教皇请求用意大利北部所有城市修道院的财富换取阿提拉放弃攻陷罗马的计划,阿提拉答应议和(因为匈奴军中突发瘟疫,东罗马的援军也即将到达罗马),但他在撤军前扬言,如果西罗马皇帝不把奥诺莉亚公主送来,他还会卷土重来。

罗马人只能眼睁睁地看着匈奴人满载而归,只剩下意大利北部的一片片废墟在秋天金黄的原野上哭泣。

但就是这个富有传奇色彩的事件使罗马天主教廷威信大增,中世纪罗马教廷在欧洲的统治地位从此确立。

二十四、英雄之死

欧洲难道就没有比奥诺莉亚更美的女人吗？

很快，一位金发美女被送进阿提拉的大帐。

每一对相遇的人都存在着两种必然，一是有缘千里来相会；另一是不是冤家不聚头。接下来的故事竟然相当于螳螂娶媳妇，婚礼和葬礼要连在一起办。

公元453年春天，年仅19岁的勃艮第①少女伊尔迪科嫁给了拥有无上权力的阿提拉。新婚的第一天他们就一见钟情并开始相互征服，正当壮年的阿提拉与洋溢着青春气息的她如同风紧潮急，烈日狂风，一拥而入爱情的酷夏。可能是乐极生悲吧，就在新婚之夜，阿提拉长眠在了美丽而野性的西方公主身边。尽管年过50的阿提拉酒后兴奋一夜暴卒并不奇怪，但后来的法国人（勃艮第王国后来被法兰克王国吞并）还是将功劳记在了自己人头上，演化出了伊尔迪科在新婚之夜谋杀阿提拉的传奇故事。故事很合西方人的胃口，因为这与《圣经》中菲利士人对付大力士参孙的办法②十分相似。在公元19世纪法国画家维莱克勒的油画《阿提拉之死》中，伊尔迪科表现得如同一个为国献身、大义凛然的女间谍。

第二天，众人进入新房，方才发现阿提拉血管爆裂，血流进咽喉窒息而死，而他的新娘则蜷缩在床角瑟瑟发抖。见此情景，匈奴贵族们纷纷剪下一绺头发，然后拔刀将自己脸上划得鲜血直流，因为根据匈奴习俗，英雄之死应该用武士的鲜血，而不是妇人的眼泪来悼念。

阿提拉的棺材分为三层，最外层是铁壳，第二层是银椁，最内层是金棺，以象征他的不朽功业。匈奴人拦住一条河流，把棺材埋在河床下，然后开闸放水。所有参与施工的奴隶被处死，以使后世的盗墓者得不到线索。直到如今，阿提拉的坟墓仍然是个梦一样的谜。

英雄失去了对手是寂寞的，那位战胜过阿提拉的将军也没活多久。阿提拉死去仅仅一年，因为皇帝瓦伦丁尼安拒绝把女儿欧多里亚嫁给埃裘斯的儿子，埃裘斯怒气冲冲地去找皇帝理论。一贯软弱的皇帝居然拔出宝剑，一剑刺入了埃裘斯的胸膛，宦官佞臣们也一拥而上，将埃裘斯活活杀死，罗马最后一位名将就这样丧生于宵小之手。事件公布后，整个欧洲为之震惊，无论埃裘斯

---

① 东日耳曼人的一个分支。
② 见《圣经》故事：菲利士人为了对付以色列大力士参孙，送给他一位美女，这位美女间谍在床笫间套出了他拥有神力的秘密——头发，于是在他睡着后将他的头发剪掉，成功地拿下了这位大力士。

的朋友还是敌人都扼腕叹息,甚至有一个罗马人当众对皇帝说:"陛下,你这是用自己的左手砍掉了自己的右手啊!"一年后,瓦伦丁尼安被一个忠于埃裘斯的匈奴族侍卫刺杀,而当时站在周围的群臣和卫兵都冷眼旁观,无人施以援手。失去了顶梁柱的西罗马帝国在苟延残喘了20年后被西哥特人灭亡。

那么阿提拉的继承者又有什么样的命运呢?

历史老人早就告诫我们:别指望所有的花儿都能结果,所有的鸟儿都能歌唱,所有的帝王后代都能担当重任。继承者的无能很快断送了强大的匈奴帝国,潮水般兴起的帝国,突然又潮水般退却。帝国境内的东哥特人和吉列达伊人趁机反叛,他们在公元454年的班诺尼亚大战中击败了匈奴骑兵,阿提拉的长子兼继承人埃拉克战死。之后,阿提拉的儿子们分裂为两大集团:三个"软骨头"归附了西罗马,其中埃尔纳克被安置在多布罗加,恩勒德扎尔和乌金杜尔被安置在麦西亚。"硬骨头"的邓格西克则率部向南俄撤退。公元468年,邓格西克在多瑙河下游与东罗马军团遭遇,兵败被杀。这场胜利对东罗马来说无异于一次解脱,人们像庆祝阿提拉的死亡一样庆祝阿提拉儿子的死亡,邓格西克的头颅在君士坦丁堡的一场马戏表演中示众。

之后,只剩下一些匈奴雇佣兵的只言片语的记载。

就这样,冲击着战国、秦汉,践踏着新朝、西晋,狂飙漫卷起欧洲民族大迁徙的狼烟,匈奴——这个曾经无比强盛的草原帝国在公元500年之后终于走完了辉煌的历程,像一颗无比耀眼的巨星,陨落在恒久的历史长空。

事实证明,当以狩猎为主,靠地上野草和天上飞鸟生活的原始部落同以农牧业、工商业为主业的文明种族发生冲突时,也许前者能以剽悍的身体和机动的战法盛极一时,但最终将无法摆脱被击溃和融合的命运,这就是历史的铁律。

二十五、匈牙利就是匈奴人吗

拉大旗作虎皮是蛮人部落和弱小民族惯用的伎俩。如突厥人帖木儿自称是成吉思汗的后裔、匈奴人刘渊自称是刘备的后代一样,一支从草原来到欧洲腹地的蛮人部落竟然自称阿提拉的后代。

大约在公元900年前后,这支起源于伏尔加河流域的渔猎民族高举着匈奴人的旗帜(自称匈牙利),经南俄草原迁徙到多瑙河中游及蒂萨河一带。在其七大部落中,以马扎尔部落最为强大,马扎尔部落首领阿尔帕德因此被推选为大公,他对外骄傲地宣称自己就是阿提拉的曾孙,而且得到了阿提拉的"战神之剑"。

阿尔帕德大公率众参加了东罗马帝国对保加利亚的战争,但空虚的老巢被拜谢涅人趁机占领。无奈之下,他只好率众向喀尔巴阡盆地退却,最后辗转来到阿提拉的匈奴王朝旧地——匈牙利平原。

这里的日耳曼人已经由勇猛的战士变成了温柔的定居农民,面对跃马横刀、凶神恶煞的马扎尔人,他们发出了"上帝保佑我们免遭马扎尔人毒手"的祈祷。几经转折,阿尔帕德的后裔圣·伊斯特万于公元1000年正式建立了匈牙利王国。匈是"匈奴"之意,牙利则代表"人",匈牙利译成汉语就是"匈奴人"①。

公元1867年匈牙利被兼并进奥匈帝国后,官方依据语言学认定匈牙利人的祖先是芬兰——乌格尔人的一支(马扎尔人是其七大部落之一),与匈奴人没有什么关系。但是作为二等公民的匈牙利人并不感冒,因为他们一直以自己是阿提拉的后代而自豪。

如今,他们对内称"马扎尔奥尔萨格人民共和国",对外则以"匈牙利"作为国际名称。在民间,阿提拉仍然是匈牙利男孩常用的名字。

据说匈牙利一支自称为阿提拉后裔的部族,向匈牙利政府申请恢复"匈奴族",但被国会人权委员会驳回。

假如有一天,一伙意大利人自称是阿提拉后裔,你千万不要大惊小怪,因为阿提拉的孙子蒙克担任过东罗马皇帝查士丁尼的骑兵司令。

如果说马扎尔人就是匈奴人,的确有些牵强。但要说马扎尔人没有一丝匈奴血统,也未免过于武断了。因此,我们还需要大量的历史、考古乃至血统鉴定作为佐证。

匈奴人作为一个纯正的民族尽管在西方消失了,但它的影响远未消失。匈奴的西迁不仅为蒙古草原上的逃难者准备了后路,而且为远方的征服者提供了诱惑力极强的目标,导致了一次又一次由东向西的民族大迁徙。

先是柔然,而后突厥,再后蒙古……那一阵阵由远而近的急促马蹄声,敲碎了多少欧洲人的美梦。

直到近代,用热兵器武装起来的欧洲才从习惯使用冷兵器的东方入侵者的噩梦中醒来。倒不是那些草原部落没有野心,而是他们再也没有能力骑着战马从太平洋一路打到大西洋了。

一个生命的结束往往是另一个生命的开始。在北匈奴离开中国远走他乡、南匈奴跨进长城融入中原的同时,另一支胡人迅速填补了匈奴留下的真空,他被称为"东胡"。

---

① 见李洪涛主编《万事由来词典》,华文出版社1993年版。

第 二 章

乌桓与鲜卑——前赴后继的东胡兄弟

> 在等待成功的同时,人的历史从某种意义上讲是人前赴后继进行反叛的总和。①

一、燕国长城的由来

匈奴在战国时期被称为"胡人",另一支游牧民族因居住在匈奴以东而被称为"东胡",东胡就是乌桓与鲜卑的祖先。

在没有"科技"这个词汇的年代,蛮力几乎等同于综合国力。东胡人不仅膂(lǔ)力过人,而且一年四季追风逐电,一与温文尔雅且徒步行进的中原人交手,就优势尽显、势如破竹。

东胡在辽河上游迅速崛起。如同自己的草原邻居匈奴一样,他们常常越过边界到燕国抢劫。小规模的抢劫逐渐演化成战争,吃亏的往往是徒步作战、行动笨拙的燕人。

东周赧(nǎn)王姬延三年(前312),燕昭王在内乱平息后上台。让人看不懂的是,这位被臣民寄予厚望的国王,竟将心腹大将秦开作为人质送到了仇敌东胡那里。将军都做了人质,这不明摆着是放弃抵抗嘛。可是别忘了,越是看似简单的事情就越是玄妙,越是波澜不惊的区域水就越深。

果然,高级间谍秦开到达东胡后,一方面通过如簧的巧舌和精准的箭术赢得了东胡大人的信任,一方面借机了解其地理环境、风俗民情、军事实力,特别是游牧作战的兵力部署和战术特点。

一切都在暗中进行,唯有东胡人被蒙在鼓里。

在送走秦开、赢得了短暂的边境和平之后,燕昭王开始筑黄金台招贤纳

---

① 语出法国哲学家阿尔贝·加缪,他于1957年获诺贝尔文学奖,著有《鼠疫》。

士,为老臣郭隗(kuí)建造豪宅并尊其为师,经济学上的"洼地效应"在燕国得到显现,魏国的乐毅、齐国的邹衍、赵国的剧辛等天下贤明之士纷纷投奔燕国,原本国势衰败的燕国逐渐强大起来。底气一足,燕昭王便向身在东胡的秦开发出了回国的密令。乘着茫茫夜色,秦开神不知、鬼不觉地逃回了故国。周赧王十五年(前300),燕昭王任命秦开为将军,率大军反击已经没有任何军事秘密可言的东胡,将其打得狼奔豕突、满地找牙,迫使东胡向北溃退千里。

秦开乘战胜东胡的余威,向东渡过辽水,横扫千军如卷席,直达上千公里外的满番汗(今鸭绿江),在刚刚占领的疆土上设置了上谷、渔阳、右北平、辽西、辽东五郡,并在周赧王二十五年(前290)前后修建了西起造阳(今河北张家口),东到襄平(今辽宁辽阳)的燕北长城,以区别于在易水流域修筑的燕南长城。

长城边上再也见不到东胡的马队。

二、得意忘形

当知道了苦难是生命的常态,人们还有必要自怨自艾吗?

远迁到今老哈河、西拉木伦河流域的东胡人伤心了好一阵子,尤其对燕国人的间谍伎俩嗤之以鼻。但有一天,他们放眼四望,发现自己东邻挹娄、夫余(fū yū)①、高句丽,西连匈奴,南接幽州,处在一个最为适宜人类生活的地方。

于是东胡雄心骤起,豹胆飞扬,即使是西部头曼父子统治下的匈奴也常常成为他们口中的猎物——接下来发生的故事告诉我们,简单的心一旦复杂起来,欢乐和幸福就离你越来越远了。

生活经验证明,如果可能,一个人应当把对手置于死地,绝不可用羞辱和鞭笞去激怒他,但夜郎自大、飞扬跋扈的东胡大人一而再、再而三地凌辱匈奴人,一会儿要匈奴的名马,一会儿要冒顿的阏氏,一会儿又想要两国之间的土地,其情景恰似普希金《渔夫和金鱼的故事》中贪得无厌的老太婆。

汉高祖元年(前206)的一个夜晚,匈奴冒顿单于率军偷袭了毫无防备的东胡,正在搂着冒顿的阏氏饮酒作乐的东胡大人做了俘虏。

那天,月分外地亮,风分外地冷。东胡大人被从帐篷里拉了出来。随着冒顿一声令下,匈奴骑兵的马刀高高扬起,"咔嚓"一声,把皎洁的月光剁进了东胡大人的脖子里。

东胡大人的脑袋不仅搬了家,而且被挖掉赘肉,镶上牛皮,做了专供冒顿

---

① 也作"扶馀"、"凫臾",古族名,当年主要活动在吉林省农安县一带。

小便的尿壶。

但这又能怪谁呢？一切全怪这位愚蠢透顶的大人。这不仅使我想到了三国时期因霸占张绣的婶婶邹氏差点儿丢了性命的曹操，盛唐时期因娶了儿媳杨贵妃导致天下大乱的李隆基，西夏初期因霸占了未过门的儿媳而被儿子刺杀的李元昊。即便是习惯于后发制人的冒顿在取得了空前成功后也变得头脑发热、锋芒毕露，写信要求娶刘邦的遗孀吕后为妻，导致后来刘邦的孙子们发疯般地复仇。看来得意忘形、恃强凌弱并非动物的专利，人类也概莫能外。能否克服人性中的痼疾，往往生死攸关。

历史是一种精神和力量的链接，不管做了多少糊涂事，不管屈死了多少含恨的鬼，地球总还是拿一个白天去交换一个白天。只要天不塌，地不陷，人们就得顽强地生存下去。万般无奈之下，东胡人分两路退走，退居乌桓山（今内蒙古阿鲁科尔沁旗一带，辽代称"黑山"，今罕山）的一支称"乌桓"①；退居鲜卑山（今大兴安岭中北部，内蒙古科尔沁右翼前旗一带）的一支称"鲜卑"②。

由是，"乌桓"与"鲜卑"分解成了两个互不统属的民族。

三、不甘寂寞

往事如烟，岁月无痕。

汉元狩四年（前119），汉将霍去病大破匈奴，迫使匈奴单于将单于廷迁到遥远的漠北。为了防止乌桓继续向匈奴提供人力、物力，霍去病将乌桓迁移到汉朝边防五郡（上谷、渔阳、右北平、辽西、辽东），并在那里设置了护乌桓校尉。

汉人用字十分巧妙，仅仅一个"保护"的"护"字就让被统治者消除了逆反心理，这无疑算得上汉朝在官职设置上的一大发明。据考证，校尉府作为一种新的机构设置首先应用于乌桓，它不但早于护羌校尉8年，而且成为60年后西域都护府的范本。

在接下来的漫长岁月里，为了不激怒汉匈双方，乌桓人左右摇摆，时附时离，以马戏艺人走钢丝的本领巧妙地维持着对外关系的平衡。这又有什么办法呢，谁让汉匈双方势均力敌呢？

这种平衡有一天被打破了，因为汉朝出了一位满脑袋花花点子的改革家，他叫王莽，是皇帝的一位亲戚。他在通过长期玩弄权术终于完全控制朝廷之

---

① 黑龙，黑龙江原名就是乌桓水。
② 祥瑞、吉兆。

后，便开始实施蓄谋已久的改革计划。他的改革花样百出，其中包括给一些少数民族改名，命令乌桓不得再向匈奴缴纳皮布税，又命令乌桓主动攻击匈奴，并把乌桓大人的妻子扣为人质，动辄以杀戮相威胁。乌桓大人对王莽大气不敢出，和匈奴作对又无异于以卵击石，但在保留自己脑袋还是保留妻子脑袋的问题上，他必须做出抉择——这的确是个两难的选择，诸如此类的两难选择常常会降临到一些大人物头上，这不禁使我想到了那个"在老婆和母亲同时落水而且只能救一人的情况下你到底救谁"的荒唐问题。

乌桓选择了自保——带兵投降了匈奴。

没想到天上会掉馅饼。东汉建武二十二年（46），匈奴发生内乱与蝗灾，投降者翻盘的机遇突然降临，于是乌桓趁风扬沙，落井下石，集中兵力攻击匈奴人，迫使曾经对自己颐指气使的匈奴主人远走他乡。我认为后人不应当过分夸大这次战争，因为他们最后的进攻只是在敌人的棺材上钉上了最后一个钉子，更大程度上是一笔多年前债务的利息。

终于成为草原霸主了！他们高声尖叫，狂歌劲舞。可是冷静下来，却发现命运和自己开了一个天大的玩笑——草原上已经没有多少可供奴役的部落，维持生存的牧草也已被蝗虫一扫而光。

所幸东汉光武帝伸出橄榄枝。建武二十五年（49），辽西乌桓大人郝旦等922人带着大批礼物投降汉朝。汉朝将其中的81名大人、渠帅封为王侯、君长，允许他们率部迁移到今东北大凌河下游、河北北部、山西北部和中部、内蒙古南部、鄂尔多斯草原一带。作为报答，乌桓担当起了汉朝边防斥堠①的角色。

于是人们看到在漫长的汉朝边关纵马驰骋者多为英姿勃勃的乌桓侦察兵。

乌桓归附汉朝后逐渐成为一支不容忽视的军事力量，他们对外抗击入侵，对内帮助平叛，以至有数百名乌桓骑兵成为汉朝皇宫的警卫。

乌桓过多地被用作军人，也播下了叛乱的种子。汉灵帝刘宏中平四年（187），幽州的乌桓首领与汉朝地方官员张纯、张举结成军事联盟，发起了一场规模不小的叛乱。

汉献帝初平元年（190），辽西乌桓大人丘力居病死，儿子楼班年纪尚小，侄子蹋顿继位，统领上谷部落酋长难楼、辽东部落酋长苏仆延、右北平部落酋长乌延等三郡乌桓。

此时的中原群雄并起，刀光四溅。乌桓人坐山观虎斗也就罢了，可是他们

---

① 斥：度也；堠：视也，望也。古代的一个兵种，相当于现代的侦察兵。

偏偏不甘寂寞地插手中原内乱。在他们的帮助下,占领了幽州的袁绍以汉献帝的名义封乌桓3个首领为单于,并将自己的义女嫁给了蹋顿。

岂不知他们帮错了人。人们说有奶的便是娘。事实上,难道她不会是奶娘吗?

大祸正悄悄临近。

四、曹操北征乌桓

也不能全怪他们,因为当时的中原形势并不明朗。

表面上看,军阀袁绍占据四州虎视天下,强盛的威势无人可比。

问题是他有一位被东汉名士许劭称为"治世之能臣,乱世之奸雄"的对手——曹操。曹操以申不害、商鞅的法家思想治理军务,运用韩非、白起的奇谋良策攻击敌人,考量军功遵从大局不记仇冤,对待部属人尽其才才尽其力,所以迅速成长为袁绍的劲敌。

袁绍最大的失策是自己身为东汉大将军,却坐视行车骑将军曹操把汉献帝从洛阳接往许县,给了曹操挟天子以令诸侯的机会。在事关中原统一全局的官渡之战中,曹操面对10倍于己的对手,采取声东击西和夺敌辎重的战略,创造了以少胜多、以弱胜强的典型战例,致使袁绍军团土崩瓦解。东汉建安十年(205),袁绍之子袁尚与袁熙胁迫幽、冀州军民10余万投奔乌桓蹋顿单于。

盘踞在东北边境的袁氏残余始终是曹操南下西进的后顾之忧,后患不除,恰如芒刺在背。经过精心准备,曹操于建安十二年(207)初统率大军北征乌桓。由于信息闭塞,面临灭顶之灾的乌桓浑然不知。

曹操先在今河北开凿了平虏渠和泉州渠,把滹沱河、沙河、句河、潞河连接起来,保证了粮草运输畅通无阻,然后弃大道,走山涧,经卢龙塞(今河北喜峰口)、白檀(今河北承德西南),于8月直插乌桓统治中心柳城(今辽宁朝阳南)。

大军距离柳城还有"二百里"时,蹋顿等人方才察觉,仓促集结数万骑兵抵挡。曹军与乌桓骑兵在白狼山(今辽宁喀喇沁左翼蒙古族自治县大阳山)遭遇。曹操登上白狼山巅,只见乌桓骑兵数量虽多,但阵形松散,于是令大将张辽为先锋,纵兵冲向敌阵,蹋顿兵败被杀,乌桓20万军队尽数被俘,袁氏兄弟逃亡辽东。

白露、红叶、金风、征雁,如诗如画的景色在刚刚取得空前胜利的曹操眼里已经变得微不足道。53岁高龄的他并未在辽宁驻足,而是策马从柳城直奔海滨。面对波涛汹涌、一望无际的大海,他心潮澎湃,壮志凌云,挥笔写下了大气磅礴的《观沧海》:"东临碣石,以观沧海。水何澹澹,山岛竦峙。树木丛生,百草丰茂。秋风萧瑟,洪波涌起。日月之行,若出其中。星汉灿烂,若出其里。幸甚至哉,歌以咏志。"

壮心不已的曹操并未因乌桓的投降而心存怜悯,随后,他把三郡乌桓万余落投降者及乌桓校尉阎柔所统辖的幽、冀州乌桓万余落迁移到内地。天长日久,这些乌桓人渐渐被汉人同化。

袁氏兄弟并没有苟延残喘多久,就在曹操班师途中,辽东太守公孙康快马送来了袁氏兄弟的头颅。

袁熙被杀后,年方21岁的妻子甄洛被曹操的长子曹丕据为己有。婚后,她为曹丕生下了曹睿(魏国第二代君主)和东卿公主。尽管甄洛每天模仿蛇一样千姿百媚的盘绕形态变化发型(后人因此形容她的发髻"巧夺天工"),但并没有受到曹丕的长期宠爱。在她香消玉殒的日子里,曹丕的弟弟曹植以她为原型①写下了千古传诵的《洛神赋》(原名《感甄赋》,因曹睿感到有伤风化而易名)。现在,我们从顾恺之的名画《洛神赋图》中已经一睹了洛神的风采,但这犹嫌不足,因为曹植笔下的洛神更令人心荡神摇:"她轻盈像受惊的飞鸿,柔软似飞舞的游龙,丰满如秋日盛开的菊,庄重若一棵古老的松。仿佛,像薄云偶尔遮蔽的月;飘飘,似大风吹卷下的雪。远远望去,皎洁若初升的朝霞;走近细看,细腻若芙蓉刚出水涯……"如此看来,如果文章不掺杂太多的感情色彩,甄洛的姿容应该在中国古代四大美女之上。

而残留故地的乌桓因地盘不久就为同祖的鲜卑所占,所以也被鲜卑慕容氏、宇文氏、段氏合并。西晋之后,乌桓与其他民族杂处,形成了所谓的"杂胡"。

之后发生的事件清楚地表明,乌桓从来没有从三国时期站错了队造成的震荡中恢复过来。我们只是听说嫩江以北有一伙古乌桓遗人,唐时自称"乌丸国"(充其量不过是一个小镇)。

以后再也没有人听说过"乌桓"的名字。在没有新发现的情况下,我只能选择想象,以及沉默。

五、鲜卑南下

奔驰的骏马尽管总是呼啸在前,但抵达目的地的往往是充满耐心和毅力

---

① "曹植笔下的洛神即甄洛,甄洛和曹植曾发生嫂弟恋",此属唐代文人李善的杜撰,事实是曹丕娶甄洛时,曹植年方13岁。曹丕到洛阳时,甄洛已自杀一年。

的骆驼。在乌桓这匹占尽先机的骏马力竭身死的日子里,鲜卑这头慢腾腾的骆驼正按照自己的节奏"前赴后继",最终"后来居上"。

鲜卑和老兄乌桓一样,都是伴随着匈奴的衰落而兴起的。乌桓迁移到汉边五郡后,分布在大、小鲜卑山的鲜卑人南下到达乌桓故地西拉木伦河流域和今天的呼伦贝尔草原一带。东汉永元年间(89—105),北匈奴被东汉赶往西部后,鲜卑又大规模呈扇形南迁西进,进入了辽阔的匈奴故地,开始了鲜卑历史上最大规模的一次民族融合(这也是鲜卑被视为匈奴后裔的原因之一),未及逃走的 10 余万匈奴人以拥抱未来的方式渗透进了鲜卑的滚滚"大漠"中。

南部草原出现了胡父鲜卑母的铁弗匈奴,阴山以北出现了鲜卑与敕勒混合的乞伏鲜卑先祖,西拉木伦河一带出现了宇文(天子之文)鲜卑,北鲜卑进入匈奴故地与匈奴余部融合成为鲜卑父胡母的拓跋(土王之意)氏①,慕容②(慕二仪之德,继三光之容)氏的一支西迁后与羌人融合诞生了吐谷(yù)浑③。从此,宇文氏、慕容氏、段氏被称为"东部鲜卑",吐谷浑与河西秃发氏、陇右乞伏氏被称为"西部鲜卑"。

小草虽然柔弱,连起来就能成为一片草原。公元 2 世纪中叶,檀石槐被各部推为鲜卑大人,在今山西阳高县以北的弹汗山建立了王廷,手下聚集了 10 万铁骑,分别由中部大人慕容、东部大人槐头、西部大人推演统领。之后,檀石槐东攻夫余,西击乌孙④,北逐丁零⑤,南扰汉边,全盘接收了强盛时的匈奴故地,鲜卑终于成为这个美丽草原的新主人。从此,草原传唱起那首流韵千年的鲜卑民歌——"敕勒川,阴山下,天似穹庐,笼盖四野,天苍苍,野茫茫,风吹草低见牛羊。"⑥

公元 4 世纪的中国如同一锅热水,沸腾着痛苦,也燃烧着希望。当北欧的日耳曼人扬鞭催马向南部欧洲迁移的同时,遥远的东方也发生了一场规模空前的民族大迁移。匈奴、鲜卑、羯、氐、羌"五胡"近 1000 万人,为寻求富饶的土地而挺进中原,统治中原的晋朝被推翻,历史进入了刀光剑影的五胡十六国时期。

在这个少数民族登堂入室、君临天下的年代,鲜卑人建立的国家星罗棋布——慕容氏先后建立了前燕、后燕、西燕、南燕,乞伏氏建立了西秦,秃发氏

---

① 鲜卑的一支,原居于额尔古纳河和大兴安岭北段,亦称"别部鲜卑"、"北部鲜卑"。
② 鲜卑的一支,原居于鲜卑山,称"东部鲜卑"。
③ 鲜卑慕容氏的一支,后辗转西迁青海、甘肃一带。
④ 古族名,最初在祁连、敦煌一带。
⑤ 亦作"丁灵"、"丁令"、"钉灵",古族名,汉代分布于今贝加尔湖以南地区。
⑥ 据认为是北朝鲜卑民歌,收录在《乐府诗集》中。

建立了南凉，拓跋氏先后建立了代国、北魏，宇文氏建立了北周。

这是一个发酵着理想，也催生着英雄的时代，淝水之战后，复兴燕国的慕容垂是英雄，用武力统一了北方的太武帝是英雄，倾心推行汉化改革的孝文帝更是英雄，通过灭佛增强国力的周武帝也是英雄。这些人无一例外都有着一种落拓不群的气度，都透着一股永不服输的精神，丰功与败绩并存，诋毁与赞誉参半。尽管他们早已成为历史陈迹、过眼云烟，但不管何时想起他们，总让人思索和感慨。似乎正是这样一些人，才使历史变得跌宕起伏、丰富多彩。

六、乱世枭雄

"白部鲜卑"——慕容鲜卑人。

1700多年前，在中国辽东地区，鲜卑慕容部落首领涉归被西晋朝廷加封为鲜卑单于。后来，他的小儿子若洛廆（wěi）因为是嫡出继任单于，庶长子吐谷浑一气之下远走他乡（见本章第二十四节）。

慕容氏——这个中国4世纪最著名的家族铿锵登场。若洛廆的嫡长子[①]慕容皝皝，于东晋成帝司马衍咸康三年（337）在棘城（今辽宁义县西北）自称"燕王"（史称"前燕"）。慕容皝共有七子，其中四个日后成为呼风唤雨的人物：次子慕容俊，后来的前燕皇帝；四子慕容恪，十六国时期的第一名将；五子慕容垂，后燕开国皇帝；幼子慕容德，南燕奠基人。

当时正值后赵大乱，慕容家族趁机向南方蚕食。在一次混战中，慕容恪用"连环马"俘虏了杀胡事件的汉人主谋冉闵，据此成为胡人战线上名声显赫的英雄。东晋穆帝司马聃永和八年（352），一面绣有"燕"字的国旗开始在邺城（今河北临漳西南）上空猎猎飘扬，慕容俊因为身为世子成为燕皇帝。

慕容俊病死后，本来可以担任皇帝的慕容恪则像诸葛亮辅佐刘禅一样拥立年仅11岁的侄子慕容暐。慕容恪临死时，向小皇帝推荐弟弟慕容垂担任大司马，但口头答应的小皇帝日后一推六二五[②]。

即便如此，慕容垂仍忠心不二。特别是东晋的常胜将军桓温发动第三次北伐时，慕容垂挺身而出，在枋头（今河南淇县淇门渡）大破晋军。慕容垂一战成名，威震四方。

对此，王室如坐针毡。正如庄子所说，桂可食，故伐之；漆可用，故割之。枋头大胜更加快了王室除掉他的步伐，一切迹象都朝不利于他的方向发展。

[①] 古代宗法以正妻所生的儿子为"嫡子"，妾所生的儿子为"庶子"，天子、诸侯正妻所生的长子（嫡长子）为"世子"。

[②] 珠算1除16等于0.0625，这里比喻推脱得一干二净。

是反击,还是逃跑?他辗转反侧,彻夜难眠。

他明白,人不能和猪摔跤,双方都搞得一身泥,这可能正是猪喜欢的结果。权衡再三,他很不情愿地投降了前秦皇帝苻坚。

自折栋梁以后,前燕的灭亡进入倒计时。不久,苻坚派丞相王猛率6万大军伐燕,苻坚随后亲提10万骑兵前来增援。燕都邺城很快陷落,幼稚的慕容昧、慕容冲全都做了俘虏。看在叔叔慕容垂的面子上,他们不仅没有被杀掉,而且得到了妥善安置。

前秦伐晋的筹划阶段,慕容垂是极少数坚决支持苻坚出兵的重臣之一,也难怪苻坚发出了"与吾定天下者,惟卿一人耳"的感叹。

凭着慕容垂的精明,他不会预料不到伐晋的危险,但他有自己的如意算盘:如果打胜了,支持皇帝出兵的他肯定受到奖赏;如果打败了,他可以回到慕容鲜卑根据地趁乱复国。无论结果如何,他都是受益者。

伐晋战役如期进行,苻坚亲征,慕容垂被任命为副将。战役前期,慕容垂还率领西路军攻陷了郧城(今湖北郧县)。

打仗归打仗,慕容垂告诫手下子弟:在进攻的同时,要选好逃跑的路线。果然,当淝水之战打响时,他们一只眼盯着敌人,另一只眼瞄着最近的逃生之路。大军一退,在西线作战的慕容垂和3万手下子弟就率先拔腿逃跑,因此成为唯一一支毫发无损的部队。

天分外地暗,云出奇地低,残兵收容站渑池①(miǎn chí)充斥着悲凉的气氛。662年前,秦昭王和赵惠文王在此会盟。其间,文弱书生蔺相如因逼迫傲气冲天的秦昭王击缶②而名扬四海,这里也因两国媾和被改为"俱利城"。会盟70多年后的一天,陈胜的手下大将周文及其数万大军在这里被秦将章邯全部歼灭。不久,在距离此地仅仅十几公里的地方(新安古城南的"楚坑"),项羽将刚刚收编的20万秦军全部阬杀。就在这个流淌着历史典故、茧结着岁月疤痕的地方,受伤的苻坚向部下征询军事补救方略,慕容垂趁机提出:"国家新败,北方部落蠢蠢欲动,请允许我前去安抚他们,并顺便祭扫祖坟。"

想不到苻坚痛快地答应了他。

放他回到前燕故地,无异于放虎归山,纵龙入海。结果,他于东晋孝武帝司马曜太元九年(384)号召前燕帝国的鲜卑遗民复国,自称"燕王"(俗称"后燕")。

太元十年(385),西燕的慕容冲围攻长安,一向仁慈的苻坚终于雷霆震

---

① 今豫西走廊中段。
② 一种瓦质打击乐器。

怒,把软禁在长安的前燕国王慕容㬂及其全家杀了个精光,在客观上为慕容垂除去了一大敌手。

与此同时,慕容垂率兵围攻邺城,逼迫苻坚长子苻丕弃城逃走。

整个北方仅剩魏、燕双雄,而且同为鲜卑。

七、虎父犬子

西方有句谚语:上帝造一棵南瓜藤,3个月就足够了,但要长成一株参天的红桧,则需要上百年的岁月。显然,慕容垂并不懂得这一道理。在取得了一系列辉煌的成就之后,他开始盲目乐观起来。

盲目乐观的标志就是他开始懒惰,开始分权,连最为重要的军事行动也不再亲自出马。

一天,据说是为了给太子慕容宝一些历练的机会,慕容垂派他率8万精兵讨伐北魏拓跋珪。这位在父亲呵护下长大的太子从来就没有过独立作战的经历,是一枝温室里的花朵。说得难听一点,就是一个地地道道的笨蛋。

这时的北魏军力远不如后燕,因而聪明绝顶的拓跋珪采取了骄兵之计,让全部国人西渡黄河迁移千里,制造了狼狈逃跑的假相。

在追击敌军两个月后,慕容宝率兵来到黄河岸边,但此时宫中传来了老皇帝病危的消息(敌人散布的谎言),慕容宝唯恐继承权不保,匆忙下令拔营回国。

11月的黄河尚未结冰,慕容宝认为敌人无船不能追击,也就没有按照惯例设置断后的军队,而是大摇大摆地慢慢后撤。然而寒流突至,黄河结冰。拓跋珪亲自率领2万轻骑踏过结冰的黄河,昼夜兼程,于4天后悄悄逼近毫无知觉的敌人。

后燕军队走到参合陂(bēi)①已近傍晚时分。突然,一道黑气如长堤般从燕军身后漫卷而来,将整个军队笼罩在一片黑暗中。一个名叫支昙猛的随军和尚顿觉不安,再三提醒慕容宝做好防御准备。

一个考验主帅判断力的机会已经摆在面前。作为主帅,最重要的素质就是判断。战场瞬息万变,决断只在一念之间。如果判断失误,付出的将是手下数万军人的性命。

但慕容宝注定是一个按正常思维出牌的人,那些几乎不可能的猜测既劳神,又费力,他根本提不起兴趣,因而也就没有安排特别的警戒。

---

① 今大同外长城正北,内蒙古凉城东的岱海。

天终于黑了下来,疲惫不堪的燕军停下脚步,在参合陂东边的蟠羊山依水扎营。

第二天,火红的太阳刚刚升起,从梦中醒来的燕军突然望见山上如鬼神般静静站立的魏军。魏军这种鬼魅、狰狞、恐怖的出场方式,不但燕军士兵从未见过,就是在现代恐怖片中也十分罕见。立刻,燕军被惊得毛骨悚然、魂飞魄散。

拓跋珪纵兵从山上冲杀下来,上万燕兵或水淹而死或马踏而死,近5万燕兵当了俘虏,负责断后的慕容绍(慕容恪的儿子)被马踏而死。只有主帅慕容宝和弟弟慕容农、慕容麟及叔叔慕容德因为马快而侥幸逃脱。

一件震惊历史的事件随之发生。拓跋珪将有才能的燕将留作自用,其余被俘的近5万燕兵被全部阬杀。这一杀俘事件在中国军事史上仅仅排在白起阬杀40万赵兵、项羽阬杀20万秦兵之后,名列第三。

侥幸逃生的儿子趴在面前,71岁的慕容垂连肠子都悔青了,连肺都快气炸了——自己怎么生了这么个不成器的儿子,自己怎么会让他去领兵打仗?!随后,老皇帝做出了一个惊人的决定:亲提龙城精骑,立即进军北魏!

好像一场篮球比赛,甲方刚刚进了一个球,还没有从进球的喜悦中回过神来,对方已经追着屁股打了一个反击。燕国大军秘密出发,凿开太行山道,突袭北魏占据的平城(今山西大同)。平城守将——拓跋珪的弟弟拓跋虔战死,3万军马或战死或被收编。很快,燕军一路向北来到了昔日的战场参合陂。

"京观"表层的泥土犹新,不久前生龙活虎的数万士兵已成堆积如山的尸骨,无数冤魂仿佛还在山间飘荡。燕军设下祭坛,死难将士的父兄一起放声痛哭,声震山谷。白发苍苍的慕容垂面对遍地的尸体,听着凄厉的哭声,想起蹉跎岁月的无情和后继乏人的无奈,心中又惭又恨,一口鲜血喷涌而出,10天后便死于退军途中,曾经无限希望的讨伐被迫终止。

一代枭雄战斗的一生就以如此凄惨的祭奠事件画上了句号。参合陂的哭声也和英雄慕容垂的名字一起流传下来,直至今天金庸《天龙八部》中的"参合指"。

八、旷世情种

老皇帝死后,新皇帝慕容宝一直被拓跋珪追着屁股东奔西逃,于北魏道武帝天兴元年(398)逃往鲜卑老窝龙城。

不曾想新皇帝竟然被坐镇龙城的舅舅兰汗杀死。

慕容宝的儿子慕容盛只身返回龙城吊孝,并在几天后的一次宴席上将岳父兰汗一刀砍下了脑袋。慕容盛昂然走上了王座,并使后燕呈现出一派复兴的迹象。但他执法太过严苛了,严苛得对贵族也不留情面。结果,被太后的侄儿刺成重伤。弥留之际,他将辅佐年轻太子慕容定的重任托付给了皇叔慕容熙。

这位皇叔可是一个出名的情种。他是慕容垂的小儿子,尽管辈分很高,但却比刚刚死去的侄子还小12岁,是一位17岁的风华少年。慕容宝之妻、当朝太后丁氏一直与小叔子慕容熙通奸。处理完皇帝的后事,太后就下令废掉太子,立自己的情人慕容熙为新帝。

他是一个不甘寂寞的人。在当上皇帝之后,就开始广选美女。前秦宗室之女苻狨(sōng)嫦和训英姐妹被选入后宫。这两位芙蓉如面柳如眉的绝色美女,引得新皇帝天天厮混,夜夜流连,还征调数万名工匠为爱妃修造了华美绝伦的花园和宫殿,一如当年夫差为西施建造的馆娃宫和汉武帝为阿娇修造的黄金屋。看到皇帝的所作所为,老情人丁太后醋意大发,后悔当年立错了皇帝,并咬牙切齿地对人说:"我既然有办法立他,也就有办法废他。"风声传到皇帝耳中,老情人被逼自杀。自杀前,丁太后痛悔得肝胆俱裂:亲生儿子和小叔子谁亲谁疏一目了然,自己怎么会为了所谓的"爱"做出如此愚蠢透顶的选择呢?

对于"爱情至上"的人来说,受伤的往往是女人,得益的往往是下一个女人。但两位爱妃福微命薄,大姐狨嫦病死不久,小妹训英又撒手人寰。情种慕容熙痛不欲生,哭昏在地,太医忙活了半天才使他缓过气来。

携手处,今谁在,为谁零落为谁开?

爱妃的玉体已经进了棺材,慕容熙又让手下打开棺材,手下都以为皇帝想再看爱妃一眼,但结果令人瞠目结舌,只见皇帝撕下爱妃的寿衣,对死者进行了疯狂地奸尸。这种爱的表达方式本来就震古烁今,发生在一位皇帝身上更是空前绝后。稍有理性的人都明白,人之所以不同于其他动物,是因为人不仅仅是自然的存在,还是一种道德的存在。从这个意义上说,慕容熙令人类汗颜。

疯狂并未就此终止。接下来,他命令大臣放声痛哭,哭不出眼泪来的一律斩首示众。当时,辣椒还没有传到中国,大臣们只得找来大蒜抹进眼睛,逼迫自己"泪如雨下"。

尽管时间紧迫,他还是匆匆为爱妃建造了方圆数里的陵墓。如果时间允许且工匠充足,又一座泰姬陵恐怕要在中国大地上诞生。

出殡开始了,庞大的送殡队伍载着巨大的灵车徐徐挪动。因为灵车太大而城门太窄,可怜的城门也被拆毁。

等他哭天抢地走出城门,已经失望到极点的禁卫军首领立即关闭了城门。慕容宝的义子、高丽人慕容云被推举为皇帝,建立了历史上所谓的"北燕"。

他的痴情和下场与建造泰姬陵的沙杰汗极其相似。所不同的是,沙杰汗只是被篡位的儿子幽禁在古堡里,而慕容熙则在率领出殡队伍反攻龙城时兵败被杀,年仅23岁。

这一年是北魏道武帝天赐四年(407)。

九、一只翅膀的天使

听说叔叔慕容垂举起了反秦大旗,慕容的弟弟慕容泓也纠集几千鲜卑子弟起兵响应。后来,在平阳起兵的弟弟慕容冲前来投靠自己。眼看两股小溪并成了一条大河,他萌发了扬帆远航、割据自立的野心。

哥哥慕容尽管被软禁在长安,但他毕竟是前燕皇帝,于是慕容泓派人前往长安请示。第二天一大早,喜鹊在枝头乱叫,不一会儿,手下便带回了哥哥的口信:为了燕国复兴,你可以称帝。

经过一番精心准备,慕容泓于太元九年(384)宣布为王,历史上的"西燕"对外开张。但他命运不济,两个月后就因为用法苛刻被手下刺杀。

弟弟慕容冲走上前台,这位少年与前秦苻坚有着不解之缘。早在14年前前秦灭燕时,12岁的他便和14岁的姐姐清河公主一起被押送长安,因为姐弟都眉清目秀,所以都被苻坚纳入了后宫,一为女宠,一为男伴。

今非昔比,如今的他已经是上万人部队的统帅,而且占领了长安附近的阿房宫。就在这个被项羽放过火的地方(最近考古发现阿房宫根本没有建成),他代替哥哥成为西燕皇帝。

一天,苻坚听说有人围攻京城,便亲自登上城头,结果发现大军的统帅是自己从前的男伴慕容冲。他赶忙命令手下送去一件锦袍,希望男伴看在过去的情分上退兵。

慕容冲不仅把锦袍扔在地上,而且高声要求苻坚把皇位让给他,气得苻坚几乎吐血。

苻坚弃城逃走,西燕攻陷长安。听惯了草原风声的鲜卑将士归心似箭,纷纷要求东归故里,而皇帝却贪恋长安的繁华与气派,迟迟不愿东归。于是民间传唱起一首歌谣:"凤凰(慕容冲的小名)凤凰止阿房,凤凰凤凰,何不高飞还故乡,无故在此取灭亡?"

果然一谣成谶,"凤凰"在太元十一年(386)的内讧中被"猎杀"。

之后一个月内,国家先后换了四任国王,分别是燕将段随、慕容顗(yǐ)、慕容瑶(慕容冲的儿子)、慕容忠(慕容泓的儿子)。

军队终于安定下来,大军向故乡方向进发。在到达今山西闻喜时,前方传来了与地名截然相反的坏消息:慕容垂已经建立后燕,前面就是后燕的地盘。于是部队就地扎营。真正的后台老板慕容永也走到前台,被推举为大将军、大单于。

他没有立即称帝的原因是需要一场胜利作为铺垫。那好,就拿人见人欺的后秦国君苻登作为试金石吧。在定襄,西燕抓住后秦军队一顿暴打,一直追得后秦军人无影无踪,今山西长治的长子城被西燕占据。就在这里,慕容永登上了皇位。

眼前剩下的对手只有同根相生的后燕了。这时的东、西两个燕国必须回答同一个问题:是互相对峙,还是共谋中原?

人是只有一只翅膀的天使,只有拥抱着才能飞翔。但两者都不明白这一道理,一场兄弟大战在太元十八年(393)爆发。5万西燕精兵冲向后燕阵地,可是追了半天连个人影也没有追到。正当他们犹豫不决、东张西望的时候,后燕伏兵从四面八方发起冲锋。西燕遭遇空前惨败,慕容永狼狈逃回首都。

首都被后燕皇帝慕容垂团团围住。

死神停栖在长子城头,像黑色的沙鸥向日暮前的海岛云集。心急如焚的慕容永派人出城向东晋和北魏求援。可惜援兵未到,慕容永的一位堂兄就打开城门把敌人放了进来。很快,皇帝就掉了脑袋。

西燕这个未满10岁的"少年"突然夭折。

十、祸起音乐

在慕容家族中最无野心的除了慕容恪,就数慕容德了。

身为燕国范阳王的他本无心称帝,眼看着侄子慕容宝被北魏追得屁滚尿流,极度失望之下,他率领邺城10万军民流浪到东晋境内,并在滑台(今河南滑县)宣布独立。

但滑台地处中原腹地,周边都是慕容鲜卑的百年世仇,实在无险可守。为在乱世中保存慕容家族最后的香火,他开始寻找新的支点。

儒家文化源远流长的齐鲁大地不仅人杰地灵,而且物华天宝,是休养生息、积存实力的绝佳地带。东晋安帝隆安四年(400),慕容德将都城移往广固(山东益都,今山东青州市),正式向天下宣布自己为帝,名字也改为慕容备德,历史上的南燕从此诞生。

生命,不管情愿与否,总是日渐靠近某个可知或未知的终点——有花开,就有花谢;有日出,就有日落;有起点,就有终点。就在东晋安帝义熙元年(405)草木摇落的季节,慕容备德随之凋零。

一位21岁的美少年走上宝座,他叫慕容超,是老皇帝的侄儿。

这是一位音乐爱好者,几乎有一多半的时间坐在宫中,听那经过长期培训的宫廷乐队演奏音乐。随着那美轮美奂的旋律,他心摇神驰,如痴如醉。

时间一长,他对音乐的感悟达到了非凡的境界,乐师们在他的督促下不断探索与创新,因而南燕宫廷乐队名声大噪,誉满海内。

他又是一位孝顺和重情的人,为了赎回被后秦姚兴长期软禁的母亲和妻子,他派人与姚兴谈条件:赔钱也行,割地也行。但对方偏偏也爱好音乐,而且听说南燕有一支一流的宫廷乐队,因此放出话来:"除非以宫廷乐队作为交换,否则一切免谈。"犹豫再三,他还是忍痛答应了对方。

义熙五年(409)元旦,他在东阳殿接受群臣朝贺,按照惯例,宫廷乐队奏起了吉祥祝福的音乐。年轻皇帝生气了,因为新招募的乐师无论技艺还是风度都与昔日的乐师相去甚远,于是他颁布命令,从东晋控制区抢劫仕女进行音乐培训,重建天下一流的宫廷乐队。

这时的东晋可惹不起,因为实际当政者是叱咤风云的刘裕。而刘裕当时的进攻方向是岭南和四川,如果不是发生南燕抢人事件,刘裕或许不会难为这位关系不错且威胁不大的小邻居的。

"既然想自取灭亡,我就设法成全你!"刘裕征调大军从建康出发,经淮河入泗水,在临朐与临阵指挥的慕容超相遇。几个回合下来,慕容超丢下玉玺、御辇和仪仗,狼狈逃回都城。

广固被团团围住,水源也被切断,在勉强支撑了4个月后,慕容超趁着夜色弃城逃跑,不幸被晋军半路生擒。

爱好音乐的皇帝被囚车押送到建康,公开处斩在闹市区,死时年方26岁。据说临刑时他还问监斩官:"为什么听不到音乐伴奏?"

之后,3000名慕容家族成员被全部斩首,这个曾经是中国最具影响力的慕容家族从此销声匿迹,金庸笔下那个一心复国的慕容复不过是虚构的文学形象而已。

因为音乐而亡国,慕容超恐怕是第一人。

无论是金刚怒目地红一回,还是如蝶翩翩地飞一回,落叶对待秋风如同人类对待命运,选择了不同的甚至另类的方式,起码会让秋天多一份斑斓的景致。慕容超的结局何尝不是如此?

十一、西秦断章

本来历史给了陇西鲜卑首领乞伏国仁一个光宗耀祖的机会——被前秦苻坚任命为前将军,正准备向灭亡晋国的前线开拔。

可是陇西传来了乞伏国仁的叔叔造反的消息,于是苻坚命令他带兵去平定本家叔叔。就这样,他意外地离开了南征军团,也远离了可能要丢掉脑袋的淝水之战。

这是一个对苻坚忠心耿耿的人,尽管他手中已经聚集了10万雄兵,但只要苻坚一天不死,他是断然不会像姚苌和慕容垂那样自立山头、恩将仇报的。直到有一天,得知恩公苻坚被姚苌吊死,号啕大哭3天后,他才在勇士城建立西秦①,自称"大都督"、"大将军"、"大单于",这一年是太元十年(385)。

3年后,这位创业者突然病死,他的弟弟乞伏乾归接过权杖。这是一位敢作敢为、有勇有谋的铮铮铁汉,他先后征服了吐谷浑、鲜卑、叱豆浑、卢水尉地跋,打退了来犯的后凉,将都城从勇士城迁移到金城(今甘肃兰州),成为中国西北的一颗璀璨明珠。

利弊相随,长期的征战耗尽了西秦的国力。当隆安四年(400)与自己重名的后秦国主姚兴领兵来犯时,他们已经力不从心,结果西秦主动投降。

好在乞伏乾归的主动投降类似于当今犯罪后的自首,而且认罪态度较好,因此得到了一向仁厚的姚兴的赦免和宽恕,让他仍去管理自己的旧部——皇帝是不能叫了,那就叫"归义侯"吧。

一天,归义侯的马队按照惯例到长安朝拜,一群少见的野鸭被马队的脚步赶着,在前方做超低空飞行。当马队临近它们时,就"扑"的一声抖翅飞掉,并重复在马队前面落下,像一团莫名其妙的预言,似乎在昭示着什么。

马队一到长安,不祥的预兆立即得到验证:姚兴突然变脸,将归义侯扣留下来,给了他"尚书"的空衔。

听说父亲被扣留在长安,儿子炽磐便在苑川度坚山占山为王,父亲闻讯后寻机逃脱跑来与之会合,父子一起在山顶恢复了一度中断的西秦。父亲还是帝王,儿子则成为太子。

不久,又一场灾难降临到这个家族。一个令人烦躁的夏天,乞伏乾归被侄儿公府所杀,原因不过是一场小小的口角。

气愤至极的炽磐杀掉了公府,在悲泣、低沉的气氛中走上帝位。这是一位

---

① 表示继承前秦遗志。

低调的帝王,在位长达17年,始终默默无闻。

北魏太武帝拓跋焘神䴥(jiā)元年(428),炽磐之子暮末戴上皇冠,一切都还顺利。但有一天他到处闲逛,撞上弟弟殊罗和后妈秃发氏通奸,给去世不久的父亲戴上了绿帽子。读者有所不知,当了寡妇的后妈与儿子通奸在鲜卑人中本不足为奇,皇帝睁一只眼闭一只眼也就罢了。偏偏这位哥哥假装正统并大摆皇帝的臭架子,将不检点的弟弟当众臭骂了一顿。

弟弟被惹恼了,就与平时很亲近的叔叔像质子与电子一样紧紧抱在一起,关在屋子里密谋了一个周详的计划:计划的第一步是由情人秃发氏偷出钥匙打开宫门,第二步是由自己带兵进宫刺杀哥哥,第三步是和叔叔一起投奔北凉。

大事还是坏在女人身上,有胆量偷人的寡妇偏偏紧张地拿错了钥匙,在约定的时间怎么也打不开宫门。看门人看着蹊跷,立即将消息报告了皇帝。皇帝亲自提审了女人,结果,山高月小,水落石出。弟弟、叔叔及其亲信被统统处死,成事不足、败事有余的寡妇也身首异处。

皇帝的杀戮引起了部族的反感,叛离的将士越来越多。神䴥四年(431)初,夏国国主赫连定派出大军围困西秦都城南安,精疲力竭的乞伏暮末只得与宗族5000人一起出城投降,然后引颈受戮。

怪不得人们说都城不该定在"南安"("难安")。更多的人则说皇帝的名字起错了,"暮末"不就是"灭亡"吗?

我也奇怪,为什么历史上有那么多惊人的巧合?

十二、中国版堂吉诃德

在五胡十六国那个一塌糊涂的年代,鲜卑人的另一个支系——秃发鲜卑也趁火打劫,于北魏道武帝皇始二年(397)在凉州境内建立了一个小小的尾巴国。

这个尾巴国由于处于后凉国南部,所以被称为"南凉"。国家的大单于名叫乌孤,是一个粗犷而又幽默的人。为了显示国威,他上台后烧的第一把火就是挥军打下了军事重镇金城。

这时的他好比刚刚得到荆州的刘备,资本不多,但踌躇满志。

踌躇满志完全可以,但绝不能得意忘形。北魏道武帝天兴二年(399)一个秋风摇摇、天高日朗的中午,他因为高兴喝多了酒,从奔驰的马背上重重地摔了下来,生命垂危。这时的他还未忘记开玩笑地说:"差点儿给吕光父子送去笑料。"然后,他对弟弟秃发利鹿孤断断续续地说:"收复凉州的重担只好交给你了。"说完,停止了呼吸。

处理完后事,弟弟秃发利鹿孤接过了重担。可惜这位接班人是一个凡事都想得开的甩手掌柜,几乎什么事情都委托弟弟秃发傉檀(nù tán)代劳。这样,弟弟就成了南凉的实际掌权人,而且把军政大事管理得有条不紊。天兴五年(402),哥哥病死,弟弟秃发傉檀转正。

这是个永不知足的人,已经占据乐都(今属青海)的他又将目光对准了姑臧。狡猾的他自动取消了年号向后秦的姚兴称臣,并派使者送上了3000匹战马。姚兴一兴奋,赏了他一个凉州刺史的头衔,并把姑臧作为见面礼送给了他。

他一进入梦寐以求的姑臧就原形毕露,再也不接受姚兴的任何命令,并于北魏道武帝天赐四年(407)侥幸取得了对后秦的一次胜利。

胜利后的傉檀烧掉了后秦的委任状,凉王的大旗重新在凉州这片热土上迎风招展。

从此,他变得目中无人,不可一世。北魏明元帝永兴二年(410),他亲率5万骑兵出征北凉,因为轻敌与冒进,被沮渠蒙逊打得满地找牙,孤身一人狼狈逃回姑臧。姑臧被重重围困,他送上儿子作为人质,对方才勉强退兵。

没多久,他又感到自己过于窝囊,发誓给北凉点颜色看看。他不顾部下的一再劝告,纠集五路大军一路抢劫,耀武扬威地远征北凉。但是老天开始与他作对,狂风骤雨突然劈头盖脸袭来,士兵们被灌成了落汤鸡。就在此时,沮渠蒙逊率军冲杀过来,南凉军队人仰马翻,傉檀像被拔了毛的鸡一样一路狂奔逃到乐都。淋湿的战袍还未换下,北凉的大队人马已经兵临城下。他含泪送上另一个儿子作为人质,对方才解围而去。"破罐子破摔"说的就是这两场战争。

眼看他如此的冥顽不化,当年依附于他的兄弟部落纷纷自立门户。军队越来越少,但他的信心却有增无减。这使我们联想到了塞万提斯笔下无知无畏的堂吉诃德,骑着瘦马一次次地挑战风车,演绎出世上广为流传的超级幽默。

超级幽默继续上演。就在他再次踏上征途的时候,后方传来了根据地乐都被只有1万兵马的西秦国主乞伏炽磐乘虚而入,自己的老婆、孩子都当了俘虏的消息,他两眼一黑,晕倒在地。

一抹如血的晚霞飘游在苍凉的长空,把近处的戈壁和远处的群山衬托得分外悲壮和凄凉。等他醒来,军队已经四散而去,眼前只剩下4位垂头丧气的亲信。直到这时,50岁的他才不得不低下高昂的头颅。

夕阳中,他一个人耷拉着脑袋走向西平向乞伏炽磐投降,身后留着一行歪歪斜斜的脚印,像埋藏在五线谱里的稀稀落落的黑色音符。

"他太倒霉了!"是的,幸运女神似乎从未光顾过他,即使幸运女神去了,他或者正在外面打仗,或者正在床上睡觉。

之后,他被意外地封为"左南公"。一年后又被秘密毒死。

十三、拓跋建国

在群雄逐鹿的岁月里,不甘落后的拓跋鲜卑也于东晋成帝咸康四年(338)建立了代国,第一任国王名叫什翼犍,都城设在今内蒙古和林格尔西北的盛乐。建国后,他们与慕容鲜卑建立的前燕结成了姊妹国。

什翼犍成在儿子,败也在儿子。

东晋简文帝司马昱(yù)咸安元年(371),大臣长孙斤在上朝时直奔御座刺杀什翼犍,什翼犍的太子拓跋寔(shí)用身体挡住父亲,徒手与其格斗。父亲保住了,可是太子却因被刺中肋部丢了性命。太子的壮举征服了在场的每一个人,悲伤而自豪的父亲因而诏告部落:"做儿子,就应该像拓跋寔一样。"

悲伤的父亲重新选择接班人,可惜其他的儿子们一个比一个自私,没有一个具有太子的胸怀和气度。因为战事频繁,立太子之事就搁置起来。这时候,前秦开始崛起,苻坚先是灭亡了他们的姊妹国前燕,而后就把矛头对准了他们。

但什翼犍并没有意识到谁是真正的敌人,因而还在因为蝇头小利和一些草原部落你争我夺。一天,什翼犍打败了匈奴人,匈奴首领刘卫辰向南投奔了苻坚并要求救援。

苻坚就这样有了出兵北方的借口。太元元年(376),20万秦兵直扑代国,什翼犍赶忙派外甥刘库仁率10万兵马迎敌。

石子岭一战,简直就是一场乱战。在毫无战术可言的情况下,数量多出一倍的秦兵占了上风。关键时刻,什翼犍又患了重病。无奈之下,他只有带着一小撮亲信逃到阴山以北的大后方。

一个月后,秦军带着无数的战利品缓缓回撤。

松了口气的什翼犍回到云中,力图重新收拾残局。经历了此次大败,什翼犍在大家的心目中不再那么神奇。于是,他那一直觊觎王位的长子拓跋寔君开始发难,他带人清除了慕容妃所生的6个异母兄弟,然后冲进大帐结果了父亲的性命。

代国大乱。

好在有一个6岁的孩子被母亲藏到刘库仁的帐篷里躲过了大屠杀。他是什翼犍的孙子,拓跋寔的儿子,名叫拓跋珪。

听说了拓跋寔君杀父的消息,加上宣布投降的刘库仁要求前秦帮助平定叛乱,深受儒家三纲五常熏陶的苻坚雷霆震怒,立即命令已经回撤的前秦大军回师云中,彻底扫荡了代国内部大屠杀的刽子手们。

按照苻坚的旨意,那位不孝的逆子被押送长安,在人头攒动的闹市里执行了车裂的死刑。随后,死者的滔天罪行被诏告天下,诏书上说:"以后谁再敢杀自己的父亲,被车裂的拓跋寔君就是下场!"

代国就这样成了反面教材。

十四、王者归来

灭亡后的代国被苻坚一刀两断,以黄河为界,河西划归刘卫辰,河东划归刘库仁。

刘库仁死后,他的儿子刘显打算除掉已经长大的拓跋珪。拓跋珪的母亲贺兰氏听说后,赶紧带着他逃回了娘家贺兰部。

这一走不要紧,拓跋珪的命运发生了翻天覆地的变化。父亲的名声特别是什翼犍长孙的身份给他罩上了炫目的光环。经过舅舅贺讷的多方游说,拓跋鲜卑在锡拉木林河边的牛川召开部落大会,做出了恢复代国的决定,拓跋珪被推举为新的代王。上台后的拓跋珪嫌弃牛川地处偏远,将都城迁移到昔日的代国都城盛乐。在那里,他将代国改名为战国七雄之一的魏国(俗称"北魏")。他就是著名的道武帝。

这一年是北魏登国元年(386),拓跋珪年仅 16 岁。

人的价值不在于拿一手好牌,而在于打好一手坏牌。年轻的皇帝面临的可是一个强邻虎伺的棘手局面,南有独孤部,北有贺兰部,东有库莫奚,西有匈奴铁弗,阴山以北有柔然与高车,太行山两边有后燕和西燕。因此从建国的那天起,他就把全部精力用在清除邻居上,先征服独孤部、贺兰部,再击败了刘显,然后是匈奴铁弗首领刘卫辰,继而兼并了高车、库莫奚。与此同时,西燕也在登国九年(394)被后燕灭亡。辽阔的华北只剩下老牌的后燕与新兴的北魏。

两虎相斗,已经在所难免。

可能是西燕战争的胜利冲昏了后燕人的头脑,也是因为笨蛋太子慕容宝太大意了,登国十年(395),参合陂一战近 5 万后燕降兵被拓跋珪阬杀,两国的力量对比迅速逆转。后燕皇帝慕容垂死后,拓跋珪更加游刃有余,不到两年就使后燕销声匿迹。

他大功告成,继而名垂青史。

但他也给历史留下了遗憾和沉思,原因是他不仅好色,而且期望长生不老。早在风华正茂的年轻时代,他在母亲的部落遇到了粉颈如脂、国色天香的小姨妈,可惜小姨妈已经嫁人。但他穷追不舍,逼着母亲答应这门婚事,母亲断然回绝了他。结果是他秘密派人刺杀了小姨夫,强行将小姨妈纳为贺兰妃,并于后来生下了拓跋绍。

晚年的拓跋珪期望长生不老,常常服用带有朱砂和石英有毒成分的"寒食散",导致性情狂躁,随便杀人。

天赐六年(409)的一天,拓跋珪公然大骂贺兰妃,并声言要杀掉她。被囚禁的贺兰妃向儿子拓跋绍求救。因为杀人过多,拓跋珪常常变换居住地点,他住在哪儿一般人并不知晓。偏偏拓跋珪的宠妃万人与拓跋绍私通,父亲的藏身地点对于拓跋绍就不再是什么秘密。

一个没有月亮的夜晚,在地下情人的导引下,拓跋绍悄悄进入密室,一刀将父亲刺死。这位渴望长寿的英雄就这样结束了叱咤风云、风流潇洒的别样人生,死时只有39岁,与南宋被冤杀的岳飞同龄。

本来这一幕是可以避免的,假如拓跋珪不娶那位小姨妈,或者自己的宠妃不与儿子私通的话。

事发后,刺杀父亲的拓跋绍引颈受戮。

许多人陷入了爱与恨、福与祸、生与死的困惑:历经千难万险得到的妻子,拓跋珪为何不予珍惜呢?明明是自己的父亲,拓跋绍怎能下得了毒手呢?明知刺杀成功与否都要搭上性命,为何拓跋绍还率性而为呢?

在这个是非和伦理观念十分混乱的年代,人们心中的困惑和疑虑根本找不到答案,因此"万能"的佛教乘虚而入。

十五、佛教步入中国

早在公元前3000年前,深色皮肤的达罗毗荼人就在印度河流域创立了与尼罗河、两河及黄河文明并驾齐驱的远古文明。

公元前20世纪中叶,居住在今伏尔加河、顿河流域的古印欧人的一个分支,越过兴都库什山和喜马拉雅山之间的山口,南下来到印度河、恒河、布拉马普特拉河流域,建立了名为"印度斯坦"的灿烂国家。

这些装备精良的新移民自称"雅利安人"①,夺走了达罗毗荼人的土地,抢

---

① 意为高贵者。

走了他们的女人,还嘲笑这些土著是黑鬼。

雅利安人还是不放心,因为达罗毗荼人拥有人数上的优势。于是雅利安人不仅将"黑鬼们"严格地控制在"他们该待的地方",而且建立了其他民族从未敢建立的森严的种姓制度,进而给等级制度披上了一层神秘的宗教外衣,宣布婆罗门教①只为3个上层阶级所独有,卑贱的国人被排斥在神圣的精神世界之外。

只为上层服务的种姓制度引起了底层百姓的强烈不满。在劳苦大众的哀叹声中,世界三大宗教之一的"佛教"应运而生。

令人意外的是,公开站出来反对种姓制度的并非底层百姓,而是一位受益于种姓制度的年轻贵族。更令人费解的是,历史上的改革家也大多出自豪门。这些千金之子一向养尊处优,安闲自在,直到有一天,残酷无情的现实令他们惊骇万分,并最终使他们成为贵族制度矢志不移的掘墓人。

公元前565年(东周灵王姬泄心七年),巍峨的喜马拉雅山脉能够看到的地方——古印度迦毗罗卫国(今尼泊尔境内)。净饭王的妻子摩耶夫人生了一位王子,取名乔达摩·悉达多。这位生活在甜水里的刹帝利族王子,因苦恼于在周围见到的种种不幸,而舍弃安逸舒适的宫廷,自愿去过四处飘零的苦行僧生活。在尼莲河畔的一棵菩提树下,他禁食打坐49昼夜,终于在似乎受到天启的刹那间大彻大悟,从此被尊称为"释迦牟尼",意为释迦族的圣人;还被称为"佛陀",意即觉悟者。他的四大真理是:第一,人生是苦的;第二,苦的原因在于欲望;第三,只有消灭一切欲望,才能消灭苦因,断绝苦果;第四,要做到这一切只有通过八正道(正见、正思维、正语、正业、正命、正精进、正念、正定),以涅槃②为最终目的。在解不开天象、参不透命运的时代里,全新的佛教像一盏明灯,给生活在暗夜里的劳苦大众送来了"光明"。于是,佛教教义以超乎人们想象的速度传播开来。

不知道为什么,公元前6世纪在人类历史上会如此特别?这个时期不仅有希腊哲学家赫拉克利特开始探求自然的本质,有以赛亚在巴比伦的犹太人中传颂上帝的旨意,而且还有孔子和老子这两位伟大的思想家在中国讲学,有释迦牟尼在印度布道。从雅典到太平洋,整个人类的思想都被搅动起来。我想,这里面肯定包含了某种天机,只是我们的智力尚不能将它破译。正是这批横空出世的智者,用他们创立的宗教与哲学,给人类迷惘且糟糕的生活指出了方向。正因为他们,我们的祖先才开始作别愚昧,走向文明;当时的社会才开

---

① 印度古代宗教,是现在流行的印度教的古代形式,以《吠陀经》为主要经典,因崇拜梵天及有婆罗门种姓担任祭司而得名。婆罗门教和印度教严格区分阶级,而佛教提倡众生平等。
② 断除烦恼成佛。

始构筑伦理,建立秩序;人们才从王权、教士、血祭的传统中走出来,开始探求最敏感、最困惑的问题。在经历了两万多年的童年时期之后,人类社会仿佛进入了青春期。

既然宗教有如此神奇的魔力,没有宗教但崇尚思辨的中国很快加入了引进宗教的行列。随着公元前1世纪丝绸之路的开通,佛教经大月氏之手,由富楼沙(今巴基斯坦境内)启程,翻过白雪皑皑的喜马拉雅山脉,穿越西域大漠里的漫漫流沙,历尽千辛万苦走向中国。特别是公元4世纪佛教在印度受到冷落后,大批的西域僧侣携带着成批的经传和精美的佛像辗转东来。

世界上没有哪一个宗教会在传播的征途上留下这么多千百年仍无法磨灭的印迹——新疆拜城克孜尔石窟、甘肃永靖炳灵寺石窟、甘肃天水麦积山石窟、河南巩县石窟、河北邯郸南北响堂山石窟、山西太原天龙山石窟、山西大同云冈石窟、河南洛阳龙门石窟、甘肃敦煌莫高窟①……我们应该感谢鲜卑人,正是在他们的倡导和保护下,中国才出现了串串珍珠般精美绝伦的历史遗产。也可以说,在中华文明史上占有重要地位的佛教的种子正是由北魏撒遍了中国。

十六、太武帝灭佛

谁能想到劝人向善的佛教也会在温文尔雅的中国遭受劫难,而且参与灭佛的皇帝还不止一个,他们分别是北魏太武帝、北周武帝、唐武宗、后周世宗。

太武帝拓跋焘本来是一位虔诚的佛教徒。他初登皇位的时候,经常模仿先辈邀请"高德沙门"进宫讲经。每年4月8日的佛诞日,他还亲自向佛像散花以示敬意。

与先辈在信仰上一脉相承的太武帝之所以从信佛尊佛慢慢走向反佛毁佛,可能与名叫崔浩的司徒和名叫寇谦之的道士密切相关。北魏太武帝始光元年(424),道士寇谦之离开隐居30多年的嵩山,携带60余卷《录图真经》前往平城,拜见即位不久的太武帝,声称在自己修道时,太上老君的玄孙李谱文降临嵩山,亲授他《录图真经》,以其辅佐北方太平真君。他还大谈修身炼丹之术,试图引起皇帝的兴趣。然而皇帝并没有真正相信他,朝廷大臣们也只是一笑了之。

事情的转折来源于司徒崔浩。他的母亲原来是一个道教徒,他本人也学

---

① 敦煌石窟的第一个开凿者是前秦时期的乐僔和尚,时间是公元366年。大规模的开凿者却是北魏(现莫高窟中题有唐人关于此事的记载)。

过占星和阴阳术,正是凭着这一本领,他才一步步成为北魏元明帝的近臣。但随着元明帝的一命归天和太武帝的登基,崔浩被冷落一边。这时,道士寇谦之来到了平城。一向工于心计的崔浩看到了东山再起的希望,决定拜这位道士为师,并郑重地向太武帝上疏鼓吹自己的师父。

上疏抓住太武帝以轩辕黄帝后裔自居,入主中原乃应天之符的心理,极力鼓吹《录图真经》中的符命之说。于是,日理万机的皇帝开始对经书刮目相看。

皇帝命人带上礼物,把寇谦之在嵩山的40余名难兄难弟全部请进了京师。由于皇帝的支持和倡导,寇谦之创立的"天师道新法"很快兴盛起来,他也由一位寒酸卑微的道士摇身一变为"帝王师",成为太武帝的军事顾问和政治参谋。当然,为师父的发迹和得宠奔走呼号的崔浩再次成为皇帝身边的红人。

始光三年(426),雄心勃勃的太武帝想乘大夏国主郝连勃勃死亡之机,出兵进攻大夏。这一想法遭到了部分大臣包括太尉长孙嵩的反对,举棋不定的太武帝召来寇谦之询问出兵的得失,没想到道士的答案不仅肯定,而且干脆:"必克,陛下神武应期,天经下治,当以兵定九州,后文先武,以成太平真君。"①

摒弃了顾虑的太武帝大举出兵,大夏不久就被击溃。然后,太武帝马不停蹄地进攻中原诸国,并在北魏太武帝太延五年(439)荡平了中原,结束了西晋以来五胡十六国长期分裂的局面,完成了统一北方的宏图大业。

太武帝开始自称"太平真君",并于公元440年将年号改为太平真君元年。这时,皇帝已经从佛门中一步步退出。

在道士们的怂恿和鼓噪下,太武帝早在太延四年(438)就颁发了第一道禁佛诏书,强迫青壮年僧侣还俗,并责令他们充当劳役或者从军征战。太平真君五年(444),皇帝又连发两道禁佛诏书,规定从王公到百姓,严禁私自供养沙门;严禁僧侣踏出庙门进入一般人家。更为可怕的是,佛门高僧玄高和慧崇被酷刑逼死。

更大的劫难在太平真君七年(446)爆发。当时,驻守在杏城(今陕西黄陵县)的将军盖吴谋反,太武帝亲自率领大军前往镇压。大军进入长安休整时,偶然发现一座寺庙里存有大量兵器。经过彻底清查,先是查出了大量酿酒用具,后来发现了官员和富豪们私自藏匿的无数钱财。更令人震惊的是,寺庙内有许多设计精巧、装潢暧昧的密室,这些密室竟然是和尚"与贵室女私行淫乱"的场所。

---

① 见北齐魏收《魏书》卷一一四,中华书局1974年版。

被愤怒和憎恨的火焰烤灼得近乎失去理智的太武帝下诏:"有讲得佛图形象及胡经,皆击破焚除,沙门无少长悉坑之。"①同时,他命令太子拓跋晃行令天下,在整个北魏范围内推行毁佛措施。

不忍杀戮的太子将灭佛诏书暂时压下,有意放出风去让佛众逃亡。高僧僧周逃奔终年积雪的寒山(今陕西略阳南),法朗逃到国境西部的龟兹,慧芬逃到今南京白马寺隐居起来,但各地的佛像、佛塔、佛经被焚毁,境内的僧侣被全部责令还俗,许多在路上逃亡的教徒被捉住砍了脑袋。据说士兵得到命令:"凡是秃头的格杀勿论。"因此,一些头发不长的平民也受到连累,情景如同冉闵发出杀胡令后那些高鼻梁、黄胡须的人一律被杀一样。

恐怖笼罩了曾经香烟缭绕的寺庙,地狱里不断增加着光头的冤魂。

十七、佛教复兴

多行不义必自毙。因灭佛而恶欲膨胀的崔浩在编写魏史的过程中有恃无恐地描述北魏先人的野蛮历史,于太平真君十一年(450)被震怒的太武帝杀掉。

两年之后,崇信道教的太武帝驾崩,心病日炽的太子也随之夭亡,对灭佛心存不满的长子文成帝粉墨登场。

为追悔父亲太武帝灭佛之举,文成帝在都城平城武周山(今山西大同东北)役使数万工匠,耗时30年,依山开凿了长达1000米、现存53个洞窟、51000尊雕像、被誉为"东方罗马石雕"的云冈石窟,据称其中第20窟中高13.7米的坐像即北魏太祖道武帝。现代文学家鲁迅曾将云冈的丈八佛像与万里长城相提并论,把它们看做"坚固而伟大的"、"耸立在风沙中的大建筑"。

北魏孝文帝元宏太和十八年(494),意犹未尽的孝文帝在迁都洛阳后,又开始在洛阳南部、渭水沿岸开凿了与敦煌、大同并称中国三大石窟的龙门石窟。

佛教之所以能够为北魏接受并极力尊崇,恐怕主要还是因为它祈求和平、反对血腥的教义迎合了北魏人心思定、人心思安的强烈愿望。因而在佛教中国化的过程中,佛教雕塑艺术呈现出神性与人性、威严与慈祥、壮大与婉柔、崇高与平和、高雅与世俗融合汇流的趋势,佛像也由隆鼻深目、大耳垂肩的西域特征演变为秀骨清相、圆润柔美的中国模样。后来的释迦牟尼造像,既有佛祖超尘绝世深不可测的神秘感,又有世间中人端庄闲雅温和慈祥的亲切感,既表

---

① 见任继愈《中国佛教史》,中国社会科学出版社1988年版。

现了人们所向往的佛国理想,也体现出了浓厚的人间情调和世俗趣味。更为令人惊奇的是,也许女性形象更能体现审美情趣,更能让具有恋母情结的中国百姓感到温馨,印度的男性观音菩萨竟然被改造成了一手持柳枝、一手端净瓶、身处莲花座中的慈眉善目的女观世音,以至于百姓只知菩萨,不知如来。从此,"菩萨保佑"几乎成为中国百姓的口头禅,这也是佛教之所以在中国大地落地生根的重要原因。如果说石窟是皇帝为国家安泰发出的祈愿的话,那么微笑安详的观音菩萨则是身处乱世向往和平安定生活的民众的心声。

十八、孝文帝改革

到第三代皇帝拓跋焘当政时,北魏已经灭掉了夏、北燕、北凉,北方像前秦时那样走向了久违的统一。

"文明"尾随而至。

事实上,文明从来不会在同一地点停留太久,通常它会在地图上蜿蜒曲折地移动。在晋朝长满蒿草的高墙内驻足一段时间后,文明似乎在嘟囔:"哎,我和这些已经变得懒惰和猜疑的人待在一起太久了。"于是收拾起书籍、乐器、科学,开始了新一轮的漫游。它辗转来到了新生的北魏,因为这里是一片创新、开放、追求文明的沃土。

茁壮成长的北魏第六代皇帝孝文帝拓跋宏不满足于做一个半野蛮民族的国王,他决意要做一个文明国家的主宰。但是将北魏从一个草原游牧部落转变为一个农业帝国绝非易事,他需要强有力的手腕和精明的头脑。更重要的是,要有足以压倒保守势力的坚强后盾。而这一切,小皇帝正好全部具备。

这是一个中国历史难以忘却的时代。从北魏孝文帝延兴元年(471)开始,在祖母冯太后支持下,孝文帝顶住豪强大族的压力,实施了将中原文化移植到原始草原民族的伟大手术。国家规定,官吏按季度领取俸禄,严禁贪污,贪赃绢一匹即处以死刑;第一次在刑法中明令禁止对女性犯人的"裸形处决",坚决维护了中国女性最起码的人权;把掌握的土地分配给农民,农民向国家缴纳租税并承担一定的徭役;下令鲜卑贵族改汉姓①,穿汉服,说汉话,提倡与汉族通婚。孝文帝带头娶汉族女子为妃,并把公主嫁给了汉人。孝文帝还力排众议,把都城从地处高原的平城迁到四季分明的洛阳。

---

① 公元496年,拓跋宏下令将鲜卑复姓改为单音汉姓,皇族拓跋氏改姓元,定为最高门第;丘穆陵氏改姓穆,步六孤氏改姓陆,独孤氏改姓刘,贺赖氏改姓贺,贺楼氏改姓楼,勿忸于氏改姓于,纥奚氏改姓嵇,尉迟氏改姓尉,以上八姓为功勋之家。此后,118个鲜卑复姓全部消失。

在文明太后①去世3年之后的太和十七年(493)秋天,孝文帝率领20万大军亲征南朝。在多数王公大臣极力反对迁都的情况下,孝文帝费尽了苦心,名义上是南征,事实上孝文帝是要借南征使自己的部族彻底摆脱落后的生产和生活习惯,把颠沛流离的拓跋鲜卑融入中华民族的文明历史之中。秋天的气候突然变得很冷,一路上秋雨潇潇,鲜卑大军踏着泥泞一直向南行进。越向南走,北魏贵族和将士越不适应气候,近百年来在平城养尊处优的生活已经耗尽了一个马背民族的剽悍和豪气,他们已经无法忍受艰苦的日子,直到他们无可奈何地在中原洛阳停下来,车轮和马蹄声止歇于新的都城里。

就这样,一个伟大的民族在1500年前隐没在从平城到洛阳的历史古道上,消失在深秋的凄风苦雨中。

春风风人,夏雨雨人。孝文帝的汉化改革加速了北方各族封建化的进程,促进了北方民族的大融合,也使北魏步入了一个空前的盛世。翻开从秦到清的历史长卷,作为一名从草原上走来的少数民族领袖,能够洞察本民族的封闭落后,勇敢抛弃不合潮流的陈规旧制,采外来文明之优长为我所用,集兄弟民族之智慧共建家园者,孝文帝乃先行者。在这里,我们不免为把国人分为四等的忽必烈而汗颜,更为强令汉人剃发的多尔衮而脸红。

更令人惊喜的是,鲜卑将胡人草原般开阔的心胸带到了中原,将豪迈而奔放的胡人血缘融入了温顺而文雅的汉人血管,从而造就了伟大而开放的隋唐盛世。

孝文帝开通了一条通往隋唐的路——一条无限宽阔的强盛之路。

十九、女人啊,女人

女人姓胡,是孝文帝唯一的孙子元诩的生母。孝文帝的儿子元恪病死后,年仅6岁的元诩继位,她以太后的身份总揽政务。

这是一位多情而浪漫的女人,面首换了一茬又一茬,在一次失恋后竟给枯燥的北魏史留下了一首情诗:"阳春二三月,杨柳齐作花;春风一夜入闺闼,杨花飘荡落南家②;含情出户脚无力,拾得杨花泪沾臆;秋去春来双燕子,愿衔杨花入窠里。"③

北魏孝明帝元诩武泰元年(528),以前的娃娃皇帝已经是19岁的青年。

---

① 冯太后死后谥号"文明太后"。
② 指情人杨白花率部投奔了梁朝。
③ 见梅毅《华丽血时代》,陕西师范大学出版社2005年版。

儿子开始对母亲把持朝政心怀不满，尤其看不惯母亲情夫们的所作所为。难道皇帝真的斗不过臣下？他不相信人的大腿不如胳膊粗，更不相信人的胳膊不如手指粗，但他又实在找不到办法。情急之下，他密令驻扎在晋阳的大将尔朱荣带兵进京。

消息不幸泄露，胡太后率先发难，与情夫合谋毒死了自己的亲生儿子。随后，孝文帝年仅3岁的曾孙元钊被抱上皇位。

噩耗传出京城，外地的大将们群情激愤。元诩的叔叔元子攸被进兵途中的尔朱荣拥立为皇帝，与胡太后新立的小傀儡形成对立。

胡太后情夫统领的部队一触即溃。情人们都跑了，只剩下胡太后一个人，剃光自己的头发，宣布出家为尼，以示赎罪。

但对手能答应吗？尔朱荣进城后，太后和小傀儡被押到面前。太后好话说了一箩筐，仍打动不了尔朱荣。风流一世的胡太后和可怜巴巴的小傀儡被扔进了滔滔的黄河。

为了掌握元子攸，尔朱荣将本已嫁人的女儿转嫁给了新皇帝。面对风雨飘摇的帝国，新皇帝只能依赖新岳父的势力支撑被太后折腾得几近腐朽的帝国之厦。但他又不甘心扮演傀儡君主的角色，于是在北魏孝庄帝元子攸永安三年（530）九月的一天，谎称新皇子诞生，要求岳父进宫看望自己的外甥。就在大殿里，皇帝手刃了自己的岳父。

在外领兵的尔朱兆（尔朱荣的侄子）拥立皇族小盆子（元晔）为皇帝，于年底攻陷洛阳，将元子攸拉下马来。

也许认为小盆子的皇族血统不够纯正，总揽朝政的尔朱兆决定立孝文帝弟弟的儿子元恭为帝，可怜的小盆子被秘密杀死。

这位新皇帝绝非平凡之辈，早在胡太后专权时期，他就因为不满朝政开始装聋作哑，住进了洛阳城外的龙华寺，成为天下著名的哑巴。北魏长广王元晔建明元年（530），尔朱集团请他出山，他这才8年来第一次开口说话，这句话是"天何言哉"①！

话还是说早了。不久，大将高欢与尔朱集团公开决裂，拥立皇族子弟元朗为新皇帝。北魏安定王元朗中兴二年（532），高欢杀入洛阳，装了半生哑巴的元恭被废掉，一个月后被秘密毒死。

这位元朗也非皇族正统，因而高欢在进入洛阳后，便再次换帝，立孝文帝的孙子、平阳王元脩为帝。

元脩压根儿就不想当什么皇帝，高欢起兵后，他已经逃到乡下，藏进了一

---

① 见《中国皇帝全传》，中国工商出版社1996年版。

家破烂的农舍。不幸的是,他还是被高欢搜到,被强拉硬拽地扶上了王位。但这位 23 岁的新皇帝血气方刚,时间不长就与高欢闹翻,皇帝所在的洛阳与高欢驻扎的晋阳形成对垒。

尽管卧薪尝胆,但洛阳仍然不是晋阳的对手。北魏孝武帝元脩永熙三年(534),皇帝一路狂奔到陕西长安,投奔了另一支鲜卑人——宇文鲜卑首领宇文泰。到了冬天,与宇文泰闹翻的傀儡皇帝元脩被杀,元宝炬被立为新皇帝,是为西魏。西魏经历了元宝炬和儿子元钦、元廓三代傀儡帝王,却只有 27 年。西魏恭帝元廓三年(556),元廓被迫让位给宇文觉。

追赶元未果的高欢回到洛阳,立 11 岁的北魏宗室元善见为帝,迁都邺城,是为东魏。17 年后,大权在握的高洋毒死元善见自立为北齐皇帝,名义上的东魏退出历史舞台。

二十、两代半傀儡

宇文鲜卑建立的王朝叫北周,北周的第一个皇帝叫宇文觉,是宇文鲜卑首领宇文泰的三子。

北周建立的前一年,即西魏恭帝元廓三年(556),西魏太师宇文泰已经做好了登基夺位的一切准备,但秋季到北方视察时得了重病。临终前,将国事托付给了侄儿宇文护,叮嘱他辅佐儿子完成未竟的事业。

就在年底,宇文护按照叔叔的遗愿,逼迫西魏恭帝元廓将帝位"禅让"给了宇文泰 16 岁的世子宇文觉。

第二年年初,宇文觉继位称帝,建立了北周。他不过是皮影戏里只管表演的提线木偶,至于做什么动作和说什么话,全凭幕后的操纵者。军政实权掌握在堂兄大司马宇文护手中。更可怜的是被废除的皇帝,北周将他封为"乐公"①,明眼人一看就知道是掩耳盗铃的伎俩。果然,一个月后"乐公"被秘密除掉。

宇文觉虽然尚未成年,却也想法很多,因而秘密召集了一批武士在皇家园林演练擒拿格斗(此招后来被少年康熙克隆过去并获得了成功)。北周孝闵帝宇文觉元年(557)九月,参与筹划的一位大臣偷偷向宇文护告密。大司马立即活捉了其他参与筹划的大臣和正在训练的武士,并将宇文觉贬为略阳公,一个月后突然暴死。

宇文觉的大哥、23 岁的宇文毓从刺史升任天王。

---

① 让他自得其乐。

宇文毓虽然是由宇文护扶持上台的,但他并不胆怯别人,处理起事情来有板有眼。他注意节俭,重视文化,为人宽容,人望激增。宇文护眼看自己就要成为傀儡,便于北周明帝宇文毓武成二年(560)春天指使亲信在皇帝的糖饼里下了毒。临终前,口鼻流血不止的宇文毓口授遗诏,拜托大臣们忠心辅佐弟弟宇文邕。就这样,第二代北周皇帝也落入了权臣的魔掌。

按照皇帝的遗诏,第三代皇帝、宇文泰的四子、17岁的宇文邕戴上皇冠。连续换了三任皇帝,大权在握的宇文护不仅不有所收敛,反而更加飞扬跋扈,压根儿也未把什么皇帝放在眼里。宇文护和新皇帝一起拜见太后时,往往赐给宇文护座位,而皇帝却站在旁边。皇帝看在眼里,记在心上,只因时机未到,所以极力忍耐。

天长日久,宇文护的狂妄和跋扈激起了群臣的反感,就连他昔日的亲信都跑到了皇帝一边,他的一举一动都进入了皇帝的视野。

时机终于成熟,陷阱已经挖好。北周武帝宇文邕建德元年(572)的一天,皇帝约上宇文护一起拜访太后,在路上,皇帝将周成王劝人不要酗酒的名篇《酒诰》交给堂兄,要他"以此"帮自己规劝太后不要酗酒伤身。两人有说有笑地来到了太后下榻的含仁殿,宇文护在太后面前一丝不苟地读起了《酒诰》。趁其不备,皇帝抡起玉珽将其击倒。藏在幕后的人一跃而出,将宇文护剁为两截。

用了整整15年时间,北周皇帝两代半的傀儡生涯方告结束。

5年后,亲揽朝政、底气十足的宇文邕动员15万人与北齐交锋于今山西临汾附近。虽说其间也穿插着部署和攻城诸事,但具有决定意义的战斗不过半日。当太阳落山的时候,东方帝国北齐已成往迹,百年来沸腾着血水、燃烧着仇恨的北方就这样简简单单地走向了统一。

北齐王朝落幕了,可北齐的一位女人却因祸得福。这位女人与促使北魏灭亡的胡太后同姓,是北齐后主高纬的母后,先前因为和小和尚私通而被幽禁起来,北齐的灭亡使她获得了"新生"。当时,这位北齐的胡太后年龄不过40岁,徐娘半老但风韵犹存。她竟然和儿媳——齐后主高纬那年仅20多岁、风姿绰约的皇后穆邪利一起在北周都城长安闹市区里成为妓女。消息传开,长安人士趋之若鹜,一时盛况空前。恬不知耻的胡太后竟然兴奋地对儿媳说:"当皇后哪有当娼妓自由和快乐呀!"

她说这话时,窗外大约是春季,两枝绝色玫瑰在一群蝴蝶的环绕下争奇斗艳。

二十一、佛教再遭劫难

按照中国传统的官方观念,宗教必须为国家利益服务,应作为国家精神机构起到化解民众烦恼的作用。可是到了北魏末年,宗教的这种作用不仅没有得到强化,而且在走向反面。

原因在于天下大乱、战乱频仍的形势。一方面,各国之间的吞并需要巨大的财力支撑和充足的兵员;另一方面,百姓为了逃避兵役纷纷落发为僧。随着佛教的过度发展,皇宫和佛堂之间的矛盾尖锐起来。

这的确是摆在北周皇室面前的一道不宜解开的难题:佛教劝人行善、反对战争无疑对政权稳固有利,但佛教徒为了个人灵魂得救,而不承担家庭义务,这与中国人的基本传统正好相反;僧徒尼姑与世隔绝,不食人间烟火,不论人之常情,这与民族的繁衍传承肯定无利;如果说这些尚且情有可原的话,那么大量的农民为逃避沉重的赋税而做了僧尼,大量的壮丁为躲避征兵而皈依佛门,大量的土地财富被寺院占有,就另当别论了。特别是到了北周武成二年(560)北周武帝宇文邕即位的时候,佛寺和道观已达上万所,占地十分惊人;僧尼道众上百万,占了全境人口的十分之一。

历史无情地告诉我们,当一种宗教的过度发展客观上影响到国家政权稳固的时候,不管这一宗教的教义如何的神圣,不管它的教徒如何的众多,也不管信仰这一宗教的周边国家如何的声援,都将毫无例外地面临被取缔的命运。一个佛光普照的早晨,周武帝下达灭佛令,跟着遭殃的还有"安分守己"的道教和远道而来的景教。大量的佛经、佛像、佛塔被焚毁,佛寺、道观被改作他用,僧尼、道众还俗,土地、财产充公。

游戏中的"零和原理"告诉我们,一方所输正是另一方所赢(游戏的总成绩永远为零)。在佛教倒霉的同时,北周武帝干瘪的国库一下子堆满了财物,土地总量和土地单产大大增加,还俗的男男女女光明正大地生了不少孩子,兵力也得到了迅速补充。北周武帝建德六年(577),从灭佛中受益的北周武帝亲率大军东征,很快便攻入北齐京都邺城,使北方重新归于统一。在北齐地区,北周武帝继续推行灭佛政策,使整个中原地区4万余座寺庙充公,300余万僧徒还俗。

北周武帝灭佛,目的虽然和魏太武帝灭佛一样都是为了扩大财源,巩固政权,但是在方式方法上却有着天壤之别:第一,这次是经过多次辩论之后做出的。从北周武帝天和四年(569)到建德三年(574),北周武帝先后8次召集百官、沙门、道士等,就儒、释、道三教进行辩论。第二,这次没有采取阬杀僧、尼、道士和捣毁寺、观的做法，而是将寺观赐给王公，让僧尼还为编户，对知名高僧、道士授予官职，如以昙为光禄大夫，法智为洋川太守，普旷为岐山郡从事。这次灭佛，北周政府不仅获得了大量的寺观财富，而且获得了近300万的编民，"租调年增，兵师日盛"①。随后，北周武帝挥师南下，夺取了陈朝在长江以北的大片国土，为日后北周外戚杨坚建立隋朝、统一中国打下了牢固的根基。

佛教经过此次打击，元气大伤且再未全面复兴过（隋唐的佛教繁荣只是一种表象，其令人着迷的程度从未超过北魏时期，况且还发生了一次疯狂的灭佛运动——会昌法难），此后佛教与儒教、道教一样，成为中国三大宗教之一。

二十二、年轻的太上皇

这位历史上最为年轻的太上皇不是别人，正是北方枭雄宇文邕的长子宇文赟（yūn）。

宇文邕杀宇文护亲政的当年，14岁的长子宇文赟被立为太子。这位在深宫高墙内长大的皇子养成了喜欢别人阿谀逢迎的毛病，整天与一伙巧舌如簧的小人混在一起，引得宇文邕将他暴打一顿。

太子害怕起来，于是做出了一副知错就改的老实样子，把东宫官吏们哄得个个信以为真，连皇帝老子也听不到对太子的任何非议了。

光阴是一条流淌的河，转眼到了北周武帝宣政元年（578），北周大军深入大漠征讨突厥，御驾亲征的宇文邕在军中病倒，死时正值36岁的壮年。

太子盼望了6年的皇位终于到手。皇位一旦到手，新皇帝便原形毕露。父亲尚未殡葬，他就摸着被父亲打过的伤疤，公开大叫："他早就该死了！"父亲刚刚出殡，他就一口气做了3件事：父亲宠信的宫女全归自己；父亲重用的大臣统统被流放；父亲弃用的小人全部被重用。更荒唐的还在后头。

北周宣帝宇文赟大成元年（579）二月二十日，皇帝突然心血来潮，宣布传位给年方7岁的太子宇文阐，自己则令人惊讶地当起了太上皇。于是，初升的旭日和正午的炎阳一起照耀着北周辽阔的大地。读到21岁的皇帝就自愿当太上皇这一段，不知清朝在位61年的康熙做何感想。

和在位60年退居太上皇之位的乾隆一样，宇文赟的实际权力比真正的皇帝大得多。做了太上皇以后，他自比天帝，自称由"朕"改为"天"，住处被命名为"天台"，改"制"为"天制"，"敕"为"天敕"，就连打人用的杖也称为"天杖"。大臣去天台朝拜他，必须吃斋三天，净身一日。

---

① 见黄忏华《中国佛教史》，上海文艺出版社1990年版。

他打破了一名皇帝只能立一名皇后的旧制,先后册立了5位皇后。第五位皇后名叫尉迟繁炽,原来是叔叔宇文温的夫人,一次进宫朝见时被皇帝发现,皇帝立即被她的绝代风华所迷醉:只因她增之一分则太长,减之一分则太短,着粉则太白,施朱则太赤,眉如翠羽,面如白雪,腰如束素,齿如含贝。当天,他就想办法用酒灌醉她将其强奸。一个月后,叔叔不明不白地暴毙,婶子被偷偷抬进了后宫。

在他的5位皇后中,数随国公杨坚的长女杨丽华性情温和,彬彬有礼,具备大家风范。即便如此,太上皇仍逼她自杀。多亏杨坚的妻子独孤氏进宫求情,头磕得鲜血直流,才保住女儿的性命。

这位纵欲过度的太上皇于大成二年(580)春夏之交染上风寒,一命呜呼,终年22岁。

二十三、为隋朝让路

年轻的太上皇病危时,紧急召见最宠信的小人刘昉和颜之仪托付后事。二人来到病榻前,太上皇已经不能讲话。此时,小皇帝宇文阐年方8岁,根本无法依靠,为了替自己打算,刘昉与另一位小人郑译密谋起草了一个假诏书,让杨坚以皇太后父亲的身份总揽朝政。

接到诏书(假诏书),杨坚立即应诏控制了京师卫戍部队。接下来,密谋者向杨坚摊牌,刘昉、郑译要求3人共同执政。机智的杨坚陷入了思索。

一日,杨坚突然决定成立丞相府,自己兼任丞相,在丞相府内设置了相府长史和相府司马,分别由刘昉、郑译担任。这样,既封住了两人的嘴,又将他们置于自己的控制之下。

然后,杨坚着手扫除未来的障碍——宇文家族。年轻无知的皇叔、上柱国宇文赞被劝退回家休息,宇文泰手握兵权的5个儿子被一一杀掉,宇文家族成千上万的凤子龙孙在一年多的时间里惨遭屠戮。

要达到光明的目的,有时要用不光明的手段。北周静帝宇文阐大定元年(581)春节刚过,就有人为小皇帝起草好了退位诏书。诏书在对杨坚极尽颂扬以后,希望杨坚从江山社稷稳固的大局出发,仿照舜代尧、禹代舜、曹丕代汉献帝的做法,接过皇帝这副沉重的担子。

诏书由大臣捧着送到随王府。杨坚(按照事先的编排设计)坚决推辞不受,推辞时表情相当庄重。于是,已是清一色杨坚亲信的百官再三恳求。看到众情难却,杨坚才似乎无奈而勉强地接过诏书。

百官山呼万岁,再也掩饰不住内心喜悦的杨坚穿上早已准备好的皇袍登上标志着无上权力的宝座。

作为世袭随国公的杨坚,本想定国号为"随",但又感到"随"字中有"走",似乎不利于国家的长治久安,因而改"随"为"隋",历史上的隋朝由此诞生(尽管如此,去掉"走"字的隋朝也只传了两代)。

被杨坚降封为介国公的小皇帝3个月后从人间神秘蒸发。

从此,宇文鲜卑的姓名从皇帝名册上彻底消失。

二十四、唐诗里的国家

仿佛有精灵轻拉历史的衣袂,一不小心就抖搂一个故事,惊醒一段传奇。

这也是流浪者的故事,是他们以350年的立国时间开创了少数民族政权最长的纪录,以东北人的豪迈和心胸写就了丝绸之路南道几个世纪的喧闹与繁华,以草原人的聪明才智培育出了遐迩闻名的千里马"青海骢"——1600年前,正是这个从白山黑水千里跋涉而来的鲜卑部落——吐谷浑,在神奇而瑰丽的青藏高原上用热血和生命谱写了一曲令人扼腕叹息的历史长歌。

故事从一场小小的马斗开始。

1700多年前,在东北的白山黑水之间生活着鲜卑族的慕容部落。吐谷浑是首领涉归的庶长子,统领着1700户部众;而他的弟弟若洛廆因为是嫡出,于晋武帝司马炎太康五年(284)继承了单于之位。一天,吐谷浑与若洛廆两部的马群在草场上争斗,兄弟二人为此发生了争执。一气之下,"受气包"吐谷浑率部出走,开始了长达30年的长途旅行。

在马群的神秘指引下,他们从徒河青山(今辽宁义县境内)一路向西,穿过辽宁北部、内蒙古草原南边,在呼和浩特以西的河套平原滞留了20年。晋永嘉六年(312),由于受到拓跋鲜卑的压力,吐谷浑不顾年老体衰,再次率部西迁,他们从阴山向西南,逾陇山,渡洮河,最终来到了今甘肃临夏回族自治州西北的羌人居住区——罕原地区。

他们用先进的文化和铿锵的铁蹄征服当地的羌人,陆续攻占了南到今四川阿坝、松潘,西到鄂陵湖、扎陵湖,东西绵延数千里的地区。在这里,他们抛弃了动物般的流浪生活,建起了房屋、村庄乃至城堡,宣布组成了鲜卑、羌人的联合政权,都城就设在今青海布哈河附近的伏俟城①。

鲜花甘愿为果实而凋落。东晋建武元年(317),颠沛流离了一生,始终坚定不移地为部落寻找繁衍生息之地的吐谷浑大人,在完成了民族迁徙的历史

---

① 意为王者之城。

使命后,溘然与世长辞,终年72岁。

作为一个民族和国家的奠基者,他赢得了后人的无限敬仰。东晋咸和四年(329),为了永远记住这位国父,吐谷浑的孙子叶延用祖父的名字做了王族的姓氏,并立国号为吐谷浑(千年后奥斯曼帝国的得名与此如出一辙)。从此,这个稍稍有些拗口的名称频繁地出现在妙曼的唐诗中。

吐谷浑国之所以能够长期逍遥,一方面因为他们地处偏僻,另一方面则是中原五胡十六国的内乱。但是当隋朝统一中国后,弱小的吐谷浑就没有那么幸运了。隋大业五年(609),隋炀帝亲率远征军将他们赶出了世代居住的牧地,伏允可汗亡命他乡,儿子伏顺被扣作人质,此地的原名"西海①郡"也被隋炀帝改名鄯州。

他们只有企盼和等待。企盼强大的隋朝发生内乱,等待着浑水摸鱼的机会。我不太理解,既然被强行征服的周边民族都有如此的心态,为何中原皇宫里还一再发生亲痛仇快的内讧?

在隋朝乱得一塌糊涂时,吐谷浑人趁机返回故乡,重建了记忆中的吐谷浑国。经过上一次的挫折,他们变得明智起来,协助唐高祖李渊击败了甘肃叛乱者李轨。作为对吐谷浑的报答,李渊送还了被隋炀帝扣作人质的伏顺,双方进入了蜜月期。

蜜月终有结束的一天。唐太宗李世民贞观八年(634),吐谷浑一伙使臣在从长安朝贡归国途中,顺手牵羊掠夺了大唐边民的财物。抢劫对于吐谷浑这个马背上的民族本是司空见惯的事情,但消息添油加醋地传到唐朝宫廷,一向"爱民如子"的唐太宗发怒了。唐太宗传下圣旨,要求伏允可汗亲临长安道歉。

"对不起,我体弱多病去不了长安。"伏允回信说。

可宽容是一件奢侈品,并非人人都可以买到它。自感有失颜面的唐太宗愤怒地取消了唐朝公主与伏允之子的婚约。唐太宗的悔婚使伏允恼羞成怒,他竟然主动挑起战火,屡犯唐边,外交事件演化成了战争。

第二年,唐太宗兴师西征。李靖率部从北道切断吐谷浑的退路,侯君集和李道宗率部从南道追截南逃的吐谷浑。两路唐军穿过荒无人烟的不毛之地,"人吃冰、马啖雪",长途追击数千里,沿途作战数十次,跟踪追击至今新疆且末西,使上天无路、入地无门的伏允可汗绝望自杀。边塞诗人王昌龄豪情满怀地吟咏道:"大漠风尘日色昏,红旗半卷出辕门。前军夜战洮河北,已报生擒吐谷浑。"

---

① 藏语和蒙语意为青海。

吐谷浑被征服后，唐朝立成长于中原的伏顺为可汗，将吐谷浑划入了唐朝版图，吐谷浑成为唐朝与吐蕃之间的缓冲地带。后来，因为受不了吐蕃的蚕食鲸吞，吐谷浑人被迫迁往灵州、朔方，与羌、藏、蒙、汉杂居，最终衍生出一个新的民族共同体——土族[1]。

二十五、置身夹缝

还有一个支流在淙淙流淌，他们是宇文鲜卑的一个分支库莫奚。

还是因为与前燕的那次败仗，库莫奚与胞兄契丹落荒逃亡到松漠之间。后来，新兴的北魏征服了他们，并将他们强行拆开——松漠西部是库莫奚，松漠东部则是契丹。

"谁的拳头硬，我们就听谁的吧。"在弱肉强食的民族大兼并中，对于成长期的民族而言，趋炎附势也不失为一种明智的选择。在东突厥汗国听命于隋朝的日子里，他们也一同归附了强大的隋朝，并将名字简化为奚。后来听说唐朝代替了隋朝，他们又赶紧派遣使者进贡。奚人大首领苏支还曾跟随唐太宗东征高丽。唐太宗一高兴，就将奚人分布区升格为饶乐都督府，任命奚人酋长可度者为都督，封楼烦县公，赐李姓。这样一来，弱小的奚竟然能与强大的契丹平起平坐，被唐朝在书面文书里称为"两蕃"。

奚与契丹之所以并驾齐驱，无非是唐朝不想让哪个部落单独做大罢了。可是，当唐朝被藩镇折磨得自顾不暇的时候，奚人的苦日子也就来到了。从此，北方的契丹开始肆无忌惮地踩躏奚人。万般无奈之下，奚族首领去诸率领部分亲信来到长城以内的妫州（今河北怀来）避难。于是奚人一分为二，长城以内的被称为"西奚"，留在草原的被称为"东奚"。

这种局面并没有维持多久。在唐朝灭亡后，东奚连同失去了保护伞的西奚一起被契丹国主阿保机征服。

在奚人的字典里从来就没有"屈服"这个词。终于，他们等到了辽国走下坡路的那一天。就在千疮百孔的辽国土地上，奚王回离保联合渤海后人建立了大奚国。从此，他们得了个"叛附无常"的恶名。

不久，他们就被新兴的大金国吞并。谁都知道，要让奚人听话，比让如今的美国女明星布兰妮维持婚姻难多了。为防备叛附无常的奚人反金，金世宗

---

[1] 如今土族有 20 万人口，主要聚居在湟水以北、黄河两岸及其毗连地区，即青海省互助土族自治县、民和县、大通县、同仁县及甘肃省天祝藏族自治县。被称为野曲的"花儿"是土族为中华民族音乐殿堂奉献的一朵奇葩。见《五十六个民族五十六朵花》，云南教育出版社1997年版。

将奚人分散迁徙到女真人的居住区。相貌一样,姓氏一样,风俗一样,时间一长,谁还分得清哪是奚人?哪是女真?

其实追溯得远一点,他们的祖先原本就是一伙人。

二十六、万里长征

鲜卑的后人如今仍然叫鲜卑的只有锡伯。因为锡伯的汉语译音有犀毗、鲜卑、矢比,锡伯人也自认是中国古代北方鲜卑人的后裔。[①]

早在五胡十六国时期,大量的游牧部落就迁居黄河流域,但仍有一个固执的鲜卑部落滞留在嫩江、松花江流域,以狩猎和捕鱼为生,他们就是今日的锡伯族人。

这个自甘寂寞的拓跋鲜卑部落在经历了十几个世纪之后才重见史册。16世纪后期到17世纪初,锡伯族被编入八旗蒙古和八旗满洲。清乾隆二十九年(1764)是锡伯族人显山露水的年份,清朝征调锡伯人编为锡伯营,到新疆伊犁河南岸驻防。官方郑重承诺,60年服役期满就可以返回故乡。这自然又使我联想到了匈奴人对苏武牧羊期限(公羊生崽就可返回)的承诺和那个美国犯人"有期徒刑"(刑期是280年)的判决。但历史上的哪一次官方移民不是这样承诺,而平均寿命只有50年左右的古人在60年后还能走得回来吗?

他们只有服从。1020名锡伯族官兵连同家属共4000余人忍痛离开了魂牵梦萦的故土,含泪告别了也许永生不能再见的亲朋,带上最简单的行装,从辽阳、开原、义州会聚到沈阳,在4月18日,也就是锡伯人为纪念此次迁徙而新设的"四一八"节的当天,他们悲壮地告祭了家庙太平寺,然后踏上了西去的漫漫历程。前面等待他们的不只是高山、大川、烈日和雨雪,还有意想不到的饥渴、疲劳、瘟疫甚至死亡。这支庞大的队伍出彰武台边门,经今蒙古的克鲁伦路,过杭爱山、乌里雅苏台、科布多和新疆的阿勒泰、塔城、巴尔鲁克、博尔塔拉、塔尔奇,行程万余里,历时15个月,终于比原计划提前一年到达目的地伊犁,完成了锡伯族历史上可歌可泣的壮举。[②]

在如今的新疆锡伯族聚居区仍可以看到锡伯人西迁后的第十八年,由锡伯营总管图伯特主持兴建的喇嘛苏木(汉名靖远寺)。虽几经重修,整个建筑群仍精雕细刻,玲珑剔透,风采不减当年。据说当时修建靖远寺的意图是祝愿60年期满后能回到原籍去,但正如每一次移民一样,他们的愿望随着第一代

[①] 另一种说法认为,锡伯乃是地名,清代舆图将海拉尔以南的室韦山一带泛称"锡伯",居住在此地的人因而得名。

[②] 见锡伯族长诗《西迁之歌》,2007年6月11日"天山网"。

移民的死去和岁月的流逝日渐淡化,这种遗憾一直延续到公元21世纪的今天。

今18万锡伯族人的分布在各少数民族中极其罕见,一部分居于西域草原上的新疆察布查尔锡伯族自治县,这是新生代;一部分居于东北的白山黑水间,那是老住户。锡伯族两大聚居区之间的每一次交往都不亚于一次万里长征。如果双方男女通婚,那将是名副其实的千里姻缘。

锡伯人的历史告诉我们,奔腾而出的小溪固然是一道风景,但坚守深山的湖泊其实也是一种美丽。

也许现代人更欣赏后者。不信请看,在如织的航线上,满载中外游客的飞机纷纷飞向了神秘的新疆、五彩的云南、醉人的桂林和如梦的九寨。

二十七、所谓的"五胡乱华"

风雨混淆了地的界线,岁月模糊了人的容颜。隋朝建立后,中原的鲜卑人逐渐与兄弟民族血脉相通,融为一体。据考证,隋唐皇室均有浓厚的鲜卑血统:隋炀帝杨广、唐高祖李渊的母亲皆出自拓跋鲜卑独孤氏;唐太宗李世民的生母出自鲜卑纥豆氏;长孙皇后的父母皆为鲜卑人,因此唐高宗李治的汉族血统只有四分之一。有人据此认为,隋唐时期的汉族是以汉族为父系、鲜卑为母系的"新汉族"[1]。

且不论此说科学与否,鲜卑与汉族的融合的确是不争的事实,因为从此以后那个纯粹的鲜卑民族永远地消失了。

不仅如此,鲜卑、匈奴、羯、氐、羌"五胡"一起内迁,打破了汉族一族独大的局面,搅乱了原本平静如水的中原。也因为这一事件,中原人的血统正式定型:就像希腊和印度北部被雅利安化,美索不达米亚闪米特化一样,传统意义上的中国被蒙古人种同化了。

对此,人们莫衷一是:有人认为此乃中华民族之大幸,但也有人包括许多汉族史学家对此不以为然,甚至将这一事件称为"五胡乱华"。

千万不要忽视后一种观点,因为直至今日,反对民族融合的人仍不在少数。在今天某些极端民族主义地区,仍有许多人狂热地高呼百分之百这个,百分之百那个,个别人甚至不允许与兄弟民族通婚。但世界明明白白地告诉我们:大自然对任何标准化的理想都天生反感。

众所周知,纯种的猫和狗根本不具备野外生存能力,百分之百纯粹的铁已

---

[1] 见王桐龄《中国民族史》,文化学社1934年版。

经让位给了合成的钢,人们压根儿就没有见过百分之百纯度的玉石。至于百分之百鸡蛋汤做的一顿饭,谢谢您了,敝人实难下咽!

简而言之,这个世界上最有用的东西都是杂糅而成;最睿智的思想都是结合的产物;最丰收的庄稼都具备杂交优势;最聪明美丽的民族都是融合的结果。

因此包括鲜卑在内的"五胡"与"古老汉族"的融合是中华民族的一大幸事。它使不同文化背景的民族交汇到一起,奠定了多民族共同发展繁荣的根基,改变了人们传统而单调的生活方式,长期受礼教熏陶的汉族农业文化中似乎被注入了一种豪侠健爽的强心剂,而长期处于野蛮状态的鲜卑游牧文化中也逐渐被加入了一种文质彬彬的精神内涵,人们的思想观念呈现出多元化趋势,儒家一统天下的文化格局被冲破,中华民族在春秋战国之后的第二次思想解放运动终于爆发。

如此一来,那过分儒雅又有些孱弱的南朝文化和过分刚烈而又有些原始的北朝文化便通过隋唐的融合各自扬弃了片面性,一种兼收并蓄、博大精深的新的时代面貌出现了。于是有了打马球的男人,荡秋千的妇女,醉酒当歌的诗人,袒胸露背的女装,宽广笔直的大道,金碧辉煌的庙宇,高耸入云的佛塔,纷至沓来的使者,最终造就了隋唐帝国面向世界兼收并蓄的博大胸襟,使创造了辉煌历史的唐王朝成为世界经济文化的伟大中心。

天空收容每一片云彩,不论其美丑,故广阔无比;高山收容每一块岩石,不论其大小,故雄伟壮观;大海收容每一朵浪花,不论其清浊,故浩瀚无涯。说到这里,我不禁感叹那些将五胡内迁冠名为"五胡乱华"的史学家是多么的目光短浅。

历史的赞歌应该献给那些主动拥抱文明、甘愿奉献血统、不求留下姓名的人们。

他们才是中华民族日渐富强、民主、文明的本源。

马克·吐温告诉人们,哪里有夏娃,哪里就是伊甸园。乌桓和鲜卑相继南下后,一个鲜为人知的游牧部落在辽阔的蒙古草原上开出了夺目的繁花。

他有一个诗意的名字——柔然。

第 三 章

柔然——昙花一现的游牧帝国

> 乌桓和鲜卑相继南下后,一个名叫柔然的帝国在辽阔的蒙古草原上开出了繁花,美丽而灿然。然而笔者参观内蒙古历史博物馆时,竟找不到有关他的任何文字。①

一、第三草原帝国

一个民族在某一时段并没有什么预兆就突然从沉默中崛起,然后又在某一时段同样神秘地突然变得平庸,或从此消失,或若有若无,留下的只是一个名字和一段记忆。

柔然就是这样。

柔然,字面意义为天国,一个不亚于"香格里拉"的诗意的名字。

至于他们来自哪里,祖先是谁,历史上众说纷纭。有人说是东胡苗裔,还有人说是匈奴别种、塞外杂胡。我据以推测,他们是多个草原部落的混血儿。

他们原名蠕蠕(ruǎn)、芮芮、茹茹、柔蠕。始祖是一位名叫木骨闾②的草原流浪汉。公元3世纪末,身为拓跋鲜卑骑奴的木骨闾纠集100多名同伙逃到阴山北部的意辛山一带。从此,他实现了担任一名首领的愿望。

确切地讲,他还不是柔然的创始人,充其量算是一名奠基者,因为他们的部落还相当弱小,而且没有正式名称,还只是瓶子里的春天。

为部落冠名"柔然"的是木骨闾的儿子车鹿会。因此,许多人对于历史将他称为第二任可汗颇为不满。随后的部落首领是车鹿会之子吐奴傀(guī)、吐奴傀之子跋提、跋提之子地粟袁。他们尽管都自称"首领",但在名义上仍然

---

① 见作者《草原日记》,2003年9月版。
② 意为秃头,被柔然排名为第一任可汗。

役属于拓跋鲜卑。因为他们明白,一个民族存活在这个世界上,不管你是举足轻重的大汗国,还是微不足道的小部落,只要有其他民族或国家存在于你的周围,你就会成为坐标中的一个点,而这个点必然有着纵向和横向的联系。因此,一个民族的外交取向关系到他们的生死存亡。

终于,他们在外交上迷失了一次。当代国被前秦灭亡,拓跋鲜卑最需要声援的时候,他们却转而依附于铁弗匈奴刘卫辰部。

拓跋珪在恢复代国、宣布成立魏国后,向"叛逆"——柔然发动了预谋已久的突然进攻,柔然两大首领匹候跋和温纥提(并立的第六任可汗)宣布无条件归降。于是他们受到高声训斥,无奈地给新主人牵马,被迫随时献上漂亮的女人。更可悲的是,他们丧失了从前的独立地位,跌入了无边的深渊。

如同情节跌宕起伏的戏剧,英雄总是在暗夜无边、众生呼唤的时候诞生。他是温纥提的儿子,名叫社仑。他从继承了父亲之位的那天起,就踏上了一条布满荆棘的路途,因为部落内部的另一位首领匹候跋不仅贪图安逸、甘为人臣,而且时时以长辈自居,借助鲜卑一而再、再而三地打压他。公元4世纪末,社仑依托日渐高涨的民族复兴呼声,果断杀掉了守旧的匹候跋,控制了整个柔然部落。在大肆抢劫五原以西各郡的财物之后,他率部逃往遥远的漠北,远离了北魏的视线。

有理想的地方,地狱也是天堂。而且在你遭受寂寞的同时,也获得了至为珍贵的自由。就在漠北这个人迹罕至、无人打扰的地方,社仑及其部下顽强且快乐地生存下来,创造了"千人为军,军置将一人;百人为幢,幢置帅一人"的部落军事编制,通过了"先登者赐以虏获,退懦者以石击首杀之"的军事奖惩办法。这再次印证了一个历史定律:一个政权外部的崛起,实际上是它内部力量的外延。在内部制度还未健全的情况下,即便是取得了辉煌的成功,也将难以持续。

一天,蒸发了许久的柔然人像鬼魂一样从大漠深处冒出来,人们印象中羸弱不堪的孩子已经变成了恐怖的巨人。他们首先征服了高车,占据了鄂尔浑河、土拉河一带水草丰茂的牧场。随后,又吞并了蒙古草原西北的匈奴余部拔也稽。就这样,他们成为漠北草原新的主人,首领社仑于北魏道武帝天兴五年(402)自称"丘豆伐可汗"①,柔然汗国从此诞生。②

汗国还比较原始,没有文字,以羊屎粒记录兵将数量,用刻木记载军国大

---

① 丘豆伐意为驾驭开张之王,"可汗"意为皇帝,"可汗"这一称呼后为突厥、回纥、蒙古及中亚游牧国家沿用。
② 见司马牧牛《千年争锋》,中国友谊出版公司2008年版。

第三章 柔然——昙花一现的游牧帝国

事。但官员的设立已经有了国家的模样,可汗之下设有国相、俟(sì)力发①、吐豆发②、俟利③、吐豆登④、莫何⑤。

汗国明智地采取了征伐漠北、结好中原的策略,到北魏太武帝始光四年(427)已经基本完成了对漠北地区的统一。这时的汗国东起大兴安岭;南达阴山与北魏对峙;西逾阿尔泰山,占有准噶尔盆地,与天山以南的焉耆交界;北至今俄罗斯贝加尔湖,完全占有了匈奴故地。

他们是蒙古草原上继匈奴、鲜卑之后的第三帝国。

二、"让能人领导我们"

在那个正统得无法再正统的年代,"让能人领导我们"这句话如果不是从柔然人,而是从汉人嘴里喊出来,即便掉不了脑袋,也会被训斥为大逆不道的。

自从治水的大禹将部落首领的权杖传给了儿子夏启,"禅让制"就同原始社会一起被扫进了历史的垃圾堆。"世袭制"带来的封妻荫子的好处令此后的历代国王如获至宝,奉若圣典。但天子的位置世代相传,难保不会出现一两位或天生呆痴或品质恶劣的国君。第一个站出来挑战这一圣典的是一位名叫后羿的部落首领。这位因帮助百姓消除了旱灾(传说他射落了九个太阳)而赢得了一片喝彩的神射手,赶跑了天天只知道打猎的国王太康(启的儿子),让太康的弟弟仲康做了傀儡国王,并在仲康死后自己做了天子。

更加令人鼓舞的是,在秦二世当政的黑暗岁月竟然有一位平民小子发出了"王侯将相,宁有种乎"这一晴天霹雳般的呐喊,一不小心,为陈胜自己担任短期的张楚王、小隶出身的刘邦当上汉王、和尚出身的朱元璋建立明朝、少数民族入主中原奠定了理论基础。

但人类自私的本性决定了只要有万分之一的可能,任何一位通过挑战世袭制走上皇帝宝座的统治者,无一例外都会立即把被自己打倒的血统论和世袭制从垃圾堆里捡回来,放在高堂上供养起来并写进法律,重新开始一度中断了的世袭制的惯例。哪怕儿子是公认的白痴,也断不会另行选择开明的继承人,而是千方百计将傻儿子托付给一两位英明而正统的大臣。恰如西晋的司马炎将自己从小就只会玩泥巴、连亲生儿子都不认识的傻儿子司马衷托付给

---

① 主管一方军政,相当于九卿。
② 相当于御史大夫或尚书令。
③ 直属于俟力发,相当于大夫。
④ 直属于吐豆发,相当于御史和尚书。
⑤ 即大人、渠帅,相当于部落酋长。

了司马亮,三国时期的刘备在白帝城导演了一出将傻儿子刘禅托孤给诸葛亮的历史剧。结果众所周知,西晋因司马衷之后的"八王之乱"而死亡,蜀汉因刘禅的忠奸不明而走向灭亡。尽管如此,仍然没人敢向血统论和世袭制公开叫板。

饱受汉文化浸染的柔然也不例外。

好在柔然早期的可汗表现尚可,从社仑、斛律到步鹿真,每一任可汗都小有斩获。只是到了大檀(tā tá)①在任的北魏神䴥二年(429),太武帝拓跋焘率大军突袭柔然,并指挥部队东西5000里、南北3000里纵横分兵搜讨柔然残部,偌大的柔然汗国被北魏毁于一旦。得胜的拓跋焘从此认为柔然人智力低下,如同蠕动的虫子一般,下令以后改柔然叫蠕蠕。

世界上最痛苦的事不是你输了比赛,而是输了比赛的同时对方认为你不够级别,还跟观众说:"这是低能儿,少揍几拳,饶他不死。"因此大檀忧愤而死。

大檀的儿子吴提②、孙子吐贺真一直忍气吞声。但是,吐贺真的儿子予成③不再沉默。他仿照中原王朝,建年号永康(这应该是柔然建年的开始)。吞并了高车,降服了西域,开始向代表先进文化前进方向的南朝宋、齐学习,学会了运用书信和订立契约,破天荒地拥有了自己的柔然学者。

予成死后,儿子豆仑④被推到前台。这位可汗尽管血管里流淌着予成的纯正血脉,但他显然不具备父亲的气魄和智慧,他生性残暴好杀,根本听不进任何不同意见。很快,一意孤行的可汗就在与北魏孝文帝的交战中败下阵来,造成许多失望至极的部属投归北魏,最令人痛心的莫过于属下的高车副伏罗部酋长阿伏至罗率部众10余万西去自立为主。于是,豆仑力图用武力使离异的高车重新回到自己身边。北魏太和十六年(492),他与叔叔那盖兵分两路进击阿伏至罗,豆仑出浚稽山北向西,那盖出金山。战况极富戏剧性:叔叔那盖每战必胜,凯歌高奏;而豆仑可汗屡战屡败,狼狈不堪。

能力和威信是比出来的。人们一方面对可汗失去了希望,另一方面又对可汗的叔叔充满了期待。在你死我活的战争环境中,没有人会情愿把脑袋寄托给一位屡战屡败的首领。

"让能人领导我们"这句现在看来顺理成章而在当时却惊世骇俗的话响成一片。叔叔的反应是连连推辞,一边摇头,一边说:"他是正统的可汗,又是

---

① 第十任可汗。
② 第十一任可汗。
③ 号受罗部真可汗,意为惠王。
④ 号伏古敦可汗,意为恒王。

我的侄子,我不能背上篡位的恶名。"

于是部下们跺脚的跺脚,磕头的磕头,寻死的寻死,似乎那盖不当可汗他们就活不下去。但他还是不为所动,一再推脱。

无奈之下,将军们杀死了豆仑母子,并将豆仑母子的尸体抬到那盖面前,将权杖强行塞到了那盖手中。

为了不让部下难过,也为了挽救那些寻死的下属,他只好勉为其难地就任可汗。到了这步田地,他还没忘了说几句"我是被迫的,都是你们逼我"之类的话,说这些话时,脸上一定要露出痛苦而无奈的表情,就好像马上要被拉出去杀头一样。

历史上的这类把戏太多了,如李渊误入儿子的圈套①被迫造反,赵匡胤醉酒后被弟弟黄袍加身,"缓称王"的朱元璋被部下劝说称帝。说穿了,这是我们崇尚内敛的民族性格决定的。通常情况下,内敛是一种礼貌、气度、修养;但许多时候,它是虚伪、诡诈、作秀。

被众人拥上汗位的那盖号称"候其伏代库者可汗"②,从此走上了民族复兴之路。经过13年的休养生息,柔然于北魏宣武帝元恪正始元年(504)兵分6路进击北魏,南部边疆的活野(今内蒙古乌拉特前旗)、怀朔(今内蒙古固阳县)、恒代(今山西大同东南)被逐一攻陷。

在南扩的同时,柔然开始考虑收复西域。于是,那盖之子伏图③多次发起了赌博式的西征。

良好的愿望和强大的力量就像人的两脚一样,不管缺左腿,还是没右脚,都无例外的是瘸子。开始的时候,可汗还打了几次小胜仗,但时间一长,柔然人便因地形不熟和后勤供应困难陷入了困境。

与北魏和高车连续的恶战,像一面清晰的镜子照出了"柔然美人"姣好脸庞上密密麻麻的青春痘。让人困惑的是,青春痘本应是活力太猛无处释放的标志,但他们却发出了上升动力匮乏的尴尬警报。

"为前辈复仇"的铿锵誓词言犹在耳,相衬丑陋不堪的自由落体,一句忧伤决绝的句子萦绕在伏图脑海中:我刚刚登上汗位,就将死去吗? 不久,伏图被高车王弥俄突所杀。

一个无法回避的问题摆在了群龙无首的柔然部落面前:柔然何时才能走出似乎望不到边的冰河纪?

---

① 不知情的他享用了儿子送来的隋炀帝宫女。
② 意为悦乐王。
③ 第十六任可汗。

三、"战神"与"圣女"

按惯例,伏图的长子丑奴被立为豆罗伏拔豆伐可汗①。

从此,年轻而强悍的丑奴走上了为父亲复仇之路。他一边操练军队,准备粮草;一边派出大臣前往北魏,续上了一度中断的朝贡关系,解除了征讨西域的后顾之忧。

北魏孝明帝熙平元年(516),丑奴率军西征。

在西域的茫茫戈壁和茵茵绿洲之间,突然出现了一支军容严整、同仇敌忾的骑兵部队。面对这股强劲的军事风暴,高车人或抱头鼠窜,或望风归降。丑奴不仅为父亲报了一箭之仇,而且重新确立了在西域的霸权。据说高车王弥俄突的头颅被割下,做了专供丑奴小便的溺器(此举显然是在模仿冒顿)。在柔然人的心目中,"战神"诞生了。

如同拿破仑爱上约瑟芬、项羽离不开虞姬一样,大凡英雄都是喜欢漂亮女人的。丑奴当然也不例外,这其实倒也无可厚非。但问题是,他喜欢的是一个不简单的漂亮女人。

当时,草原上流行一种原始宗教——萨满教。一开始,丑奴对萨满教并不感冒。一天,幼小的太子祖惠忽然失踪。在大家焦急万分的时候,一位名叫地万的女萨满面见丑奴,声称祖惠现在天上,只有她能将祖惠召回。于是,女萨满在大泽中搭起帐篷,设立祭坛,口中念念有词,在折腾了几个昼夜后,祖惠果然从帐中款款走出,自称被天神收去,今天方才允许返回。可汗大喜过望,立刻将女萨满封为"圣女"。

从此,"圣女"可以随便出入汗帐,成为一名高级顾问。她有着与可汗身边温顺、体贴的女人迥然不同的神秘和风骚,这一点令可汗心荡神摇,喜不自胜。开始的时候,可汗尚能对她彬彬有礼,时间一长便禁不住耳鬓厮磨,而地万竟然不加推辞,甚至故意挑逗。

人的价值在遭受诱惑的一瞬间被决定。春风一度之后,味道远远胜过妾妇,喜得可汗如获至宝、似遇天仙,当即册封为可贺敦②。到了后来,"圣女"的地位和分量竟然超越了可汗的母亲。

祖惠长大后,私下告诉亲生母亲:"我系人身,怎得上天?地万留我在家,教我诳言。"母亲便把儿子的话原封不动地转告了可汗,这时的可汗已经鬼迷

---

① 意为彰制之王,第十七任可汗。
② 柔然可汗的正妻。

心窍,所以摇头答道:"地万能预知未来①,你何必嫉妒呢?"

有趣的是,他竟然将太子母亲的怀疑亲口告诉了"圣女"。可汗太天真了,他根本不知道百合花一旦腐烂,其臭尤甚于芜草。那最美好、最深爱、最信任的一旦堕落为邪恶是最可怕的。于是,又惊又怕的"圣女"利用可汗对宗教的迷信和自己的无限信任,以天的旨意唆使可汗杀死了亲生儿子祖惠。

没有孩子就无所谓母爱,犹如没有丘比特就没有维纳斯一样。没有生过孩子的女人根本不懂得一个死了儿子的母亲的感受,那是一种任何强权都阻挡不了的力量。既然可汗不信任自己,祖惠的母亲就只有向可汗的母亲(死者的祖母)——侯吕陵氏哭诉事情的全部经过。两个母亲抱头痛哭,继而一个周密的复仇计划在她们胸中生成。北魏孝明帝正光元年(520),侯吕陵氏趁可汗外出打猎,派遣大臣绞死了"圣女"。(无所不能的她为何没有预料到这一结局?)

可汗回到汗帐后大发雷霆,公开发誓,一定要查明真相,为自己生命中最珍贵的女人报仇雪恨:"不管真相背后是谁!"

多情是一把对准自己心窝的刀,伤的只能是自己。一场针对可汗的阴谋在悄悄酝酿。当时正值高车首领阿至罗前来进攻,丑奴已被"圣女"由百炼钢化为绕指柔,再也不是那位百战百胜的战神,一出师便败下阵来,狼狈地逃回母亲身边。天堂和地狱有时候仅仅隔着一根门柱,一向自负的他一点儿也没有意识到面容狰狞、浑身骨头嘎嘎作响的死神正向他招手。

到了这一步,亲情已经变得不重要了。失望至极的母亲和大臣们设计杀死了他。接着,丑奴的弟弟阿那瓌(guī)被立为新可汗。

历史老人感叹:人生是最大的纹枰,谁都逃不过命运的劫数。

历史上的真实事件如此具有戏剧性,我们为何还要去读虚构的神话故事呢?

四、恩将仇报

"战神"征战多年,毕竟在军中有一批忠实的拥戴者,但那位母亲和新可汗光顾着庆祝,根本不想也没有采取善后措施。

不久,流言四起,传得最多的是新可汗要对旧可汗的部下动手。结果,新可汗刚刚继位10天,阿那瓌的母亲侯吕陵氏和他的两个弟弟就惨遭暗算。

阿那瓌还算命大,他幸运地躲过了暗杀,和弟弟乙居伐一起投奔了有着姻

---

① 这是人类孜孜以求的三大梦想之一,其余两大梦想是飞天、长生不老。

亲关系的北魏。

阿那瓌的叔叔婆罗门率领数万名忠于可汗的军队击溃了叛军,自立为弥偶可社句可汗①。这年7月,婆罗门被高车王弥俄突的弟弟伊匐击败,他率领自己的10个部落逃奔到凉州(今甘肃武威),被北魏安置在西海郡(今甘肃居延)。

而那位先前逃到北魏的阿那瓌于正光二年(521)在北魏主子的支持下,聚兵30万杀回久违的漠北。于是柔然出现了两位可汗:侄子阿那瓌驻扎在怀朔镇北(今内蒙古固阳),叔叔婆罗门驻扎在西海郡。

对于北魏来说,设置两个柔然可汗,让他们互相掣肘,无疑是保境安民的绝好选择。但对于通过平息叛乱登上汗位的婆罗门来说,却是难以接受的。在忍气吞声地过了几年侨居的日子之后,婆罗门酝酿投奔妹夫当政的嚈哒(yè dá)②。风声传到北魏的凉州府,平西长史费穆率领精兵擒住了婆罗门,使他最终病死在洛阳狱中。其结果,一是北魏将一场叛乱扼杀在摇篮之中;二是一盘散沙的柔然重新统一在阿那瓌麾下。

孝明帝孝昌元年(525),北魏发生六镇起义,皇帝急召阿那瓌出兵平叛,本应投桃报李的阿那瓌却趁机率10万大军进入北魏,占据了漠南地区。在六镇起义和尔朱荣入洛的双重打击下,曾经十分强大的北魏迅速衰落并走向了分裂,而一度生活在北魏阴影里的柔然却在反向上升。

西魏文帝元宝炬大统六年(540),阿那瓌在重新击败高车控制西域后,自称敕连头兵豆伐可汗③,俨然民族英雄社仑再世。

我仿佛看见他一个人策马狂奔在空旷的草原上,喷薄的朝日点着了他身边的朵朵白云,围绕着他放射出燃烧的美丽。

五、麦积山烟雨

在北魏如日中天的时候,柔然老老实实地称臣纳贡,充其量算是北魏的偏房。而当北魏分裂成东、西两部分后,柔然就不再称臣,反而成了东、西魏争相讨好的风流寡妇。

柔然与东西魏同时通好,其目的无非是居中谋利。阿那瓌可汗先向东魏求婚,东魏权臣高欢将宗室女兰陵公主嫁给可汗为妻,于是柔然出兵帮助东魏骚扰西魏。西魏无力对付柔然与东魏,便只好派大臣到柔然商议和亲事宜。

---

① 意为安静之王,第十八任可汗。
② 带夷栗陀的简称。
③ 意为把揽王,第十九任可汗。

第三章 柔然——昙花一现的游牧帝国

正好阿那瓌的弟弟塔寒还未娶妻,因此西魏封舍人元翌的女儿为化政公主嫁给了塔寒。

虽然都是和亲,但东魏所嫁的是宗室女,且配与阿那瓌可汗;西魏嫁过来的不过是舍人的女儿,况且嫁的是可汗的弟弟。西魏的分量自然相形见绌。

于是权臣宇文泰授意手中的傀儡——西魏文帝娶阿那瓌可汗的女儿为妃。但阿那瓌放出风去说,除非他的女儿做皇后,否则免谈。宇文泰不得已,逼迫西魏文帝废去最为宠爱的皇后乙弗氏,空出皇后之位迎娶新人。乙弗氏只好含泪出家为尼,削去一头秀发,开始了与青灯黄卷为伴的寂寞岁月。

大统四年(538),柔然公主到达长安,成为西魏尊贵的皇后。她尽管只有14岁,但容颜才识卓尔不凡,只是特别喜欢争风吃醋。废后乙弗氏虽已削发为尼,但还住在都城之中,还有与皇帝重偕雨水之欢的可能,从而引起了柔然公主的猜测与不满。西魏文帝为取悦新妇,只得派遣次子与母亲乙弗氏一同远赴秦州。临别时,西魏文帝与乙弗氏执手相看泪眼,悄悄嘱咐乙弗氏在外蓄发,希望来日相会。

消息走漏,柔然公主暗中要求父亲起兵逼西魏文帝除去乙弗氏。

为了女儿,父亲于第二年举国进犯,兵锋直抵夏州。西魏文帝遣使诘问阿那瓌为何兴兵。可汗回答:"一国不能有二后,老皇后尽管废黜了,但仍有复封的可能,一天不杀她,我就一天不退兵。"

对于战争而言,"对不对"是一个苍白的概念,"服不服"才是一切问题的本源。一切都摆在那里,西魏文帝只有叹息。于是傀儡皇帝派人远赴秦州麦积山,命令乙弗氏服毒自尽。乙弗氏接到诏书后削尽秀发,然后入室服毒,以被子盖住身体慢慢死去,死时年仅31岁。

如今,在中国四大石窟之一的甘肃天水麦积山①石窟043号狭小幽暗的洞窟中,就安葬着这位死不瞑目的女性——乙弗氏。我在麦积山下十分费力地抬头审视,山崖峭壁上、悬空盘道边,一个个外表苍凉、内里灿烂、密密麻麻、蜂窝状排列的石窟,就像历史早已哭干的眼睛,盛满了黑暗、绝望和悲哀。那开凿石窟形成的绵延千年、不绝如缕、叮叮当当敲击岩石的声音,表达的是狂热的宗教热情,还是一种悠长的悲歌、断续的哭诉、无望的祈祷?那漂浮在麦积山上的渺渺烟雨是乙弗氏的一腔幽怨,还是上苍的感泣?

青山无语,苍天无语,历史无语。

乙弗氏已死,柔然人退兵。

害人者并没有长寿。这一年,柔然公主因难产也离开了人间,死时正值最

---

① 因远看像麦秸垛而得名。

为灿烂的二八年华。

大统十二年(546),西魏与柔然联合进攻东魏。东魏权臣高欢得知后,一面加紧修筑防御工事,一面派使者到柔然为长子高澄求婚。但柔然可汗的回话是:"除非嫁给高欢!"

51岁的高欢割舍不下结发妻子,但妻子娄昭君却主动要求让出正妻之位。高欢感动得老泪纵横,并平生第一次为妻子下了跪。

柔然公主成为高欢的正室后,他再也没有了后顾之忧。9月,新婚的高欢亲率大军围攻西魏据守的玉壁。但历经50余日,死病7万余人仍未破城。夜晚,一颗流星坠入高欢的大营。身染重病的高欢只得流着眼泪,指挥军队高唱着稳定军心的《敕勒歌》黯然撤兵。

第二年年初,高欢撒手人寰,柔然公主成为寡妇。

寡妇正值盛年,丰容靓饰,艳若桃花,高澄试图遵从柔然的风俗娶后妈为妻。消息透露过去,孤灯难眠的公主求之不得。高澄如愿抱得美人归,两人男贪女爱,同会巫山,并生下了一个可爱的女儿。

六、"屋顶山羊"

在柔然汗国大做和亲美梦的日子里,柔然的锻工——突厥人,也在茁壮成长。

你千万别小看"锻工"这个职业。因为所谓武器的批判无法代替批判的武器,要造反或称霸拿着木棍农具显然是不行的。兵器的坚硬程度和锋利程度在冷兵器时代的确是左右战局的一大因素。正是靠着兵器上的优势,突厥短短30年时间便从柔然独立出来,逐渐征服了高车,占有了从金山到河套以北的大片区域。

大统十二年(546),高车国残余突袭柔然,被突厥汗国首领土门率部击退。战后,土门自恃有功于柔然,便在大统十七年(551)满怀希望地到柔然求婚。

阿那瓌根本瞧不起这位从前的部下,指着土门的鼻子说:"你是我的锻奴,怎敢提出这种要求?"[①]

这使我联想到了伊索寓言《屋顶上的山羊》,说的是站在屋顶上吃稻草的山羊不无得意地嘲笑四处觅食的狼,被激怒的狼抬头对屋顶上的山羊说,别看你站在屋顶上说话嘴硬,但只要你敢下来,让我们站在同一平面上,你很快就

---

① 见唐代令狐德棻《周书·突厥》卷五〇,中华书局1964年版。

会明白谁是真正的强者。不要忘记,使你高大的不是你自己,而是屋顶!

像狼一样愤愤不平的土门转而向西魏求婚,西魏没有轻易得罪这个刚刚崛起的"狼王",非常痛快地把长乐公主嫁给了他。

第二年,"狼王"土门首先争取到了"岳父国"西魏的中立,然后联合与柔然势同水火的高车,发兵突袭柔然。

已经很长时间找不到对手的"屋顶山羊"——阿那瓌,在过去的两个部下像恶狼一样出现在帐前时,竟然来不及聚集起一支像样的骑兵部队进行有效的抵抗,结果一顶顶柔然帐篷被掀翻,一个个柔然勇士被砍倒,一群群柔然妇女被俘虏。大败后的阿那瓌含恨自杀,柔然王室由阿那瓌之子菴罗辰率领投奔北齐。

菴罗辰被北齐文宣帝立为柔然主①,安置在马邑川(今山西朔县恢河)。西魏恭帝元年(554),不甘寂寞的柔然人举兵退回漠北。不久,他们又进入北齐抢劫,菴罗辰的可贺敦和3万余人被北齐军队俘虏,仅有可汗单人匹马侥幸逃脱。

留在漠北的一分为二,东部以铁伐为首,西部立阿那瓌可汗的叔叔邓叔子为主。

分散后的柔然更加捉襟见肘。东部柔然抵挡不住突厥的进攻,举部归顺了北齐。尽管他们还有名义上的可汗,但实际上最多算是北齐地盘上的部落酋长。西部柔然的日子更加凄凉,他们只能东躲西藏,到处流浪。最后,还是在一次遭遇战中被突厥木杆可汗击溃,第二十一任可汗郁久闾邓叔子纠集余众数千人投奔了西魏。

按照常规,他们无论如何不应该投奔与突厥联姻的西魏。但暴风雨来临时,哪还有时间挑剔港口?果然,突厥木杆可汗派使者威逼西魏交出邓叔子,西魏宰相宇文泰只有服从。在西魏恭帝二年(555)一个不忍卒读的日子,手无寸铁的邓叔子及部众3000余人刚被遣送出长安青门外,便被突厥使者悉数惨杀。青门外,古道边,血流漂杵,哀鸿遮日。死亡天使飞遍了长安城郊,直到今天我们仿佛还能听到它翅膀的拍打声。

命运是无法责怪的,因为命运无法选择。柔然的一个残部流落到漠北,被突厥、契丹吞并;另一个残部内附鲜卑,最终融合到汉人中,山西和河南的闾氏、郁久闾氏、茹茹氏、茹氏均系柔然后裔。

只有少部分漏网之鱼在菴罗辰可汗率领下辗转西迁。残阳如血,羌笛声咽,荒漠古道上,一支马队蜿蜒西去,凄迷不知所终……

---

① 第二十任可汗。

七、搅乱欧洲

前路茫茫,漏网的柔然人去往何方?

展开世界地图:印欧各族所处的西部大草原和蒙古种人所处的东部大草原,被绵延千里的阿尔泰山脉和天山山脉截然分开。分界线以西雨量充沛,牧草丰美,牛羊成群,而分界线以东则地势较高,气候干燥,只适合放牧马羊驼。我恍然大悟,正是这一地理环境上的不平衡,引起了持久的、影响深远,由东向西的民族大迁徙。

趁突厥南下进攻哌哒国之机,驻扎在亚欧大陆交界处的一个游牧部落——据说是柔然的阿瓦尔人[①],于公元6世纪下半叶沿着匈奴人多年前的足迹辗转西迁[②]。我说不清这时的柔然像个孩子,还是像个老人。正如太阳,它每时每刻都是夕阳,也都是旭日,当它熄灭着走下山去收尽苍凉残照之际,正是它在另一面燃烧着爬上山巅布散烈烈朝晖之时。

公元558年,也就是突厥、波斯联军荡灭哌哒的同时,一个自称"阿瓦尔人"的异国使团抵达君士坦丁堡,请求与拜占庭结盟。突厥使团也接踵而至,抗议拜占庭接纳昔日的手下败将阿瓦尔人。拜占庭如梦方醒,原来这是两个来自东方的游牧部落。

寻求与拜占庭结盟未果,阿瓦尔人只有另辟蹊径。大约在公元560年,这支逃难的队伍在南俄草原上击败并收容了匈奴人阿提拉的后代库特利格尔和乌特格尔部落。

之后,阿瓦尔人拥有了他们的著名可汗——巴颜。这位可汗于公元567年击败了日耳曼吉列达伊人,在古代匈奴阿提拉的都城附近建起了王庭。从此,这个强悍的王国逐渐为西方所知晓,他们像前匈奴人那样,以匈牙利平原为基地,向四面八方发起了令人恐怖的袭击。

袭击导致了具有深远影响的大迁移,这也是他们的出现被欧洲历史称为第二次"黄祸"的原因。黄祸带来的后果恰如多米诺骨牌:阿瓦尔人把日耳曼族的伦巴第人赶到了意大利;伦巴第人又把拜占庭人从亚平宁半岛驱逐出去,从而粉碎了查士丁尼恢复罗马帝国的梦想;阿瓦尔人迫使斯拉夫部落向南进入巴尔干半岛,斯拉夫人则把那里拉丁化了的伊利里亚人和达基亚人赶进了山区;新来的斯拉夫人从此扎根于巴尔干半岛北部,被赶走的伊利里亚人和达

---

① 中原人一直称柔然为阿拔,突厥称柔然为阿帕尔,欧洲人称阿瓦尔为欧伯尔,意为蛇。显然,阿瓦尔是阿拔、阿帕尔、欧伯尔的其他音译形式。
② 见法国勒内·格鲁塞《草原帝国》,商务印书馆2005年版。

基亚人则湮没无闻，直到近代才作为阿尔巴尼亚人和罗马尼亚人重新出现。

在古典文明向中世纪文明过渡时期，所有地区的文明都幸存下来，唯有西方例外，而罪魁祸首的帽子被生生扣在了"野蛮"民族——匈奴、日耳曼、阿瓦尔、保加尔头上。具有讽刺意味的是，正是这种破坏，才使得西方能毫无束缚地朝着新的方向奋进，在中世纪发展起新的技术、新的制度、新的文明。到了近代，这种新的文明远远胜过其他地区乃至全世界停滞不前的文明，焕发出了超常的生命力。

公元582年，巴颜可汗竟然公开与拜占庭帝国抗衡，还一度洗劫了拜占庭的今贝尔格莱德地区和麦西亚。

当人站在高山之巅的时候，跌下悬崖的可能性就会加大。果然有一天，多瑙河边旌旗蔽日，拜占庭名将普利斯卡斯强渡多瑙河，一直攻进帝国腹地匈牙利，在蒂萨河岸边彻底打败了巴颜可汗，并于公元601年杀死他的4个儿子。第二年，巴颜可汗在羞愤中去世。

百胜之后的一次偶然失利并没有毁灭阿瓦尔人的雄心。公元626年，阿瓦尔人和萨珊波斯联合进攻君士坦丁堡，而此时的拜占庭文明面临着和中华文明在公元383年淝水之战前同样的处境。很难想象，如果这支游牧部落攻陷了基督教世界中心君士坦丁堡，西方文明将会是什么样子。然而，在拜占庭行政官波努斯的指挥下，拜占庭海军在海上出人意外地击败了波斯海军。而在艰苦卓绝的守城战中，皇帝为了筹集军费，竟然下令将教堂的金银装饰品和铜雕像熔化后兑换成军费。也许被对方的破釜沉舟所震慑，阿瓦尔可汗垂头丧气地退回匈牙利。于是，西方赢得了和中国的淝水之战同样意义深远的胜利。

联合攻击君士坦丁堡未果，严重地挫伤了阿瓦尔人的锐气，阿瓦尔汗国开始沉沦。其实他们的沉沦绝不会如此简单，恐怕根本的原因还在于他们精于马上征战，却不善于下马治国，他们只知道用刀箭说话，却没有学会用文化将被征服者同化，甚至他们压根儿就没有文字，没有制度，没有经济主张，没有建筑格式，有时竟不想住下来享有固定的地盘，这样，一个游荡惯了的民族的衰亡就不足为奇了。

难道他们真的没有出头之日了吗？萧伯纳明明说过"没有一个黑夜是24小时的"，但萧伯纳没有去过北极，不知道世界上还有极夜。

事实证明，阿瓦尔人真的已经错过了一切。首先，保加尔人摆脱了阿瓦尔人的控制。之后，克罗地亚人占领了多瑙河和萨瓦河之间的肥沃土地。最后，终结这支游牧部落的任务留给了日耳曼民族英雄查理曼大帝。公元791年8月，他亲自带兵入侵阿瓦尔汗国，一直打到多瑙河和拉布河的合流处。后来，他的儿子丕平两次出征阿瓦尔汗国，推平了阿瓦尔人的城堡，最终将他们赶下了争夺霸权的舞台。

不屈的阿瓦尔人在塞俄多尔可汗的率领下放弃富饶的多瑙河北岸，迁往人烟稀少的班诺尼亚西部。现阿瓦尔人仅有60余万，默默无闻地生活在俄罗斯达塔吉斯坦共和国以及阿塞拜疆共和国境内。

柔然在中国大地上消失得太早了，现代人已很少谈起它，它已变得模糊而悠远，模糊得像云雾，悠远得像梦境。正因为如此，才有那么多的中外学者不辞辛苦地穿过时间隧道去探个究竟，而且都能有论著不断发表的收获。这些学者不论有多少个国籍、多少种观点、多少次争论，其中一条结论无人怀疑，那就是柔然的根在古老的中国。

最后需要告诉您的是，在柔然凋零的日子里，隶属于柔然的一个袖珍部落毫无预兆地突然崛起，居然灭亡了大乘佛教的伟大中心——贵霜帝国。

西方人和印度人称他们为"白匈奴"。

第 四 章
白匈奴——真的是匈奴吗

> 首先怀疑,然后探求,最后发现。①

一、"白马非马"

小时候听说古代有个公孙龙,他有句名言叫"白马非马"。小伙伴们纷纷嘲笑他,并且把公孙龙作为"傻瓜"的代名词。长大后,哲学教科书使我顿悟:真正的傻瓜原来是我们,因为"白马非马"并非一句傻话,而是一个"一般"与"个别"的逻辑学概念。

不管怎么说,个别的白马还是一般马的一种。因此,这里提出"白匈奴是匈奴吗"的疑问,读者或许感到我也在犯晕。

我一直很清醒。因为人类普遍具有的崇尚英雄的心理,导致后来人一般都喜欢把自己与名门望族和历史名人联系在一起。正如彼得大帝声称自己是拜占庭的继承人,突厥人帖木儿号称是成吉思汗的后裔一样,白匈奴说自己是草原第一帝国匈奴人的后裔就毫不奇怪了。

可能你会说,既然白匈奴是匈奴人和大月氏混血儿,说他们是匈奴人也勉强过得去吧。一部分匈奴男子和鲜卑女子婚配,不也出现了胡父鲜卑母的铁弗匈奴吗?一些鲜卑男子与匈奴女子结合,不是诞生了鲜卑父胡母的拓跋鲜卑吗?

你的论证不无道理,但我一直认为匈奴人和大月氏人的混血儿,我们既不能称他匈奴,也不能称他大月氏,只好给他起个新的名字。

他的名字可不止一个,中国学者一直称他为嚈哒②,希腊学者称之为Ap-tolits或者Ephtalals,波斯和阿拉伯学者称之为Haytal、Hayatals、Hethal,拜占庭

---

① 语出英国实证主义史学家亨利·托马斯·巴克尔,他著有《英国文明史》。
② 意为强者、勇士。

学者称之为匈奴——嚈哒,印度和欧洲学者称之为白匈奴①,只有他们自称为匈奴。

中国史书对嚈哒人的民族构成一直争论不休,有的认为是车师别种②,有的认为是大月氏分支③。其实这些争论没有太多的实际意义④,我们只知道他们是匈奴和大月氏混血儿就足够了。

遗憾的是,他们的起源地也很不确定。我们姑且认为他们起源于乌浒河(即阿姆河)以南200公里的滑国,也就是古代的拔底延城(今阿富汗伐济纳巴德),因为"滑"是嚈哒人最早的称谓。

在公元4世纪之前,他们还是隶属于柔然的默默无闻的袖珍部落。

大概就在世界大乱的公元4世纪70年代,因为受到了第二个草原帝国柔然的驱赶,他们离开家乡向气候温和的南方游荡,循着大月氏西迁的路线来到索格里底亚那,依靠超强的战斗能力占据了中亚锡尔河、乌浒河之间的泽拉夫善河流域(即粟特地区)。在这个野性十足的武士面前,那个由大月氏人创立的著名的贵霜帝国⑤倒霉了。公元425年,贵霜帝国的残部寄多罗狼狈西去,巴克特里亚的大月氏残余小国被扫荡一空,曾经与汉朝并驾齐驱的贵霜帝国灭亡在嚈哒手中。

好比老鼠咬死了老虎,一夜之间,这个默默无闻的部落名声大振。

很快,他们以巴克特里亚为基地,向西面的萨珊波斯、南面的印度笈多王朝同时展开了进攻。

偶有闲暇,他们还趁柔然衰败之机,派出小股部队进军塔里木和准噶尔盆地。很快,疏勒、龟兹、姑墨、句盘、焉耆、盘盘、罽(jì)宾、高车、于阗、朱居波、渴磐陀等绿洲城邦被一一征服。

二、舍我其谁

他真的那么可怕吗?强大的邻居萨珊波斯不以为然,于是战争成为两国主要的交流方式。

萨珊波斯王国的国王名叫巴赫兰,因为以猎取野驴为嗜好而被称为"野驴"。据说他的宫中宝石闪闪,美女如云,连宫殿的过道都铺满了驴皮。消息

---

① 因为他们的皮肤明显白于属于黄色人种的匈奴人。
② 见唐代姚思廉《梁书·滑国传》,中华书局1973年版。
③ 见唐代李延寿《北史》,中华书局1974年版。
④ 我们应该理解这些史学家的苦心,因为只有标新立异才能引起重视。
⑤ 大月氏人于公元1世纪初创立的庞大帝国,疆土纵贯中亚与南亚。

传到刚刚强大起来的哒哒王城,一向对掠夺财富乐此不疲的哒哒人决定出手。

一天,哒哒人越过乌浒河,兵发呼罗珊。"野驴"接到报告后,放出风来说自己正在外面猎取野驴,而且在大白天装出外出游猎的架势,实际上却在晚上秘密集结大队人马进军东部。就在哒哒人毫无防备的时候,"野驴"的部队像蝗虫一样包围上来。结果,哒哒王掉了脑袋,王后做了"野驴"的俘虏。战后,两国签订了一个不太有名的和约,两国的边界被确定在巴克特拉以西400公里的塔里寒。

服输不符合游牧民族的性格。在重整旗鼓后,哒哒和萨珊波斯之间战火重燃。这种不分胜负的战争不仅在"野驴"及其继承者耶斯提泽德二世时期没有中断,而且哒哒于公元457年还介入耶斯提泽德二世儿子之间的王位争夺战,并且帮助长子卑路支夺取了王位。

卑路支是一位桀骜不驯的著名国王,而且凭着这种不屈不挠的性格取得了一系列超过前辈的业绩。在自认为能够呼风唤雨之后,卑路支于公元480年突然发动了对昔日恩人哒哒的进攻。不幸的是,哒哒人不仅打败了波斯人,而且生擒了这个忘恩负义的"小人"。

哒哒人并没有把事情闹僵,同意让卑路支回国,但前提是让他的儿子居和多作为人质。没有选择的卑路支答应了哒哒人的条件,在缴纳了足够数额的赎金后,居和多也被放了回去。

但是让小人成为君子比让狼变成羊还难,自认为受了侮辱的卑路支两次卷土重来。最后一次决战发生在公元484年,卑路支掉了脑袋,波斯人的王牌军队几乎全军覆没。

借助于这次伟大的胜利,哒哒人向世界宣布建立了自己的国家,首都就设在巴底延城。吃了败仗的萨珊波斯继承人沃洛盖斯第一个前来祝贺,还低声下气地称臣纳贡。哒哒国不仅以保护人自居,而且动不动就干涉一下萨珊波斯的内部纠纷。当后来的萨珊国王居和多被赶下台的时候,便选择来到哒哒国避难。哒哒国可汗收留了他,还把自己的侄女嫁给了他。公元498年前后,哒哒国可汗派出军队护送侄女、女婿回到国内,并将他重新扶上了萨珊国王的宝座。此前的叛乱者只有自认倒霉,没有人敢跳出来表示反对。

三、挺进印度

在向西发动进攻的同时,他们分出一支部队拨马南去,向遍布珠宝和香料的印度进发。这一次轮到处于鼎盛时期的印度笈多王朝倒霉了(同时倒霉的还有西方,此时的西支匈奴人已经兵临欧洲)。

公元455年,也就是欧洲匈奴领袖阿提拉死去两年之后,哒人的先头部队强渡奥克苏斯河进入印度,占领了锡亚尔科特地区和东马尔瓦,并于公元6世纪初迁都印度旁遮普的密希拉古拉。至此,哒进入极盛时期,放眼四望,东方的准噶尔和塔里木盆地,西部的萨珊波斯,南方的印度大部地区都匍匐在了这个游牧巨人的脚下。

哒人的入侵之所以令人难忘,并不是由于它持久的影响,而是因为入侵者的种种残暴行径。这些哒人和阿提拉手下的匈奴人一样仍旧处于洪荒野蛮状态,他们只知道劫掠财富,然后带着战利品回到自己的大本营。能力最强的领袖米息拉古拉被称为印度的阿提拉。据说,他喜欢把印度人的吉祥物——大象,从高坡上推下去,然后津津有味地欣赏它的痛苦。

他的恶行激起了先前归附他的印度贵族的极度反感。公元528年,北印度的王公们联合起来进攻这位粗鲁霸道的外来者。一狼难敌众犬,吃了败仗的哒可汗逃亡到克什米尔。

哒人只有招架之功,已无还手之力。

光是印度和波斯就够哒人应付的了,想不到就在这个世纪的50年代,那个负责给柔然锻造武器的突厥人迅速崛起,他们联合高车于西魏废帝元年(552)将过去的老主人柔然赶向了西方,将广阔的草原统一到了突厥的铁蹄之下。

从北周孝闵帝二年(558)开始,突厥木杆可汗与萨珊波斯联合,东西夹击哒,使得在波斯和印度两面作战的哒首尾难顾,最终在连续七天七夜的布哈拉会战中一败涂地,哒渥泽尔可汗殒命沙场。残存的部分哒人退却进兴都库什山区,推举一位名叫富汗尼什的贵族继承了汗位,从此臣服于波斯人。如今阿富汗的国名"Afghanistan"即由这位可汗而来,意为"富汗尼什的土地"。

噩梦还在延续,北周武帝天和二年(567),木杆可汗又请叔父室点密率领10个部落西征,捣毁了哒人在乌浒河畔的老窝。

就这样,百年哒划出一道凄凉的弧线,陨落在了历史的天际。

四、心系拜火教

祆(xiān)教也叫拜火教,是中国对琐罗亚斯德教的习惯称呼。

传说祆教的创始人琐罗亚斯德诞生在阿富汗的锡斯坦,生活在产生世界伟人的公元前6世纪,与中国的孔子、印度的佛陀是同时代人。他出生在绿洲的农耕区,对不断入侵的游牧者有一种天生的反感,因而在早年就产生了保卫善良(原住农民)、抵抗恶魔(外来牧民)的意识。在经过深思熟虑和冥思苦索

第四章　白匈奴——真的是匈奴吗　99

之后，创立了以善恶二元神论为系统的宗教——祆教。

祆教创立了截然对立的二神，阿胡拉·马兹达是最高善神，是光明、真理、率直和太阳之神；安格拉·曼纽是最高恶神，是自私、狡诈、权谋、阴暗和黑夜之神。两者组成了他的宗教核心。因为二神的对立和斗争，人们所在的世界又分为两个王国，一个是善真王国，即阿尔塔；一个是恶假王国，即德鲁克。当我们在历史上发现它时，它已经拥有了宗教礼仪和僧侣制度。它不像佛教那样具有偶像，但有祭司、神庙和始终燃烧着圣火的祭坛。禁止焚烧或埋葬死者是它明显的特点之一。按照神的旨意，人死后尸体要放在半空中，供兀鹰慢慢啄食。

与临近的贵霜帝国全民信仰佛教不同的是，早在嚈哒人到来之前萨珊波斯人就将祆教作为国教，从而成为世界祆教的中心。祆教领袖在国内的威望仅次于国王。沿袭古代的习俗，国王被认为是神圣的或半神圣的，并且与最高善神有着特殊的亲密关系。

但是风起云涌的世界宗教运动震撼着世界，也震撼着波斯。东方的佛教还在其次，公元1世纪在耶路撒冷诞生的基督教显示出越来越强劲的东扩势头。为此，明智的祆教人士自动寻求变革，祆教的两个分支——太阳神教和摩尼教先后诞生。

太阳神教其实是祆教早期的一个变种，这个变种宣扬太阳神是光明之神，是从阿胡拉·马兹达变来的，是奇迹般出现的。它在庞培大将东征之后的公元1世纪就传入欧洲，成为军人和普通市民最喜爱的宗教，直到君士坦丁时代，它依然是基督教的强大对手。

而公元3世纪兴起的摩尼教则更值得我们留意。摩尼，公元216年出生于巴比伦尼亚（今伊拉克）南部，小时候就受到家庭的宗教熏陶。有一天，他突然产生了一种意念，认为自己得到了最透彻的光明，这种光明是一切宗教产生的原动力。于是他开始宣扬自己的教义，并在25岁前后宣布创立了摩尼教（中国人所说的"明教"）。

他的教义实际上是一种众神的杂糅。他声称此前那些伟大宗教的创立者都是正确的：摩西、琐罗亚斯德、佛陀、耶稣——都是真正的先导，他的责任是澄清和最终完成他们不完全的和混乱不清的教导。他将人生的混乱和矛盾解释为光明和黑暗的对抗，阿胡拉·马兹达是上帝，安格拉·曼纽是撒旦。至于人是怎样被创造的，是怎样从光明坠入黑暗的，如何区别光明和黑暗并得到拯救，以及耶稣在这个奇特的宗教大杂烩中所起的作用，摩尼都有自认为自圆其说的教义。

摩尼不仅往返于伊朗传播他的崭新思想，而且这些思想也传到了中亚、印度,甚至穿过山口进入了中国,回鹘一度成为摩尼教的坚定信仰者,"明朝"一名据说就取自朱元璋信仰的明教。

公元270年左右,摩尼带着他的众多追随者回到了萨珊波斯,并同波斯国教及其僧侣发生了争执。7年后,波斯国王将他交给了祭司们,他被钉死在了十字架上,被残忍地剥了皮,他的皮还被挂在城门前示众,他的信徒也受到了残酷的迫害。尽管如此,摩尼教还是和景教、正宗祆教一起在波斯并存了几百年。

公元425年之后,占领贵霜帝国并逐步迫使萨珊波斯臣服的哌哒人本来就没有什么宗教可以信仰。按照历史的一般规律,上层游牧者很快接受了被征服民族的高度文化——祆教。至于他们为何没有信仰佛教而偏偏信仰祆教,一两句话很难说明白,原因大概是信仰佛教的贵霜已经早早灭亡,而信仰祆教的萨珊依然存在。这个问题我们将在月氏一章中详细讨论。

不管什么原因,反正哌哒人信奉了祆教并开始反对佛教,这对于佛教盛行的阿富汗地区来说无异于一场灾难。既然佛教不再受到政府的保护,那么以战争和掠夺为主要政治交往形式的哌哒人就可以心安理得地抢劫佛寺中的金银珠宝和镶嵌器皿了,于是哌哒王乘大胜的余威,将世界佛教文化的中心犍陀罗进行洗劫和烧毁,1600所佛教建筑遭到劫难。哌哒人犯下的这一罪行,至今令我们痛心不已。

好在哌哒存在的时间不长,而且统治松散。对此,每一个热爱人类古典艺术的现代人都应该感到庆幸。

五、也许是归程

尽管哌哒国消失了,但其国民还是在他们一度占领的印度顽强生存下来。其中最为杰出的当属白匈奴的纯正后裔——拉杰普特人[1],印度西北部的拉杰布达纳区就以他们的名字命名。因为他们天生好战,是名副其实的军事贵族,所以被印度主流社会吸收为刹帝利种姓(即武士阶层),进入印度36个贵族世系,成为印度教的坚定信仰者。如今,他们的后裔多数居住在沙漠之州——拉贾斯坦。

拉杰普特人的经历意义非凡,有助于说明印度尽管经历了几个世纪的动乱和侵略,却未发生根本变化的原因。侵略者被盛行的种姓制度所同化,更确切地说他们适应了印度的文明而不是相反。因此,同中国一样,印度在动乱之

---

[1] 意为众王之子。

后又出现在历史进程中,它在古典时期形成的文明虽有轻微改动,却未发生根本改变。

中国北方和印度北方一样都遭到了蛮族的疯狂蹂躏,不过都保持了各自在古典时期形成的独特文明。因此,一个生活在公元1世纪的中国人若在公元7世纪复活,他一定会感到舒适和自在,他将发觉当时的唐朝与过去的汉朝大致相同,仍旧语言相通,仍旧身着绸缎,仍旧崇尚儒学。同样,一个生活在公元1世纪的印度人若在公元10世纪复活,他一定也不会感到太过陌生,因为他的语言人们仍能听懂,他保存完好的服装仍未过时,过去的印度教仍在流行。

而同时代的西方则没有这么幸运了。经过匈奴人、日耳曼人、阿瓦尔人的轮番冲击,西方古典文明已经面目全非。如果公元1世纪的罗马人在1000年后的欧洲再生,这里遍地都是日耳曼人,拉丁语已经被日耳曼语和罗曼语取代,古罗马神教也已经被基督教代替。

有深谷必有高峰,有时坏事竟然幻化成天大的好事。西方文明的遗憾消亡,歪打正着地为早应发生的技术革命扫清了障碍。因此,西方能毫无束缚地朝新的方向奋进,在中世纪发展起新的技术、新的制度、新的观念、新的文明。到了近代,这种新的文明如早期的农业文明必然战胜部落文化一样,远远胜过欧洲以外"停滞不前"的其他文明,显示出巨大的优越性和非凡的冲击力。正如一位历史学家所说:"侵略给盛极之后停滞不前、似乎注定消亡的文化以致命的打击。这使我们联想起当今世界残酷的轰炸,它摧毁了摇摇欲坠的古老建筑,正因如此,我们才有可能建起更为现代化的城市。"

历史证明创业者的后代普遍缺乏创造力,有时财富和遗产恰恰就是后代前行的包袱。那些顽强地延续了古典文明的幸运的印度、中国、拜占庭、波斯,尽管社会相对稳定,人丁出奇地兴旺,但古典文明的沉重包袱使得他们在日复一日、年复一年的重复、承袭过去中落伍了。这一公认的事实值得那些至今仍对本民族"几千年连绵不断的文明史"津津乐道的人深思。

如一颗流星,白匈奴就这样匆匆湮没在无边的天际,撞碎这个中亚巨人的是一颗至今仍在欧亚大陆结合部熠熠生辉的长明星。

他叫突厥。

第 五 章

突厥——从大草原走向东罗马

> 倘若对过去的一切逐一寻根究底,过去的一切会使我们特别注意到将来。①

一、一团乱麻

记忆像一条河,承载着珠玉般的智慧和玫瑰色的美丽。

当真的进入历史的长河里泛舟,我才发现并不是一件如同品茶、饮酒、踏青一般轻松惬意的事情。历史是一个严肃的话题,来不得半点马虎。可是在某些问题上,我的确找不到让人信服的结论,因而不得不靠推测和分析告诉读者一点儿什么。一想到自己的作品将暴露在学富五车的学者们面前,我就会紧张得发抖。尽管如此,我还是不得不硬着头皮展开最棘手的话题。

突厥在西魏大统八年(542)才出现在文史中,要考察突厥的源头十分困难。《北史》认为突厥的发源地在咸海,《周书》认为他们出自漠北索国,唐代的段成式断定发祥地在海东阿史德窟,而《隋书》则说他们是平凉杂胡。

摆在我们面前的是一团乱麻。

历史与历史之间一定存在着某种关联,只是这种关联不一定随时凸显。如果一旦发现这种关联,许多"剪不断,理还乱"的线头就会一下清晰起来,就如武侠小说中写的奇经八脉被一下打通,气息悠长,贯通不绝。

循着这一思路我惊奇地发现以上四种观点都有道理,只是不同时期突厥先人游荡在不同区域罢了。我们不妨这样设想——突厥起源于咸海周边的塞人,受到公元前4世纪亚历山大东征军团的压迫,部分塞人东迁漠北,在草原上建立了传说中位于匈奴北部的索国(呼揭)。呼揭先后两次被匈奴征服,但又两次东山再起。直到晋代,塞人所建的索国才销声匿迹,其中一部分演变为

---

① 语出希腊史学家波里比阿,他著有《通史》。

后来的突厥人①。

索国后裔人数不多,最早的首领叫阿史那,他们长时期游牧在寒气逼人、野狼出没的西伯利亚叶尼塞河上游一带,习惯于住毡帐、食畜肉、饮马奶,崇尚武力,以战死沙场为荣,是一个以狼为图腾的游牧部落。阿史那氏属深目、高鼻、多须的高加索种人,东迁后尽管一再与杂胡融合,但直到突厥汗国建立时依然保持了蓝眼、赤面等固有特征。史书上说,木杆可汗是个面庞发红,眼若琉璃,用绸子扎着长发的彪形大汉。

后来,阿史那氏族从漠北南迁到平凉,这就是史书上所说的平凉杂胡,因为此前归属匈奴所以还被称为匈奴别种。北魏太武帝太延五年(439),北凉被北魏太武帝击败,阿史那氏族便随北凉沮渠氏西渡大漠,进入今新疆东部的鄯善、高昌一带。北魏文成帝和平元年(460),柔然汗国灭亡了北凉残部沮渠氏,阿史那氏族被迫辗转迁移到高昌的北山(今新疆吐鲁番博格多山)。

这里春山如笑,夏山如滴,秋山如妆,冬山如睡,是一个韬光养晦的好地方。他们一边放牧,一边学会了锻冶技术。当时,占据高昌地区的高车连富庶的绿洲地带都管不过来,也就无暇顾及山中的阿史那部落了。

世上本来就没有什么世外桃源。正如一位哲人所言,即使你宣称睡着了,也会遇见梦的惊扰;即使你宣布死亡了,也会遭遇狼撕虫咬;你怕走在车前,被车马追逐;但当你走在车后,又会惹得满面尘土。北魏孝明帝熙平元年(516),柔然灭亡了高车,顺便把过着优哉游哉生活的阿史那部落赶出了北山,逼迫其首领阿贤设及所属500户迁居金山(即阿尔泰山)南麓,成为专门为柔然打制武器的"锻奴"。因金山形似古代战盔,俗称"突厥"②,所以阿史那部落从此被称为"突厥人"。

二、草原——梦开始的地方

一颗种子破土而出,不仅要有适宜的土壤,而且要有充足的水分和阳光。从北魏太和十一年(487)开始,柔然与高车相互征战,两败俱伤,给了突厥休养生息、自由发展的空间。北魏孝明帝正光元年(520),柔然又发生内讧,于是突厥趁机悄悄独立,并组建了一支拥有先进装备的军队,如同海湾战争中拥有电子制导武器的美军。

---

① 见薛宗正《突厥史》,中国社会科学出版社1992年版。
② 又名兜鍪(dōu móu),鞑靼语意为勇敢。《突厥语辞典》将突厥解释为"最成熟的兴旺之时"。

"工人"出身的突厥人不仅具有高于农民阶级的纪律性,而且具备了超越其他阶层的智慧。在扩张中,他们没有像匈奴、柔然一样仅仅依靠紧绷的肌肉与血腥的砍杀,而是武力、外交、教化三管齐下。最为难能可贵的是,他们认为只有找到与被征服者的血脉联系,才能使征服变得永久而牢固。

首先,他们把目标瞄准了相貌近似的高车(即铁勒)。西魏大统十二年(546),突厥人的杰出领袖土门率军东征高车,将5万余户高车部众收为己有,并大肆宣传宗教复兴的诱人前景,使逃亡在外的高车部落陆续归附突厥。就这样,孤单的突厥摇身一变为庞大的部落联盟。

其次,他们把目标对准了草原霸主柔然。在通过联姻争取到了西魏的中立之后,他们联合高车于西魏废帝元年(552)将柔然赶向西方,把蒙古草原占为己有。土门自称"伊利可汗"①,树起了突厥汗国的大旗。我仿佛看见那面崭新的大旗上绣着一匹仰天长嚎的苍狼。

真正的英雄具有那种深刻的悲剧意味:播种,但不参加收获。在突厥汗国建立的次年,英雄的土门还未来得及享受权力带给自己的荣誉和惬意,便永远离开了自己魂牵梦绕的草原。

真正继承土门遗志的不是随后继任的科罗,而是科罗死后上任的土门的另一个儿子——木杆可汗燕都。英武的木杆可汗向北吞并了契骨,向东赶走了契丹和奚人,向西两败嚈哒,以非凡的威力慑服了塞外各族。北周天和二年(567),他又请叔父室点密率10个部落西征。西征军马头所及,势如破竹,波斯、嚈哒随之消失。至此,突厥建成了比匈奴疆域更加辽阔的庞大汗国,控制了东自辽海以西、西及西海(即里海)万里、南达沙漠以北、北及北海(即贝加尔湖)5000里的广大地区。牙帐②就建在鄂尔浑河沿岸的于都金山。

更为难得的是,汗国有了自己的文字,开创了我国游牧民族创制文字的先河。也许当时的突厥上层集团已经意识到了文字在人际交往中的不可或缺,但更为深刻的意义也许出乎他们的意外——那就是文字在民族独立与扩张中的巨大作用和深远影响。正因为有了突厥文字,才逐渐模糊了突厥统治区内各民族的界限,使许多讲突厥语的外族人特别是回纥人也自称"突厥";也正因为有了自己的文化,才使得突厥人尽管四处流浪,但陈陈相因,亘古不灭,至今仍人脉兴旺。

在这里,马匹和女人是最珍贵的资源(这让我想起了拿破仑"让驴子和学者走在中间"的著名军令)。汗国刑法规定,反叛、杀人、奸淫他人妻子、偷马

---

① 意为有国家的国王。
② 可汗的宫帐。

绊者判死刑;奸淫未婚女子者,重罚财物,并将该女子嫁给他为妻;弄瞎别人眼睛的,将女儿赔偿给伤者,无女儿者出财物为伤者娶妻。其实这并不奇怪,因为马匹是游牧民族赖以生存的生产资料,而女人是草原人口繁衍的根本。

木杆可汗的叔父室点密西征胜利后,便在被征服的土地上自立为西面可汗。于是,一个天空出现了两个太阳。当室点密将西面可汗的荣誉头衔传给儿子达头,木杆可汗将突厥可汗的正统头衔传给并非亲生儿子的沙钵略可汗时,汗国的局势就失控了。不久,达头可汗联合木杆可汗之子阿波可汗和贪汗可汗挑战沙钵略,并于隋文帝开皇三年(583)宣布成立西突厥汗国。于是突厥分裂为东、西两部分,成为两个国家。

突厥分裂的最大受益者便是新生的隋朝。隋朝采取了"远交近攻、离强而和弱"的反间政策。杨坚把安义公主嫁给了小可汗之一的突利可汗(后改名启民可汗),以此对抗大可汗和其他小可汗。因此,东突厥汗国的政治统一被破坏无遗。同时他们又设法不使东突厥瓦解,而让达头有可能以武力统一两个汗国。

隋朝离间的结果便是可汗们只知火并而无暇骚扰隋朝边关。中了"离间计"的突厥人像吸食了大麻一样,明明感到痛苦异常,却身陷其中,难以自拔。

三、种植怨恨

20多年后,随着隋炀帝上台,东突厥的"窝里斗"也终于停止。这时,东突厥的地盘已经囊括了契丹、室韦、吐谷浑、高昌,上马征战者达到上百万人。在他们眼里,中原已经不再那么可怕。

第一个吃到苦头的是隋炀帝。大业十一年(615),隋炀帝巡幸塞北时,几乎被始毕可汗[①]率领的东突厥军俘虏。多亏嫁到突厥的义成公主提前派使者泄露了突厥人的意图,炀帝才在突厥大军到来前狼狈逃入雁门关。突厥军队很快包围了雁门,隋朝军队一片惊慌,隋炀帝只是抱着儿子哭泣,连眼睛都哭肿了。他被东突厥围困达一个月之久,在附近的刺史赶来勤王时才摆脱困境,并从此意志消沉,自信全失,离开京城南下江都休养疲惫的身心,直至3年后被右屯卫将军宇文化及勒死在浴室中。

唐朝的开国皇帝李渊也一直对突厥人心存敬畏。李渊在太原举义时,派遣司马刘文静向始毕可汗求援,得到了对方战马千匹、骑兵两千的军援。具有

---

① 沙钵略的孙子。

部分鲜卑血统的李渊①在建立唐朝后,被迫用重金贿赂东突厥人,甚至为了避开突厥锋芒,曾经考虑焚毁长安,迁都襄邓,并且派人察看了地形,后因儿子李世民的极力劝阻才未付诸实施。李渊在位期间,东突厥的商人和使节到了中国,就像猛虎进了羊群,奸淫烧杀无所不干,而作为一国至尊的李渊始终敢怒而不敢言。

无赖是躲不开的。唐高祖武德九年(626),唐太宗李世民夺得皇位才几个星期,隋末的最后一位叛乱者梁师都一头扎进了东突厥的怀抱,玄武门之变中被杀的两个皇子的部下也在蠢蠢欲动,这无疑是东突厥人浑水摸鱼的最佳时机。果然,早有扩张野心的颉利可汗②和侄子突利可汗③统率10万骑兵南下。守卫泾州的李建成部将罗艺只是象征性地抵抗了一下便领兵退走,突厥骑兵轻易进入今日的陕西,直达距长安20公里的渭水边。

此时,唐朝的军力还不足以与东突厥抗衡,外交舞台成为长安的最后一道防线,而舞台上的主角就是胆识若海边峭壁、深沉若山中幽潭的唐太宗。这一天,太宗只带6骑人马到达渭水边,隔水责问颉利何故南侵。颉利见太宗镇定自若,以为唐朝早有防备,便向太宗提议求和。于是,双方在渭水便桥上杀白马为盟。盟约规定,唐朝送给突厥金帛,突厥军队撤回本土。

这就是唐太宗一直耿耿于怀的"渭水之盟"。

这对于军人出身的唐太宗来说,实在不是一件光彩的事情。

四、收获报复

想不到报复的机会居然来得那么快。"渭水之盟"签订不久,东突厥乱从内生,祸起萧墙,又因雪灾导致了饥荒。

唐朝册立薛延陀首领夷男为真珠毗伽可汗,并迅速从中原调去了大批粮草予以支援。饥饿的突厥部众纷纷投向毗伽可汗,颉利可汗被迫于唐太宗贞观三年(629)公开宣称自己是唐朝的藩属。

唐太宗根本不予理会,因为他已经胜券在握。他派出常胜将军李靖、李勣率10万大军从定襄(今内蒙古和林格尔以北)出击,于贞观四年(630)在阴山大破东突厥,拔掉了突厥人权力和威严的象征——颉利汗帐。情急之下,颉利投奔小可汗阿史那苏尼失。谁知苏尼失已经暗中倒向唐朝,颉利一到,就被苏

---

① 李渊的母亲是鲜卑望族独孤信的四女儿。
② 启民可汗之子。
③ 始毕可汗之子。

尼失绑起来献给了唐军。与此同时,突利可汗也率众投降。

遵照唐太宗的命令,颉利被押解到长安。唐太宗当面历数颉利的罪状,使其羞愧难当,无言以对。但唐太宗仍授予其官爵,赐予其田宅,待其如上宾。

你要是听说过身材矮小的拿破仑如何踮着脚尖走路,就能理会颉利此时满腔的无奈和涩涩的酸楚。在宴会上,他常常为太宗起舞助兴;私下里,也不免面壁伤感。作为不能离开京城的政治人质,他只能在官邸中听燕子交颈呢喃,看地上落花无意,望天上云卷云舒,在一丝寂寞、几点闲愁中了却余生。

当时,周边弱小的国家都需要在突厥衰败后找到一个新的依靠为他们撑腰,而这一依靠理所当然非唐朝莫属。贞观四年(630),西北各部族首领到长安朝见,请求太宗接受"天可汗"的称号。

"天可汗"的帽子谁也没有见过,说穿了不过是一个称号而已,但它隐含着一种主宰万物的帝王威严,一种万邦朝宗的中心意识,一种九九归一的正统观念,一种仲裁各国之间纠纷的权力和霸气,也体现了中原和草原上最强大的势力命运的逆转。许多人说,这标志着一个草原帝国时代的终结和一个中原王朝时代的开始。

其实没有什么人云亦云的"终结"和"开始",有的只是一座围城的大门,作为不世之才的颉利和李世民相视一笑,擦肩而过。

而且人在围城中住久了,往往会被胜利冲昏头脑,英明的唐太宗也不例外。他明明知道突厥人有着不甘屈服的天性,仍不顾多数大臣的反对,执意将10万突厥人安置在从河北到陕西的大唐边境线上,让突利可汗任顺州都督,阿史那苏尼失任北宁州都督,颉利的部将阿史那思摩任北开州都督,并将近万名突厥人安置在京城长安。多年后的一个突发事件,证明大臣们的担心绝非庸人自扰。贞观十五年(641),居住在长安的几名桀骜不驯的突厥公子居然翻墙入宫行刺李世民。这一未遂事件迫使唐太宗下了将突厥人赶回故乡的决心。很快,他命突厥可汗李思摩(被唐赐李姓)率10万部众北返定襄。从此,突厥在漠南,薛延陀在漠北分而治之。

到了唐玄宗李隆基天宝四年(745)前后,因自相残杀而处于无政府状态的突厥人被自己的部下回纥部和葛逻禄部击败,白眉可汗的首级被回纥人割下送到唐朝,对突厥内乱负有直接责任的另一位可汗的遗孀率部投诚玄宗,东突厥帝国的名号从此在中国大地上消失。

五、不战自乱

当刚刚建国的唐朝忙于和东突厥征战的时候,西突厥正在专心经营着西方的事务并多有斩获。到了唐太宗将东突厥灭亡时,西突厥已让人大吃一惊:统叶护可汗统治下的汗国已向南进至克什米尔,向北到达了阿尔泰山,向西扩展到了萨珊王朝的波斯。

当时的许多人都迷信地认为,天可汗唐太宗真的有天相助,以下的事实再一次增加了这一迷信的程度。当唐太宗将目光瞄准西突厥时,西突厥竟不战自乱。贞观四年(630),统叶护被他所属的一个部落杀死,西突厥随即沿着伊塞克湖和伊犁河分裂成两个对立的集团,他们分别是西部的弩失毕和东部的都陆。这使得唐太宗有机会施展中国传统的"以夷制夷"的政策,让鹬蚌相争而渔翁得利。

尽管后来都陆凭实力统一了整个汗国,但叛乱的种子已经播撒到了西突厥每一个有可能崛起的部落。果然,在贞观十六年(642),几个部落首领不满都陆的统治,派使者到长安要求太宗另选一个人做他们的首领。太宗抓住机会,册立了新的乙毗射匮可汗。结果,很快便有许多部落投到新可汗名下,都陆被迫逃入吐火罗国避难。

一轮澄明的圆月孤悬在辽阔的西域,把一连串的绿洲城邦罩上了宝石般的荧光。失去对手的乙毗射匮可汗遣使到唐朝请婚,一高兴,竟把塔里木盆地中的5个绿洲做了聘礼。

在都陆垮台之际,他的手下悍将阿史那贺鲁逃亡中原,并成为陇右某州的都督。但当贺鲁听到唐太宗逝世的消息后,得鱼忘筌,过河拆桥,背弃了收留他的唐朝,聚起自己的部众,向西侵入乙毗射匮的领地并将他推翻,宣布自己为沙钵罗可汗,重新统一了西突厥帝国,并将触角伸展到了帕米尔高原直至波斯边境的广阔领土上。

越来越膨胀的气球会炸掉,越来越热的水会蒸发掉。自认为对唐军了如指掌的贺鲁,多次越过唐朝边界入侵,逼迫性格温和的唐高宗不得不派兵远征。经过几次长达数年未分胜负的决斗,唐朝将军苏定方终于在唐高宗李治显庆二年(657)的伊塞克湖大战中大胜西突厥,沙钵罗逃到咸海东南的石国(今乌兹别克塔什干)避难。不幸的是,胆小怕事的石国把他交给了咬牙切齿的大唐军人。

入夜,大唐那阴森的牢狱死一般寂静,一丝冷冷的月光从天窗上挤进来,洒在这位西突厥可汗死灰般的脸上。他显然十分沮丧,似乎又无限后悔,整个夜晚都在辗转反侧,直到天窗抹上淡淡的晨曦。

第二天,这个俘虏似乎突然良心发现,主动要求到有恩于己的唐太宗的昭陵以死殉葬。仁厚的唐高宗免去了他的死罪。

被征服的西突厥再次被划分为"都陆"和"弩失毕"两个部落,由唐朝的两个都护府负责看管。至此,唐朝的版图已经从东亚的中国海一直伸展到了中亚的波斯边境。

六、盗版唐朝

沙陀突厥是西突厥的一个分支,唐宪宗李纯元和三年(808)被唐朝安置在盐州(今陕西定边)。沙陀首领朱邪赤心被赐李姓,改名李国昌。李国昌之子李克用因镇压黄巢义军有功被封为晋王。正是这一拼出来的王位,吹响了沙陀突厥人逐鹿中原的号角。

这时的李唐王朝已名存实亡,藩镇割据愈演愈烈。天下大乱、公理难寻的时局决定了这是一个武夫悍将主宰一切的时代,而身材剽悍、久经沙场的突厥人无疑是这一时代的宠儿。一目微眇、绰号"独眼龙"的李克用以武力建立了河东根据地,与投降唐朝的黄巢起义军叛将朱温并驾齐驱。二人在大唐帝国的最后20年里相互争斗不息,共同书写了一段兵戈纷纭、天下大乱的历史。

在朱温建立梁朝(史称"后梁")的日子里,河东的李克用与幽州的刘仁恭仍旧割据北方。对唐朝忠心耿耿的李克用与契丹首领阿保机结为兄弟,约定在恰当的时机一起攻击叛唐的朱温。后来,阿保机看到朱温势大,竟然与其暗中结成了盟友。李克用暴跳如雷,身长毒疮而病倒。在弥留之际,他把儿子李存勖(xù)叫到床边说:"我有三大仇人,朱温背叛唐朝,是我的冤家对头;刘仁恭是经我保举提拔的,后来投靠了朱温;阿保机与我结为兄弟,结果暗中撕毁了盟约。三人不除,我死不瞑目。"接着,他用颤抖的双手把三支箭交给儿子:"这三支箭留给你,你要记住三个仇人,一定要为父报仇,一定啊!"

李存勖含泪接过了三支箭,答应父亲会牢记嘱托,并长跪不起,直到曾经叱咤风云的父亲永远闭上了眼睛。

接替父亲做了晋王的李存勖下决心整顿军纪,时间不长就把军纪松弛的沙陀士兵训练成了一支铁军。

他把三支箭郑重地供奉在家庙里,出征前都要把箭从家庙里取出随身携带。护身符般的三支箭给了他无穷的锐气和无尽的智慧,每次战斗他都精心策划并冲锋在前,疯狂的沙陀军团开始让人闻风丧胆,结果可想而知。

经过几轮激烈的较量,朱温的50万大军溃不成军,抱头鼠窜,朱温在又羞又气中撒手人寰,李存勖家庙里的第一支箭被折断。

接着,李存勖一鼓作气攻克幽州,把忘恩负义的刘仁恭及其儿子刘守光活捉,押回太原当众斩首,父亲的第二支箭也被顺利折断。

仇人只剩下阿保机。在阿保机称帝5年后的一天,李存勖带上最后一支箭秘密挺进契丹,赶跑了阿保机,实现了父亲的全部遗愿。

后梁末帝朱瑱龙德二年(922),李存勖在魏州自称唐朝继承者,建国号大唐,史称"后唐"。人们不禁怀疑,失去了动力的火箭还能继续升空吗?

能被失败阻止的追求是软弱的追求,它暴露了力量的有限;能被成功阻止的追求是浅薄的追求,它证明了目标的有限。在自认为功成名就之后,李存勖开始沉溺于深宫,迷醉于戏剧,只信任涂脂抹粉的伶人和大屠杀中漏网的宦官。大臣和将领们必须通过这两种人,才能使李存勖批准他们的请求。李存勖的妻子刘玉娘更使这种自我毁灭的局势恶化,她除了拼命敛财外,不知道人生还有别的乐趣。

历史老人说,每一个失败的君王背后不是站着一个太监,就是站着一个女人。况且李存勖身边还有一批戏子。恰逢中原大旱,连年征战的将士们没有粮食,父母妻儿不得不到郊外挖掘草根充饥,常常在挖掘草根时倒地而死。李存勖夫妇却毫不在意,游猎享乐如故,好像根本不知道他们之所以能坐在宝座上,完全要靠将士们的效忠。宰相们警觉到事态严重,建议暂时借用皇宫里堆积如山的金银绸缎发给将士们养家糊口,等国库充足时再如数归还。皇后刘玉娘对宰相们的建议大发雷霆,她派人送出两个银盆和3位皇子,并告诉宰相:"宫里只剩下这点东西,请卖掉作军饷吧。"宰相惊骇地呆立在那里不敢开口。

这种耍赖的手段堵自己人的嘴可以,却堵不住敌人的拳头。后唐庄宗李存勖同光四年(926),宦官诬陷远征军统帅郭崇韬谋反,刘玉娘未经审讯就把郭崇韬杀掉,逼使李克用的养子——大将李嗣源在邺都(今河北大名)造反。

李存勖亲自出面平叛,可是伤透了心的将士们趁大军移动时纷纷逃向叛军的行列。李存勖沿途不断下马跟将士们握手拍肩,声言即行颁发赏赐。但这种在跟后梁作战时产生过作用的小动作已不再灵光,将士们直率地回答:"父母妻儿都已饿死,还要这些赏赐做什么?"

刹那间,兵变爆发,领导兵变的竟然是李存勖最为倚重的伶人郭从谦,正在宫中用早餐的李存勖被流箭射中。李嗣源攻入洛阳掩埋李存勖时,只从灰烬中找到了他的一些零星尸骨。

丈夫死了,爱妻刘玉娘却趁乱溜走,从洛阳一直逃到太原,躲进了一座草木掩映的尼姑庵,价值连城的两包珍宝也被她带走。也许惹祸的就是这些珍宝。很快,后唐新皇帝李嗣源派人追踪而至,珍宝被如数没收,她也被从木鱼旁揪出来砍了脑袋。这正应了一部官场小说里的话:"人无法把钱带入坟墓,钱却可以把人带入坟墓。"

此后，后唐又经历了李嗣源、李从厚、李从珂3位皇帝。尽管只存在了短短的14年，但毕竟是凭实力打下了天下，还灭掉了朱温开创的后梁。不管怎么说，他们比随后出场的后晋强多了。

七、"儿皇帝"

后晋的开国皇帝是一位高大的沙陀将军，名叫石敬瑭。他年轻时因身体强壮，精于骑射，遇事沉着，被后唐明帝李嗣源招为爱婿。

明帝死后，身为封疆大吏、驻守河东的石敬瑭立即失宠。早有称帝野心，但苦于力量不足的石敬瑭在权衡利弊之后，便以割地称臣为条件，乞求草原霸主契丹出兵相助。在后唐末帝李从珂清泰三年（936）秋高马肥的季节，契丹主耶律德光亲率5万骑兵，自扬武谷南下，与石敬瑭的军队汇成一股铁流，大败后唐军团，太原落入石敬瑭囊中。

傍晚，在灯笼火把的照耀下，一幕历史丑剧鸣锣开场。44岁的石敬瑭在众臣簇拥下，口称"儿臣叩见父皇"，拜倒在33岁的耶律德光脚下。礼毕，二人郑重其事地携手入城。

回到契丹的耶律德光又发册文，授石敬瑭为大晋皇帝。于是，在一个乾坤朗朗的日子，石敬瑭着契丹盛装，健步走上太原北门柳林里临时搭建的土台，举行了隆重的登基大典，接受了群臣山呼海啸般的朝贺，正式当上了后晋开国大帝，改元天福。

不久，石敬瑭的军队攻入洛阳，后唐末帝李从珂将刻有"受命于天，既寿永昌"的传国玉玺连同所有宝物一起堆在摘星楼（又名"光武楼"）上，然后率妻女登楼自焚，奏响了一曲"玉石俱焚"的悲歌[1]。至此，后晋也完成了中原统一大业。

按照原先的约定，石敬瑭将"幽云十六州"[2]奉送给了契丹，每年还向父皇帝缴纳30万金帛的贡礼。

可能在勤于思考的石敬瑭看来，任何事情都有得必有失吧，他失去的是幽云十六州和自己的名声，得到的却是本不属于自己的大片国土和一个皇帝无尽的尊严——这些尊严体现在日常生活的各个方面：有不断呈上来的朝奏供

---

[1] 见台湾夏雨人《中国人的故事》，中国社会科学出版社2005年版。

[2] 又称"燕云十六州"，指幽州（今北京）、蓟州（今天津蓟县）、瀛州（今河北河间）、莫州（今河北任丘）、涿州（今河北涿州）、檀州（今北京密云）、顺州（今北京顺义）、新州（今河北涿鹿）、妫州（今河北怀来）、儒州（今北京延庆）、武州（今河北宣化）、蔚州（今河北蔚县）、云州（今山西大同）、应州（今山西应县）、寰州（今山西朔州马邑镇）、朔州（今山西朔州）。

他随心所欲地批阅,有大群的嫔妃、太监和朝臣侍候在他的身边,有漂亮的马车供他去巡游,有数不清的山珍海味供他品尝,还有宏大的陵墓供人们日后用庄重的仪式去安放他的遗体。

做奴隶和傀儡并不可怕,可怕的是麻木到自己的内心中真把自己当成了奴隶和傀儡。历史上的儿皇帝并不鲜见,但他们多数是愚蠢的白痴,而像石敬瑭这样集高贵与卑贱、软弱与凶残于一身,既是绵羊,又是猛虎;既是皇帝,又是奴才的人,旷世未闻。也正是他的双重性格决定了在内部肯定为许多正直的臣民所不齿,在外部尽管恭顺异常,仍受到契丹主子的颐指气使。内外交困使石敬瑭如坐针毡,如睡丛棘,过足了儿皇帝瘾,也受够了父皇帝气的他,7年后便魂归西天。

翻遍中国历史,石敬瑭品格之差,行事之黑,脸皮之厚,名声之臭,实属空前绝后。

对此,就连随后上台的石敬瑭的侄子石重贵都感到脸上无光,于是他要求群臣提出一个既不得罪契丹,又能挽回后晋名声的妙计。时间不长,一个名叫景延广的大臣提出了一个滑稽的建议:向契丹称孙而不称臣。也就是说,尽管孙子比儿子还低一辈,但我已经不是儿臣,后晋不再是辽国的臣属。

这是个历史上罕见的超级幽默,我们不得不从内心深处"佩服"后晋君臣的发散性思维。

果然,这一瞒天过海、掩耳盗铃的自称被契丹做了出兵灭晋的理由。后晋出帝石重贵开运四年(947),契丹军团大举南下,后晋都城开封陷落,后晋帝国只11年就亡于缔造它的恩主。可怜那位试图挽回面子的石重贵,被契丹贬为负义侯,在遥远的建州当起了自食其力的农夫。

人类是一个在20万年前的智人阶段才独立的哺乳动物,如果要求所有人都具有随着年龄增长的美德,这既不合理,也不公平。

八、再造两个汉朝

沙陀突厥人的故事并未结束,在开封被围的日子里,手中掌握着5万重兵的河东节度使刘知远在袖手旁观。

契丹军团占领开封后,以打草谷牧马为名四处抢劫,引起了中原民众的一致抗拒,归附契丹的后晋藩镇也阳奉阴违,耶律德光只有无奈地北撤,中原形成了一个短暂的权力真空。

袖手旁观一阵子后,刘知远开始卷起袖子放火。后晋开运四年(947)2月,他自称"晋帝"。5月,他从晋州南下,过陕州东进,洛阳、开封纷纷迎降。6

月,他在开封改国号为汉①,史称"后汉"。

后汉高祖刘知远乾祐元年(948)的春天还没有到来,刘知远就突然离开人世,把刚刚起步的"汽车"方向盘交给了18岁的儿子刘承祐。由于皇帝年龄太小,国政完全取决于几位顾命大臣。刘承祐不甘大权旁落,但又缺乏制衡各种势力的能力。第三个年头,他决定付诸武力。

先是包括宰相在内的3位顾命大臣在早朝时被刺杀,然后刘承祐发出密诏刺杀在外领兵的同平章事郭威。

消息泄露,郭威调集大军浩浩荡荡地向开封进发。年轻皇帝亲自督阵仍挡不住勇猛的郭威。不久,他被部下刺杀在开封北郊。

进入开封后,郭威宣布迎立远在徐州的刘赟②为帝。恰在此时,契丹入侵边关,郭威统兵北征。北征军团刚到澶州,士兵就纷纷停下脚步,声称郭威不当皇帝,他们就不再进发。其情其景与后来的赵匡胤黄袍加身何其相似,结果,郭威"身不由己"地披上了黄旗。经过短暂休整,大军回师开封。公元951年1月,郭威即皇帝位,国号"周",是为后周。

听到后周建立的消息,本来期望成为太上皇的后汉河东节度使刘崇恼羞成怒。立刻,他宣布在晋阳即帝位,国号仍为"汉",因为他们只是占有河东的11州,所以史称"北汉"。

势单力薄的刘崇决定效仿石敬瑭,借助契丹的力量对抗后周。不久,辽国封他为"大汉神武皇帝",又一个儿皇帝在中国历史上诞生。

之后,就是一代又一代与后周的死磕,从刘崇到儿子刘承钧,再到外孙兼养子刘继恩、刘继元,直打到后周被北宋代替。

宋太宗太平兴国四年(979)初,宋军包围晋阳,在获得"可以永保富贵"的承诺后,刘继元出城投降,先后被宋朝封为彭城郡公、右卫上将军、加开府仪同三司、保康军节度使。显然,他比投降契丹的石重贵幸运多了。

九、保加利亚的来历

在东方硝烟弥漫的日子里,西方也响起了急促的马蹄声。看来我们需要将地球仪转上半圈,看看遥远的欧洲发生了什么。

在白种人占主导地位的欧洲腹地,突然来了一支强悍的东方骑兵。立时,整个欧洲陷入了恐慌。因为他们无论是相貌,还是战法,都与当年横冲直撞的

---

① 继承刘姓汉朝衣钵。
② 刘知远的弟弟刘崇的儿子。

匈奴人没有什么区别。人们纷纷惊呼："阿提拉带来的噩梦刚刚过去，又一支匈奴人来到了！"

他们根本不是什么匈奴人，而是中亚突厥人的一支，于公元626年流浪到欧洲，冲破了已经变得不太野性的阿瓦尔人①设置的障碍，在库班河与亚速海之间建立了"大保加利亚"，他们也因此被改称为"古保加尔人"。

他们的到来对于欧洲的主人拜占庭来说无异于在腹部钉了一颗钉子，于是拜占庭发起了对新生的保加利亚的征讨。两者的战争是不公平的，因为一方太过强大，而一方人数太少，但作战方式也许能使战争的天平发生倾斜。拜占庭是正规军，采取的是欧洲教科书里的正规战法——以方形列队行进；保加利亚是游击队，采取的是东方游牧民族的典型战法——来去无踪，飘忽不定。拜占庭人根本找不到对方的主力，可是当他们试图喘息的时候，对手却呼啸而至。时间一长，正规军被拖得疲惫不堪、顾此失彼，找不到节奏的拜占庭人退回了老家，胜利者乘胜进入今保加利亚东北部。

邻居换成了斯拉夫人②。同样面临拜占庭威胁的共同命运使他们走向了联合，并经过谈判于公元680年组成了一个共同的国家，都城设在普里斯卡（今保加利亚克拉洛夫格勒附近）。

因为国家首脑是保加利亚酋长阿斯巴鲁赫，上层官员也多是古保加尔人，所以国名最终确定为"保加利亚"。

但是斯拉夫人人数上的优势随着时间的推移渐渐显露出来，况且他们在经济和文化上显然比那个游牧民族优越得多，因而这个在建国时趾高气扬的古保加尔族被慢慢同化。

如今的保加利亚既保留了保加尔人的名称，又保持了斯拉夫人的风格。对此，又有谁会感到遗憾呢？

十、奥斯曼苏丹

西突厥被唐高宗征服后，群龙无首的各个部落开始闯荡天下。他们知道冒险是有代价的，但不冒险就等于慢性自杀。他们拿生命赌明天，竟然赢得了连想都不敢想的一切。

大约在公元11至13世纪，西突厥的一支人马由酋长埃尔托格卢尔率领

---

① 先前来到欧洲的柔然人。
② 斯拉夫人后分成3支：西斯拉夫人是现代的波兰人、捷克人、斯洛伐克人和德国的塞尔维亚——卢日支人；东斯拉夫人是现代的俄罗斯、白俄罗斯、乌克兰人；南斯拉夫人就是今塞尔维亚、保加利亚、斯洛文尼亚、克罗地亚、黑山、波斯尼亚——黑塞哥维那和马其顿人。

进入辽阔而富庶的小亚细亚,依附于塞尔柱人建立的鲁姆苏丹国,封地就在塞尔柱帝国的西北边缘即分割欧亚两大洲的战略要地达达尼尔海峡周围,也就是与拜占庭帝国对抗的前线。

日后,奥斯曼帝国的编年史给奥斯曼人编造了一份血统高贵的宗谱,说他们的历史可以从中亚的乌古斯突厥人,追溯到人类的狭口诺亚。据此推理,不用说,再向上就是人类的始祖亚当和夏娃。从以后的历史可以发现,他们日后的崛起绝非出自高贵的血统,而是出自于宗教、军事和政治的根本原因,还有一个有趣的原因就是婚姻。

埃尔托格卢尔去世后,儿子奥斯曼继承的领地并不比原先大多少。奥斯曼的发迹很大程度上得益于自己的婚姻,他的妻子是伊斯兰教苏菲派长老谢赫·艾德巴里的女儿。据记载,德高望重的长老在奥斯曼即位时,庄严地向女婿赠送了一把"胜利之剑",还特别授予他伊斯兰教"圣战者"的光荣桂冠,使他具有了苏菲派的伦理道德观念,在他的头上罩上了一层神秘的光环。从此,奥斯曼高举着"胜利之剑"东征西掠,一举奠定了帝国600年的伟大基业。此后,通过隆重的仪式颁发"胜利之剑",成为历代奥斯曼苏丹即位时的传统仪式。

在交口称赞声中,奥斯曼于公元1300年自封为苏丹,塞尔柱人在小亚细亚的地位被取代,许多突厥部落慕名投到奥斯曼麾下。这些突厥部落追随者一律取用他的名字,通称"奥斯曼人"。从此,奥斯曼率领"信仰武士"们开始了对拜占庭潮汐般的征讨。

小战役不过是些铺垫,真正的血战发生在公元1317年的布鲁萨城。这是拜占庭在小亚细亚北部的军事重镇,城垣坚固,易守难攻,双方僵持达9年之久。当布鲁萨城弹尽粮绝开城投降时,奥斯曼已经生命垂危。为了永久占领此地,他的遗体被安葬在该城的一座教堂中,这座教堂很快被改建为清真寺。据说他临终时还以微弱的声音告诫儿子奥尔汉:"要时刻牢记,不要残忍,因为对一个国王最有害的莫过于残暴;要主持正义,因为正义是治国根本;要珍爱学者,身边要有懂法律的学者,因为真主的法律是我们唯一的武器;要公正无私,要仁爱,要时刻保护好你的臣民,这样你就能得到真主的保佑……"

有人说,哲学总是在死亡的那一刻诞生,因为这是一个人最终的,也是全部的生命感悟。

奥斯曼去世后,这个高歌猛进的突厥公国就以他的名字来命名,称为"奥斯曼帝国",布鲁萨城被确定为帝国的首都。建立这个国家的突厥人被称为"奥斯曼土耳其人"。

随后,他们把目光对准了西部的基督教世界。

十一、走进基督教展厅

越是神秘的东西,就越是吸引人类的眼球。既然接触到了"基督教"这个字眼,那么就请读者和我一起走进基督教历史展厅,尽管稍微有些偏离主题。

公元1世纪,饱受外族蹂躏的犹太人又沦为了罗马的奴隶,他们比任何时候都渴望救世主的拯救,于是基督教应运而生。

天堂的灵光映照着2000多年前犹太小城伯利恒的一间马棚,木匠约瑟的妻子马利亚在这里生下了耶稣。这一天是12月25日,因此被确定为圣诞节;这一年,被基督教作为公元元年。耶稣长大后为拯救人类四处游说,触怒了统治集团,被罗马总督本提乌斯·彼拉多以"想当犹太人王"的罪名钉死在了十字架上。据传教士讲,耶稣死后3天又复活升天了,而且更好地担当起了拯救人类的重任。救世主的降临,使绝望中的人们有了精神依托,于是这种宗教从巴勒斯坦地区向地中海沿岸迅速传播开来。救世主在希腊语中称"基督",这种信仰耶稣为救世主的宗教后来被称为"基督教"。

基督教——这个把伟大寓于谦卑之中的宗教,给人们一个上帝父亲,一个基督兄长,一种带来人心内在平等的道德。

在那个君臣观念根深蒂固的封建时代,耶稣基督的教导无异于晴天霹雳:一个人贫穷或者富裕,卑贱或者高贵,是主人还是奴隶,是思想家还是小孩子,这并不重要,所有的人都是上帝的孩子。上帝如同慈爱的父亲,他的爱是无限的;没有哪个人在他面前是无罪的,但是上帝怜悯有罪的人;问题不在于公正,而在于仁慈。

耶稣的圣言让基督徒们震惊了,他们开始一遍一遍重复《马太福音》中耶稣的话:天国就要到来了,凡是虚心的人都是幸福的,天国将属于他们;凡是和睦的人都是幸福的,他们将是上帝的儿子;凡是被辱骂、被欺凌的人都是幸福的,他们死后会上天堂并得到赏赐;凡是仇恨别人的人,一定要受到上帝的审判……要爱自己的仇敌,恨你们的,你们要待他好;诅咒你们的,你们要为他祝福;有人打你的右脸,你就把左脸再送给他打;有人抢你的外衣,你就再把内衣送给他;有人强迫你走1里路,你就同他走2里路;有求于你的,你就给予他;有人拿走你的东西,你就别要求他归还……凡事包容,凡事相信,凡事盼望,凡事忍耐……

于是,在痛苦中挣扎的穷人和享受不到民主的平民感觉到了某种空前的恩惠,这种恩惠比公理更重要,它是令人愉快的消息,这条消息在希腊语中被称为"福音"。

基督徒们再也不愿意敬奉罗马皇帝像,皇帝的权威受到了从未有过的挑战,因此罗马皇帝对基督教进行了残酷镇压。

时间在慢慢地流逝,基督教一直存在,但对基督教怀有恶感的皇帝一代一代地死去了。渐渐地,包括罗马皇帝在内的各国皇帝都为基督教的顽强生命力所折服,并觉得基督教劝人忍受苦难有利于自己的统治,便纷纷确定基督教为国教,兴建了大量的修道院,赠给了教会大量的地产。最著名的捐赠发生在公元756年,当时法兰克国王丕平为酬谢罗马教皇助他登上王位,将新夺取的意大利中部大片土地捐赠给教皇,史称"丕平赠土"。从此,教皇有了土地、臣民、军队、赋税,有滋有味地做起了既有精神,又有物质的"皇帝",历史上也多了一个新名词"教皇国"。欧洲的政治纠纷、军事争夺、王室更替甚至科学研究、思想理论,教皇都要干预,直到为新国王行加冕礼。

从此,教会大得可怕、富得气喘、肥得流油。基督徒们不再在阴暗潮湿的地下室里私自聚会,而是在华丽的教堂里公开传教。

基督教从追逐物欲的第一天起就逐渐丧失了感召力,到后来就不得不借助刀剑和火刑了。英国的神学博士培根因为首次提出光是由七色组成,大地是个圆球,被教会判处终身监禁。意大利的牧师布鲁诺因为坚信并宣传哥白尼的"日心说",被教会活活烧死。那个以比萨斜塔试验而闻名于世的伽利略,用自己发明的天文望远镜在那本是一片深沉静美的夜空中发现了转动的新星和远方月亮上连绵的山脉,道出了运动和静止的相对性的原理,从根本上动摇了教会"地球静止不动,是宇宙中心"的理论,将上帝纸糊的世界捅了个大大的窟窿,因此被教会押解到罗马,连续3个月昼夜不停地施以酷刑,逼着他在"今后不再宣扬地动邪说"的宣言上签字,并将他终身监禁在一个幽深的教堂里。直到天体运行理论深入人心的公元1980年,教会才脸红心跳地为伽利略平反。

教会的武器除了刑法,还有军队。"十字架"这一苦难中的拯救标志被绣在战旗上,由狂热的人们扛着行进在军团的前列。十字军作为中世纪教会讨伐异己的"神圣"武装,不仅把矛头指向阿拉伯的穆斯林,还负责屠杀欧洲各地敢于用异端起义寻求恢复基督教原始教义的人们。一次次的十字军东征,都以在异教徒的土地上双方留下成片的尸体而告终。公元13世纪,他们占有了欧洲大陆耕地中的绝大部分,代替罗马帝国成为西方世界的收税官,教皇、主教成了最富有的人。

到了公元16世纪初,教会竟然贪婪到不择手段的地步。教皇为了敛聚更多的钱财,竟然想出了一种叫做"赎罪券"的名堂,宣扬人们只要购买了赎罪券,就可以得到教皇的赐福,免于上帝的惩罚。还说只要买者的钱落入钱柜,

"叮当"一响,死人的灵魂即刻飞升天堂。

一个极端荒谬的时代必定会带来一种前所未有的、伴随着矫枉过正的革新,这一浅显的道理恰恰又是历史演进的不二法则。理论家和改革家相继走到了历史的风口浪尖。

德意志维滕贝格大学神学讲师马丁·路德第一个站了出来,于公元1517年10月31日将《关于赎罪券的功效》(即《95条论纲》)张贴在教堂大门上。他公开质问,如果出售赎罪券是为了修建教堂,是为了拯救人们的灵魂,而不是为了金钱,那么教皇是天下最富有的人,为什么不用他的钱来建造,而非要花贫穷、可怜的信徒们的钱呢?他郑重指出,只要信仰耶稣基督,灵魂就可以得到拯救,不必通过教士主持的宗教仪式和教会的帮助,洗礼和圣体圣事是唯一值得保留的仪式,炼狱是不存在的,教士可以结婚,宗教权威应从属于世俗权威。

宣言书一出,公众对教廷推销赎罪券的抗议逐渐演变成西方基督教会历史上最严重的危机。出于避免大规模财富外流的意图,马丁·路德的行动获得了日耳曼诸侯和统治者的支持,使得宗教改革运动渐渐引发了一场德意志人反对教皇的更为微妙的政治革命,并进一步使宗教革命运动迅速蔓延到欧洲低地国家及法兰西、瑞士等国,形成了受本地封建主支持、不受教皇管辖的新教派——新教。

至此,基督教[1]分成了公教[2]、正教[3]、新教三派,这种一分为三的格局一直延续到今天。

奥斯曼帝国成立时的基督教世界,已经经历了一次分裂,基督教势力已是午后斜阳。

十二、踏平拜占庭

土耳其人征服的第一步,是残留在小亚细亚的属于基督教世界的拜占庭领土。由于基督教农民对拜占庭当局的不满,西方天主教和东正教之间忙于

---

[1] 基督,意为救世主,基督教是奉耶稣为救世主的各个教派的统称。
[2] 西派教会的自称,即天主教。公元1870年,意大利将教皇赶到了罗马西北角的梵蒂冈。1929年,墨索里尼与教廷通过签订条约确立了梵蒂冈的独立地位。
[3] 东派教会的自称,即东正教。公元11世纪,基督教会分别以讲拉丁语的罗马和讲希腊语的君士坦丁堡为中心,正式分裂为天主教和东正教。两者教义基本一致,所不同的是,天主教以罗马教皇为最高领袖,各国主教皆需听命于教皇;君士坦丁堡主教名义上是东正教首领,但各国主教相对独立地听命于本国国王。东正教除主教外,一般神职人员可以结婚。

内讧,以及从中东各地蜂拥而至的伊斯兰教武士的支援,这一征服于公元1340年宣告完成。接着,他们渡过达达尼尔海峡向欧洲进军,把星月旗插上了阿德里安堡、索菲亚,进而逼近君士坦丁堡。

圣地告急!直到这时,西方世界才不得不匆匆联合起来。公元1396年,十字军与土耳其人在多瑙河畔的尼科堡遭遇,十字军一败涂地。

胜利在望的奥斯曼帝国却突遭劫难。公元1402年,轻敌的土耳其苏丹巴叶济德二世被突厥人帖木儿打败并被俘身死,军队被迫从欧洲退却。但帖木儿只是昙花一现,他3年后的去世使得土耳其人重获自由,并重新开始了一度中断的扩张。

年仅21岁的穆罕默德二世发誓要夺取君士坦丁堡这颗"东罗马皇冠上最后的瑰宝"。公元1453年4月,土耳其人已做好了总攻的准备。这时的君士坦丁堡人口已减至7万人以下,而奥斯曼帝国仅参战的军队就达8万人。尽管强弱对比十分明显,但守城将士在皇帝君士坦丁十一世的领导下浴血奋战,借助于临海峭壁形成的天然屏障和金角湾狭窄入口处的粗大铁链,硬是坚持了近60天。年轻的奥斯曼苏丹突发奇想,破天荒地做出了让土耳其舰队翻山越岭①、从陆地进入金角湾的决定。次日黎明,80余艘战舰从天而降,海上舰队与陆上攻城部队形成钳形攻势。5月29日,空前惨烈的攻守战结束了,东罗马皇帝倒在圣索菲亚大教堂的台阶上,拜占庭长达千年的帝国历史宣告结束,距离突厥人的祖先第一次向这座伟大的首都派出使团已近900年。

拜占庭陷落后,君士坦丁堡更名为"伊斯坦布尔"②,成为奥斯曼帝国的新首都。奥斯曼的疆域随着军队的征服而扩展,先是叙利亚、埃及,后是匈牙利,公元1680年左右又侵入波兰的乌克兰③,最盛时地跨三大洲,人口5000万。

拜占庭是中世纪文明的一颗明珠,它的衰亡昭示我们,如果一味躺在光辉灿烂的遗产上,无力冲破腐朽的桎梏,就会成为一个陈旧的、萎落的历史文物,灭亡的命运也就难以避免。

尚且让人感到一丝安慰的是,伟大的拜占庭文明并没有完全消失,它以婚姻和宗教的方式继续传承着。拜占庭衰亡的几年前,末代东罗马皇帝的弟弟托马斯的女儿佐伊同俄罗斯的伊凡三世缔结良缘,因此信仰东正教的莫斯科大公成为君士坦丁堡传统上的继承人,古老拜占庭的双鹰图案变成了近代沙俄的盾形徽章,沙皇的宫殿也按照东罗马的东方式样重新装修。这份垂死的拜占庭帝国的奇怪遗产以强大的生命力在俄罗斯广袤的平原上存在了6个世

---

① 先将战舰拖上岸,然后顺着用涂满牛羊油的木板铺成的道路,继续被拖着前进。
② 意为伊斯兰教的城市。
③ 当时乌克兰属波兰。

纪,直到最后一位名叫尼古拉的沙皇被谋杀于上个世纪初期。他的尸体被投入水井,子女被斩草除根,东正教会的地位也降低到君士坦丁大帝之前的罗马状态。

由于对东西交流极端敌视的奥斯曼帝国的存在,元朝时期再次喧闹起来的丝绸之路重归沉寂,这条通往东方的贸易大道从此不再为基督教世界提供新鲜的养料。无奈之下,欧洲向西寻找新的通道。

一个被称为"发现的时代"开始了。可以说是君士坦丁堡的陷落催生了大航海时代的到来,间接地把不为人知的美洲、大洋洲甚至南北极展现在我们面前。

十三、"欧洲病夫"

正如灿烂的礼花总是在辉煌的顶点开始谢幕,伟大的奥斯曼帝国也是在登上巅峰的那一刻走向了寂寞。

造成奥斯曼帝国下滑的第一位苏丹是一名不争气的"酒鬼"。

他叫塞利姆二世,懒惰、愚钝、放荡并酗酒成性。公元1571年,"酒鬼"的海军像喝醉了酒一样到处乱闯,被西班牙和威尼斯的联合舰队打败,失去了对地中海的控制权。从此,这个傻子和疯子辈出的帝国开始走下坡路。

奥斯曼帝国之所以出现这种不正常现象,原因在于怪诞的宫廷制度。奥斯曼帝国后宫在阿拉伯语中叫哈然(禁地),只能供苏丹及其直系亲属、妻妾和黑人太监(在这一点上比中国聪明,因为黑人太监对宫女的诱惑力有限)居住。整个后宫由2座清真寺、300个房间、9个浴室、1座监狱组成,是令外面的人向往和里面的人心凉的"围城"。

与中国的后宫一样,里面的佳丽要千方百计引起苏丹的注意,替苏丹生下儿子,再使儿子成为太子,才能母凭子贵,成为人人羡慕的皇后或太后。这样,尔虞我诈、施展阴谋便成为后宫生活的主旋律。

比中国宫廷更为血腥的是,一旦有苏丹太子登基,他的兄弟必须被处死,理由是社稷不安要比丧失几十条人命更为糟糕。残酷的一幕在公元1595年上演,新上台的穆罕默德三世杀死了朝夕相处的19个兄弟。但8年后,他因病去世,只剩下少不更事的两个儿子。如果按照惯例杀一个,另一个如果再出现不幸怎么办?于是游戏规则被迫更改,用软禁在后宫的办法取代了弑兄戮弟,直到上一个苏丹死去,被软禁者方能重见天日,登上王位。

这些后来成为继承人的王子们被幽禁在无边的黑暗中醉生梦死,他们虽然被准许娶妻纳妾,但不是被动地做了绝育手术,就是生下的孩子被当场弄死,后果是这些王储登基后或膝下无子、后继无人,或因长期幽禁性格怪异。

穆拉德四世当政时期,他的弟弟易卜拉欣被幽禁长达20多年,长年的与世隔绝使他变得分外癫狂。易卜拉欣上台后一口气赐封了279位王妃,后宫从天花板到地板挂满或铺满了珍贵毛皮,而他尤为喜爱肥胖型女子——他最宠幸的爱妃塞其娅·帕拉①体重达到92公斤。令人发指的是,当"蜜糖块"投诉一名王妃与人偷情后,根本没有经过任何调查,他就下令将278名涉嫌偷情的王妃全都绑上石块,装入麻袋,如同中国的西施一样被沉入湍急的河中。

掀开新的盖头,却看到旧的面孔。好不容易盼到色鬼易卜拉欣死了,却迎来了烟鬼穆罕默德四世。他鼓励烟草种植,从波斯引进了水烟袋,和全国官员一起享受起喷云吐雾的快乐。当时的一位评论家说,烟草、咖啡、美酒和鸦片成为"享乐的宫殿里不可或缺的四张软垫"。

有如此荒唐的苏丹掌舵,奥斯曼大船焉有不沉之理?而且广大农民和被征服民族的反抗,军事采邑制度造成的诸省各自为政,侵略政策引起的无休止的战争,已经使得帝国骨瘦如柴。同时文化上的因循守旧和顽固不化又使得骨瘦如柴的帝国气短与贫血。在奥斯曼,伊斯兰教被定为国教,其他宗教被宣布为非法。穆斯林学院为了强调神学、法学和修辞学而不惜舍弃天文学、数学和医学,仿佛宗教成了文明的全部。这些学院的毕业生对西方正在做什么一无所知,而且也不屑知道。虽然有时也会出现一位富有远见的人警告不要将奥斯曼与邻近的西方世界隔绝开来——土耳其著名的史学家、科学家卡蒂布·切莱比临终前警告同胞们,如果不放弃自己的教条主义,那么很快就会"在观察这一世界时瞪起犹如牛眼一般的大眼睛"。

奥斯曼帝国根本无视这一警告,而此时远在东方的大清帝国又何尝不是这样(当奥斯曼和大清帝国睁大眼睛的时候,船坚炮利的西方已把它们变成了殖民地),于是教条主义加盲目自满加穷兵黩武使奥斯曼陷入了劫难的深渊。公元19至20世纪初叶,希腊、塞尔维亚、罗马尼亚、保加利亚先后从奥斯曼独立。公元1913年,帝国已退缩到伊斯坦布尔近郊。

当时的奥斯曼土耳其帝国被称为"欧洲病夫",连军队都要依靠欧洲列强提供军火和指挥。这个已经羸弱不堪的巨人之所以能够活到公元20世纪20年代,不过是因为欧洲列强忙于相互争斗而已。正如丘吉尔所言:"欧洲一直等待奥斯曼帝国的死亡,可是年复一年,这个病人却不甘死亡,衰弱的双手依然抓住巨大家业的钥匙不放。"

---

① 蜜糖块之意。

十四、土耳其"救星"

这个给周边国家带来了无穷麻烦的奥斯曼帝国在自身难保的情况下仍卷入了第一次世界大战,并且很不明智地站在了德奥一方。

战争的结果众所周知,奥斯曼作为一战的战败国,不仅丧失了原有的属国,而且本身也面临着被协约国瓜分的现实。在民族危亡的历史关头,将军出身的凯末尔挺身而出,于公元1920年建立了由爱国者组成的国民政府,将各地的游击队改编成一支强大的正规军。经过两年多的苦战,击退了希腊侵略军,迫使协约国于公元1923年7月与土耳其重订了《洛桑条约》,恢复了土耳其的民族独立和国家主权。

睁开了牛眼一般大的眼睛,为教条主义付出了血的代价的土耳其人从此义无反顾地汇入了学习先进文化、走向民主科学的洪流。公元1922年之后,凯末尔废除了苏丹封建制度,将护权协会改组为共和人民党。

"羔羊苏丹"穆罕默德六世与其幼子登上英国军舰逃走,奥斯曼帝国从此灭亡。

公元1923年10月29日,土耳其共和国成立,凯末尔无可争议地当选为首任总统。共和国建立后,把首都改在了土耳其中心地带的安卡拉,驱逐了所有的奥斯曼王室成员和最后一位哈里发,废除了以《可兰经》为基础的法律体系,以罗马字母代替了阿拉伯字母,取消了一夫多妻制,鼓励妇女不戴面纱并赋予她们选举权和进入议会的权利,甚至抛弃了世世代代惯用的土耳其服装而改穿西服,使土耳其变成了政府与教会分离的世俗国家,在伊斯兰世界中率先步入了"欧化"的现代社会。旧势力的喧嚣、反扑甚至暗杀威胁,丝毫未能动摇凯末尔的改革决心,仅仅10多年,"西亚病夫"土耳其就走上了真正的民族复兴之路。正是因为实施了上述重大的改革举措,凯末尔得以名垂青史。公元1934年,土耳其议会授予他"土耳其之父"称号。

当时间走入近代,曾经的巨人伊斯坦布尔已成废都。尽管她已经显得衰老了,并在纽约、东京、上海等新兴强者面前露出了气喘吁吁的窘态,但她脸上的每一道皱纹都藏着一个动人心魄的故事,每一个故事都足以让人听上很久很久。难怪到土耳其旅行的外国人的第一站不是首都安卡拉,而是这座老城,也难怪这座古老都城余晖的苍凉在旅行者不厌其烦的底片上不断闪现。

需要知道的还有土耳其人主要由突厥人与当地的希腊人、波斯人、亚美尼亚人长期融合而成。"土耳其"一词就是由"突厥"演变而来。

十五、偶像破坏者

读完了土耳其人的历史,我们还要把史册向前翻几十页,看一看逃到阿富汗的另一个部落在干什么。

在西突厥被唐朝灭亡后,一个突厥部落进入塔吉克人在中亚建立的萨曼王朝,像塞尔柱人一样充当了雇佣兵。逐渐地,突厥人掌握了军权,获得了领地,形成了一个特殊的封建主阶层。公元 10 世纪后期,萨曼呼罗珊总督、突厥人阿尔普特勤在今阿富汗建立了伽色尼王朝,继而灭掉了衰落的萨曼王朝,并从公元 1001 年开始先后 17 次侵入印度。他们首先攻陷曲女城并将其毁掉,然后攻入西海岸富庶的苏姆那特城,把金碧辉煌的湿婆庙抢劫一空,只剩下了令人心寒的颓垣碎瓦、荒草冷月。传说王朝统治者马穆德劫去的财宝,用 3 万头骆驼方才运回伽色尼,以此把伽色尼改建成了令人惊叹的城市。

马穆德将旁遮普并入伽色尼版图后极力推行伊斯兰教,对婆罗门教和佛教融合而成的印度教一味排斥,捣毁了印度教神庙和他们的偶像,得到了"偶像破坏者"的称号,使之一直成为穆斯林地区。他引起了两个社会的冲突,一个社会认为所有的人都是穆斯林兄弟;另一个社会以种姓制度为基础,以不平等为先决条件。这种伊斯兰教和印度教之间的斗争一直持续到"二战"以后,并直接导致了印巴分治。

这是一个囊括了阿富汗、伊朗东部、花刺子模、中亚南部和印度北部的以土地国有为基础的典型封建国家,实行的是极端残酷的集权专制,封建主巧取豪夺,人民如同奴隶一般。马穆德去世后,封建主不断内讧,人工灌溉系统遭到破坏,大片良田变为荒野。

公元 1186 年,伽色尼王朝寿终正寝,廓尔突厥王朝走马上任。

十六、德里风雨 300 年

廓尔王朝兴起于阿富汗境内的赫拉特。

在夺取伽色尼王朝的属地后,高举伊斯兰圣战大旗的廓尔突厥人继续向朱木拿河和恒河一带扩张,唐朝玄奘和尚取经的终点——佛教圣地那烂陀寺被夷为平地,伊斯兰教势力如海啸般扫荡了印度海岸。

公元 1206 年,奴隶出身的突厥人——廓尔王朝总督艾巴克推翻了内讧不断的王族,以德里为中心建立了属于自己的突厥苏丹王国。德里苏丹在政治上采取了奴隶制度,在信仰上采取了疯狂的宗教征服政策,大量的佛教寺院被毁,寺众被逐,以致佛教在其发源地再未恢复。

印度几乎一直是南亚的经济文化中心,在中国人眼里曾经是遥远而神秘的天竺,是《西游记》里说的长着"黄金为根,白银为身,琉璃为枝,水晶为梢,琥珀为叶,美玉为华,玛瑙为果"的宝树,"无有众苦,但受诸乐"的西天乐土,诞生了伟大的孔雀帝国和笈多帝国,产生过影响深远的婆罗门教、佛教和印度教。但在这些帝国貌似坚固的外衣下,潜伏着必将导致衰微和崩溃的祸根。突厥人能毫不费力地在印度这样一个庞大的国度里站稳脚跟,恐怕首先得益于印度不合时宜的观念。印度教强调抛弃财产,商人没有声誉可言,理想的人不是整天忙碌于发财致富、营造宅第的商人,而是端坐在蒲席上、吃大蕉叶做的食物,保持对物质财富无动于衷的神秘主义者。其次是闭关锁国的政策。雅利安人在印度定居后,建立了一个有利于哲学产生的国度,崇山峻岭环绕四周,崎岖的山路危险难行,构成了即使今天也令人却步的天然屏障;大河蜿蜒通向遥远的大海,广袤无垠的森林像巨大的圣殿,人们可以安心地在其中就宇宙之谜冥思苦想;那里的土地可以生产人们所需要的一切物品,不需要走出森林参与什么经济竞争和政治交往。更致命的是印度的种姓制度将人分为主管精神的婆罗门①、主管政治军事的刹帝利、负责工商业的吠舍和底层劳动者首陀罗四种,这一制度将上层和下层分隔开来,能参战的仅限于刹帝利,人民大众只有袖手旁观,而且残酷的压迫使之想换一换统治者,改而信奉人人平等的伊斯兰教。失掉了民众的政权焉有不败之理?!

德里苏丹国统治期间曾依靠强大的雇佣军 3 次击退了蒙古人的入侵,将版图扩展到南印度的卡未里河流域,其间被旁遮普的突厥总督图格鲁克篡夺过政权,后来因帖木儿的入侵走向分裂。

公元 1526 年,突厥人巴布尔占领德里,300 岁的德里苏丹国黯然谢幕。

十七、瘸子帖木儿

蒙古统治中亚后,为了补充兵源,突厥人被源源不断地征召入伍。随着蒙古帝国的分裂,突厥人相继占据了显要位置,其中西察合台境内一支骑着战马、身披铠甲的勇士敢死队,一路南下,从新德里到大马士革,留下了座座废墟、条条血河。敢死队首领自称成吉思汗后裔。

---

① 尽管没做坏事,却受到了挨打、挨骂、被捆绑的侮辱,但仍能自持,达到这种境界的人被称为"婆罗门"。

他叫帖木儿①,公元 1336 年 4 月 8 日生于撒麻尔干以南的渴石城(今绿城)。帖木儿朝的史学家企图把他的家谱追溯到成吉思汗的一位伙伴甚至亲戚。事实上他是纯正的突厥人,出身于河中突厥巴鲁剌思部的一个贵族之家,当时巴鲁剌思部还统治着渴石。

帖木儿从小就梦想成为一名伟大的勇士。青年时期一次箭伤造成他的右腿残疾,这使得敌人有理由送了他一个"瘸子帖木儿"的绰号。

元朝灭亡的第二年,即公元 1369 年,帖木儿杀死西察合台苏丹自立为大汗。随后,他用 10 年左右的时间,完全控制了河中地带和花剌子模。

以成吉思汗为偶像的帖木儿力图征服整个世界。他对外宣称:"因为宇宙中只有一个真主,因此人间只能有一个帝王。"30 余年间,他多次领兵远征,夺取了伊朗和阿富汗,占领了美索不达米亚,洗劫了钦察汗国首都萨莱,攻陷了德里苏丹国。最辉煌的一幕发生在公元 1402 年,他在小亚细亚的遭遇战中将骄傲的奥斯曼苏丹巴叶济德二世俘虏。

据说"着锦绣,食佳肴,乘骏马,拥美妇"是帖木儿的征战目标和生命享受。"他们怀着闯进篱笆,进行掠夺和带着战利品逃跑的古老冲动"冲向敌人,如鹞鹰扑向鸽子,雄狮扑向小鹿。他们经过的地方,一切都化成了齑粉。每攻下一城,除将工匠、文人、艺术家、占星术家和战利品拖回首都,去建设理想中的"世界明珠"撒马尔罕外,其余民众几乎全被砍头。印度的德里被攻陷后,10 万印度教俘虏在不到一个小时的时间里被全部绞死,他们的头颅被堆成一座巨大的金字塔。之后,他利用头颅组建工程几乎到了痴迷的程度,在攻克伊斯法罕之后,他又用 7 万块头盖骨堆砌起一座宏伟的金字塔。在位于今爱琴海畔的土麦耶市,帖木儿的军队以砍下来的人头为炮弹炮轰逃跑的基督徒舰队。花剌子模首都乌尔鞬赤陷落后,全城被夷为平地,播种燕麦。这个有可能成为历史上著名城市的地方突然之间变成了田野,只有那些残留的土丘向人们讲述着昔日辉煌的故事。

在这一点上,瘸子与他的崇拜者成吉思汗极其相似,只是他还未傻到将财富全部烧毁的程度。被掠夺来的工匠开始按照瘸子的命令,在被战火烧焦的古城废墟上,以惊人的速度建设崭新的撒马尔罕。

如凤凰从灰烬中飞出一般,撒马尔罕在不到 35 年的时间里,从一个人烟稀少的小城成长为拥有 15 万人口的大都市,装潢华丽的宫殿,富丽堂皇的清真寺,庄重典雅的陵墓拔地而起。与众不同的是,城市的周围建设了一圈各色风格的村庄,帖木儿嘲弄地以工匠们先前的家乡命名,如巴格达村、大马士革

---

① 意为钢铁。

村、色拉子村、德里村。

晚年,帖木儿产生了远征中国的宏愿。公元1404年,他扣留了明朝使臣傅安,主动挑起了战争。第二年,就率180万大军开始了征服中国"异教徒"的圣战。大军浩浩荡荡从撒马尔罕出发,在讹答剌从冰上跨过了锡尔河,一场世界瞩目的大战就要拉开序幕……

"目空者,鬼障之。"恰在此时,他因感染肺炎病死在军中。主帅一死,远征大军只得灰溜溜地撤回。有人说,如果帖木儿懂得知足,也不会在远征中突然暴死。话是这么说,可谁又真能在春风迷醉时,想得起及时挪走梯子,从而把春风留在人生的房顶呢?

信誓旦旦的帖木儿未能给继承者留下一个"伟大帝国",也未给历史留下足以称道的业绩,留下的只是一个关于一部分人对另一部分人盲目屠杀的故事,还有铁蹄踏过的一片荒凉、几撮燕麦和无数冤魂。

帖木儿一死,"强人之后定是弱者"的规律得到应验,接班人根本压不住阵,封建主们纷纷割据称霸,被压迫的民众也举起反抗的大旗,帝国在疾风中四分五裂、七零八落。公元1500年,一伙蒙古人攻占了帖木儿昔日的根据地布哈拉和撒马尔罕,建立了至今仍在的乌兹别克汗国,帖木儿帝国像一颗流星般快速划过夜空,陨落在无边的夜幕之中。

但帖木儿的后代没有忘记自己的祖宗,他们动用巨大的力量和各方能工巧匠为帖木儿大帝修建了一座伊斯兰风格的陵墓,陵墓坐落在今乌兹别克斯坦历史名城撒马尔罕。这个堪称中亚艺术珍品的帖木儿陵墓于公元1941年对外开放,供如织的游人凭吊500年前的大漠枭雄,沉思云卷云舒的历史和神秘莫测的命运。

令人深思的是,在帖木儿陵墓的圆顶上,至今仍赫然雕刻着一行字:"如果我今天依然在世,全人类都会颤抖!"导游们讲到这里时,露出的是满脸的自豪和敬仰。

十八、恒河艳阳

帖木儿死了,但他的子孙和部将仍苟延残喘,其中一位名叫巴布尔的帖木儿后裔从中亚流浪到阿富汗,占领了喀布尔和伽色尼城,力图以此为基地复辟帖木儿帝国。

兵力有限的巴布尔,战败了就立刻逃走,几个月后又卷土重来。这样反反复复折腾了20年,几乎一无所获。

此路实在走不通,就只有去国离乡,到另一个全新的、陌生的地盘上拿生命赌博。想不到走投无路的人会建立一个傲视群雄的帝国，而且这个帝国以他们的思想为价值标准，这个给他们带来意想不到收获的地方就是貌似强大实则软弱可欺的印度。

有着纯卵形的土耳其——波斯式清秀面孔的突厥王子巴布尔入侵印度时，从西方租借了一支装备着火枪的军队，又将火炮排在军队前面，用牛皮拧成的绳条将炮架连接起来，以粉碎敌方骑兵的冲锋。尽管只有25000人，但是凭借先进的火枪和大炮，巴布尔足以在公元1526年的帕尼帕特会战中对付1000头战象和4倍于自己的对手，他以少胜多，大败罗第王朝。从此以后，他不再以自称"喀布尔王"，而是建立了莫卧儿帝国并采用了印度斯坦皇帝的封号。他写道："这是一个与我们的故乡完全不一样的世界。"它更美丽、富饶。

然后，他把都城建在德里，因为这座城市是从中亚进入恒河流域的主要门户，谁控制了德里，谁就是印度的主人。

次年，他又粉碎了伊斯兰教和印度教10万诸侯联军的进攻，逐渐把政权扩大到北印度的大部分地区，使这个帝国有底气存在到19世纪中叶。有趣的是，当这伙马背上的蛮人以武力征服北印度的同一年，西方的神圣罗马也被一伙被称为欧洲蛮人的日耳曼人洗劫。东西方两个文明中心同时遭难，难道仅仅是一种巧合吗？

我们有必要说说巴布尔的孙子阿克巴，这位公认的莫卧儿王朝最杰出的皇帝，先后征服了西方的拉杰布拉纳、古吉拉特，东方的孟加拉和南方的德干草原，使除南印度之外的整个半岛匍匐在自己脚下。他兴趣广泛得令人吃惊，既研究冶金、设计枪炮，又学习绘画、爱好音乐，还是打马球的好手。他甚至亲自出马，在礼拜堂中与全国最有名的宗教学者一起讨论神学。这还不够，这位伊斯兰教徒竟然破天荒地娶信奉印度教的拉奇普特公主为王后，结束了对印度教的歧视和迫害，取消了印度教徒的香客税，一个伊斯兰教和印度教和谐并存的民族国家第一次出现在历史的视野里。他发布的最著名政令是："任何人不能干涉宗教信仰……如果人们希望建立礼拜堂、祈祷室、偶像庙、拜火寺，不得干扰。"他的伟大之处在于近500年过去了，仍有许多国家不具备这种明智与宽容。

土耳其人有句俗话：鱼烂头先臭。阿克巴去世后，他的儿子们很不争气，伊斯兰教和印度教之间的斗争因莫卧儿领导人的改变和领导人注意力的改变而重趋激烈，封建主内讧加剧，帝国的凝聚力不断下降。

好在阿克巴的孙子还有些故事，他不是别人，就是被誉为"杰出的建筑狂"和"世上最痴情男子"的沙杰汗。

十九、爱的丰碑——泰姬陵

如今几乎已经成为印度代名词的泰姬陵是莫卧儿王朝第五代君主沙杰汗为宠妃泰姬·玛哈尔修筑的陵墓。整个建筑通体用白色大理石砌成,寝宫门窗和围屏都用大理石镂雕成菱形镶花边的小格,墙壁用翡翠、水晶、玛瑙、红绿宝石点缀出色彩艳丽的花朵藤蔓,光线所至,光华夺目,璀璨如天上的星辉。绝代有佳人,遗世而独立。矗立于亚穆纳河畔的那个洁白晶莹、玲珑剔透的身影,秀眉微蹙,若有所思。每日朝霞升起时,一轮红日伴着亚穆纳河袅袅升腾的晨雾,泰姬陵自香梦沉酣中醒来,静谧安详。中午时分,泰姬陵头顶蓝天白云,脚踏碧水绿树,在南亚耀眼的阳光映衬下,更加出落得光彩夺目。黄昏是泰姬陵最妩媚的时刻,斜阳夕照中,白色的泰姬陵从灰黄、金黄逐渐变成粉红、暗红、淡青色,随着月亮的冉冉升起,最终回归成银白色。在月光的轻拂下,即将安睡的泰姬陵清雅出尘,宛如下凡的仙女。

泰戈尔说,泰姬陵是"永恒面颊上的一滴眼泪"。一个如此凄美的比喻必然血肉相连着一个凄美的故事。

沙杰汗登基之前曾度过多年的流浪生涯,在最困难的岁月里,有个名叫阿姬曼·芭奴的美丽的波斯女子,始终不渝地伴随和侍奉在他的身边。他登基后不忘旧情,赐给她一个美妙的封号泰姬·玛哈尔①。她入宫19年,与他相亲相爱,同甘共苦,生了14个孩子还不罢休,最后死于难产,死时仍风姿卓著,年仅38岁。再纵横驰骋的帝王也终有脆弱无力的时候,可以在挥手间令万众臣服,却留不住枕边水样的温柔。闻听爱妃先他而去,沙杰汗一夜白头。据说泰姬的遗愿有三条,一是丈夫要好好抚养孩子;二是丈夫终身不再娶妻;三是自己希望有一个美丽的陵墓。

沙杰汗一一做到了,而且远远超出了亡妻的预想。在世界建筑史上堪称奇葩的泰姬陵,由2万民工整整修建了22年,耗资4000多万卢比。它保存了印度艺术雄浑大气的一面,又汲取了伊斯兰艺术的精细柔丽,使各种宗教色彩浑然一体。这座位于印度首都新德里以南200公里、被誉为世界七大奇迹之一的宏伟陵墓,正如中国的万里长城一样,浓缩了一个伟大民族和文明古国数千年的灿烂文化,如今已经成为印度旅游的代名词。无怪乎一向刻薄的美国作家马克·吐温也服气地承认:"爱情的力量在这里震撼了所有的人。"

沙杰汗这个建筑狂的诸多杰作耗尽了阿克拔时期就开始积累的大量财

---

① 意为宫廷的皇冠。

富,致使莫卧儿王朝盛极而衰。后来沙杰汗被迫将坎大哈让给了伊朗,印度至中亚和阿拉伯的贸易道路从此封闭。晶莹剔透的泰姬陵刚刚完工,沙杰汗本想在朱木拿河对面再为自己造一座一模一样的黑色陵墓,中间用半边白色、半边黑色的大理石桥连接,穿越阴阳两界,与爱妃相对而眠。

可惜他的梦想被儿子戛然而止。沙杰汗夫妇生有 14 个孩子,长大成人的只有 4 个儿子、2 个女儿。握有军权的三子奥伦泽布杀害了 3 个兄弟,废黜并囚禁了醉心于建筑、无心于政务的父亲。

被囚禁在与泰姬陵隔河相对的阿格拉古堡中的沙杰汗至死也不认为自己是败家子。此后整整 8 年,苟延残喘的他每天只能透过古堡的小窗,凄然地遥望着远处美轮美奂的泰姬陵,直到死去。

如果白居易知道有个沙杰汗,《长恨歌》的主人还会是唐玄宗吗?

二十、鹊巢鸠占

雄心勃勃的奥伦泽布并没有止住王国的颓势,尽管他是一个有本领的军人,曾吞并了德干地区;也是一位有能力的政治家和勤勉的施政者,曾把中央集权的绳索拉得更紧,然而他的暴虐、伪善和专制使他大失人心,特别是他对穆斯林的宗教狂热,结束了从阿克巴以来作为国家基础的印度教和莫卧儿王族之间所存在的善意理解。他活得很久,亲眼看到了当地民族的暴动和帝国崩塌的征兆。那时的印度画家一般都把他画成一个白须飘飘的老人,弯着腰在伞盖下虔诚地数着念珠——同时无疑地,他的军队正奉命对一些起义民众开刀。

混乱的消息传扬开来,早就对印度虎视眈眈的人乘虚而入。遥远、奇异的印度是令欧洲人神往的地方,这里不仅有精美绝伦的细纹棉织品,有令人头晕目眩的宝石,还有享誉海外的各种香料。自达·伽马完成了那次绕过好望角的伟大航行后,欧洲列强就不断地为在印度和东方建立商业和政治据点而斗争。从公元 16 世纪初到 17 世纪初的一个世纪里,由海上进入印度西部和南部沿海的就有葡萄牙、荷兰、英国、法国、瑞典、丹麦等西方殖民国家。后来英国殖民者逐渐将其他国家挤走,独占了在印度的殖民地位。

这段故事是全部征服历史上最令人惊奇的一章,故事的主人公是一个叫做"东印度公司"的商业机构,最初不过是一个海外贸易团体[①],后来一步步地

[①] 另一个海外贸易团体"西印度公司"于 1621 年在巴西成立,那时的西方人把新发现的美洲大陆认为是传说中神秘的印度。

组织军队、武装船只，终于使这个以往只是为了赚钱的商业机构不再满足于经营香料、染料、茶叶和珠宝，开始插手王侯们的税收和土地，甚至干涉印度的命运。

一个人地生疏的外国贸易公司之所以能让庞大的莫卧儿汗国就范，除了自身的军事经济实力外，还有两个因素不容忽视。一是莫卧儿的力量和权力已经衰落，使得穆斯林军阀、婆罗门、锡克教和地方总督纷纷宣布独立。到了公元1750年，印度土地上已经新生出马拉特、拉其普纳、旁遮普、奥德、孟加拉等诸侯国，他们为了实现自己世袭诸侯的野心而与外国势力私通，因而英国人能挑拨一个印度王公反对另一个王公，直至挑拨者成为整个半岛的主人。二是强大的商人阶级兴起后，他们的经济利益与西方公司的经济利益休戚相关，正是一个叫塞斯的商人收买了孟加拉纳瓦布即总督的一个将军的忠心，使得这位将军在公元1757年普拉西战役中避免与英国人作战。

英国东印度公司在击败莫卧儿军队后被授予了在孟加拉一带收税的权利。之后，英国人以孟加拉为根据地向北推进。印度河流域的主人成了高鼻梁、蓝眼睛的英国人，莫卧儿皇帝成了名义上的君主。

对于东印度公司的所作所为，英国皇室竟然蒙在鼓里。后来，当这个贸易机构的官员和将军们互相攻击对方的敲诈和残暴时，英国议会居然通过了对东印度公司长官克莱武的谴责案，导致他于公元1774年含恨自杀。4年后，第二任长官沃伦·黑斯廷斯也被弹劾。直到这时，英国议会才发现它统治下的一个贸易公司却统治着一个比英国领土更大、人口更多的帝国。对大多数英国人而言，印度是一个遥远、神奇，几乎无法前往的地方，到那里去的只能是喜欢冒险的人和贫困的年轻人。因此，印度在他们心中是虚幻和浪漫的，至于东印度公司在那里做什么，英国本土管不了，也懒得管。

二十一、孤注一掷

公元1764年，莫卧儿王朝已经彻底沦为英国殖民者的附庸。在英国人的监管下，此后的历代皇帝被限制在首都德里，整日蜷缩于皇宫——红堡内，依靠英国政府的年金度日。

由于鸦片很早就流入印度皇宫，所以公元1837年继位的第十二任皇帝巴哈杜尔·沙二世从小就是一个瘾君子，抽鸦片已到了废寝忘食的地步。后来印度总督戴贺胥抛出所谓的"丧失权力论"，根据这一理论，皇帝死后如无直系后嗣，领地和年金就要收归东印度公司所有。

这几乎是一个诅咒，谁能相信妻妾成群的皇帝会没有男孩呢？但现实无情,他那么多妃子偏偏只生了一个儿子,而且天生体弱多病。

老天看来真的与之作对,他所立的太子于公元1854年因病死去。根据英国人的规则,他的旁系继承人将不能称皇帝,皇室成员也要从红堡迁到郊区,皇室的赡养金则从每月10万卢比缩减到1.5万卢比。一向柔弱的他终于忍无可忍,开始寻机摆脱英国人的控制。

这个机会因为东印度公司的一个疏忽而突然降临。众所周知,对于穆斯林来说,特别忌讳猪;对婆罗门来说,母牛是神圣不可侵犯的。东印度公司给印度士兵配备了一种新型来复枪——埃菲尔德式步枪,使用这种枪时必须咬开涂油的弹药筒。信仰穆斯林和婆罗门的印度士兵都发现他们的弹药筒是涂了牛脂和猪油的,这一发现激起了印度士兵的哗变——公元1857年兵变。部队在米拉特起义,攻占德里后,打出了恢复大莫卧儿帝国的旗帜。闻听此讯,巴哈杜尔·沙二世喜出望外,已经82岁高龄的他终于强硬了一回,并参加了这场似乎前途光明的起义。

消息传到英伦三岛,英国才发现那支身在异乡保卫英国商人的小小军队正在为生存与一大群棕色的进攻者战斗。对于处于危难之中的同胞的偏爱,使他们不再考虑这些人以往的不佳名声。公元1857年是大不列颠愤怒的一年,英国方面的领导人劳伦斯和尼科尔森带领少数军队先发制人,精良的装备和破釜沉舟的气势使得他们经常以少胜多。正如劳伦斯说的:"我的王牌是梅花(大棒),不是黑桃(阉奴)!"

关于一支数量绝对处于下风的英军是怎样包围并攻下德里的,有关史书都有记载,读者只知道一伙正奉命从海上长途奔袭大清的英军也半途转道印度就够了。公元1859年4月,起义之火被扑灭,英国人重新成为印度的主宰。老迈的莫卧儿末代皇帝逃亡国外,3年后悲惨地死去。作为国家象征的皇帝从此在印度消失。

这次起义的直接后果是将印度帝国合并起来由英王直接管辖。通过《改革印度政府管理法》,总督成了英王的代理,东印度公司的位置被对英国议会负责的印度事务大臣取代。公元1877年,贝肯斯菲尔德勋爵请维多利亚女王称印度女皇,这个曾经无限辉煌的文明古国悲惨地成为这位西方女人的私有财产。从此,英国这个仅仅30多万平方公里的岛国居然占据了3350多万平方公里的殖民地,成为标准的日不落帝国。

于是星星点点的突厥血脉被冲淡在了古老的南亚,以至于印度、巴基斯坦和孟加拉国没有人承认哪怕有千分之一的突厥血统。

这个如同中国一样深邃而顽强的文明古国,也许是他们根本就不该来的地方。

徜徉在突厥民族四散流离的迁徙画卷前,我心中升腾起一种异样的遗憾与怀念。排除掉一些牵强附会的"意义",怀念本身所能带给我们的,也许只是一种短暂的情绪。而突厥在中国版图上的消失,多少是一种遗憾。要不,连同业已远去和消失的匈奴、柔然、嚈哒、大月氏、乌桓、羯、氐、契丹、党项、汪古、克烈、乃蛮、蔑儿乞、翁吉剌、葛逻禄,中华民族大家庭何止56朵鲜花?

我一直认为,怀念是人的天性。这种天性的意义在于留恋与反思。因为美好,所以留恋;因为错误,所以反思。试想,如果当时的民族首领拥有宽厚的品格、缜密的思维和面向未来、兼收并蓄的博大胸襟,也许就不会有远走他乡的艰难跋涉、持续疼痛和永恒梦魇了。看来,学会吸收,学会包容,学会合作,过去是、现在是、未来仍将是决定每一个民族生命走向的命题。

天下没有不散的宴席。突厥的一个分支——西突厥,就这样无奈而永远地离开了中国,而帮助大唐将西突厥赶走的就是如今中国维吾尔族的先人——回鹘。

第 六 章

回鹘——大唐帝国的亲密兄弟

> 历史学家的困境在于:如果说真话,他就会引起众怒;但如果满纸谎言,他将为上帝所不容,因为上帝明辨真伪。[1]

一、血海深仇

维吾尔是一条漫长得几乎看不到源头的淙淙长河,其历史长度非突厥可比,它的根最早可以追溯到春秋战国时期的赤狄。赤狄同匈奴的先人白狄是一对游牧兄弟。

像马群一样,赤狄在"百般红紫斗芳菲"的春日顺着绿色启程,直到一片水草丰美的地方才停下脚步搭起帐篷。到了"北风卷地白草折"的秋天,他们急忙拔帐而起去追寻理想的驻足地。于是早先搭起的帐篷很快就无迹可寻,只留下一条几乎踏亮了的道路和杂乱的蹄印。那些弯弯的道路像问号,迷惑着试图知晓他们历史的后人,也昭示着他们不断流离失所的命运。

就这样,他们到处流浪、居无定所,生性散漫、群龙无首。正因为如此,到了匈奴与中原叫板的秦汉时期,已经改称丁零的赤狄仍旧无所作为。南北朝时期,生活在晋冀境内的定州丁零、北地丁零、中山丁零融进了汉族之中;而生活在漠北的大部分丁零仍然在大漠风沙中摸爬滚打,颠沛流离,名字改为敕勒、铁勒、高车,其主人也由鲜卑、柔然换成了以狼为图腾的突厥人。从此,他们被迫为突厥人牵马,随突厥人出征,讲突厥语言,并随时准备把最漂亮的姑娘献给突厥主人。

高车共有六部,其中一个部落居住在今蒙古鄂尔浑河流域,名叫袁纥(hē),是今维吾尔人的祖先;另一个部落居住在今蒙古九条河地区,名叫乌古

---

[1] 语出英国历史学家比德,他著有《英国教会史》。

斯,是今土库曼人的祖先。因此,维吾尔和土库曼是真正的同胞兄弟,他们和突厥人毫不相干。

就在这个时期,发生了一件使人性蒙羞的事件。

隋大业元年(605),高车各部首领按照惯例带上财物前往西突厥处罗可汗的汗帐朝贡。同样按照惯例,他们应该受到好酒好肉的招待。然而没等他们进入汗帐,处罗可汗的士兵就一拥而上,将他们的随身物品搜刮干净,而后手无寸铁的数百名高车酋长被全部活埋。

尽管高车活埋事件没有进入大型杀戮事件的行列,但这种对朝贡者的蓄意谋杀却也创下了人类残酷兽行的惊人纪录,从此,突厥被高车的后裔永久地刻在血泪史上。

我们可以设想,鄂尔浑河为之鸣咽,大漠雄鹰为之垂泪,戈壁红柳为之变色。高车人从睡梦中醒来,义无反顾地走上了自强图存之路。各个部落迅速选出了新的酋长,秘密聚会,共商反叛大计——一个由韦纥、仆骨、同罗、拔野古、覆罗等高车各部组成的部落联盟随即诞生。

它的总称是回纥。

二、千里送鹅毛

回纥人的第一任俟斤(qí jīn)①名叫时健,出身于药罗葛氏族。

第二任俟斤——菩萨,是时健的儿子。

从菩萨的名字我们就有一种直觉,来自远方的佛教已经在这里安家。神奇的是,现实生活中的菩萨真的好似"菩萨再世",勇猛而有谋略,一上战场必身先士卒,每次战争无论大小都力求全胜,得到的战利品都悉数分给部下,将士无不以一当十拼死效力。

强盛的回纥时刻不忘向有着血海深仇的突厥人复仇,这一天竟然不期而至。唐贞观元年(627),东突厥颉利可汗派兵进攻反叛的回纥,菩萨领5000骑兵大破10万突厥骑兵,一鸣惊人。此后,在今土拉河上建立了根据地的回纥与铁勒的薛延陀部结为联盟,互为唇齿,共同编织起东突厥汗国的噩梦。

不久,唐朝也加入了反突厥战线,三国时期"三英战吕布"的情景再现。东突厥汗国勉强支撑了几个回合,便彻底败下阵来,或被收降,或被赶走,回纥人终于了却了祖先的心愿。不可思议的是,今天民族分裂分子认为维吾尔人是突厥后裔,妄图成立什么在国民党时期就曾流产且传为笑料的所谓东突厥

---

① 意为领袖。

斯坦国。知道了这一切,你能不为把自己真正的祖先费尽九牛二虎之力才赶走的突厥人再请回来且奉若神明的想法感到可笑吗?

战争顺利结束,大家开始分赃,分赃可是一个比战争更大的难题:平均分配吧,出兵最多死人也最多的唐朝肯定不乐意;唐朝拿走一半土地呢,薛延陀又表示了强烈的不满;看来只有进行少数服从多数的表决。估计是在表决前大唐与回纥暗地里达成了默契,表决的结果让薛延陀有了一种"冤大头"的感觉。

被愤怒烧红了眼睛的薛延陀公开对抗唐朝,尽管他们明明知道是在自掘坟墓。贞观二十年(646),唐朝任命回纥首领吐迷度为总指挥,组成回纥、仆骨、同罗和唐朝联军围攻薛延陀。薛延陀多弥可汗被杀死,他的领地被回纥独占。随后,作为对唐朝助战的报答和对唐朝威望的敬仰,吐迷度等铁勒12部首领前往长安朝觐唐太宗,称太宗为"天可汗"(天下的总可汗),实际上承认了唐朝可以调节周边各国矛盾的宗主地位。

"天可汗"下令在回纥地盘上建立了瀚海都督府,任命吐迷度为怀化大将军兼瀚海都督,回纥人的努力终于有了圆满的结局。

像众星捧月一样,各周边民族竞相给"天可汗"进贡礼品,回纥更是不甘居人后。

一个骄阳似火的夏日,回纥派使者缅伯高不远千里给唐朝进贡稀有的天鹅。在沔(miǎn)阳湖小憩时,使者稍一大意,天鹅便脱手振翅而去,给使者留下的只有一片鹅毛。诚惶诚恐的使者叫天天不应,呼地地不灵,万般无奈之下,只得将鹅毛敬献给唐太宗,并附诗自责:"天鹅贡唐朝,沔阳湖失宝;礼轻情义在,千里送鹅毛。"

意外的是,见到打油诗和鹅毛,唐太宗放声大笑。

"千里送鹅毛"的故事不胫而走,为众国称道,令千古流传。

三、大漠霸主

从此,缅伯高的主子吐迷度对内自称"可汗",仿照突厥建立了回纥汗国;对外接受了唐朝的称号,承认是唐朝的属部,并经常搬出这个"主子"狐假虎威。

吐迷度的第一个继承者婆闰还算聪明,他继承了父亲的衣钵,一边为唐朝"打工",一边扩充地盘。唐高宗永徽二年(651),婆闰率领5万回纥骑兵配合唐军打败了叛乱的西突厥阿史那贺鲁。战后,阿史那贺鲁的地盘被归到回纥名下。就这样,突厥的草原帝国地位被回纥代替。

并非所有的继承人都那么明智,婆闰的侄子比粟毒刚刚坐上汗位,便飘飘然不知其所以然起来。这位自高自大者忘记了祖训,也忘记了地盘从何而来,对大唐不屑一顾,还派军队到唐朝边境掠夺财物,点燃了回纥与唐朝的第一次战争。

战争的结果富有传奇色彩,书写传奇的是箭术精准的唐朝将军薛仁贵,他以惊人的臂力、超常的勤奋和出奇的天赋练就了一手射箭绝活。唐高宗龙朔二年(662),唐军与回纥在天山遭遇,当两军列好阵势后,薛仁贵在阵前连发三箭,使预计射程之外的三员回纥大将全部落马,受到震慑的回纥纷纷下马请降,不可一世的回纥可汗也低下了高傲的头颅,一场10万人的叛乱尘埃落定。不久,唐军中就传唱起一首高亢的赞歌:"将军三箭定天山,战士长歌入汉关。"

第二年,得胜的唐朝将燕然都护府迁到了回纥本部,改名为"瀚海都护府",统辖和监视漠北各部。经此不虞之变,回纥人又过起了佝头耸背、低眉顺眼的日子。

他们被迫重新振作精神去对付死灰复燃的后突厥汗国,不知经历了多少次苦战和不胜,他们终于抓住对方内乱的良机,联合拔悉密攻杀了后突厥骨咄叶护可汗。唐玄宗天宝三年(744),回纥首领骨力裴罗自称"骨咄禄毗伽阙可汗",南迁突厥故地,建牙帐于今鄂尔浑河之间,这里很靠近未来成吉思汗的大帐,占据了此地就意味着霸业已成。次年,骨力裴罗攻杀了后突厥最后一位君主白眉可汗,并把他的首级砍下送往长安,一来表示唐朝后患已除;二来表明回纥归附的诚意。作为回应,唐玄宗封骨力裴罗为"奉义王"、"怀仁可汗"。

云对着池塘自我欣赏时永远是苍白的,当它去歌颂太阳时自己已光辉灿烂了。在大唐的呵护下,回纥在突厥故地建立起了东起室韦、西至金山、南控大漠的草原汗国。汗国建立后,仍以突厥汗国的中心乌德鞬山(杭爱山)为根据地,仍使用突厥文字,这或许就是西方把回纥混同突厥的主要原因了。

从此,九姓铁勒(回纥、仆骨、浑、拔野古、同罗、思结、契苾、拔悉密、葛逻禄)被九姓回纥的称谓所取代。

四、"安史之乱"前后

也许神知道什么东西最适合人,所以把天堂放在远处,把女人放在近旁。

已经步入晚年的唐玄宗在一位小太监的安排下单独召见了自己第十八个儿子寿王李瑁的妃子——杨玉环。那天,丰满的她衣领开得很低,如脂的酥胸若隐若现,就像一个暴发户,将所有的积蓄全部放在一个钱包里,而且不盖盖。

老皇帝立刻淹没在儿媳的美丽中,好像溺水一样窒息,爱得死去活来,根本不再顾忌什么伦理纲常,中国古代最为有名的一个年龄相差33岁的美丽而凄婉的爱情故事开始了。

玄宗绞尽脑汁,先是命令儿媳妇出家当了道姑,而后又堂而皇之地招到身边,册封为贵妃(也许感到良心上过不去,他将一位姓韦的美女送给了戴绿帽子的儿子)。为了保证可爱的贵妃吃到新鲜的荔枝,玄宗命令快马将荔枝从巴蜀涪州千里迢迢驿送长安。自认为功成名就的唐玄宗,从此沉迷于杨贵妃的羞花之貌(据说她曾使御花园内的鲜花含羞下垂),把经国大权放手交给了杨贵妃的族兄杨国忠,过起了"春宵苦短日高起,从此君王不早朝"的潇洒日子。

老皇帝的风流韵事让唐朝各级官员极为羡慕,纷纷仿效。担任杭州刺史的著名诗人白居易就让元稹把杭州歌妓商玲珑借去玩了一个多月。另一位常常出入扬州妓院的风流诗人杜牧也大发感慨,一不小心吟出了"一骑红尘妃子笑,无人知是荔枝来"的著名诗句,唐朝也因此得了个"荔枝点缀的王朝"的美名。

按照一般规律,一个王朝和平安定的时间长了,人口就会大幅增长,军队就会日益庞大,开支就会愈加膨胀,官场就会格外懒散。因此,每到王朝的鼎盛时期,动乱的烽烟便已悄然升起,帝国的丧钟也开始敲响,只是当局者看不到,也听不到。他们看到的是形势大好,是"云里帝城双凤阙,雨中春树万人家";听到的是歌舞升平,是"锦城丝管日纷纷,半入江风半入云"。但等到"渔阳(范阳)鼙(pí)鼓动地来,惊破霓裳羽衣曲",就后悔莫及了。

第一个敲响大唐丧钟的人叫安禄山,是一名粟特、突厥混血儿,据说他曾为唐玄宗跳胡旋舞,向唐玄宗献上春药"助情花"①,认杨贵妃做干娘,凭借军功和权术升任范阳(幽州)、平卢(营州)、河东(太原)三镇节度使,统率着20万大军。

阿谀逢迎者像向日葵,眼睛向着太阳,根却在土壤中追寻着利益。安禄山看到皇帝沉迷女色,武备废弛,自己有夺取皇位、揽玉环于怀中的可能,于是在天宝十五年(755)以诛杀"不学无行"的杨国忠为名,在蓟县独乐寺起兵,发起了历时8年的"安史之乱"。这一事件直接导致唐朝骄阳西落,人口由天宝十五年(755)的5292万锐减到唐肃宗李亨上元元年(760)的1699万,也迫使中

---

① 中国古代著名的春药有汉代的慎恤胶(据说汉成帝连服7颗后与赵合德做爱一夜,泄精不止而死)、魏晋的五石散、回龙汤、唐代的助情花、宋代的红铅丸、颤声娇、腽肭脐(用海狗的阴茎和睾丸做成)、清代的阿肌苏丸。

原人口掀起了第二次南迁的高潮。①

危难时刻,骨力裴罗之子磨延啜可汗派遣使者来到大唐,请求出兵讨伐安禄山。唐肃宗李亨已没有什么可以酬劳他们,就信口开河地承诺:你们如果出兵收复了长安,所有的美女和财物任凭你们处置。

唐肃宗至德元年(756),回纥骑兵军团越过长城向中原进发,铿锵的马蹄叩击着松软的原野,大风中的胡马长鬃像风吹起的麦浪。

首先,他们与朔方节度使郭子仪联合荡平了参与叛乱的同罗人。次年,联合军团又向杀父自立的安禄山之子安庆绪发起进攻,杀敌10万,收复了长安。

在李亨的儿子李豫的一再要求下,回纥答应等收复洛阳时再践约。李豫的理由是,如果在长安即行烧杀劫掠,洛阳民众必定恐慌,势必为安庆绪死守。

引进外援好比买保险——用不上痛苦,用上了更痛苦。洛阳被收复时,那些日夜盼望唐军的人民却发现这支汉回联军如此狰狞。而大肆烧杀奸淫劫掠的回纥士兵却心安理得,因为这是唐朝唯一的报酬和迟到的承诺。

占据幽州的安禄山部将史思明宣布向唐朝投降。这时候,杨国忠连同杨玉环已被不满的唐军所杀,连爱妃的性命都保不住的唐玄宗心灰意懒地将皇位传给了儿子唐肃宗李亨。唐肃宗没有犯父亲重情误国的低级错误,不但封回纥葛勒可汗为英武威远毗伽阙可汗,而且将亲生女儿宁国公主嫁给了他。唐肃宗此举的高明之处在于,一则他走出了"狡兔死,走狗烹"的历史惯性,以至于在"安史之乱"又起时回纥人能拼死相救;二则史无前例地做出了嫁亲生女儿予外族的和亲决定,让有民族成见者无话可言。

花轿刚走,"安史之乱"又起。已投降唐朝但自感不受信任的史思明再举叛旗,于唐肃宗乾元二年(759)突然领兵南下相州,援助被唐军重重包围的安庆绪。在力量对比不到1比10的情况下,军事奇才史思明将郭子仪等九节度使之兵击败,再度占领了洛阳、汴州,一年多以前几近枯萎的叛乱又变得生机勃勃。

转机渐次出现。首先是史思明被儿子史朝义所杀,这使得叛乱集团传染上了为保全个人性命可以杀掉首领哪怕是父亲的流行病;其次是唐代宗李豫宝应元年(762),李豫登基后,立即派人说服回纥可汗参加对史朝义的协同进攻,条件同李亨时期的承诺一样。对唐朝来说,再次向回纥借兵是在走投无路情况下采取的无奈之举。

---

① "安史之乱"使黄河流域在两晋之后再一次遭到劫难,引发了中国历史上第二次中原人口南迁的高潮,大批北方人口拥入长江流域及其以南地区,使得中唐以后南方人口迅速膨胀,经济实力与日俱增。

回纥、唐朝联军在洛阳城外将史朝义打败,史朝义在逃亡途中被部下李怀仙刺死。

洛阳夺回后,回纥出兵的条件开始兑现,市民的第二次厄运随之降临。妇女儿童在恐惧中纷纷拥向圣善寺和白马寺躲避,希望佛祖的神灵保佑无辜的生灵。杀红了眼的回纥军人纵火焚烧了寺庙,1万多人全被烧死,熊熊大火数月不熄。此后的100年间,曾经繁华盖世的东都变得一片荒凉。

唐军也开始效法回纥,兵锋所至,对自己的同胞比回纥兵团还要凶残。黄河流域残存的民众被迫用纸张糊做衣服,苟且度日。

尽管因平定"安史之乱"有功,登里可汗被唐朝封为建功毗伽可汗,回纥得到了出兵前议定的"奖赏",但出兵前后的一些插曲也严重伤害了唐朝的感情。先是身为唐军统帅的太子李适(kuò)①没有对前来助战的回纥可汗表现出回纥人认为得体的尊重,后来回纥人将几位劝太子保持天潢胄裔尊严的唐朝官员鞭打致死,这无疑给双方关系的未来,特别是德宗继位后的关系蒙上了一层阴影。

五、唐回联姻

矛盾似乎难以调和。唐德宗李适建中元年(780),曾被回纥羞辱过的李适继位,登里可汗想趁唐朝忙于国哀之机发起进攻。

争执在君臣之间爆发,宰相顿莫贺达干百般劝阻无效,便利用回纥人普遍存在的厌战心态,杀掉登里,自立为可汗,并向唐朝表达了摒弃前嫌、重归于好的姿态。

消息传到唐朝,在宰相李泌的一再争取下,唐德宗终于放弃了复仇的念头,在唐德宗贞元四年(788)把女儿咸安公主嫁给了回纥可汗。作为回报,回纥人答应帮助唐朝对抗得寸进尺的吐蕃。

就在当年,新娶了大唐公主的回纥可汗在兴头上把回纥改称"回鹘"(hú),大概是不满足于在草原上纵马驰骋,而想如鹘一样在天空中回旋奋飞吧。

然而回鹘人并未因联姻和更名而实现奋飞。可汗病逝后,因大唐公主没有生下儿子(与文成公主类似),回鹘只得立宰相夹跌氏族的骨咄禄为可汗。骨咄禄为防药罗葛氏复辟,竟然将原可汗的子孙全部送往唐朝做人质。皇族以外的氏族也可以当可汗,此例一开,回鹘的内乱一发不可收。

---

① 意为快速。

好在回鹘尚能从与唐朝的经济交往中受益。唐朝需要大量的马匹来对付方镇的战争，又因吐蕃侵占西北使他们失去了最好的牧场，他们唯有依赖回鹘供应马匹，回鹘人借机抬高马价，一匹马要由40段丝绸来交换。可怜长江下游的无数织女们用纤纤玉手绘就的锦绣绸缎，大都被朝廷源源不断地支付给了草原牧马人，而回鹘转手倒卖给了亚洲内陆的外族人，从中大取油水。最值得一提的是，唐朝的太和公主于唐穆宗李恒长庆元年（821）婚配给了回鹘崇德可汗，不看丰厚的嫁妆，光看公主的高贵身份便让外族人羡慕得要死了。事实上，在与唐朝交往的列强中，只有回鹘获准迎娶了真正的公主，而且达到了3次。其他国家如果有幸结亲，娶到的不过是皇室远亲。

大海远望碧波万顷，近看却是惊涛骇浪。一方面，回鹘内部争斗不断，偶然还从宫中传出可汗被杀的消息；另一方面，回鹘西边的属部黠戛斯在叶尼塞河上游不断挑战回鹘的皇权。唐文宗李昂开成四年（839），他们又遭遇了百年不遇的饥荒，恰逢大雪持续数天，畜群大多冻饿而死，疫病逐渐蔓延，汗国已经岌岌可危。

外部侵略和自然灾害并不可怕，真正可怕的是民众失去了对汗国的信心和内部出现的分裂。

六、被内奸出卖

就在发生自然灾害的第二年，一位回鹘将官仅仅因为对当权的宰相不满，就以牺牲祖国为代价公报私仇，自告奋勇地给10万黠戛斯骑兵带路，向回鹘发出了致命的一击。

内奸终于如愿以偿，其恨之入骨的宰相掘罗勿连同回鹘履破可汗被一起杀掉，曾经无限辉煌的回鹘汗国从此灭亡，回鹘人历尽千辛万苦建造的都城哈剌合孙也被焚毁荡尽。如果你今天有幸到蒙古的鄂尔浑河畔一游，仍依稀可辨回鹘汗国规模宏大的都城遗迹，碰巧还能捡到一两片唐朝的瓦当。

一个国家和民族出现内奸并不稀奇，无论是在此前，还是此后，为了个人恩怨而出卖国家和民族利益者大有人在。

中国历史上最早也最著名的内奸出现在春秋时期的吴国，大臣伯嚭仅仅因为嫉妒另一位大臣伍子胥的才能，便在伍子胥要求吴王夫差处死越王句践时，故意与伍子胥唱起了反调，之后又处处与伍子胥作对，使得句践获得了喘息的机会，并在20年卧薪尝胆之后灭亡了吴国。但这位卖国求荣的内奸并没有因为暗中帮助过越国而获得赦免，吴国灭亡不久，他就被一向看不起小人的句践砍了脑袋。

这位回鹘内奸名叫句禄莫贺,但历史上似乎没有回鹘派刺客将其刺杀的记载。假如果真如此的话,那不仅是维吾尔人的悲哀,而且是历史和人性的悲哀。

但这又责怪谁呢?怪只怪他们没有教育好自己的国民。

但这又太残酷了,个人的恩怨凭什么要由全民族偿还?

胡笳悲,羌笛怨,牧草衰连天。回鹘分五支南下、西迁。

南下的一支由可汗之弟温没斯和宰相赤心、仆固率领,逃到唐朝寻求庇护,被唐朝赐为李姓。

南下的另一支是临近可汗牙帐的 13 个部族 10 万部众,他们挟持太和公主为人质,拥立乌希特勤为乌介可汗,南逃到河套地区,并向唐朝提出了册封、借粮、借城、借兵的要求。稍不如意,乌介可汗就亲自率领骑兵骚扰唐边,结果被唐朝军队打得满地找牙。唐武宗李炎会昌三年(843),唐军在振武城(今内蒙古和林格尔)外发现了流亡的乌介可汗和唐朝太和公主。暗中与太和公主达成默契后,唐军发起猛攻,太和公主及其随从顺利获救,乌介则带领 3000 残兵投奔黑龙江畔的室韦,最终在那里被绝望的宰相杀掉,他的弟弟也在不久后撇下部众投奔甘州。

西迁的主力由回鹘宰相馺(sà)职和外甥庞特勤率领,汇集 15 部回鹘投奔葛逻禄①,远迁到葱岭西部的楚河一带,被称为"葱岭西回鹘",后来创建了名噪一时的喀喇汗王朝(黑汗王朝)。

这支逃难的人流在西迁途中发生了分歧,一部分不愿远行的人由庞特勤带领,来到唐朝安西都护府辖区的别失八里(今新疆吉木萨县),以焉耆金沙岭为中心延续了昔日的辉煌,庞特勤也成为附近回鹘部落共同的可汗,并得到了唐朝的承认和册封。唐懿宗李漼咸通七年(866),回鹘将领仆固俊率兵越过天山南下吐鲁番盆地,攻克了吐蕃的西州、北庭,回鹘的中心转移到西州高昌,从此被称为"西州回鹘"或"高昌回鹘"。3 年后,军权在握的仆固俊将庞特勤杀掉,自立为可汗,原来的可汗子孙逃奔甘州。公元 12 世纪 30 年代,西州回鹘沦为西辽的附庸。

西迁的另一支人马并未走远,他们在河西走廊停下了脚步,从此被称为"河西回鹘"。由于其中的甘州回鹘最为强劲,所以又称"甘州回鹘"。因其首领没有纯正的可汗血统,所以遥尊安西的庞特勤为可汗。庞特勤的后裔逃亡到甘州后,立即被扶上了可汗的宝座。新可汗与沙州归义军(后来的金山国、

---

① 葛逻禄,原为突厥属部,最初游牧于额尔齐斯河中上游地区。"安史之乱"后在碎叶城建立了葛逻禄汗国。10 世纪初,又与葱岭西回鹘一起建立了喀喇汗王朝。如今已融入乌兹别克和哈萨克民族。

敦煌国)时而联姻,时而斗争,共同经营着这块富庶的土地。宋仁宗赵祯天圣六年(1028),河西回鹘被西夏吞并,少数人逃到今青海的唃厮罗,与当地的吐蕃人杂处,被称为"黄头回鹘",即今裕固①族的先人。

从公元7世纪中叶到公元8世纪末的150年,回鹘的辉煌曾经如日中天,照亮了整个戈壁草原。可惜这轮草原上的太阳并没有闪耀出持久的光辉,在9世纪50年代就慢慢熄灭了,宛如一柱激昂的喷泉淹没进死水般的池塘,再也波澜不惊,只剩下点缀其间的一片静谧的莲花稍稍掩盖了一些沉沉暮气。

不过,他们也有一个意外的收获——那就是流浪到今新疆并建立了地方政权后,逐渐融合了与他们具有相近的语言、信仰、风俗和心理状态的老住户——突厥、吐蕃、葛逻禄等突厥语族人,最终使回鹘(后来的维吾尔)成为新疆的主体民族。

七、皈依伊斯兰

投奔葛逻禄的葱岭西回鹘并不甘心就此沦落。公元9世纪末,他们联合葛逻禄人、样磨人共同建立了一个名叫"喀喇汗国"的袖珍小国。喀喇,突厥语意为伟大、强大、最高,而它的原意是黑色。因此,喀喇汗朝又被称为"黑汗王朝"。

第一任汗王名叫毗伽阙·卡迪尔汗,汗帐设在八拉沙衮(今吉尔吉斯的托克马克附近)。汗王死后,两个儿子分别继位:老大巴泽尔驻八拉沙衮,称"狮子王",为大汗;老二奥古尔恰克驻怛罗斯(江布尔),称"公驼汗",为副汗。

信仰佛教的奥古尔恰克与信仰伊斯兰教的西部邻居——萨曼王朝关系恶化,公元893年,萨曼王朝发动了声势浩大的伊斯兰圣战。

圣战的威力可想而知。很快,萨曼王朝的圣战有了结果,喀喇汗副都怛罗斯被攻克,公驼汗奥古尔恰克被迫迁都喀什噶尔。

不久,萨曼王朝伊斯玛仪汗兄弟发生内讧,伊斯玛仪汗的弟弟纳斯尔在内讧失败后来到喀什噶尔寻求政治避难。为了利用伊斯玛仪汗兄弟的矛盾打击萨曼王朝,奥古尔恰克热情接纳了这位穆斯林王子,并且委任他为阿图什地方长官。

纳斯尔暗地里在阿图什建起了一座清真寺,穆斯林教徒和商人开始源源不断地来到这里。

萨克图·布格拉是奥古尔恰克的侄子,此时已经长成一位英俊潇洒的少

---

① 意为富裕巩固。

年。不知为什么,这位少年对穆斯林商品情有独钟。爱屋及乌,渐渐地,他认识了纳斯尔王子并与之结成了朋友。在长期的耳濡目染中,萨克图偷偷皈依了伊斯兰教,并取了"阿不都·克里木"的教名,算起来他应该是喀喇汗王族信仰伊斯兰教的第一人。

千万不要低估了这位英俊少年,并认为他信仰伊斯兰教是被动的,其实他信仰的转变包含着不为人知的勃勃雄心,他一边暗中学习宗教知识,一边秘密发展忠实信徒。经过多年的卧薪尝胆,他在25岁时带领穆斯林兄弟成功发动了政变,推翻了自己的叔叔兼后父(父亲死后,他的母亲嫁给了这位叔叔),夺取了公驼汗的王位。

一上台,他就宣布伊斯兰教为合法宗教,号召臣民皈依穆斯林。然而他的号召如石沉大海,几乎没有掀起什么波浪,甚至有些佛教徒开始酝酿暴动。没办法,他只有舞动手中的权杖,开始自上而下地强制推行伊斯兰教。不久,他又发动了对八拉沙衮的圣战,打败了拒绝接受伊斯兰教的大汗。从此,伊斯兰教成为喀喇汗王朝的国教。

喀喇汗王朝强制推行伊斯兰教并疯狂迫害佛教徒的做法引起了信奉佛教的东部邻居大宝于阗李氏王朝的不满,于阗国不仅对喀喇汗王朝的佛教徒暴动给予支持,而且还对逃亡于阗的佛教徒予以收留和庇护。于是两国关系急转直下,从宋太祖建隆三年(962)开始,展开了近半个世纪的血腥肉搏。

战争的进程一波三折,有胜有负,一会儿你打过来,一会儿我又打回去,两国的边界线恰如一个傻子追完狗后呼呼喘气的肚子。天平在宋真宗咸平二年(999)发生了倾斜,喀喇汗王朝抽出一支军队轻易地灭亡了以今乌兹别克布哈拉为中心的萨曼王朝,收编了人数众多的伊斯兰圣战同盟军。不久,喀喇汗王朝就由防守转入进攻。宋真宗景德三年(1006),喀喇汗王朝终于占领了于阗城,扫清了西域的最后一个对头。至此,喀喇汗王朝达到鼎盛时期,其疆域包括今我国新疆南部、吉尔吉斯斯坦、塔吉克斯坦和哈萨克斯坦南部、乌兹别克斯坦东半部的广大地区,首都设在八拉沙衮,陪都设在喀什噶尔。

在伊斯兰教传入后,他们将用粟特字母创制的古回鹘文改为以阿拉伯字母创制的"畏吾儿字"。

公元12世纪30年代,契丹人耶律大石领兵西来,在喀喇汗朝的土地上建立了西辽,东、西喀喇汗王朝相继沦为西辽的附庸。

八、《突厥语大辞典》

《突厥语大辞典》是人类的一笔沉甸甸的文化遗产,它与长诗《福乐智慧》①一起构成了黑汗王朝时期的两朵文学奇葩。

这部大名鼎鼎的珍贵典籍却是一部富有争议的大书,我们承认它在语言学上巨大贡献的同时,不得不对它在民族学上带来的混乱深表遗憾。

本来阿尔泰语系是一个语言学分类,其中的西部语族包括突厥语、回纥语、葛逻禄语、薛延陀语、黠戛斯语、样磨语、突骑施语、乌古斯语,突厥语与其他语言处于独立平等的地位,但《突厥语大辞典》以纯粹的语言学分类代替了民族分类,将"突厥"一词变成了一切阿尔泰西支语言的共名,把与突厥不同种族、曾经臣属于突厥或与突厥临近的各个部落一股脑儿归入突厥语族之中,并从西到东列为两个区:一区有北褥、钦察、乌古斯、咽面、巴失吉尔愓、拔悉密、柴、药拔古、辚靼、黠戛斯等;二区包括处月、突骑施、样磨、亦哥罗克、喀禄克、处密、回鹘、党项等。其中不仅包含了异姓突厥的乌古斯、样磨、处月等,而且把根本不承认自身属于突厥族的回鹘、黠戛斯、党项等也包罗进去。按照它的分类,现在操突厥语族语言的民族主要分布在俄罗斯、中国、土耳其、哈萨克斯坦、乌兹别克斯坦、吉尔吉斯斯坦、土库曼斯坦、阿塞拜疆、伊朗、阿富汗、蒙古以及欧洲的一些国家,人口超过一亿。中国操突厥语族语言的有维吾尔、哈萨克、柯尔克孜、乌孜别克、裕固、撒拉、塔塔尔以及新疆蒙古族中的图瓦人,人口近千万。难道他们都属于纯正的突厥人吗?

按说《突厥语大辞典》乃是一家之言,问题在于西方学者最先是通过中亚书籍而不是汉文正史认识突厥的,因此突厥在西方书籍中由一个民族专称变成了语言学泛称,土耳其泛突厥主义者更是对此大做文章,宣称维吾尔人也是突厥人。以阿史那氏为核心的突厥人一直崇尚黄色,而黑汗王朝连国旗都是黑色的。如果作者九泉之下有知,也会为把祖宗与突厥人混为一谈而后悔不迭的。

它的作者穆罕默德·喀什噶里是一名地地道道的中国人,出生在今新疆喀什市西南48公里处的乌帕尔阿孜克村,他的全名为麻赫穆德·本·侯赛音·本·穆罕默德·喀什噶里,其祖父侯赛音·本·穆罕默德是东部喀拉汗王朝大汗,父亲艾米尔·侯赛音是一个城市的总督。宋仁宗嘉祐三年

---

① "福乐智慧"意为"给人幸福的知识",是一部劝谕性、哲理性长诗,也是一部优秀的哲学、伦理学、社会学百科全书。作者是喀喇汗王朝诗人玉素甫·哈斯·哈吉甫。

第六章　回鹘——大唐帝国的亲密兄弟

(1058),王朝发生宫廷政变,大汗被自己的小妃毒死,总督也惨遭杀害,穆罕默德·喀什噶里只身逃出喀什噶尔,抵达当时的伊斯兰文化中心巴格达。

人类历史因此变得幸运,历史上少了一个多如牛毛的官僚,多了一个名垂千古的文人。身处逆境的他像左丘明、司马迁一样埋头著述,用阿拉伯文编纂出世界第一部《突厥语大辞典》,献给了阿拔斯王朝哈里发。《突厥语大辞典》共收词目7500条,提供了包括维吾尔在内的突厥语诸民族的语言、文字、人种、历史、民俗、天文、地理、农业、手工业、医学以及政治、军事和社会生活的丰富知识,堪称11世纪我国新疆和中亚的一部百科全书。[①]

身在异乡的穆罕默德·喀什噶里无时无刻不在思恋故土,就在宋神宗元丰三年(1080),他随一个访问喀拉汗王朝的巴格达使团返回故乡喀什噶尔,在今乌帕尔山坡下的毛拉木贝格村开办了一所学馆,度过了最后几年教书生涯,死后被安葬在乌帕尔山上,这座小山被维吾尔族称为艾孜热特毛拉木——圣人山。

正因为他的中国情结,所以《突厥语大辞典》的作者并不像后来的个别维吾尔人那样糊涂,他一再表明自己为秦人[②],在词典的地理山川部类,把我国中原称为"上秦",把以喀什噶尔为中心的喀喇汗王朝版图称作"下秦",明确指出喀喇汗王朝是中国——秦这一大家族的共同成员。

九、蒙古女婿

高昌回鹘同葱岭西回鹘一样也曾风云一时,到北宋初期,辖地已经东起河西,西达葱岭,南临大漠,北越天山。

也是在公元12世纪30年代,他们像葱岭西回鹘兄弟一样沦为西辽的臣属。西辽在高昌回鹘派驻了一名少监,就地为西辽征税。

历史的时针指向公元13世纪的时候,西域出现了比西辽更加勇猛强悍的蒙古骑兵。长期遭受契丹人重压的高昌回鹘国主巴尔术·阿而忒·的斤审时度势,及时杀掉西辽少监,向成吉思汗上表归顺。元太祖铁木真六年(1211),这位国主亲自到克鲁伦河上朝,要求做成吉思汗的第五个儿子。成吉思汗欣然答应,并且把心爱的公主阿勒·阿勒屯赏赐给了他。从此,他成了成吉思汗的乘龙快婿,而且做了蒙古西征的先锋。

[①] 《突厥语大词典》唯一的手抄本现存土耳其国民图书馆。公元1981年,中国出版了《突厥语大词典》现代维吾尔语全本。词典的汉译本于2003年在新疆举行首发式。

[②] 即中国人。

估计是对回鹘人的明智选择十分满意的缘故,成吉思汗称他们为畏吾儿①,原高昌旧地仍由他们统治。

巴尔术·阿而忒·的斤的后代更加知趣,他的孙子马木剌·的斤率1万名回鹘勇士参加了蒙哥的合州之战。他的曾孙火赤哈儿·的斤对忽必烈的元朝忠心不二,在笃哇、八思巴与忽必烈的战争中,始终站在忽必烈一边,面对笃哇、八思巴12万联军的围攻,死守火州不降,事后被忽必烈奖赏了一名公主。他不仅赢得了和爷爷一样的英名,更重要的是同样实现了做蒙古大汗女婿的梦想。

忽必烈外孙纽林·的斤仍然备受宠爱,他尽管没有多少战功,但还是娶到了蒙古公主,并被元仁宗册封为高昌王,世代承袭了高昌王·亦都护的名号。

到了明朝,他们的地位并没有实质性下降。温和的明朝于明成祖朱棣永乐四年(1406)设立了哈密卫,仍旧任用哈密当地的首领为各级官吏。

他们再也娶不到皇帝的女儿。因为在明朝史书上,我只查到了明朝公主汉丽宝嫁给马六甲苏丹的记载,根本没有汉家公主嫁给少数民族首领的任何记录,蒙古首领也先因为没有娶到明朝公主还恼羞成怒地挑起了战争。

十、香妃的传说

说香妃必然要讲和卓,因为香妃传说是和卓的妻子。

和卓乃是阿拉伯语音译,意为圣裔,是对伊斯兰教创始人穆罕默德后裔的尊称,也是非圣裔的伊斯兰教上层人物自我标榜的称呼。

察合台后裔所建立的叶尔羌汗国早在第三代汗阿不都克里木掌权时就已经皈依了伊斯兰教。这位对穆罕默德后裔奉若神明的汗王,千方百计把和卓伊斯哈克·瓦力从中亚请到了叶尔羌。后期,和卓家族发展成了左右叶尔羌政局的一大势力。

时光已经流逝到中国的清朝时期。可能是因为信仰伊斯兰教(俗称"回教"),畏吾儿人的名称变成了回人、缠回、回子、回部。天山以南因为回人较多,所以又被称为"回疆"。

在和卓家族蒸蒸日上时,伊斯哈克异母兄长的两个儿子尤素甫和阿帕克来到喀什噶尔引发了和卓之间不间断的内讧。公元17世纪70年代,白山派(白帽回)和卓阿帕克被黑山派(黑帽回)逐出喀什噶尔。情急之下,阿帕克向准噶尔王噶尔丹求援,正中对天山南麓垂涎已久的噶尔丹的下怀。清康熙十

---

① 意为联合、协助。

七年(1678),噶尔丹应邀出兵攻占了叶尔羌汗国,将叶尔羌末代汗赶下台,扶植阿帕克为傀儡汗。

后来,清朝出兵天山平定了准噶尔叛乱,对维吾尔人采取了明智的怀柔政策,维吾尔封建主额贝都拉被任命为哈密王,回疆的大小和卓也趁机填补了准噶尔人留下的空当。

清朝远征军派遣使节来到叶尔羌,要求大小和卓接受清朝的统治。大和卓波罗泥都同意归顺,而小和卓霍集占和各城伯克①认为清军补给困难,无法久战,因而坚决反对归附大清,并宣布建立巴图尔汗国。

错误的判断就要付出代价。清乾隆二十四年(1759),清朝定边将军兆惠率远征军强行越过天山南下叶尔羌,温和派首领大和卓被生擒,顽固的小和卓则带着妻子逃进葱岭深处的巴达克山。原准噶尔汗国190万平方公里的领土从此划入大清。

追击"逃犯"的前线传来喜讯:小和卓被巴达克山部落酋长杀掉,他的妻子伊帕尔罕被生擒。在庆功宴上,小和卓的妻子被呈献给风流倜傥的乾隆,从而演绎出一段扑朔迷离的传奇②。

据说体有异香、冰肌玉骨的"香妃"是一位崇尚自由、追求真爱的孤傲女子,那专为她修筑的伊斯兰式豪华住宅宝月楼和皇妃那荣耀无比的地位并没有冲淡她丧夫的剧痛与离乡的酸楚,她不仅不肯就范,而且怀揣匕首以死相逼,最后是乾隆之母钮钴禄氏趁乾隆在天坛祭天之时,安排太监悄悄将香妃绞死在了宝月楼中。③

右安门内的南洼,陶然亭北的土坡上,一座新坟掩映在荒烟蔓草中,任凭失魂落魄的乾隆默默垂泪,也给世人留下了几许悬念几多话题。④

笔者以为,幸亏她及时地去世了。在这个世界上,有很多人死得正是时候,免受了他日的磨难和难堪,同时又成为世人心目中的童话。因为现实与理想、岁月与人的命运之间总有差距,而逝去的永远都是回忆,只有美好。

为了纪念这位奇女子,维吾尔人在新疆喀什这个享有突厥语"绿色的玻璃瓦屋"称号的美丽边城为她修筑了一座秀美的陵墓,供后人前去体会那"香风十里安魂外,千载琵琶骨自香"的超凡意境。

---

① 首领之意。
② 真实情况是香妃的叔叔和哥哥因为协助乾隆平定和卓有功,先后被封为辅国公。后来,她随同哥哥奉旨进京,因为貌美被召入宫中。
③ 以上叙述纯属传说,真实情况是在宫中生活28年的香妃于1788年4月19日去世,而此时皇太后已经死去11年了,一个入土为安的婆婆怎能害死儿媳?
④ 其实她的遗体被安葬在清东陵乾隆后妃园寝内。

十一、左宗棠西征

和卓被征服之后的平静只是又一次风沙到来前的暂时的静谧。

也许是天山南北的绿洲太神奇太富庶了,这里不但响起了俄罗斯人滑膛枪和火炮的轰鸣声,而且远隔重洋的英国人也伴着声声驼铃不期而至,整个新疆皆沦入外人之手。清同治四年(1865)至六年(1867),中亚浩罕汗国大臣、塔吉克人阿古柏占领了整个南疆,建立了中国近代史上第一个外国割据政权——哲德沙尔汗国。同治九年(1870),披着宗教圣战外衣的阿古柏相继攻陷了乌鲁木齐、吐鲁番,并先后赢得了俄国和英国的承认。就在阿古柏侵占乌鲁木齐的同时,俄国人抢先发兵占领了新疆伊犁地区,并声称为清廷代管。至此,整个新疆面临着彻底丢失的危险。

一场有名的"海防"与"塞防"之争在朝廷爆发。

第一权臣李鸿章以新疆乃洪荒边远之地为由,执意要放弃新疆。

"我退寸,而寇进尺!"发出铮铮铁言的是一个名叫左宗棠的湘军猛将,当时的职务是陕甘总督。

两人吵翻了天,好在慈禧太后支持了左宗棠,这是一生做尽坏事的"老佛爷"有数的几个明智决定之一。

清军最害怕的是军舰,但新疆没有海洋,鸦片战争的惨败并不代表以骑兵为主的清军在陆地上没有机会。清光绪二年(1876),左宗棠在65岁的多病垂暮之年接受了"钦差大臣、督办新疆军务"的重任,在一个没有风、没有月、没人送行的日子里,率6万湖湘子弟铿锵西行。白雪皑皑的祁连山下,车辚辚,马萧萧,猎猎长风卷起了已经威武不再的龙旗。军阵里,士兵们抬着左宗棠的棺材。将有必死之心,士无贪生之念。在短短一年多时间里,他们"先北后南,缓进急攻",迅速扫荡了阿古柏并收复了天山南北160万平方公里的国土。

这是晚清夕照中最辉煌的一笔,左宗棠借此昂然进入了民族英雄的序列,而且他也进入了中国常胜将军的行列,在他之前称得上常胜将军的唯有汉朝的韩信、唐朝的李靖、宋朝的岳飞。

据说他还下达了一道命令,部队开到哪里,大路就修到哪里,杨柳就栽到哪里。结果,从潼关到嘉峪关3700里的漫长距离内,生长起一条绿色的长廊,那行遗世而独立的"左公柳",成为中国西部一根倔强的脉络和一道不老的风景。继任者杨昌浚赋诗赞叹道:"大将筹边尚未还,湖湘子弟满天山。新栽杨柳三千里,引得春风度玉关。"

光绪二年至五年（1876—1879），清朝竟然控制了新疆并站稳了脚跟，还打了一连串久违的胜仗，这令俄国人十分吃惊、大失所望。依它过去所做的承诺，必须无条件地从伊犁撤退。俄国人实在无法拒绝撤退，但却要求谈判撤退的条件。

经过艰苦的谈判，声称暂时代管伊犁的俄国人总算归还了伊犁，但是却借机通过谈判割占了3万平方公里的土地，得到了500万两白银的军事赔偿，地球上那片可怜的海棠叶又被北极熊狠狠地咬了一口。

光绪十年（1884），清朝正式在新疆建省，并取"故土新归"之意将西域改称"新疆"，新疆军政中心由伊犁迁移到迪化（今新疆乌鲁木齐）。

十二、与昨天分手

也许是为了与同样信仰回教的回族区别开来，回人在近代改名"维吾尔"。

极其滑稽的是，20世纪初，一伙民族分裂主义分子竟然数典忘祖，把维吾尔族当成死敌突厥的一部分，将西方殖民主义者别有用心的地理名词"东突厥斯坦"政治化，鼓吹"东突厥斯坦自古以来就是一个独立的国家"，其民族有近万年历史；鼓噪所有操突厥语和信奉伊斯兰教的民族联合起来，组成一个政教合一的国家；否认中国各民族共同缔造伟大祖国的历史，叫嚣"要反对突厥民族以外的一切民族"，消灭"异教徒"。

突厥斯坦，意思是突厥人的地域，是西方中世纪地理学著作中的一个概念，泛指中亚锡尔河以北及其毗邻的地区。19世纪初，西方列强在中亚进行殖民扩张时，别有用心地将这个学术概念现实化，把中亚河中地区称为"西突厥斯坦"或"俄属突厥斯坦"，将新疆塔里木盆地称为"东突厥斯坦"或"中国突厥斯坦"。读到这里，读者们能不对这一强奸历史的逻辑感到滑稽可笑吗？

中华民国二十二年（1933）11月12日深夜，就在新疆督军盛世才与回族军阀马仲英激战正酣之际，伊斯兰教神职人员沙比提大毛拉和东突理论家穆罕默德·伊敏在今喀什打出了"东突厥斯坦伊斯兰教共和国"的旗号，煽动民族仇视并屠杀兄弟民族。次年的2月6日，苏联红军配合盛世才结果了这个不伦不类的"共和国"。算起来，这个"怪物"只存在了可怜的86天，仅仅比袁世凯的皇帝梦多做了3天。

在德国发动侵苏战争之后，靠苏联起家的盛世才认为苏联必败无疑，中共也朝不保夕，便一下子倒入了蒋介石和宋美龄的怀抱，赶走了苏联政府在新疆的外交人员，逮捕了在新疆工作的130多名共产党人及其家属（毛泽民及其妻子朱旦华、儿子毛远新一起被捕)。为此,苏联驻迪化总领事巴库林专门会见盛世才并警告说:"如果加害毛泽东的弟弟,你将难逃厄运;而加害陈潭秋①,将招致苏联的全面军事行动。斯大林希望毛泽民与陈潭秋能很快恢复自由。"但盛世才已经利令智昏。

中华民国三十二年(1943)9月27日深夜,共产党人陈潭秋、毛泽民②、林基路③被盛世才秘密杀害(其他人员3年后才被张治中释放)。盛世才的反复无常充分印证了前任中共驻新疆代表邓发对他的评价:"盛世才,就其出身来说,是个野心军阀;就其思想来说,是个土皇帝;就其行为来说,是个狼种猪。"

中华民国三十三年(1944),伊犁、塔城、阿勒泰三区革命爆发,矛头直指丑恶嘴脸暴露无遗的盛世才。令人不可思议的是,这个信仰马列主义并赢得了苏联伊宁领事馆支持的伊斯兰教解放组织打出的旗号竟然也是"东突厥斯坦共和国"。直到两年后,亲共的维吾尔族爱国首领阿合买提江和阿巴索夫掌握了革命领导权,才主持纠正了革命初期的分裂主义倾向,取消了明显带有独立意味的名称,成立了伊犁、塔里、阿山专区(新中国正史称之为三区革命政府)。

盛世才的苦日子开始了,雪上加霜的是,国民党陶峙岳兵团三个师奉命进入迪化,他的"新疆王"地位受到巨大挑战。于是,他一面大肆逮捕国民党人,一面厚颜无耻地致电斯大林,要求重新加入苏联共产党并将新疆划为苏联的一个加盟共和国。此时的斯大林已经彻底认清了盛世才的机会主义面目,不仅断然拒绝了他的要求,而且把他的电报原文转给了蒋介石。很快,蒋介石将盛世才调任最没有油水的中央农林部长一职,这个双手沾满新疆人民和共产党人鲜血的土皇帝终于狼狈出疆。后来,他成为台湾一家菜馆的掌柜。

经苏联调解,伊宁政权和国民党于民国三十五年(1946)6月合并成立了新疆省联合政府,国民党西北行营主任张治中兼任新疆省主席,伊宁政权首脑阿合买提江和维吾尔学者包尔汉·沙希迪被吸纳为副主席,伊宁政权的另一名领袖阿巴索夫任副秘书长。但为了限制三区革命,国民政府竟然将一贯坚持独立的麦斯武德、伊敏、艾沙和三区革命的叛徒乌斯满塞进了联合政府。伊敏于20世纪30年代流亡印度时写成的小册子《东突厥斯坦史》开始在新疆广为流传。

由于张治中和阿合买提江坚持"和平、统一、民主、团结"的政策,结果遭到了国民党顽固分子和突厥主义分裂势力的不断攻击。民国三十六年

---

① 时任中共驻新疆代表。
② 时任新疆财政厅长。
③ 曾任新疆学院教务长,后被贬任新疆库车县、乌什县县长。

(1947)5月,张治中辞去了新疆省主席职务,包尔汉被调往南京担任国府委员的闲差。分裂分子麦斯武德、伊敏、艾沙分别被国民政府单方面任命为新疆省主席、副主席、秘书长,已经卖身投靠国民党的乌斯满公然带领军队进犯三区。阿合买提江被迫率领三区代表撤回伊宁,国民党军队和三区武装沿玛纳斯河形成对峙。

"得志者"表面上秉承蒋介石的意志,私下里却做着独立的美梦。民国三十七年(1948),在国民政府行将崩溃之际,他们正式提出了新疆另名"中国突厥斯坦","给予独立以下、自治以上地位"的要求。结果,蒋介石雷霆震怒,立即宣布撤掉这些不知好歹的家伙,将身边的"闲人"包尔汉派回新疆主政。

中华民国三十八年(1949)8月,新中国的太阳即将升起。毛泽东派邓力群从苏联到达伊宁,向三区政府发出了参加中国人民政治协商会议的邀请。①随后,他转赴乌鲁木齐,向新疆军政首脑陶峙岳、包尔汉转交了已经弃暗投明的张治中给二人的电报。陶峙岳、包尔汉在将叶成②、马呈祥③、罗恕人④三个顽固派军官和分裂分子伊敏、艾沙等人礼送出南疆后,率10万新疆驻军和省政府成员通电起义。12月9日,三区民族军到达乌鲁木齐,与解放军、国民党起义部队一起举行了"三军"入城式,民族军被改编为人民解放军第五军。公元1955年10月1日,新疆维吾尔自治区成为中国五大自治区之一,包尔汉当选为自治区主席,陶峙岳被任命为解放军第二十二兵团司令员、新疆军区副司令员兼生产建设兵团司令员。

十三、诗意的去处

如今聚集了绝大多数维吾尔人的新疆⑤已经成为一个安全、美丽而诗意的去处。与其说她是中国边疆一颗璀璨的明珠,不如说是天女遗落在西域的一只花篮:阿尔泰山、昆仑山是她牢固的筐沿,中部的天山酷似花篮的提梁,两大盆地里的1000多块绿洲、89个县市、40多个民族便是那五彩斑斓的鲜花。

这是大自然最为矛盾、最为巧妙地创造:这里既有中国最为可怕、最为广

---

① 阿合买提江等人在赴京途中因飞机失事全部遇难,三区政府又派出赛福鼎、阿里木江、涂治参加了宣布新中国诞生的政协会议。
② 国民党整编78师师长,曾任蒋介石的侍卫大队长。
③ 国民党整编骑1师师长,马步芳的外甥,马步青的女婿。
④ 国民党179旅旅长,曾任胡宗南的随从副官。
⑤ 中国境内的维吾尔人除聚居于新疆之外,还有一小部分落居湖南省桃源和常德,人口已达一千万。另有近20万维吾尔人居住在哈萨克斯坦共和国和吉尔吉斯斯坦共和国境内。

袤的沙漠——塔克拉玛干沙漠、古尔班通古特沙漠、库姆塔格沙漠,也有中国最为诗意、最为纯美的湖泊——"西塞明珠"博斯腾湖、"月亮湖"艾丁湖、"人间瑶池"天池、巴音布鲁克草原上的天鹅湖、山梁上的赛里木湖、童话世界里的喀纳斯湖,还有中国最为炫目、最为鬼魅的地貌——准噶尔盆地东部五彩湾里那跌宕起伏的雅丹①地貌,淋漓尽致地展示了大自然在三叠纪、白垩纪、侏罗纪时代的地覆天翻。

如今的新疆已经成为一个世界级旅游热点,去遥远的新疆是许多内地人一生的梦想,但很少有人只愿意做一个行色匆匆的观光客,只满足于看到了异样的大漠、戈壁和胡杨,因为真正触动人心的东西往往潜藏在风景深处,不留心就不容易看到。历史与文化的两条坐标虽然时时与地理交织在一起,留给我们的线索却常常像是阳光下的蛛丝马迹,不那么一目了然,不知道究竟延伸到什么地方,不知道又会牵扯出多少历史的五彩丝带,这也就是单纯的风景旅游渐渐被风景、人文结合的旅游所取代的终极原因。

这里就有着所有现代游客所梦寐以求的西域文明,就是包括维吾尔族在内的诸多世居民族居住的神秘遥远的古西域,就在这个曾经升起过36个绿洲古国的地方,尽管已经有14个葬身茫茫沙海和洪水淤泥,尽管楼兰古城遗址、约特干遗址(于阗国古城)、民丰尼雅遗址(精绝国古城)、米兰遗址(鄯善古城)、库车皮朗古城遗址(龟兹国古城)、博格达沁遗址(焉耆古城)刚刚掀起神秘的盖头,但是却点燃了人类考古学家们无尽的兴致,承载了现代旅行者太多绮丽的梦想。

丝绸之路,盛唐歌舞,千佛之地,异域风情……若羌、库车、和田、喀什、姑墨、温宿、且末……这些一直深深隐居在古书里、如今已经鲜活地展现在游人视野中的古国城堡,给今人留下了那么多的宗教、哲学、音乐、美术的信息。这些信息如历史老人留下的回音壁、记事珠、备忘录,潜伏在干涸的河床,附着在红色的岩石上,漂移在飒飒作响的钻天杨树间,沉默在广漠的戈壁深处,积淀于和历史一样苍茫的克孜尔石窟、库木吐拉石窟、吐峪沟石窟、伯孜克里克石窟、森木塞姆石窟里,让后人以神秘、敬畏、景仰、赞叹之情,迫不及待地去寻找、追随和研习。

历史把维吾尔人等诸多世居民族界定在祖国的大西北实在是一种天意的搭配,正如雪山之于青松,大鹏之于长天,巨轮之于沧海。有了这样一个民族,沙海不再寂寞,大漠不再荒凉,吐鲁番有了甜美可口的葡萄,哈密有了令人垂涎的瓜果,戈壁有了展示不尽的靓妆,达坂城里有了王洛宾的情歌,天山南北

---

① 维吾尔语,意为陡峭的丘陵。

有了阿凡提的故事……

新疆地下储藏着煤炭、石油、天然气,地上生长着棉花、番茄、马牛羊。如今,美丽的新疆作为中国西部开发的一个重点,已经展开了经济腾飞的翅膀。包括所有维吾尔人在内的中华民族的发展时刻表已经赫然悬挂在21世纪的门楣上,那滴滴答答的声响是巨龙的心跳。

正如新中国的缔造者毛泽东的诗句:"一万年太久,只争朝夕!"

显然,突厥与维吾尔族的先人回鹘在族源上毫无关系,而与回鹘一奶同胞的是今土库曼斯坦和撒拉族的先人——乌古斯。

第 七 章

乌古斯——回鹘的孪生姐妹

> 你能在所有时候欺骗某些人,也能在某些时候欺骗所有人,但你不能在所有的时候欺骗所有的人。①

一、饥饿与侮辱

这是一个被蒙蔽和混淆的民族。其实,追溯其源头并不困难,因为在历史上她曾经拥有一个响亮的名字——乌古斯。乌古斯与回纥同出一脉,共同的祖先是先秦的赤狄、秦代的丁零以及稍后的铁勒。

铁勒这棵大树分权,始于汉代。在汉代铁勒各部中,乌古斯人被称为乌护、乌鹘、屋骨思。一位中亚史学家谈到②,在古代蒙古哈拉和林一带的山区中,沿着十条河居住的回纥人称为"温畏兀儿",住在九条河地区的乌古斯称为"脱忽思畏兀儿"。显然,十姓回纥(温畏兀儿)和九姓乌古斯(脱忽思畏兀儿)是处于氏族向部落过渡的两个胞族。

同胞姐妹的命运大同小异,都有被突厥侵略和侮辱的记录。第一次发生在隋炀帝大业元年(605),包括乌古斯与回纥的祖先在内的铁勒各部酋长前往突厥汗帐朝拜,被突厥人统统阮杀。第二次厄运发生在唐高宗永淳元年(682),后突厥汗国颉跌利施可汗发兵血洗了九姓铁勒之一的乌古斯人,残兵败卒被他们强行划入了"突厥九姓部落联盟"。

从此,乌古斯人在讲乌古斯语的同时,被迫学说突厥语。而且,这些来源于丁零——铁勒部落的人们,被迫放弃原来的部落名称,被称作黑突厥,也叫异姓突厥。

---

① 语出美国第 16 任总统亚伯拉罕·林肯。
② 据波斯人拉施特的《史集》,昆仑出版社 2006 年版。

暮色像铁锤般落下，锻打着满天苦涩的乌古斯人。他们曾经哭泣过，但无人同情；他们曾经反抗过，但无济于事。他们唯一能做的只有弯腰、闭嘴、忍耐、等待。整整一代人等得须发斑白了，后突厥才于公元8世纪上半叶出现疲态，乌古斯人趁机脱离突厥归附大唐，先被安置在太原以北地区临时避难，后来回到色楞格河一带游牧。

恶狼刚走，猛虎又至。突厥人在蒙古草原上留下的空缺很快被同宗的回纥人占据。唐天宝六年（747），回纥磨延啜可汗一即位，就发兵攻打色楞格沿岸的"八姓乌古斯"，乌古斯人被迫辗转西迁。

拿破仑曾发自内心地说过："饥饿和胃统治着世界。"大概在9世纪前后，饥饿的乌古斯人逃难来到从额尔齐斯河到伏尔加河的广阔地区，找到了一片梦一般理想的草原。在这里，他们用铁拳和婚姻融合了当地散乱得像落叶一样的马萨该达塞人部落，渐次由弱变强，蠢蠢欲动。

然而，中亚作为流浪者的避难所和栖息地，向来就是一个火药桶。先是突厥人和包括乌古斯人在内的突厥语族人被唐朝和回纥（后更名回鹘）驱赶到了这里。继而，分裂后的回鹘汗国被黠戛斯赶出了蒙古草原，部分回鹘人沿着逃难者的习惯路径来到中亚。想不到，回鹘余部到达中亚后竟然屡战屡胜，在中亚绽放成了一朵艳丽的黑色玫瑰——喀喇汗王朝。突厥人和乌古斯等所谓的突厥语族人再次沦为附庸。

二、塞尔柱苏丹

就像日耳曼人进入罗马一样，以骑射为生的突厥人于公元9世纪末年进入萨曼王朝的宫廷卫队，很快就表现出优于他人的军事素质。到公元10世纪中期的时候，突厥奴隶出身的宫廷卫队首领阿尔普特勤控制了萨曼王朝的国政，被任命为呼罗珊长官。

显然是征得了阿尔普特勤的同意，同属于突厥语族的乌古斯奇尼克部首领杜卡克和儿子塞尔柱，于宋开宝三年（970）率部从中亚北部的吉尔吉斯草原启程，迁移到了锡尔河下游地区的毡的（今哈萨克斯坦克孜尔奥尔达东南）。约在985年，他们被编为萨曼王朝的边防军，驻牧在布哈拉附近。之后，他们屈服于高级文明的诱惑，皈依了流行的伊斯兰教逊尼派，同时被称为土库曼。

阿尔普特勤没有儿子，他的女婿萨布克特勤于公元977年建立了伽色尼王朝。乌古斯首领塞尔柱的儿子伊斯莱尔曾经在992年萨曼王朝与喀喇汗王朝的战争中援助过萨曼王朝，并在战斗中表现出了令人惊讶的实力，让从旁观战的伽色尼王朝记在了心上。999年,萨曼王朝被喀喇汗王朝所灭,萨布克特勤的长子马哈穆德趁机占领了原萨曼王朝阿姆河以南的领土,使伽色尼王朝走向全盛。早就对伊斯莱尔放心不下的马哈穆德,设下圈套将伊斯莱尔抓了起来,在印度一直囚禁到死。

"乌云带来时雨,灿烂的云却不会。"后来,马哈穆德允许塞尔柱的两个孙子图格里尔和查格里越过阿姆河在奈萨和艾比瓦德定居。这位自作聪明的伽色尼苏丹还将两人招为驸马,令他们在呼罗珊北部为伽色尼守卫边疆。

兄弟二人并未因此忘记杀父之仇,他们乘马哈穆德的继承者马苏德进军印度之机,在呼罗珊大肆扩军。感到大事不妙的马苏德于1040年晚些时候在木鹿附近的丹丹坎发动了对乌古斯人的进攻,但被严阵以待的图格里尔打得大败,胜利后的图格里尔正式宣布自己为苏丹(意为力量和权威,后被当做国家统治者的称号)。此后,图格里尔让其弟查格里留驻呼罗珊,自己则率领大军西征,于1055年占领了巴格达,在那里宣布成立了伟大的塞尔柱苏丹国。

以爷爷之名命名其国的图格里尔,既是塞尔柱帝国的创立者,又是帝国疆域的开拓者。他于1043年灭掉了伽色尼王朝的附庸花剌子模,又于1059年迫使伽色尼王朝退出河中,硬是在虎狼出没的猎场里圈出了一片天地。仿佛,我们又在叙说一个中亚版越王句践的故事。

所不同的是,帝国的扩张在其侄子阿尔斯兰(查格里之子)和儿子马立克·沙统治时期并未停止。尤其令人吃惊的是,他们居然有胆量去摸老虎屁股——把扩张的矛头指向了曾经无比辉煌的拜占庭帝国。

三、拜占庭

这时的拜占庭帝国已经开始了历史的拐弯。这次拐弯,源于皇帝的心血来潮。

324年,君士坦丁成为罗马帝国皇帝。此后不久,一向标新立异的他做出了两项改变千年历史的著名决定:第一,在帝国东部建立一个新的首都;第二,规定基督教为帝国的国教。

他选定位于博斯普鲁斯海峡西岸的希腊要塞拜占庭作为都城,帝国以城市的名字命名为拜占庭帝国,而皇帝却以自己的名字命名这座城市——君士坦丁堡。从此,罗马的政治经济重心向地中海东部转移。

在330年正式定都君士坦丁堡后,皇帝开始着手建造名副其实的帝国之都。高高的城墙、辉煌的宫廷、宽敞的广场、肃穆的教堂相继落成,气势恢宏的圣索菲亚大教堂也在君士坦丁继任者查士丁尼手中完成。这个被人们称之为"新罗马"的城市，保留了大量的罗马意识形态、政体和法律，只是此地的东正教仪式逐渐取代了罗马仪式，君士坦丁堡主教也开始与罗马教皇抗衡。

君士坦丁死后，罗马帝国陷入了混乱。直到394年，才由提奥多西统一了整个罗马。令人意外的是，提奥多西仅仅在位一年就病逝了。他生前就把帝国分给了两个儿子，长子阿卡狄分得东部，次子贺诺里分得西部。

正如人们预料的那样，395年，神圣的罗马帝国分裂为东西两部分，东罗马帝国就是拜占庭帝国。

两个帝国的命运迥异。西罗马帝国的末代皇帝罗恭洛·奥古斯图卢斯于476年被入侵的日耳曼人所废除，而拜占庭帝国的光辉却一直照耀到15世纪的中叶。特别是当欧洲大部陷于黑暗时代，伊斯兰教的进攻势头锐不可当之时，拜占庭仍在独撑危局。几个世纪以来，小亚细亚一直是基督教拜占庭势力抵抗阿拉伯伊斯兰教进攻的堡垒。

但塞尔柱人的到来，打破了这一脆弱的平衡。在1071年爆发的发生在小亚细亚东部的曼齐刻尔特战役中，塞尔柱人大获全胜，拜占庭皇帝罗曼努斯四世被俘。这次战役的连锁反应是，引起了拜占庭敌对派系之间的内战。彼此不和的拜占庭军官为了赢得塞尔柱人的支持战胜另一方，竞相将许多城镇和要塞献给塞尔柱人；农民也因不满拜占庭官吏的腐败与剥削，虽不信任但也没有反抗地接受了新的塞尔柱主人；还有大批的塞尔柱和突厥移民随着他们得胜的战士向北迁移。于是，11至13世纪，小亚细亚大部分地区由希腊和基督教地区变成了突厥语族和穆斯林地区，直至21世纪的今天。

曼齐刻尔特战役的胜利，使塞尔柱人控制了包括基督教圣地耶路撒冷在内的整个小亚细亚（这也为奥斯曼突厥人灭亡拜占庭埋下了伏笔），拜占庭帝国被迫向罗马教皇求救。谢天谢地，这对于雄心万丈的罗马教廷来说，是一个重新把东正教置于自己管辖之下的极好机会。1095年，教皇乌尔班二世在宗教大会上发表了一篇蛊惑人心的演说，他以夺回圣地为号召，以东方的富庶为诱饵，发起了一场波澜壮阔的宗教战争。由于参战者的胸前和臂上均缀有代表基督教的"十"字，因此被称为十字军。1096年至1270年间，罗马教皇先后发起了八次十字军东征。不过，它给历史留下的，除了艰难的跋涉就是自私的抢劫，对于拜占庭几乎毫无帮助。

四、文盲的悲剧

对民族主义者来说，胜利向来就是添加剂。与拜占庭战争的胜利，进一步鼓舞了塞尔柱人的斗志。在马立克·沙 1073 年至 1092 年执政期间，塞尔柱帝国达到了鼎盛，成为东起兴都库什山，西抵地中海东岸的庞大帝国。他们不仅统治了叙利亚、美索不达米亚、伊朗和小亚细亚，而且使西部的喀喇汗王朝沦为自己的附庸。

当大幕再次拉开时，一种低沉的悲剧旋律贯穿了全场，站在台上的皇帝仍然是创造了辉煌的马立克·沙，但他已经不是主角，主角是呼罗珊籍丞相。

主角更替的原因很简单，塞尔柱苏丹几乎全是文盲，他们不得不倚重当地人，呼罗珊人伊斯霍克任宰相达 30 年之久，还被授予了尼佐姆·乌尔·穆尔克①的称号。

其实，这位宰相是一位忠心耿耿、才华横溢的臣仆，这位身背万世骂名的大臣可以说是帝国起得最早、睡得最晚的人，很少有人在工作的细枝末节上花费那么多时间。

问题在于他于 1087 年提出了一项事实证明后患无穷的制度，而且很快就得到了对自己言听计从的马立克·沙的批准。按照这个美其名曰"军事采邑制"的制度，帝国把土地划拨给采邑主，由其向农民出租土地，租借土地的农民以实物向采邑主缴纳田赋，再由采邑主扣除利润后将田赋的一部分缴入国库。采邑主可以世袭土地，拥有私兵。这一措施的好处是省了政府的麻烦，致命的后果便是导致了封建势力的割据和帝国的分裂。

到了 11 世纪末和 12 世纪初，军事采邑制的弊病便暴露无遗，拥有军队和土地的采邑主们开始蠢蠢欲动。采邑主们利用当时群众中发展的什叶派穆斯林运动来反对塞尔柱王朝，他们于 1092 年 10 月刺杀了宰相，一个月后马立克·沙也被他们毒死。之后，马立克·沙的诸位儿子因争夺王位内讧达 12 年之久，把个塞尔柱帝国折腾得面目全非，渐渐分裂成了许多独立的公国或苏丹国，叙利亚有安条克、大马士革、阿勒颇、的黎波里，两河流域有摩苏尔苏丹国，小亚细亚有卢姆苏丹国……各小国之间无休止的征战，给入侵者提供了可乘之机。1141 年，耶律大石建立的西辽在卡特万草原大败塞尔柱残余——忽儿珊国苏丹桑贾尔和西喀喇汗王朝马赫穆德汗联军，河中地区的管辖权最终易手。

更可怕的是，塞尔柱帝国的藩属花剌子模转而降服于西辽这个更为强大的主子，并以西辽为后盾，开始肆无忌惮地向乌古斯人控制的伊朗东部扩张。到 12 世纪末年，花剌子模已经占领了塞尔柱帝国的中部地区并击败了阿巴斯哈里发，乌古斯人在伊斯兰世界中的地位被这个"忘恩负义的小人"所取代。

---

① 治国功臣之意。

第七章　乌古斯——回鹘的孪生姐妹

部下变得耀武扬威,昔日的主人只有忍气吞声。

哲人训示我们,浓尽必枯,强极则辱。哲人也安慰我们,水深不响,响水不深。13世纪20年代,成吉思汗的铁骑踏上了中亚草原,嘴硬的花剌子模被蒙古骑兵血洗,整个民族从此在人类谱系上消失。低调的乌古斯人则因及时归附而免遭灭族之灾。

五、黑羊与白羊

从此,他们变得更为明智。

一个半世纪之后的一天,一位名叫帖木儿的瘸子横空出世,蒙古伊儿汗国被取而代之,中亚和西亚出现了巨大的权力真空。清水沐浴,浑水摸鱼,乌古斯人于1378年建立了东西两个并立的王朝。信奉伊斯兰什叶派教义的部落以大不里士为首都,因旗帜以黑羊为标志,所以叫黑羊王朝。信奉伊斯兰逊尼派教义的部落崛起于小亚细亚东部迪亚贝克尔,因旗帜上绘有白羊图案,故名白羊王朝①。

对两个人而言,兄弟之间往往情同手足;就两个国家而言,同宗同族却绝非幸事。天生的不服气加上来自不同的教派,这对兄弟王朝自成立起就仇深似海,骨肉相残。

兄弟相争,给外人提供了各个击破的良机。那位瘸子从东部战场腾出手来以后,开始向一盘散沙的西亚扩张,他于1400年派儿子米兰沙进攻黑羊王朝,黑羊酋长卡拉·优素福逃亡埃及。瘸子则亲自领兵走马信步白羊王朝,迫使白羊成为自己的忠实奴才和军事先锋。后来,白羊酋长卡拉·奥斯曼率军参加了瘸子的安卡拉战役,瘸子一高兴,就将伊拉克北部的迪亚巴克尔地区封给了他。

帖木儿帝国因瘸子1405年突然病死而迅速分裂,乌古斯人终于又可以浮出水面喘一口气了。1406年,逃亡六年之久的黑羊酋长卡拉·优素福从埃及卷土重来,重新占领了大不里士。他的儿子贾汗·沙和父亲一样具有嗜血的天性,他凭借铁拳取得了原属帖木儿王朝的统治权,成为西亚的伊斯兰大国。

贾汗·沙再也不把任何人放在眼里。1467年11月11日,贾汗·沙大摇大摆地攻入了同宗的白羊王朝的领土。由于孤军深入加上骄傲轻敌,他在穆什中了白羊酋长乌宗·哈桑的埋伏,脑袋在不知不觉中搬了家。白羊王朝趁对方群龙无首迅速发起反攻,几乎在一夜之间便成为新的西波斯王。纵观整

---

① 见阿宝斯·艾克巴尔·奥希梯扬尼《伊朗通史》,经济日报出版社1997年版。

个战争过程,人们无不感到白羊王朝赢得偶然而侥幸。

之后,白羊王朝已经不把任何人放在眼里。1469年,乌古斯人击败了已成强弩之末的帖木儿可汗阿布·赛义德,占据了繁华无尽的大不里士。就在这段辉煌的日子里,乌古斯人开始由游牧向定居畜牧业和绿洲农业转变,以乌古斯人为主,融合了马萨路特人、安息人、花剌子模人的土库曼族正式形成。

螳螂捕蝉,黄雀在后。就在白羊王朝陶醉在欢庆中难以自拔的时候,邻近的奥斯曼突厥人于1473年发起突袭,白羊王朝顷刻瓦解。他们为失败找的理由是,威尼斯的武器援助没有按期到达,他们输在了武器落后上。

失败的乌古斯人被迫退缩到原来的地区苟延残喘,直到1508年退出国家行列。逃亡中的末代苏丹穆拉德还在嘟囔:"怪都怪30年前威尼斯的失信。"

六、走为上计

中亚无疑是一块肥肉。

16世纪初,中亚群雄并起,萨菲王朝、希瓦汗国及布哈拉汗国共同点燃起战火的硝烟。不久,希瓦汗国占了上风,控制了大部分土库曼人地区,境内的土库曼人被迫接受主人的横征暴敛。

一天,希瓦王子伊斯芬迪亚依靠土库曼诸部的力量登上了汗位。他在上台后知恩图报,借助土库曼贵族势力打压乌兹别克王族中的政敌。土库曼人不仅可以参与汗王的军事决策,而且得到了国家的赋税征收权。土库曼人开始扬眉吐气。

事实证明,把一个民族的命运维系在一个人身上是靠不住的。指望特例,就像指望买彩票中五百万大奖一样,做做梦可以,千万不能当真。1643年,伊斯芬迪亚的弟弟阿布哈齐一上台,便马上开始了在国家政权中和领土上对土库曼人的清洗、驱赶与屠杀,并出台了土库曼人不经汗王允许不得进入首都的一揽子歧视政策。这种带有明显报复心理的高压政策,迫使土库曼人远离了希瓦汗国的统治中心。与此同时,原游牧于伏尔加河下游的卡尔梅克人落井下石,沿里海东岸南下掠夺居住在曼基什拉克和乌斯秋尔特的土库曼部族。滚滚的阴云立时笼罩了苦难深重的土库曼人。

三十六计,走为上策。土库曼人决定举部迁徙。

促使土库曼人迁徙的原因远远不止于此,还有两种因素也许比军事原因更为突出。一是地理大发现使新的海上商路逐渐取代了古老的陆地商路,里海周围作为陆地商路重要环节的许多城市开始趋于衰落,居住在这些城市以商业、手工业为中心的土库曼人的原有经济格局被打破,单一的游牧生活已难以满足土库曼部落的需要。二是 17 世纪初阿姆河通往萨雷卡梅什湖的达利雅雷克水渠的关闭,以及由此而开始的萨雷卡梅什湖和乌孜伯依河的干涸,使得以阿姆河为基本水源的灌溉系统不得不废弃,土库曼人苦心经营的绿洲开始被卡拉库姆大沙漠吞噬。从事绿洲农业的阿里里土库曼人,只得南去寻找新的绿洲。综上所述,经济的、军事的、社会的原因,迫使土库曼人开始了持续近两个世纪的大规模南迁。

土库曼部落中的萨雷尔人,离开曼基什拉克原地和乌斯秋尔特原地,绕过卡拉库姆大漠,定居在木尔加布河和捷詹河流域。埃尔萨里人迁到了以查尔朱为中心的阿姆河中游两岸和阿姆河与木尔加布河之间的广阔地区。约穆特人的一支沿里海东岸向南,直至阿特列克河、戈尔根河入海处;另一支向东深入卡拉库姆大漠游牧。外萨雷尔捷开部由土库曼斯坦北部迁到了科佩特山脉北麓的阿哥尔地区定居,使地区经济和部族人口迅速增长,到 19 世纪初的时候,阿哥尔地区已经成为经济繁荣、人口稠密的地区之一。阿里里人离开了萨雷卡梅什湖周围和乌孜伯依河流域渐渐干涸的农田,来到捷詹河上游西岸地区开垦新的土地。

生于忧患,死于安乐。长达两个世纪的大迁徙使土库曼人走出了困境,"乔穆尔"(耕种者)大有超过"恰尔瓦"(畜牧者)之势,民族人口也创纪录地发展到了 20 万帐 100 万人。

有人一再宣扬这次迁徙的意义,如同当今许多人对山东人"闯关东"、山西人"走西口"、福建人"下南洋"的溢美之词。其实这些本是无奈之举,充其量也就是一次过程艰辛但后果稍可的"谋生"。说穿了,历史本是过程,似乎并无我们所找的"意义",是"意义"这个词打扰了人间的安宁。怪不得马科斯·韦伯说:"人是悬挂在由他自己编制的意义之网中的动物。"

七、因为棉花

在他们丰衣足食的时候,身边的一个强盗正垂涎欲滴。

邻居沙皇俄国崛起于 19 世纪上半叶。工业资本得到迅速膨胀的沙俄政府,迫切需要向南扩张以寻求新的商品销售市场和原料市场。1818 年至 1821 年间,俄国向土库曼地区派出了两支探险考察队,掌握了土库曼矿产、商业、历史、地理、民俗等方面的大量资料,尤其是土库曼的长绒棉花使从遥远的美洲进口棉花的俄国人如获至宝,这也许是日后俄国入侵土库曼的直接原因。

建立了世界上疆域最广阔的帝国的俄罗斯人绝非盲目的进攻者,他们在准备工作未做好前是不会轻易出兵的。1859 年至 1871 年,俄国先后派出了由资深军人组成的考察探险队和侦察部队,在里海东岸的克拉斯诺沃茨克湾建立了要塞,并实地侦察了萨雷卡梅什盆地和阿特列克河流域的大片地区。

一切准备就绪后,沙俄于1873年初开始,利用8年时间,占领了整个土库曼人聚居区。

在布哈拉和希瓦,俄国仍在名义上保留着埃米尔和汗王的头衔,这两个地区的土库曼人依然受布哈拉埃米尔和希瓦汗王的统治;而这两个地区之外的土库曼人则受俄国政府设立的外里海州的直接管辖,土库曼人本来就少得可怜的相对独立性也被剥夺得一干二净。

从此,土库曼人被迫屈从于这个强盗,并在大炮和刺刀的监督下大量种植棉花供给俄国,以至棉花畸形发展的状况持续到今天。

不要认为土库曼人没有血性,因为水是无法被石头击穿的。在敌强我弱的历史关头,历史应该允许一个民族选择示弱和沉默并耐心等待东山再起的机遇。

让梦想成真的最佳方式,就是从梦中醒来。俄国二月革命的炮声,震碎了沙皇的独裁梦,土库曼地区纷纷建立了苏维埃政权。

经济、文化、国防建设和外交斗争在客观上要求各苏维埃共和国联合起来。1922年10月,俄共中央全会根据列宁的建议,通过了各苏维埃共和国在自愿平等的基础上联合成苏维埃社会主义共和国联盟的决议。时隔两月,俄罗斯联邦、南高加索联邦、乌克兰、白俄罗斯宣布发起组成苏联。1924年苏联第一部宪法规定,苏联是各主权苏维埃共和国联合的联盟国家,各加盟共和国具有主权国家地位。除外交、国防、对外贸易、交通、邮电等方面的权力归联盟中央行使外,其他方面的国家管理权力均归各加盟共和国独立行使。之后,苏联发展为俄罗斯联邦、乌克兰、白俄罗斯、哈萨克、乌兹别克、吉尔吉斯、塔吉克、土库曼、阿塞拜疆、亚美尼亚、格鲁吉亚、摩尔多瓦、立陶宛、拉脱维亚、爱沙尼亚15个加盟共和国。由此,苏联在世界历史上形成了独一无二的奇特的国家结构形式,即以民族划界设立联邦主体的苏维埃联邦制国家[1]。

看来,这是一个凑热闹和归大堆的时代。根据土库曼人民的意愿,1924年召开的苏联第二届特别执行委员会批准成立了土库曼苏维埃社会主义共和国。次年,全土库曼苏维埃大会宣布成立了土库曼苏维埃社会主义共和国,并以共和国的名义加入了已经无限庞大的苏联。

在列宁的金色光环中聚集起来的这个国家,国土面积达到了创纪录的2240万平方公里。如果去除松散的蒙古帝国和日不落时期的大英帝国,列宁

---

[1] 见周尚文等著《新编苏联史1917—1985》,上海人民出版社1990年版。

首创的苏联堪称历史奇迹。

八、走向独立

好运气肯定还会再来。即便是一块不走的表,每天也有两次是准的。

苏东剧变发生后,苏联这个世界上最为幅员辽阔的国家联盟轰然坍塌,各加盟共和国的独立大潮一浪高过一浪。1990年,土库曼最高苏维埃通过了国家主权宣言,改行总统制,土库曼共产党(后更名民主党)第一书记尼亚佐夫当选为首任总统。土库曼经过全民公决宣布独立,土库曼语被宣布为国语。

独立后的土库曼斯坦西濒里海,北邻哈萨克,东北、东部与乌兹别克接壤,东南部为阿富汗,南部与伊朗交界,人口466万,首都阿什哈巴德。土库曼斯坦五分之四的国土处于图兰低地南部,是中亚地区最平坦的国家;因卡拉库姆沙漠积聚在境内,所以它又有"沙漠牧场"之称。

民族独立运动的先驱尼亚佐夫被人民委员会授予了"土库曼巴希"(祖国之父)称号,1994年的全民公决将他的任期延长到2002年,时隔5年人民委员会和议会又联合授权他"无限期行使总统权力"。

世纪之交的土库曼,对于领袖的崇拜无处不在。首都的大型建筑上无一例外地悬挂着总统的巨幅画像,主要街道上矗立着总统母亲怀抱小尼亚佐夫的雕像,官员们胸前佩戴着总统的纪念章,他的著作《鲁赫纳玛》在清真寺里和《古兰经》放在一起,同时还是中小学和大学的必读书目。学生们每天早上都要宣誓效忠于他。

不幸的是,他于2006年12月21日突发心脏病逝世。

2007年2月11日,土库曼举行总统选举。代总统别尔德穆罕默多夫当选新一任总统。

"新领袖还要搞个人崇拜吗?不信仰伊斯兰教就会受到歧视吗?俄罗斯族如果不加入土库曼国籍财产一定会被国家没收吗?巨大的天然气资源只能输出亚洲邻国吗?"对此,西方世界表现出异乎寻常的兴趣。

但这又何必呢?自己的事情还是由他们自己决定吧。因为世界需要一个繁荣稳定的中亚。

九、中国的撒拉族

在青海高原东部,有一个令人神往的所在,巍峨的小积石山环绕四周,滔滔的黄河水奔流其间,村庄错落,阡陌纵横,林花扫更落,径草踏还生,两岸晓烟杨柳绿,一园春雨杏花红。这里就是我国撒拉族的主要居住地——青海循化撒拉族自治县。

今我国的撒拉族自称"撒拉尔",系"散鲁尔"的变音。"撒拉尔"这一名称最早可追溯到公元7世纪中亚乌古斯部的撒鲁尔部落。撒鲁尔[1]又译作"撒罗尔"或"撒卢尔",为乌古斯汗之孙、乌古斯汗五子塔黑之长子。

对于撒鲁尔部落东迁的原因,现有稍显不同的两种意见。一说[2]元代后期,游牧在中亚的撒鲁尔部落的尕勒莽、阿合莽兄弟二人,不堪忍受部落贵族的毁谤、排挤、倾轧,率领部属从撒马尔罕启程,经天山北路进入嘉峪关,路经肃州、甘州、宁夏、天水、甘谷、临羌辗转来到今夏河县甘家滩。后来,又有部分撒鲁尔部民追随他们经天山南路进入青海,与第一批撒鲁尔部民会合,然后一路同行进入青海循化。一说[3]早在元朝建立之前,以尕勒莽为首的部分撒鲁尔人随同西征获胜的蒙古骑兵辗转来到中国征战,于元太祖铁木真二十二年(1227)攻占西夏的积石州(今青海循化撒拉族自治县文都古城),然后永久定居在了中国。

之后的历史再无争议。因归化之功,撒鲁尔首领被元朝封为"世袭达鲁花赤","世袭百户"和"副千户"。明代受封为"百户"、"副千户"。清代"尕最"(世袭总掌教)制、"哈尔"(长老、头人)、土司等构成了撒拉人新的统治结构。

新中国成立后,撒拉族被国务院认定为单一民族。现撒拉族人口已超过13万,主要聚居在青海省循化撒拉族自治县、青海省化隆回族自治县甘都乡、甘肃省积石山保安族东乡族撒拉族自治县。凭借着勤劳的双手、智慧的大脑、好客的传统和无私的精神,人数不多的撒拉族已经成为中华民族园中一朵璀璨而不老的民族之花。

"每个人身上都有太阳,只是要让它发光。"[4]是中华人民共和国一贯倡导的民族区域自治和民族平等团结政策,使得撒拉族有了一个熠熠生辉的今世、明天。

需要重申的是,乌古斯的同胞姐妹维吾尔人之所以西迁,是因为一个名叫黠戛斯的游牧部落。

下面,就请读者和我一起追寻中国境内柯尔克孜族和境外吉尔吉斯人的祖先——黠戛斯的生命轨迹。

---

[1] 意为"到处挥动剑和锤矛者"。
[2] 见郝文明、王铁志主编的《中国民族》,中央民族大学出版社2001年版。
[3] 见2009年8月28日《中国民族报》。
[4] 苏格拉底语。

第 八 章

黠戛斯——凌空翱翔的帕米尔雄鹰

> 别总想着背靠大树,你就是一棵大树。①

一、从李陵说起

让我们打开亚洲地图——发源于今蒙古北部的一条河流奔腾咆哮着越过俄罗斯境内成片的草原和沼泽,从南向北一直注入浩瀚而冰冷的北海。

这条河古名"剑河"、"谦河",今名"叶尼塞河"。早在秦汉时代,叶尼塞河上游就有一个古老的民族驻牧,名叫坚昆(曾叫鬲昆)。大约在公元前3世纪末,坚昆开始听命于匈奴。

历史阴差阳错地把坚昆与一名汉将维系在一起,他叫李陵,是"飞将军"李广的孙子、李广长子李当户的遗腹子、汉使苏武的朋友。

天汉二年(前99),汉武帝派贰师将军李广利率领3万士卒出天山迎击匈奴右贤王,同时将骑都尉李陵从边塞紧急召回,令他为李广利护送辎重。作为一名以军功晋升为荣的将门之后,李陵从心底鄙视因裙带关系迅速迁升的李广利②,因而分外厌烦这一跑龙套的差事,声称愿意带领一支军队单独出击,以分散匈奴的注意力。为了堵住别人的嘴巴,李陵赌气地说:"哪怕只给我5000步兵!"

挺进千里大漠竟然使用步兵,这玩笑开得太大了吧?!汉武帝可不是傻瓜,他一下就看透了李陵的心思。也许是欣赏他的冲天豪情,也许是为了杀一杀这位武将的威风,历史上最威武、最英明的汉家天子居然主动犯了一次低级错误,给了李陵一个顺竿爬的机会。

---

① 语出中央电视台节目主持人白岩松。
② 汉武帝宠妃李夫人之兄。

转眼已是秋天,西风晚凉,衰草瑟瑟。李陵率5000步卒出河西,临大漠,一步步逼近匈奴的领地。冬天很快来临了,寒潮一阵阵从漠北扑来,似一声声无助地叹息。一路上,他开始对自己的赌气忐忑不安,并且预感到这可能是一个与他过不去的冬天。

谢天谢地,前期行军还算顺利,很快就抵达东浚稽山下扎营。李陵将沿途山川绘成地图,命令麾下骑兵陈步乐飞报朝廷。听到陈步乐的汇报,汉武帝龙颜大悦,士兵陈步乐立即被升为郎官。

历史老人说,"幸运"与"厄运"是一对孪生兄弟。就在浚稽山两座峰峦之间,李陵与匈奴且鞮侯单于迎面遭遇,大战前的戈壁似乎连空气都凝固了。身边拥有3万骑兵的且鞮侯单于见汉军不过数千人,而且几乎是清一色的步兵,在惊奇和庆幸之余命令全军发起冲击。冷静的李陵让前列士卒紧握盾牌长戟阻挡敌军骑兵突击,后列士兵手持弓弩伺机待发。战斗开始后,匈奴的战马冲不破汉军用长戟编织的坚固防线,如蝗的箭矢又被汉军的盾牌挡住,毫无遮掩的匈奴骑兵反而暴露在汉军弓箭手前面。李陵一声令下,汉军千弩齐发,匈奴骑兵纷纷落马。

眼看自己的3万骑兵根本不足以制服李陵的5000步卒,单于很快又调来了3万骑兵,数万骑兵形成合围,紧紧咬住了孤军深入的李陵。

汉军且战且退,沿着龙城故道向东南冲出大泽,等到汉军在第八天撤至仡汗山峡谷时,距离边塞已不过50公里,这支已经杀伤匈奴上万人的军队尚存3000人,但是箭矢射尽,兵器尽毁,而且匈奴占据险要地段投掷岩石,汉军再也无法前进一步。入夜之后,李陵独自一人提刀出营察看敌情,但见篝火熊熊,人影绰绰。

从不服输的李陵肠子都悔青了:连小儿都懂得大漠征战必用骑兵,自己怎能拿步兵的生命做赌注呢?回营之后,李陵果断下令:突围!分散突围!活下来的人到遮虏障会合!

沉沉的夜幕挡住了战士回望祖国的视线,但挡不住他们求生的渴望。夜半时分,汉朝士兵提着卷刃的刀剑奉命突围。幸运的是,有400余名分散突围的壮士得以逃回汉塞。李陵本想孤身突围,却有数十名壮士死活不离左右,反而使他成为敌人截击的目标。李陵直战到身边没有一兵一卒,才长叹道:"再也无颜回报陛下!"于是投降。有感于此战金崩玉溅般的悲怆,直到唐代仍有一位名叫陈陶的诗人感叹不已:"誓扫匈奴不顾身,五千貂锦丧胡尘。可怜无定河边骨,犹是春闺梦里人。"

败讯传到京城,汉武帝拍案而起,召集群臣为李陵定罪。李陵的部下陈步乐挥刀自杀,与李陵并无私交的司马迁因为替李陵讲情被实施了宫刑。

赌气以愚蠢开始,以后悔告终。第二年,武帝后悔自己与李陵赌气,致使李陵全军覆没,于是派遣将军公孙敖率军出塞迎回李陵。无功而返的公孙敖不仅毫不脸红,而且上书说李陵(实为李绪)正在为匈奴训练士兵。恼怒的汉武帝下旨对李陵实施了灭三族的酷刑。至此,这一世代传承的陇西名将之家彻底败落。

悲惨的消息传回匈奴,李陵立即派人将李绪刺杀。有感于李陵的大义与刚烈,单于不仅没有追究李陵,反而将公主嫁给了他,封他为右校王,封地就在匈奴最北端的坚昆。之后,李陵来到遥远的坚昆,如一棵没有灵魂的野草,落落寡合地度过了自己人生最后的20余个春秋。

从此,红发绿眼的坚昆人中的黑发人被认为是李陵后裔,就连他们也自称是都尉苗裔。

二、40个姑娘

"坚强"和"坚韧"是人生的两支笔,交错着写下民族的欢笑与泪滴。作为一个微不足道的袖珍部落,坚昆一直忍气吞声、随遇而安。他们的主子先是匈奴,继而柔然,然后是以狼为图腾的突厥人。这位新霸主胃口很大,他不再满足于武力上的征服,而且试图通过语言和血统将契骨(坚昆的新名称)彻底融合。

突厥可汗借用中原人发明的"和亲",将女儿许配给了契骨首领。按照游戏规则,契骨首领的女儿也应该嫁给突厥可汗。但强者和弱者之间哪有什么平等可言,契骨首领已经成为突厥可汗的女婿,比自己小了一辈,突厥可汗能容许自己的女婿再成为自己的岳父吗?(人们只听说阿拉伯恐怖大亨本·拉登和阿富汗塔利班首领奥马尔互为岳父。)

结果,契骨首领碰了一鼻子灰。好在突厥西面可汗室点密很给面子,将契骨公主娶进了汗帐。

一天,室点密设宴招待远方的客人,酒兴一高,居然随手将契骨公主作为礼品馈赠给了东罗马使者。

还有比这更大的侮辱吗?但他们只能忍辱含垢,唾面自干。

也许为了洗去满身的晦气,到了唐代,契骨取了一个诗意的名字——黠戛斯,"黠"意为40,"戛斯"意为姑娘,"黠戛斯"显然是指40个如花似玉的姑娘。据说最初有40名汉女嫁给了契骨男子,黠戛斯因此得名。读到这里,你还对黠戛斯女人个个天生丽质有所怀疑吗?

三、认祖归宗

按说东方的中国改姓李唐对于饱受压榨的黠戛斯来说应该算一个福音,因为坚昆中有李陵后裔。

但愚钝的黠戛斯首领仍昏昏沉沉地率部死拼。唐贞观四年(630),东突厥汗国灭亡,铁勒系列的薛延陀部在原东突厥汗国以北建立了薛延陀汗国,于是黠戛斯的头上又骑上了薛延陀,薛延陀派出一名颉利发到黠戛斯监国。

16年后,薛延陀汗国灭亡,李世民成为各族公认的"天可汗",历史终于给了黠戛斯人认族归宗的机会。

时隔两年,黠戛斯俟利发①方才抱着试一试的心理亲自到长安朝觐。可以想象,太极殿一定挂上了彩灯,大臣们一定换上了新装,妃子们一定打扮得花枝招展。黠戛斯俟利发失钵屈阿栈递上去的名帖上赫然写着自己姓李,饱读史书的唐太宗也认为坚昆中有李陵后裔。唐太宗亲自走下龙椅,与失钵屈阿栈推杯换盏,碰杯声、欢笑声、歌舞声响成一片。

直到这时,俟利发才后悔自己来得太晚了。

一切如约进行,唐朝破例在黠戛斯设立了坚昆都督府(隶属于漠北燕然都护府),任命失钵屈阿栈为左屯卫大将军兼坚昆都督,黠戛斯地区正式纳入了唐朝版图。②

接下来是一段"上疆场,彼此弯弓月,流遍了,郊原血"的历史。唐天宝三年(744),草原上新生了一个令人生畏的霸主,这就是突厥退走后不断壮大的回纥(后称"回鹘")。唐乾元元年(758),回鹘汗国大败黠戛斯,黠戛斯俟利发阵亡,大量牲畜被回鹘夺走,黠戛斯被回鹘征服。

王者的成色是要靠失败后的崛起去验证的。不到一个世纪,四面树敌、内讧不断的回鹘便走向了衰亡。唐开成五年(840),饥荒和疾病蔓延了回鹘全境,回鹘将军句禄莫贺又投奔黠戛斯并愿做攻击向导。面对天赐良机,已经自称可汗的黠戛斯阿热决定果断出手。随即,黠戛斯出动10万骑兵,自北向南对日薄西山的回鹘汗国发动了致命一击,刚刚被扶上汗位的馺破可汗掉了脑袋,回鹘都城哈剌合孙被付之一炬。

在惨烈的回鹘灭亡战中,一道难题突然摆到了杀红了眼的黠戛斯军队面前。在俘虏中,他们发现了回鹘崇德可汗的遗孀——唐朝太和公主,将军们争

---

① 最高首领。
② 见《新唐书·回鹘传·黠戛斯》,商务印书馆中华民国十七年版。

执顿起:有人说,既然她嫁给了回鹘就是我们的敌人,应该杀掉;也有人说,尽管她嫁给了回鹘,但她仍然和我们一样姓李。黠戛斯可汗冷静地采纳了后者的意见,派遣10名强悍的士兵护送公主回到了诀别23年的长安,在沉闷已久的大唐朝野激起了多彩的浪花,因为随着最后一位公主的回归,笼罩在大唐心头多年的回鹘阴霾终于散尽。

回鹘四散逃亡后,黠戛斯首次成为漠北的雄长,黠戛斯汗国的疆域东至贝加尔湖附近的骨利干,南邻天山以南的吐蕃,西南接楚河、塔拉斯河至新疆阿克苏一带的葛逻禄,拥有部众数十万,胜兵8万人。黠戛斯最盛时,势力范围远达新疆吉木萨尔和库车等地。正是在统治了西域部分地区之后,少数黠戛斯人开始了向中亚地区的首次迁移。

作为护送太和公主回归大唐的回报,唐宣宗李忱于大中元年(847)派使臣李业出使黠戛斯,封其可汗为"英武诚明可汗"。

大唐与黠戛斯两个"李姓国家"共同照亮了9世纪的世界东方。

四、既弯之,则安之

人在任何情况下都不能把希望寄托在别人哪怕是上帝身上,因为上帝也有打盹的时候。

在中国历史上写下浓重一笔的大唐终于走到了尽头,如同一头轰然倒地的大象,被像秃鹫一样执掌兵权的节度使和太守们分食了帝国的每一块领土,中国又一次陷入了空前的分裂。此后,互不服气的军阀们建立的五代十国,以及为了避免军阀割据而让一伙手无缚鸡之力的文官掌管军队的宋朝再也无力染指草原。失去后盾的黠戛斯被迫在10世纪初将霸主的皇冠无奈地交给了新生的契丹,黠戛斯的名称也被契丹改成了"辖戛斯"。

既弯之,则安之。弯其实是一种策略,一种境界。还是老子说得好:"曲则全,枉则正,洼则盈,敝则新,少则得,多则惑。"辽太宗天显五年(931),辖戛斯派使者到契丹朝贡,正式承认是契丹的属国。契丹没有难为辖戛斯人,只是在那里设立了一个象征性管理机构。

须知生活里是没有观众的。13世纪的一天,草原上又响起蒙古汗国的铿锵蹄音,已改名吉利吉思①的辖戛斯人连蒙古人影都没有见到,就被成吉思汗在建国大典上封给了豁儿赤。元太祖十年(1217),成吉思汗派术赤率铁骑征服了吉利吉思,并派炮兵留驻此地以示威慑。吉利吉思三个部的部长也迪·

―――――――
① 后译作"吉尔吉斯",意为草原上的游牧民。

亦纳勒、阿勒迪额儿和斡列别克·的斤皆望风而降。此后,这里又被转封给了成吉思汗的幼子拖雷。元世祖至元七年(1270),忽必烈在此设立了吉利吉思五部断事官。终元之世,吉利吉思一直归蒙古统辖。

老天总是皱着眉头,这个民族前行的路总是泥泞而沉重,每行进一步,总要伴随着苦涩的泪,惨重的血。元朝灭亡后,瓦剌首领也先于明英宗正统四年(1439)对吉尔吉斯人发动了突袭。面对突如其来的灾难,部分不甘屈服的吉尔吉斯人被迫从叶尼塞河上游向西南迁移,辗转来到楚河、塔拉斯河一带避难。被称为中国三大英雄史诗①的《玛纳斯》中"伟大的进军"一节描写了被也先击败的吉尔吉斯人从阿尔泰山挺进西南的悲壮场景。

17世纪40年代,叶尼塞河流域的吉尔吉斯人开始归属日益强大的蒙古准噶尔部,被准噶尔人起名"布鲁特"②。后来,准噶尔策妄阿拉布坦为避免吉尔吉斯人与沙俄发生冲突,强迫吉尔吉斯人从叶尼塞河上游河谷地区西迁到伊塞克湖附近,开始了吉尔吉斯历史上最大规模的一次迁徙。这支吉尔吉斯主力与此前到达中亚天山地区的吉尔吉斯人会合后,固定地分布在西起费尔干纳的忽毡,东至喀什噶尔,北起楚河、塔拉斯河中游,南至帕米尔③阿赖山一带。至此,吉尔吉斯民族共同体最终形成。

共同体说穿了就是混合体,现代吉尔吉斯人混合了葛逻禄马恰克氏族、契丹部落、乃蛮部、岳瓦什部、蒙古部等。不停步地迁徙,无休止地混战,决定了中亚就是一个产生混血民族的地方。

五、沦落在枪炮下

谁自称为巨人,就意味着被打倒的日子不远了。18世纪中叶,目空一切的准噶尔被大清击败。

清乾隆二十三年(1758),清军深入伊塞克湖、塔拉斯河、楚河一带追捕准噶尔逃亡势力,向在此游牧的吉尔吉斯首领宣读了乾隆皇帝的招抚谕文,吉尔吉斯各部纷纷臣服。次年,大清在平定了大、小和卓后,派侍卫赴安集延等地招抚吉尔吉斯人和浩罕统治者额尔德尼。西布鲁特额德格讷部首领阿济比代表15部向清将兆惠去信承诺:"当率诸部,自布哈尔迤东20万人众,皆做臣仆。"浩罕以东、伊犁西南、喀什噶尔西北、伊塞克湖周围、帕米尔和喀喇昆仑山一带的吉尔吉斯地区,全部归属大清。大清规定,布鲁特大小头目原职不

---

① 中国三大英雄史诗指藏族的《格萨尔》、柯尔克孜的《玛纳斯》、蒙古族的《江格尔》。
② 高山居民之意。
③ 古称"不周山",汉代称"葱岭",唐代称"帕米尔",塔吉克语意为世界屋脊。

变,由清廷加以委任,赐以二品至七品顶戴。布鲁特每年要向大清进贡马匹,大清每年回赠绸缎和羊只。布鲁特各部从此成为大清的西北屏障之一。

在信义和权利发生矛盾时,被抛弃的往往是信义。19世纪20年代之后,被大清从准噶尔铁蹄下解放出来的浩罕汗国趁清朝无暇西顾之机侵入了大清领地,征服了已经臣属大清的吉尔吉斯人,并在那里修筑了许多重兵驻守的堡垒。

更加令人胆寒的是,在中亚各部纷争中,突然介入了一个凶神恶煞的外来者——俄国人。当大炮和火器成了日后为建立永久殖民地开路的俄国军队的标准军事装备之后,以弓箭、长矛、战斧、狼牙棒、腰刀、套索乃至匕首等原始武器为主的游牧部落永远失去了军事优势,甚至失去了决定自己命运的权力,中亚这个世界史上强有力的角色因而终结。19世纪中叶,沙俄的炮火倾泻进中亚。清同治三年(1864),俄军攻占了浩罕汗国。同年10月,沙俄以《中俄北京条约》第二条"西疆尚在未定之界"为借口,迫使清政府签订了《中俄勘分西北界约记》,割占了中国西北44万多平方公里的土地。根据条约规定,在被割占地区游牧的吉尔吉斯部落也因"人随地归"而为沙俄所有。

在镇压了浩罕起义后,俄国于清光绪二年(1876)改浩罕汗国为费尔干纳省,汗国境内的吉尔吉斯地区并入俄国版图。

清光绪七年(1881),依照《中俄伊犁条约》,尽管中国收回了伊犁,但失去了包括部分吉尔吉斯地区在内的伊犁以西的大片土地。3年后,沙俄又逼迫清政府签署了《中俄续勘喀什噶尔界约》,堂而皇之地强占了阿赖及和什库珠克帕米尔吉尔吉斯人地区。

这还不够,俄国和英国经过秘密谈判于清光绪二十一年(1895)背着清朝签订了私分帕米尔的《英俄协议》,南部的瓦罕帕米尔"划归"了日不落帝国,其余的大部分"划归"了北极熊。中国新疆极西地区帕米尔约1万平方公里的领土被沙俄与英国瓜分。

对于这一私分中国领土的强盗协定,历届中国政府从来就没有承认过,中国地图一直将帕米尔地区边界标为"未定界"。现在郎库里帕米尔的一部分和塔克敦巴什帕米尔仍属中国,瓦罕帕米尔属于阿富汗,其余帕米尔的大部分属于塔吉克斯坦。

六、柯尔克孜雄鹰

如果心有脚,回家的路就不会遥远。英俄私分帕米尔后,不少依恋祖国的吉尔吉斯人冲破沙俄的阻挠,成群结队返回祖国。一位被称为"吉尔吉斯雄鹰"的青年走进了我们的视线。

这是一位名副其实的吉尔吉斯英雄。他叫伊斯哈克拜克·木农阿吉,清光绪二十八年(1902)生于新疆乌恰县,23岁赴苏联求学,回国不久就因宣传革命思想被关进了黑暗的牢狱。

中华民国二十二年(1933),新疆省主席盛世才与回族军阀马仲英激战正酣,分裂分子乘机在喀什噶尔城宣布成立了"东突厥斯坦伊斯兰教共和国"。国有危难时,刚刚出狱的伊斯哈克拜克挺身而出,在乌恰山区迅速组建了一支精锐的爱国骑兵。

第二年春天,苏联红军帮助盛世才赶跑了马仲英,然后兵进南疆,将所谓的"东突厥斯坦国"赶出了喀什。分裂势力慌不择路,竟然逃入了乌恰山区,掉进伊斯哈克拜克骑兵的伏击圈,东突残部被一扫而光。

有感于境内吉尔吉斯兄弟的爱国热情,新疆省政府于民国二十四年(1935)正式确定将吉尔吉斯民族的名称译写为"柯尔克孜",以区别于俄罗斯境内的吉尔吉斯人。

此后,伊斯哈克拜克同伪装进步的盛世才走到了一起,担负起了从喀喇昆仑到帕米尔高原的边防巡查任务。在盛世才的部队里,由于伊斯哈克拜克治军有方,职务也由团长提升为旅长。气量狭小的盛世才再也容不下这个比自己小10岁、威望正直线上升的手下。民国二十九年(1940),盛世才突然宣布将他解除军职,调往伊宁担任哈柯文化会会长,并派特务暗中监视。

民国三十二年(1943),也就是毛泽民被盛世才杀害的当年,伊斯哈克拜克秘密潜回南疆,在塔什库尔干发动了武装起义,矛头直指公开反苏反共的盛世才。次年,伊犁、塔城、阿勒泰三区革命爆发,他先后任民族军副总司令、总司令等职,亲自指挥了著名的精河—乌苏战役,显示出了杰出的军事指挥才能,被民族军授予中将军衔。

新疆各民族人民参加的"三区革命"不仅牵制了国民党的武装力量,而且沉重地打击了新疆分裂势力,在客观上为新疆解放提供了便利,因而中共中央于民国三十八年(1949)八月派代表邓力群来到新疆,递交了毛泽东给三区人民政府的电函,邀请他们派代表赶赴北平,共商建国大计。

收到电函后,三区政府决定派出由阿合买提江(维吾尔族)、伊斯哈克拜克(柯尔克孜族)、阿巴索夫(维吾尔族)、达列力汗(哈萨克族)、罗志(汉族)5人组成的代表团,秘密赶赴北平参加全国政协会议,三区方面的工作则由赛福鼎主持。

按照事先制订的精密计划,5名代表由伊宁乘汽车顺利启程,然后乘坐苏联飞机从阿拉木图直飞赤塔。途中尽管苏联空军发出了气象条件恶劣的预报,但机长被代表们渴望进京的急切心情所感染,由努威什比尔茨克冒险继续飞行。当飞机行进到伊尔库茨克贝加尔湖上空时,天气骤变,飞机被铅团似的乌云重重包围,强大的气流使飞机失去平衡,飞机如脱缰的野马撞在贝加尔湖南部的巴依喀勒山上,包括伊斯哈克拜克在内的5名代表、2名译员和机组成员全部遇难,时间是8月26日。

不幸的消息传回新疆西南部,连绵的帕米尔高原为之垂首,滚滚的叶尔羌河为之呜咽,古老的丝绸之路为之落寞。云聚天低,残阳如血,荒冢漠漠,寒山隐隐,柯尔克孜民众沉浸在哀恸中难以自拔。所幸5年之后,柯尔克孜自治州正式成立,也算告慰了这位民族英雄不死的英灵。

今天的柯尔克孜族主要居住在新疆克孜勒苏柯尔克孜自治州,另有一部分居于阿克苏、喀什、伊犁、塔城等地,而黑龙江省富裕县少量的柯尔克孜人则是清雍正十一年(1733)从叶尼塞河上游东迁的黠戛斯老居民。中国境内的柯尔克孜人已近19万。

七、驱散"大突厥斯坦"阴霾

在踏平浩罕汗国之后,俄国为了实现对中亚的永久统治,动员大批俄罗斯、乌克兰农民移居此地。到20世纪,吉尔吉斯地区已形成了俄罗斯、乌克兰、吉尔吉斯人村落交叉并存的局面,吉尔吉斯人面临着被分割和同化的危险。

浩罕残余势力不甘心失败,就在俄国十月革命前夕,以塔内什巴耶夫为首的反对派在浩罕宣布建立反布尔什维克的突厥斯坦共和国。他们在英国的支持下,与奥伦堡的杜托夫白匪相勾结,发动了对苏维埃的军事暴动。逆流刚刚冒出,便于1918年2月28日被苏维埃赤卫队镇压下去。

部分浩罕分裂分子投奔了"巴斯马奇"①,使得"巴斯马奇"从一个打家劫舍的绿林团伙演化为反对苏维埃的政治军事组织。他们在得到了协约国和土耳其泛突厥主义运动的资助后,在山区、农村与苏维埃展开了凶猛的武装对抗。

沙州回鹘有一个谚语:猎物有多少条路逃遁,猎人就有多少种计谋。面对来势汹汹的"巴斯马奇",苏维埃政权刚柔并用:第一步是在中亚广泛推行了新经济政策,减少居民纳税,部分恢复宗教界的土地和精神权威,铲除了"巴斯马奇"的思想基础和群众基础;第二步则是对"巴斯马奇"成员发布大赦令,

---

① 突厥语意为土匪、强盗。

促使"巴斯马奇"官兵自动放下武器,返回家园。

雨过天晴,突厥斯坦苏维埃社会主义自治共和国终于诞生。与此同时,隶属俄罗斯联邦的吉尔吉斯(哈萨克)苏维埃自治共和国、布哈拉苏维埃人民共和国和花剌子模苏维埃人民共和国也宣告成立。

掀开新的盖头,却露出旧的面孔。尽管一部分激进的民族主义者加入了共产党,但他们并未放弃民族主义目标。以苏丹加列夫为首的一批鞑靼共产党员提议建立一个包括伏尔加—乌拉尔河和中亚地区的大突厥国家。突厥斯坦则响起建立"突厥民族"的自治共和国的呼声,吉尔吉斯(哈萨克)和花剌子模也动议建立"中亚联邦"。

看来要彻底打倒泛突厥主义,必须破除一个拥有2000万人口的庞大的"突厥民族"的自治共和国的怪影,但是要做到这一点谈何容易,一个又一个方案被否决。后来有人提出是否能对中亚突厥民族进行"识别",从而肢解现有的突厥斯坦共和国呢?

苏联领袖尽管个子不高,但双眼如炬,他(列宁)在权衡利弊之后同意了这个不错的建议。1920年6月,他建议绘制划分乌兹别克斯坦、吉尔吉斯(哈萨克)和土库曼的突厥斯坦民族志地图,详细弄清这三部分合并与分开的条件。① 后来在划分实践中延伸到了卡拉吉尔吉斯(即吉尔吉斯)、塔吉克。按照一个德国人的说法:"列宁根据突厥斯坦前线指挥官伏龙芝的提议,下令编制民族志地图。这件事交由突厥斯坦省长官署的秘密工作头领柯恩办理。柯恩建议把突厥斯坦分成5个自治共和国,莫斯科接受了这一建议。"②

1924年6月26日,俄共中央中亚局决定成立16个民族代表组成的领土委员会,负责民族的边界和行政领土划分。中亚除已经成立的吉尔吉斯(哈萨克)共和国外,又分别组建了乌兹别克、塔吉克、土库曼自治共和国和卡拉吉尔吉斯自治州。它们先后以加盟共和国的名义加入了苏联,这也就是后来中亚五国的雏形。

八、独辟一方蓝天

吉尔吉斯也是大突厥斯坦被埋葬的受益者。

1924年6月,俄共中央局做出决定,成立俄联邦管辖下的卡拉吉尔吉斯自治州。同年12月,州革命委员会驻地从塔什干迁到了比什凯克③,比什凯

---

① 见俄文版《列宁全集》34卷,第326页。
② 见巴依莫尔扎·哈依特《突厥斯坦溯源》。
③ 意为搅拌马奶酒的棒子,军事家伏龙芝的出生地。

克从此成为首都。

由于吉尔吉斯人的据理力争,全俄中央于1925年5月决定把卡拉吉尔吉斯自治州改名为吉尔吉斯自治州,吉尔吉斯民族的正确名称得到恢复。1926年,全俄中央执委会主席团决定将吉尔吉斯自治州改名为吉尔吉斯苏维埃社会主义自治共和国,仍属俄联邦管辖,比什凯克改名为伏龙芝。1936年12月,吉尔吉斯苏维埃社会主义自治共和国升格为加盟共和国,加入了苏联,设立了楚河、贾拉拉巴德、塔拉斯、伊塞克湖、奥什等州。

须知把语言、风俗、信仰和族源毫不相干的部族硬拉到一起是难以长久的。一个半世纪后,苏联以雪崩的速度轰然解体,历代沙皇经过几个世纪用枪炮建立起来的世界上面积最大、民族最多的国家分崩瓦解。

俄国作家陀思妥耶夫斯基说过:"真正伟大的民族永远不屑于在人类当中扮演一个次要角色,甚至也不屑于扮演头等角色,而一定要扮演一个独一无二的角色。"在风起云涌的独立浪潮中,吉尔吉斯也不甘落后。1990年10月,吉尔吉斯科学院院长阿卡耶夫当选为吉尔吉斯共和国总统,3天后发表了主权宣言,年底前正式改国名为吉尔吉斯斯坦共和国。首都伏龙芝也于1991年2月改回原名比什凯克。

独立后的吉尔吉斯斯坦地处天山和阿赖山脉之间,素有"中亚山国"之称,国土面积的四分之三位于海拔1500米以上。

吉尔吉斯东部、东南部和中国接壤,南接塔吉克,北连哈萨克,西邻乌兹别克,总面积19.85万平方公里,总人口450万。吉尔吉斯斯坦已同中国、俄罗斯、哈萨克、塔吉克组成了上海五国集团,中吉传统友谊得以与时俱进。如果你有幸到比什凯克旅行,会惊奇地发现那里有一条"邓小平大街"。

从地理形状上来看,吉尔吉斯斯坦好似一只向西飞翔的雄鹰(这是否预示着它的西方情结)。它的南部中心城市奥什是古代丝绸之路上的一颗明珠,属于费尔干纳山谷,主要居民是乌兹别克人。它的政治首都比什凯克位于国家最北部,居民则以吉尔吉斯人为主。连绵的山体将南部与北部隔开,只有一条主干道穿过大山将南北方连在一起,但这条唯一的道路也常常在冬天被积雪封闭。南北分割、南贫北富、南乌族北吉族、南北两个中心城市并立的局面由此形成。

这是一个典型的内陆国家,却生活着一向不甘寂寞的游牧民族。特殊的地理和传统造就了这个国家略显矛盾的民族性格:坚强而敏感,保守而向新,宽厚而好斗。每当重大政治、军事或经济事件降临之时,他们中的每一位民众都需要得到特别的告诫——衡量人类进步有两个关键词:自由、合作。

请相信:有了真正的自由,才能拥有平等的合作;有了合作,才能得到更大的自由。

本章第四节曾讲到大唐这棵大树一倒,失去后盾的黠戛斯被迫将草原霸主的皇冠无奈地交给了新生的契丹。

接下来我要介绍的契丹是东胡的一个分支。

第 九 章

契丹——风云一时的大辽国

> 人类历史上没有长盛不衰的帝国,犹如没有永远富有的家庭一样。①

一、白马青牛的传说

记忆是一颗果实,从里到外略有不同。

说到契丹,我不得不揭他们的老底——那个向匈奴冒顿单于索要名马、美妻和土地,后来脑袋被对手做了尿壶的东胡大人,就是契丹、乌桓和鲜卑人的共同祖先。

追究得详细一点,契丹是东胡后裔鲜卑的旁支。一天,鲜卑葛乌菟部落酋长莫那离开故土来到辽西。渐渐地,他们有了一点名气。或许是木秀于林树大招风吧,东晋康帝司马岳建元二年(344),莫那部落被鲜卑慕容氏的前燕击溃,整个部落一分为三退走,一支主要力量就是后来建立了北周的宇文鲜卑,另两支力量库莫奚②、契丹一同逃难到松漠之间。两支力量混合在一起肯定还是威胁,于是拓跋鲜卑建立的北魏于北魏登国三年(388)出兵西拉木伦河,将库莫奚和契丹强行肢解——库莫奚被安置在松漠西部,契丹则被分割在松漠东部。

关于契丹的起源流传着一个美丽而诗意的传说。说的是一位英俊少年骑白马沿土河(老哈河)东行,在潢河(西拉木伦河)与土河交汇处的木叶山,遇到了一位乘青牛的美丽少女,少男少女一见钟情,在青山绿水间互诉爱慕,以天地为证结为夫妻,他们的后代就是契丹人。

契丹的传说不仅富有诗情画意,而且可信度很高,因为契丹最初的两个部

---

① 语出中国学者邹牧仑,其主要著作为《百年震荡》历史系列。
② 指被俘为奴的人。

落就叫白马和青牛,而契丹无疑是由这两个部落繁衍而来。据说契丹早期的部落首领奇首可汗生有八子,其子孙人丁兴旺,逐渐发展成了悉万丹、何大何、伏佛郁、羽陵、日连、匹洁、黎、吐六干8个部落。辽代,神圣的木叶山还供奉着奇首可汗、他的妻子和8个儿子的圣像,并以白马和青牛献祭。

说到这里,可能有很多的学者会提出疑问,他们的理由是:"历史是蒸馏了传说的作品。"其实我何尝不明白这一平常得不能再平常的道理呢?但是在这里,我要特别规劝那些认真而严谨的历史学家,千万不要去考证各个民族远古传说的真实性,那绝对是一件费力不讨好的差事,因为每一个民族都希望有一个浪漫而神奇的开始。

不容置疑的是,当时的契丹人以马背和帐幕为家,逐水草放牧,随季节迁徙。冰融河开的春天到湖上捕鱼,叶落林疏的秋日去山中狩猎,赤日炎炎的盛夏躲进树荫乘凉,大雪纷飞的隆冬则钻进帐篷取暖。当时就有一首诗形象地再现了契丹的生活场景:"行营到处即为家,一卓穹庐数乘车。千里山川无土著,四时畋(tián)猎是生涯。"

二、开国元勋

岁月如歌。

在唐朝那辽阔无垠的版图上,有一个名叫松漠都督府的区域,契丹人就安全地生活在这里,他们的首领窟哥还被赐予了李姓。

突厥人曾经拉拢过他们,但是没用,因为他们更为看重"唐朝"这棵大树。唐朝也很给面子,将几个公主送给了他们。唯一的不愉快就是唐天宝四年(745),一位唐朝新娘被无辜地杀害,唐玄宗派负责监督契丹的节度使安禄山将他们一顿猛踹。

有了被淋成落汤鸡的教训,方能养成出门带伞的习惯。契丹人在被安禄山重创后学会了忍耐,开始习惯与周围的民族和平相处,并将新的草原霸主回鹘奉为宗主。因为他们明白,小鸡是从蛋里孵出来的,不是把蛋壳打碎得到的。

他们在等待。

终于,民族英雄阿保机闪亮登场,时间是唐朝末年。

阿保机出生于迭剌部的一个贵族家庭。优越的家庭环境,祖辈与父辈的熏陶,使他从幼年起就"拓落多智,与众不群"。

唐昭宗天复元年(901),29岁的阿保机成为迭剌部的夷离堇(jǐn),担负起了领兵打仗的重任。他先后出兵室韦、女真、蓟北、代北,攻必克,战必胜。

两年后,他被推举为握有联盟军事和行政实权的于越。又过了3年,契丹可汗痕德堇病逝,可汗临终留下遗嘱:"汗位不再按惯例传给遥辇氏了,还是让治军有方的阿保机担当重任吧!"

经过几番真真假假的推辞,等到瓜熟蒂落、水到渠成,阿保机才于后梁末帝贞明二年(916)接受了众臣所上的"大圣大明皇帝"尊号,定国号契丹①。从此,契丹把自己的国家称为"铁国",把自己的部落称为"铁族",把自己的军队称为"铁骑"。结果,铁流千里,所向披靡,纵横捭阖,名声大振,以至于当时许多欧洲大陆国家只知契丹,不知中国。在整个斯拉夫语世界中,至今还用契丹来称呼中国。

接着,他宣布将自己所属的氏族——迭剌部和先前的可汗氏族——遥辇氏八部都改称"耶律氏"(从而斩断了内乱的根源),将与迭剌部和遥辇氏八部通婚的部落都改称"萧氏"(这也是多数皇后都姓萧的原因),立长子耶律倍为太子。下令在西拉木伦河以北的临潢(蒙古波罗城),建造规模宏大的皇都;又命令大臣仿照汉字偏旁,创造了数千个契丹大字;后来又借鉴回鹘的拼音文字,发明了契丹小字②;阿保机还出台了契丹最早的法律"决狱法",设置了中央和地方官吏,形成了五脏俱全的契丹政权。

能说汉话、工于书法的阿保机并不满足于统治荒芜的草原,夺取河北,挺进中原,建立不朽的功业才是他梦寐以求的夙愿。他首先集中兵力征服了契丹以北的乌古、党项诸部,然后大举西征,使包括黠戛斯在内的西部各族纷纷表示臣服。接着,发兵东进灭掉了渤海国,改渤海国为东丹国,册封皇太子倍为东丹王。高丽、靺鞨自动归降。接下来,应是跃马横刀逐鹿中原了。

大凡英雄都志向无涯而生命有涯,所以遗憾总是与英雄相伴。豪情万丈的阿保机在班师回国途中突染重病,在刚刚被征服的扶余城永远合上了眼睛,临终前仍手指南方,心有不甘。

我们仿佛听到了历史老人的一声长叹,余音袅袅,悠长而深远。

三、如日中天

阿保机死后,皇位应无可争议地传给太子耶律倍。

但事实并非如此。耶律倍温文尔雅,是一位用契丹文和汉文写作的作家,一位拥有大量私人藏书的藏书家,还是一位造诣颇深的画家,他的作品《千鹿

---

① 意为镔铁。
② 契丹语与女真语、奚语、鲜卑语、东胡语、锡伯语、满语同属于阿尔泰语系通古斯语族。

图》和《猎雪骑》后来成为宋朝皇室的收藏品。他表现出的崇尚中原文化、倾心汉法、不恋骑射的习性,与契丹的传统习惯相去甚远,更与左右局势的阿保机遗孀的意愿大相径庭,这恐怕是他的皇位继承权最终被剥夺的主要原因。

其实,耶律倍不必太过伤心,翻开历史就可以发现,有成就、有魄力的君王如刘邦、李世民、朱元璋都是不太读书的人,这也应了一位领袖的话:"读书多的人,把国家搞不好,李后主、宋徽宗、明朝的皇帝,都是好读书却把国家搞得一塌糊涂的人。"因为封建时代最肮脏的政治需要更肮脏的心灵去周旋。

阿保机的遗孀述律氏在阿保机生前就拥有巨大的权力,掌握着属于自己的20万骑兵,当阿保机外出征战时,她就是当然的后方主帅。阿保机下葬时,虽然有300余名后妃和奴隶被埋入陵墓,但她却拒绝按习俗陪葬,因为她宣称幼小的儿子还需要她来调教。为了表示姿态,也为了堵住男人们的乌鸦嘴,她砍下自己的右手放在阿保机的身边,而自己则活下来担任摄政。

连英雄而开明的阿保机都不反对殉葬,看来亚里士多德"人是社会的动物"的观点隐含真理,畏惧孤独是人的共性,要不古代的帝王为什么口头上称孤道寡,死前却下诏让娇妻美妾陪他下葬,至少也搞些石人石马为伴呢?说穿了,这些消除孤独的行为都是以占有活人的财富和生命为代价的。正是人的这一致命弱点,造就了陕西秦陵那威风凛凛的兵马俑、北京定陵那金碧辉煌的地下宫殿。

认识到这一点,善良的我们还会为这些世界奇迹和人类遗产盲目陶醉吗?还会为这位契丹女人没有主动陪葬说三道四吗?

在舆论平息后,述律氏有意选择相貌威武、娴于骑射、战功卓著的次子耶律德光继承皇位,在排除了反对废长立幼的大臣之后,她于辽太祖耶律阿保机天显二年(927)导演了一出"民主选举"的好戏。

一天,她命令太子耶律倍和元帅耶律德光乘马立在帐前,将文臣武将集中在帐中。然后,她对众人说:"我对两个儿子都十分疼爱,但不知让谁继承汗位为好,我现在将决定权交给你们,你们拥护谁,就去为谁牵马吧。"这是一次典型的公开选举,如果没有什么猫腻和暗示的话,其意义绝不逊色于中国大革命时期解放区的豆选、西方国家的总统大选。然而遗憾的是,几乎每一个大臣都明白皇后的意图,这简直就是秦朝赵高"指鹿为马"的翻版。结果,拥有法定继承权的太子被冷落,大家纷纷走到耶律德光的马前牵起缰绳。然后,皇后似乎不太情愿地宣布:"大家都拥护德光,我也不好违背嘛。"

好戏顺利落幕,意外地当上皇帝的耶律德光为报答母后的举立之恩,特为述律后在断腕处建立了"断腕楼",定太后生日为"永宁节",平时也很会看太后脸色行事。而耶律倍失去继承权后,心中愤愤不平,于是携带侍臣40余人,从海上乘舟经登州（今山东蓬莱）逃到中原，将姓名改为东丹幕华（后改名李赞华），在后唐开始了郁郁寡欢的流亡生活，直到天显十二年（937）被讨好耶律德光的石敬瑭杀死。

耶律德光南下的雄心不亚于父亲，他一直积极备战，随时准备大举南侵。机遇往往垂青那些勤奋而果敢的人。天显十年（935），后唐皇帝李从珂指挥军队向后唐河东节度使石敬瑭发起进攻。当天夜里，石敬瑭就将一道降表呈送耶律德光，以向契丹称臣称子、割让幽云十六州为条件，乞求契丹发兵救援。面对送上门来的好事，耶律德光心中窃喜，于是亲率5万骑兵经雁门关南下，与石敬瑭的军队一起在太原附近大败后唐中央军团。第二年，石敬瑭成为由契丹册封的后晋皇帝，契丹也按约得到了垂涎已久的幽云十六州。这一新领土的获得使契丹人控制了防御中原的所有战略关隘。

阿保机的领土野心在耶律德光手上轻而易举地实现了，同时他还成为中原后晋皇帝名义上的宗主。他改过去的皇都为上京，称"临潢府"；改东丹国的中心为东京，称"辽阳府"；升幽州为南京，称"幽州府"。

随着大量的汉人并入契丹版图，耶律德光建立了"以国制治契丹，以汉制待汉人"的北面官、南面官制度，是中国"一国两制"的最原始版本。更聪明的是，他开始与中国的南唐国王兄弟相称，对南方的吴越王表示了关爱，使得吴越一度使用了契丹年号，加上后晋一直对自己以父皇相称，耶律德光开始飘飘然了。

后晋皇帝石重贵上台后对契丹只称孙而不称臣，这自然惹恼了说一不二的耶律德光。一怒之下，他率15万铁骑大举南侵，最终迫使石重贵派儿子手捧国宝出开封投降。

那是辽太宗耶律德光大同元年（947）乍暖犹寒的初春，契丹人举行了盛大的入城式。耶律德光骑着高头大马进入开封，他身后是上百个目不斜视、耀武扬威的将军，然后是成千上万手持弯刀、满脸骄横的骑兵。在后晋的宫殿里，耶律德光宣布建立大辽①，以汉皇的礼仪接受了百官朝贺，表示自己已是全中国的皇帝。

这个仿效中原朝代所成立的辽国，比宋朝的诞生整整早了53年。在辽国，不仅契丹所占的中原领土由汉人治理，而且辽境后方也有无数的官吏、文人、工匠、优伶、僧尼来自中土。这种半汉化国家的组织能力比与汉唐对抗的游牧民族要危险得多，因为那些单纯的游牧民族所恃不过疾风迅雷般的冲锋力量而已。

---

① 意为镔铁。

四、巾帼①女杰

当一个人脸向着太阳的时候,就看不见自己的影子了。辽太宗耶律德光在东京登基后,认为江山已定,不仅没有安抚民众,反而命令契丹军队以"打草谷"牧马为名,四处掳掠,自筹给养,使周围百里成为不毛之地。他的所作所为激起了后晋官民的深重敌意,反抗和起义此起彼伏。于是占领开封仅仅3个月的辽太宗被迫以"避暑"为名挟裹着府库珍宝和宦官宫女仓皇北还。大队人马走到栾城(今河北石家庄南),辽太宗突然暴病而死,终年45岁。

太宗一死,辽国的继承权危机便接踵而至,先是东丹王耶律倍的长子耶律阮由武将推戴在北返途中继位,37岁时被部下察割暗杀;然后是耶律德光的长子耶律璟挫败了察割的政变,成为辽国的第四任皇帝。但这是一个被汉人称为"睡君"的酒徒,对权力和女色都不感兴趣,一直未能使皇后和妃子怀上一男半女,甚至在他临死时,许多后妃还是处女。这个靠吃人胆延年益寿并在大醉不醒时随手杀人的昏君,终于在39岁时被忍无可忍的侍从刺死。随后,耶律璟的养子耶律贤②登上皇位,但他因小时候目睹了父亲被杀而落下了神经衰弱的毛病,经国大权便渐渐落到了一位漂亮女人手中。

她叫萧绰,乳名燕燕,北院枢密使兼北府宰相萧思温之女,一位既能上马骑射,又能下马读书的不平凡女性。16岁进宫后,便以美貌、睿智和显赫的出身赢得了龙心,被意外地立为皇后,并允许替力不从心的丈夫处理政务。一般的程序是军国大事先由燕燕召集契丹和汉族群臣共同议定,然后再告知皇帝。时间一长,燕燕便得心应手地处理国务和驾驭群臣,而皇帝也能毫无干扰地硬撑着身体到深山野岭中游猎。辽景宗耶律贤乾亨四年(982)枫叶红了的季节,35岁的耶律贤因过度劳累病死在游猎途中。大彻大悟的他在临终前向最忠诚的大臣耶律斜轸和韩德让立下遗嘱:"长子耶律隆绪继位,军国大事听命皇后。"

圣宗耶律隆绪即位时才是12岁的娃娃,而总摄朝政的承天皇太后萧绰刚过30岁,正处于意气风发、风姿绰约的年龄。在圣宗漫长时代的前半期,直至辽圣宗统和二十七年(1009)太后仙逝,辽国真正的权力始终掌握在萧绰手中。

花并不是为了美丽才开放,那只是为繁殖后代实施的一个计谋。为了将

---

① "巾"与"帼"是古代贵族妇女所戴的头巾和发饰,后人以此作为"妇女"的尊称。
② 耶律阮的次子。

大臣掌握在股掌之中,她机关算尽。她把自己的侄女嫁给了北院枢密使耶律斜轸,使其对自己忠心不二;她将圣宗的坐骑换给了于越耶律休哥,使之感激涕零;对于汉人出身的南院枢密使韩德让,她干脆以身相许,并赐其耶律姓,使其名正言顺地出入宫帷,与己常偕鱼水之欢。就这样,美丽的萧太后用过人的手腕稳住了群臣,也使圣宗的统治地位日益巩固。尽管如此,太后仍事必躬亲,即使有时把圣宗带在身边,也不过是让他长长见识。

但她的事必躬亲并没有造成圣宗的无能,因为她对儿子要求极严,使圣宗有时间学文习武,从而成长为一名"英辩多谋、神武绝冠"的明主。这是一个从来不让爱情左右自己选择的太后和一个在母亲严厉教导下茁壮成长的小皇帝所形成的伟大的母子关系,也是中国帝制内幕里最光鲜的历史章节。大清的慈禧显然受到了启发,但未得精髓。

她不仅是一位成功的朝政管理者,而且仿效阿保机的皇后成为一位鲜有败绩的军事统领,领导着属于自己的拥有1万骑兵的斡鲁朵。她对内勤修国政,锐意改革;对外赏罚严明,将士用命,东降女真、南抗宋朝、西攻党项、回鹘、北侵铁勒,一度陷入低谷的辽国再次雄起。

然而她的精彩表演才刚刚开始,真正成就她英名的是形同纸老虎的大宋。宋太宗雍熙三年(986),宋太宗命令征服南唐的名将曹彬率东路军兵进涿州,让征服南汉的名将潘美率西路军出雁门,田重进率中路军大举进攻辽国,试图夺回丢失已久的燕云十六州。战争初期,宋军进展顺利,尤其是潘美、杨业率领的西路军战绩辉煌,大有黑云压城、山雨欲来之势。萧太后面临强敌,运筹帷幄,一方面下令耶律休哥固守南京(今北京),阻止东线宋军主力北进;另一方面命耶律斜轸进军山西,阻击宋西路军;自己则亲率精骑实施机动策应,与休哥形成钳击态势,在岐沟关(今河北涿县西南)一举击溃曹彬统率的10万东路军,然后在中路、西路实施了大规模反击,迫使宋军全线溃退,创造了中国古代史上内线机动作战的奇迹。

北宋西路军副帅杨业听到宋军失利的消息,即行护送内附的汉人向内地撤退,但西路军统帅潘美和监军王侁却逼迫杨业向辽军发起攻击。杨业预料此去必败,因而请求潘美、王侁在今山西朔县陈家沟谷口派伏兵接应。杨业一路血战,勉强抵达约定的地点,却远远发现谷口空无一人,原来潘美、王侁久等杨业不至,早已撤兵而去,杨业不禁放声大哭。陷入契丹重围的宋军全部战死,杨业的坐骑被耶律斜轸部将耶律希达用箭射中,杨业落马被俘,绝食3日,壮烈殉国。杨业的长子杨延玉同时遇难。

战后,杨业被宋太宗追赠为太尉、大同节度使,随杨业北征的六子杨延昭出知景州,并未随军出征的二子延浦、三子延训被擢升为供奉官,四子延瓌、五子延贵、七子延彬也被任命为殿直,"杨家将"从此名扬天下。潘美因失职被连降三级,王侁被撤职后发配金州。

岐沟关一战使萧太后声名鹊起,但她的英名又何止于此?

五、澶(chán)渊之盟

岐沟关大战使宋、辽双方的军事天平产生了倾斜,宋由攻变守,而辽则由守转攻。

公元1000年(宋真宗咸平三年),一个不会给读者带来记忆负担的年份,辽军大举南下,但杨延昭坚守的遂城(今河北徐水北)使其久攻不下,锐气受挫。

连猎狗都知道将啃不动的骨头吐出来,换个便于着力的位置,以便顺顺当当地把它吃掉,况且是熟读兵法的萧太后了。于是辽军绕过遂城,在疏于防范的瀛州生擒宋将康保裔,还深入齐州(今山东济南)和淄州(今山东淄博)大掠而回。宋朝大将范廷召一直尾随在后,不敢进击,等到辽军退出边界,他才上奏章说是他把敌人赶走的。刚刚即位的赵光义之子赵恒十分高兴,还即兴在大名府行宫的墙壁上做了一首《喜捷诗》,搞得群臣不得不上表庆贺。更令人啼笑皆非的是,宋将王继忠兵败被俘后投降了辽国,娶了萧太后所赐的辽女,而宋真宗却认定王继忠战死疆场,下诏加官褒奖并善待其后人。既然朝廷忠奸不辨,宋王朝就习惯于上下欺瞒了。

宋朝喜宴未罢,辽军已卷土重来。宋真宗景德元年(1004)秋天,辽圣宗和萧太后亲自率领20万大军南下侵宋。辽军充分发挥了骑兵在平原旷野上的优势,一路破关夺隘,势如破竹,连下宋朝天雄、德清两座重镇,并避开宋军坚守不出的城池,直抵黄河北岸的澶州(今河南濮阳西南),此地距宋都开封不过100公里。

北宋朝廷一片慌乱,文武百官大都主张南逃金陵或西迁成都,唯有宰相寇准力主抵抗,声称"惟可进尺,不可退寸",督促宋真宗前往澶州督师。在万般无奈中,久居深宫的宋真宗强打精神随军前往。此时,辽军孤军深入,后援不足,狂妄自大、亲临城下巡视地形的统帅萧达览又被宋威虎军将张瓌用新近发明的床子弩射死,辽国上下震动,兵将心慌意乱。而宋军将士见皇帝亲临前线,似注射了强心剂一样军心大振,欢呼声、万岁声不绝于途。

按说这是反戈一击的最佳时机,然而消极的宋真宗根本无心恋战,而是借助上升的军威派精明的使臣曹利用前往辽营议和,这当然正中进退维谷的辽军下怀。辽要求宋割让土地,宋只应允缴纳银帛,双方争执不下。经过一段无休止的、如马匹交易般的谈判,双方最终于景德二年(1005)初在澶州前线达成了一个谅解备忘录。因澶州又名澶渊,所以和议被称为"澶渊之盟"。和约规定宋、辽双方领土以白沟河(河北中部)为界,应当互相尊重领土完整;宋应当每年提供给辽绢20万匹和银10万两作为"助军旅之资";任何一方不得对逃犯提供庇护,不得沿边界建立新的要塞和水渠。

在许多历史史料中,宋朝给契丹的岁币被描绘成给宋朝造成了沉重的负担,这显然有些言过其实。宋朝每年送给契丹的绢仅仅相当于南方一两个州的产量,而且支付的银也在宋辽日益扩大的贸易顺差中抵消。尽管"澶渊之盟"对宋来说是屈辱的,但这一协定使宋朝以有限的代价获得了持久的和平,天子驾返东京,河北行营罢除,戍兵减半,壮丁归农,民众喜从心生;契丹也获得了稳定的额外收入,减轻了军事支出并致力于国内发展。"澶渊之盟"是在意识形态要求之上的政治务实主义的巨大成功,为一个世纪的稳定与和平铺平了道路。每一个抛弃了大汉族主义并站在千百万祈求和平的农牧民的立场上观察历史的人都不难得出同样的结论。

要把阳光播撒到别人心里,先得自己心里有阳光。

六、竭泽而渔

辽圣宗统和二十七年(1009),临朝摄政27年的萧绰结束了叱咤风云的一生,耶律隆绪独立执掌国政。他将国号改为契丹,开始"学唐比宋"。他主持营造了中京,变草地议事为宫中议事;正式开科取士,使优秀人才脱颖而出;将奴隶编为平民,使辽汉在法律面前基本平等。他以性格温和、慈孝天然、宽严有度、刑赏必信而著称,其流风余韵馨及后世。

接下来的情况就不容乐观了,因为人类所有的进程都要服从特定的盛衰规律,一个国家或王朝也不例外。这个北方的泱泱大国从草原启程时还是青春焕发,当它拖着沉重的脚步踉踉跄跄走了上百年路程后已经貌迈气衰,深深潜沉到历史的一隅。国家统治者们不再骑马走在军队的前头,而是待在宫殿里终日与绝色美女嬉闹,或者懒洋洋地斜躺在床上欣赏舞女的柔曼身段,静听琴师演奏的美妙音乐。

随后即位的兴宗耶律宗真是一个以调戏村姑民妇为乐的"玩家",但因为能年年吃到"澶渊之盟"的岁币老本,基本上还属于太平岁月。

道宗耶律洪基当政初期也曾有过一点虚怀纳谏的迹象,但无上的权威很快就使这个修养不深的公子哥成了宠奸诛直的暴君,他不仅强迫皇后自杀,还将太子囚禁致死,晚年甚至与大臣的妻子私通。

末代皇帝天祚帝耶律延禧是被囚禁致死的皇太子的儿子。他上台后的第一件事就是反攻倒算，受宠的大臣被免职，长期流放的人被召回宫廷，被迫自杀的皇太后被重新安葬，冤死的父亲也被追加了庙号。但在发泄完仇恨后，他陷入了因循守旧与无所作为的怪圈。他最大的失误还不在于碌碌无为，而是对境内少数民族的肆意践踏。

天祚帝经常派遣使者带上银牌到女真部落索取海东青①、珍珠和貂皮。更为可气的是，这些"银牌使者"每到一处，除了向女真人敲诈财物之外，还要他们敬献美女伴宿。起初是指定平民未嫁女子相陪，后来使者络绎不绝，他们便仗着大国权势自行选择美女，不问有无丈夫，也不问是否出于名门。

是可忍孰不可忍。生女真②完颜部首领阿骨打振臂一呼，几乎所有的血性男儿都聚集到他的周围，组成了一支同仇敌忾、步调一致、攻无不克的军队。直到辽天祚帝耶律延禧天庆五年（1115）阿骨打称帝建金，大辽国还蒙在鼓里。

在天祚帝忙着打猎的时候，阿骨打已经攻占了辽国的军事前哨黄龙府（今吉林农安）。入侵者骑着飞快的战马，嗷嗷高叫着，挥舞着弓箭向他们逼近。惊恐万状的天祚帝急忙下诏亲征，但他哪里是阿骨打的对手，辽军刚刚越过松花江就溃不成形，部下纷纷倒戈。

能使愚蠢的人低下脑袋的并不是言辞，而是厄运。没有办法，天祚帝只得与金议和，向金称兄，割让长春、辽东，每年输送银绢25万。签下和约的天祚帝认为可以高枕无忧了，从此除了不停地游猎，就是和一位大臣的娼妓出身的老婆云奇在宫中胡来。

与历史惊人相似的是辽国在生死关头也搅和进了一个女人。现在已经很难考证这位妓女到底在辽国衰亡问题上发挥了多少作用，但史书却实实在在地把一份责任推到了她身上。我们不得不得出这样一条结论：中国男人最爱把亡国的责任往女人身上推，让女人为帝王顶罪。据说周朝失天下是因为褒姒一笑；西汉衰微是因为汉成帝宠爱赵飞燕、赵合德姐妹；晋代"八王之乱"是由那位并不漂亮的皇后引起；李自成退出北京是因为部下霸占了吴三桂的爱妃陈圆圆。其实她们作为一个弱女子，不过是深宫里的一只人鸟。正如《说文解字》对"妇"的解释那样："妇人，伏于人也。"一个仅凭姿色吃饭的女人比之万寿无疆的丈夫充其量只有千岁，让能量有限的女人去为无限伟大的男人背负十字架是男人和历史的悲哀。正如向来一针见血的鲁迅所言："我一向

---

① 生长在沿海的特殊鹰隼。
② 辽国奴役了女真人后，把未入辽籍的女真人称为"生女真"。

不相信昭君出塞会安汉,木兰从军就可以保隋;也不相信妲己亡殷,西施亡吴,杨贵妃乱唐的那些古老话。我以为在男权社会里,女人是绝不会有这种大力量的,兴亡的责任,都应该男的负。但向来的男性的作者,大抵将败亡的大罪推在女性身上,这真是一钱不值的没有出息的男人。"

不管怎么说,辽国在走下坡路。天庆十年(1120)5月,阿骨打率精兵攻入契丹人的圣地上京,将辽国宗庙全部焚毁。就在国家生死存亡的关键时刻,身为大男人的辽国宠臣萧奉先不仅将雪片似的告急文书压下,而且诬告大将耶律余睹谋变,逼使余睹投降金国继而作为金国先锋反戈一击,攻占了辽国中京大定府,似风卷残云一样把天祚帝赶得四处逃命。读到这里,你还认为女人是亡国的罪魁吗?

刚刚逃奔南京的天祚帝听到中京陷落的消息极为恐惧,急忙留下亲王耶律淳守卫南京,自己则逃向西京大同府。西京守将开城投降后,他又丢下女儿和财宝仓皇逃走。

他连国土和女儿都舍弃了,还顾得上那位名叫云奇的女人吗?

七、苟延残喘

在将士拼死抵抗的日子里,天祚帝正像一张给风兜着的废纸,惶惶地向西奔逃,宫廷与皇帝的所有联系都被隔绝。

国不可一日无君,正如天不可久阴。南京群臣在奚王和耶律大石的率领下,于辽天祚帝保大二年(1122)3月拥戴亲王淳为新皇帝,天祚帝被降级为亲王级的湘阴王。辽国由此分裂,天祚帝的权力被局限在极西的游牧部落地区;耶律淳控制的领土被限定在南部定居地区,包括燕、云、平、上京、中京、辽西六路,耶律淳的国家习惯上被称为北辽。

据男人写就的历史记载,北辽宣宗耶律淳上任后的第一件事就是应南京百姓的再三要求,(百姓如何知晓?民意何曾被重视过?)将天祚帝倚为"肉拄杖"的大臣刘彦良及其淫乱误国的妻子云奇公开处死,又一个可怜的女子成为亡国之君的替罪羊。第二件事就是为摆脱困境拼命扩军。承担扩军重任的耶律大石试图从契丹和奚族难民中征集一支新军,但这些难民太贫困、太瘦弱了,以致被民间授予了一个"瘦军"的绰号。渤海钦州(今辽宁营口东南)人郭药师也在先前受命招募了一批辽东饥民,号称"怨军"[①]。

尽管耶律淳事事鞠躬尽瘁,仍然处处捉襟见肘。无奈之下,他派出告谢使

[①] 取抱怨于女真人之意,后来改称"常胜军"。

出使宋朝,想以免除岁币为条件求得宋朝的承认与援助。使者带回来的消息令人哭笑不得,一向软弱可欺的宋朝突然强硬起来,他们不仅百般嘲弄北辽免除岁币的"好意",而且要求辽国赶快投降。于是,北辽在最不合适的时间以最不情愿的态度接受了宋朝的挑战。

宋朝按照与金国订立的"海上之盟",派宦官童贯率兵10万进攻北辽的南京,由于宋徽宗在后方的牵制及宋将的无能,骄傲的宋军先后被耶律大石、萧干击败,横尸遍野。

宋军的压力暂时解除了,周围的压力又接踵而至。北辽向金求和被严词拒绝,天祚帝又放言准备打回南京。情绪沮丧到极点的耶律淳一病不起,在位98天便撒手人寰,长眠在了香山的永安陵。通常情况下,人一直都在向往山顶。可一旦到达山顶,往往会发现那里只有光秃秃的岩石,悲旋的高风,四垂的蓝天。耶律淳就是例证。

耶律淳没有子嗣,只得遗命传位给天祚帝之子梁王耶律雅里。然而此时梁王正与天祚帝在西部逃亡,万般无奈之下只能推举耶律淳的妻子德妃担任摄政。她并非"萧太后第二",根本无法力挽狂澜,只能守着一个破摊子艰难度日。

耶律淳死后仅仅一个月,宋朝派刘延庆再次率兵攻打南京。留守涿州的常胜军首领郭药师投降了宋朝,宋徽宗又鼓起了收复燕云的信心,迫不及待地改燕京为燕山府,并督促刘延庆领兵10万直取南京。借刘延庆与辽军厮杀的时机,降将郭药师率领5000名轻骑偷偷占领了燕京。进城后的宋军下达了"杀尽城中契丹和奚人"的命令,引起全城军民的自发暴动,除郭药师和几名贴身侍卫侥幸逃脱外,大部分将士在城内做了"人民战争"的冤鬼。

而负责增援的部队看见前方的火光,以为是辽兵来攻,竟然自行烧营逃跑。结果,宋军全线溃退。据说自神宗、王安石变法以来积存的军需在此战中几乎损失殆尽。更为可笑的是,吃了败仗的郭药师、刘延庆和那位没有如期增援的将军还被宋徽宗升了官。

纸老虎好不容易被赶走了,但辽国像一头不堪重负的骆驼,已经经不起任何折腾,哪怕挡路的是一只并不可怕的草狼。

况且挡路的并非草狼,而是一头真正的猛虎。保大二年(1122)末,呼啸的北风吹响了冬季的号角,漫天的雪花扑打着满目疮痍的北国。阿骨打的马队突然向南京扑来,继续猛烈摇晃北辽这片枯树上的黄叶。

听到探马的报告,德妃慌忙派出强兵把守"固若金汤"的居庸关。也许上天早有安排,当金兵大摇大摆来到关下时,山上的崖石竟然自行崩落,守关的北辽官兵大多数被压死,金兵破关进入南京。

赶在金兵到来之前,倒霉的女摄政王出古北口,抄小路逃入奚人地区。在那里,他们分成两部分,奚人和渤海军队跟随萧干进入奚人本土,建立了短命(5个月)的大奚王朝;女摄政王和耶律大石率契丹军队向西投奔天祚帝,在西夏边境的天德(今内蒙古乌拉特旗以北)与旧皇帝成功会合。会合的结果比投降还要悲惨,女摄政王被天祚帝处死,已经死去的耶律淳被从皇族花名册中划去了名字。

当你目睹了北辽的内讧,才能感悟到给干枯的花儿浇水是多么无用。当你认识了天祚帝,才真正明白什么叫顽固不化。这时的天祚帝仍刚愎自用,一再坚持实施收复国土的自欺欺人的计划,耶律大石在几次劝说未果又不被信任的情况下,不得不偷偷与天祚帝分道扬镳。

天祚帝顿时成为孤家寡人,只得带着少数亲兵经沙漠西逃。保大五年(1125)初,他被沿着雪地上的印迹追踪而至的金将擒获,囚禁在金国的中都。其间,宋、辽两位被俘的皇帝进行了一场别开生面的马球比赛,这位身体肥壮的契丹皇帝居然取得了胜利,而柔弱多病的宋钦宗则被乱马踏死。已经80多岁的他企图趁乱逃走,结果被乱箭活活射死。至此,立国219年的辽朝大厦化为灰烬。

八、远走高飞

天祚帝被女真人俘获标志着辽国的灭亡,但并不标志着一个独立的契丹国家的终结,因为文武兼备的耶律大石还在。

耶律大石是从一介书生考中进士步入仕途的,是一位既擅长骑射,又通晓汉辽文字的全才。他在与天祚帝会合后,真心实意地追随天祚帝,苦心孤诣地惨淡经营风雨飘摇的局面,却得不到信任,并处于随时被杀戮的危险之中。

原因无非是他才华横溢,而且有过拥立耶律淳的"污点"。

中国文化的传统观念里有一种观点认为,一个人最重要的是仁义忠孝,有没有才华、能力、功劳、政绩倒在其次。甚至平庸一点儿更好,显得老实、忠厚、可靠。所以传统的中国人宁肯认可懦弱的刘备,也不认可精干的曹操;对屡吃败仗却忠心不二的关羽推崇备至、奉若神明,而对百战百胜、功高震主的韩信却说三道四,不以为然。

因此大石绝望,郁闷,万念俱灰,心惊胆战,但就是这种绝望,永远地、彻底地改写了他的下半生。

保大四年(1124)7月,耶律大石佯装生病,杀死监视自己的北院枢密使,率200铁骑连夜向西逃跑,大体路线为天德——黑水——可敦城。在可敦城,他受到了敌靼、乌古等18部众的拥戴,得精兵万余人。

匈奴、柔然、突厥的历史已经证明,草原部落最明智的退却方向就是西进。因此,耶律大石没有回过头来与金国作战,而是在金太宗完颜晟天会七年(1129)经回鹘辗转西迁。

钻石永远是钻石,不管被沉埋多久。短短一年时间,他就率领这支已无退路的哀兵,用激情划破了从帕米尔到咸海之间的广阔天空,使曾经十分强大的回鹘——葱岭回鹘建立的东部喀喇汗王朝和高昌回鹘建立的高昌国承认了他的宗主权。西域处处飘扬起契丹人黑色的旗帜,这枝绝色玫瑰终于在沙漠之中自由地绽放了。

南宋高宗赵构绍兴二年(1132),耶律大石在新建的叶密立城(今新疆额敏)登上了皇帝宝座,号称葛尔罕或菊儿汗①,建元延庆,国号仍为大辽,即西辽,又称喀喇契丹或黑契丹。

两年后,大石迁都八剌沙衮(今吉尔吉斯托克马克附近),将都城改名为虎思斡尔朵②,改元康国。

几度春风过后,西辽缔造者们长途跋涉的疲惫消失了,他们的牲口长了肥膘,在中亚的统治趋于稳固,大石认为反击金兵、中兴辽朝的时机已经成熟,于是任命萧斡里喇为兵马大元帅,在西辽德宗耶律大石康国元年、金太宗天会十二年(1134)牧草返青的季节率7万人东征。东征军接连征服了喀什噶尔、和阗、和州,正当凯歌高奏时,一场罕见的沙漠风暴突然降临,大量牛马和士兵被流沙湮没。迷信的大石认为皇天不顺,从此永远放弃了复国的宏愿。

经验告诉我们,是鱼儿就不要幻想蓝天,是鸟儿就不要迷恋海洋。梦想的高度,最好在视线所及的范围内。因此,大石开始专心经营开拓他的西部疆土。西辽康国八年(1141),西部喀喇汗王朝大汗马赫穆德与葛逻禄人发生武装冲突,他们分别向东部伊斯兰教的共主忽儿珊国(塞尔柱帝国残余)和西辽求援。忽儿珊苏丹桑贾尔亲率西域各国联军10万人,北渡阿姆河扑向西辽。耶律大石则带领契丹、突厥、葛逻禄和汉人组成的西辽联军挺进撒马尔罕。

9月9日,一个中国历史上有名的日子③,两军在撒马尔罕北部的卡特万草原相遇。面对数倍于己的敌人,西辽摆出哀兵之势,六院司大王萧斡里刺率2500名骑兵攻敌右翼,枢密副使萧刺阿不率2500名骑兵攻敌左翼,大石统率大军从中间突击,3把匕首同时插入敌人的胸膛。桑贾尔的联军大败,3万多官兵横尸荒野。桑贾尔侥幸逃脱,但他的妻子和左右两翼指挥官均成为俘虏。

---

① 意为普天下之汗。
② 契丹语意为坚固的宫帐。
③ 秋收起义和毛泽东逝世的日子。

"卡特万会战"是中亚历史上一次著名的战役,它使塞尔柱突厥的势力从此退出阿姆河以北,使西部喀喇汗朝从此成为西辽的附庸。耶律大石封原国王之弟为桃花石汗(中国汗)继续统治西喀喇汗朝,而留一名沙黑纳①监督其国。战后90天,一向与桑贾尔敌对的花剌子模②国王主动向耶律大石投降,东部的别失八里、西州回鹘也成为西辽的属国。

至此,西辽结束了中亚长期分裂割据的局面,建立起了东起哈密,西至咸海,南抵阿姆河,北达叶尼塞河上游的辽阔帝国。

九、断肠人在天涯

令耶律大石万万想不到的是,他历尽千难万险建立的千秋功业只传了两代。他的儿子西辽仁宗耶律夷列尚算仁厚贤明,但皇位传到他的孙子耶律直鲁古名下时,西辽的国家机器开始出现故障,因为耶律直鲁古昏聩糊涂,黑白不辨,是一个对权力根本提不起兴趣的庸人。

历史一再告诉我们,每一代人都必须重新奋斗,明天的成功是因为有今天拼搏的奠基,而今天的失败都要从昨天的懈怠中寻找原因。

西辽因为继承人的无能和懒惰而不断衰败,但西辽灭亡的直接原因却是皇帝召了一名阴谋家女婿。此人名叫屈出律,是乃蛮部太阳汗之子,在被成吉思汗击败后于元太祖三年(1203)落荒逃奔西辽。他相貌英俊且能言善辩,很快便骗取了头脑简单的耶律直鲁古的信任。耶律直鲁古不仅厝火积薪,养虎为患,将女儿浑忽嫁给了他,而且纵龙入海,放虎归山,让他带上大量军费前去收集余部。元太祖六年(1211),屈出律纠集散失在东部的乃蛮部和篾儿乞部将士浩浩荡荡地杀回西辽都城,久疏战阵的西辽军队顿时土崩瓦解,老皇帝乖乖地当了女婿的俘虏。

阴谋家就是阴谋家,有时连历史学家也能被他骗过。屈出律成为国王后仍沿用西辽年号,尊耶律直鲁古为太上皇。屈出律还在朝堂上精心导演了一幕太上皇以年迈为由自愿让位给女婿的闹剧。

显然,耶律直鲁古的女儿浑忽过于乐观了。可以想见,如果她的父亲不是皇帝,屈出律能娶她为妻吗?果然,在位子坐稳后,屈出律另娶一位西辽美女为妻。大凡美女都比较自信和固执吧,这位美女不仅规劝屈出律皈依了佛教,而且要求屈出律逼迫全民信佛。掉在温柔乡里的屈出律言听计从,他强迫伊

---

① 意为监督官。
② 原塞尔柱帝国的一个行省,在塞尔柱衰落后独立。

斯兰教徒放弃信仰,把伊斯兰教长剥光衣服,钉死在伊斯兰教学院门口;他还强迫民众改穿契丹服装,在每户居民家中安排一名兵士住宿。

为了打压伊斯兰教,屈出律磨刀霍霍,结果刀锋却对准了自己。元太祖十三年(1218),蒙古大将者别率军进攻名义上的西辽,备受虐待的西辽伊斯兰教徒纷纷叛归蒙古,伊斯兰教徒家中的西辽士兵被群众逐个消灭。屈出律在逃到撒里黑昆山谷时被当地猎户俘获,献给蒙古人后被立即处死。他的皇后已被他在逃跑前杀死,而那位可怜的太上皇早在5年前就被活活气死了。

西辽亡国后,部分哈剌契丹人来到今伊朗克尔曼省建立了完全伊斯兰化的儿漫王朝,俗称"后西辽"。中原的契丹人下场更惨,金朝改契丹人的耶律姓氏为移剌,改萧姓为石抹,还把女真国姓完颜赐给了契丹人。到了元代,契丹大姓才得以恢复,并一度形成了耶律、萧、移剌、石抹四姓并存的格局。

不管怎么说,契丹人的辉煌被永远尘封在元朝之前的历史中,契丹人多数融入女真、蒙古、汉族,少数融入维吾尔、哈萨克、土族、朝鲜。14世纪中叶之后,契丹之族名再也不有人使用过,就像一条奔腾咆哮的河流戛然消失在无边的流沙之中。

辽国的古典建筑如今已经荡然无存。位于天津宝坻的最后一座辽代古庙于20世纪50年代被地方政府拆除了,据说拆除古庙的原因只是用它的木头修桥。远在北京的建筑学家梁思成闻讯后痛心疾首,并无奈地长叹:"我也是辽代的一块木头啊,还不如把我杀掉!"

十、一道数学题

在东亚历史上有一道简单的数学题:如果甲国有100万平方公里的肥沃土地,毗邻的乙国特别想得到它。甲国软弱,乙国强悍,乙国占有甲国这片土地需要多少时间呢?

要解答这道题,请看"北极熊"蚕食中国东北领土的故事。

展开世界地图,在亚洲东北部,两条细线般的额尔古纳河和石勒喀河一起汇入了更为粗壮的阿姆河(黑龙江),然后几乎笔直地奔腾东去,一直注入波卷浪涌的太平洋。河流全长4440公里,流域面积185.5万平方公里。这里曾经生活着多个中国的古老民族。

在公元16世纪中叶以前,地处东北欧的俄罗斯领土面积仅为280万平方公里。沙皇伊凡四世执政后,俄国才迈开了向东方扩张的步伐。明神宗朱翊钧万历九年(1581),840名哥萨克重刑犯组成的远征军越过乌拉尔山向东进发,在不到60年的时间里占领了整个西伯利亚,并抓住清军入关的机遇侵入了我国黑龙江流域,强占了雅克萨城和尼布楚城。

为了保卫祖国的神圣领土,清朝于康熙二十四年(1685)、康熙二十五年(1686)两次派兵进攻雅克萨城。俄军首领托尔布津中炮身亡,他那800人的部队只剩下可怜的66人,清朝取得了自卫反击战的彻底胜利。

败讯传到莫斯科,沙俄摄政王索菲亚公主被迫派专使赴北京进行和平谈判。康熙二十八年(1689),中俄双方代表签订了《尼布楚条约》,中国边界内徙至额尔古纳河和外兴安岭,此线以西、以北划归俄国。

但"北极熊"对这个条约一直耿耿于怀。

160年之后,"北极熊"卷土重来。

咸丰八年(1858)的大清如同一个被岁月耗尽了精力的老人,已经变得瘦如秋风、步履维艰。抓住时机,沙俄以武力侵入了黑龙江流域,迫使黑龙江将军奕山签订了中俄《瑷珲条约》,割占了我国外兴安岭以南、黑龙江以北60多万平方公里的土地;乌苏里江以东直到海边的约40万平方公里的地区划为中俄两国"共管"。咸丰十年(1860),沙俄通过签订中俄《北京条约》,又强迫清朝割让了乌苏里江以东包括库页岛在内的40万平方公里的土地。至此,我国100万平方公里的领土化为乌有,东北三河流域的中国土地仅剩下86万平方公里。从此,黑龙江、乌苏里江由我国的内河变成了边界河。

"北极熊"蚕食中国东北100万平方公里的土地,只用了短短3年时间。

故事涉及雅克萨城的建设者,契丹人的后裔——达斡尔人[①]。

据考证,辽朝灭亡后,这支崇尚和平的契丹后裔不甘接受金国的残暴统治,便朝额尔古纳河以西、黑龙江以北的遥远地区移动,最终在那里建立了自己的中心城市雅克萨城。

清顺治七年(1650),雅克萨被俄国哥萨克骑兵侵占,许多达斡尔城寨被血洗,他们被迫南迁到嫩江流域并分成了两部分,从事射猎的被大清编为索伦部落二十九佐领,从事农耕的被编为达斡尔十一佐领。清乾隆二十九年(1764),朝廷征调黑龙江索伦兵携带家眷远赴伊犁霍尔果斯驻防。从此,万里之外的新疆塔城有了达斡尔人。而留在嫩江左畔的达斡尔,如今多数聚居在莫力达瓦达斡尔族自治旗内[②]。

令人惊奇的是,今人在云南也发现了契丹人的后裔。据说是在辽国灭亡后,天祚帝八弟阿育率部转战到云贵川一带,取阿保机的首字改姓阿,继而改

[①] 辽朝的皇帝侍卫称"斡尔朵军",皇帝死后,斡尔朵就归守皇陵,其中守卫阿保机祖陵(位于今内蒙古巴林左旗)的军队称"迪斡尔朵"。天长日久,迪斡尔朵即被称为"达斡尔",意为开拓者、耕耘者。

[②] 见国家民族事务委员会《民族大家庭》,南海出版公司1996年版。

姓莽、蒋,后来自称"本人",现有人口10多万。千年后的今天,他们仍保留着19个契丹小字和一幅完整的青牛白马图。

另据报载①,中国医学科学院和中国社会科学院联合进行了分子考古学研究,课题组从契丹墓葬标本中提取DNA,然后采集云南蒋姓"本人"血样100份并提取DNA,经过聚合酶链式反应、克隆测序、比较分析,最后的结论是——在分析过的达斡尔、鄂温克、蒙古和汉人群体中,达斡尔与蒋姓"本人"有着相似的父系起源。

契丹后裔之谜大白于天下。

行文至此,读者还记得与"杨家将"斗得天昏地暗的大辽吗?灭亡大辽的就是接下来出场的靺鞨后人。

---

① 见《齐鲁晚报》2002年11月1日版。

第 十 章

靺鞨——从白山黑水走来

> 谁想要推动世界，就让他先推动自己。①

一、远东穴居

这是一个穴居人的古老传说。

风景秀丽的长白山下有一个碧波粼粼的湖泊。在一个热风扑面的日子，3位清纯而美丽的仙女来到湖中沐浴。尽情嬉戏之后，她们终于带着沐浴之后的惬意与疲惫登岸了。这时，一只神鹊将一枚红红的果子衔到了仙女们脱下的衣服上。果子鲜得异常，熟得透亮，年龄最小的仙女佛古伦抢先拾来吞入肚中。不久，她怀孕生下一个男孩，姓爱新觉罗，叫布库里雍顺，他就是满洲人的祖先。

美丽的一般是朦胧的、虚幻的，平凡的往往来得比较真实。撇开传说，还是听听满脸胡须的考古学家说了些什么吧。

据中国考古学家考证，满洲人的祖先叫靺鞨②，是居住在中国东北白山（长白山）黑水（黑龙江）之间的一个原始部落。而外国史学家则说靺鞨的起源地是黑龙江下游现属于俄罗斯远东省份的那些覆盖着茂密森林的山地。③

它先秦时代叫肃慎④，汉魏之际被称为"挹娄"⑤，南北朝时期则自称"勿吉"⑥。公元6世纪，勿吉已经发展为粟末、伯咄、安车骨、拂涅、号室、黑水、白山七大部落。隋唐时期，它更名为"靺鞨"。

---

① 语出古希腊哲学家苏格拉底，其言论集中在《苏格拉底对话录》中。
② 意为深山老林人。
③ 见德国傅海波和英国崔瑞德《剑桥中国辽西夏金元史》，中国社会科学出版社1998年版。
④ 意为东部人。
⑤ 意为深山穴居人。
⑥ 意为深山老林人。

据史料记载,靺鞨人不断派出使节到内地取经,将子弟送到隋唐留学,如饥似渴地吸收文明食粮,结果是更名后的靺鞨经历了一次脱胎换骨,从森林走向了平原,从蒙昧走向了开化。

事实上,不可能所有的部落都从山林中迁出,于是靺鞨一分为二,思想开放的走出大山,进入东北南部平原,他们是粟末靺鞨;老实本分的仍旧占据着白山黑水,他们是黑水、白山等靺鞨部落。①

唐高宗当政时期,唐朝名将李世勣(即李勣,因避唐太宗李世民讳,故改名)领兵灭掉了东北王——高句丽,掳走了高句丽国王和20万民众,在平壤设置了安东都护府。之后,作为高句丽臣民的白山靺鞨归属大唐,靺鞨伯咄部和安车骨部作鸟兽散,粟末靺鞨迁居营州(今辽宁朝阳市)。但唐朝在东北的统治只是采取遥控指挥的方式,各少数民族只要表示臣服就可以被任命为都督,因此他们纷纷取得了相对的自主权,特别是当武曌(zhào)万岁通天元年(696)契丹入侵河北隔断了唐朝对东北的控制后,这里突然出现了权力真空。

谁来填补这个权力真空?靠近大唐的粟末靺鞨能抓住机会吗?

二、东北亚文明的记忆——渤海国

幸运之神只光临那些为她的到来做好了准备的人。

面对突然出现的机遇,粟末靺鞨首领大祚荣迅速领兵从营州来到松花江上游,在今吉林敦化市附近的敖东城树起了"振国"国旗,时间是武曌圣历元年(698)。

大祚荣派出使者向唐朝表示公开归顺,并将次子大门艺送到唐朝作为人质。唐开元元年(713),唐玄宗下诏册封大祚荣为渤海郡王。随着唐朝赐予的崭新称谓,一个名叫渤海的国家在白山黑水间冉冉升起,并将黑暗的东北亚照亮了整整200年。

接着,在东北通向中原的大道上出现了到大唐进修的人流,他们风尘仆仆而来,志得意满而归。

"留学生"从唐朝归来后,依样画瓢,照本宣科。皇宫完全仿照长安设计,官制完全模仿唐朝设置,佛塔照搬唐地的模样,族名也改成了大唐赐给的渤海,其政治、经济、文化堪称唐朝亦步亦趋的翻版。

---

① 公元722年,黑水酋长被唐高宗封为勃利州(现俄罗斯称为"哈巴罗夫斯克")刺史,后来唐朝在此设立了黑水都督府。

春日里一株蓬勃的桃花开了,附近一株蓬蓬的迎春也开了。桃花是骨铮铮的枝条,枝枝上举,捧的都是阳光雨露;迎春是柔软软的枝条,条条低垂,声声都是浅吟低唱。桃花与迎春,一如此时的大唐和渤海。

渤海太祖大祚荣病逝后,其子大武艺于开元七年(719)成为新国王。武王大武艺四处扩张,鼎盛时疆界东至日本海,南与新罗龙兴江为界,西达契丹,辖有5京、15府、62州。唯一的隐忧是唐朝在黑水靺鞨领土上派驻了一支强大的军队,使渤海有一种芒刺在背的感觉。大武艺决定先发制人,于开元十四年(726)命令曾在唐朝做过人质的弟弟大门艺率军出征黑水靺鞨,但"迎春花"弟弟已经习惯了和"桃花"相依相偎的日子,不愿背叛大唐,并伺机逃到了长安。

流亡本身便已显示出流亡者所具备的内在力量,以及令渤海国王杯弓蛇影的恐惧。他就像一只跳蚤,活跃在渤海统治者的床头,令服了过量安眠药的国王仍无法安眠。大武艺派出使节前往长安,要求唐朝处决大门艺。但唐玄宗偷偷将大门艺派往中亚任职,声称大门艺已被流放岭南。真相泄露后,愤怒的渤海王派出海军洗劫了山东半岛的登州。后来,余怒未消的他又派人去暗杀弟弟,但刺客受伤被捕。

愤怒以愚蠢开始,以后悔告终。在屡次报复唐朝未果后,大武艺渐渐冷静下来。因为南面的新罗一直唯唐朝马首是瞻,西面的契丹又公开承认唐朝的宗主权,与唐对抗的只剩下渤海和突厥。渤海不仅随时会受到唐朝的攻击,而且在受到更具侵略性的邻邦突厥进攻时将变得孤立无援。理智下来的大武艺派遣一个朝贡使团前往长安,表示了臣服的诚意,从此再也不提弟弟的事。

两年后,大武艺死亡,文王大钦茂继位。他在位的57年,渤海国河清海晏,天朗风惠。都城迁向了距离图们江口仅有70公里的珲春,政治、经济中心向日本海偏移,渤海国直达山东半岛的"黄金水路"和直通日本的"海上丝路"(日本称之为"沧波织路")被开通。渤海的国力也上升到了一个新的高度,显州(今吉林桦甸东北的苏密城)的布,龙州(今黑龙江宁安东京城)的绸,卢城(显州以东)的稻已堪称名牌。渤海文化也令人刮目相看,一位渤海王子的文采在长安留学生中受到追捧,诗人温庭筠在《送渤海王子归国》一诗中赞叹他:"疆理虽重海,车书本一家,盛勋归故国,佳句在中华。"

日积月累,渤海国在大仁秀时期(817—830)达到了鼎盛,成为公认的"海东盛国"。不信请看渤海上京龙泉府,它由外城、内城、宫城三重环套而成,外城周长30余里,全城由一条贯通南北的宽阔大道分成东、西两区,又用10余条纵横的街道分割成许多块区域,俨然是长安亦步亦趋的翻版。这座城市像花一样开在岁月的枝头,它不仅是渤海国百城之首,而且是东北亚地区的贸易枢纽,把遥远的长安和日本连成了一条经济通道。人们从一个简单的比较就可推断出这座城市的繁华,这座城市西部和北部的牡丹江上密密地排列着5座跨江大桥的桥墩遗迹,而今附近很大一片土地上数万人的现代繁忙生活只需一座桥就绰绰有余。如果说牡丹江是一把二胡的话,桥就是琴弓。想一想,5把二胡同时演奏,当时的渤海国该是一幅何等的景象?

读者肯定要问,渤海国真的能传承千古吗?历史的回答是未必,因为一个富丽堂皇的国家对于惯于掠夺的人来说是永远的请帖,于是它最强盛的时代成了最危险的时期。大仁秀才过世百年,野性的邻居契丹便于辽天显元年(926)发起了对渤海国的疯狂进攻。

繁荣而文明的海东盛国怎能斗不过一个落后的游牧部落呢?这个问题的提出在今天看来毫无道理,但在人类漫长的历史上,成就常常通向腐烂,粗糙往往走向辉煌。不管哪一种文明,在最粗浅的层面上是无法与野蛮相抗衡的,"秀才遇到兵"的可怕情景并不鲜见:山姆挫败英伦,蛮族征服罗马,满洲亡了大明。富裕的渤海国也没能抵挡住拥有十全武功的契丹领袖阿保机。短短两个月,渤海国王就正式投降。可能考虑到契丹远未成熟的统治制度对于治理如此多定居人口和发达城市的渤海有些困难,因而阿保机没有立即吞并其领土,只是改其名为"东丹国",并任命太子耶律倍为国王,甚至继续使用它的年号。

在渤海成为契丹附庸后,部分渤海王室成员和大量居民迁徙到朝鲜半岛,成为新罗国和高丽国居民的一部分。

渤海依然在,美景尚可歌。但作为一个政权,它的生命终止了,因为它成了另外一个王朝的一部分。

渐渐地,这个世界文明的一大中心变成了一片广袤的荒野,只剩下以渤海国命名的渤海湾挥泪叙说着一个昔日繁荣的故事。

三、阿骨打

显然是出于对渤海国的羡慕,那个在北部丛林中摸索和挣扎的黑水靺鞨渐渐有了想法。五代时期,他们将名字改为"女真",女真翻译成汉语就是"东方之鹰"。

改名不久,他们就倒霉了。辽国在灭亡渤海国之后,能放过这个渤海国的近亲吗?况且已自称"东方之鹰"了!于是辽国把实力较强的女真人编入直接管辖的户籍,迁到辽阳府以南,与汉、契丹杂居,被称为"熟女真";而分布在辉发江一带的女真与辽有着半羁縻关系，被称为"不生不熟女真"；仍是林中人、狩猎者和捕鱼者，生活在松花江、黑龙江流域，未入辽籍的女真人被称为"生女真"。

更过分的是，辽兴宗耶律宗真继位后，竟然为了避开"宗真"的名讳，将女真人的"两只脚"砍掉，改称"女直人"（任何人不能与自己重名，这一蛮不讲理的做法显然是从中原皇帝那里学来的），将"东方之鹰"变成了"东方死鹰"。

屈服只是一个过程，一种策略，真正的目的是保留实力、隐藏行迹、伺机而动、东山再起。

终于，一个气度不凡的男子向历史走来。他来自女真完颜部，名叫完颜阿骨打。据说他擅长骑射，射出的箭能达320步，是遐迩闻名的奇男子。

他真正引起人们的瞩目还是在辽国天祚帝举行的"头鱼宴"上，时间是辽天庆二年（1112），地点是今松花江。当时，前来朝贡的生女真部落酋长都参加了宴请。酒过三巡，菜过五味，趾高气扬的天祚帝命令酋长们依次起舞助兴，当轮到阿骨打时，他正襟危坐，目不斜视，以不擅长歌舞为由拒绝了命令。这一反常的举动，闹不好是要掉脑袋的。可不知为什么，天祚帝居然没有发火。

次年，阿骨打被推举为都勃极烈①。从此，这个部落联盟首领举起了抗辽的大旗。

一个相对落后的民族总是免不了走向世界，掠夺和扩张不仅能获得土地、物产，更重要的是能够在走出去的同时开阔自己的视野。尽管整个过程是血腥的、违反和平原则的、以别人的牺牲为代价的，但历史的潮流不会因为过程的残酷而止步不前。

天庆四年（1114），阿骨打率女真将士2500人在涞流河（吉黑交界处的拉林河）祭祖誓师，历数辽国罪状，先后在宁江州（今吉林扶余东石头城子）、出河店（今黑龙江肇源西北）痛击了辽国大军。辽军从此一蹶不振，阿骨打成为东北地区无可争议的最高首领。

随着女真与辽国力量的逆转，建立一个统一的女真国家已水到渠成。辽天庆五年（1115），阿骨打正式称帝，定国号为金（阿骨打在登基诏书中说：辽以镔铁为号，取其坚硬，镔铁虽坚，终要腐烂，唯金不腐，故改女真择万世不朽之金为号），自称金太祖。从此，几代女真人孜孜追求的建国理想，再也不是含泪的纪念、啼血的杜鹃。

施政大纲随之出台。在政治上，推行了勃极烈制，皇帝称都勃极烈，其次

---

① 勃极烈指部落酋长，都勃极烈指部落联盟酋长。

称谙(尊贵)勃极烈,再次称国论(贵)勃极烈,之后称忽鲁(总帅)勃极烈,形成了以皇帝为中心的统治模式;在军事上,实行猛安谋克制①,每300户为一谋克,10谋克为1猛安,谋克首领为百户长,猛安首领为千户长,各户壮丁平时务农,战时出征,形成了兵民合一的军政体制;在文化上,将汉人正楷和女真语言杂糅在一起,创制了"女真大字"。

阿骨打的一生,是创业与征战的一生,也是挥洒智慧的一生。他不仅击败了数倍于己的辽国大军,先后占领了辽国五京,让"女直"重新站起来恢复了原名"女真"。更重要的是实施了从中原兵书上学来的远交近攻战略,厚着脸皮要求宋、西夏、高丽与辽国划清界限。

他一生最精彩的表演开始了。针对宋朝一心收复燕云十六州的心理,他于宋徽宗赵佶宣和二年(1120)与宋达成了联合夹攻辽国的协议——"海上之盟"。

盟约最大的受益者当然是阿骨打。宋朝配合金国攻陷燕京后,金国欺负宋朝软弱,只退还了燕京及所属六州,还每年向宋朝多要了100万贯燕京代税钱。

遗憾的是,阿骨打没能活着看到辽的灭亡和宋的受辱。宣和五年(1123)8月,这位女真英雄病逝于由燕京回师上京途中,终年56岁。

四、靖康之变

阿骨打的弟弟金太宗完颜晟(shèng,又称"吴乞买")顺利接班。

宣和七年(1125),随着辽国天祚帝被金国俘虏,金、宋两国的联合灭辽战争终于画上了圆满的句号。辽国这个让金国恨得牙根发痒、让宋朝噩梦连连的对手淡出史册。

当金、宋两国之间的缓冲地带被荡平之后,宋、金就由过去的盟友变成了现实的对手。这不禁使我想起了英国老首相丘吉尔的那句名言:没有永远的朋友,也没有永远的敌人,永远的只有利益。

起初,两国关系还算平和,吴乞买戴上金国王冠时,宋朝还送上了贺表。但不久之后发生的"张觉事件",导致两国关系急转直下。

张觉原是辽国驻平州节度副使,他在投降金国后暗杀了一起降金的一名将军。事发后,张觉领兵投降了宋朝并得以继续在平州任职。作为报复,吴乞买派出一支大军进攻平州。听到风声后,张觉投奔了宋朝燕京守将郭药师

---

① "猛安"为部落单位,"谋克"为氏族单位。

（同为辽国降将）。军事手段不顶用，金国便使出外交手段——派出使者要求宋朝引渡张觉。宋朝怕事情闹大，竟然做出了一个令所有投诚者寒心的决定——处死张觉并将他的首级送给金国。此事引起了多米诺骨牌效应，郭药师认为宋朝已经不值得依靠，于是扣押了宋朝知府，向金国投降。立刻，燕山府成为金国的边城，宋朝的北大门洞开。

"张觉事件"使宋朝的软弱可欺暴露无遗。11月，金国大举南侵，迅速占领了山西和河北的大片土地，兵锋逼近宋朝的都城开封。

这时，宋朝当政的是宋徽宗赵佶，他是宋神宗的第十一子，哲宗的弟弟。赵佶似乎具备了一位君王不应具备的一切，他是个性情中人、艺术天才、理想主义者兼唯美主义者，他把所有的热情都倾注到对艺术的关注上，在构筑典雅幽巧的幻想境界中追求自己的人生极致。他本无心执政，但历史阴差阳错地将他扶上了皇位。当了天子后，他以"太平无事多欢乐"为人生哲学，仍一如既往地沉迷于艺术，凭借对艺术的独特感觉，把他的才能发挥得酣畅淋漓，他的书法笔势飘逸，意度天成，自号"瘦金体"，犹如冲霄鹤影，掠水燕翎，高迈不凡而又轻盈无迹。他的山水画至今价值连城。① 在艺术上鉴别力惊人的赵佶却忠奸不分。周邦彦不过是徒有虚名的文人，皇帝竟与之争风吃醋；市井无赖高俅只是因为球踢得好，就被任命为太尉；宦官童贯善于逢迎，被封为节度使；奸臣蔡京写得一手好字，被扶上相位。特别是他在执政的25年间，一而再，再而三，以至于四地信任绝对的奸佞蔡京，四次免其职又四次起用，执迷不悟到了无可救药的程度。朝廷被搅得乌烟瘴气，军队被搞得萎靡不振，只有艺术一花独放。

听说金军逼近京城，宋徽宗被吓昏，醒来后立刻让位给太子赵桓，自称"太上皇"，逃往镇江躲避战火。

宋钦宗赵桓即位后，改年号为靖康，下令将父亲最为宠信的蔡京、童贯等六大奸臣分别罢官、流放、赐死、杀头、抄家。在靖康元年（1126）初春，金兵再次兵临城下时，任命名将李纲为东京留守，取得了都城保卫战的胜利。朝廷内外都为有了一个英明的君主暗自庆幸，种种迹象表明，中兴指日可待。

想不到历史与我们开了一个天大的玩笑：新君宋钦宗压根儿就不是什么英明决断的主儿，而是一个地地道道的软骨头。

果然，在取得汴京保卫战的暂时胜利后，钦宗赶紧派出使节就金兵撤军进行交涉。金国提出的撤军条件相当苛刻，要求割让太原、中山、河间三镇，岁币

---

① 宋徽宗的《写生珍禽图》曾拍出2530万元的天价；2005年年初，他的画作《竹桃黄莺卷》又拍出6116万元，创下了中国书画拍卖的新纪录。

增加到每年银30万两,钱100万贯,还要宋朝送一名亲王做人质。

"这也太过分了!"但一心求和的宋朝全盘接受了金国的条件,付出了相当于180年岁币之和的战争赔款,宋徽宗第九子、钦宗的弟弟康王赵构被送往金国做人质。金兵满载而归。

看到宋朝大势已去,臣服宋朝多年的高丽和西夏倒向金国。

这样一来,天真的钦宗以为天下太平了,便听信主和派的意见,罢免了名将李纲并遣散了他的河北军,南方诸路勤王兵马也奉命撤回。令人啼笑皆非的是,在外避难的太上皇竟然别有用心地回到汴京。

别忘了,用一纸约定让强盗金盆洗手与哀求狼外婆不要吃掉小红帽没有什么两样。当年秋天,金兵背弃盟约,再次南侵,东、西两路大军很快包围了汴京。李纲已被罢免,勤王兵马被统统遣散,皇帝一时没了主意,连肠子都悔青了。

出色的剧目得不到嘉许,卑劣的杂耍当然要寻隙登场。就像愚蠢的慈禧听信义和团可以刀枪不入一样,钦宗竟让无赖郭京的所谓"神兵"开城退敌。郭京之流玩得不过是泥车瓦狗、瞒骗小儿的把戏,骗得了钦宗,哪骗得了金人?金兵乘机杀入汴京,徽、钦二帝束手就擒。

第二年3月底,金国册立原宋钦宗的太宰张邦昌为帝,建立了傀儡政权"大楚",然后囊括城内92个府库的财物及宋朝君臣、嫔妃、工匠约10万人返回北方老家,宋朝"二百年府库蓄积为之一空",世界级大都市汴梁从此辉煌不再,这就是所谓的"靖康之变"——一个中原人永远难以忘却的奇耻大辱。其后果是,急剧失望的中原军民大量南迁,由此引发了北方人口的第三次南迁高潮。[①]

其实历史的转折本来就不太美丽,就像河道的弯口上常常聚集着太多的淤泥、垃圾和泡沫,异味扑鼻。金国先行撤退的一路由宗望押送,包括宋徽宗、郑皇后、赵构之母韦贤妃、亲王、皇孙、驸马、公主和妃子,分乘860多辆牛车,在凄厉的哭声中沿着滑州惶惶北去。途中,徽宗那位国色天香的贵妃王婉容被金将真珠带到临时的军营享用,另一位娇艳欲滴的妃子曹才人在上厕所时被金兵趁机强奸。特别是当途中遭遇大雨,牛车渗漏不已,如花似玉的宫女们无奈地跑到军帐中避雨时,被饿狼般的金兵悉数奸污。另一路于3天后,由宗翰押解,包括宋钦宗、朱皇后、太子、宗室和孙傅、张叔夜、秦桧[②]等几位不屈的

---

① "靖康之变"后,北方沦为少数民族统治区,中原民众大量南迁,由此引发了中国历史上继东晋、中唐之后的第三次中原人口南迁的高潮,中国经济、文化重心逐渐南移,苏、湖、常、秀(即秀水,在今浙江嘉兴)被誉为天下粮仓。

② 屈服者皆进入了伪政权,不屈者才被押解北去,当时秦桧是著名的反抗者。

大臣,沿着郑州北行。钦宗头戴毡笠,身穿青布衣,骑着一匹黑马从巩县渡过黄河,失魂落魄地进入传统的宋金边界。西落的残阳将他的影子拉得很瘦很长,恰如苍茫大地上一个黑色的惊叹号。

途中,徽宗目睹了贵妃王婉容羞愤自刎后的惨状,钦宗也见证了大臣张叔夜扼吭①自杀的悲烈。可叹两位在甜水和阿谀中泡大的"公子哥"一不会动武,二不会求人,甚至连表达一下抗议的胆气也没有,更别设想他们会像张叔夜一样以死明志了。在这一点上,我还真佩服兵败自杀的殷纣王受辛、西楚霸王项羽、前秦皇帝苻坚。

7月20日,两路人马在燕京会合,父子两位皇帝抱头痛哭。

由于南宋进攻甚急,他们继续北迁。经过一年的颠簸,终于到达金国都城上京。二帝被封为昏德公和重昏侯,扔进了韩州(今辽宁昌图县)一座与世隔绝的简陋牢房,给他们提供了足够的纸笔砚墨,以便他们日复一日地面壁反思自取其辱的蹉跎岁月,像清朝末代皇帝溥仪一样书写《我的前半生》。

按照常规,美丽且明智的女俘可以免受牢狱之苦。6名花容月貌的王妃被分别赐给了完颜家族的成员,赵构的母亲韦太后和宋徽宗的女儿柔福被金国丞相盖天大王霸占,宋高宗的妻子邢秉懿成为金太宗的宠妃并为其生下了儿子,宋徽宗的女儿宁福和金福则被金熙宗封为夫人。只有宋钦宗的妻子朱皇后因不堪凌辱,投水自尽。

后来,二帝被赶到更为荒凉的边陲小镇——五国城(今黑龙江依兰县)。长年的泪水淹瞎了宋徽宗的眼睛,也使这个不食人间烟火的艺术家从天上掉到地下,"九叶鸿基一旦休,猖狂不听直臣谋;甘心万里为降虏,故国悲凉玉殿秋",痛苦、悔恨、无奈和悲伤的体验使他的诗词一洗铅华,成为血泪心境的真实写照。被俘8年后,南宋绍兴五年(1135),这位风流儒雅的皇帝病死在一座破烂房屋的土炕上,享年54岁。

又过了13年,宋钦宗被押回中都,与辽国皇帝耶律延禧一同囚禁在郊区的一座寺庙里。绍兴二十六年(1156),金帝完颜亮心血来潮,让两名被俘的皇帝陪他参加马球比赛,文弱不堪的宋钦宗从马上跌落,被乱马活活踩死,终年57岁。直到5年后,他的死讯才传到南宋,这也是许多史书将宋钦宗的死亡时间记录为绍兴三十一年(1161)的直接原因。

在靖康之变中幸免于难的唯有赵构,刚刚被从金国换回的他,都城陷落时正奉命在外组织勤王兵马,名号是河北兵马大元帅。靖康二年(1127)5月1日,赵构由大将宗泽等人拥戴,在南京应天府(今河南商丘南)即皇帝位,是为

---

① 压迫喉咙。

宋高宗。这个国家因一直蜗居南方,故史称"南宋"。

伟大的北宋帝国从此谢幕。

五、北宋为何倒下

北宋不仅未能收复边城,而且还丢失了北半个中原,当然会遭到中外史学家的一致谴责。因为北宋在当时的东方,无论是文化、经济,还是军力,都无人可以匹敌。

第一,北宋代表了科学文化的最高水平。佛教和儒家经典大量问世,《资治通鉴》等史学著作令人耳目一新;宋词堪称文学史上的又一高峰;苏轼、黄庭坚、米芾、蔡襄的书法艺术同绘画一样造诣精湛;精美的定窑、钧窑、哥窑、汝窑、官窑及景德镇瓷器令外国商人大开眼界,唐朝发明的火药、宋朝应用于航海的指南针、汉代的造纸术和宋代的活字印刷术传往国外,科学技术取得了非凡的进展,以至于14世纪的中国成为技术革命的伟大中心。

第二,北宋代表了先进生产力的发展方向。科技的发展提高了传统工业的产量,乡间工业和手工业已经初具规模,国家税收主要出自"商业之来源"——食盐、茶叶、香料、钾碱、酵母、酒醋、生丝。早熟品种越南占城稻的引进使水稻一季一熟发展到一季两熟;丝绸、瓷器、书画通过海港而非古老的丝路源源不断地运往国外,宋朝正朝着一个海上强国的方向迈进。

第三,生产率的提高使人口的相应增长成为可能,而人口增长又反过来进一步推动了生产发展。金朝辖区人口不过100万户,而宋朝辖区达2000万户,仅都城东京就有居民20万户,张择端的《清明上河图》形象地再现了这一当时世界著名城市的繁华景象。

第四,军事力量不亚于金国。当时,金朝军队总数不过20万,投入北宋的兵力仅12万;而宋朝军队总数在百万左右,投入抗金的兵力也数倍于敌。宋朝器甲铠胄,极今古之巧;武备之盛,前世未有其比。尽管金军骑兵占有优势,但宋军拥有步兵尤其是水军的特长;金兵长于野战,而宋军则长于近战;金兵善于攻城,而宋军则善于守城。如训练指挥得当,宋军并不处于下风。

无疑,宋朝已经具备了作为一个东方巨人的所有表面特征。

遗憾的是这些都只是表象。当人们走近他并深入他的时候,才发现他是那样的外强中干、不堪一击,如纸老虎,如黔之驴。

从时代精神上分析,宋朝堪称一个崇尚阴柔、排斥阳刚的时代,一个以文治国、武勇男儿成为悲剧化身的朝代,一个受尽屈辱、满身创痕却又建构起中国文学、艺术辉煌的岁月。在宋太祖用"杯酒释兵权"的方式夺了几位大将的帅印后,宋朝的武将从此受到漠视,赏花钓鱼填词蹴鞠成为时尚,儒家文人和农家男人开始痴迷追捧"三寸金莲",共同摧残了世界上人数最多的妇女,这也成为世界史上最反人性、最为可耻的一页。如果说唐朝是一个崇侠尚武、开放热烈的时代,是一个男人打马球、女人荡秋千的时代,那么宋朝则是一个崇儒尚文、温柔敦厚的时代,是一个男人填词、女人缠足的时代。

但把一个王朝的衰落完全归罪于时代风气毕竟难以服人,北宋灭亡的直接原因恐怕还是军事腐败。北宋与金国在军事上的差距不在装备,更不在数量,而在于军队的训练与管理。宋徽宗把军队交给只知讨好皇帝,根本不懂军事的童贯和高俅主管,这两位统帅平时想的只是"侵夺军营,以广私第;多占禁军,以充力役",各位将军也学会了克扣军饷,中饱私囊,其战斗力可想而知。

军事腐败也只是表象,北宋灭亡的根本原因则是政治腐败。宋徽宗是一位典型的"浪子皇帝",他最信任的蔡京则是以改革之名行搜刮之实的"亡国之相"。他所任用的其他大臣,个个纵情声色,挥金如土,卖官鬻爵,广结党羽。整个宋廷臣下大肆搜刮民脂民膏的手法无所不用其极,以满足宋徽宗穷奢极欲的需求,致使方腊、宋江等农民起义此起彼伏。可见,北宋晚期的政治腐败不是枝枝节节的一般性腐败,而是全方位的、不可救药的制度性腐败。

落后就要挨打固然是历史的规律,然而腐败就要灭亡更是一条铁的历史定律。腐败直接导致落后,因腐败而落后致使挨打灭亡,晚清就是明证。北宋晚期虽然腐败,尚未导致经济、文化落后,却照样挨打,不更值得后人深思吗?

六、秦桧南归

在北宋闹剧落下帷幕的同时,作为续集的南宋接着开场了,舞台上仍旧弥漫着令人遗憾的气氛。

如果说过去的都城东京汴梁是蕴藉深沉的,而"行在"临安则是秀丽妩媚的,这里多雨而温暖,绚烂而和煦。杨柳春风里,翠径花台,红袖满楼,软语轻笑,蝶舞莺啼,处处令人心醉,迷人心眼。明媚的西湖更是缠绵旖旎,风情万种。

温柔的临安像一位绝代佳人,以温暖而芬芳的怀抱化解着无数伤心人的痛苦,销了剑锋,雌了男儿。高宗虽然也打起了"恢复"、"中兴"的旗号,但他怕迎回二帝会危及自己的皇权,便逐渐地表现出放弃中原、苟安江南的真正意图,偏安一隅成为高宗后半生的主旋律。正如诗人林升所言:"山外青山楼外楼,西湖歌舞几时休?暖风熏得游人醉,直把杭州作汴州。"

碍于帝国的情面,真心媾和的宋高宗并没有表现出明显的偏安意图,其实他是在等待一位真正理解他的大臣。宋高宗建炎四年(1130)12月10日,一个令皇帝高兴得夜不能寐、令爱国者沮丧得捶胸顿足的日子,宋高宗破例接见了刚刚从金国"顺利逃回"3天的前御史中丞秦桧。

秦桧,宋哲宗赵煦元祐五年(1090)出生在建康的一个小官吏家庭。学生时代,他从恩师——著名奸相汪伯彦那里既继承了满腹经纶,也学到了弄权之术。秦桧在25岁那年就高中进士,来到今山东诸城任州学教授。后来又高中词学兼茂科,调任太学学正。此后,更是一路蹿红,在北宋末年提拔到御史中丞的高位。

在时人眼中,他是地地道道的主战派。金兵围困汴京时,他反对议和的口号喊得最响,那篇署名秦桧的《上钦宗论边机事疏》就是最好的历史证据。"靖康之变"后,听到金国准备将二帝押往北方,以伪政权代替宋朝的消息后,他冒着掉头的危险,领衔上奏金国皇帝坚决反对。好在后果没有预想得那么糟糕,他只是同二帝一起被押往了北方。他此时的崇高声望类似于被俘后处于绝食阶段的洪承畴。

3年过去了,二帝一直杳无音信。突然有一天,秦桧"顺利"逃回(秦桧解释为"冒充金兵,夺了船只,历尽九死一生逃回")。

对于这样一位具有崇高声望的宋臣,金兵怎会疏于防范?一个手无缚鸡之力的大臣还带着老婆,怎能闯过金兵的重重关卡?

每个人都在怀疑,宋高宗却急切地接见了他。

听到秦桧"如欲天下无事,须得南自南,北自北"的著名主张,宋高宗嘴上反对,但心中大悦。原来,仅仅3年,秦桧已经完成了从最坚定的主战派到最著名的议和派的人生蜕变。是被形势所迫?还是被"洗脑"了?人们在纷纷猜测,但高宗毫不在意。

很快,秦桧从礼部尚书、参知政事爬到了宰相高位,授命与金人"解仇议和"。

第一次"绍兴①和议"宣告成功。

但是,羊欲静而狼不休。绍兴九年(1139)秋,金朝发生政变,主战的金兀术掌握了军政大权。次年5月,金兀术撕毁了宋金和约,兵分四路,发动了暴风骤雨般的第二次南侵。

宋高宗不得不下令应战,主张和解的秦桧尴尬地退居幕后,一个中国人家

---

① 1131年,赵构改元绍兴,取"绍祚中兴"之意,山阴从此改名"绍兴"。

喻户晓的常胜将军重新走上前台。

七、常胜将军

说他重新走上前台,是因为此前他已在宋金战争中锋芒毕露。

他叫岳飞,比秦桧小13岁,宋徽宗崇宁二年(1103)二月二十五日出生于相州汤阴一个农民家庭。好在上天是公平的,它没有给岳飞一个幸福的童年,却给了他深明大义、富有远见的父母。即使是在生活拮据的时候,父母也没有耽误供他读书。

他最钟情的书籍是《左传》、《孙子兵法》,他最喜欢的课外活动是武术。他有两个老师,一是周同,教他射箭;二是陈广,教他枪法。很快,他的武艺就达到了"一县无敌"的境界。

19岁时,岳飞应募为"敢战士",他的军旅生涯由此拉开了序幕。从此,在宋军的最前面,一个年轻士兵跃马挺枪杀进敌阵,活像电影《第一滴血》里的兰博,动作如闪电,杀人不眨眼。

岳飞一生四次从军,跟过七任军事长官,足迹踏遍了黄河南北。后来,他以收编的义军为班底,组织了一支以自己的姓氏命名的铁血军团——"岳家军"。这支军团制定了"冻死不拆屋、饿死不抢夺"的军纪,致使军队所到之处秋毫无犯。这支军团将崇高的爱国主义精神和收复失地、洗雪国耻的强烈愿望深深地根植于每一位将士的骨髓之中,致使所有将士以生命赌明天,虽九死而无悔。它一改宋军百年积弱、畏首畏尾的形象,表现出所向无敌、一往无前的气势,难怪对手发出了"撼山易,撼岳家军难"的哀叹。凭着这支铁血军团,他32岁就被任命为清远军节度使,成为终宋一朝空前绝后的第一人。凭着这支铁血军团,宋高宗送给他一面绣着"精忠岳飞"四个大字的锦旗。凭着这支铁血军团,他身经126战从未失手,成为名副其实的"常胜将军"。

"岳飞"还是一个立体的名字。当母亲生病时,他衣不解带,日夜守候在病榻旁,是其至孝的一面;面对秦桧等一批无耻之徒掀起的投降恶浪,他为了国家、民族、人民的尊严挺身独斗,是其至忠的一面;抓到敌人的俘虏却将其放归,抓到杀死自己亲弟弟的对手却劝其归降并任用不疑,是其至仁的一面;面对投降派的无耻主张,哪怕以生命为代价也绝不妥协,是其至刚的一面;每当作战时,必身先士卒、担当旗手,是其至勇的一面;在战争中见招拆招,屡出奇谋,是其智慧的一面。从此,一个集孝子、统帅、词人于一身,千古传诵、家喻户晓的民族英雄昂然出现在中华历史上。

面对金兀术的第二次南侵,以岳家军为代表的宋朝军队给予了迎头痛击。

特别是当金兀术发明的"拐子马"①使宋军吃尽苦头的情况下,岳飞及时发现了"拐子马"的马腿未包铁甲的弱点,针锋相对地发明了"钩镰枪"②,结果可想而知。

在宋军连续取得了和尚原、仙人关、顺昌、郾城、颖昌五次大战的胜利之后,金军完全被"壮志饥餐胡虏肉,笑谈渴饮匈奴血"的岳飞所慑服,做好了从河南撤退的准备。此时的中原如同一片熟透的庄稼,等待着南宋收割。

八、历史不忍卒读

胜利的消息传回朝廷,赵构却眉头紧锁,脸色阴沉。因为此时,远在金国的宋徽宗已死,但宋钦宗尚苟活于世。按照这种势头打下去,金国恐怕真的要送回钦宗。

赵构连下12道金牌,催岳飞迅速班师回朝。岳飞的先头部队尽管已经进抵开封附近的朱仙镇,但其他各路宋军都已奉命撤退。万般无奈之下,岳家军只好忍痛班师。面对满目疮痍的中原,听着黄河轰鸣的涛声,岳飞心肝欲裂,涕泪满面:"十年之功,废于一旦!所得州郡,一朝全休!社稷江山,难以中兴!乾坤世界,无由再复!"

法国最著名的现代派诗人波德莱尔说过:"英雄就是对任何事都全力以赴,自始至终心无旁骛的人。"正因为心无旁骛,宋廷和金国都容不得岳飞。对于高宗来说,岳飞"迎二圣归京阙,取故地上版图"的宏愿正好戳在了他的疼处,因此他开始琢磨除掉岳飞;对于金国来说,有气吞山河如虎的岳家军在,他们休想有安宁之日,因此他们放出话来:"岳飞不除,费尽周折刚有头绪的和议就可能变卦。"

一个想睡觉,一个送枕头,宋金一拍即合,秦桧再次登场。

绍兴十一年(1141)4月,岳飞、韩世忠的兵权被剥夺。7月,秦桧的死党万俟卨(mò qí xiè)弹劾岳飞贻误军机,岳飞被罢官出朝。接着,秦桧唆使岳家军将领王贵、王俊诬告自己的战友张宪图谋兵变。一切似乎顺理成章,岳飞及其养子岳云作为"张宪兵变"的旁证打入大理寺受审。

对于岳飞入狱,我们没有必要大惊小怪,因为只要你向历史请教一下便可以明白,超然于众人之上的英雄被人们嫉妒与诽谤,几乎成为中外历史一道司空见惯的黑色风景。

---

① 将三匹马连在一起,披上厚重的铁甲,冲锋起来有如现代的装甲车。
② 在一根长杆前装上一把镰刀,专砍"拐子马"的小腿,一马受伤,三马必翻。

在当时的南宋,对此表示明显质疑的人并不太多,同时被罢官的韩世忠倒是其中的一位。一天,韩世忠为了岳飞之事当面质问秦桧,秦桧回答:"飞子云与张宪书虽不明,其事体莫须有。"韩世忠愤慨地说:"'莫须有'三字,何以服天下?!"

与岳飞同时代的"四名臣"李光、李纲、赵鼎、胡铨也还有些血性,李光因在高宗面前指责秦桧误国而屡遭贬谪,李纲因专主议战被贬,胡铨因请斩秦桧被罢官,赵鼎因反对和议绝食而死。

在万马齐喑的年代,这些清醒的大臣显得分外孤独。也难怪,众人皆醉而一人独醒,在醉者看来,这个醒着的人不是神经不正常,就是别有用心。其他人面对昆仑倾倒、黄流乱注的现实,皆感到报国无门、请缨无路,只能任华发平添、宝剑生锈。

岳飞进入黑暗的牢狱,宋金和议的道路就顺畅多了。年底,著名的"绍兴和议"浮出水面。和议规定:南宋向金称臣,金册封高宗为帝;宋向金每年缴纳银25万两,绢25万匹;宋金东以淮水、西以大散关为界,唐、邓二州和商、秦二州之半划入金国。于是,金国同意送还宋高宗的母亲韦太后和已经死去的妻子邢秉懿及徽宗的灵柩,并承诺继续囚禁宋钦宗和其他所有亲王。

被弟弟的真实意图蒙在鼓里的钦宗在送韦太后返国的时候,痛哭流涕地拉着太后的衣服不放:"寄语九哥,吾若南归,但为太乙宫主足矣,其他不敢望于九哥。"

绍兴十二年(1142)8月23日,当高宗在临平镇与母亲抱头痛哭的时候,太后向儿子转达了钦宗的哀求,但高宗似乎没有听清,只是哭个不停。

就在这一幕"喜剧"发生半年前,南宋宣布和议完成的第三天(此时金朝一方的誓书还未签返),一个万家团圆的日子,即绍兴十一年(1141)12月29日,岳飞被以"莫须有"的罪名杀死在临安大理寺,临死前,他还在狱案上奋笔写下了"天日昭昭、天日昭昭"8个大字。

绝代将星殒落在了黑暗的天际,一曲激越悲凉的《满江红》伴他走完了39岁的短促行程。这颗将星陨落时,悲壮得犹如浪花飞溅,伤感得又像落英缤纷……

岳飞是一棵树,是一棵本可以参天的大树。可是他夭折了,因为南宋的天空没有阳光。作为一个斗士,他注定像蚕一样用生命结成雪白的茧,在茧成的那天羽化飞升而去;也注定像荆棘鸟一样,衔着锐利的荆棘,在只有一弯新月的夜晚,不断为理想而鸣唱,直到满嘴鲜血淋漓,甚至生命的终结。

具有讽刺意味的是,闻听岳飞被害,金国如释重负,上下同贺;金营马放南山,刀枪入库;金将彻夜痛饮,额手相庆。

岳飞死了,我们所有的石碑、庙宇、塑像、香火都无法使他生还。秦桧死了,写一万本书责骂他,也不会惊动他不为人知的坟墓中的骨灰。这一点,过去是,现在是,将来仍然是一个民族的伤疤。

历史是公正的。20年后,岳飞被宋孝宗赵昚(shèn)平反,岳飞被谥"武穆",秦桧改谥"谬丑",岳飞被害的地方成为所有热爱自由胜过热爱生命的人们屏息瞻仰的神殿,就连作为金人后裔的乾隆皇帝也称赞岳飞"伟烈纯忠"。岳飞不仅仅是汉族的英雄,岳飞是超越民族的、超越时空的,是世界的,永恒的,是永远拷问人类灵魂的勇士。

一个民族热爱什么,反对什么,想变成什么或追求什么,往往从他们的庙宇中就能够找到答案。如今,在风景如画的西子湖畔耸立着巍峨的岳王庙。庙里最引人注目的是"尽忠报国"的墓阙和岳飞那气吞山河的塑像。在他的塑像前,有4个黑黑的生铁铸像反剪双臂向他跪列,这就是秦桧、秦桧之妻王氏、秦桧的同谋张俊和万俟卨。为了防备如织的游人向4个跪像唾弃和撒尿,管理人员不得不用栅栏将他们圈起来。

印刷中常用的一种字体是由天资聪颖的秦桧发明的,按理说应该称为"秦体",就因为秦桧臭名昭著,后人不再称秦体,而名之为"仿宋体"。后来,民间有人将秦桧和王氏捏在一起放在油里烹炸,发明了长盛不衰、风靡全国的大众食品"油条"(也叫"油炸桧")。就连清乾隆十七年(1752)状元秦大士游览岳王墓后都感叹:"人于宋后羞名桧,我到坟前愧姓秦。"

断头台上,一刀铡下,头滚得多远,血流得多少,已经无关紧要。可绑在耻辱柱上,公开示众,任人唾弃,那才是永恒的惩罚。

九、改革潮

不管"绍兴和议"如何不平等,但总算使宋、金双方有了近80年的和平空间。这期间只有两次值得一提的冲突,一次是曾经许下"大柄若在手,清风满天下"诺言,但眼高手低的海陵王完颜亮于宋高宗绍兴三十一年(1161)兵分四路南侵,途中豪情满怀地写下了"万里车书一混同,江南岂有别疆封;提兵百万西湖上,立马吴山第一峰"的诗句①,但后来因不习水战,节节败退,金国又传来有人篡位的消息,惊慌失措的完颜亮在瓜洲龟山寺被部下乱箭射死。此战的结果是,南宋不再称臣,给金的岁币也减少10万。另一次是南宋的主战派权臣韩侂(tuō)胄于宋宁宗赵扩开禧二年(1206)出师北伐,失败后被主

---

① 据考证,诗作者为金国翰林修撰蔡珪,诗成后被完颜亮据为己有。

张妥协的礼部侍郎史弥远和杨皇后密谋杀害,南宋还剖开棺材,割下韩侂胄的人头,送往在战场上得势的金人,以换取双方的停战。此战的结果是,金成了宋的叔皇帝,岁币又增到60万。除了这两次谁主动进攻谁失败的插曲外,宋、金在多数时间里尚能委曲求全。

从金熙宗完颜亶天会元年(1135)到金章宗完颜璟泰和八年(1208)的漫长和平岁月里,金国三世皇帝金熙宗、四世海陵王、五世金世宗完颜雍、六世金章宗掀起了一波接一波的汉化改革浪潮。在朝廷,废除了"勃极烈制",仿照宋辽建立了中央集权体制;在地方,尽力压缩"猛安谋克制"的适用范围,设立了路、府、州、县四级地方行政机构,"猛安谋克制"只适用女真人,汉人和其他民族均按中央机制实行税赋徭役管理;在用人上,仿照宋朝实行科举考试,教授儒家经典,大量汉人、契丹人、渤海人被授予官职,孔子的第四十九世孙被封为公爵,金帝还亲自出面主持祭祀孔子的大典;在法律上,参阅唐宋法律体系出台了《皇统制》;为加强对南部疆域的控制,金国将都城从上京会宁府迁到中都燕京。可以说,女真人建立的金,外表上是赵宋王朝的死敌,内心却深切仰慕南宋,从政治经济、天文占测到编制历日、宫廷音乐乃至印刷纸币对南宋都一味模仿,恐怕这也是金国被元朝灭亡后能够东山再起的根本原因。在模仿中唯一的败笔是金国印刷纸币初期,纸币的贬值率达到了6000万比1,创下了比蒋介石当政时期通货膨胀率还高的历史纪录。

金国的国力在金章宗当政的13世纪初期达到了顶峰,它的发展壮大凝聚了几代国君的改革之功,给后人以深刻的警示。对于任何民族来说,倘若不能冲破传统的羁绊,一味地沿袭旧制,妄自尊大,看不到外来文明之优长,不懂得取长补短,那么这个民族注定是短命的。而冲破传统、革新时弊的前提是思想解放,个人的思想解放是一个人成才的基础,群体的思想解放才是整个民族昌盛的希望。

女真人的灾难来自于一代天骄成吉思汗。金卫绍王完颜永济当政时,成吉思汗在缙山(今北京延庆)大败金国10万军队。随后上任的金宣宗完颜珣把卫绍王的女儿岐国公主送给成吉思汗,也没有取得对方的谅解。后来的金哀宗完颜守绪本想重振金国雄风,怎奈蒙古先是灭掉了金国的盟友西夏,又与南宋联合夹击金国,金国这艘破船立时处于风雨飘摇之中。金哀宗完颜守绪天兴三年(1234),金国最后一座城池蔡州失守,哀宗在幽兰轩中上吊自杀,照耀中国北方达120年之久的金色太阳——大金国日落西山。

亡国后,被打散的女真人辗转返回白山黑水之间。

十、东山再起

退居东北的女真人就像被浸泡过数遍的茶叶一样沉到了杯底,一时变得规行矩步,大气不出。元朝建立后设置了五万户府、东征元帅府,严密地监视着女真人的一举一动。明朝在女真地盘上设置了300多个卫、所,并设立了奴儿干都司,把女真分成海西(因居于今日本海和鄂霍茨克海以西而得名)、建州(居于建州境内)、野人(又名"东海女真",分布在外兴安岭、黑龙江下游及库页岛地区)三大部落予以分化管理。

帆也有倒下的时候,但那不过是为新的远航积蓄力量。

一个叫努尔哈赤的女真人走进了我们的视线。

他出身于贵族世家,从他的六世祖开始就世袭明朝建州左卫指挥使一职。他小小年纪就失去了母亲。15岁那年,后母的挑剔和冷遇迫使他和幼小的弟弟离家出走,投奔到外祖父门下。不久,外祖父被明朝辽东总兵李成梁杀害,努尔哈赤兄弟经过苦苦哀求才留下小命并沦为书童。少年的艰难经历,铸就了努尔哈赤坚强不屈的性格。特别是当他的祖父和父亲被李成梁误杀后,他不仅没有逃跑,而且径直来到辽东都司讨还公道。李成梁感到理亏,就给了他很多好处:敕书30道、马30匹、祖父和父亲的尸体、建州左卫都指挥使一职。

"过去的就让它过去吧!"努尔哈赤尽管愤恨难平,但也无可奈何,因为当时他还没有资本对明朝说不。接下来,他开始致力于解决女真人内部的分裂问题,先后统一了除叶赫部以外的海西、建州、东海女真各部,使女真人实现了久违的团结。

为了使女真千秋万代永不变色,努尔哈赤决心改变使用蒙文的历史。明万历二十七年(1599),他将创造女真文字的重任交给了大臣厄儿得溺和刚盖。接到任务,两个大臣的脑袋都愁大了。没有办法,只得硬着头皮向主子请教。只听努尔哈赤随随便便地说:"一个阿字下面接一妈字,这不是阿妈(父亲)吗?厄字下面接一脉字,不就是厄脉(母亲)吗?就用这种方法记录我们的语言,明白了吗?"

"嚯——"两个并不愚蠢的大臣赶忙爬起来"闭门造车"去了。不久,女真文字(后称"满文")顺利诞生。①

明万历四十三年(1615),他又别出心裁地创立了"八旗制度","八旗制度"以300人为一牛录,五牛录为一甲喇,五甲喇为一旗,壮丁被分别组织在

---

① 见潘喆等《清太祖武皇帝实录》,中国人民大学出版社1984年版。

黄、白、红、蓝、镶黄、镶白、镶红、镶蓝八旗之中,出则为兵,入则为民,平时耕猎,战时出征,一个全民皆兵的组织体系刻进史册。

一切准备就绪。万历四十四年(1616)正月初一,八旗贝勒尊奉努尔哈赤为大英明汗,建号大金国(史称"后金"),定年号为天命,58岁的努尔哈赤终于登上了梦寐以求的汗位。后来,他又将明朝称为"南朝",与大明唱起了对台戏。

清太祖天命三年(1618)春天,努尔哈赤誓师讨伐明朝,出征的理由为"七大恨":父祖未损害明朝一草一木却被无端杀害为第一恨;明军践踏盟约出兵援助叶赫是第二恨;明朝扣我人质11人逼我杀10人换回是第三恨;明朝支持本已许配给我的叶赫之女改嫁蒙古为第四恨;明朝不让我民众在世袭土地上种田收割为第五恨;我奉天命征伐叶赫明朝却遣使对我谩骂凌辱为第六恨;明朝逼我把俘虏退还却转送叶赫为第七恨。

义愤填膺的后金军人个个如狼似虎,他们接连攻下了抚顺、清河,迫使明朝调集明军、叶赫部和朝鲜援军共十几万人发兵攻金。天命四年(1619),著名的"萨尔浒战役"拉开了帷幕。

萨尔浒一战,努尔哈赤集中兵力、各个击破,铁骑驰突、速战速决,诱敌深入、以静制动,亲临战阵、身先士卒的指挥艺术表现得淋漓尽致,仅用5天时间就歼灭了10万明军之后,努尔哈赤乘胜灭掉了叶赫部,把都城迁到了刚刚攻占的盛京(今辽宁沈阳)。

一系列的军事胜利使努尔哈赤的头脑急剧升温,他在未进行认真准备的情况下,于天命十一年(1626)亲率13万八旗大军杀奔沈阳通往山海关的咽喉要塞——宁远。在努尔哈赤看来,荡平东北指日可待。

中国乒乓球女选手杨影有句口头禅:"胜利在望并不代表胜利在握。"宁远尽管只有不足3万兵马,但临阵指挥的是明朝兵部主事袁崇焕。这位名将用佩刀刺破手指写下血书,誓与宁远共存亡。宁远军民为他的爱国热情所感动,全城百姓同仇敌忾,毁家相从,与宁远守军结成了一道坚不可摧的铜墙铁壁。在宁远城下,努尔哈赤那套所向披靡的战车与步骑结合的战术完全失效了,先是攻城的金兵在明军炮击下死伤惨重,后是明军把火药裹在点燃的被褥中扔下,将凿城的金兵烧死无数。3天过后,金军损兵折将,而宁远仍固若金汤。

努尔哈赤受了重伤,而袁崇焕则一战成名。在凛冽的寒风和悲凉的气氛中,努尔哈赤带着残兵撤回沈阳。遭受了巨大精神创伤的努尔哈赤一病不起,同年撒手人寰,享年68岁。

亚历山大曾经为自己的名声还未传遍世界而哭泣,努尔哈赤也为自己的理想未能顺利实现而懊恼,但他死而无憾,因为他明白:虽然成事在天,但"不做"比"不成"会留下人生更大的遗憾。

十一、反间计

后金的重担落在了努尔哈赤第八子皇太极的肩上。

受命于危难之中的皇太极两招就让明朝致命,而且全是阴招,一招比一招狠。首先,他于清太宗天聪元年(1627)发兵进攻明朝的忠实盟友朝鲜,将朝鲜完全控制在自己手中。两年后,他又采纳汉人谋士范文程的建议,用反间计使明朝失去了最后一根中流砥柱——曾让女真雄鹰努尔哈赤折断翅膀的袁崇焕。

一位明智的人利用他的敌人甚于一位愚蠢的人利用他的朋友。范文程的反间计其实并不高明,你想,如果皇太极和袁崇焕有里应外合的阴谋,能轻易让两位看守俘虏的普通士兵知道吗?即便是两位看守知道了机密,能轻易在一起议论,并且让两位被俘的太监听到吗?皇太极的俘虏大营距离明朝边境如此遥远,两位太监能那么顺利地回到崇祯帝身边吗?问题是范文程最了解自己以前的主子——崇祯帝是一个猜疑心最重的人,他向来是"宁可信其有,不可信其无"的。

反间计获得成功,崇祯帝给袁崇焕罗织的罪名是图谋不轨,属十恶不赦[①]之罪,刑罚是最为残忍的凌迟。

当时的北京菜市口万头攒动,据说吃到袁崇焕的肉,就能证明自己是真正的炎黄子孙,还能治胆怯的毛病。前来观看凌迟并且买肉的百姓络绎不绝,致使这位著名将领的肉价一再攀升,达到了一钱银子一片。3天以后,只剩下骨架的袁崇焕在人们的唾弃中闭上了眼睛。

奄奄一息中的袁崇焕不用过于哀伤,想一想中国那坎坷而血腥的历史,真正的英雄何曾有过善终:变法的商鞅是被车裂的,小篆开笔人李斯是被腰斩的,书圣颜鲁公是被缢死的,4岁让梨的孔融是被斩首的,抗金的岳飞是被私下毒死的,清白的于谦是被公开处斩的。毁谤往往会伤害最有能力、最有德行的人,正如鸟雀喜欢啄食最甜的果实。

他死后,尸首被分别扔掉,他的胞弟、妻子被流放到3000里外,而他因为身后无子,从此断了血脉。岳飞死后20年便被宋高宗的儿子孝宗昭雪,于谦

[①] 刑律所定十种大罪,指谋反、谋大逆、谋叛、恶逆、不道、大不敬、不孝、不睦、不义、内乱。犯有其中之一者,即便遇到大赦,也不能免罪。

死后8年被明英宗的儿子宪宗平反,而袁崇焕却是在被磔(zhé)杀152年后由明朝的敌人——清帝乾隆公开平反。他可以瞑目了,历史也终于实现了实质正义,尽管方式如此荒唐。

袁崇焕死了,星象家却陷入了迷惑:为什么天上那颗星依然闪烁?

只有皇太极心知肚明,他窃喜明朝大势将去,因此他开始筹划更大的战争。考虑到兵源不足,他将降服的蒙古人和汉人编为八旗蒙古和八旗汉军。天聪九年(1635),女真将族名改为"满洲"①。

天聪十年(1636)4月21日,在群臣的一致推举下,皇太极即皇帝位,改元崇德。为了适应境内满洲、汉人、蒙古、朝鲜各族杂居的状况,也由于"岳飞抗金"的故事在汉人中妇孺皆知、刻骨铭心,他正式放弃了令汉人反感的大金之名,定国号为大清。据说,大金认为明朝含"火",若想灭亡明朝需要用"水",因而他们以含"水"的"清"为国名。《诗经》上有"维清缉熙"一句,"熙"的字义即"明"。不想,这一可笑的理论竟然得到应验。

崇德六年(1641),皇太极与明朝蓟辽总督洪承畴率领的13万大军在松锦展开决战。结果,明军损失殆尽,被俘后一度绝食的洪承畴最终宣布投降(据说是皇太极的庄妃到狱中探望了洪承畴,使之起了凡心)。清朝逐鹿中原、定鼎九州已成水到渠成之势。

可是连续的征战使皇太极精力尽失,他最宠爱的宸妃海兰珠又突然病逝,崇德八年(1643)8月一个星光暗淡的夜晚,皇太极在清宁宫内的御榻上离开了人世。

十二、清军入关

翻开明末的历史,一般人都会对明朝末代皇帝崇祯帝朱由检给予同情。他接手的是一个烂摊子,满目疮痍,百废待兴。他先除掉了民愤极大的阉党首领魏忠贤,然后发出了"文官不爱钱"的号召并身体力行。他当政17年,宫中没有进行过任何营建,他每月的饭费仅仅相当于前朝皇帝的十分之一,还将皇帝穿衣一日一换的惯例改为一月一换,宫中的金银器具都替换成了陶器,为他讲课的大臣甚至看到过他的衬衣袖口被磨烂,吊着线头。当国舅田弘遇把"声甲天下之声,色甲天下之色"的江淮歌妓陈圆圆献给他时,他竟不为所动。

尽管他颇有知其不可为而为之的气概,但他却是一个"孤独的牧羊人"。明王朝已像一个垂死的老人,四肢麻痹,指挥失灵,仅凭他一人毕竟无力回天。

---

① 意为佛的化身。

况且他生性多疑,色厉内荏,名将袁崇焕就是因他轻信谣言而杀,卢象升的战死则与他任命宦官监军有关,洪承畴贸然出战最终被俘就是为了被迫满足他急于求成的心理。当李自成兵临北京城下时,崇祯皇帝在前殿鸣钟召集大臣研究守城之法,结果竟无一人上朝。北京城下并没有发生预计的激烈战斗,彰义门是由一名太监主动打开的。守卫正阳门的兵部尚书张缙彦也开门迎降。一道道城墙上虽然架着当时最先进的红衣火炮,但守城的明军只填火药,不装弹丸。分驻各地的明军没有一支表示愿意勤王。

明思宗朱由检崇祯十七年(1644)3月19日拂晓,头戴毡帽的李自成张着嘴巴进入北京,因为他实在弄不明白:这座挺过了瓦剌、满人猛攻的天下第一坚城,不到3天就被攻破了。攻击一个帝国的都城怎么比向地主的大门上撒尿还要简单?

可以想象农民军自南向北沿着中轴线浩荡行进,永定门、正阳门、大明门(民国称"中华门")、承天门(清代称"天安门")、端门、午门、太和门、太和殿、乾清宫、交泰殿、坤宁宫、神武门、北上门、景山门(万岁门)、万春亭、寿皇殿、地安门、鼓楼、钟楼,李自成和他的将士们一起有幸检阅了皇城的巍峨和厚重。

就在同一天,在留下"任贼分裂朕尸勿伤百姓一人"的遗旨,将自己的爱女亲手砍杀(后来未死)之后,崇祯帝眼望着初现的晨曦,在万岁山(景山)寿星亭旁边那棵歪脖子树上上吊自尽。因自感无面目见祖宗于地下,所以死时以发覆面,这年他才34岁。据历史记载,唯一见证了皇帝自杀惨状的太监王承恩,随后也在主子身边上吊自尽。

农民军进京后,逮捕了明朝山海关总兵吴三桂的父亲吴襄,命他给儿子写信劝其归附李自成。收到信后,失去主子的吴三桂一度动了归附的念头。但极其遗憾的是,因为李自成那几位没有头脑的部下,他们错过了亲密拥抱和充满激情的时机。

当吴三桂得知父亲被捉,家产被抄,特别是爱妾陈圆圆(在崇祯帝不感兴趣后被吴三桂收留)被李自成的大将、分得了30名宫女还不知足的刘宗敏霸占后,"恸哭六军俱缟素,冲冠一怒为红颜"。江淮歌妓陈圆圆事件使历史的车轮顿然改辙换路,吴三桂不仅不再归顺李自成,而且引清军入关灭掉了新生的大顺和残存的南明。

清崇德八年(1643),少年福临在叔叔多尔衮①的支持下即大清帝位。次年,改元顺治。此时,正值崇祯帝在景山自尽、李自成的农民军攻占北京之际。历史转折关头,降清的汉人范文程劝说摄政王多尔衮趁明朝崩溃而农民军立

---

① 满语的含义是獾。

足未稳之时攻取北京,取明朝而代之。

牙齿脱落了,舌头依然鲜嫩。历史上第一个揭竿而起的豪杰哪一个能坐上龙庭?譬如陈胜、吴广;樊崇、王匡;张角;李密、窦建德;黄巢;韩山童、刘福通;李自成、张献忠。而低调跟随、暗中崛起的反而能够笑到最后,譬如刘邦、刘秀、曹操、李渊、朱温、朱元璋。

一向敏捷果断的多尔衮也觉察到了这一天赐良机,因此打起为崇祯帝报仇的旗号,日夜兼程向山海关进发。3天之后,多尔衮遇上了迎降的吴三桂,两人在山海关以白马祭天,乌牛祭地,订立了军事、政治和情感的全方位同盟。

对清兵入关毫不知情的李自成于清顺治元年(甲申年,1644)4月22日率20万农民军在山海关下与吴三桂展开了生死决战。一时间,被称为"一片石"的开阔地弥漫了如林的刀枪,如雨的马蹄,如雷的呐喊,如注的鲜血。激战到第二天,突然狂风大作,喊杀、马嘶、风吼、沙鸣混合在一起,雄壮而凄厉。当两军相持不下时,明军阵中突然杀出扎着辫子的清军铁骑,农民军措手不及,阵形大乱,在丢下成片的尸首后仓促退回了北京。因为自感所剩兵力难以据守北京,所以在北京仅仅停留了41天的大顺仓皇撤离,在历史舞台上留下了一幕令人深思的惨痛悲剧,而这幕悲剧的导演恰恰是对几个好色的部下约束不严的李自成。

之后,中国历史的主导者由汉人变成了满人。难怪汉族文人感叹说:"甲申以后山河尽,留得江南几句诗。"

5月2日,多尔衮的大队人马长驱直入,顺利开进了梦中的紫禁城。从此,他们成为这个城市的新主人,一直在紫禁城的遍地金砖上徘徊了276年。

几个月后,顺治帝君临北京。十月初一,大清国举行了隆重的开国大典(305年后,新中国的开国大典也选择了公历的这个日子)。顺治在文武百官的护卫下来到天坛宣读告天礼文,正式宣告清朝对全国的统治。在典礼上,许多开国功臣受到封赏。最荣耀的当属多尔衮,他被皇帝封为叔父摄政王,其兴邦建国的伟业还被篆刻在御批的石碑上。

大批女真人入关后,在黑龙江和吉林两个将军辖区内仍生活着若干生女真部落,他们就是今赫哲①族、鄂伦春②族、鄂温克③族的先民。

这个世界确实令人费解,人类家族中的大部分成员已经进化到能够建造热带森林了,而另一部分人却要住在奔跑着东北虎的原始森林里。

---

① 意为东方、下游。
② 意为住在山岭上的人或使用驯鹿的人。
③ 意为住在大山林中的人们。

十三、飞蛾扑火

多尔衮清楚地意识到顺治在北京登基并不代表全国的统一,因为大顺军尚有几十万兵马,福王朱由崧在南京建立的南明弘光政权还威胁着清朝的正统地位,于是多尔衮命英亲王阿济格和豫亲王多铎分别率军征讨大顺和南明。

在阿济格的疯狂剿杀下,大顺军丢弃西安,逃至湖北。不久,李自成在九宫山殉难。

而拥有富庶的土地和明朝遗留的几十万兵马的弘光政权本来完全可以和南宋一样划江而治,但朱由崧当皇帝后的第一道命令是征集宫女;第二道命令是让地方官员进献春药秘方。

面对如此可笑的南明,多铎的大军几乎兵不血刃,就于次年4月迫近江南重镇扬州。不承想,南明还有难得的忠臣义士。督师扬州的史可法率守军与清军血战十日,表现出"义之所在,虽千万人,吾往矣"的决绝,城破时,史可法高呼"城存与存,城亡与亡,我头可断,而志不可屈",英勇就义。史可法的壮举使我们想到了佛书上的一则寓言,说的是一只鹦鹉飞过一座大山,见山上起火,便一次次飞到水面以两翅沾水,然后冒着生命危险飞到起火的地方滴水救火。鹦鹉明知无济于事,但因为曾经住过此山,便心中不忍而尽微薄之力。①

在史可法守卫扬州的日子里,清兵遭受到入关以来最顽强的抵抗。由于清军遭受重创,多铎下令屠城十日,以示报复。到5月2日"封刀"时,盛世扬州的烟花和风月随之消散,扬州百姓血流成河,尸横遍地,死亡人数超过80万,这就是历史上惨绝人寰的"扬州十日"。据记载,就在屠杀开始的那天晚上,有一种奇怪的鸟在空中发出笙簧一样的叫声,好像摔下床来的孩童清脆而凄厉的哭声。

顺治二年(1645),清军攻克镇江,迫降南京,维持了13个月的南明完蛋,弘光帝朱由崧被送到北京砍头。

皇族血统较为疏远的朱聿键在南京陷落后辗转逃到福州,被民族英雄郑成功的父亲——福建总兵郑芝龙拥戴为皇帝。但他不过是郑芝龙投降的筹码,郑芝龙在清军南下时开仙霞关(今浙江江山南)投降。朱聿键在逃亡途中被俘,人头在被押回福州后落地。

福州陷落后,朱由崧的堂兄朱由榔在广东肇庆即位。这位南明的第三位

---

① 这个典故有多种版本,主要情节相差无几,但"沾水"救火的到底是鹦鹉,还是孔雀,众说不一。

皇帝从上任的第一天起就做好了流亡的打算,清军不停地追逐,朱由榔不停地逃亡,猫捉老鼠游戏持续了整整16年。顺治十八年(1661),在中国已经没有立足之地的朱由榔只好逃入缅甸边界与土人杂居。

重新抱得美人归的吴三桂一直追杀到缅甸边境,威逼缅王交出了朱由榔,最终用弓弦将朱由榔勒死在昆明金禅寺内。至此,"日月"双悬了294年的明朝落入历史的深山。

十四、留发不留头

平定南明的告捷文书传入北京,同时又传来了李自成遇难的消息,清廷上下欣喜若狂,似乎天下已尽入清军之手。多尔衮显然被迅速到来的胜利冲昏了头脑,于6月5日下达了"剃发令",限男子在十日内照满洲人风俗剃发梳辫,服装也要照满洲人样式男为长衫马褂,女为各色旗袍,甚至宣布"留头不留发,留发不留头"。

这对于习惯了宽衣大袖、峨冠博带和蓄发、束发的汉人来说,可是近乎阉割一样的耻辱啊!"剃发令"迫使每一个汉人开始人生指向的重新选择,这种选择充满了心灵的匍匐与站立的痛苦的挣扎。于是,随波逐流者有之,急流勇退者有之,虚与委蛇者有之,敛迹避祸者有之。只有那普普通通的江南民众,成为一面迎风飘扬的旗帜。

"头可断,发绝不可剃!"江阴全城十几万百姓坚守城池达80天之久,使清朝付出了损兵68000人,三位亲王战死在城下的代价。城破之日,江阴被血洗,死里逃生者仅仅十几人。领导抵抗的是一位名不见经传的小人物——前任江阴县典史阎应元。阎应元在被俘后,因为不肯向清廷贝勒下跪,被刺穿了胫骨,血液流尽而倒下,至死也没有弯下膝盖。

嘉定军民坚持抗清三个月,反叛、破城、再反叛,反反复复经历了三次,被清军屠城三次,50多万人的城市最后只剩下区区50多个人,历史上把此次惨案称为"嘉定三屠"。

清军的民族高压政策激起的反剃发斗争引燃了遍及全国的抗清火焰,的确出乎清廷,特别是始作俑者多尔衮的预料。直到顺治七年(1650),多尔衮在狩猎时坠马而死,他所期待的大一统局面也没有出现。

清朝在中国的统治,是一个落后的民族用落后的文化、落后的社会意识形态、落后的生产方式对一个相对先进的民族所进行的畸形统治。多尔衮的剃发易服令,目的就是让汉人在习惯上抛弃自由,在人格上低人一等。鲁迅在《流氓的变迁》一文中指出:"满洲入关,中国渐被压服了,连有'侠气'的人,也不敢再起盗心。"从此,汉服在中国大地上骤然消失,汉族也成了世界上唯一没有民族服装的民族。

时至今日,还有许多人在疑惑:人口只有百万左右的满洲人何以能攻下拥有6069万人口的明朝并顺利地统治中国?

十五、盛世阴影

从顺治十八年(1661)康熙帝(玄烨)即位,历雍正(胤禛),到乾隆(弘历)六十年(1795)驾崩,清朝进入全盛时期,即所谓的"康乾盛世"。在这130多年中,清平定了耿仲明、尚可喜、吴三桂三藩叛乱,使宝岛台湾归附了朝廷,统一了准噶尔部和回部,派驻藏大臣与达赖和班禅共同管理西藏,四川、青海、贵州改土归流,云南南部民族内附,最终奠定了统一的、多民族国家的版图。疆域西跨葱岭,西北达巴尔喀什湖北岸,北接西伯利亚,东北至外兴安岭和库页岛,东临太平洋,东南到台湾及钓鱼岛、赤尾屿等,南包万里长沙、千里石塘①,成为亚洲东部最大的国家。清朝以生龙活虎的冲击力,开拓了890万平方公里的国土,几乎超过明朝350万平方公里的3倍,使当时的中国疆域达到了1240万平方公里。清廷把全国划分为18个省,5个将军辖区,两个大臣辖区,共25个省级行政区域和内蒙古等盟旗。耕地达9亿多亩,人口首次突破1亿大关。那时的中国版图恰似一片和平宁静的海棠叶,逍遥地漂浮在太阳升起的世界东方。

太阳正午时分,大树下的阴影最重。用鲜血染成的"康乾盛世"的红漆招牌还未掉下,清廷就出现了诸多重大失误,为日后的没落埋下了伏笔。

第一,是对"西学东渐"的制止。明末清初,西方正值文艺复兴的后期,科学文化已处于世界领先地位,大批传教士将西方科学传入中国,史称"西学东渐"。徐光启与意大利传教士利玛窦合译的《几何原本》、《测量法义》曾引起轰动。应当说,"西学东渐"是落后的中国赶上西方的一次机遇。不幸的是,康熙五十九年(1720),朝廷下令驱逐传教士,关闭了中西交流的大门,中国科技的发展因此而窒息。

第二,是对科技的蔑视。终清一朝弥漫着浓重的轻视和蔑视科技之风,把科技视为"形而下",把发明称为"奇技淫巧"。清初戴梓发明了一次可填发28发子弹的连珠铳,又造出了蟠肠枪和威远将军炮,却因此被清廷充军关外。

---

① 指南海群岛。

乾隆五十七年（1792），英国特使马戛尔尼在送给乾隆八十寿辰的礼物中有代表英国军事和科技水平的西瓜大炮、铜炮、自来火炮、西洋船模型、棉纺机、织布机、天体运行仪、地球仪、望远镜，但清廷只是将其作为"玩好"收藏起来。本来明末清初已经引进并使用了西方大炮，但后来为使八旗兵弓马不致失传，清廷下令废用大炮，恢复大刀长矛弓箭，水兵仍用遇风返航的帆船，西方的火枪大炮被看做妖术，军舰被视为怪物，后来广州守将竟然用"驱邪"的马桶、秽物对付英国人，成为军事史上的天大笑话。

第三，是对思想的禁锢。康熙时期，"明史案"、"南山集案"等一次次令人触目惊心的文字狱，不仅是康熙用刑严酷的标志，也是他加强思想统治、扼杀新思想的明证。雍正王朝的翰林官徐骏"清风不识字，何事乱翻书"诗句中的"清风"被捕风捉影地认为是指清朝，于是被雍正以诽谤朝廷罪处死。乾隆时期，内阁学士胡中藻因为诗中"一把心肠论浊清"的"浊"字在"清"国号前，导致满门抄斩。

第四，是对商业的歧视。商人运送商品往返各地的作用被看做是非生产性和寄生性的，他们被置于社会等级的最底层，统统被称为"奸商"。《康熙字典》对商人的定义是："商人，伤人者也。"雍正更是反复强调："农为天下之本务，而工贾皆其末也"，"市肆之中多一工作之人，即田亩之中少一耕稼之人。"

第五，是旗帜鲜明的闭关锁国政策。顺治十八年（1661），朝廷颁布了《迁海令》，将鲁、江、浙、闽、粤滨海居民一律迁向内地，诏令"片板不得入海，粒货不许越疆"，形成了数千里"沿海无人带"这一苍凉的世界奇观。对外部世界毫无兴趣，对欧洲人一无所知，将他们统称为"长鼻子蛮人"，甚至一些官员以为西方人的膝盖不能弯曲，一旦弃船登陆后就变成了爬行动物，只能任人擒获到铁锅里去煮老汤。英国特使马戛尔尼率领使团来华，被乾隆认为是朝贡，逼着他们行三拜九叩大礼。乾隆帝在六十年（1795）答复英国乔治三世要求建立外交与贸易关系的信中说："作为抚有四海的天朝，我只考虑一个目标，即维持一个完善的统治，履行国家的职责，奇特、昂贵的东西不会引起我的兴趣。我们物产丰盈，无所不有，本不想留下你们送来的东西，只是因为我国所产的茶叶、瓷器是你们的必需之物，所以特别体恤地送给你们。大清统驭万国，总要一视同仁。"[①]

第六，是至死仍赖在位子上不退的老人政治。在清朝之前的漫长岁月里，当政54年的汉武帝保持着在位最长的纪录。但这一看来不可能超越的记录却轻易被在位61年的康熙打破了，而且乾隆在位的时间比康熙还长，只是因

---

① 见清代梁廷枏《粤海关志》卷三三，台湾成文出版社1968年版。

为不愿超越爷爷的记录,乾隆才于当政60年后,装模作样地当了4年太上皇,而实权仍然牢牢抓在手上。老人政治的结果是故步自封,粉饰太平。康熙晚年贪污腐败之风蔓延,乾隆晚年更是听任和珅聚敛钱财。在名扬中外的"万王之王"的气派中,那种把金钱往水里抛的声音已经传入人们耳中。与此形成鲜明对照的是与乾隆同时代的美国开国元勋华盛顿。清嘉庆二年(1797),连任两届且威望如日中天的华盛顿主动卸任,让位给了亚当斯,自己返回弗农山庄务农,形成了总统连任不超过两届的不成文定式,为政坛民主更迭树立了良好的先例(时至今日,波托马克河上的军舰经过华盛顿故居,都要按照历代相传的惯例向弗农山庄致以军礼)。如果此事传到东方,清帝一定认为华盛顿脑神经出了毛病。

一切都在无声无息地腐烂,一切正走向无可救药的崩溃,角角落落都不断地增加着危机。

回到英国的第二年,马戛尔尼感慨地写道:"中华帝国只是一艘破败不堪的旧船,只是幸运地有了几位谨慎的船长才使它在近150年期间没有沉没。它那巨大的躯壳使周围的邻国见了害怕。假如来了个无能之辈掌舵,那船上的纪律和安全就全完了。"船"将不会立刻沉没,它将像一个残骸那样到处漂流,然后在岸上撞得粉碎",但"它将永远不能修复"。

十六、天朝的尴尬

这位英国勋爵的话得到了验证。

清朝开始走下坡路。嘉庆还算幸运,他在即位的第四年查抄了乾隆的宠臣和珅,得到了相当于全国年财政收入10倍的财富。嘉庆之子道光可就苦了,这位穿着补丁裤子的皇帝不但面临着严重的内忧,而且在鸦片战争中败给了英国,丢失了香港,付出了数不清的赔款,开始了中国史无前例的屈辱史。

道光之子咸丰倒是有些血性,他不信一个泱泱大国打不过远道而来的海盗,但在他任用的不战、不和、不守、不死、不降、不走的"六不将军"两广总督叶名琛被英法联军战败俘虏后,他不得不低下不屈的头签订了进一步丧权辱国的《天津条约》。咸丰九年(1859),曾经低下的头又偶然抬了起来,大沽守军居然击沉了4艘英国军舰,还使陆路侵略军付出了伤亡几百人的代价。

自感受了委屈的英法联军于咸丰十年(1860)调集2万军队从天津攻入北京,咸丰皇帝仓皇骑上战马逃到热河避难,只留下弟弟恭亲王奕訢与侵略军周旋。英法联军进入北京后,以为咸丰皇帝仍在圆明园,便绕过安定门和德胜门进入海淀区,逼近了海淀以北2里处的圆明园。

如果说北京是中国的皇冠,那么圆明园显而易见就是镶嵌在皇冠上的一颗璀璨明珠。圆明园从康熙年间开始修建,雍正时期进行了扩建,包括圆明、万春、长春三园,方圆20华里,占地5000亩,四周有澄怀园、蔚秀园、承泽园、朗润园、勺园、近春园、熙春园、一亩园、自得园、清漪园、静明园等巨大的园林建筑群。园内有弯弯曲曲的流水,高高低低的假山,不落俗套的宫廷建筑,别具一格的西洋楼,争香斗艳的奇花异草,琳琅满目的珠宝玉器。

看到如此多的宝物,英法联军像饿狼一样抢夺起来,富丽堂皇、玲珑剔透的圆明园被洗劫一空。洗劫之后,英法军队仍不解恨,由米启尔骑兵团将圆明园及周围44处风景纵火焚烧。一时间,黑云压城,日月无光。三天三夜之后,这座凝结着世代清帝智慧与心血的辉煌建筑成为断壁残垣。

不幸的消息传到热河,咸丰皇帝口吐鲜血而死,年仅31岁。

十七、垂帘听政

改革在崇尚传统、独尊儒术、主张内敛的古代中国永远是一个悲剧性的话题,即便是到了近代,西方文艺复兴、人文主义、自由和科学的光辉还没有照耀到东方这个古老的国度。在这个世界上封建社会持续历史最长的国家,封建保守思想十分强大,党同伐异的传统流风依然盛行,思维依旧顺着权势的风向标偏转,逆风翱翔的雄鹰一个个被持枪的猎手射杀。

咸丰帝当政时,一位大臣给颓废的清廷带来了一股新风,他就是郑亲王端华的弟弟肃顺。肃顺懂得先进文化的重要,所以十分爱惜人才;还懂得满汉团结的重要,所以借助汉人来治理中国,曾国藩、左宗棠无不受过他的恩泽。不过,改革者肯定要付出代价,这个代价开始时是既得利益集团的攻击,后来可能是自己的生命,商鞅、吴起、王安石莫不如此。肃顺减少了日益懒惰的八旗子弟的俸饷,得罪了不少军人;严办了贪污和舞弊者,得罪了不少官员;要求后宫嫔妃体谅国家困难,节衣缩食,得罪了不少后宫佳丽。支持他的咸丰帝一去,他的苦日子就到了。

因为女人的势力在上升。咸丰帝6岁的儿子载淳即位后,东、西两宫太后打破了女人不能参政的清朝家法,联络"鬼子六"[1]发动政变,满洲女人开始垂帘听政,载淳的年号也被定为同治[2]。从此,在金銮殿内下跪的官员每一次抬头都可以看到幼主御座后面那令人生畏的几乎透明的八扇黄色薄纱屏风。

---

[1] 即恭亲王奕䜣,他在道光诸子中排行第六且熟谙对外交涉而得名。
[2] 本意是指共同回到井井有条的状态,后人多认为是取"两宫太后临朝同治"之意。

肃顺被押赴宋朝丞相文天祥就义的地方——北京菜市口刑场,据称其中一条罪状是"不给皇太后供应必需品",这些令人发笑的罪名当然比岳飞"莫须有"的罪名实在了许多。

秦朝丞相李斯临刑前想的是做一个匹夫,和儿子牵着黄狗自在逍遥地走出上蔡东门;东晋名士陆机被杀前想的是年轻时在松江华亭临风举杯,听天上飞鹤清远的长鸣;而肃顺走向生命终点的时候是不是在回忆与咸丰帝谈笑风生的场景?

肃顺的死就像一片干枯的树叶飘进了一潭死水,一丝涟漪也没有激起,清朝的首次改革就这样被扼杀在女人手中。

十八、甲午惨败

同治帝的生母西太后,姓叶赫那拉氏,是安徽徽宁池广太道惠征的女儿,族上是努尔哈赤时代最难以征服的部落。她有一个好听的名字——兰儿,于咸丰元年(1851)被选入宫。单眼皮的兰儿眉清目秀,但还不到沉鱼落雁、闭月羞花的地步,她最大的特点是工于心计,最大的本钱是为咸丰生了个金贵的皇子。凭此两点,她挤掉了位居自己之上的东太后,又冷落了政变同盟"鬼子六",利用太监安德海和李莲英呼风唤雨,玩朝廷于掌股之中。

吃够了西方洋枪洋炮的苦头,清朝开始采纳魏源《海国图志》的主张,下决心以夷制夷。于是,清朝有了曾国藩的安庆军械所、李鸿章的上海制炮局,有了上海外国语言文字学馆、金陵兵工厂、福州船政局,有了大沽新式炮台和装备精良的北洋水师。光绪二十年(甲午年,1894),也想吃到中国肥肉的日本以朝鲜问题为由,发动了同中国的甲午战争。

此时正是中国船炮相当风光的年代。李鸿章的北洋舰队拥有世界先进的重型铁甲舰"定远号"和"镇远号",吨位达7300多吨,一直到20世纪末,包括中国大陆和台湾在内的海军巡洋舰似乎都未能超过这一吨位。清朝成为当时仅次于英、美、俄、德、法、西、意,居世界第八位的海军强国。无奈清朝文恬武嬉,政治黑暗,贪官污吏遍布国中,独裁专制肆行无忌,早在光绪十四年(1888),慈禧太后就挪用海军军费500万两白银,将被英法联军焚毁的清漪园加以重建并改名为"颐和园"。为了自己的六十大寿,她竟挪用3000万海军军费在颐和园大兴土木,户部还正式宣布因皇太后万寿需款,海军停购舰艇两年。面对臣下的议论,慈禧竟然发出口谕:"不修颐和园,谁也别想当官!"

与此相反,日本天皇带头捐款30万,又下谕节省宫内开支支持海军造船,还下令文武百官缴纳十分之一的薪俸发展海军。甲午前夕,英国的阿姆斯特朗船厂要把新下水的世界最快、时速达23海里的4000吨巡洋舰卖给李鸿章，但他囊中空空，结果此船被日本买去，它就是甲午海战中重创北洋舰队的日本旗舰"吉野号"。

一方厉兵秣马，同仇敌忾，如一柄刚锻冶出炉的精钢利剑；另一方则骄傲自满，颟顸昏聩，像一张百孔千疮不堪一击的劣质盾牌，战争胜负在战前就已见分晓。加上战争开始后，西太后及大臣们都在忙着听戏，尽管有丁汝昌、邓世昌等民族英雄苦苦支撑，战争的惨败仍不可避免。甲午之战使中国割让了台湾、澎湖列岛，赔偿了23000万两白银。

日本人勒紧裤腰带打赢这场战争所获得的赔偿是清政府整整3年的财政收入，是日本年国内生产总值的4倍，足足可以装备7支北洋舰队。清朝赔付的白银折合日元达到了36450万元，而日本公布的甲午军费支出总额为20047万日元，两者相抵，日本净赚16403万日元。

获得了如此巨大"外财"的日本迅速膨胀起来，他们拿出一半赔款净收益扩充了军备，一跃成为亚洲第一军事强国。动用7260万日元作为银圆兑换准备金，完成了从银本位到金本位的货币制改革，融入了世界经济体系，迅速跃升为亚洲第一经济强国。在那个中国人忽视读书之用的年代，日本竟然从赔款中挤出1000万日元设立了教育基金，并在这一年顺利实现了小学义务教育（中国接近这一目标则是100年之后的事）。更意味深长的是，日本拿出1200万日元设立了台湾经营费，开始了对台湾的长期占领。

是大清成就了日本的帝国梦。

十九、戊戌风云

难道这就是闪着丝绸之光、敦煌之光，修筑起长城，开凿出运河，创造了儒教、道教，融合了佛教、回教，同化了一支支异族入侵者的中国？为什么如今连小小的倭寇都能骑到自己头上？写一手好字，但无知而自私的西太后当然找不出原因，无奈之下只得还政于外甥光绪（慈禧的独子同治已在19岁那年因嫖娼染上梅毒不治身亡[①]）。

亲政时不满20岁的光绪又如何解开这一疙瘩呢？他在深深地思索。一个偶然的机会，他看到了康有为的《日本变政记》《俄皇大彼得变政记》，他开始明白师夷之长不仅仅需要船坚炮利，根本之处还需要政治进步，这才是真正的夷之长。要政治进步，必须变法。

[①] 另一说法是死于天花。

年轻气盛的光绪于公元1898年(光绪二十四年,戊戌年)6月11日开始了在中国近代史上著名的"戊戌变法"。光绪在《明定国是诏》中宣布,在除旧方面废八股,废书院,裁绿营,裁冗员,禁妇缠足;在布新方面荐人才,试策论,办学堂,倡实业,奖发明,准办学会,准开相馆,广开言路,设农工商机构,设矿务铁路总局,军队改练洋枪,准备实行征兵,紫禁城里的现代化改革全面启动。已经27岁的光绪皇帝发誓不做丧权辱国的昏君,他要在长风巨浪中扬帆起航。白天,他越过守旧的大臣,跟军机四章京①推进维新变法;晚上,他把在军机处值班的爱国者约进乾清宫,在太阳升起之前秉烛策划一切。

人们不禁怀疑:一个并无实权的皇帝,一群毫无斗争经验的书生,真的能扭转乾坤吗?

历史也一直在向人类提问:一个帝国不管它是大是小,是在东方还是在西方,是游牧部落还是农业部落,一旦走下坡路,并且年复一年地下滑,凭它自身的努力是否能获得新生呢?

答案是残酷的,正如人不能返老还童一样,当一个政权从根上烂掉的时候,改良之路是行不通的。光绪的变法损害了习惯于躺在功劳簿上吃民脂民膏的满洲八旗子弟的既得利益,挑战了慈禧为所欲为的权威。别看慈禧鼠目寸光,但她工于心计,她喜欢太监叫她"老佛爷",她逼着光绪称她"亲爸爸",她实际上是个比男人还要男性化的女人。"历历维新梦,分明百日中。"9月21日,盘根错节、垂而不死的满洲权贵开始反攻,这位女人在军队支持下从颐和园回宫临朝训政,年轻的光绪被幽禁于中南海里的一个小岛——瀛台的涵元殿,光绪最喜欢的珍妃后来被慈禧下令投入井中,康有为从吴淞口登上"琶理瑞号"英国轮船逃亡香港并辗转到日本,梁启超先是躲进了日本公使馆,后来经过精心化装搭乘日本军舰逃亡日本横滨(从此,中国"造反派"云集的日本成为颠覆清朝的大本营),想以死警示国人的谭嗣同在拒绝逃跑后被捕,历时103天的"戊戌变法"宣告破产。

7天后,又是在文天祥、袁崇焕、肃顺被杀的北京菜市口刑场,又是一个中国历史上最黑暗的日子。苍天无情,居然还有太阳。朗朗乾坤,众目睽睽,"戊戌六君子"谭嗣同、杨深秀、杨锐、林旭、刘光第、康广仁②血洒刑场。临刑前,谭嗣同面向万名围观的群众发出了"有心杀贼,无力回天,死得其所,快哉快哉"的怒吼。刘光第则长叹道:"我等死,正气尽!"

---

① 指杨锐、刘光第、谭嗣同、林旭四人,称为"军机四卿"或"四章京",皆由光绪帝授予四品卿衔,参与新政,当时有关新政的诏书全由四章京草拟。

② 康有为之弟。

6颗头颅喷射着热血滚落在大清的国土上,一同滚落的还有爱国志士们曾经五彩斑斓的革新梦。刘光第的儿子伏尸痛哭一昼夜而死,连看惯了杀人场面的围观者也唏嘘哀叹。

刚刚放晴的天空转眼间阴云密布,一道闪电劈开了昏暗的苍穹,暴雨倾泻而下,围观者纷纷奔逃,志士的热血被迅速冲淡。

为国何惧生死?正是这种执着的追求绵延着中华的国脉与邦本。尽管变法失败了,但作为殉道者赴汤蹈火、舍生取义、以死警示国民的六君子却永远定格在中华民族绝地求生的历史上,成为与布鲁诺、贞德、甘地一样闪烁在人类文明天幕上的璀璨星辰。

我们仿佛看到覆盖他们尸体的旗帜上绣着三个大字——民族魂。

二十、女人的大清

中国又一次自强的机会毁在了女人手中,大清的历史变得更加惨不忍睹。虽有一代又一代仁人志士前赴后继,自强不息——由黄河文明孕育的华夏民族,却一如有着狮鬃般大胡子的卡尔·马克思所形容的"一个用酒精浸泡着的封建胎儿,仍然在瓶子里装着"。

西太后找不到强国之路,又不让别人改革,结果相信了自称吞符念咒就可以刀枪不入的义和团,怂恿义和团"扶清灭洋",滥杀大毛子①、二毛子②和三毛子③,无端抵制洋货、洋教、洋车、洋枪、洋炮、洋舰,从而导致光绪二十六年(1900)八国联军进攻中国,灭了义和团,赶走了慈禧太后。

惶惶然西逃的满洲女人竟然没有军队护驾,一路龙辇颠簸,风餐露宿,狼狈到了极点。八月初四,八国联军和使馆人员在午门外聚齐,浩浩荡荡开进人去楼空的紫禁城,挑战性地轮流坐上乾清宫的御座,出现在中国传统观念中紫微星垣所在的地方;就连太后的龙榻也已经鹊巢鸠占,八国联军总司令瓦德西公然在中南海仪鸾殿上与名妓赛金花寻欢作乐。然后,八国联军对北京,特别是紫禁城进行了报复性的抢劫。据说德国司令和他的士兵还接到了德国老威廉皇帝的指令——"就像匈奴人那样干吧"。这是一个不幸的命令,是老皇帝在他漫长的执政生涯中最糟糕的指令。十几年后,他就遭到了报应——不得不在荷兰气喘吁吁地砍木头。

逃亡中的慈禧被迫任命已经贬为两广总督的李鸿章为全权大臣与洋人

---

① 指洋人。
② 指信天主教的中国人。
③ 指与洋人打交道的中国人。

议和。77岁的李老头不得不北上与如狼似虎的外国联军周旋,日复一日地替太后"竭力蹉磨"。因为《议和大纲》没有将慈禧列为祸首,又没有逼迫她交出权力,于是她给李鸿章回电表达了"量中华之物力,结与国之欢心"的迫切心愿。一方是主子要求签约,另一方是亿万国人的唾骂,李鸿章在谈判中数次口吐鲜血。公元1901年(光绪二十七年,辛丑年)9月7日,代表大清与11国签订《辛丑条约》的李鸿章,回家后因胃血管破裂再次大口吐血。两个月后,这位大清重臣油尽灯枯,并因数次在丧权辱国的条约上签字,替垂帘听政的慈禧背上了万劫不复的黑锅,被国人永远钉在了历史的耻辱柱上。

按照条约,慈禧被迫向八国道歉,被迫应外国联军"惩办祸首"的压力,杀死了包括庄亲王载勋、山西巡抚毓贤、左都御史英年、刑部尚书赵舒翘、军机大臣启秀在内的半数官员,被迫答应了全国人均1两白银的赔款,分39年还清,年息为4厘,连本带息为982238150两。当时帝国的年财政收入不足9000万两,也就是说,这次赔款相当于帝国10年的财政总收入。连列强们自己都感觉"这个数字远远超出了联军所蒙受的损失",譬如美国人曾私下认为能得到200万美元就不错了,而得到的数额却是3293万两。令人意外的是,在1908年,美国政府把除200万美元以外的其余赔款"退还"给了清朝,而且对这笔款项做出规定,在清朝建立一所中国学生留学美国的预备学校,即如今让中国孩子们梦寐以求的"清华大学"的前身。

万般无奈之下,太后被迫于光绪二十七年(1901)下诏重新开始4年前被她扼杀的改革,被迫命令各省选派留学生赴外国学习,许诺学成后赏进士、举人。第二年1月,慈禧第一次乘坐自己曾经十分厌恶的火车回京。光绪三十年(1904),慈禧在举行七十大寿时颁布诏书,赦免了一批"戊戌变法"中的钦犯。光绪三十一年(1905),科举制度被废除;包括宋氏三姐妹在内的大批学子漂洋过海远赴欧美留学;詹天佑主持修建京张铁路。

被迫进行的"新政"成绩斐然,从路矿工商到实业农垦、对外贸易居然都有发展,个别西方人士还眯缝着眼睛、满脸恭维地预言:"皇太后领导下的中国巨龙正在腾飞,20世纪必是中国的世纪[①]!"

"巨龙"终究没有腾飞,因为就在清廷取得那些表面物质成果时,中国人的思想并未真正跟上时代,中国的体制并未转换到适应近代工业的轨道上,中国的政治依旧极其腐败糜烂。慈禧太后在上谕里指出:"可变者令甲令乙,不

[①] "世纪"作为纪年单位始于西方,古希腊为了用简洁的方式表述跨度较长的时间,借用Centuria(一百)创造了Century一词,明治维新后的日本将Century翻译为"世纪",在大清末年被中国广泛应用。

易者三纲五常①。"许多人仍认同大学士倭仁的观点:"立国之道尚礼义不尚权谋,根本之图在人心不在技艺。"甚至有人重申清初学者杨光先的话:"宁可使中国无好历法,不可使中国有西洋人。"

满洲女人的颜面丢尽了,大清帝国被榨干了,满洲人的王朝就像汪洋中一条年久失修的破船,在风雨飘摇中开始沉没。光绪三十四年十月二十一日(1908年11月14日),38岁的傀儡皇帝光绪含恨而终。一种说法是慈禧下令暗杀了光绪,以使他不能活过自己;另一种说法是光绪死于结核病,有证据表明他早在上年秋天就染上了此病。

不到24个小时,73岁的慈禧太后也神秘地死去。尽管此前太医刚刚在她的舌头上安放了一颗夜明珠,以阻止生命之魂远离她的身体。如果是有人将她毒死,那下毒者定是一位英雄。可以设想,如果外战外行、内战内行的慈禧苟活于人世,说不定3年后的辛亥革命要推迟几年方能成功。

当慈禧听说光绪即将踏上黄泉之路的时候,赶紧在太和殿安排妹妹的孙子、光绪的侄子、年仅2岁零9个月的爱新觉罗·溥仪为皇储。

她在为自己的胜利沾沾自喜,因为她不仅实现了不能先于光绪死的誓言,而且一手操纵了下一位幼主的继立。这样,即使命归西天,也不用担心身后事了,溥仪及摄政王载沣只会对她感恩戴德、隆礼厚葬的。

据说慈禧陵隆恩殿内五福捧寿、万字不到头图案,仅贴金一项就耗金4590两。但是慈禧没有料到大清帝国会在3年后灭亡,更没有料到蒋介石的部下孙殿英会盗墓。她生前显赫无比,死后却遭人暗算,随葬的宝物被抢劫一空,她的玉体被随意翻来翻去。

消息传出,有些人还嫌不够解恨。

一个树敌太多的人等于在向撒旦分期借款,走什么样的路就会到达什么样的终点。

二十一、丧钟终于敲响

改良之路走不通,只有革命。在数千年的中国历史上有过3次从根本上改变中国政治和社会结构的革命:第一次发生在始皇帝二十六年(前221),秦王嬴政结束了分封制度,创立了中央集权制国家;第二次发生在宣统三年(1911),以孙中山为首的资产阶级革命派推倒了中央集权制度,建立了民主共和制国家;第三次则是在民国三十八年(1949),以毛泽东为首的共产党人

---

① "三纲"指君为臣纲,父为子纲,夫为妻纲;"五常"指仁、义、礼、智、信。

推翻了国民党独裁统治,建立了以公有制为主体的社会主义政权。

历史越过秦时月,汉时关,唐宋的兴衰,元明的沉沦,终于来到了宣统三年(辛亥年,1911)。在大革命家、医学博士孙中山领导的同盟会的推动下,湖北武昌革命党人于10月10日晚发动武装起义,各省纷纷响应。到11月下旬,全国已有一半以上的省份宣布独立。

黄龙旗倒,五色旗立。公元1912年元旦,中华民国临时政府宣告成立,孙中山"驱除鞑虏,恢复中华"①的目的终于达到。在外国压力下,清廷被迫重新起用袁世凯为内阁总理大臣。

袁世凯就是"戊戌变法"中出卖光绪的人。靠小站练兵起家手握重兵的袁世凯曾被清廷以有足疾需养病为名送回河南老家,被解除了兵权。这次东山再起后,他一方面对南方革命党人进行武力威胁,另一方面利用革命党人的软弱,采取欺骗手法,派人南下谈判,争当中华民国总统。早在临时政府成立时,孙中山就多次表示,只要袁世凯迫使清帝退位,同时维护共和政体,自己愿让出临时大总统的职位。老谋深算的袁世凯在获得保证后,便拿出平生的从政绝学开始逼宫。他指使段祺瑞等军人联名发出通电,强烈要求清廷立即退位。他本人则装出既忠于清廷,又不得不顺应时势的嘴脸,规劝皇太后和摄政王为了免遭法国大革命时路易十六的悲惨下场,最好主动交出政权。同时,还抛出了一个旨在显示他的忠心和促使清廷早下决心的《优待条例》。

促使清廷下最后决心的还是一次暗杀事件。民国元年(1912)1月26日,同盟会会员彭家珍在北京投弹炸死了反对共和的满洲禁卫军将领良弼,大挫了年轻的王公贵族的锐气。在内外交困中,隆裕太后②不得不在1月30日的御前会议上同意其义子溥仪退位。

17年前的状元张謇和早年流学日本的苏州议员杨廷栋共同草拟了清王朝的死亡证明——《退位诏书》。2月9日,南北议和代表达成了《关于大清皇帝辞位后之优待之条件》、《关于清皇族待遇之条件》、《关于满蒙回藏各族优待之条件》,承诺清帝尊号不变,仍暂居皇宫,民国待之以外国君主之礼,每年由民国拨付经费400万两,原有私产由民国保护,等等。2月12日,清廷在天安门上郑重地颁布了《退位诏书》,授权袁世凯全权组织临时共和政府。之后,袁世凯如愿当上了中华民国临时大总统。统治中国267年的清王朝至此完结,秦始皇创造的2132年的封建帝制也画上了句号。

因成全革命备受赞誉的隆裕太后却难以心安,一年后抑郁而终。

---

① "驱逐鞑虏"就是反满,后来孙中山接受了康有为、梁启超"满人也是中国人"的观点,提出了"汉满蒙回藏五族共和"的口号。
② 光绪的正妻。

可能想冲一冲满洲人亡国的晦气吧,满洲人在辛亥革命后改称"满族"。

满洲贵族带头把姓氏改成了汉姓。皇族爱新觉罗氏改姓伊、肇、金、德、洪、海、依。八大姓中的钮祜禄①氏改姓郎、卜、钮,佟佳氏改姓佟,富察氏改姓富,齐佳氏改姓齐,瓜尔佳②氏改姓关,马佳氏改姓马,索绰罗氏改姓索,纳拉氏改姓那。

如今,当一个和你一样穿着、一样姓氏的人像煞有介事地告诉你,他是满族八旗子弟时,你千万不要大惊小怪。

二十二、"小丑"复辟

渐渐长大的溥仪却在大惊小怪。

长大后,溥仪先从太监,继而从师傅们那里知道了天下原本都是他的,只是因为可恨的袁世凯和可怕的孙中山,他才变成了紫禁城里徒有虚名的皇帝。尽管从袁世凯、黎元洪这些大清旧臣、民国总统,到吴佩孚、张作霖这些布衣将军、乱世英雄,表面都很恭敬自己;尽管散居各地的遗老遗少不时地上折请安,登门觐见,声泪俱下地表示要辅佐他恢复祖业,但他仍旧心理失衡,时不时梦回大清。

帮他重温旧梦的是一位不起眼的小丑——"辫帅"张勋。

中华民国六年(1917),也就是清朝覆灭的第六年,继任总统的黎元洪与国务总理段祺瑞发生了"府院之争"。曾因保护慈禧太后逃避八国联军战火有功而飞黄腾达、对清王朝忠心耿耿、辛亥革命后也不许部下剪掉辫子的安徽督军张勋,以调解"府院之争"为名,率领他的5000名"辫子军"于6月7日开进北京,迫使黎元洪解散了国会,纠集包括保皇党首领康有为在内的清朝遗臣,紧锣密鼓地策划清朝复辟。7月1日,张勋等文武百官身穿清朝官服,向清废帝溥仪行三跪九叩大礼,宣布取消中华民国,恢复已经倒台5年的大清王朝。

宣统复辟的那天清晨,警察挨家挨户叫醒居民,通知各家悬挂龙旗。清朝灭亡五六年了,哪里还有龙旗,居民只好拿纸糊的龙旗应付了事。一些机灵的商贩趁机在街头兜售假辫子,刊载宣统复辟的报纸也被抢购一空。北京城里出现了少有的"热闹"景象。

我们用泥巴塑成一个偶像,把它放在庄重的大殿上,平民根本看不到,大

---

① 汉译为狼。
② 汉译为馆。

臣也只能远远地望着它,认为它是神圣不可侵犯的。当把它从大殿上拿下来,告诉大家它是泥做的,并扔进了垃圾堆,假如有人再把它捡回来放回原处,便显得十分幼稚可笑了。张勋复辟即是如此。

消息传出,好比向厕所里扔了一颗炸弹。段祺瑞见利用张勋逼走黎元洪的目的已经达到,于7月12日率领"讨逆军"攻进北京,"辫子军"被轻松击败,"辫帅"灰溜溜地躲进了荷兰使馆,当了12天皇帝的溥仪不得不再次宣布退位,一场复辟闹剧哑然收场。

溥仪和张勋一起成为全国人民街谈巷议的笑柄。

让历史车轮倒转的企图已经不是第一次了,但结果总是难逃失败。

二十三、认贼作父

在张勋复辟闹剧中被人看了笑话的溥仪并不死心,千方百计要重登大宝。他在拿出大量财宝笼络武将的同时,派出"马前卒"郑孝胥访问日本,派出弟弟溥杰和妹夫润麟赴日本学习军事,他还以"宣统皇帝"的身份参加了天津日本驻军的阅兵式。

这些还不足以使他倒向日本人。

不久,一件震惊中外的丑闻发生了。

中华民国十七年(1928)7月4日至10日,被蒋介石收编为12军军长的土匪孙殿英,借驻扎在河北遵化之机,制造了令溥仪号啕大哭、撕肝裂胆的"东陵①事件"。孙殿英炸开乾隆和慈禧的陵墓,扬尸盗宝,被后来列为全国重点文物保护单位的东陵面目全非,但在孙殿英将盗取的慈禧太后口中所含的夜明珠贿赂了蒋介石夫人宋美龄、将乾隆的九龙宝剑送给蒋介石、将慈禧太后墓中的翡翠西瓜送给宋子文、将乾隆朝靴上的宝石送给孔祥熙夫妇、将乾隆颈项上的朝珠送给戴笠之后,高等军法会对东陵盗宝案的判决含糊其辞,孙殿英皮毛未损,全国舆论为之大哗。②

溥仪对蒋介石彻底失去信心,转而把宝押在了日本身上。

而此时的日本关东军也急欲在东北建立傀儡政权。在天皇授意下,日本特务土肥原贤二密谋邀请溥仪回东北老家建立以他为首的新国家。尽管有人提醒他不要忘了历史上的石敬瑭,尽管蒋介石许诺恢复民国初年的优待条件,

---

① 清东陵位于河北遵化昌瑞山前,康熙始建,按照父子不同陵的规定,葬有顺治、康熙、乾隆、咸丰、同治5帝,慈禧等14后,136妃。清西陵位于河北易县永宁山下,雍正始建,葬有雍正、嘉庆、道光、光绪4帝,3后,3妃。

② 见解学诗《伪满洲国史新编》,人民出版社1995年版。

但溥仪为了将重登大宝的美梦化为现实,还是于民国二十年(1931)11月10日夜,丢下那些反对"北幸"的师傅和大臣,躲在一辆跑车的后箱里驶出天津日租界,在白河码头与恭迎圣驾的郑孝胥父子一起,登上了日本人为其准备的汽艇,悄然潜往东北。

东北三省的满奸首脑被关东军喊到沈阳,于民国二十一年(1932)2月召开了所谓的"建国会议",抛出了《满洲国建国宣言》。3月9日,溥仪举行了就职典礼,宣布就任满洲国执政,暂行"民主共和制",以红蓝白黑满地黄的五色旗为国旗,定都新京(今吉林长春),年号大同。不过,根据随后签订的《日满协定书》,军国大事均由日本人担任的各部次长决定,执政、总理及部长们只是在文件上签字认可的傀儡而已。但这都不重要,因为溥仪在接近自己的目标。

溥仪的最终目标是由执政变成皇帝。这一梦想因他对日本的俯首帖耳于两年后实现。民国二十三年(1934)3月1日,经过日本天皇首肯,满洲国改称"满洲帝国",溥仪如愿"升格"为皇帝,年号变为康德,民主共和制变成了君主立宪制,原东北三省和热河省被扩展为19省1特别市。从此,他外出参观被称为"临幸",到山中打猎被称为"巡猎","御真影"被供奉在公共场合,到日本访问时,裕仁天皇亲自到车站迎接……他开始飘飘然起来,忘记了自己是一名中国人,承认了日本天皇对满洲的宗主权,听凭关东军司令部主宰国政。

溥仪这种飘飘然的自我陶醉未持续多久,就被冷酷无情的现实击得粉碎。先是溥仪最信赖的总理郑孝胥因为背后对日本人发了几句牢骚,被日本人以"倦勤思退"为由,硬逼着溥仪换上了几近文盲,但唯命是从的张景惠。继而溥仪的满洲兴安省省长凌升因为在一次省长联席会上抱怨日本人包揽军政大权,被日本人以"反满抗日罪"砍了脑袋。接着,溥仪精心训练的"护军"被日本人改编,其中的刚毅善战者被统统开除。更令他绝望的是,弟弟溥杰与关东军炮制了《帝位继承法》,大意是皇帝归天后,皇位由子孙继承,如无子孙就由弟弟继承,如弟死就由弟之子继承。已过而立之年的溥仪仍膝下无子,弟弟溥杰又娶日本女子嵯峨浩为妻,这不是明摆着让日本人所生的孩子做满洲国继承人嘛。

这是一个有罪恶却无罪恶感,有悲剧却无悲剧意识的时代。为了保住皇位,溥仪只有忍气吞声。一方面,他唯关东军之命是从,签发了大量出卖民族利益,支持日本"圣战"的政令、军令;另一方面,他战战兢兢地看关东军的眼色行事,在文化上推行奴化教育。到了后来,他竟不敢公开祭祀自己的祖先,而是把日本的天照大神作为祖宗供奉起来,俨然儿皇帝石敬瑭再世。

中华民国三十四年(1945)8月15日,日军投降,溥仪的皇帝生涯随之结束。16日上午11时,溥仪准备从奉天机场东逃日本,被从天而降的苏军空降快速支队俘获,然后作为"二战"重要战犯押送苏联伯力收容所。公元1950年7月,他被苏联政府移交给新中国,在抚顺战犯管理所开始了脱胎换骨的改造生涯。新中国成立10周年前夕,国家主席刘少奇发布特赦令,溥仪被特赦后回到了阔别35年的北京,开始了自食其力的新生活,当上了全国政协文史资料研究委员会专门研究晚清历史的专员,还与北京关厢医院一位名叫李淑贤的普通女护士组成了美满的家庭,以轻松的心态完成了自传《我的前半生》。他在遇赦回京后即兴赋诗曰:"京华不是旧京华,莫向东陵问种瓜。三十五年归故国,春风吹入帝王家。"

溥仪再也不用避讳自己的皇帝经历。据说他曾填过一份中国公职人员履历表,职业栏里赫然写着"前清皇帝3年,伪满洲国执政2年,满洲国皇帝12年",这恐怕是当时最为辉煌、最值得收藏的一份履历表了。

公元1967年10月17日,"肾癌"这一恶魔吞噬了这位目睹了大清沉浮和中国崛起的特殊人物的生命。中国政府和中国人民宽容而开明,他的骨灰盒于1980年被移至八宝山革命公墓①,放置在安放已故党和国家领导人骨灰的第一副室(西副一室东侧26号位)。后来,经海外华侨张世义出资策划,由李淑贤提出申请,溥仪的骨灰于公元1995年1月26日移放西陵。

满族民众和末代皇帝一样得到了应有的尊重。如今的满族人已经遍布大江南北、长城内外,人口超过一千万②。

在靺鞨后人建立的后金顽强崛起的同时,一群又一群白袍男女从三千里锦绣江山向北持续迁徙,他们就是今天安居于中国东北的朝鲜族。

---

① 北京西郊的八宝山革命公墓,原为明朝永乐皇帝所建的"褒忠护国祠",20世纪50年代初改为规格建制最高的国家公墓。
② 本书各民族人口参见2020年全国第七次人口普查数据。

第十一章
朝鲜族——傲雪迎春的金达莱

> 人类凭着自己的聪明划出了一道道界限,最后又凭着爱,把它们全都推倒。①

一、走进远古

如长白山这位绝色美人的两条发辫,发源于长白山东南部的图们江②流经中朝边界向东北又折向东南注入东海,发源于长白山南麓的鸭绿江③沿中朝边境向西南在辽宁丹东流入黄海。一山两江,早在明代就是中朝两国的国界。如今安居在中国东北的 200 万朝鲜族人,就是从朝鲜半岛陆续迁入的。

对于朝鲜人的起源,有着截然不同的推测。

一是部分别有用意的日本人认为,朝鲜人最早是从日本岛迁移到朝鲜半岛的,因而与日本一脉相承,这也许就是日本占领朝鲜半个世纪的历史"借口"。

二是韩国和朝鲜史学家猜想,朝鲜人是亚洲北部大陆的阿尔泰语系各民族,在向朝鲜半岛北部持续迁徙过程中形成的。根据朝鲜神话传说,朝鲜历史可以追溯到檀君建国。传说公元前 2333 年,天神桓雄和"熊女"(以熊为图腾的部落女子)的后代檀君王俭在今日的平壤建立了王俭城,创立了古"朝鲜国"——檀君朝鲜④。神奇的是,1973 年朝鲜平安南道德川郡胜利山发现的旧石器时代遗址——德川人遗址(10 万至 4 万年前)和胜利山人遗址(4 万至 3 万年前),印证了神话传说的可信度。

---

① 语出德国作家歌德,其主要著作有《少年维特之烦恼》、《浮士德》。
② 出自满语"图们色禽",意为万水之源。
③ 一说因江水颜色似鸭头之色而得名。二说因上游地区有鸭江和绿江两条支流汇入,故合而为一,并称为"鸭绿江"。三说"鸭绿"一词为古阿尔泰语,拼写为 yaaru,匆忙、快速之意,形容水流湍急状态;"江"拼写为 ula,yaalu ula 可以读为雅鲁乌拉,鸭绿乌拉。
④ 原读作 zhāo xiān,现读作 cháo xiǎn,意为"宁静晨曦之国"。

既然涉及朝鲜族的历史,我们必须也只有尊重朝鲜史学家的考证与推测。根据他们的观点,如今朝鲜人的祖先,应该是被称为濊、貊、韩的三个部落集团。濊族自远古时期就居住在白浪滔天的渤海岸边,古朝鲜即是由这一部落形成;貊族居住在濊族以北,扶余和高句丽是他们建立的国家;而韩族居住在今朝鲜半岛南部,他们最早建立的国家叫辰国。

由于没有文字,古朝鲜悠远的过去只是一片漆黑的天空,我们所以还能认出这片天空,全赖中国史书所散布的几点星光。

司马迁的《史记》记载,公元前12世纪,周武王发起了灭商之战,殷商危在旦夕。一个月黑风高的夜晚,商纣王的大臣箕子率五千商朝遗民逃出朝歌,风尘仆仆、日夜兼程奔向遥远的朝鲜。肯定是他的从政经验帮助了他,在他成功地逃到朝鲜北部后,被当地人接纳并奉为首领。周武王夺取天下后,得知箕子在朝鲜领衔,便给了他一个仅次于公的称号,封他为朝鲜侯,史称"箕子朝鲜"。"朝鲜"之名源自中国《诗经》"朝阳鲜明"之意,箕子王族认为朝鲜半岛在中原以东,能早见日出,于是视"朝"为"鲜",遂有地名。

后来的朝鲜史书《三国遗事》①也记载,檀君的后人在箕子来到朝鲜后,带着部属南迁,成为三韩的始祖。

二、汉字传入新罗

让我们跳过秦时明月汉时烽烟以及两晋南北朝的喧嚣,来到伟大而粗犷的隋唐——因为这里涉及朝鲜文字与姓氏的起源。

一直以来,中国和它最为要好的近邻朝鲜根本就没有多少隔阂,也不存在什么领土争端。只是,当霸道的国王横空出世的时候,所有的邻居都会成为出气筒。中朝之间最早爆发战争,就发生在巨人症患者——隋唐时期。

隋文帝杨坚统一中原后,于开皇十八年(598)动员30万大军进攻朝鲜半岛上最强盛的国家高句丽,但遭受了前所未有的惨败。隋炀帝杨广认为父亲之所以战败,主因是长途作战,交通不便,兵员与军资供应不畅。因此,征发民工数百万,开通了一条纵贯南北的大运河。

尽管有运河做保障,但因为战线漫长、地形不熟,加上高句丽众志成城,杨广三次东征均以失败告终。而且,凿河与东征耗尽了隋朝的精力,也榨干了百姓的油脂,山东的王薄、河南的翟让、李密,河北的窦建德,江淮的杜伏威,太原

---

① 《三国遗事》由高丽王朝时期的僧侣一然编撰,以高句丽、百济、新罗三国为记述对象,全书记述了自檀君开国至新罗王朝灭亡三千多年的历史。

的李渊相继揭竿而起,最终埋葬了穷兵黩武的隋帝国。

获胜的高句丽未雨绸缪,从唐贞观五年(631)开始,仿照中国人的模式,历经16年,筑起了一条从扶余城到渤海沿岸,横贯西北国境,总长千余里的城墙——千里长城。高句丽此举,不仅显示了他们御敌于国门之外的雄心,也改变了只有中国皇帝才有气度兴修长城的历史。

而且,通过政变上台的高句丽大将军泉盖苏文,与百济、蒙古结成了统一战线,于贞观十七年(643)发兵侵入唐朝的保护国新罗,还拘留了唐朝派出的一名调停战争的使者。于是,心高气傲的唐太宗步隋炀帝后尘,也连续发起了三次东征,尽管他的亲密顾问长孙无忌、褚遂良一再以炀帝的教训提醒他。

人在自以为至真至善至美的时候,其实是在制造一种骗局,因为世界上压根儿就没有什么常胜之人。唐太宗的结局与隋炀帝惊人地相似,丢下的尸体比隋炀帝还多。三次东征的失败,给唐太宗辉煌的人生蒙上了浓重的阴影,年仅51岁的他开始神经衰弱。虽然他早年曾屡次嘲笑那些执迷不悟地寻求长生不老妙药灵丹的帝王们,但现在为了减轻病痛,也找来一位印度巫师为自己治疗,并迷恋上了方士炼制的金丹,第二年就因服药过多中毒暴亡。临终时他留下了两条著名的遗嘱:一条是将王羲之的《兰亭集序》真迹和自己埋在一起,另一条就是再也不要去进攻那个魔咒般的高句丽。

人们大都追求飞扬的人生,其实平凡才是人生的底色。继任者唐高宗天资平平,在轰轰烈烈的唐朝历史上以性格懦弱著称,政绩根本无法与父亲唐太宗相比,但正是这种平凡迷惑了不少敌人。在对付高句丽的问题上,他利用三国鼎立的形势,巧妙地采取老掉了牙的远交近攻游戏,联合新罗对百济和高句丽各个击破,从而取得了意想不到的收获。

唐与高句丽的战争进入僵持的唐乾封元年(666),高句丽的中流砥柱泉盖苏文突然病死,他的三个儿子为争夺继承权发生内讧。两年后,高句丽首都平壤陷落,国王的人头被送到唐太宗墓前祭奠那个本已死心的亡灵,30万高句丽人被迁往中原。由于高句丽人对中原的一贯认同,大批高句丽人不仅没有对唐朝抱有"亡国"之恨,反而为唐朝南征西战、冲锋在前,泉男生、高仙芝、王毛仲、王思礼、李正己都在唐史上留下了赫赫英名。

一个有两万驻军的"安东都护府"在平壤设立。

三国归一为新罗。因为新罗已经表示臣服,也因为驻地的唐军不堪民众骚扰,"开明"的唐朝还是于唐高宗仪凤元年(676)把安东都护府撤回了辽东,把所有官员从平壤以南的高句丽故土上撤了回去,新罗的统一得到了真正实现,且整整维持了200余年。

正是在对唐朝表示臣服的新罗时期,汉字逐渐传入新罗,中国式姓氏也在7世纪开始形成。据《三国史记》①记载,一天,一个金光四射的南瓜般大小的蛋状物从天而降,一个相貌非凡的男孩破壳而出,他就是新罗的始祖朴赫居世(朴意为南瓜,赫意为光辉灿烂)。之后,又有了新罗的第四代昔氏、第十三代金氏。那些以学习唐朝文化为荣的王公贵族也纷纷开始使用中国姓氏。②

三、藩属中国

正如《三国演义》里所预言的,"话说天下大势分久必合,合久必分"。200年后,新罗再一次戏剧性地一分为三,即新罗、后百济、高丽(后高句丽),朝鲜历史进入了"后三国时代"。936年,高丽国王王建统一了朝鲜半岛。

高丽王朝的历史相当漫长,历经中国五代、宋、元、明四朝,前后相沿474年,不能不说是一个不平凡的记录。这一时期也是朝鲜半岛经济文化大发展的时期,因而高丽能够名扬四海,以至于今天的朝鲜英文名仍称"KOREA"。

在如此漫长的历史长河中,不可能没有波澜。在中国北方的契丹、蒙古崛起后,高丽注意用金钱买和平,纳贡之后的边界曾经一度平安无事。但元太祖二十年(1225)胡作非为的蒙古使节在鸭绿江边被杀事件,导致蒙古和高丽的邦交骤然断裂。

六年之后,蒙古飓风席卷了朝鲜半岛,高丽首都被围,国王崔瑀向蒙古人乞和。蒙古军队除带走了大量"贡品"外,还在各地设置了达鲁花赤③。蒙古军队刚刚撤走,高丽国王就处决了达鲁花赤,并匆忙迁都江华岛,试图以海上的优势对抗不善水战的蒙古人。于是,蒙古人卷土重来,此后二十年间六次入侵高丽,对半岛大陆的烧杀抢掠到了令人发指的程度。而拥兵数万避匿海岛的高丽王室,对陆上居民的苦难几乎视而不见,对侵略者采取了不战不和的鸵鸟战术。

丧失民心的崔氏朝廷于元宪宗八年(1258)被武臣推翻,王室从江华岛迁回开城,公开表示不再抗元。高丽用政治上的屈服换取了大元的罢兵承诺,元

---

① 韩国现存最早的史书,为高丽王朝学者金富轼以古汉语编撰,记述了新罗、高句丽、百济三国史事。
② 据1985年的普查,韩国只有225个姓氏。仅金、李、朴三姓就占了韩国人口的百分之四十六,其他常见的姓氏依次有崔、郑、姜、赵、尹、张、林。在韩国两个字的人名中,肯定有一个是"行列字"(相当于中国的辈),行列字按照"金木水火土"五行相生的规律确定为木—东,火—熙,土—在,金—炫,水—泰,于是就按照东吉(祖父)—仁熙(父)—在寿(子)—成炫(孙)—泰元(曾孙)的顺序由长辈至晚辈交互使用行列字而形成名字。
③ 蒙古官职,意为地方官。

在开城设置了征东行省,由达鲁花赤监督国政。

为表亲善,大元皇帝将公主嫁给了高丽国王,高丽国王将王子送到燕京作为人质,年年向"岳父国"进贡,还奉命派水军参加了忽必烈对日本的远征。

历史终于等到了蒙古人的撤退。在大元垮台乃至北元被赶到蒙古草原北部以后,明太祖决定收回铁岭以北和以东的大元辖地,但高丽权臣崔莹拒绝归还,还不顾改革派武臣李成桂的反对,命令曹敏修、李成桂抢先发动对明朝辽东地区的进攻。攻辽部队在渡过鸭绿江,攻占了几个战略要地后,借口河水暴涨停止了进攻。清醒的李成桂认为,高丽军队的暂时胜利,都是在明军毫无准备的情况下取得的,一旦明军集结完毕,高丽军队必将陷入苦战,于是向朝廷提议班师。回师的请求报到国王那里,遭到了权臣崔莹的断然拒绝。进退两难的李成桂暗地拉拢曹敏修背叛了崔莹,从前线毅然率师回京。

回到京城,李成桂就将国王和崔莹赶下了台,扶植国王年幼的儿子为昌王,还派出使者与明朝示好。明洪武二十五年(1392),已经牢牢掌握了政权的李成桂,借用中国古代的"禅让制",让昌王之后的恭让王把王位让给了自己,宣布迁都汉城。洪武二十六年(1393),李成桂以"朝鲜、和宁等国号奏请明朝",朱元璋赐李成桂为朝鲜王,高丽从此改称朝鲜。

雨与雨诉说忧伤,一定是泪流成河;月与月评论快乐,将处处星光灿烂。背靠中国这棵大树,"李氏朝鲜"一直高枕无忧。

四、万历援朝战争

打断李氏朝鲜美梦的,是隔海相望的邻居——日本。

禁锢在小岛上的日本人,面积只有37.7万平方公里(与美国的加利福尼亚州相同),耕地只相当于美国耕地的2%,而人口却以每年50万左右的速度增长。世界上所有漂亮的言辞、所有的条件、所有的宗教都改变不了这样一条亘古不变的法则——我很强壮,但饥肠辘辘。因此,他们开始对周边的世界虎视眈眈。美国最合他们的胃口,但美国太远;澳大利亚更远,而且荒无人烟。相比之下,朝鲜近在咫尺,与日本之间只有一条宽度为164公里的海峡,日本的对马岛又恰好在海峡的正中间。

已经完成了日本列岛统一的日本,在权臣丰臣秀吉的怂恿下,于明万历二十年(1592)派出158000雄师,偷偷渡过对马海峡,在朝鲜釜山登陆,悍然发动了全面侵朝战争。因1592年是夏历壬辰年,所以朝鲜史学家称之为壬辰卫国战争。

此时的李氏朝鲜内部勋旧派与士林派竞争激烈,国家武备废弛,因而日本陆军不到二十天就接连攻克了王京(今汉城)、开城、平壤,国王宣祖夺路逃到鸭绿江畔的义州,朝鲜陷入了空前的危机。

想不到,陆上捷报频传的日本人,却在最擅长的水上遇到了空前的挫折。其实,人们往往不是跌倒在自己的缺陷上,而是跌倒在自己的优势上,因为缺陷常常给人们以提醒,而优势常常使人忘乎所以。早在战争开始前,水上敌强我弱的形势逼迫朝鲜人大胆创新,朝鲜水师统帅李舜臣主持建造了一种被称为龟船的新型战舰,它用硬木制成,船面覆以铁皮,状如龟背,船头设有炮眼,两舷配备火铳,使得此船矛利盾坚,独领水上风骚。在日本舰队大摇大摆地进入朝鲜水域后,李率龟形舰队连连出击。日本对这些闻所未闻的"怪物"无从下手,很快就损失了200艘战舰,水师主力基本报销。丧失了制海权的日军,因缺少兵源和补给,在占领平壤后不得不停下来休整。

朝鲜在拼死抵抗的同时,向宗主国明朝紧急求援。院倒屋危,唇亡齿寒。明神宗朱翊钧深知日本的下一个目标就是中国,因而接受了朝鲜的派兵请求,派出5千精兵紧急援朝。明朝皇帝太小看日本人了,这支5千人的小股部队很快就被数倍于己且以逸待劳的日本人吃掉。年底前,明神宗只得再派5万大军增援朝鲜。中朝联军汇成一股滚滚洪流,向日军发起了势不可当的冲击,日军丢下上万具尸体,从平壤一直退却到釜山。

如果换了有些大国,可能会趁此良机,把锦绣图画一样的朝鲜一口并吞。然而明朝却命朝鲜国王不必内迁,还都王京。听到这个消息,朝鲜国王像中了彩票一样大喜过望。

接下来,就是长达4年的马拉松和谈。在无所作为的情况下,中国军队撤回国内。其实,日本人真正的目的是诱使明朝撤军并伺机反攻。渐渐地,日本散布的关于李舜臣将军的小道消息不胫而走。万历二十五年(1597)初,朝鲜国王中计,下令将李舜臣逮捕入狱,让平庸的元钧接管水军。朝鲜栋梁一折,日本再无顾忌,立即发动了二次进攻。

一头狮子领着一群羊,个个是狮子;而一群狮子被一只羊领着,个个就成了羊。8月,曾经让日本吃尽苦头的朝鲜龟形水师,在新将领元钧的统帅下被打得找不到南北,李舜臣一手缔造的无敌舰队几乎全军覆没,全罗道地区沦入敌手,朝鲜又到了生死存亡的关头。

欺骗在古代就像可口可乐一样廉价而畅销,闪耀着诱人的光芒。日本人所采取的计策名叫"反间计",发明者是中国兵圣"孙武"。而且在后来不长的时间里,满洲人也曾经用过。当满洲人被明末军事天才袁崇焕折磨得一筹莫展的时候,他们祭起了《孙子兵法》中的这一计策,尽管掘地三尺也找不到证据,但偏执而自负的崇祯帝还是将其千刀万剐,以至于后来无将可用,一败涂地。尽管日本的反间计也得逞了,但朝鲜国王还没有幼稚和固执到崇祯那种程度,李舜臣只是被下狱并没有被砍头。同样是中流砥柱,他显然比30年后的袁崇焕幸运得多。在朝鲜水师丧失殆尽的时候,朝鲜国王如梦方醒,赶紧让李舜臣官复原职,去收拾那个只剩下12艘破船和120名水手的烂摊子。另一个明智决定是,朝鲜国王再次要求明军驰援。

明神宗立即派兵部尚书邢玠率4万大军入朝参战,第二年又派水师与李舜臣的小舰队会合。不断投入的兵力发挥了作用,战局开始向有利于中朝联军的方向发展,万历二十六年(1598),丰臣秀吉病死,内忧外患的日军仓皇退却。中朝军队乘机反攻,并在朝鲜南部海面拦住了拼命逃窜的日军主力,一场令海天变色的海上决战上演了。

朝鲜民族英雄李舜臣和72岁高龄的明朝水军将领邓子龙身先士卒,冲锋在前,镇定自若,视死如归。在惨烈的炮战中,中朝军队并肩战斗,生死与共。邓子龙的战舰被击中起火,李舜臣亲自指挥旗舰赶来救援。李舜臣左胸被流弹击中壮烈牺牲,邓子龙也血洒海疆。两位中朝人民的优秀儿子,用大无畏的死圆了一腔爱国梦。

英雄的死,震撼了全体将士并决定了战争走向。此次海战,中朝联军共击沉日舰450艘,歼灭日军15000人,给了日军毁灭性打击,丰臣秀吉的如意算盘与其亡灵一起消失在了茫茫大海上,他生前写给小妾浅野氏的"我定要在白发全生之前征服唐(指大明)"的豪言从此成为千古笑料。

万历二十七年(1599)5月,明神宗下诏,通告了这次援朝战争的经过,最后他说,背信弃义者必戮!我感觉,这句话与汉将陈汤所说的"虽远必诛"异曲同工。

这是日本第一次侵略朝鲜,也是中国第一次保卫朝鲜,战争历时七年。日军撤退后,中国军队也随之撤退。这是历史上国与国之间最标准的无私援助,明朝将士的鲜血洒遍朝鲜半岛,而最终却一无所求。

尽管朝鲜保住了,但战争带来的创伤却一时难以抚平,不计其数的朝鲜流民逃亡中国东北。明朝,是朝鲜人大量移民中国东北的开始。

五、血色移民史

纵观世界历史,移民绝不仅仅限于经济、政治原因,主因还是战争。

明万历四十七年(1619),大明与后金在萨尔浒爆发了一场生死攸关的大战。当时,日渐强盛的后金请求朝鲜保持中立,但正如战后朝鲜致信努尔哈赤时所说的那样:"明与我国,犹如父子,父之言,子敢违乎?"于是,朝鲜应宗主国大明的要求,由姜弘立率领13000名士兵参加了战役。这支被迫参战的援军,自始至终消极怠工,开始阶段行进缓慢,在听到明军战败后选择了主动投降。

为解除对明战争的后患,获胜后的努尔哈赤于天启七年(朝仁祖五年,1627)派阿敏贝勒率兵3万,对朝鲜发动了第一次征讨,朝鲜历史称之为"丁卯胡乱"。后金大军在潜渡鸭绿江后,一路直捣椵岛明军毛文龙部,一路以破竹之势南下攻入朝鲜。朝鲜仁祖王率朝臣逃亡江华岛,由姜弘立牵线达成了"江都会盟"。之后,后金大军分三路撤退,撤退途中将数万朝鲜民众劫掠到中国东北。

十年之后的明崇祯九年(朝仁祖十四年,1636),也就是后金改国号为大清的当年,皇太极亲率12万大军从沈阳出发,悍然发动了第二次侵朝战争,朝鲜史书称之为"丙子胡乱"。清军平安州,过开城,陷江华,将朝鲜仁祖王团团围困在南汉山城之内。最终,朝鲜王宣布无条件投降,出城向皇太极行降礼。依照盟约,世子及东宫被作为人质带往大清,主战派官员及几十万朝鲜军民被押解到中国东北。

三次战争中大量流落中国东北的朝鲜人,除了部分被杀害或赎还外,大部分被发配到辽东一带的女真贵族庄园当了包衣①。还有部分战俘被编入了满洲八旗,如正黄旗满洲都统第四参领第九佐领即由朝鲜人组成;正红旗满洲都统第一参领第十二佐领也由朝鲜人组成。

六、中日再战

对于人类来说,传统永远是一座金山,但传统并不都是金子。抱残守缺无异于自甘落后,封建几乎等同于封闭。近代的朝鲜与他的宗主国清朝一样,面对愈益深重的内忧外患,一味地采取"锁国攘夷"政策,掩耳盗铃,得过且过,企图以高墙和海禁来阻止列强的入侵。但是,强盗向来是不请自到的,况且大刀长矛根本就挡不住军舰大炮。在临近的宿敌日本通过改革开放迅速崛起,宗主国清朝又因鸦片战争带来的"边疆危机"自身难保,东亚地区以中国为核心的"封贡体系"名存实亡的情况下,李朝统治下的朝鲜半岛就在劫难逃了。

此前的日本,政治体制和社会状况一直是中华帝国的一个缩小版本。然而,1868年,这个岛国发生了彻底改变国家命运的事件——明治维新。大凡一个国家的彻底变革,往往伴随着流血和战乱的多次重复方能完成,而例外的

---

① 满语包衣阿哈的简称,包衣即"家的",阿哈即"奴隶",意为家奴。

是,日本这个在文化上与中国几乎一脉相承的封建国家,它开始于大清同治年间的政治变革居然一次成功了。君主立宪制带来的社会生产关系,使它在短短二十年间就发展成了一个具备资本主义社会一切政治经济特征的崭新国家。特别是发生在大清国土上的鸦片战争,使隔岸观火的日本人明白了一个道理:避免外国入侵的最好办法,并非提心吊胆地关起国门,而是不遗余力地发展自己。与大清"海禁"恰恰相反,日本明治天皇即位当天就宣布:"开拓万里波涛,布国威于四方。"这个国策多少年后演化为更加务实的"大陆政策":侵占朝鲜进而控制满蒙,最后登陆中国。日本人一直把丰臣秀吉两次侵朝的失败作为"民族耻辱",武士阶层时刻以"征韩"、"复仇"为己任。

清光绪元年(1875)9月,日本利用朝鲜外戚闵氏专权、大院君被迫引退的混乱时机,派出军舰驶入江华海峡寻衅闹事。次年1月,日本政府以江华岛事件为由,派出7艘战舰到朝鲜示威,要求赔偿日军损失。面对日本的强盗逻辑,失去大清保护的朝鲜被迫与日本签订了《朝日修好条约》(即《江华条约》)。条约否定了大清对朝鲜的宗主权,将朝鲜划入了日本的势力范围。光绪十年(1884)10月,日本又精心策划了名为"甲申之乱"的排华政变,政变后的朝鲜"请"日军入卫王室。

一个令中国人刻骨铭心的年份,光绪二十年(1894),即甲午年。朝鲜东学(流传于朝鲜南部的宗教)教徒发动起义,朝鲜国王请求大清出兵帮助镇压,日军也按照条约不请自到。起义平息后,日本继续增兵朝鲜,并在朝鲜牙山口半岛海面炮击清军运兵船"高升号",公开向大清叫板。大清忍无可忍,被迫对日宣战。

中日甲午战争全面爆发,朝鲜则充当了一个看客的角色。日军以优势兵力围攻清军驻守的平壤,贪生怕死的清军统帅叶志超主张逃跑,被山东籍回族将领左宝贵派人看管起来。日军对平壤发动总攻时,左宝贵带病站在玄武门城楼上指挥战斗,不幸当胸中炮倒下。再也无人约束的叶志超得以弃城逃跑,群龙无首的清军四处溃散,平壤落入敌手,清军在第一个回合中不仅输了城池折了兵马更重要的是丢了气势。"三军可夺帅不可夺志",丧失底气的清朝还能扭转乾坤吗?

看来,我的疑问绝非多余。两国水军的对决在黄海上演,日本舰队率先向大清北洋舰队发起攻击,尽管水军中贪生怕死之辈寥寥无几,尽管刘步蟾、邓世昌等将领拼死抵抗,没有资金购买弹药的北洋舰队还是败下阵来,日本联合舰队五艘重创,北洋舰队五艘沉没。舰队随后遵照清朝命令躲进了威海卫军港,把制海权拱手交给了并没有取得全胜的日本人。

两战两胜的日军于10月下旬兵分两路侵入中国东北,一路从朝鲜偷渡鸭绿江,攻占安东、九连、凤凰城;一路从辽东半岛的花园口登陆,攻占大连、旅顺。没有一兵一卒的大连陷落的那个黄昏,城内燃起了漫天大火,风雪中日军把中国百姓不分老幼赶到城外进行报复性屠杀,百姓的鲜血流进结了薄冰的护城河,河面的薄冰因热血流过而融化。日军攻下旅顺后,实施了惨绝人寰的疯狂屠杀,整个旅顺仅仅剩下奉命抬死尸的36名中国人。

次年1月,日本陆军在联合舰队的掩护下,从山东荣成包抄了北洋海军基地威海卫的后路,奉命躲进军港的北洋水师被日本海陆军关门打狗,瓮中捉鳖,提督丁汝昌自杀殉国,清朝苦心经营多年的北洋舰队全军覆没。战争进行到这种程度,不知仍沉浸在60大寿喜庆气氛中的慈禧太后做何感想?!

日本指名要李鸿章出面谈判。于是,李鸿章乖乖地来到马关与日本首相伊藤博文签署了丧权辱国的《马关条约》。被日本狂人行刺受伤后仍不得不在条约上签字的李鸿章,事后发出了"天下最难写的字是自己的名字"的哀叹。

翻开沾满中国人血泪的《马关条约》,第一条就是清朝承认日本对朝鲜的控制,然后是割辽东半岛、台湾、澎湖列岛给日本,赔偿日本白银2亿两等。后来条约节外生枝,俄国认为日本占领辽东半岛影响了它在中国东北的利益,便纠合法德一起出面干涉,迫使日本将辽东半岛归还了中国。已经要走的东西岂能白白送还,于是日本又从中国勒索了3000万两白银作为"赎辽费"。

这一切,都是因为朝鲜。因为此事,外国人一再嘲笑中国人莫名其妙,竟然为了一个宗主国的虚名,为朝鲜而跟新兴的帝国主义者作战,并接受实质的灾难(而朝鲜宗室毫不领情,奇怪地充当看客)。但这正是中国文化中反抗强权、扶危济困精神的淋漓展现。要不,后来的新中国会在台湾尚未解放、苏联拒绝出兵的情况下就派出军队"抗美援朝"吗?

七、落入虎口

19世纪已经逐页逐页地翻过,现在只剩下最后一个自然段。

大清惨败之后,朝鲜第26代国王高宗李熙和实际专权者——以明成皇后闵妃为首的外戚集团对中国彻底失去了依附的信心。他们看到日本在俄国的干涉下被迫将辽东半岛交还中国,因此暗中倒向俄国。

灾难随之降临。光绪二十一年(1895)10月8日拂晓,日本公使三浦梧楼率领日本士兵、浪人,挟持国王之父大院君李昰应冲入皇宫,在乾清宫杀死了44岁的亲俄派首领明成皇后,并将其惨无人道地裸体焚尸。而她的丈夫——

国王李熙只能眼睁睁地在一旁哭泣,还被迫签署诏书将她废为庶人。这种血腥的场景在上下五千年的中外历史上极其罕见,因此以这一情节为主加以演绎的韩国电视剧《明成皇后》得以火暴韩、中。

宫中的亲俄派势力被清除,亲日派占了上风。

此后,日本和俄国为争夺朝鲜展开了你死我活的斗争,旷日持久的日俄战争也以日本胜利而告终。看看日本33年来的巨变,你就不会对袖珍日本的胜利感到奇怪了:清同治五年(1866),日本还是一个相当于欧洲中世纪的民族,是一幅有着田园风光的古色古香的漫画;到了清光绪二十五年(1899),它已经成了一个彻底西方化了的民族,同最发达的欧洲列强处于同等水平,而且远远超过了俄国。

获胜后的日本与俄国在光绪三十一年(1905)签订了《朴次茅斯和约》,其中一条是俄国"承认日本国于韩国之政事、军事、经济上均有特别之利益,如指导、保护、监理等事,日本政府视为必要者即可措置,不得阻挠干涉。"①

日俄条约签署后的两个月,日本特令全权大使伊藤博文正式就任韩国"统监府"第一任统监,成了事实上的韩国太上皇。各道的日本领事馆也改为理事厅,成为统监府的地方行政机关。

光绪三十三年(1907)夏天,不甘心做亡国之君的李熙得知了"万国和平会议"在荷兰海牙召开的消息,派亲信一品官李隽为密使赴会寻求西方支持。但与会各国不愿开罪日本,于是向高宗拍电报确认代表身份。韩国电信权早已落入日本手中,询问电被日方扣留。伊藤博文闻讯大怒,派日军在宫门外广场鸣炮威胁,又闯入王宫强迫李熙发电否认曾派使前往海牙。李熙被迫发电,被骂成"骗子"的李隽在和会上悲愤自杀。"密使事件"后,伊藤博文强迫李熙让位于太子,由自己任太师。皇太子纯宗李坧即位,高宗成为太上皇,被日军监视居住于庆云宫内。

清宣统元年(1909)10月,伊藤博文与俄国财政大臣到哈尔滨修订日俄密约,被口呼:"独立万岁!"的韩国义士安重根在哈尔滨车站被击毙。安重根被俄军抓获后移送日方,在旅顺从容走上绞架。

日本新任"朝鲜统监"寺内正毅走马上任。宣统二年(1910)8月,寺内正毅与韩国傀儡总理李完用秘密签订了《日韩合并条约》,规定"韩国皇帝陛下将关于韩国全部之一切统治权完全让与日本国皇帝陛下"。韩国皇帝、太上皇和皇太子被授予日本皇族的身份,高宗的封号降为"德寿宫李太王",韩国被日本完全吞并。

---

① 国王李熙于1897年改国号为"大韩"。

这使我想起了中国现代诗人田间的一首抗日诗歌:"假使我们不去打仗,敌人用刺刀杀死我们,还要用手指我们的骨头说:'看!——这是奴隶!'"

中华民国八年(1919)1月12日,已被废黜但仍是朝鲜象征的国王李熙被日本人在红茶中放入砒霜毒死。消息传来,举国震恸,群情激愤,朝鲜民众于3月1日通过了《独立宣言》,掀起了全国性的暴动浪潮,斗争席卷了218个府郡,参加群众达200万以上。尽管运动最终被镇压下去了,却迫使日本人把对朝鲜的"武断政治"改为了"文化政治"。

日本人的"文化政治"并不"文化"。日本人明白,要灭其国必先灭其文。因此,总督府于清宣统三年(1911)颁布新的教育法令,除设立少量的公立学校进行奴化教育外,将2000多所私立学校裁减到600多所,绝大部分学龄儿童被剥夺了学习机会。从民国二十七年(1938)开始,所有朝鲜学校的朝鲜语课程逐步被取消,课内课外只能讲日本语,学生还被迫每天大声朗读以"吾等乃大日本帝国之臣民,齐心协力尽忠天皇陛下"为主要内容的《皇国臣民誓词》。更有甚者,日本人于民国二十八年(1939)强制朝鲜人"创氏改名",将单姓改为日式"复姓"①;妇女则在原名之后像日本女人一样加个"子"字。

而且,日本的崇武本性并没有丝毫改变。他们在占领中国东北后,为了维持庞大的军费开支,变本加厉地榨取朝鲜的血汗,不仅强征数万青年从军和担任民工,甚至强征20余万名朝鲜女子充当慰安妇。

在看不到星光的漫漫长夜里,丧失了主权的朝鲜人民开始了新一轮更加强烈的独立追求。金日成于民国二十三年(1934)创建了朝鲜人民军,开始了光复朝鲜的斗争历程。金九等人流亡到中国上海,组织成立了临时政府。更多的朝鲜仁人志士来到中国的白山黑水之间,加入了东北抗日联军。后来的朝鲜首相金日成曾任第二军第三师师长,后来的朝鲜副首相金一自民国二十四年(1935)就进入东北抗日。而李红光(抗联一军参谋长)、金策(抗联三军政治部主任)、李福林(抗联一军一师师长)则先后牺牲。

烈士已经长眠,他们却向死而生。当逝去的生命被纳入漆黑的彼岸,灵魂却结晶成雪白的燧石。被追忆和崇敬所激活的火花,与我们鲜活的生命同在。

八、中国朝鲜师

中华民国三十四年(1945)8月11日,国民革命军第十八集团军总司令朱德连续发布七道命令,其中第六号命令是下达给1942年在太行山组建的华北

---

① 如金姓改为金村、金田、金本,崔改为山田,安改为安日,朴改为朴本,李改为李本。

朝鲜义勇军的:"为配合苏联红军进入中国及朝鲜境内作战,解放朝鲜人民,我命令:现在在华北对日作战之朝鲜义勇军司令武亭,副司令朴孝三、朴一禹立即统率所部,随同八路军及原东北军各部向东北进兵,消灭敌伪,并组织在东北之朝鲜人民,以便达成解放朝鲜之任务。"①

按照命令,朝鲜义勇军于9月6日进驻沈阳。之后,除武亭②、金枓奉③(1945年年底首批回朝)、朴孝三④、朴一禹⑤(1946年3月二批回朝)等少数干部回到朝鲜之外,其余一分为三:第一支队———李红光支队进入南满,由金雄、方虎山统率,先后改编为民主联军独立4师和中国人民解放军第四野战军第166师,人数最多时达到12000人。第三支队进入北满,由金泽明、朱德海统率,改编为松江军区独立8团,并与吉东警备司令部的朝鲜部队和牡丹江的朝鲜族部队独立14团合并成东北人民解放军独立11师,后编入中国人民解放军第四野战军第164师,兵力达到10000人。第五支队进入东满,由李益星等统率,与当地部队一起改编为吉东警备一旅、警备二旅;第五支队进军途中留在吉林的部分干部,组织成立了第七支队,后改编为桦甸县保安团、吉南军分区第24旅第72团,第五和第七支队后编入中国人民解放军第四野战军第156师。

中华民国三十八年(1949)4月,朝鲜内阁首相金日成委托朝鲜人民军政治部主任金一秘密访问中国共产党。金一先后见到了高岗、朱德、周恩来、毛泽东,双方讨论了把中国人民解放军中的朝鲜族编成朝鲜人师转属朝鲜政府等问题。会谈之后,按照毛泽东的表态,驻扎在沈阳的166师改编为朝鲜人民军第6师、驻扎在长春的164师改编为朝鲜人民军第5师,于7月进入朝鲜。1950年年初,随四野南下的156师获准携带装备回朝鲜。此后,四野各军和特种兵所属朝鲜族指战员奉命在河南郑州集结,共集结了四个步兵团、一个炮

---

① 见《朱德元帅丰碑永存》,上海人民出版社1986年版。
② 曾任中国工农红军炮兵团团长,被誉为"红军炮兵鼻祖",1945年回朝鲜后被选举为北朝鲜第二号领导人,1952年病逝。
③ 朝鲜职业革命家,1919年流亡中国,1942年在太行山被推举为朝鲜独立同盟执行委员会委员长,1945年年底返回平壤参与朝鲜建党、建政活动,曾短期当选为北朝鲜劳动党一号人物,1958年被逐出权力中心,三年后在下放的农场病逝。
④ 1925年流亡中国,后进入黄埔军校学习并参加南昌起义,1942年任朝鲜义勇军副司令,1945年随同八路军各部反攻东北,1946年3月奉命和朴一禹率领朝鲜义勇军骨干2000人回到朝鲜,朝鲜战争爆发后历任朝鲜人民军第9师师长、第1军团军团长、副总参谋长等职。
⑤ 早年来到中国抗日,1945年出席中共七大并作关于日本对朝鲜的政策及朝鲜人民反抗斗争情况的发言。1946年回到朝鲜。朝鲜战争爆发后任中国人民志愿军副司令员兼副政治委员。战后出任朝鲜副首相兼内务省相,授大将军衔,继而晋升次帅。1955年因参与宗派活动被开除出党并被判刑。

兵团及工兵营、通讯营、反坦克营、野战医院、警卫中队共18000余人。4月，这支部队到达朝鲜元山，改编为朝鲜人民军第7师。①

九、北纬38度线

中华民国三十四年（1945）2月的雅尔塔，一个鲜为人知的所在，美、苏、英三国首脑在这里秘密召开会议。就是这次被后人认为加快了"二战"结束进程的会议，中国和朝鲜的利益被分割与出卖，中国的蒙古被酝酿独立出去，朝鲜则将在战后被美苏分别托管。

而朝鲜却蒙在鼓里。随着日本宣布无条件投降，金日成领导的人民军与苏军联合解放了朝鲜北部的庆兴、罗津、清津等地，并迅速向南推进。

此时美军尚在日本冲绳，根本来不及抢占朝鲜地盘。于是，美国紧急拟定了一个以北纬38度线为界、美苏分区接受日本投降的方案。苏联不好违反雅尔塔会议的秘密分赃决议，只好同意了这一严重无视朝鲜独立与完整愿望的折中方案。就这样，美苏两国私自划分势力范围的结果，将一个完整的朝鲜一刀两断。如果稍有理智，人们就不难预见到这条线的悲惨后果。它将成为北南双方永远互相仇恨、互不信任的借口，两个国家无论哪一个强大起来，都会拼命摧毁另一个。

美国通过38度线的划定，于9月在朝鲜登陆，实现了垂涎百年的梦想。之后，美国组织成立了临时政府，筹建了军队，然后于民国三十七年（1948）操纵了南朝鲜国会选举，公布了《大韩民国宪法》，宣布成立了大韩民国政府②，扶植亲美的李承晚为首任总统。

与之针锋相对，北朝鲜劳动党在苏联支持下，也于民国三十七年（1948）选举产生了最高人民会议，通过了《朝鲜民主主义人民共和国宪法》，宣布成立了朝鲜民主主义人民共和国，金日成担任了内阁首相、国家元首。

由此，朝鲜从两个受降区演变成了两个占领区，最终成为两个对立的政治实体。38度线以北的朝鲜有面积12.3万平方公里，38度线以南的韩国面积为11万平方公里。在美苏两国的导演下，朝鲜北南双方的相互敌对和残杀开始了。

---

① 见《中国朝鲜族移民史》，中华书局2009年版。
② HAN在古朝鲜语中是"大"的意思，汉字传入朝鲜后就将HAN写作"韩"。

十、新中国抗美援朝

立刻,三千里锦绣河山上空腾起硝烟。

1950年6月25日,朝鲜内战爆发。美国谬指这场内战是朝鲜对韩国的侵略,还操纵联合国安理会在苏联缺席的情况下于27日通过了武装干涉朝鲜战争的决议。同一天,美国总统杜鲁门一面命令海空军直接介入朝鲜战争,一面命令第七舰队进入中国台湾海峡,将朝鲜国内战争演变成了世界性战争。

战争初期,朝韩军事势力呈一边倒的状态,朝鲜人民军有10个师137000人,其中拥有在中国战场千锤百炼的6师师长方虎山、2师师长崔贤等名将;而韩国国军仅有9个师98000人。朝鲜人民军一路凯歌,短短两个月就将韩国军队赶到了大邱、釜山一隅。朝鲜的胜利似乎指日可待。

9月15日,朝鲜半岛阳光灿烂。这一天,美国集中260多艘军舰、500多架飞机,掩护7万多步兵,在仁川登陆。

美军从仁川登陆恰似"二战"中的诺曼底登陆,大大出乎常人的意料,堪称战争史上的又一个经典。因为这里位于朝鲜半岛中部,可谓朝鲜人民军的死穴,一旦登陆成功,朝鲜人民军的退路就会被拦腰截断。由于朝鲜人民军主力在与韩军作战,美军几乎未遇抵抗就成功登陆。

两周后,美军占领汉城,使朝鲜人民军处在了南北夹击之中,战局急转直下。10月2日,美军悍然越过38度线,21日攻陷朝鲜首都平壤,将战火烧到了鸭绿江边。朝鲜首相金日成在请求苏联出兵未果的情况下,向中国政府发出了紧急求援电。

当时新中国刚刚成立,连绵100多年、令人民困顿不堪的内外战争硝烟还未散尽,国民经济亟待恢复和建设,特别是出兵朝鲜直接意味着解放台湾的计划将被搁置起来。但中国政府毅然接受了朝鲜的出兵请求。一夜之间,一句震撼人心的口号以类似于光的速度传遍千山万壑、大江南北:"抗美援朝,保家卫国。"

志愿军何人挂帅?因为对手是在欧洲战场所向披靡的美军。毛泽东想到了常胜将军粟裕,粟裕跃跃欲试但久病不愈。第二个人选是身经百战的林彪,但林彪以神经衰弱为由婉言回绝了。接下来的人选是彭德怀,出乎毛泽东意外的是,这位快人快语的老乡痛快地接受了在林彪看来有可能使英名毁于一旦的"抗美援朝"。

1950年10月19日,以彭德怀为司令员兼政委的中国人民志愿军,辖13兵团所属38、39、40、42军及边防炮兵司令部所属炮兵1、2、8师,浩浩荡荡跨过鸭绿江,秘密开赴朝鲜前线。志愿军与朝鲜人民军并肩作战,连续发动了5次大规模的战役,五战皆捷,到1951年6月的时候,已经推进到"三八线"附近,收复了朝鲜北部的全部领土。

最为残酷也最为著名的战斗发生在1952年10月的上甘岭。不甘心失败的美军发动了金化战役,企图夺取中部战线战略要地五圣山,迫使中朝军队后撤,造成谈判桌上的有利地位。上甘岭位于五圣山南麓,其南面的597.9高地和537.7高地北山,是我五圣山主阵地前的两个连的支撑点,总面积大约3.7平方公里。如果把五圣山比作坐下的一个巨人,那么两个高地则是巨人伸出的两只脚,这两只脚已经踹到敌人防御阵地中腹,可以俯瞰金化一线的纵深并威胁金化以北的交通,地理位置显而易见。敌人先后投入6万多兵力,向上甘岭投下5000多枚炸弹和190万发炮弹,岭头被削低了2米多,全岭成为一片冒烟的焦土,被迫转入坑道的志愿军战士,克服了缺粮、断水、少氧的严重困难,硬硬坚持了半月之久,最终配合大部队发起反击,取得了上甘岭战役的胜利。美韩付出了25000余人的代价,志愿军也牺牲了11500多人。四川籍战士黄继光以胸膛堵枪眼的壮举,就发生在此次战役中。如果作者没有记错的话,黄继光和志愿军司令员彭德怀是我军历史上仅有的两个荣获"特级英雄"的人,黄继光还被命名为朝鲜英雄。

黔驴技穷的美国,被迫于1953年7月27日在板门店签署了《朝鲜停战协定》。联合国军总司令、美国陆军上将克拉克在回忆录中说:"我是历史上第一个在没有胜利的停战协定上签字的美国司令官。"而志愿军司令员彭德怀的话更是语出惊人:"在经过三年的激战之后,资本主义世界最大的工业强国的第一流军队被限制在他们原来发动侵略的地方,不仅没有越雷池一步,而且陷入了日益不利的困境。这是一个具有重大国际意义的教训。它雄辩地证明,西方侵略者几百年来只要在东方一个海岸上架起几尊大炮就可以霸占一个国家的时代,一去不复返了。"[1]

战争停止后,美国军队仍留驻韩国,而中国却一兵不留地全部撤退。除了抛洒鲜血和供应物资之外,中国仍然一无所求。

往事历历在目。读到这里,不知那些肆意鼓吹"中国威胁论"的外国政客有何感想?

---

[1] 见叶雨濛《出兵朝鲜纪实》,文化艺术出版社1996年版。

十一、未来的走向

大规模的内战结束了,但零星的摩擦仍时断时续。如今的朝鲜半岛,可以称得上是世界上兵力部署最为密集的地区之一,在23万平方公里的土地上,驻扎着枕戈待旦、高度敏感的170万正规部队。

但是近年来,半岛局势出现了缓和的迹象,两国间的民间和高层互访不断,两国的统一似乎已经成为人心所向。

事情并非如此简单。两国意识形态的巨大差异,掩盖了血统和文化的天然联系。尽管南方富足而充满活力,但其经济力量还没有足以对北方的纯精神力量取得压倒性优势。特别是最近,朝鲜半岛核危机大有愈演愈烈之势,朝鲜态度依旧强硬,美国则叫嚣着予以制裁。

在此我有一个直截了当、令人讨厌却又不得不问的问题:我们该使人类灭绝,还是该让人类抛弃战争?国家领导人没人愿意面对这个抉择,因为废止战争需要限制国家主权。但是,难道为了证明主权就可以不加忍让?难道仅仅因为无法忘记伤疤和争吵就要选择死亡吗?按照地质年代来计算,迄今为止,人类只生存了极短的一个时期——最多上百万年。人类所取得的,特别是最近5000年里所取得的认知,在我们所知的浩瀚宇宙中是一些全新的东西。太阳东升西落,月亮时圆时缺,星辰闪耀夜空,风雨来去不定,无数的岁月过去了,但只有人类来到世上后才了解了这一切。而且,在最近300年里,我们创造了超过以往几千年财富的总和。可以说,人类的幸福才刚刚开始。我真的不相信,人类能如此愚昧,如此缺少博爱,对自我生存这一最简单的要求都视而不见,以至于他那愚蠢的小聪明和顽固的意气用事,最后只能靠用常规武器甚至核武器灭绝地球上所有的生灵来证明?

我希望早日看到拥有共同文化与精神起源的韩、朝真诚握手甚至热情拥抱的那一天。

而且,来自周边民族占领的伤痛还未完全消失,那个曾经让他们做了半个世纪噩梦的地区强国又恢复了军事威慑力并寻求担任联合国常任理事国。一旦形势吃紧,恐怕南北方联合起来也不是对方的对手。

正是内忧外患的形势和长期的殖民统治,使他们和犹太人一起成为世界上危机感最强的民族,造就了忍辱负重、逆境求生、不屈不挠的民族性格,这种性格表现在经济建设中是一个又一个默默崛起的奇迹,表现在国防领域是一种高度惊觉、永不懈怠的状态,表现在外交场合是敢于对任何一个国家(如朝鲜对美国、韩国对日本)说不,即便是表现在体育运动中也是一种愈挫愈奋、永不言败的精神。这足以解释为什么朝鲜人和韩国人至今对日本耿耿于怀，韩国足球队一遇到日本足球队就同仇敌忾、破釜沉舟，韩国人一听说日本想当联合国常任理事国就义愤填膺、举国示威的原因。越过经济的韩国、肥皂剧和偶像文化的韩国，我们看到的是团结的大众和勇敢的个人。此前两张经典的韩国照片令我惊悸良久：一张是，为了抗议日本首相参拜供奉着"二战"高级战犯的靖国神社，67岁的韩国老太太冲日本高高举起自剁一指的血掌。一张是，为了抗议日本侵占"独岛"①的野心，一位韩国男子在日本驻韩大使馆前点燃了浇在身上的汽油。

可以肯定的是，在以野心霸权为荣的世界里，朝鲜半岛几乎无所作为；在以和平稳定为荣的世界中，朝鲜半岛却占有一席之地。如果大多数人的幸福是所有政权的最终目标，那么朝鲜（希望是民主、统一的新朝鲜）的所作所为都足以证明，他们能够作为一个独立国家万古长青。而且，最近我发现朝鲜的大街上，到处都能看见"不要活在为今天的今天，要活在为明天的今天！"的口号。

听说，汉城市经过一年多的征询，最终确定用同汉城的韩语发音最为接近的中文名称"首尔"②取代"汉城"。

对此，我们大可不必太过敏感，把这一国际惯例牵强附会地与抹去古代中国附属国的痕迹联系起来。

"首尔"就"首尔"吧。人家改名字，与我们何干？

十二、长白杜鹃

随着抗日战争的结束，朝鲜半岛的光复，尤其是国共两党对东北的反复争夺，每一个落居东北的朝鲜人都面临着何去何从的艰难抉择。有人主张与中国共产党一起建立一个和平、民主、独立、多民族的新中国，有人主张接受中华民国的统治，有人主张支持北朝鲜建立独立的、朝鲜人当家做主的新国家，也有人希望回到韩国，特别是中共也同意中国人民解放军中的朝鲜族军人回到朝鲜参与建国。

尽管如此，还是有许多朝鲜人留了下来。不仅因为他们已经熟悉了这片抛洒过热血与汗水的美丽土地，而且因为早在中华民国十七年（1928）7月的中国共产党第六次全国代表大会上，中国共产党就首次把"满洲之高丽人"正式列为中国境内的少数民族，与蒙、回、苗、黎、藏和台湾人并列。

---

① 韩日有争议的小岛，日本称竹岛。
② 可解释为首位的城市。

之后,中国共产党尽管未能掌握国家机器,无法在法律上明确朝鲜人的国籍,但在政治、经济、文化、军事诸方面,始终对东北朝鲜人完全与其他民族同等对待。

新中国诞生前夕,曾任朝鲜义勇军第三支队政委,时任中共延边地委书记、专员公署专员的朱德海作为10名少数民族代表之一参加了中国人民政治协商会议第一届全体会议,并光荣参加了开国大典。从此,120万东北朝鲜人成为真正意义上的中华人民共和国公民。

1952年9月3日,一个令无数朝鲜人欢欣鼓舞的日子。延边朝鲜族自治区成立大会在延吉①市举行,朱德海当选为自治区主席。

1955年,国务院改延边朝鲜族自治区为延边朝鲜族自治州。

与朝鲜一衣带水的中国吉林省延边朝鲜族自治州,地处美丽的长白山区,现有常住人口近200万,其中朝鲜族70多万。

2009年春天,我和同事李富强进入了美丽的长白山区。4月的长白山巅白雪皑皑,绿色的天池仍在冰封之中,而素有"高山花园"美誉的长白山西坡,却有一片片的高山杜鹃成坡谷、成群落绽放在冰雪之上。茎横卧、枝斜伸,花色从乳白到淡黄,娇嫩艳丽,晶莹欲滴,在冰雪和寒风中傲然挺立,与山巅的银色世界连为一体,成为早春壮丽的花海。据盛装的朝鲜族女导游介绍,等到五月初冰消雪融时,杜鹃花会呈现浅黄、乳白、淡红色,让你仿佛置身在五颜六色的朝鲜女子裙袍之间,垂涎欲滴,流连忘返。这种花,汉族人叫它映山红,朝鲜族叫它"金达莱"。长久开放的花,是它的花语。长久的繁荣、喜悦与幸福,是它的内涵。在朝鲜族心目中,金达莱象征着坚贞、顽强、不畏艰难、奋力抗争的民族精神。

这里大概是中国日出最早的地方。每天清晨四点半左右,当中国的绝大多数地区还酣睡在梦里,延吉就会有一群群白袍飘逸的朝鲜族女子沐浴着晨光急行在宽敞的街道上,也会有一排排花团锦簇、嫣红似火的金达莱沾露含笑点缀在路旁。那林立的楼宇、静谧的公园、诗意的剧场、如水的车流昭示着:这里,是一个远离了战火、抛却了歧视、荡漾着和平、沸腾着希望的所在;这里,是各族人民特别是历尽苦难的朝鲜族人民安居的天堂。

曾记否,一支草原骑兵在13世纪席卷了欧亚也踏平了朝鲜,然后在朝鲜半岛上派驻了一批拥有"达鲁花赤"奇怪称呼的官员。他们就是凌空翱翔的草原雄鹰——蒙古人。

---

① 一说明代称"叶吉",女真语"山羊"之意;一说由于地处盆地,长年烟雾笼罩,故称"烟集岗",延吉即"烟集"的谐音。

第十二章

蒙古——席卷欧亚的黄色狂飙

> 拼杀冲锋时,要像雄鹰一样;高兴时,要像三岁牛犊一般;在明亮的白昼,要深沉细心;在黑暗的夜里,要富有韧性。①

一、童年的记忆

这是我有生以来听到的最有创意的传说。

天地分离之后,太阳有了两个女儿。当黄河注入东海之后,世上才有了第一叶轻舟。一天,太阳的两个女儿并排坐在轻舟上,一路观赏着琼花瑶草,有说有笑地来到神州。

姐姐嫁到南方
南方山清水秀
妹妹嫁到北方
北方牧草流油

过了一年,姐姐生下了一个婴儿,用丝绸给他做成襁褓。因婴儿出生时"唉咳"、"唉咳"地哭喊,所以把婴儿叫做"孩子",取名"海斯特",意为"汉族"。又说婴儿出生时手里握着一把泥土,所以长大后种植五谷。

又过了一年,妹妹也生下了一个婴儿,用毡裘给他做成襁褓。因婴儿出生时"安呀"、"安呀"地哭闹,所以把婴儿叫做"安嘎",取名"蒙高乐",意为"蒙古族"。又说婴儿出生时手里攥着一把马鬃,所以长大后从事放牧。

这个美丽的传说所昭示我们的是蒙汉民族同生共存的永恒期待,是一份民族团结的浓重情谊,是一种超越自我的伟大情怀。没有这种情怀,就会像非洲丛林中的原始部落一样与世隔绝,就永远走不出洪荒落后的丛丛荆棘,就无

---

① 语出奇渥温·铁木真。

法分享世界文明的累累硕果。由此可见,蒙古族和汉族一样,是一个抛弃狭隘自我、主动拥抱世界的伟大民族。

这个伟大民族的祖先名叫室韦,室韦译成汉语就是森林。显然,这是一个发源于额尔古纳河边丛林中相当古老的渔猎民族,是森林和大河伴随了他们的整个童年。

在公元7世纪,室韦的一个分支——蒙兀室韦在铁木真的始祖孛儿帖赤那①率领下,离开额尔古纳河西迁到今蒙古的鄂嫩河、克鲁伦河、土拉河源头——不儿罕山(肯特山)放牧。

由幽静森林来到广阔草原的蒙兀室韦卷入了战争的旋涡,被迫接受一个又一个草原帝国的号令,先后成为突厥、回纥、黠戛斯、契丹的臣属,被主人起名"蒙古"②。

慢慢地,蒙古部在公元10世纪衍生出乞颜、扎答兰、泰赤乌等显赫的氏族,而他们的身边也是部落林立,有今内蒙古自治区呼伦贝尔市南部至锡林郭勒盟北部的塔塔儿部;呼伦池东南、贝尔湖至哈拉哈河一带的翁吉剌部;靠近长城的汪古部;色楞格河下游、贝加尔湖以南的三姓篾儿乞部;叶尼塞河上游的斡亦剌惕部;处于杭爱山和肯特山之间的克烈部;向西靠近阿尔泰山的乃蛮部。

一个世纪后,因不堪辽国的重压,各部结成了以塔塔儿为首的"反辽联盟",公开与昔日的主人对峙,以至于塔塔儿(别称鞑靼)一度成为草原各部的统称。

到了公元12世纪,草原上的塔塔儿联盟已经瓦解。蒙古部在铁木真的曾祖父合不勒的统领下异军突起,使用了"可汗"的称号,而且将所有蒙古人统一在了麾下。蒙古的自立令金朝大动肝火,金朝采取"以夷制夷"的策略,主动挑起了塔塔儿部与蒙古部的长期战争。

既然和平已经成为遥远的过去,摆在他们面前的问题就只有一个:是战斗,还是灭亡?他们选择了战斗,尽管看不到一丝胜利的曙光。合不勒汗死后,弟弟俺巴孩前赴后继,不幸被塔塔儿人捕获,献给了金国,最终被金国钉在木驴上缓慢而痛苦地死去。

之后,合不勒的三子忽图剌为替俺巴孩复仇,对塔塔儿人发起了一系列疯狂的进攻,他屡败屡战,直至战死疆场。

---

① 蒙古传说中的苍狼。
② 突厥语意为天,蒙古语意为永恒之火。"蒙古"一词的蒙文字义众说纷纭,黎东方的《细说元朝》解释为"永恒的河",彭大任的《黑鞑事略》解释为"银",萧特的《大英百科全书》解释为"勇士"。

蒙古整个部落都在祈祷,祈祷出现一位真正的英雄。

南宋绍兴三十二年(1162)①秋,墨玉般晶莹的蒙古草原开始泛黄,泪花般闪亮的鄂嫩河缓缓流淌。

随着一声响亮的啼哭,一位男孩降生在白莲花般美丽的穹庐下。听到这一喜讯,男孩的父亲——蒙古孛儿只斤②部乞颜③氏族首领也速该④匆匆赶回大帐。

"给孩子取名铁木真⑤吧!"因为这位父亲刚刚在战争中俘获了一个名叫铁木真兀格的塔塔儿酋长。

从此,这个被新中国缔造者毛泽东誉为"一代天骄",被《华盛顿邮报》评为公元第二个千年头号风云人物的蒙古人向我们走来。

二、铁血英雄

据说孩子出生时手握着坚硬如铁的血块。

显然这是个被后人神话了的故事,和某些伟人出生时或雷声隆隆,或长虹贯日,或满室红光,或行星坠落相类似。其实从来就没有什么天生的超人,是异乎寻常的磨难和荆棘丛生的岁月铸就了这些伟人的铮铮铁骨,而且磨难好像就是专门用来对付伟人的。

9岁那年,铁木真随同父亲到母亲所属的弘吉剌氏族去挑选妻子。后来,他的父亲一个人返回部落。在路上,父亲加入了一群塔塔儿人的野炊。铁木真兀格之子扎邻不合认出这位不速之客就是从前俘虏自己父亲的蒙古首领,便偷偷在他的食物中掺入了毒药。回家不久,父亲就毒发身亡。就这样,人生的第一次打击——"丧父之痛"无情地降临在他的身上。

父亲的亲属和支持者纷纷离去,只剩下母亲诃额仑带着他们兄弟4人在鄂嫩河上游自谋生路,落到了靠捕鱼和挖草根维持生计的艰难境地。其间,他真切地体味到了什么叫"世态炎凉"。

成年后,他的人生有了一些转机,还娶回了素有"草原美人"之称的妻子孛儿帖。然而不久,他在一次战役中意外受挫,损兵折将不说,妻子竟然被篾儿乞人俘虏。为了报复当年铁木真的父亲抢走篾儿乞首领赤烈都的新娘诃额

---

① 西方学者多认为铁木真出生于1167年。
② 意为灰色眼睛。
③ 意为天鹅的叫声。
④ 合不勒汗的孙子。
⑤ 意为精钢。

仑,孛儿帖被赏给了赤烈都最窝囊、最懦弱、长得恰似车祸现场一般的弟弟赤勒格尔。从此,"夺妻之恨"无时无刻不在撕扯着铁木真滴血的心脏。

在血与火的洗礼中渐渐成熟的铁木真开始走向成功,有了自己的地盘和自己的联盟,更重要的是有了一批生死相依的铁杆盟友。然而人生对他的考验并未结束,他最信任的安答①——札木合背叛了他,从背后给了他致命的一击。他差点儿命丧黄泉,许多部下被用大锅活烹。"盟友背叛"给他上了人生最残酷的一课。

没有经历过炼狱般的磨炼,怎能练出创造天堂的力量?没有流过血的手指,怎能弹奏出世间的绝唱?于是,他变得铁一般硬,钢一样强,开始成为一只凌空翱翔的雄鹰,在搏击长天的同时播撒烈烈扬扬的生命意志;开始成为一匹信步草原的头狼,将正直、英武、狡猾和无情不可思议地集于一身。正因为如此,他才能在接下来的岁月里见招拆招,遇难呈祥,抢回妻子,杀死叛徒。

到南宋开禧二年(1206),强大的克烈部、泰赤乌氏族、塔塔儿部、汪古部、吉尔吉思被逐一征服,铁木真已经成为蒙古草原实际的主人。

他已经不缺权力和兵马,缺的只剩下公众的认可。于是,蒙古大忽邻台②在神圣的不儿罕山召开,会议宣布成立伊克·蒙高勒·兀鲁思③,推举铁木真为大可汗④,尊称成吉思⑤汗。

功成名就的他清醒地认为,孤家寡人是建立不了旷世伟业的,因此他把蒙古划分为95千户,授予了共同创业的贵族和功臣。建立了一支多达万人、由大汗直接控制的常备武装,由他最信任的博尔忽、博尔术、木华黎、赤老温担任护卫长。在未来的日子里,蒙古"四杰"成为他那蒙古狂飙的四翼。由此可见,英雄的史诗是由众人谱写的。而英雄本身的经历,也是他之所以成为英雄的不可或缺的条件。

而且英雄不再蒙昧。这位后人认为只知马上征战、不懂下马治国的蒙古英雄借助畏兀儿俘虏,创制了畏兀儿蒙古文和法典《大札撒》。从此,蒙古以另类的方式走上世界舞台。

三、独步天下

有人说,历史书籍几乎都是用红墨水书写的,人类的历史说穿了就是一部

---

① 结义兄弟。
② 部落议事大会。
③ 大蒙古国。
④ 意为君主。
⑤ 原意为海洋,引申为强大或天。

血迹斑斑的战争史。

蒙古也不例外,因为成吉思汗几乎就是征服者的代名词。

他曾说:"人类最大的幸福在胜利之中:征服你的敌人,追逐他们,夺取他们的财产,使他们的亲人流泪,骑他们的马,拥抱他们的妻子和女儿。"

之所以没人怀疑他的话,是因为他拥有"大言不惭"的本钱——"闪电战"。当时的蒙古骑兵一身轻装,只带用来盛水和渡河的皮囊。他们能在马背上假寐,必要时昼夜行军,环境许可就换马继续前进。有时几个月没有食物,全靠牝马的乳汁和猎取的禽兽为生。他们惯以数个纵队协同作战将敌方包围。如果敌方拼命抵抗则开始撤退,而在敌方稍有松懈时就卷土重来,攻城之后不惜烧杀以警告此后借助城池顽强抵抗的敌人,这或许就是蒙古铁骑兵威所至、望风披靡的直接原因。

不客气地说,若是中原的汉唐完全可以制服他,强盛时期的阿拉伯人也能阻止他。然而,公元13世纪的欧亚出现了强权真空。中原已经分裂为3个小国:金国、南宋和西夏。西面是松散的喀喇汗国,再向西是外强中干的花剌子模,然后就是走下坡路的阿拔斯王朝。

从金章宗泰和五年(1205)开始,成吉思汗先是迫使西夏献上了公主,然后击败了金国,攻占了朝鲜并将喀喇汗国踏在脚下。这时,蒙古人已经挥动着"上帝之鞭"接近花剌子模边境。其实成吉思汗并不想立即进攻这个远方的邻居,他派出一支和平使团于元太祖十三年(1218)春天出使该国。

意外发生了,一支450人的蒙古贸易商队在花剌子模城市讹答剌被当地守将抢劫,商队成员全部遇难。成吉思汗随后派出一支使团要求归还货物,引渡罪犯,但花剌子模根本不把远方的蒙古放在眼里,外交使团正使被轻蔑地处死,副使被侮辱性地烧掉了胡须。要知道,两国交战不斩来使是世界性的惯例。国王做出决定时,没有一位大臣表示异议,哪怕提醒一下。连普通的船夫都清楚,所有人都站在一边并不一定是好事,特别是当他们都站在船的一边的时候。

成吉思汗被激怒了。第二年夏天,他派出一支20万人的骑兵军团,无情地横扫了高傲而无理的花剌子模,40万花剌子模军队居然不堪一击。富饶且古老的布哈拉、撒马尔罕、巴尔赫惨遭屠城,只有熟练的工匠幸免于难,被送往东方的蒙古充当劳役。

作为花剌子模国王的摩诃末,在中亚可是个说一不二的人物。但是不知天远就不知地阔,不知山高就不知水低。当成吉思汗赤膊出现在擂台上,摩诃末方才意识到自己与这个蒙古人根本不是一个级别。于是他选择了逃命,马不停蹄地逃到里海的一座小岛上,最终死在那里。摩诃末的儿子则向东逃入了印度,但在印度河上游又被无情的蒙古骑兵击溃,只得继续向德里逃窜。

在蒙古骑兵血洗花剌子模时,一位老妪跪在马前为自己求情。她声泪俱下地说:"你们不要杀我,我刚刚把一串珍珠吞进肚子,很快就会死的。我有很多钱财,你们给我留个全尸,我把财产都给你们。"蒙古骑兵让老妪带路,找到了埋藏珍宝的地方,他们不但杀死了老妪,而且剖开老人的肚子,取出了她吞下的珍珠。疯狂的蒙古统帅以为花剌子模人肚子里都藏有珍宝,于是命令将所有花剌子模人剖腹。屠杀任务分配下来,5万蒙古士兵每人必须剖杀24人,他们直杀得弯刀卷刃,尸骨成堆,血流成河,日月失色。就连随军道人丘处机也慨叹地说:"十年兵火万民愁,千万中无一二留。"就这样,花剌子模人在人类谱系上永远地消失了。

血红的夕阳点燃了成吉思汗身边的朵朵云霞,围绕着他放射出胜利的光环。他,该回家了。

每个人的心中都有一个舞台,心有多大,舞台就有多大。蒙古人关于"天下"的概念,远远超过了汉唐以及任何其他中国政权所能梦想到的范围。成吉思汗没有满足在中亚和印度取得的惊人胜利,转而"西北望,射天狼",大举进军高加索。在那里,蒙古人做了欧洲骑兵的老师,首先击败了格鲁吉亚人,随后于元太祖十八年(1223)打垮了数量占绝对优势的8万俄罗斯军团。除诺夫哥罗德因地处遥远的北方幸免于难外,基辅和其他俄罗斯城市均被夷为平地,用一句俄罗斯史学家略显夸张的话来说,就是"没剩下一个能为死者流泪的人"。据英国地理学家盖洛估算,成吉思汗"使整个人类流掉的鲜血达2300万加仑之多——如果把这些鲜血泵入新奥尔良的自来水管道中,可以供这个城市使用24小时;如果注入尼亚加拉河道之中,让红色的瀑布落下则需要15秒"。

为永久占领被征服的土地,成吉思汗将它们分封给了诸子:今咸海、里海以北属于长子术赤,畏兀儿与河中之间的西辽故地属于次子察合台,今新疆额敏以北的乃蛮故地属于三子窝阔台。他们与先前分封的成吉思汗诸弟合撒儿、合赤温、斡赤斤、别里古台等"东道诸王"相对,被称为"西道诸王"。

一天,成吉思汗听说附属国西夏接纳仇人并不服征调,便将术赤留在钦察草原,自己率兵东归教训西夏。已经65岁高龄的成吉思汗落马负伤,仍不听从部下的劝告,带头冲锋陷阵,终于赢得了歼灭西夏主力的灵州战役,使西夏只剩下首都中兴一座孤城。

鉴于西夏已经成为釜底游鱼、瓮中之鳖,成吉思汗留下部分军队围攻中兴,自己于元太祖二十二年(1227)初率军进入金国作战。流火的艳阳、连续的征战令成吉思汗落马负伤的旧病①突然加重,不得不在清水县行宫——六盘山凉天峡停下来"避暑"②。

传说中有一种鸟一生都在不停地飞翔,从不落地休息,它落地的时候也就意味着死亡。7月,成吉思汗已经一卧不起,自知大限已到的他将三子窝阔台和幼子拖雷叫到枕边,面授了灭金和灭夏大计:"可向宋借道伐金,宋与金是世仇,必定会应允,那就可以直指金都汴京。金都危急,必定征召驻守潼关的精兵,这时迎头痛击远来疲军,必能大胜。""我死后要秘不发丧,待西夏国主在指定时刻出城时,立即将他们全部消灭。"

一轮如血的残阳落下了,带着成吉思汗不死的梦。

战争的发展进程与成吉思汗的设计惊人的一致。遵照成吉思汗的遗嘱,金、夏被顺利消灭。

同样遵照他的遗嘱,他的遗体被送回蒙古故土,埋葬在不儿罕山的起辇谷。陵墓向北深埋,以万马踏平。据说为了确保陵墓的位置不被发现,护送遗体到现场的人全部被杀。

多少年过去了,人们根本找不到他的陵墓。据一向自负的日本历史学家推测,他的陪葬品极其贵重和丰厚,足够现在的蒙古人坐吃上百年。而我们今天所看到的位于内蒙古鄂尔多斯③草原的成吉思汗陵,在实质意义上只能算是一座人造景观。

这又是一个永恒的谜底。

四、接班人的故事

金秋季节,两个孩子到林子里玩耍,偶然发现了一颗成熟的核桃,于是他们争着去摘。张三抢先把核桃摘了下来,李四却说是自己发现的,两人为此争吵了很久,也无法为核桃的归属达成一致,最后只得让年长的王五为他们评判。王五砸开核桃硬壳,取出果仁,然后说:"核桃硬壳的一半归摘到核桃的张三,另一半归发现核桃的李四,而核桃仁作为我解决这次争吵的报酬。"末了,王五大笑着说:"这就是争吵最容易出现的结局。"

下面的故事如出一辙。

成吉思汗活着的时候,他的长子术赤和次子察合台就围绕大汗继承权展开了争斗。老二公开质疑老大的血统——他提醒人们注意,哥哥术赤是在母

---

① 一说是得了斑疹伤寒病。
② 实为养病。
③ 意为宫殿所在地。

亲孛儿帖被篾儿乞人俘虏一段时间逃出来不久出生的。如果不是这样,为什么父亲为他取名术赤①呢?他进一步发挥说,我们能让蒙古死敌篾儿乞人的后代继承汗位吗?!

争吵随之发生,兄弟之间的矛盾达到了不可调和的地步,其情其景恰如那两个争夺核桃的孩子。

在众声喧嚣中,沉默是最大的音响。在老大和老二都要求老三表态的时候,老三保持了最大限度的沉默。

在没法进行DNA鉴定的年代,谁又能证明老大的确不是篾儿乞人的血脉呢?让老二继承汗位吧,老大又断然不会答应。左思右想,犹豫再三,成吉思汗提出了让因保持沉默越发显得稳重的三子窝阔台继承汗位的折中方案。老大、老二有苦难言,只得服从,这就是争吵的代价,也是必然的结局。今天,中国对待不团结的领导班子莫不如此。

为了防备节外生枝,成吉思汗临终前再次将儿子们叫到身边,重申了"将帝国钥匙交到窝阔台手中"的决定。

汗位空缺两年后,迟到的大忽邻台于元太宗窝阔台元年(1229)秋天召开。尽管有人主张根据旧制立在蒙古本土监国的幼子拖雷为大汗,但此时术赤已死,察合台又全力支持窝阔台,拖雷孤掌难鸣,窝阔台终于如愿以偿。

窝阔台是成吉思汗诸子中最明智的人。尽管他未能继承父亲的天才、能力和统治热情,但他与父亲一样辨别力强且老成持重。他行动笨拙,生性随和,仁爱和善,广播恩惠,他的宫廷几乎成了普天下的庇护所和避难地,他常常不经司账和稽查登录,就将来自世界各地的财物散发一空。他接受了契丹人耶律楚材"天下虽得之马上,不可以马上治"的忠告,兴办国学,考试儒生,封孔子第五十一代孙孔元措为衍圣公;他在哈剌和林建立了都城,使蒙古国有了固定的国际性城市;他将被征服地区划分为十路,每路都派驻蒙古官员和内地文人实施行政管理。中原群众因此逐渐接受了这位有些和蔼的统治者。

窝阔台没有故步自封,他的扩张野心只是稍逊于父亲罢了。按照父亲生前的规划,他与南宋联合发动了灭金战争,最终于元太宗六年(1234)攻克了金国的最后一座城池蔡州(今河南汝南),迫使金哀宗自缢身死。与此同时,蒙古军队侵入高丽并迫使他们投降,72名达鲁花赤被派往高丽担任监督。

窝阔台最引以为豪的战功还在于对欧洲的西征。元太宗八年(1236),他以术赤的次子拔都为统帅,以战功卓著的速不台为主将,征调包括拔都之弟斡儿答、别儿哥、昔班,窝阔台之子贵由、合丹,窝阔台之孙海都,察合台之子拜答

---

① 意为不速之客。

儿,察合台之孙不里,拖雷之子蒙哥等各宗室之子参加的15万大军,开始了至今令俄国人刻骨铭心、耿耿于怀的世纪征伐。

这支蒙古骑兵部队是如何训练出那些来去如风、不知疲惫的战马的？据蒙古秘史载,原来他们得益于草原驯马手的独特发明:骗马术,对马群只保留强壮的种马,其余在4岁时全部骟掉,被骟之马强壮而又驯顺,成千上万匹在一起也能做到寂静无声,特别适宜发动袭击。裂耳术,将战马的双耳各剪一道V形缺口,让它在疾驰中减弱风的轰鸣,更清楚地听见脑后主人的声音。犁鼻术,将战马鼻孔中间挖空,使战马呼吸通畅,加大了马的肺活量。

凭着这支看似平常实则不凡的马队,保加尔人的卡马突厥国被扫平,俄罗斯草原上的钦察人或投降或远遁,阿兰人的蔑怯思城被攻占,罗斯公国的一系列城市于元太宗十二年(1240)前被踏平、洗劫和摧毁。远方的李烈儿(波兰)和匈牙利也受到疯狂而残酷的蹂躏。如果不是窝阔台于元太宗十三年(1241)12月11日去世,蒙古人回到故乡奔丧并争夺继承权,欧洲人的灾难还不知延续到何时。

笑容可掬的窝阔台也不乏严酷与刻毒。四弟拖雷手中握有蒙古军队百分之八十的兵权和他在灭金战争中表现出的卓越的军事才能,使窝阔台终于下狠心将其毒死。这样一来,不仅消除了自己汗位不稳的隐患,而且也能保证自己的儿子顺利继位。

窝阔台的人生哲学是人世一半为享乐,一半为英名。灭金以后,他不再挂帅亲征,天天沉溺酒色,最终死于酒后中风。

五、蒙哥夺权

听到父亲暴毙的噩耗,长子贵由急忙从遥远的欧洲率直属部队回师蒙古。轰轰烈烈的西征被迫中止,拔都将部队撤回到了伏尔加河东岸,而速不台、蒙哥则一直赶回蒙古参与汗位争夺。

由于贵由一时赶不回来,窝阔台的遗孀乃马真被委任为摄政。这位女摄政尽管当家时间不长,却在两件事情上小有名气,一是高度信任那位疯狂敛财的帝国包税人奥都剌合蛮;二是对元朝最为贤明的丞相耶律楚材极力打压并将其气死。

看来她还真有些手段。尽管拔都一再在汗位继承上制造麻烦,5年后的大忽邻台还是在她的力争下推举贵由为大蒙古国第三任大汗。元定宗贵由三年(1248)初,贵由以巡视世袭领地为借口率大军西进,此行的目标肯定是拔都。但贵由行至距别失八里还有一天路程的横相乙儿(今新疆青河东南)突然死去,蒙古皇族之间的一场内战从而避免。据推测,他肯定是死于无度的酗酒和旅途劳顿,年仅43岁。

贵由死后,他的遗孀斡兀立·海迷失宣布摄政。她很想延续婆婆乃马真的风采,把汗位传给窝阔台系的一位王子,要么是贵由的侄子失烈门①,要么是她年幼的儿子忽察,但是她在犹豫。

历史的经验告诉我们,一个缺少专权的政治真空往往是久被压抑的在野势力重新登台的绝好机会。而且生活如同一根燃烧的火柴,当你四处巡视以确定自己的位置时,它已经点完了。就在这位女摄政举棋不定时,她的对手拔都和拖雷的遗孀唆鲁禾帖尼已经联合起来。

拔都和拖雷的遗孀不顾摄政皇后的反对,连续操纵召开了两次大忽邻台,最终于元宪宗蒙哥元年(1251)宣布拖雷的长子蒙哥为大汗。帝国的统治权从窝阔台家族转至拖雷家族,犹豫不决的女摄政被剥光衣服投入井中,失烈门被沉入湖底,贵由的儿子脑忽被扼杀,连年幼无知的忽察也被放逐草原。

蒙哥对窝阔台后裔的处置确实过于残酷了一些,但这丝毫遮挡不住他的光辉。蒙哥沉默寡言,洁身自好,头脑冷静,富有理智,既是一位严厉而公正的管理者,又是一位勇敢而坚强的战士。他完全恢复了成吉思汗建立起来的强权,禁止成吉思汗封地上的首领们与中央政权一起分享税收,又一次成为蒙古世界唯一强大的君主。

蒙哥给窝阔台去世后几乎停止了的征服战争注入了新的活力。首先,他于元宪宗二年(1252)派五弟旭烈兀和先锋怯的不花发动了对今伊朗、巴格达和叙利亚的西征,许多国家望风出降,拒不投降的阿拔斯王朝所在地报达(今伊拉克首都巴格达)被屠城,昔日美丽而雄伟的巴格达变得惨不忍睹。同时,蒙哥派四弟忽必烈与大将兀良哈台②于元宪宗七年(1257)末攻入南诏都城大理和安南都城河内,迫使两国承认了蒙古的宗主权。

随后,蒙哥发动了对宋朝的三面夹击。他令兀良哈台从云南出发进攻桂林和长沙,令忽必烈从河北南下围攻长江中游的鄂州(今湖北武昌),自己亲率主力从陕西逼近四川。

在他看来,生猛剽悍的金国人都不堪一击,况且是整天吟诗作画、白嫩纤弱的南人?

"十年之内必定灭宋",发这个宏愿时,他肯定留有余地。

但经常走夜路的人,难保不碰上鬼。就在一个鲜为人知的地方——四川

---

① 阔出之子。
② 速不台之子。

钓鱼城（合州府所在地），蒙古人遇到了从未有过的顽强抵抗。没有攻守兼备的军队固然是一个遗憾，但是当最强攻击去攻击最强防守，最强防守去抵御最强进攻，也算得上战争史上的终极对决。眼下是蒙古证明自己才是普天下最锐利攻击手的时刻，也是钓鱼城的设计者和守卫者证明自己才是全中国最坚固防守者的时候。最极端的两极站在了战争的擂台上，以东邪与西毒华山论剑的方式载入了史册。

此后长达半年，蒙军连续强攻钓鱼城，使这里成为血腥的"绞肉机"，其情景恰似春秋末年鲁班和墨子的那场赌博式的攻守演习。元宪宗九年（1259），身先士卒的蒙哥被宋军的抛石机击中，骤然陨落。

这一偶然的事件永远地、彻底地改写了历史。因为蒙哥的意外阵亡，进军四川的蒙军被迫护送蒙哥的灵柩北还，正在围攻鄂州的东路军指挥忽必烈为了争夺汗位连忙撤军北去，一路凯歌的兀良哈台也在忽必烈的接应下从长沙北返。其直接的后果是蒙古灭宋战争戛然而止，南宋得以苟延残喘20年之久。

后果远不止此。已经横扫了西亚，正在巴勒斯坦与埃及作战的蒙军大帅旭烈兀立刻东归，留下部将怯的不花和5000名士兵在那里作战，最终被埃及人击溃。以后，蒙军再也没有打进非洲。

概率论的创始人之一、法国人帕斯卡尔说过，假若克娄巴特拉的鼻子再长或再短十分之一英寸，整个人类特别是埃及的历史将变得不同。据此推断，假如没有钓鱼城之战，非洲的历史兴许会重写。

六、统一中国

魂断合州的蒙哥生前没有来得及对继承权做出安排，因而蒙哥的四弟忽必烈和六弟阿里不哥展开了你死我活的争夺。

阿里不哥处于十分有利的地位，因为蒙哥突然去世时，忽必烈仍在南方征战，支持忽必烈即位的仿佛只有远在波斯的五弟旭烈兀，而阿里不哥奉命留守和林，主持大兀鲁思，管理留守军队及斡儿朵，还得到了皇后及钦察汗国、察合台汗国的支持。

尽管形势不利，但忽必烈并不死心，他果断地同意了南宋贾似道的讲和，顺利地从南方前线抽身，于南宋理宗景定元年（1260）春天抵达了内蒙古滦水之北的开平，在那里紧急召集了一次大忽邻台，被塔察儿、也先哥、合丹、末哥等王推举为大汗。与此对抗，阿里不哥在和林被另一些蒙古贵族推举为大汗。

两派随之开战。忽必烈占据着中国北方，有着充足的军事资源；而阿里不哥统治着蒙古草原,靠中原和中亚输送供给。在忽必烈切断了中原到草原的运输线后,阿里不哥唯有依靠中亚的察合台汗阿鲁忽为其提供军资,但糊涂的阿里不哥与阿鲁忽在税收上发生了争执,致使阿鲁忽倒向了忽必烈,战争的天平迅速发生了逆转,众叛亲离的阿里不哥不得不于元世祖忽必烈至元元年(1264)向哥哥忽必烈投降。屈辱的投降者被监管起来,并在几年后不明不白地死去。

早在元世祖中统元年(1260),踌躇满志的忽必烈就第一次踏进了"北京"这座梦一样的城市。之后,他批准了水利工程学家郭守敬提出的放弃金朝燕京莲花池水系,引高梁河水系进入积水潭(北海)的设想,在被自己放火烧毁的燕京东北积水潭东岸,花10年时间建设了一座方圆60里的新都(后改称"大都")。这一非凡的举动,一方面避开了叛乱诸王的威胁,另一方面显露了志在灭宋、一统天下的雄心。至元八年(1271),忽必烈宣布改"大蒙古"为"大元"①,一个新朝雄主登上了历史舞台。

尽管忽必烈一直寻求所有蒙古人对其大汗之位的认同,但他终身只是蒙古各汗国名义上的君主,他的权力仅限于中国的一部分。曾经支持阿里不哥的钦察汗国在忽必烈胜利后并不服气,察合台汗国的海都一直是忽必烈的死敌,伊儿汗国的旭烈兀尽管承认忽必烈,但基本保持了自治。

面对如此格局,忽必烈把统一中国作为人生的最大目标。至元四年(1267),忽必烈发动了全面侵宋战争。

其实沿江据守且人众粮丰的南宋并非不堪一击,元朝也没有多少速战速决的资本,问题还是出在南宋本身。

在忽必烈北归的日子里,一位宋朝大臣将忽必烈撤退的功劳据为己有,他叫贾似道,是南宋一朝仅次于秦桧的奸臣。

处于自身地位的考虑,贾似道开始迫害所有在抗蒙前线立下战功的将军们,把他们撤职、查办,甚至砍头。大将们被一一干掉,小将们开始惶惶不可终日,一位小有名气的河南籍将军干脆投降了蒙古人。

这位名叫刘整的河南人向忽必烈献上一计:"若得襄阳,就可以沿汉水东下,整个两浙如探囊取物,宋国可平。"这是一道击中南宋要害的毒计。5年后,元军攻克襄阳,一脚踢开了南宋的大门。

襄阳的失守宛如一声惊雷,滚过死水一般寂静的临安城,朝廷上下惊慌失措,度宗在惊愕之余加倍地纵欲,第二年就英年早逝,死时33岁。年仅4岁的太子赵显被扶上皇位,70岁的太皇太后谢道清临朝听政。又过了一年,贾似

---

① 取《易经》大哉乾元之意。

道率领的13万宋军被元朝击败,贾似道在革职流放途中被杀死,太皇太后和赵显向元朝无条件投降。投降后的太皇太后来到大都的正智寺削发为尼,在孤灯木鱼的陪伴下终了余生。那位小皇帝也被忽必烈废去帝号软禁起来,后被放逐到遥远的吐蕃出家为僧,53岁那年因为在诗中发牢骚被元朝赐死。

南宋还在苟延残喘,大臣陆秀夫、张世杰、文天祥、陈宜中扶持赵显的两位异母小兄弟赵昰(shì)、赵昺(bǐng)先后称帝,在东南沿海苦苦支撑了5个年头。随着丞相文天祥被元军逮捕,宋朝这驾破败的马车终于走到了历史的悬崖边。

坏消息还在延续。曾经让蒙哥汗折戟沉沙的钓鱼城在南宋帝昺祥兴二年(1279)正月落入元军手中。

历史上最为惨烈的一幕终于上演了。2月,走投无路的陆秀夫决心以身殉国,他先逼着妻子跳海自杀,然后将9岁的赵昺用匹练和自己束在一起,把黄金玉玺坠在腰间,在崖山从容跳入大海,完成了舍生取义的最后一个规定动作,立国320年之久的大宋终于悲壮地消失在汹涌的波涛中。

之后,拥有1300万人口的天府之国四川被蒙古攻占后仅仅剩下不足80万人口,成为典型的"无人区"。蒙古人在中原大地上纵横驰骋,使中国丧失了7000多万人口。蒙古帝国的种族灭绝政策已经作为世界纪录收入《吉尼斯世界纪录大全》1985年版。

我们不得不承认——钓鱼城、四川乃至南宋的陷落是汉族撕心裂肺的噩梦和隐隐作痛的伤疤,风挥不去,雪埋不掉。也不得不承认——文天祥、陆秀夫的死是宋朝刻骨铭心的悲剧和捶胸顿足的遗憾,令群山蒙面,让江河无语。

其实朝代的更替本身就是客观规律,悲剧也是历史的必然,更是借鉴。因为没有悲剧,就没有悲壮;没有悲壮,就没有崇高。雪峰是伟大的,因为满坡掩埋着登山者的遗体;大海是伟大的,因为处处沉睡着船楫的残骸;登月是伟大的,因为有"挑战者"号的陨落。正如最具生命力的戏剧当数悲剧——如埃斯库罗斯的《被缚的普罗米修斯》,索福克勒斯的《俄狄浦斯王》,欧里庇得斯的《美狄亚》,莎士比亚的《哈姆雷特》,关汉卿的《窦娥冤》,孔尚任的《桃花扇》。

就这样,全国统一在了蒙古人手下,历史成全了忽必烈。

七、是非任人评说

对于蒙古统一了中原,中国现代史学家赵益做出了定义式的结论:"汉唐以后不再有汉唐,但宋以后却永远是中国。"

尽管多数汉人对南宋的灭亡心存惋惜,对"留取丹心照汗青"的文天祥和舍生取义的陆秀夫推崇备至,但也不能对忽必烈统一中原、结束战乱并最终划定中国版图熟视无睹。忽必烈结束了数百年来辽、宋、夏、金、吐蕃、大理长期并存的混乱局面,建立起了北逾阴山、西极流沙、东尽辽左、南越海表的庞大帝国,使中国的版图达到了空前绝后的程度。如果说成吉思汗使中华民族声威远播,但并未建立起疆土固定的版图,那么建立起庞大元帝国并使之巩固的则是元世祖忽必烈。

元朝的大一统江山和空前绝后的外向扩张开阔了中国人的心胸,激发起他们探求世界的强烈欲望。忽必烈曾经说过:"我很喜欢知道各地的人情风俗。"欧几里得的著作就是在此时传入中国,同时介绍到中国的还有阿拉伯的数学、天文学、历法学等。与此同时,中国的印刷术、火药、罗盘针也经西亚传入欧洲。忽必烈对中西大交流的贡献至今仍能从西方记载中找到。

当然,忽必烈绝非十全十美。

一是两次越海入侵日本蒙羞。在中朝战场屡战屡胜的忽必烈,连续5次派使团漂洋过海要求日本人前来进贡,均遭到了日本镰仓幕府的断然拒绝。忽必烈于至元十一年(1274)派出数万蒙古高丽联军,在九州东部的福冈登陆,但一场突如其来的大风暴使联军几百艘战船和13000名士兵丧生海底,残余部队仓皇逃回中国。在灭亡南宋之后,忽必烈又于至元十八年(1281)发动了对日本人的第二次远征。远征军总数达到了10万人,引路的高丽水军也有15000人,而且采取了分进合击的战术,一切都筹划得天衣无缝,日本人也惊慌失措到了极点。然而历史再次重演,老天又在8月15日鼓起双颊吹气,直到额上青筋乱暴,一场台风横扫了九州海岸,900艘战舰在怒风骇浪中像蛋壳一样被撞得粉碎,战士的尸体漂满海面,风暴吞噬了远征军一半的军事力量,第二次远征不了了之。日本神道教僧人认为这两场台风是来自祈祷的力量,因此便把这两次葬元军于鱼腹、救日本于转瞬的暴风称为"神风"(日本人从此视神风为敌军的克星,在"二战"中还组建了"神风敢死队"垂死挣扎)。蒙古人也开始迷信地认为老天与自己为敌,从此淡化了对日本的征服欲望。这两次失败打破了蒙古人战无不胜的神话,在忽必烈的脸上平添了两道黑色的伤疤。

二是出台了不明智的民族歧视政策。元朝境内的各族群众被分为四等,第一等为蒙古人,忽必烈称之为"自家骨肉";第二等为色目人,可能是指眼睛含有颜色的种族,还有一种说法是指诸色名目人,包括钦察人、唐兀人、秃八人、阿速人、畏吾儿人、回回、乃蛮人等;第三等为汉人,指淮河以北原金朝境内的汉人、契丹人、女真人和较早被蒙古征服的云南、四川、高丽人;第四等为南人,又叫蛮人、新附人,指最后被征服的南宋境内的各族人民。蒙古法律规定,杀蒙古人偿命,杀回回罚银80两,杀汉人罚一头毛驴的价钱。汉人新娘的初夜要送给蒙古保长,他们甚至连姓名都不能有,只能以出生日期为名。更不能拥有武器,只能几家合用一把菜刀。

三是将职业做了最为可笑的划分。按照职业,境内群众被划分为十级:一官、二吏、三僧、四道、五医、六工、七匠、八娼、九儒、十丐,后人贬称知识分子"臭老九"由此而来,在政治法律上给予不平等待遇。

以时间和历史的观点看待这位伟人尤为重要。正如我们看到一棵参天大树的时候,会赞叹大自然的鬼斧神工,会欣赏枝繁叶茂的别样美丽。但是如果我们很久以前就一直看着一粒孱弱的种子如何在千里之外被一只小鸟衔走,又如何漂洋过海落到了这里的山谷中;看着它如何在风吹雨打霜欺雪压中逐渐长大,在漫长的岁月里挺过了泥石流和山火的灾难,身上留下了深深的疤痕;又如何在近旁的植物一株株死去的时候艰难地活了下来,直到长成这副伟岸的模样,我们才能体会到奇迹之所以成为奇迹,美丽之所以成为美丽的深层原因,我们才不会因为它身上的疤痕而予以全盘否定。

只有见证了他的经历,才会明白他的不凡,感知他的伟大。

就连一位偶然来到中国的欧洲人也对忽必烈及其帝国敬佩不已,甚至大吹大擂。

人们不禁要问:这位欧洲人是谁?

八、马可·波罗

他叫马可·波罗,公元1254年出生于一个威尼斯商人之家。

早在马可11岁的时候,他的父亲尼柯罗·波罗和叔父马菲奥·波罗就不远万里来到元朝上都(今内蒙古正蓝旗东)。忽必烈热情接见了他们,详细询问了欧洲的风土人情和发展状况。为炫耀国威,忽必烈决定派使臣出使罗马教廷,任命波罗兄弟担任副使随同前往。不幸的是元朝使臣在途中病倒,只有两位副使回到罗马。更为不幸的是老教皇已逝,新教皇未立,两位副使的政治使命没法完成,他们只有珍藏起元朝的国书,回家乡继续自己的商人生涯。

机会终于来了,新教皇上台了,马可也长大了。至元八年(1271),17岁的马可由父亲和叔父带着去觐见罗马新教皇,呈上了忽必烈的国书,要求回元朝复命。对礼仪十分看重的教皇欣然答应了他们的要求,命他们回访遥远的中国。

马可与父亲、叔父3个人肩负着教皇的神圣使命,经伊儿汗国都城桃里寺(今伊朗大不里士),至波斯湾港口忽里模子,沿古代丝绸之路,越过帕米尔高原,进入今喀什,然后经今和田、罗布泊、沙州、酒泉、张掖、武威、银川、呼和浩特、宣化、沽源,一路跋山涉水,历时3年半,终于在至元十二年(1275)到达元朝的上都。

国书有了回应,忽必烈喜出望外,3位波罗被破例任命为元朝官吏。当时几乎所有人都认为3位外国人的职位不过是荣誉性的虚职。而马可的过人之处在于,他能改变所有人的观念。他学会了蒙语、骑射和官方辞令,具备了中国官员的基本素质,当然他还有自己独特的优势,那就是见多识广。因而马可多次受忽必烈派遣巡视各省或出使外国,据说他在扬州担任总督达3年之久,后奉命出使安南、爪哇、苏门答腊、印度和僧伽剌(今斯里兰卡)。

生命从本质意义上是一个从流浪到皈依的过程。多年的异域生活尽管新奇而辉煌,仍然剪不断对故乡绵长的情愫。马可一家在侨居中国17年后大发思乡之幽情,并正式提出了回国的请求。恰逢至元二十六年(1289)伊儿汗阿鲁浑①的蒙古妃子去世,阿鲁浑请求忽必烈再赐一妃。为使公主免受沙漠之苦,忽必烈决定组织一个卫队护送她从海上远嫁。朝廷里找不出比波罗们更有经验的旅行家,于是忽必烈借机做了个顺水人情,派3位波罗护送阔阔真公主远嫁伊儿汗,条件是在完成护送任务后方可回国。

至元二十八年(1291)初春,他们从泉州出航,过南海,穿马六甲海峡,越印度洋,在航行两年零两个月后到达忽里模子,将公主完好无损地交给了阿鲁浑的继任者——因为阿鲁浑死了,她就顺手嫁给了阿鲁浑的儿子。元成宗铁穆耳元贞元年(1295),马可一家终于回到了阔别已久的威尼斯,据说因离家太久,他们曾经被远亲拒之门外。

很多人虽然认出了他们,但仍然看不起他们,认为他们是穷困潦倒的流浪汉。为了消除疑虑,他们举办了一次别开生面的大型宴会,在宴会进入高潮时,他们支开服务的仆人,撕开塞满东西的旧衣服,将晶莹夺目的宝石、红玉、翡翠和钻石倒在目瞪口呆的宾客面前。

即使如此,马可仍然受到背地里的议论和嘲讽,一直生活在狭小城市里的邻居们对他的"无稽之谈"不屑一顾,还给他起了个类似于中国"牛皮大王"一般的绰号——马可百万,因为马可总对他们渲染忽必烈大汗的富有,中国庙宇里塔一般高的尊尊金像,以及朝廷官员成群的妻妾们的绫罗绸缎。宣称中国的黑色石头(煤炭)可作燃料。特别是当他说起中国高大的城墙可以从波罗的海一直伸展到黑海时,他们大笑不止。人们怎能相信这种天方夜谭呢?傻瓜才会相信世界上竟有可以燃烧的石头。谁不知道,就连君士坦丁堡的帝国

---

① 旭烈兀之孙。

皇后也才只有一双丝绸袜子。至于城墙嘛,整个欧洲的城堡加起来也不及他说的三分之一。

如果不是公元1296年威尼斯与热那亚人之间的战争,如果"马可百万"不是威尼斯舰队的一名小小的指挥官,不曾被战胜方热那亚捉住沦为阶下囚,他和他的传奇故事也许会淹没在历史的尘埃中。

在阴冷闭塞的牢房里,百无聊赖的马可·波罗向狱友们描述了一个遥远、神奇的中国:"在那里,我生活了17年,并当上了中国皇帝的官员。中国有富丽堂皇的宫殿,宫殿墙壁上镀着黄金……即便是普通人家,也像欧洲君主一样富足。"

故事引起了他的敌人——热那亚人的极大兴趣,他因此受到了优待。被故事所吸引的还有一个战俘——比萨通俗小说家鲁思梯切诺,决定记下波罗到中国以及沿途看到的一切。

经马可·波罗口述,由鲁思梯切诺笔录的《马可·波罗游记》于公元1298年问世,马可也因威尼斯和热那亚讲和获得释放。

连马可·波罗自己也想不到,《马可·波罗游记》一经问世,就被大量传抄、翻译,为战争和瘟疫肆虐的欧洲吹来了一股新风,被誉为"第一奇书"。600年后,这本书被引入中国,先后被称为《寰宇记》、《马可·波罗行纪》,但今天更多的人把它叫做《马可·波罗游记》。更令他意外的是,他讲述的元朝丝绸、炼糖和城市盛况会在相对落后的欧洲引起轰动。就连他生吞活剥的有关无头的人和3条腿的鸡的故事也再没有几个人敢去怀疑。然而马可临终前却告诉同乡:"我还没有讲出自己见闻的一半。"

由是,东方在欧洲人眼里成为铺满黄金的天堂,他们开始扬帆远航赶往遥远的东方,职业航海家、探险家、旅行家应运而生。

九、退回大漠

翻开中国各朝的历史,我们不难发现一个相似的现象:凡是王朝的创立者,总是一个有才干、有魄力的活动家。但是几代以后,播下的仍是龙种,收获的却是跳蚤。在宫廷环境中成长起来的皇子皇孙们往往变得软弱无力、放荡不羁。虽然有时会有一个强悍的君主或精干的大臣来设法阻挡这种堕落,但总的趋势是一路下坡,直到血腥的起义或政变推翻王朝,重新开始大家熟悉的循环。

元朝也不例外。在忽必烈将首都从马蹄声碎的哈剌和林迁到临近长城的开平,继而迁到树绿山清的北京宫殿中之后,草原雄鹰渐渐变成了宫中阔少。

除了忽必烈的孙子铁穆耳尚算贤明外,其余的大汗皆软弱无能,形同虚设,宫廷内还不断传出自相残杀的消息。从忽必烈去世的至元三十一年(1294)到最后一个皇帝即位的元顺帝妥欢帖睦尔元统元年(1333),皇帝走马灯般换来换去,39年先后有9位皇帝即位,其中有两位皇帝在位时间不足两月。末代皇帝妥欢帖睦尔在位时间最长,但他滥行赏赐,挥霍无度,在黄河连年泛滥的情况下,仍支持权臣脱脱进行"变钞"和"开河",于是引发了由治河民工韩山童、刘福通领导的红巾军起义。

在这次风起云涌、英杰迭出的起义浪潮中,乞丐、和尚出身的汉人朱元璋统一了各支起义武装,于元顺帝至正二十八年(1368)初在应天(今江苏南京)建立了大明,在北伐檄文中发出了"驱逐胡虏,恢复中华,立纲陈纪,救济斯民"①的号召。同年夏天,明将徐达率领的明朝北伐军攻陷通州,进逼大都。惊恐万状的妥欢帖睦尔不顾群臣的再三劝阻,在一个星光满天的夜晚带上后妃和太子,打开健德门,经居庸关逃向上都(今内蒙古多伦)。从此,蒙古人又"自由"了。

"自由"后的蒙古人在熟悉的老家建立了所谓的北元。至此,统治中国近百年的元朝宣告结束,蒙古势力退回到长城之外。

需要说明的是,妥欢帖睦尔死后的庙号是元惠宗,"元顺帝"这个称号并不是蒙古人送给他的,而是明代开国皇帝朱元璋对他"顺应天意让出大都"的一种调侃。

蒙古人被驱逐出中原,幽幽紫塞被重新建起,万里屏障重新把两个文明分割开来。尽管他们同生在一块大地上,有着共同的基因,但还是无法相互宽容、和平共处,而是势同水火,泾渭分明。其实元朝给了中国一个十分难得的让草原和内地融为一体的机会,但当时谁也没有珍惜它。随着元顺帝逃回大漠,朱元璋"驱逐胡虏,恢复中华"的目标得以实现,中国又回到了原来的出发点。

不仅是中国蒙古人建立的元朝衰亡了,蒙古人在俄罗斯建立的钦察汗国、在中亚建立的察合台汗国、在伊朗建立的伊儿汗国也都渐渐落伍了。究其原因,恐怕首先在于文化上的落后。蒙古人不仅人数太少,而且采用了比自己的民族更先进的属国的语言、宗教、文化,从而丧失了自身的特点。如伊儿汗国被伊斯兰教同化,钦察汗国或接受了东正教或皈依了伊斯兰教,元朝接受了儒家学说并沿袭了汉人的统治制度和生活习性,只有蒙古本土仍保持着纯蒙古血统。但在那里,他们所信仰的宽容与平和的佛教教义使其扩张性格得到了

---

① 见曹鸿骞主编《上下五千年》,当代世界出版社2001年版。

抑制,从此变得温顺而且沉沦。

经济原因在蒙古人的衰落中同样不容忽视。作为一个处于狩猎经济时期的民族,不可能具备他们侵入的农业文明地区的先进经济观念。每征服一个地方,他们总是烧掉城池,杀掉几乎所有的人,只留下工匠去给他们制造武器,并在刚刚毁掉的废墟上按照蒙古人的审美情趣建造城市。他们不重视农耕,不懂得经商,以至于吃尽了苦头才聘请回族人阿合马负责聚敛钱财。按照唯物主义的观点,没有先进的经济基础,就无法建立起与之相适应的先进的上层建筑。一个经济、文化落后的政权,光靠几队骑兵怎能长期横行?

还有一个问题万万忽视不得,那就是蒙古人落后的分封制度。成吉思汗的统治形式像埃及金字塔和罗马山丘一样古老,他采取中国春秋时期就已经证明弊大于利的分封制度,将夺取的土地人为地分割给儿子们。到了他的孙子,恶果就显现了,忽必烈与弟弟阿里不哥争夺汗位的斗争将蒙古人分成了两大阵营。后来,伊儿汗国的旭烈兀进攻伊斯兰教的哈里发政权时,与已经皈依了伊斯兰教的钦察汗国发生争执,导致无法抽身支援在叙利亚被围歼的军队。之后,窝阔台汗国的海都又与忽必烈爆发了40年的内战,最后以双方各自为政而告终。内部争斗使4个汗国互不统属,互不增援,以致后来被各个击破。

说穿了,任何一个军事帝国从来就不会维持长久。帝国越大,正规军的人数就会越多;军队的人数越多,留在家中耕田放牧的人就越少。在后勤和军费不足的情况下,他们只有对境内的平民敲骨吸髓,或者通过军事行动到邻居那里抢夺。到头来,内部分崩离析,外部四面树敌,直至陷入万劫不复的深渊。

一切都是自作自受。

十、世界帝国梦

读完了元朝的兴亡史,我们还应当留意一下蒙古西征留下的山川碎片。接下来,我们将一一叙说蒙古人的四大汗国。

如果熟读历史,你也许会认为征服世界或建立庞大的帝国是很容易的事,因为在世界上这样的事情一再出现,秦始皇、恺撒、亚历山大、查理大帝、伊丽莎白女王、成吉思汗、彼得大帝、拿破仑、希特勒……这一类令人震颤的乱世英豪还有很多很多。

但产生英雄的国家和民族是不幸的。被法国人奉为英雄的拿破仑就有句名言:"为了要拥有优秀的军人,一个国家必须经常作战。"正因为有这些不甘寂寞的英雄存在,战争才不会轻易停止。

这些作为"破坏者"角色出现的乱世英豪,一旦作为和平年代里"建设者"

的面目出现,会是一种什么结局呢?

(一) 钦察汗国为俄罗斯"奠基"

丰满而美丽的伏尔加河用她那流之不尽的乳汁孕育了富庶的俄罗斯草原,这里就是成吉思汗长子术赤的封地。因这里原名"钦察草原",所以被称为"钦察汗国";又因术赤的汗帐远望金光闪烁,故又名"金帐汗国"。汗国都城设在今伏尔加河岸边的萨莱。

术赤早死,他的长子斡尔达及其后裔分到了今西伯利亚和哈萨克斯坦的大片领土,形成了钦察汗国之内的白帐汗国,也就是史书上所说的"东钦察汗国"。汗国的第十一汗托克塔米失与帖木儿先联合后决裂,被强悍的帖木儿击败。20年后,东钦察汗国化为乌有。

术赤的幼子昔班分到了南乌拉尔一带,在那里建立了蓝帐汗国,但他和大哥一样,都以二哥拔都的金帐汗国为宗主。明宣宗朱瞻基宣德三年(1428),昔班的后裔——少年英雄阿不海率部南下中亚击败了帖木儿的子孙,并将自己的国家定名为"乌兹别克",这也就是乌兹别克斯坦的起源。

术赤的次子拔都则继承了父亲封地的管辖权。事实上,拔都的领土多数是自己率军西征的成果。拔都于元太宗九年(1237)奉窝阔台之命领兵西征,基辅罗斯所有的草原、耕地、内海、城堡都落入了蒙古人手中。元乃马真后元年(1242)春天,蒙古大军回到遥远的中国奔丧,只有术赤留下来享受胜利果实。此后240年,基辅罗斯各个公国的男男女女,只要见到蒙古人,必须望尘拜倒。谁敢违抗,就被立即砍头。

金帐汗国的统治者们并不热心于建立一个真正的国家,他们所关心的只是任命一些小公国的王子替他们征税、收粮草和珠宝,自己则住在南方的帐篷里酒池肉林、寻欢作乐,仅此而已。

这时,一个小公国赢得了蒙古可汗的好感,它叫莫斯科,位于俄罗斯平原东部的森林中,它在公元1147年初创时不过是一个大村庄,在那里,甚至所有家犬都互相熟悉。当时,它隶属于弗拉基米尔—苏兹达尔公国。在蒙古人摧毁了苏兹达尔公国后,它得以升格为公国。

这个小公国的国王脸皮厚得很,蒙古人打完他的左脸,他会主动把右脸递上去。特别是第二任王公尤里向金帐汗国乌兹别克汗①大肆行贿,从特维尔公国王公米哈依手中抢到了"弗拉基米尔及全俄罗斯大公"这块流油的骨头,担当起了替汗国收取各属国税赋的肥缺。正是这个狐假虎威的家伙逐渐湮没

---

① 意为自己的领袖。

了曾经和自己并驾齐驱的公国,一步步成长为金帐汗的噩梦。

后来,一个自称成吉思汗后裔的突厥人帖木儿带领军队摧毁了萨莱,致使金帐汗国由盛转衰,相继分裂出喀山、克里米亚、阿斯特拉罕、西伯利亚等小汗国。拳头伸展开来成了五指。从此,钦察汗国的威慑力大打折扣。与此同时,莫斯科公国这颗璀璨的明星却在冉冉升起。伊凡二世时期,莫斯科就拒绝缴税了。

这无异于仆人打了主人的耳光,于是双方开战。就在公元1380年,东方的明朝在击退蒙古人的同时,西方的莫斯科公国也战胜了传说中不可战胜的蒙古军队,一个不朽的神话开始破碎。

伊凡三世上台后,蒙古人的噩梦进一步延续。他在公元1473年娶了东罗马帝国的索菲亚公主后,越发变得霸道和独裁,并有理由宣称自己是罗马帝国的继承者。他选用君士坦丁堡代表东西罗马帝国的盾形纹章——著名的双头鹰作为自己的国徽,还在宫廷里套用从前拜占庭的礼仪,把自己当做世界上仅存的第三罗马帝国的领袖。

这件事情对于名义上的主人——蒙古人来说是难以忍受的,于是金帐汗阿合马于公元1479年联合立陶宛进攻昔日的收税人莫斯科。时值天寒粮缺,加上立陶宛失约未至,阿合马无奈地从俄罗斯边境撤退,奥卡河战役令人沮丧地流产,俄罗斯从此摆脱了蒙古人200年的统治。

金帐汗国真正的噩梦来自一个叫伊凡大公[①]的青年人。公元1547年,年仅16岁的伊凡宣布亲政并正式自称沙皇[②]。于是,莫斯科公国改称"沙皇俄国"。他英明能干、雄心勃勃、意志坚强且冷酷无情,近乎一个疯子,竟然用手杖打死了自己的太子,得了"雷帝"和"可怕的伊凡"的外号,成为后来的彼得一世[③]、斯大林[④]和普京[⑤]的偶像。

沙皇俄国反过来进攻钦察汗国范围内弱小的汗国,喀山汗国、阿斯特拉罕汗国、西伯利亚的失必儿汗国相继成为俄国附庸。

渐渐地,伊凡发现仅靠强权是压服不了被征服者的,尤其是像克里米亚鞑靼汗国那样的硬骨头。当时,俄罗斯朝廷里有三分之一的贵族有着蒙古血统。能否利用朝廷内部的蒙古人对抗外来的蒙古特别是强大的克里米亚鞑靼人呢?伊凡四世陷入了深深的思索。

[①] 伊凡四世,他的母亲是金帐汗的后裔叶莲娜。
[②] "恺撒"的俄语发音。
[③] 也处死了反对改革的太子。
[④] 处死了自己的妻子。
[⑤] 爱好摔跤和柔道。

一天,伊凡四世突然宣布放弃一切权力,拥立成吉思汗的直系后裔西米欧·毕库拉图维奇为王,自己甘愿当一名贵族。

国王易主的消息震惊了世界,更折服了蠢蠢欲动的蒙古人,于是俄罗斯人成功地与蒙古势力结成了盟友。第二年,西米欧放弃王位(肯定在伊凡四世的计划中),伊凡四世重登宝座。透过这场奇妙的闹剧,伊凡四世成为名副其实的蒙古继任者。

之后,俄罗斯帝国的皇帝在西方称为"沙皇",在东方却被称为"察合汗"①。俄罗斯人利用蒙古帝国的影响力,"理直气壮"地将领土扩展到钦察汗国统治过的所有地方。

公元1581年,俄国组织840名哥萨克重刑犯人东征西伯利亚②。这伙全副武装的亡命徒翻过乌拉尔山脉,从水路攻进西伯利亚汗国,用长枪和火炮向手持弓箭和大刀的西伯利亚土著射击,双目失明的古楚汗绝望地投降,西伯利亚汗国被踏在脚下。之后,他们边进攻边修筑要塞,不知不觉地开始了向太平洋沿岸的史诗般的进军。

公元1656年,一个受俄国人雇用的丹麦航海家白令沿着渺无人烟的北冰洋海岸线来到了亚洲与美洲分界处的海峡。俄国人获准以他的名字命名这个海峡,即"白令海峡"。

公元1783年,硬骨头的克里米亚鞑靼汗国被征服。

从此,俄罗斯的土地从欧洲伸展到了亚洲远东。当夜晚降临到波罗的海沿岸的圣彼得堡时,太平洋沿线的符拉迪沃斯托克天正破晓。无怪乎有人惊叹:"这不是一个国家,简直就是一个世界。"

至此,俄罗斯人几乎全盘继承了钦察汗国的疆域。也就是说,如果没有钦察汗国奠定的基础,作为欧洲国家的俄罗斯的势力范围很难也没有"理由"延伸到辽远的亚洲远东。

蒙古人权力的花朵在俄罗斯开放得最艳丽,也凋零得最惨烈。

(二)察合台汗国立足西域

察合台是成吉思汗的次子。

察合台汗国的地盘并不大。成吉思汗征服新疆周围地区后,将西辽旧地和畏吾儿故地封给了察合台,其中心在今伊犁北部的阿力麻里。

对于习惯征服的蒙古人来说,征服完别人就要征服兄弟了。公元14世纪

---

① 蒙古语白人可汗之意。
② 有人认为西伯利亚原名"锡伯利亚"、"鲜卑利亚",即锡伯人的地区、鲜卑人的地区。

初,察合台后汗笃哇与窝阔台后汗察八儿之间为疆域问题发生冲突,从祖上就一直结盟的元朝铁穆耳派遣军队与察合台一起夹击察八儿,窝阔台汗国被并入了察合台汗国版图。

问题还是出在继承人身上。笃哇魂归西天前宣布小儿子为继承人,可大儿子如何摆布呢?于是弟弟怯伯将汗位让给了哥哥也先不花,但后来又在亲信的挑唆下宣布复位,将都城从阿力麻里迁到撒马尔罕。

一个庙里就住着两个和尚,居然还各念各的经。一心发展农业的怯伯与坚持游牧传统的也先不花发生了争执,汗国分裂为东、西两部:也先不花为东部汗,统治区以阿力麻里为中心,包括喀什、吐鲁番一带;怯伯为西部汗,以撒马尔罕为中心,统治河中地区。兄弟分家三年穷,何况一个汗国了。察合台汗国出现两个头目后,衰落就符合规律地开始了。

西察合台汗国在公元 1370 年被突厥化的蒙古贵族帖木儿所灭。公元 1500 年,术赤之子昔班的后裔率领乌兹别克游牧部落赶跑了帖木儿的后人,在西察合台故地上建立了乌兹别克汗国。

在乌兹别克汗国建立的同时,以今新疆吉木萨尔以北破城子(又称"别失八里"①)和伊宁市(又称"亦力把里")为中心的东察合台汗国也于公元 1514 年被阿黑麻汗三子赛依德创建的叶尔羌汗国所取代。

(三)窝阔台汗国昙花一现

成吉思汗三子窝阔台的封地在今额尔齐斯河上游和巴尔喀什湖以东的乃蛮故地上。汗国的国都在今新疆额敏县以东的也速里城。

窝阔台的儿子贵由死后,蒙古大汗之位从窝阔台系转到了拖雷系。从此,窝阔台汗国与大汗国之间的矛盾与日俱增。窝阔台之孙海都曾经组织起一个中亚蒙古宗王的联盟,对抗忽必烈及其继承人的统治。忽必烈被迫与海都进行了长时间而且是高代价的战争,战争的结果是,在中原节节胜利的忽必烈在中亚遭受了一轮又一轮的挫折,他不得不承认了海都对中亚的实际统治。

雄心万丈的忽必烈一死,窝阔台后汗海都便与察合台后汗笃哇联合发动了对元朝的战争,他们一度将控制区延伸到畏吾儿地区,并不时踏上蒙古本土。

窝阔台汗国的灾难出现在海都死后,海都那位无能的儿子察八儿竟然与同盟者察合台后汗笃哇发生了领土纠纷,因而遭到了元朝和察合台汗国的合谋暗算。元成宗大德十年(1306)秋,当窝阔台军团与察合台军团激战正酣时,海山率领的元军突然出现在窝阔台军团背后,腹背受敌的窝阔台军团顿时

---

① "别失"为五,"八里"为城,意思是五城合一。

崩溃,察八儿无奈地向笃哇请降。

为掩人耳目,察八儿不懂事的弟弟养吉察儿被笃哇立为傀儡汗。元武宗海山二年(1309),眼看大事不妙的察八儿逃奔元朝,被封为汝宁王。第二年,窝阔台傀儡汗被笃哇之子废掉,窝阔台汗国在蒙古汗国中率先谢幕。

(四)伊儿汗国被融化在波斯高原

蒙哥在汗位巩固之后,开始筹划西征。

元宪宗二年(1252),怯的不花作为先锋率12000人先行出征。第二年,蒙哥向五弟旭烈兀发出了"从阿姆河西岸到埃及尽头的土地都要遵循成吉思汗的习惯和法令"的嘱托。从此,旭烈兀率主力西渡阿姆河,永远离开了生他养他的蒙古草原。

这支集中了炮队、马军、攻城专家的西征军,首先攻克了亦思马因派统治的木剌夷(今伊朗境内),继而攻占了哈里发统治的报达,元世祖中统元年(1260)又攻占了大马士革,整个西亚被蒙古人一一拿下。

西方史书中义愤填膺地讲到西征的蒙古人对伊斯兰教表现出了极端的仇恨,不仅在攻占巴格达时屠杀了这座城市负隅顽抗的居民,而且还破坏了苏美尔人从远古以来就一直使用的,使美索不达米亚平原繁荣富庶、人丁兴旺的灌溉系统。从此,美索不达米亚平原成为废墟和沙漠,辉煌无比的巴比伦文明被埋入地下。[①] 好像埋葬四大文明古国之一巴比伦的不是饿狼一般的波斯牧羊人和古希腊人,而是1800年之后的这群无知无畏的蒙古骑士。

就在旭烈兀一路高歌的时候,一个突发事件改变了中东民族及宗教被践踏和蹂躏的命运。中国传来了长兄蒙哥阵亡的消息,同母的四哥忽必烈和六弟阿里不哥陷入了争夺汗位的内战,站在忽必烈一边的他决定率主力东归,留下怯的不花率5000人留守叙利亚。

大军行进到波斯,东方传来了忽必烈已继承大汗之位的喜讯,他决定不再东归。至元元年(1264),他接受了忽必烈的册封,将自己的汗国命名为伊儿[②]汗国,表示服从蒙古国大汗的命令。与此同时,西方传来噩耗,怯的不花受到埃及王朝优势兵力的围攻,兵败被俘而死,叙利亚丢失。

他试图发起复仇的西征,但因为堂兄弟之国金帐汗国对自己虎视眈眈而作罢。接下来,他开始专心致志地经营波斯。

伊儿汗国的都城设在低廉(今伊朗大不里士),疆域以波斯为中心,东自

[①] 见英国赫伯特·乔治·威尔士《世界简史》,安徽人民出版社2003年版。
[②] 意为附属。

阿姆河,南临阿拉伯海,西濒地中海,北至高加索。尽管他们宣称附属于大汗,但由于远离中国,实际上保持了相当的独立性。

他的政绩并不逊色于军事才能,曾给波斯带来了一个既安定又公正的政府,朝中的犹太籍首相萨德·埃尔·道拉和史学家拉史德·埃尔·定都是伊朗历来所知的最为杰出的政治家。虽然政权是在刀尖上建立起来的,但他们却对地方种族和宗教采取了宽容的姿态。旭烈兀后来的继承者干脆接受了当地的文明成果,尊奉伊斯兰教为国教。以此为标志,落脚此地的蒙古人渐渐被伊朗——伊斯兰教所同化。

伊儿汗国如一头蒙眼的驴子围着磨盘拉磨,自以为走了两万五千里,其实只是一圈而已。后来,王朝因为封建主的兴起而分崩离析,并于公元1353年被新崛起的波斯萨菲王朝击败。两年后,钦察汗国札尼别汗攻占桃里寺,伊儿汗国被画上句号。

最终,蒙古人在中国领土之外的四大汗国一一消失了,成吉思汗曾经的世界帝国梦在子孙手中彻底消散。

一切的征服、占有终究会走向丧失。占有与丧失的尴尬对峙,使生活沦为一种在其形式后追赶而永远找不到这种形式的运动。从这个意义上说,每个人都是追日的夸父,终将渴死途中。

十一、土木之变

我们还是从蒙古人的世界帝国梦中醒来,将视线拉回蒙古人的老家——野旷天低的蒙古草原。

妥欢帖睦尔逃回草原后,尾追而来的明军迅速征服了近边的蒙古人,先后在辽东、山西、漠南、嘉峪关外和哈密设置了蒙古卫所。明洪武二十年(1387),明军在呼伦贝尔将元顺帝之孙脱古思帖木儿彻底击败,名义上的北元从此消失。

岁月就这么不紧不慢地走着。20年后,混乱的蒙古草原形成了两大势力,东部蒙古称"鞑靼"(dá dá),西部蒙古称"瓦剌"(即卫拉特)。在磕磕碰碰中,瓦剌部异军突起,瓦剌太师也先(大汗脱脱不花只是傀儡)统一了蒙古。

这位瓦剌领军人物一旦感觉有了向明朝叫板的资本,立刻提出娶一位大明公主为妻。明朝尽管军力日下,但并没有将蒙古放在眼里,也先和亲的要求被轻蔑地驳回。

明英宗朱祁镇正统十四年(1449),也先以没能娶到明朝公主为由,挥刀出鞘,兵分四路越过长城,明蒙之战全面爆发。

消息传到北京,皇帝立即召集大臣商量对策。由于事发突然,大臣们都心中没底,只有一个人表现得十分兴奋。他是一名太监,名叫王振,不仅自告奋勇领兵迎敌,而且怂恿英宗御驾亲征。

宦官有建议权吗?即便是有接近皇帝的机会,但不懂军事的宦官岂能左右并不愚蠢的皇帝?

王振,河北蔚州(今河北蔚县)人。也许对未能致仕心有不甘,也许是一次犯罪使得自己走投无路,结果,饱读史书的他做出了一个令人震惊的举动:自愿阉割,进入宫廷。

这个肚子里有点墨水的阉人一进入宫廷,便被明宣宗朱瞻基派去侍奉太子朱祁镇读书。随着朱祁镇由太子熬成皇帝,王振也当上了太监的最高长官司礼监。后来,他已经和皇帝无话不谈、你我不分,直接代理皇帝行使批红的权力,权倾朝野。可他还不满足,他要光宗耀祖,永垂青史。要实现这一梦想,他只缺军功了。要立军功,必须当将军。

请记住,人类是唯一不需要缰绳就可以被牵着走的动物,包括不可一世的皇帝。果然,在一番嘀嘀咕咕之后,英宗贸然决定与王振一起统领名为50万(实为30多万)大军出战瓦剌。久居深宫的英宗第一次做了统帅,从未上过战场的王振居然成了监军(实际上的最高决策者)。

笑话啊!荒唐!诏书一下,朝廷上下一片哗然,群臣一再劝阻皇帝收回成命。群臣头都磕得鲜血淋漓了,皇帝仍无动于衷。

没有精心准备,没有誓师大会,明军就于7月17日仓促出征了,这意味着皇帝和他的士兵们从此开始了一段长途旅行、短暂用餐的艰辛历程。一路上,大军跋山涉水,栉风沐雨,身心疲惫,怨声不断。8月1日,大军好不容易到达大同,就接到了各处明军纷纷溃败的战报。

王振开始惴惴不安,继而心惊胆战。在各路大军最需要支援的时候,竟然逼着英宗下旨不战而退、班师回朝。在班师途中,为了炫耀自身的权威,他力邀英宗顺便临幸自己的故乡蔚州。按说这个决定是正确的,因为蔚州正是由紫荆关入京的最近路径。

8月3日,大军突然停了下来。原因嘛,是王振怕大军践踏自家田地,又下令大军改道东去。这一决定意味着大军将不得不半路折回,沿着来时的居庸关回京。庞大的明军本来就行动迟缓,经过这样地来回折腾,士兵们开始怨声载道。令士兵们万万想不到的是,事情绝非埋怨一下那么简单,因为他们已经丧失了最为珍贵的退却时机。

在高度竞争的环境中,你的犹豫和踌躇就是敌人大步前进的最佳机遇。当徐徐蠕动的明军退到今河北怀来城外的土木堡时,被呼啸而至的瓦剌骑兵团团包围。土木堡没有水源,明军的粮草供应又被切断,30万饥寒交迫的将士陷入了前所未有的绝境。无奈之下,明军开始挖掘战壕,并据此与瓦剌骑兵军团形成了僵持局面。

显然,五六万瓦剌骑兵根本无法吃掉固守战壕的数十万明军。

于是瓦剌军假装撤退,并派人赴明军讲和。

稍有军事常识和生活经验的人都会意识到,明军最危险的时候到了,因为猛虎微笑的时候也磨好了食人的牙齿。但天真的王振信以为真,命令大军移营就水。明军出发仅仅3里,已经消失的敌人再次出现,"瓦剌铁骑揉阵而入,奋长刀以砍大军"。明军屡遭打击的神经最终崩溃,终致人人成为瓦剌骑兵操练刀法的肉靶子。

在局面无法控制的情况下,英宗的护卫将军樊忠将满腔的怨愤倾泻在此战的罪魁祸首王振头上,用长棒捶死了这位骄横跋扈、自以为是的监军。随后,樊忠英勇战死。对王振言听计从的英宗成了也先的俘虏,他为自己的年轻(23岁)和轻信付出了惨重代价。

更为凄惨的是,几乎囊括了所有精锐的数十万明军全军覆没,随行的文臣武将纷纷在地狱里找到了自己的归宿。

这就是所谓的"土木之变"。

十二、北京保卫战

戏剧性地吃掉了数十万明军的也先挟持英宗经紫荆关兵临北京城下,试图以英宗为人质盾牌,迫使明朝就范。

大明王朝处在了生死存亡的历史关头。

北京城内立刻弥漫在了一片痛哭、抱怨和争吵声中。皇后已经哭昏过去好多次了,受命监国的明英宗的弟弟朱祁钰也惶然不知所措。战吧,一来明朝最为精锐的军队已经在土木堡丧失殆尽,京城兵力严重空虚,结果有可能玉石俱焚;二来皇帝在敌人手上,如果在乱军中伤了皇帝,那可是灭族的大罪呀!逃吧,明朝将肯定丢掉半壁江山,重蹈北宋南迁的覆辙,并因此被后人钉在历史的耻辱柱上。

守也守不住,打也不能打,逃又不能逃。一场争吵在朝堂上展开,一个叫徐珵的大臣率先发言:"我夜观天象,对照历数,发现天命已去,只有南迁方能避此难。"话音一落,大臣们纷纷附和。

"建议南迁之人,该杀!"说话的人名叫于谦,坚定的主战派。

于谦,洪武三十一年(1398)出生在浙江钱塘县(今浙江杭州)一个小康之家。23岁那年,于谦考中进士,被任命为御史。因为在痛斥叛乱的亲王朱高煦时表现优异,也因为连续审结了几宗离奇的案件,从此名声大振,平步青云,年仅32岁就被任命为兵部右侍郎,位居正三品。

  正是这个从小以岳飞、文天祥为偶像的少壮派官员,联合尚书王直等重臣,以太后之命立朱祁钰为景帝,遥尊英宗为太上皇,使瓦剌的"人质盾牌"阴谋彻底破产。本来准备安分守己做一生藩王的朱祁钰被突如其来的"幸福撞了一下腰",因为"土木之变"一跃成为皇帝,还因为他的年号为"景泰",中国精美绝伦的瓷器被命名为"景泰蓝"①并名扬四海。

  伟大的北京保卫战拉开了帷幕。

  首先,于谦组织了22万兵力会聚北京。然后,他断然否决了将军们坚壁清野的建议,令大军全部开出九门列队迎敌。最令人震惊的是,这位从未指挥过战争的文雅书生发出了三道军令:一是"锦衣卫巡查城内,一旦查到有盔甲军士不出城作战者,格杀勿论"!二是"全体将士必英勇杀敌,战端一开,即为死战之时!临阵,将不顾军先退者,立斩!临阵,军不顾将先退者,后队斩前队"!三是"大军开战之日,众将率军出城之后,立即关闭九门,有敢擅自放人入城者,立斩"!

  典型的破釜沉舟,真正的鱼死网破。

  对于这些肩负着保家卫国重任的明军将士来说,那些远路赶来的盗窃者首先在气势上输了三分。加上明军有装备着世界上最先进火枪的神机营助阵,结果蒙古骑兵军团一败涂地,也先无奈地撤回草原。

  第二年,形同废物的英宗被送回明朝。

  如果没有这位"粉身碎骨浑不怕,只留清白在人间"的于谦,或许也先会成为又一位成吉思汗。

  也先没有成为第二位成吉思汗,于谦却成了第三个岳飞。

十三、南宫复辟

  300年前,宋高宗千方百计阻挠父兄回朝,而"傻乎乎"喊着"直捣黄龙府,迎二帝还朝"的岳飞被暗暗除掉。300年后,历史又一次被复演,人性深层的悲哀被再一次定格:与岳飞一样顶天立地的于谦,"傻乎乎"地把明英宗迎了回来。同样具有悲剧色彩的还有景帝,他不愿落个不顾兄弟之情的骂名,因而在政权隐

---

① 景泰蓝,又名"珐琅",起源于元朝的古老京都,盛行于明朝景泰年间(1450—1456),因釉料颜色主要以孔雀蓝和宝石蓝为主,故称"景泰蓝"。清朝光绪年间曾获得万国博览会一等奖。

患和忠孝仁义之间选择了后者。结果，300年前赵构最为担心的事情发生了。

太上皇回京后一直居住在所谓的南宫，即皇城东南角那个俗称"黑瓦殿"的崇质殿。太上皇真的知足吗？他对弟弟没有把皇位归还他满意吗？这些问题困扰着我们，更困扰着景帝。太上皇的一举一动，都会引起景泰帝的寝食不安。景帝为了巩固自己的帝位，废太子朱见深[1]为沂王，立自己的儿子朱见济为太子。不幸的是，新太子不到一年就病死了。他再也无人可立，因为他只有这一个儿子。

不安，一种极度的不安感像一束藤蔓悄然从后背攀援而上，冷冷地爬上脊背，爬上脖颈，钻进他的后脑。好比朱祁钰在睡觉时，身旁站着太上皇和一群彪形大汉，随时准备给他一刀。

慢慢地，这竟成了一块心病。

如此心境自然引起疾病，朱祁钰于景泰八年（1457）正月病危。此时，一场巨大的阴谋开始酝酿，参与阴谋的有五个人，我们姑且称其为"四条半汉子"[2]：徐有贞，原名徐珵，左副都御史，因在"土木之变"后建议南迁曾受到于谦的痛斥；石亨，在北京保卫战中立功被封武清侯，后上书保举于谦的儿子为官，被无私的于谦所弹劾，从此成为于谦暗中的敌人；张軏（yuè），都督，将门虎子，因犯军律受到于谦的弹劾；许彬，太常寺卿，审案高手，阴谋专家；曹吉祥，宦官，王振的同党，有着恨于谦的一切理由。

一切都在暗中进行，于谦等人却浑然不知。

正月十六，少保于谦、大学士王文经过仔细权衡，决定推举明英宗的儿子朱见深为太子，准备第二天朝会时提请皇帝同意。如果此举完成，"四条半汉子"的阴谋将宣布作废，太上皇只得与儿子抢夺皇位。

阴谋提前实施。正月十六日四鼓时分，阴谋集团乘着夜色带兵潜入长安门，毁墙夺门进入南宫，将在南宫住了整整6年的朱祁镇扶上辇车，自东华门进入奉天殿，登上了久违的皇帝宝座，历史上著名的"夺门之变"（又叫"南宫复辟"）宣告成功。

等到早朝，文武百官才发现坐在金銮殿上的不是朱祁钰，而是故主朱祁镇。刹那间，一种末日临头的感觉在许多重臣的头顶罩下。这个两度上台，但一生只做了一件好事[3]的皇帝下达诏书：景帝仍为郕王，景泰八年改为天顺元

---

[1] 英宗之长子。
[2] 因为其中有一位太监。
[3] 英宗临死前下遗诏，从自己开始宫妃不再殉葬。他的17个妃子免遭横祸，中国帝王以活人殉葬的残酷习俗从此终结。这是英宗在历经磨难之后对生命的一份感悟，因此被史书称作"盛德仁义之举"。

第十二章 蒙古——席卷欧亚的黄色狂飙 283

年。病重的朱祁钰再也无人看护,以至于在病榻上活活饿死,死时年仅30岁。

"南宫复辟"的第二天,"四条半汉子"就得到了优厚的回报。接下来,于谦和王文被以"迎立亲王之子"的罪名逮捕下狱。可是逮捕之后,又发现用来召唤亲王入京的金牌仍在后宫。显然,这个罪名是很难成立的。没有办法,三法司只好向阴谋集团的头目徐有贞请示。

徐有贞的答复是:"虽无显迹,意有之。"估计他不会想到这句话会成为千古名句,与秦桧的"莫须有"一样为后人唾弃。

于谦、王文被以"意图迎立外藩,入继大统"的罪名,坐"谋逆律",斩决。于是在岳飞屈死300年、余玠屈死200年后,第三位名将被斩杀于西市。行刑之时,北京天气骤变阴霾,大街小巷一片哭声。

于谦死了,就像落日坠落群山一样。

如今,杭州三台山上葱翠的林木拥抱了这个被冤屈的英魂。后人在为于谦树立的高高的石牌坊上刻下了"血不曾冷,风孰与高"的楹联。他被皇帝抛弃,被命运诅咒,却被百姓永恒地铭记着。

看来宋王朝南迁后赵构拒绝哥哥赵桓回国确实不无道理,没有人保证赵桓回国后不像朱祁镇一样发动政变。这也许是专制政体的一个死结,根本无法解开。这使我想起了米兰·昆德拉从尼采的"永劫回归"观里引申出的一个论述:一个事件如果一次次重演,它将变成一个永远隆起的硬块,再也无法归复自己原有的虚空。因此,要想不使伤口变成伤疤和硬块,办法之一就是不让历史重演,哪怕是采取传统观念难以接受的办法。

可是于谦没有能够避免历史重演,尽管明明知道这样的事在南宋就发生过。但他脑子里装了太多的正统观念,他不是清朝末年的袁世凯,不懂得也不会接受袁世凯"宁可犯罪也不要犯错"的流氓哲学。

这一点证实了部分历史学家提出的观点——历史不能给任何人带来任何启示,每一代人都是从自己的错误中重新获取教训的。可能有许多人认为这个观点过于悲观,可是事情明明摆在那里,我无能为力。

于谦像岳飞一样被画上了悲怆的句号。同样被画上句号的还有被称为第二位岳飞的余玠[①]、被称为第四位岳飞的袁崇焕。不经意间,我发现了一个惊人的巧合,那就是以上四人姓氏的元音字母都是"y"。

这个字母和句号在中国的史册中悬垂,让人心冷如冰,触目惊心。尽管当时的朝廷红尘滚滚,道德沦丧,是非不分,物欲横流,但在浩浩长天与沉沉大地之间,在凭着良心论是非的局外人和睁开眼睛看世界的后来人心上,仍然高翔

[①] 南宋名将,钓鱼城的设计者,后被谢方叔冤杀。

着他们千秋不死的英魂。

"四条半汉子"也没有苟活多久。身为于谦监斩官的张軏,在处死于谦回家的路上突然从马上栽下,七窍流血而死。负责审判于谦的许彬回到家中突然满身青黑,哀号到半夜便一命呜呼。大权在握的徐有贞受到石亨的嫉妒和中伤,被充军发配到遥远的金齿口。跋扈的石亨也在几年后被捕入狱,不明不白地死在狱中。感到末日临近的曹吉祥干脆铤而走险发动政变,结果被残忍地灭掉了九族。

也先的日子也好不到哪里去,他后来独断到连阿剌知院和特穆尔丞相也不放在眼中的地步,恰恰就是这两位重臣将他刺杀。内乱导致瓦剌迅速地衰落下去。此消彼长,鞑靼一跃而成为草原霸主。公元15世纪末,达延汗统一了蒙古,自称"大元大可汗",把互不统属的大小领地调整合并为10个万户,左翼察哈尔、乌梁海、喀尔喀3万户,右翼鄂尔多斯、土默特、永谢布3万户,西部瓦剌4万户,蒙古又进入了难得的稳定发展时期。

不争气的是,达延汗一死,蒙古各万户割据为王,草原重新陷入了混乱的轮回。

谁来收拾这混乱的残局?

十四、风流韵事

一位年轻人站了出来,他叫俺答,达延汗的孙子,原是右翼土默特万户。公元16世纪中叶,英武的俺答挺身而出,结束了草原上天长日久的割据状态。为了保持草原的长治久安,俺答汗将喇嘛教引入了蒙古地区。

正如暴风雨之后也有清明的晴霁,万山磅礴中也有潺潺流泻的清溪,奔腾咆哮的大海上也有波平如镜的风光,大凡英雄人物有烈火狂飙式的个性,有金戈铁马的战斗生涯,有灿如朝日的崇高理想,同时也有花前月下的儿女柔情。尽管信仰了佛教,但俺答汗仍不改风流的天性。一个偶然的机会,他发现比自己小43岁的外孙女金钟哈屯①长得美妙绝伦,便毫不犹豫地纳为姬妾。三娘子的未婚夫不答应,俺答就将孙子把汉那吉的未婚妻改嫁给了他。把汉那吉一怒之下投奔了明朝。对俺答恨之入骨的明朝边将们一致要求杀掉俺答的孙子,但大同总督王崇古力排众议,不仅没有杀掉把汉那吉,而且给了他一个指挥使的官职。俺答汗的原配妻子恐怕孙子被明朝杀掉,日夜不停地向俺答哭闹,逼得俺答领兵10万直指大同,准备在证实孙子被杀后发动报复性进攻。

---

① 意为夫人,汉籍称她为三娘子。

王崇古派人前去谈判,并让俺答的亲信到大同见到了已是明朝军官的把汉那吉。俺答汗惊喜交集地说:"大明没有杀我孙子,我将放弃与大明为敌。"

"赠人以玫瑰,手上会留有余馨;抓起泥巴抛向别人,首先弄脏的是自己的手。"古今中外、贵胄平民,人人都明白冤冤相报毫无意义,但却很少有人愿意主动解开这一死结,因此历史应记住王崇古。

中国北方的战争就这样因为一个桃色事件①而戏剧性地停止。俺答汗伸出橄榄枝,要求与明朝互通有无。

其实早在明世宗嘉靖十三年(1534),27岁的俺答汗就向明朝提出通贡。之后,他数十次要求通贡,但屡屡受挫,甚至派去的使者也献出了生命,迫使他以战求和,打入北京又随即撤出②,以显示求和通贡的决心。直到顽固反对通贡的明世宗死后,明朝才改变以暴抗暴的策略,于明穆宗朱载坖(hòu)隆庆五年(1571)封64岁的俺答汗为顺义王,应邀开放了大同、宣府市场,促成了历史上著名的"隆庆封贡",结束了双方长达200年的战争,换来了"边民释戈而荷锄,关城熄烽而安枕"的和平场景。

那是个春风荡漾、繁花似锦的五月,边陲重镇大同得胜堡高筑晾马台,广设黄帏蓝帐,鼓乐惊天,欢歌动地,蒙汉通贡互市仪式隆重举行。据说俺答汗和夫人三娘子亲临市场与明朝大将共同主持互市,被蒙汉人民传为美谈。把汉那吉之妻大成比妓也曾多次主持边贸互市,因此被封为忠义夫人。

第二年,俺答汗下令在郁郁葱葱的大青山前、波光粼粼的黑水河畔,修建呼和浩特市的前身库库和屯城。历时10年,一座由俺答汗主持,明朝曾予资助,明帝赐名归化,蒙古人称为"青城"③的巍巍城池呈现在古称敕勒川的千里莽原上,成为"隆庆封贡"、蒙汉友好的万仞丰碑。

在此城开工及建成后的30年里,三娘子一直在城中辅佐和主持政务(俺答汗去世后,三娘子成为俺答汗长子、第二代顺义王黄台吉的夫人;黄台吉死后,36岁的她再嫁黄台吉长子、第三代顺义王扯力克),因此这座城就有了一个玫瑰色的芳名——三娘子城,她也被明朝封为忠顺夫人。傅增湘在《咏昭君墓》一首诗中说:"麟阁云台盖世勋,论功一例逊昭君。若从边塞争芳烈,顺义夫人亦不群。"

明末,蒙古重新分裂为漠南察哈尔蒙古、漠北喀尔喀蒙古和漠西卫拉特蒙古三部分。看来劝人向善的佛教也未能阻止草原上的血腥屠杀,蒙古人的悲

---

① 此说可能是演义,正史记载三娘子是卫拉特蒙古瓦剌奇喇古特部落首领哲恒阿哈的女儿,因两个部落和亲而嫁给俺答汗。
② 指"庚戌之变"。
③ 蒙古文读音为呼和浩特。

剧仍然在厌倦了战争的人们中延续。

十五、准噶尔"自杀"

明末,瓦剌改名卫拉特①,并分裂为四部——额尔齐斯河流域的杜尔伯特部、伊犁河一带的准噶尔部、塔尔巴哈台地区(塔城)的土尔扈特部、乌鲁木齐附近的和硕特部。

不久,准噶尔部②异军突起,迫使和硕特部进入青藏高原,逼迫土尔扈特部辗转西迁。也就是说,准噶尔部在清初完全控制了天山以北的广阔区域,与占据天山以南的叶尔羌汗国一起形成了"南回北准"的格局,他们所在的盆地从此被称为"准噶尔盆地"。

之后,准噶尔汗噶尔丹抓住叶尔羌汗国和卓家族发生内乱的时机,应邀出兵越过天山,攻占了叶尔羌汗国,扶植阿帕克和卓为傀儡汗。随后,又趁喀尔喀蒙古三部内乱,大举入侵漠北,喀尔喀蒙古被迫退向漠南,并在无奈之下向清朝求援。

准噶尔人已经接近了悬崖绝壁、陡壑深涧,还以为前头是蓬莱仙境、风光无限。康熙二十九年(1690),玄烨大帝亲自统率大军出长城,在乌兰布通发现了噶尔丹军队主力——驼城。驼城是弓箭战争时代的产物,把骆驼的四脚绑住,卧倒在地,加上木箱和浸了水的毛毯,即成为阻止骑兵冲锋的坚强堡垒。但用它来对抗大炮,显然太原始了。清军用猛烈的炮火轰击驼城,可怜的骆驼血肉横飞,噶尔丹乘着夜色狼狈西逃。

上帝让你灭亡,就先让你疯狂。5年后,不屈的噶尔丹与东方的科尔沁部秘密结盟,卷土重来,希望用闪电战一举消灭喀尔喀部,重新控制广阔的内蒙古本土。当噶尔丹东进2000公里,逼近克鲁伦河边的车臣汗牙帐(今蒙古温都尔汗,林彪折戟沉沙的地方),突然望见玄烨的黄龙大旗,才发现被科尔沁部出卖。他急忙命令军队快速脱离清朝的东路和中路兵团。当他们日夜狂奔到库仑东南35公里的昭莫多,正在庆幸脱险时,却不知已经进入了清朝西路军的口袋阵,其失望的情景如同捉迷藏的小孩藏了半天却被另一个小孩抓个正着。

噶尔丹在前边逃,清军在后边追,葛尔丹于康熙三十六年(1697)绝望地自杀。

---

① 林中百姓之意。
② 意为左翼。

此后，策妄阿拉布坦①和儿子策零相继成为准噶尔可汗。尽管血的教训历历在目，但他们的血管里同样流着不屈的热血，他们仍在不甘寂寞地逗弄大清。

首先是康熙五十五年（1716）秋天，策妄阿拉布坦组织了一支8000人的远征军，由大将大策零率领，千里奔袭占据西藏的和硕特部拉藏汗。这是世界上最勇敢、最困难、时间最长、距离达1900公里的闪电突击。10个月后，远征军神不知鬼不觉地出现在拉萨，杀掉拉藏汗，攻陷了布达拉宫。清朝两次派出远征军，才将大策零驱逐出西藏。

后来是清军镇压青海和硕特部暴动时，和硕特可汗罗卜藏丹津换上女人衣服溜到了准噶尔汗国。清朝将要求准噶尔策零可汗（策妄阿拉布坦已死）交出罪犯，但遭到严词拒绝，正如"9.11"事件后阿富汗塔利班拒绝向美国交出本·拉登一样。

于是，清朝将新账老账一起清算。乾隆二十年（1755），清军进占准噶尔王庭伊犁，准噶尔新可汗达瓦齐（策零已死）和流亡了30年的罗卜藏丹津被俘，由先前投降大清的辉特部酋长阿睦尔撒纳取而代之。

万万想不到，阿睦尔撒纳也敢在一年后宣布独立。对方的反复无常使乾隆大失面子，他从此认定准噶尔人根本无法用仁义感化，只有用屠刀说话。第二年，清朝远征军与外蒙古军队一起发动了对准噶尔的夹攻。恰逢天花流行，准噶尔军队自行瓦解，阿睦尔撒纳在逃到俄国后染上天花病死，尸体在大清的强烈要求下被交回中国。

首领已经死掉，但没有死于天花的准噶尔人仍用游击战进行宁死不屈的抵抗，愤怒的乾隆发出了灭种的命令。于是，坚持游击战的准噶尔散兵游勇遭到满洲兵团的残忍屠杀，中国境内再也没有了准噶尔人，只留下仍保持"准噶尔"名称的盆地和位于中国与哈萨克交界处名为"准噶尔门"（今新疆阿拉山口）的要隘，供后人垂泪凭吊。

难道这一切就无法避免吗？我问沙漠，沙漠无语；我问绿洲，绿洲低头；我问河水，河水沉默。

一个人为了自己的尊严，宁为玉碎，不为瓦全，这种视死如归的精神应当受到尊重。但是一个民族或国家在特殊背景下应有智慧和勇气接受屈辱，正如俄罗斯人替金帐汗国收税，韩信经受胯下之辱，成吉思汗前期拜王罕为父。瓦全还有复兴之日，玉碎便永无希望。准噶尔人的消失，令人惊悸、深思和惋惜。

---

① 噶尔丹的侄子。

十六、土尔扈特东归

蒙古人向来吃软不吃硬。因为看够了准噶尔部的脸色,土尔扈特首领和鄂尔勒克于清天聪三年(1629)率部族25万人离开塔尔巴哈台辗转西去,越过广阔的哈萨克草原和奔腾的乌拉尔河,在诺盖人(金帐汗国的一个部落)遗弃的伏尔加河下游定居下来。巴什基尔人邻居称呼他们为"卡尔梅克"①,此地也从此被称为"卡尔梅克草原"。

好景不长,因为疯狂扩张的俄国人不久就把黑手伸到了这里。

康熙三十七年(1698),土尔扈特第四代汗王阿育奇派遣侄子阿喇布珠尔率随从500人回到西藏觐佛进香,顺便试探清朝对土尔扈特东归的态度。但在5年后的返程途中,被准噶尔部隔断了归路。无奈之下,阿喇布珠尔向康熙乞请内附,获准留在嘉峪关与敦煌之间。由于受到准噶尔部的袭扰,他们在雍正年间内迁到今内蒙古西部的居延绿洲上。后来帮助俄国人科兹洛夫盗掘西夏文物的土尔扈特人就是他们的后代。

又过了70年,蒙古草原重新归于平静,而西迁的土尔扈特人正处于水深火热之中。俄国叶卡捷琳娜二世不仅强迫土尔扈特人改信东正教,而且不断征发土尔扈特军人对奥斯曼作战,仅在渥巴锡担任大汗的10年间,就被迫参加了32次远征,阵亡部落子弟8万余人。万般无奈下,背井离乡140多年的土尔扈特人筹划东归。

公元1771年1月17日(乾隆三十六年十二月初二)清晨,绽开的云层中透出了阳光。可惜的是,上苍和他们开了一个残酷的玩笑——冰封大地的季节,伏尔加河却未封冻,河西岸的7万土尔扈特人无法按计划踏冰过河。27岁的渥巴锡只能向河西叩首作别,含泪下令东归。

宫殿、村落被同时点燃,168083名土尔扈特人义无反顾地踏上了东归之路。妇孺老幼乘坐着马车、骆驼、雪橇,在一队队跃马横刀的骑士护卫下,踏着洁白的积雪,像一条黑色的长龙,离开了寄居一个半世纪的草原,向着太阳升起的地方挺进。

土尔扈特东归令女沙皇雷霆震怒,她一方面对伏尔加河西岸的土尔扈特人严密封锁,另一方面派出大批军队对东归者围追堵截。

渥巴锡把近17万人组成战斗队形,派出堂弟巴木巴尔和将军舍愣率领精锐开路,表兄达什敦多克和大喇嘛书库尔罗桑丹增在两翼护卫,老弱病残走在

---

① 意为流浪者。

中间,他和堂侄策伯尔多尔济殿后。他们很快就越过伏尔加河与乌拉尔河之间的草原,然后穿过结冰的乌拉尔河,进入了大雪覆盖的哈萨克草原。在那里,他们付出了9000名战士的代价,才击败了横挡在必经之路奥琴峡谷的哈萨克骑兵,勉强渡过了第一道难关。

恩巴河东岸刺骨的寒风如同饥饿的怪兽悄悄地吞噬着鲜活的生命。往往是早晨醒来时,几百个围在火堆旁的男人、女人、儿童已经冻僵而死。这时,又有2万名俄国和哈萨克军人堵住了他们的去路。杀红了眼的土尔扈特人居然再次获胜。

随着夏季的到来、疾病的蔓延、战斗的惨烈,东归军团陷入了困境,他们只好在莫尼泰河停下来休整。因为短暂的休整,他们陷入了哈萨克小帐和中帐5万军队的铁壁合围。危急关头,渥巴锡送还了在押的上千名哈萨克俘虏,通过谈判赢得了3天的军事部署时间。第三天傍晚,渥巴锡引兵猛攻在帐篷里大吃大喝的哈萨克军人,经过数小时的浴血奋战,终于成功突出重围,越过了姆英格地区。

为了避免再遭袭击,他们选择了一条飞沙走石的道路,绕过巴尔喀什湖西南,蹚过楚河与塔拉斯河,沿着沙喇伯勒,终于在7月中旬抵达了魂牵梦绕的伊犁河流域。7月20日,策伯克多尔济的前锋部队在伊犁河畔的察林河与前来接应的清军相遇,历时7个月,长达1万里的征程终于走到了尽头。近17万浩荡的大军仅剩下可怜的66013人,他们风尘满面,形容枯槁,衣不遮体,鞋靴全无。

土尔扈特人东归被称为18世纪最伟大的长征,正如英国作家德昆赛所说:"从有历史记录以来,没有一桩伟大的事业能像上个世纪后半期一个主要的鞑靼民族跨越亚洲无垠的草原东返祖国那样轰动于世界和激动人心的了。"远在大西洋彼岸的马克思也为此感叹不已。

春天是什么?经历了冬天的人才会知道;最出色的五月之歌要在火炉旁写成。乾隆皇帝在承德避暑山庄热情接待了冒死东归的渥巴锡,拨出20万两白银和大量牛羊、布匹、粮食,将他们安置在绿草无边、静水如碧的伊犁河畔。渥巴锡被封为卓里克图汗,策伯克多尔济被封为布延图亲王,舍愣被封为弼里克图郡王。

内蒙古电影制片厂为此而拍摄了《东归英雄传》。

十七、伏尔加河西岸

大部分土尔扈特人东归祖国,而另一部分土尔扈特人因为大河没有封冻未能一起东归,被沙俄死死困在了伏尔加河西岸。

独在异乡的土尔扈特人不断以骚乱表达对沙俄的不满,一度参加了反抗沙俄的普加乔夫起义。起义失败后,沙皇变本加厉地镇压土尔扈特人,剥夺了他们的政治权利,明令规定土尔扈特内部只能审理不超过5卢布的诉讼案。俄国人此举侵犯了土尔扈特的古老传统,引发了他们保卫立法的抗议浪潮乃至武装斗争。唯恐事态扩大的俄国人无奈地撤换了警察总长,并给了土尔扈特人有限的自治。

俄国十月革命爆发后,他们组成骑兵团参加了著名的察里津保卫战,多次打退了克拉斯塔夫白匪军对红色政权的围攻,用鲜血和生命保卫了十月革命的果实,从而赢得了布尔什维克的充分信任。公元1920年,苏联成立了卡尔梅克自治州。公元1935年,又将自治州升格为自治共和国。

变故发生在6年之后。公元1941年9月,在德国的疯狂进攻面前,苏军付出了损失70万人,另有1万余名卡尔梅克人战死的代价,仍然丢掉了基辅和卡尔梅克。卡尔梅克3位主要领导人悉数投降了德国,组成了伪卡尔梅克政府;2000余名卡尔梅克子弟在伪政府的百般利诱下成为德国雇佣军。基于此,在苏军公元1943年取得第聂伯河战役胜利后,极"左"的苏联政府将全体卡尔梅克人扣上了通敌叛国的帽子,卡尔梅克自治共和国被撤销,全民族不分老幼被强行迁移到中亚、西伯利亚等地,甚至十月革命时期的老红军、老布尔什维克也受到株连。

真正的痛苦,别期望有人与你分担;你只能把它从一个肩上换到自己的另一个肩上。

成千上万不甘心受辱的卡尔梅克人从此走上了起诉、上访、控告的漫漫历程,许多人冒着杀头的危险要求平反,国际上的许多反法西斯老战士和知名人士也出面作证、声援,苏联国内的伏罗希洛夫还站出来为受株连的老红军、老布尔什维克讲话。经过长达15年的调查取证,苏联终于在公元1958年5月平反了卡尔梅克冤案,大多数人返回伏尔加河西岸原籍。同年11月7日,卡尔梅克自治共和国得到恢复。

已经丧失了生命的大量受难者们身后的"平反"对于受难者本人来说已经毫无意义,对于未亡人和未来的新一代却是巨大的心灵痛击,这就使得卡尔梅克和与其命运类似的克里米亚鞑靼人快乐不再,也为苏联的解体注入了无可救药的心灵涣散剂。

苏联解体后,卡尔梅克进一步升格为俄罗斯联邦内的共和国。

十八、外蒙古独立解密

在平淡和不争中,蒙古人听到了清朝的丧钟。

辛亥革命爆发后,中国各省纷纷宣布独立,外蒙古也在王公和大喇嘛的带领下趁机宣布自治。清宣统三年(1911)十二月二十八日,"大蒙古帝国日光皇帝"哲布尊丹巴匆匆举行了所谓的登基仪式。

整个蒙古族共有近240旗,其中外蒙古占108旗,一旦外蒙古独立,将拉走150多万平方公里的辽阔土地。外蒙古自治让几乎所有中国人义愤填膺,孙中山曾经决心组织50万大军讨伐沙俄,即便是急于得到外国承认的袁世凯也只是承认了外蒙古自治,坚持外蒙古是中国领土的一部分。俄国革命导师列宁也于民国元年(1912)"痛斥强占蒙古这种破坏我国同伟大的兄弟之邦中国共和国的友好关系的行为"。

十月革命后,苏俄政府声明不再支持蒙古伪政府。民国八年(1919)11月,哲布尊丹巴无条件放弃自治,请求将外蒙古收归中华民国版图。主掌中国政局的段祺瑞派干将徐树铮率兵进入外蒙古,在库伦设立了西北筹边使公署,流浪多年的外蒙古重新回到了祖国怀抱。

但是这种铁腕政策却使中国失去了外蒙古上层王公的人心,为蒙古后来的分离埋下了祸根。民国九年(1920),皖系军阀段祺瑞下台,外蒙古随即进入混乱状态。被苏俄红军赶到外蒙古的恩琴白匪拥戴哲布尊丹巴重登大汗位,向中国驻军发难。中国驻军寡不敌众,被迫撤离库伦,一部分返回内地,一部分移师买卖城。

中华民国十年(1921),苏赫巴托尔和乔巴山在恰克图成立了蒙古人民党,随后要求苏俄政府帮助他们争取革命胜利和民族独立。兴奋的斯大林向列宁建议:"出兵外蒙,消灭恩琴白匪军,既可以加强西伯利亚的防卫,解放蒙古人民,还可以警告日本人,推动亚洲的人民解放事业。"曾经对沙俄强占蒙古嗤之以鼻的列宁也态度突变。

苏联红军与蒙古人民党武装联合于民国十年(1921)6月攻克了库伦,活捉了恩琴。然后,将驻扎在买卖城的中国军队赶出外蒙古。就这样,一个不满周岁的政党掌握了政权。名义上,博格多格根仍为国王,实际上由政府军事部正副部长苏赫巴托夫和乔巴山掌握实权。

第二年,苏赫巴托夫与斯大林达成协定:苏赫巴托夫同意苏军常驻蒙古,苏联政府承认蒙古人民政府是蒙古唯一合法政府。蒙古于民国十三年(1924)偷偷召开了第一届大人民呼拉尔会议,通过了独立国家宪法,成立了蒙古人民共和国,定库伦为首都并改名乌兰巴托①。民国二十三年(1934),苏蒙签订了互助协定,民国二十五年(1936),苏蒙又协议规定如遭到第三国攻击时彼此互相支持,随后苏联大规模派兵进驻蒙古。民国二十九年(1940),苏联还授意蒙古与满洲国签订了所谓边界协定。为了蒙古独立,苏联机关算尽。

决定性的时刻来到了。民国三十四年(1945)2月3日,斯大林、罗斯福、丘吉尔在克里米亚半岛的雅尔塔举行秘密会谈。一周之后,三巨头在谈笑风生中签署了瓜分世界的《雅尔塔协定》,给了号称"世界第四强"的中国一块麻辣蜜糖:应苏方要求,规定将"外蒙古的现状须予维持"(当时苏联认为应维持外蒙古独立的现状,后来美国认为应维持外蒙古属于中国的现状)作为苏联出兵中国东北驱逐日军的先决条件。

这份严重损害中国主权的《协定》,蒋介石直到6月15日才得知。蒋介石先后派宋子文、蒋经国去苏斡旋。在谈判中,斯大林执意坚持蒙古独立,还打出苏联控制着满洲、新疆,威胁内蒙古,支持中共这三张牌,逼迫中方就范。宋子文断然辞去了外长职务,新任外交部长王世杰接了蒙古卖身契,在得到苏联不支持中共等许诺后,于8月签订了《中苏友好同盟条约》,蒙古问题以中苏外长互致照会的形式加以规定。王世杰在照会中写道:"兹因外蒙古人民一再表示其独立之愿望,中国政府声明,日本战败后,如蒙古之公民投票证实此项愿望,中国政府当承认外蒙古之独立,即以其现在之边界为界。"

10月10日至20日,在乔巴山的精心组织下,蒙古举行了全民投票,收到选票483291张,据说无一人反对独立。根据投票结果,中华民国立法院于民国三十五年(1946)1月5日无奈地承认蒙古独立。②2月7日,蒙古与国民政府在重庆以换文方式建立邦交,成为兄弟关系。尼古拉二世未竟的事业由斯大林完成了,哲布尊丹巴未圆的梦被乔巴山圆了③,袁世凯未签的字由王世杰签了。从此,太平洋沿岸那片美丽的海棠叶变成了一只长啼的雄鸡。

覆水难收,毛泽东也没有回天之力。公元1950年,毛泽东赴苏访问期间,订立了新的《中苏友好同盟互助条约》,并就长春铁路、旅顺口军港和大连的主权问题签订了具体协定,坚决捍卫了中国的主权。需要说明的是,新条约也无奈地承认了蒙古的独立地位,这一点是俄国人强烈要求加上的,令毛泽东后来数度提起,仍耿耿于怀。而实际造成外蒙独立的蒋介石竟然恬不知耻地据

---

① 意为红色勇士。
② 见徐天新、梁志明主编《世界通史》(当代卷),人民出版社1997年版。
③ 当时蒙古并没有全部独立,其中的唐努乌梁海居民在苏联红军的帮助下于1921年建立了图瓦人民共和国,1944年并入苏联。

此攻击毛泽东。

公元1953年,斯大林逝世,赫鲁晓夫上台后,中国开始与苏联交涉历史遗留问题。通过谈判,苏联归还了旅大军港和东北铁路的管理权。但是当周恩来提出蒙古问题时,遭到了赫鲁晓夫的断然拒绝,中国大陆再次失去了收回蒙古主权的机会。蒙古人借机行动,在苏联的监督下与中国交换地图,划定边界。随后,中蒙建立了"正式外交关系"。

中华民国三十八年(1949)9月,退居台湾的蒋介石在联合国告了苏联一状,理由是苏联违反《中苏友好同盟条约》和联合国宪章支持蒙古独立。资本主义世界占主导的联大于公元1952年2月1日裁决苏联违约,蒋介石居然赢了。蒋介石于公元1953年2月25日发布命令:"保留我国及人民对于苏联违反该约及其附件所受之侵害向苏联提出要求之权。"宣布废除《中苏友好同盟条约》中关于蒙古的换文,不承认蒙古独立,设立了蒙藏委员会,在立法院中特别设有蒙古人席位,并在中华民国版图上保留了蒙古地区。显然,这种掩耳盗铃之举,只能徒然为台湾版的中国地图留下一片虚幻的海棠叶而已。

一切都变得名正言顺了,蒙古便把元朝写进了自己的历史,这也使中国正史把元朝作为自己的王朝变得尴尬起来。其实现在全球有1000万蒙古族人,其中250多万在蒙古,100多万在俄罗斯,600多万在中国。

让我们翻开世界地图看看蒙古吧,它是世界上最大的内陆国家,领土呈长椭圆形,平均海拔1530米,总面积156万平方公里,是英伦三岛的11倍;它也是人口密度最小的国家,每平方公里仅有2人,全国人口330万,只相当于中国东部一个小型的地级市,而且人口分布极不均衡,西部和北部人口稠密,仅首都就有150万人,但与中国相邻的戈壁几乎荒无人烟。

长达4673公里的中蒙边界,在中苏对抗的年代里曾驻扎着世界上人数最多的军队,如今"本是同根生"的两国军民开始和平相处。

十九、历史应记住乌兰夫

一波未平,一波又起。受蒙古独立的传染,内蒙古地区也于民国三十四年(1945)下半年兴起了汹涌澎湃的民族运动。

在内蒙古西部,部分蒙古、达斡尔族上层人士于民国三十四年(1945)9月成立了"内蒙古人民共和国临时政府",派出代表去蒙古寻求合并。蒙古在拒绝的同时建议他们与中共联系解决内蒙古民族问题的途径。

在内蒙古东部,以内蒙古人民革命党员哈丰阿、原伪兴安总省省长博彦满都、苏共党员特木尔巴根为首的蒙古革命者、上层人士和官吏于民国三十四年

(1945)8月召开会议,宣布成立内蒙古人民革命党,发表了《内蒙古人民解放宣言》,发动了内外蒙古合并签名运动。10月,他们组成代表团赴蒙古谈判合并事宜。因为担心蒙古的独立节外生枝,乔巴山断然拒绝了内蒙古的合并请求,他在接见哈丰阿等人时一再强调:"内蒙古问题是中国的内部问题,应该向中国共产党寻求领导和帮助!"

中华民国三十五年(1946)1月,听到国民政府允许蒙古独立的消息,东蒙古召开了人民代表会议,成立了东蒙古人民自治政府,组建了人民自治军,打算自起炉灶或在条件成熟时加入蒙古。

在东、西内蒙古处于十字路口的关键时刻,中国共产党做出了一个影响内蒙古历史的决定,把一位出生于内蒙古土默特左旗、时任延安民族学院教育长的蒙古人推到了前台,他就是抗日战争时期的蒙旗独立旅政治部代理副主任、蒙古族共产党员乌兰夫(汉名云泽、云时雨)。

中华民国三十四年(1945)10月,蓝天如碧,大雁南飞,一队战马乘着瑟瑟秋风从圣地延安启程,消失在了一望无际的草原上。几天后,从草原传来消息,乌兰夫等人奉中共中央指示,已经顺利到达西内蒙古。

视民族团结和国家统一如生命的乌兰夫以非凡的气度和坚忍的意志,开始了夜以继日的斡旋。他以坚定的原则性和高度的灵活性说服了一度顽固不化的贵族们,以蒙奸博英达赉为首的内蒙古共和国(西蒙古)临时政府得以顺利改组。

与此同时,乌兰夫积极引导东内蒙古共同走民族区域自治之路,嘴皮磨破,费尽周折。

中华民国三十六年(1947)4月23日至5月1日,392名内蒙古人民代表齐聚时称"王爷庙"的塞外红城乌兰浩特,参加了决定内蒙古命运的人民代表会议,与会代表一致拥护在内蒙古实行中国共产党领导下的民族区域自治,东、西内蒙古终于站到一起。会议选举乌兰夫为自治政府主席,哈丰阿为副主席,中国第一个省级民族自治区宣告成立。①

公元1954年起,乌兰夫就任国务院副总理、内蒙古自治区党委第一书记、人民委员会主席、军区司令员兼政委。公元1955年,他被授予上将军衔。

内蒙古与绥远省合并问题提上议程。毛泽东讲,蒙绥合并要推开两扇门,一扇是蒙古族要欢迎汉人进去开发白云鄂博铁矿,建设包头钢铁企业;一扇是汉人要支持把绥远合并于内蒙古,实现内蒙古统一自治。此后,中央逐步撤销了察哈尔、绥远、热河省,先后将隶属于热河、辽宁、察哈尔、宁夏、甘肃的昭乌

---

① 见郝维民主编《内蒙古自治区史》,内蒙古人民出版社1990年版。

达盟、哲里木盟和阿拉善、额济纳等旗县划入内蒙古，于公元1956年实现了蒙绥合并。

如今，每当我见到那白莲花般盛开在绿色草原的蒙古包，就会立刻想起那个有关孤儿的感人故事：1960年，由于严重的自然灾害，上海、江苏、浙江、安徽等省市的孤儿院里，3000多名孤儿因为食品缺乏、营养不良，时刻面临着死亡的威胁。乌兰夫闻讯，立即为孤儿们调配奶粉并动员内蒙古牧民收养这些孤儿。就这样，草原上伟大的额吉们在关键时刻伸出援助之手，敞开博大的胸怀，将这些嗷嗷待哺的孤儿接回家中抚养，在一帐帐蒙古包传唱起动人的人间挚爱，"使一只只挣扎在死亡线上的小鸟，成长为一群能够自由翱翔的大雁；使一棵棵即将枯萎的小草，长成了一片可以抵御风寒的森林"。这些孤儿从此成为地地道道的草原儿女，被牧民们亲切地称为"国家的孩子"。

如果使所有人都能幸福而平安是一个文明社会应该追求的目标，那么这位政治家就理应在每一个热爱和平的人心目中占有一个特殊、显著的位置。

在西方史册上，蒙古骑兵一直被称为鞑靼，其实鞑靼另有其人，他们就是今新疆塔塔尔族的先人。

第十三章

鞑靼——塔塔尔族的先人

> 历史是我企图觉醒的噩梦。①

一、草原一霸

鞑靼,意为地狱使者,是我国北方突厥汗国统治下的一个袖珍部落。他们究竟是突厥人的一部分,还是有着相对独立的族源,已经很难考证。不过,世上从来没有纯粹的族群,况且是在聚散无常的草原。其血管里到底流淌着多少原始部落的血液,恐怕连他们自己也搞不清楚,或许匈奴、乌桓、鲜卑、铁勒、柔然、突厥、回鹘、黠戛斯兼而有之。

世人最早知晓这个部落,还是因为鄂尔浑叶尼塞碑文上出现了他们的名称——"达旦"、"达达"、"塔塔尔"、"达怛"。那时他们只是突厥屁股后面的一支骑兵小分队,偶尔被刻上碑文还应该感谢它早已成名的主子。

在主人落难的日子里,鞑靼这个突厥大兵归顺了新的草原霸主回鹘。而在回鹘被黠戛斯征服的9世纪中叶,鞑靼趁机占领了回鹘逃走后留下的空当,成为继匈奴、鲜卑、柔然、突厥、回鹘以后的第六任草原霸主。说起来,这个霸主来得过于容易了。谁敢不服呀?既然馅饼恰恰砸在我们头上,说明苍天选中了我们!

人不能选择血统,但可以选择表情。他们到处宣扬鞑靼汗国的运气和声威,把草原的角角落落都贴上了自己的标签。从此,就像汉朝统治区的男女老少统统被称为汉人,唐朝皇帝把归顺的少数民族都赐予李姓一样,鞑靼势力范围内的漠北各部被一概统称为"鞑靼"。利在于,都成了鞑靼自家人的广阔草原保持了暂时的团结;弊在于,鞑靼成为成分最为复杂、族源最难分辨的混血民族,而原来的鞑靼主体却失掉了自我。这种不利局面在蒙古西征后进一步

---

① 语出爱尔兰文学家乔埃思。

恶化。已经入土为安的始作俑者如果看到这种局面,一定会后悔得剃光脑袋、自断手指的。

后来,这一名称上的混乱进一步加剧。中原史学家竟然把所有的草原部落冠以鞑靼之名:漠北蒙古等部落被称为黑鞑靼和生鞑靼,漠南汪古部被称为白鞑靼和熟鞑靼。从此,"鞑靼"一词在中原人眼里成为蒙古草原各个部落的通称。

尽管如此,我们还是能够在一团乱麻中找出塔塔尔人的核心部落:阿亦里几惕、备鲁几惕、察阿安、都塔兀惕、阿鲁孩塔塔尔,游牧地点在贝加尔湖周围,部众有7万余户。

接下来,就是蒙古帝国时代。在这个混乱而血腥的时代,鞑靼将面目全非。

二、与蒙古结怨

塔塔尔和蒙古结怨,需上溯到蒙古童年时代。

成吉思汗的曾祖父俺巴孩担任蒙古部落领袖——合罕时,近邻塔塔尔部感受到了潜在的压力,因而将俺巴孩出卖给了金国。结果,俺巴孩被钉死在金朝"木驴"上。

俺巴孩死后,成吉思汗的伯祖父忽图剌被推举为合罕。在对塔塔尔人的复仇之战中,忽图剌的大哥斡勤巴儿合黑被塔塔尔人抓住,押往金朝,同样被钉死在"木驴"上。蒙古与塔塔尔旧恨未了,再添新仇。

忽图剌汗死后,成吉思汗的父亲也速该因战功卓著成为乞颜部首领。金世宗大定二年(1162)秋,也速该战胜了塔塔尔部并生擒了首领铁木真兀格。恰在此时,也速该的长子诞生了。为纪念这次胜利,他特意给儿子取名铁木真。

铁木真9岁时,也速该前往弘吉剌部给铁木真定亲。在定亲归来途中,他被塔塔尔人在酒中下了毒,回到驻地不久就毒发身亡。据说,也速该临终前留下遗言:"要把身高超过车轮的塔塔尔人全部杀掉!"

35岁时,铁木真以"为父祖复仇"的名义,率一千铁骑随同克烈部首领王罕出征塔塔尔。直到41岁,铁木真才在贝加尔湖以南将塔塔尔彻底击溃,塔塔尔残余被迫投降。多亏一位塔塔尔老人将美丽的女儿那莫伦献给了铁木真,才使得归顺的塔塔尔人免遭灭顶之灾。

塔塔尔人跟随成吉思汗参加了史诗般的西征,15万蒙古铁蹄横扫欧亚大陆,成为西方人挥之不去的黄色噩梦。从此,金帐汗国统治下的鞑靼人、蒙古人、伏尔加—保加尔人、钦察人等被西方统称为鞑靼。也就是这一原因,这笔血债被西方史学家记在了鞑靼账上。

15世纪中叶,金帐汗国瓦解后,鞑靼人分化成三部分。一部分鞑靼贵族与俄国上层联姻,继续对俄国的政治军事活动产生影响,譬如让拿破仑吃了败仗的将军库图佐夫、"沙皇之父"鲍里斯、哲学家沙阿达耶夫。另两部分则经过无数次战役的洗礼,最终分别建立了喀山汗国和克里米亚汗国。

三、喀山汗国

大多数鞑靼人,由鞑靼贵族兀鲁·穆罕默德挑头,在金帐汗国发生内讧时脱离蒙古,于明英宗正统三年(1438)在地下流淌着石油,地上流淌着伏尔加河与卡马河的区域里建立了喀山①汗国。

不同的文化背景和宗教信仰导致了无尽的摩擦。15世纪末到16世纪中叶,信仰东正教的俄罗斯人同信仰伊斯兰教的鞑靼人之间连年征战,互有胜负,鞑靼人曾俘虏了御驾亲征的莫斯科大公,而俄罗斯人也曾经一度占领喀山城。直到1530年,第一位俄罗斯沙皇——伊凡四世的降生,这一僵持局面才得到改变。伊凡出生时,千里之外的喀山王妃伊琳娜从梦中惊醒,惊魂未定的她对喀山汗说:"莫斯科出生了一位皇子,他有两副牙齿,一副会吃掉我们鞑靼人,另一副则会吃掉莫斯科公国。"

伊凡长到18岁时加冕为俄罗斯君主,并改称沙皇,莫斯科公国从此改称沙皇俄国。这位以暴戾和智慧著称的年轻人,被后人称为"伊凡雷帝"。正是他,宣告了俄罗斯与鞑靼之间百年战争的终结。

1552年,22岁的伊凡以"保卫东正教"为名,亲率15万大军和150门大炮攻打"不信上帝的喀山人",并在喀山城下同鞑靼人展开血战。鞑靼人退回城内死守,伊凡雷帝下令坚壁清野,切断水源。然而十天、二十天过去了,鞑靼人依旧生龙活虎,令伊凡雷帝百思不得其解。最终一个鞑靼叛徒道出其中秘密:鞑靼人在城内的水塔下修建了一条密道,通往数百米外的喀赞河。伊凡雷帝立即下令炸毁水塔,然后对喀山城发起强攻。几天之后,喀山沦陷,伊斯兰学者血洒街头,鞑靼人历时百年建设起来的坚固城堡和清真古寺化为废墟,死尸发出的恶臭和血腥久久无法散去。俄罗斯人的这笔血债深深刻在了幸存者的记忆里,直到今天。

果然,在20世纪末苏东剧变的浪潮中,鞑靼斯坦最高苏维埃于1990年第

---

① 鞑靼语"喀山"意为"大锅",据说因为这座城堡形状如同倒扣的大锅而得名。

一个通过了共和国主权宣言,两年后不顾俄罗斯联邦中央的反对,执意举行了"国家地位"问题的全民公决,宣布自己为主权国家和国际法主体。无奈之下,俄罗斯联邦与其展开了艰苦的谈判,最终双方于1994年达成妥协:确认鞑靼斯坦是与俄罗斯联邦联合的国家,给予鞑靼斯坦国家称号;而鞑靼斯坦则口头表示收回"民族独立"要求,只向俄罗斯联邦上缴5%的税。

如今俄罗斯境内的喀山鞑靼人、阿斯特拉罕鞑靼人、西伯利亚鞑靼人(其中混合了蒙古成分),是俄罗斯联邦人口最多的少数民族,人数已经接近600万。

四、"没有鞑靼人的克里米亚"

这是沙皇的一道命令,口号酷似"没有犹太人的犹太国"。

既然沙皇如此看中克里米亚,我们有必要解读一下这个略显神秘的弹丸之地。克里米亚源于塔塔尔语"克里木"①,是黑海北岸的一个半岛,面积尽管只有2.7万平方公里,却是世界闻名的旅游胜地:在这里,可以凭吊英国轻骑兵被歼的遗迹,参观俄罗斯贵族王宫,浏览悬崖上的圆顶教堂,体味四大宗教浸润下的多元文明,寻访"雅尔塔会议"遗址和囚禁苏联总统戈尔巴乔夫的乡间别墅。这里历来是一个易守难攻的军事战略要塞,是俄罗斯和乌克兰的南出海口,是苏联"海军骄子"黑海舰队的驻地。

在蒙古铁蹄踏平基辅罗斯之后,随军西征的一支鞑靼人在半岛上定居下来,建立了克里米亚汗国,半岛从此被称为克里米亚半岛。为使统治变得名正言顺,鞑靼人聘请成吉思汗的十一世孙哈赤吉雷担任了可汗。

随着钦察汗国的衰落,包括喀山汗国在内的鞑靼人、蒙古人汗国被俄罗斯渐次吃掉,只有克里米亚汗国以其勇猛和团结顶住了俄罗斯的蚕食,原因是他们承认奥斯曼苏丹的宗主权,得到了语种相同、血统相近的奥斯曼帝国的强力支持。不仅如此,人们经常可以看到鞑靼人拥出克里米亚要塞,穿过两公里宽的彼列科普地峡,沿着三条小道侵入莫斯科公国纵深,去搜寻强壮的男人、妇女和儿童,其中一次袭击就带走了13万名俘虏,另一次还将莫斯科城烧了个精光。

秋去冬往,花落无意。与俄罗斯争夺乌克兰所有权的土耳其和波兰在衰落,而女沙皇叶卡捷琳娜二世的帝国却在上升。1783年,女沙皇派出军事天才苏沃洛夫征服了克里米亚鞑靼人。之后,有人向女沙皇献计说,克里米亚的

---

① 鞑靼人第一任汗王的名字。

土地非常肥沃,把鞑靼人赶出克里米亚吧。从此,鞑靼人的噩梦开始了,"没有鞑靼人的克里米亚"成了当时的流行口号。

俄国十月革命成功后,他们感觉苦日子到头了。于是,他们聚集在过去克里米亚可汗的住处——达赫其萨莱皇宫召开了"呼里勒台",决定将独立后的国家定名为克里米亚共和国。几星期后,他们的独立梦想就被无情敲碎了。克里米亚成为苏联的加盟共和国,俄罗斯人源源不断地移民此地,15万鞑靼人被迁出故乡,3500名"民族主义分子"被处死或判刑。尽管历史进入了社会主义时代,但"没有鞑靼人的克里米亚"那句口号仍然阴魂不散。

不幸接踵而至。"二战"期间,克里米亚被德国纳粹占领,几个做梦都想独立的愚蠢的鞑靼人,在纳粹首肯下宣布组成了所谓的"政权"。许多人爬到了梯子的顶端,方才发现梯子架错了墙。没等他们后悔,斯大林就于1944年5月11日下达了一道最高机密指令:"将所有克里米亚鞑靼人放逐到中亚,鞑靼人是出卖祖国的卖国贼。"

天刚蒙蒙亮,凶神恶煞的苏联士兵们来到每一家门前,用力敲开门,命令鞑靼人收拾行李离开家乡,给他们的时间只有可怜的15分钟。男女老幼被集中到火车站,像一群小鸡一样被塞进货箱送往中亚。20万人远去他乡,一半人在旅途中病饿而死,凄惨的哭叫不绝于途。

一项法律同时生效:克里米亚鞑靼人禁止进入克里米亚,违反者将判处20年徒刑。就这样,俄罗斯时代的口号"没有鞑靼人的克里米亚"在斯大林手中得以实现。似乎,命运总是与苦难的鞑靼人作对。

问题是,鞑靼人和犹太人一样,从不相信什么命运,在他们眼中,命是失败者的借口,运是成功者的谦词。尽管散落各地,尽管饱受歧视,但他们从来没有放弃申诉与抗争。

久久凝视一朵花,你就会变成一只蝴蝶。在苏联各民族独立浪潮的推动下,克里米亚半岛于1992年5月5日宣布独立,成为乌克兰的一个自治共和国。消息播撒到全苏,迅速点燃了散居各地的鞑靼人的复国热情。中亚的机场突然繁忙起来,几乎每月都有上千鞑靼人乘机返回克里米亚。

"只要你迈进,路就会不断延伸;只要你扬帆,就会有八面来风。"对于亡国二百年的克里米亚人来说,重建家国的路何其漫长艰辛。是理想,是毅力,是不死的民族精神,使他们放弃了中亚的舒适生活,开始了在魂牵梦绕的祖国的新生——目前克里米亚的鞑靼人已经超过20万。

需要告诉大家的是,鞑靼最早的故乡中国仍然流淌着他们的血脉。如今中国新疆的塔塔尔族,其主体就是19世纪初在俄国土地兼并中失去土地的鞑靼流浪者和陆续来到中国定居的鞑靼商人。

在如今的中国西部,与塔塔尔族拥有相似经历的还有两个民族,一是东乡族,主要由信仰伊斯兰教的中亚商人与甘肃临夏东乡地区的汉、回、蒙古人长期融合而成。二是保安族,多是元朝以来信仰伊斯兰教的中亚色目人,在青海同仁地区戍边屯垦,同当地蒙、藏等族长期融合形成的一个民族。

不仅鞑靼被蒙古人征服了,而且蒙古人视野所及几乎无一幸免。被纳入元朝版图的,还有从未被中原王朝征服过的神秘而遥远的吐蕃。

第十四章

吐蕃——盛开在雪域的格桑花

有昆仑山脉在,铁路就永远到不了拉萨。①

一、追寻史前文明的足迹

提起雪域,稍有地理常识的人就会不由自主地联想到高耸入云的喜马拉雅山,联想到世界上最为名副其实的日光城——拉萨。当你躺在点缀着血红格桑花的茵茵草地上,眯着眼睛望着在澄明的天空舞蹈的雪白云朵,有如望着一座永不谢幕的舞台,只要你有足够的想象力,世间所有的角色和所有的故事都会展现在你的眼前。

这是一个离"天"(佛陀)最近、离"人"(世俗)最远的地方,是神话的所在,洁净的土地,信仰的乐园。神秘和梦幻几千年来一直笼罩着这块空气稀薄的土壤。

正因为这里太过神秘,因而要查找西藏土著的来历,如同追寻曲折流淌的雅鲁藏布江源头一样艰辛异常。

毫无疑问,现代藏族、门巴族、珞巴族的祖先是吐蕃(bō)②人,而吐蕃人又来自何处?在半个世纪前,人们还在猜测。参与猜测的不仅有不怀好意的异国僧侣,而且还有治学严谨的历史学家。其中最为流行的是"南来说"、"北来说"和神话传说中的"本土说"。

"南来说"出自印度僧人。他们认为雅隆政权的第一世赞普是印度释迦氏族的后裔,逃到西藏后被当地土人拥立为王。但他们的说法前后矛盾,《西藏王统记》认为一世赞普聂赤赞普是众敬王的后代,《西藏王臣记》认为他是

---

① 见美国旅行家保罗·泰鲁《游历中国》。
② 有台湾和西方藏学家将"吐蕃"读为 tǔ fān。

阿育王的后裔,《布顿氏》则认为是一个叫茹巴蒂的人率部落逃到雪山中居住,但他们都承认西藏早有土著。尽管这些说法皆是别有用心者的无稽之谈,但现在还是被长期侨居印度、一心分裂祖国的十四世达赖喇嘛奉为至宝。

"北来说"出自中国过去的史学权威。在考古水平有限的古代和近代,史学家们多采取推断的方法来认识史前文明。宋代宋祁等著的《新唐书·吐蕃传》讲道:"吐蕃本西羌属,居赐支水西,族曰鹘提勃悉野。蕃、发声近,故其子孙曰吐蕃,而姓勃窣野。"近代史学家翦伯赞、黄奋生等也认为吐蕃是发羌的后裔。其实这一推论在古代就有疑问,《后汉书·西羌传》记载,东汉和帝永元十三年(101)迷唐羌"种众不满千人,远逾赐支河首,依发羌居"。由此可知,发羌居住在黄河源头,远距西藏数千里,相隔数千里的两个部族岂能混为一谈?而且河首一带盐池遍布,西羌早知道用盐佐味,而雅隆人直到公元6世纪才开始做菜加盐。近代的考古发现更不必说了,因而吐蕃"北来说"断不可信。

"本土说"源自藏族的神话传说。很久以前的洪荒时代,有一只母猴邂逅了一位天神,二者日久生情合而为一,在今雅鲁藏布江南岸泽当一带的雅隆地区过起了你恩我爱的生活,生下了很多孩子,繁衍为色、穆、董、东四姓,继而扩展为十八氏族,这也就是我们所说的吐蕃人。传说母猴最早就住在今泽当贡波惹上的一个岩洞内,因此这个岩洞如今依旧是西藏佛众焚香礼拜的重要场所。

一般来说,神话传说带有浓重的迷信、荒诞色彩。然而,下面的话题却令人大吃一惊。

在幽深的历史隧道里,许许多多的秘密像蝙蝠一样栖息着,而阳光总会一点一点透露进来。近代考古学越来越清晰地证明,看似合理的"南来说"和"北来说"不过是猜想和推论,令人不可思议的是,与这些考古发掘相吻合的竟是最不可信的神话传说。

应该感谢头戴遮阳帽、顾不上刮胡须、手拿小铲刀和小刷子的考古学家,是他们使得藏族的历史脉络在一次次发掘中清晰起来。公元1958年,考古学者在西藏尼泽河与雅鲁藏布江汇流处的塔工林芝发现了人类头盖骨,证明西藏高原上自古以来就有人类居住。公元1978年又在昌都加卡区卡若村发掘出新石器时代晚期的古人类遗址,出土了数不清的打制石器、细石器、陶器、磨制石器、骨制工具、粟米,还有密集的房屋、窖穴、炉灶,进一步印证远在人类史前时代,藏族土著先民就在这片广阔、寒冷的高原上创造了灿烂的史前文明。

从此,"南来说"、"北来说"让位给了"本土说"。尽管仍有少数心怀鬼胎的人吵吵嚷嚷、喋喋不休。

二、雏鹰凌空

如果有限的记载没有太多的错误,早期的雅隆人应该群居在今西藏琼结县鸟兽群集、果木丛生的河谷中。他们以树叶为衣,野生的青稞、果物、豆类为食,先后发明了弓、矢、斧、刀、箭镞,逐步建立了自己的原始部落联盟——鹘提悉勃野(雅隆政权的古读法)。

鹘提悉勃野部的第一世赞普①名叫聂赤②,大约生活在公元前4世纪中叶。聂赤赞普传说是天神与母猴之子,后来当了雅隆六牦牛部之王,被众人尊为赞普悉勃野。

就在雅隆的主流民族繁衍生息的同时,另一个高原民族——羌族从中国的西部迤逦南来。西羌牦牛部、发羌、唐旄羌以牺牲自我的方式与当地土著人婚配,并最终以湮没对方的方式融入了西藏的土著居民。③ 怪不得许多人认为吐蕃④出自西羌。

于是,融入了多支羌人血脉的吐蕃在这块寂静的土地上编织梦想,他们学会了用湖水灌溉农田,以牛力开垦土地。后来,第十五世赞普意肖烈建立了属于自己的城市——琼巴堡寨(史称"匹播城"和"跋布川")。这座城市尽管很小,但已经像花一样灿烂地盛开在岁月的枝头。难怪吐蕃历史学家对此颇费笔墨,津津乐道。

梦想还在延续。第二十八世赞普弃诺颂赞将牧地与农田连接起来,国土已经很难用马匹丈量。后来,第三十一世赞普论赞弄囊(即朗日论赞)用武力和智慧吞并了强盛的女国,为儿子的闪亮登场做好了准备。

岁月是一把看不见的弯刀,斑白顺着刀刃爬上了发梢。是玫瑰,总有凋谢的时候;是彩虹,总逃不过消散的宿命。朗日论赞执政后期,一味重用叛归吐蕃的女国大臣,引起吐蕃父王六臣和母后三臣的强烈不满,女国残部羊同又联合苏毗、达布、工布、娘波纷纷起兵叛乱。在内外交困的日子里,朗日论赞被叛臣毒死。

毕竟"青出于蓝",更胜过"英雄迟暮"。

大凡英雄,总是受命于危难之时,在历史的呼唤声中隆重登场。唐太宗贞

---

① 意为雄壮丈夫。
② 意思是以脖颈为宝座。
③ 见白寿彝总主编《中国通史》,上海人民出版社 1994 年版。
④ "吐"的意思是上,"蕃"是西藏土著人的自称,雅隆蕃被称为"上蕃"是为了与附国各蕃相区别。

观三年(629),朗日论赞之子、13岁的弃宗弄赞继任第三十二世赞普,他就是吐蕃历史上的那道长虹——松赞干布。

尽管荆棘丛丛,尽管年纪轻轻,但他毕竟有了展示自己魄力与才华并在艰难曲折中逐渐鲜亮的政治舞台。于是这只年轻的"高原雄鹰"凭借东风,浩荡入云,开始丈量无边的长空,其情景恰如年少的康熙在危机四伏中继承空缺的帝位。

接下来,他将下毒者夷灭了九族,创立了意在保持内部团结的大小盟制度,设立了大相(大论)、副相(小论)等官职,出台了成文法典《十善法律》,依据于阗文创造了拥有30个字母的吐蕃文,征服了今西藏阿里一带的羊同,消灭了今青海玉树一带的孙波,将都城确定在日光城——逻些(今西藏拉萨)。

一个强大的吐蕃在同样强大的唐朝身边默默崛起。

三、千里姻缘

听说唐朝公主嫁给了突厥和吐谷浑可汗,18岁的松赞干布也派出使者远赴大唐求婚。不幸的是,唐太宗低估并回绝了这个此前默默无闻的高原青年。于是松赞干布发兵将四川西境的松州围困了好长时间,在唐军付出了惨重的代价后才撤兵西归。

贞观十五年(641),松赞干布已经25岁,他再次派出使者向唐求婚,而且承担这一使命的是吐蕃二号人物——大相禄东赞,聘礼是5000两黄金和数百件珍玩。

当时各国求亲的使者很多,唐太宗颁下诏令,使者们必须参加考试,哪国通过考试,就答应哪国的和亲。在今布达拉宫的壁画中,就描绘着"唐太宗六难求婚使禄东赞"的场景。

试题一共六道。第一道题是一根木头两头一样粗细,要辨别哪头为根部,哪头为尾部。禄东赞将木头放入水中,根部因密度大而向水中倾斜,此题被顺利破解。第二道题是将一根丝线穿过一颗有九曲孔道的明珠,禄东赞把丝线拴在一只蚂蚁的细腰上,让它带着丝线穿过了明珠。第三道题是把100匹母马和100匹小马驹混在一起,要求辨出母子。禄东赞把母马和马驹分开,断绝了马驹的饲料和水。第二天,饥饿的马驹分别跑到母亲那儿吃奶,母子关系不言自明。第四道题是将100只小鸡和100只母鸡圈在一起,要求分出哪只小鸡为哪只母鸡孵出。禄东赞将小鸡与母鸡分开,到喂食时将小鸡赶到鸡群中跟母鸡啄食。然而仍有一些小鸡到处乱跑,禄东赞就模仿老鹰和鹞子发出叫声,那些不听话的小鸡就乖乖地跑到母亲身边去了。第五道题要求每位使臣在一天内吃完一只羊,喝完一坛酒,还要回到自己的住处。别的使臣半天就已经酒足饭饱,不省人事。禄东赞虽然也醉了,但来时在住处拴了一根线将自己牵到酒宴上,所以他能顺着线回到住所。最后一道题是让使臣从500名盖头蒙面的宫女中辨认出文成公主。这一难题最终也未难倒足智多谋的禄东赞,他拿出调查研究的本领,从一位宫女的母亲那里打听到文成公主喜欢用一种特殊的香,此香常引来蜜蜂。考试那天,禄东赞放出蜜蜂,很快就令人惊讶地"猜"到了文成公主。

承诺兑现,唐太宗将叔伯兄弟——任城(今山东济宁)王李道宗改封为江夏王,将李道宗的女儿封为文成公主,并于随后册封松赞干布为驸马都尉、西海郡王。

文成公主由生父李道宗和吐蕃求婚使禄东赞陪同,于隆冬季节正式启程,唐蕃历史上最美的婚姻故事开始了。

真正的爱情如象征着爱与吉祥的格桑花,越是生长在贫瘠的高原上,越是令人赏心悦目。送亲队伍逢山开路,遇水架桥,经甘肃天水、陇西、临夏,青海民和、乐都、西宁、日月山、倒淌河、切吉草原、温泉、花石峡,在春暖花开的季节来到了吐蕃的东界柏海(今青海玛多县)。远远的,送亲队伍的视野里出现了一支人马,马队里簇拥出不远千里赶来迎亲的松赞干布。

两支队伍会合后,松赞干布向李道宗行了"子婿礼"。按照礼节,文成公主和松赞干布只能远远相见,但两人一遇便进入爱情的盛夏,当晚就迫不及待地偷偷相会,在临时搭建的"柏海行馆"度过了激情浪漫的洞房花烛夜。

大队人马行至今青海省玉树县境内的一个峡谷(贝纳谷),突见天蓝如碧,百鸟翔集,山上松柏如画,山下小河如诗。赞普与公主被优美的景色和宜人的气候深深陶醉,便在幽静山谷间停下来享受蜜月。其间,文成公主和工匠一起耐心地向玉树人传授谷物和菜子的种植方法以及磨面、酿酒技术,把丰收的希望和生活的喜悦灌满了民众的心田。公主离开之后,当地民众仍争相传诵她的美貌与爱心,并请工匠把她的足迹和相貌刻进石头,年年膜拜。

随同文成公主西行的既有侍女、工匠、乐队,还有佛像、经卷、药方、种子、卜筮经典、医疗器械作为嫁妆,其中不乏唐朝的"禁运物资"和"技术专利",是一次充分体现唐朝诚意并令吐蕃喜出望外的规模宏大的文化传输。文成公主抵达逻些时,人们载歌载舞,欢呼雀跃,以吐蕃人最隆重的方式欢迎远道而来的大唐公主。

如果说漂亮的脸蛋是一份推荐书的话,那么圣洁的心灵就是一张信用卡。文成公主尽管十分思念故乡的亲人和长安的繁华,但她从未对吐蕃表现出丝毫的嫌弃和怨恨。她为了吐蕃的安宁,与尼婆罗的尺尊公主(先于文成公主嫁给松赞干布)一起劝说丈夫信仰和推广佛教。她带去的释迦牟尼12岁等身镏金铜像供奉在松赞干布特意为她修建的小昭寺;她还改进了耕作技术,教会了吐蕃人养蚕织布和种植蔬菜,被藏民亲切地称为"阿姐甲萨"①。笑靥如花,她如火如荼地映红了那片格桑花;瞳人流转,她如竹如柳地装点了那条拉萨河;长发飞泻,她如虹如月地点亮了那盏酥油灯。

这段美丽的爱情也使唐蕃边界人民享受到了久违的和平。

美中不足的是文成公主和尺尊公主都未能生育,更为遗憾的是与文成公主相守仅仅8年的松赞干布于唐高宗永徽元年(650)突然病逝,年仅34岁。此后,这位吃苦耐劳的山东女子承受着远离亲人的苦楚,跨过了失去丈夫的深渊,又在这块土地上生活了30年,直到唐高宗永隆元年(680)黄叶纷飞的秋天。

如今,她从大唐带去的经卷仍收藏在布达拉宫中,她从大唐带去的佛像仍供奉在大昭寺②里,她从大唐带去的种子仍一季一季地播种、收获,她的芳容与精神已经像圣山圣湖一样镶嵌在青藏高原上。

从此,一个固定的爱情词组——"松赞干布和文成公主",像中国神话传说中的"牛郎织女"一样,在中国漫长而纷繁的历史银河中永恒地闪烁。

四、浓尽必枯

松赞干布病逝后,天并没有塌下来,在他的孙子芒松芒赞继位(他的儿子已死)的日子里,大相禄东赞担当起了辅佐朝政的重任。

禄东赞最大的功绩是划定田界,确立了吐蕃的封建制度,给吐蕃的农牧业插上了飞速发展的翅膀。此后,禄东赞率军灭亡了东北方向的吐谷浑国,将身为大唐女婿的吐谷浑可汗和弘化公主赶出了故乡。

唐蕃之间已经没有缓冲地带,一场决战在所难免,就像大雪总要在特定的季节飞来一样。

血战发生在唐高宗咸亨元年(670),继任大相的禄东赞之子尊业多布派出40万吐蕃大军与唐朝名将薛仁贵的10万征西军在大非川(今青海共和县的切吉旷原)展开决战。结果,唐军几乎全军覆没,唐朝西域四镇龟兹、于阗、焉耆和疏勒一一被吐蕃夺去。昔日威风八面的薛仁贵被戴上枷锁押解长安,贬为庶人。

---

① 意为汉族阿姐。
② 始建于公元7世纪,初名"惹刹",后改名为"大昭寺",意为有释迦牟尼像的佛堂。

随后,吐蕃继续向东南、西北方向扩张。唐代宗李豫广德元年(763)金秋季节,大唐金城公主之子赤松德赞发兵从奉天(今陕西乾县)挺进长安。结果,吐蕃不仅顺利攻陷了这座伟大而坚固的都城,而且还册立唐朝的广武王李承宏①为伪皇帝。也许是吐蕃人根本不适应内地浓重的氧气含量,因而在唐朝做出巨大让步的情况下,与唐朝签订了《唐蕃清水盟约》。

到唐德宗贞元六年(790),吐蕃的统治区域已东接唐边,南达尼婆罗,西占西域(包括北庭、西州和安西四镇),北抵突厥,幅员万里,规模空前。其间,尽管唐中宗于景龙四年(710)将金城公主嫁给吐蕃赞普赤德祖赞,赤德祖赞也向唐王上书宣称唐蕃已"和同为一家",但吐蕃一直对唐采取攻势。一味地扩张使吐蕃民众苦不堪言,也使吐蕃赞普四面树敌,辉煌的外壳暂时遮盖了渐进的腐朽。

公元8世纪下半叶,控制了中亚的阿拉伯哈里发王朝与吐蕃在西域发生冲突,唐僖宗又暗中与回纥、南诏结成了统一战线。立刻,吐蕃陷入了四面受敌的困境。无奈之下,吐蕃于唐穆宗长庆元年(821)遣使向唐朝求和,双方在拉萨大昭寺前立下了会盟碑,碑上刻着"彼此和好,互不侵犯"的字样。

和平并未能挽救吐蕃,原因在于持续的内乱。可黎可足赞普长期患病,朝政由僧侣派代表人物钵阐布执掌,失势的灭佛派与钵阐布展开了你死我活的斗争。

掌握了朝政的钵阐布自认为老子天下第一,根本不懂得身处高位更应该夹起尾巴做人,最后竟发展到和寂寞的王后通奸的地步。正愁找不到借口的灭佛派大喜过望,在四处煽风点火、制造舆论的同时,开始暗中策划实质性的行动。一天夜里,钵阐布照例溜进皇宫与王后约会,就在他们赤身裸体、颠鸾倒凤的时候,一伙灭佛大臣持刀来到床前,将他们送进了更为逍遥的天国,重病在身、戴了绿帽的可黎可足赞普也被灭佛大臣缢杀。

第二天清晨,可黎可足之弟达摩被立为赞普。意外上台的他对灭佛大臣们充满了感激之情,因此一味崇信本教②,打压佛教,把信佛的大臣们逼到了走投无路的地步,于是信佛派以其人之道还治其人之身,于唐武宗李炎会昌六年(846)暗杀了达摩。

达摩遇刺后,王后(chēn)氏开始当权。不久,怀上了达摩遗腹子的次妃顺利地产下了一名男婴,起名维松③;王后不甘心王位旁落,谎称内侄乞离胡

---

① 金城公主的侄子。
② 本教也称"苯教",是流行于藏族地区的一种信仰万物有灵论的原始多神教。
③ 意为光护。

为自己的儿子,为他取名永丹①。从此,两妃各挟其子,王族和宦族之间爆发了你死我活的战争,具有200年统一历史的吐蕃走向了分裂。行文至此,我仿佛听到火对冰说:我可以融化你。冰对火说:我可以熄灭你。两者都达到了目的,结果同归于尽——被融化的水中分明带着火的体温。

分裂后的吐蕃像凋零的花瓣一样先是一分为四:一个在今后藏的阿里,即阿里王系;一个在后藏,即亚泽王系;一个在前藏,即拉萨王系;一个在山南,即亚陇觉阿王系。后来分裂以几何状态展开,拉萨王系分出冲波巴、姜郊瓦、拉波浪巴、至巴、业塘巴、芦巴藏巴等;阿里王系建立的古格王朝也一分为三;亚陇觉阿王系后来进入青海一带,唃厮罗②就是他们的子孙。

一朵瑰丽的高原奇葩就这样零落满地。

五、遥远而悲壮的古格

古格,一个满含着历史沧桑的名字,一个充溢着传奇色彩的国度。如今西藏阿里高原上的那片废墟泛着清冷的光,时间将古格王朝曾经拥有的辉煌和繁华隐藏起来,只有一段关于兴衰的记忆流传至今。

达摩被杀后,两大集团展开了旷日持久的争斗,最后以维松的儿子贝考赞失败而告一段落。唐昭宗乾宁二年(895),贝考赞之子吉德尼玛衮带着上百名亲信向西部荒远的象雄逃命③,就这样,古格王朝悲壮的历史帷幕徐徐拉开。

落难王子逃到阿里后,被安居在神山圣湖之间的象雄土王扎西赞接纳了,这位象雄遗民的首领,对王子所具有的吐蕃王族血统以及他所代表的西藏腹地文明满怀仰慕,毫不犹豫地将女儿卓萨廓琼嫁给了他,并让女婿继承了自己的领地。象雄④被王子改名为阿里⑤。

经过几十年的励精图治,他们兼并了周围的部落,在这块空气稀薄的高原上建立了割据一方的王朝。

吉德尼玛衮去世后,三个儿子依照他的遗嘱瓜分了这个国家,长子贝吉衮占据芒域(今克什米尔南部),建立了后来的拉达克王国;次子扎西衮在布让(今西藏普兰县和尼泊尔西北部)建立了布让国,后来被古格王国兼并;幼子

---

① 意为母坚。
② 意为佛子。
③ 见王辅仁《西藏佛教史略》,青海人民出版社1982年版。
④ 意为大鹏鸟之地。
⑤ 意为属民之地。

德祖衮封于象雄,他就是古格王国的开国赞普。这就是西藏历史上著名的"三衮占三围"①的故事。

德祖衮在世时就开始复弘佛法,他的两个儿子柯日和松埃对佛教倾注了更大的热情。松埃竟然出家修行,专心事佛,取名拉②喇嘛益希沃。

益希沃的故事至今让藏族百姓口胎能详。为实现以佛教拯救众生的理想,在小孙子沃德担任国王的年代,年迈的益希沃像十字军一样带兵远征王国西北的伊斯兰国家葛逻禄,但在战争中不幸被俘。异教徒让他选择:一是投降异教,可以放他回古格;二是用与他身体等重的黄金赎回,否则将他处死。益希沃宁死不屈,敌人用火灼烤他的脑门,使他的神志受到严重摧残。古格国王闻讯后,四处搜集黄金,待黄金搜集到还差一个头重时,古格国王派人探监,益希沃对来人说:"不必用黄金赎我了,因为我已经残废。你们可用黄金到印度迎请高僧阿底夏到西藏弘法。"益希沃自愿死在异教徒手中。

按照叔祖的遗愿,古格国王派人到印度迎请阿底夏。曾担任印度18所寺庙住持、年近60岁的阿底夏被古格人的宗教热情所感动,历经10年颠簸来到古格,在藏地传教9年直到去世,古格王朝在西藏"后弘期"佛教史上的神圣地位因此确立。

道路往往在最直的地方拐弯。赤扎西查巴德担任国王时,期望政教合一的上层喇嘛们开始威胁到他的权力,于是他利用天主教打压喇嘛教,并一意孤行地修建了西藏有史以来的第一座天主教堂。

矛盾被激化起来,古格僧人情绪激昂,兄弟们也向他发出了警告,但这些警告不仅未能使他回心转意,他甚至拿出了令全部喇嘛还俗的强硬计划。明崇祯三年(1630),风云突变,激浪拍天。在他身患重病的时候,喇嘛集团和地方贵族发起了暴动。

而且暴动策划者向远方的拉达克国王发出了求援信号。尽管位于今克什米尔列城附近的拉达克王国距离古格500公里,但因为拉达克国王僧格朗杰有过妹妹被古格王无辜退婚的耻辱,再加上两国领土纠纷不断,于是派军直指古格,古格顿时狼烟四起,箭矢如蝗。

古格城堡攻防战相当惨烈,从古格遗址发掘出的漫山遍布的武器,就可以设想当时的情景。据说拉达克国王在损失了一批批的生力军后,本来已经准备撤军,是叛乱集团的一条毒计最终葬送了古格。古格国王的弟弟,也就是叛

---

① 布让是雪山围绕的地方,象雄是岩石围绕的地方,芒域是湖泊围绕的地方。
② 即"天"。

乱集团的领袖,按照密谋的计划来到被围的王宫,先是假惺惺地哭诉了一番兄弟之情,接着向哥哥承诺,只要向拉达克人投降,保证每年向拉达克进贡,那么他将出面说服拉达克人撤军,并且保证国王继续执政。而且他们兄弟的一切不愉快也一笔勾销。这明明是一个骗局,可是重病在身的国王已经无心恋战,于是他在稍加思索后答应了弟弟的条件。

还有一种说法是,建在山顶的古格王宫是西藏防守能力最强的建筑,只有一条隧道可以通到山顶的王宫,而周围全是悬崖峭壁。无奈之下,拉达克人驱赶古格百姓在半山腰修建石楼,以便能在石楼和山顶一样高时最终拿下古格(如今石楼遗址尚在)。据说被迫夜以继日地修筑石楼的古格百姓发出的凄苦歌声,被爱民如子的古格国王听到,于是他做出了投降的决定。

不论过程如何,结果都是一样:当古格国王率领卫队从土山顶部的王宫走下来投降时,拉达克国王一声令下,伏兵挥舞着刀枪冲了出来,古格卫兵们悉数倒在了血泊中,被俘的国王和王室成员被押送到列城囚禁①,王宫里的珍宝被洗劫一空,无数的古格百姓被驱赶到拉达克做了奴隶,引狼入室的叛乱者们也在拉达克度过了凄惨的晚年。

至此,传26代立国700年的古格王朝成为苍烟落照。

拉达克国王灭掉古格后,任命他的儿子为古格新国王,但这个国王多数是名义上的,他并没有专心经营这块荒凉偏僻的高原,只是偶尔派出军队到此巡逻。为了防备古格人东山再起,他们纵火毁坏了这座城堡,直到清康熙十九年(1680)拉达克巡逻兵被五世达赖的军队赶走。

如今归属印度的拉达克人遗世而独立,生活在喜马拉雅山脉深处,拥有人口近30万,是印度唯一信仰喇嘛教的民族,有"小西藏"之称。拉达克首府列城曾经是古老丝路的一站,海拔高达3500米,位于印度谷北面的一座开阔山谷中,抬头望去,四面皆是连绵雄伟的群山。这里的人们过着不被人打扰的生活,仿佛完全没有紧张和烦恼,即便一点点的不愉快,也如同童话世界里情节所必需的小小波折。

从此,古格人在阿里失去了踪迹,他们去向何方,至今无人知晓。

直到今天,阿里的人口也没有超过古格王朝时期。有幸来到阿里的人们,无不对此伤感不已。无风的世界了无声息,只有明媚的阳光照耀着古格遗迹上那些苍老而散落的石头。天地间,也只有这些石头能够解释此地非凡的过去。

文明是一条长长的河,会不断有细流的渗出和汇入。我们没有理由断定

---

① 见伍昆明《早期传教士进藏活动史》,中国藏学出版社1992年版。

任何文化甚至是灿烂的文化将万世长存。南危地马拉的丛林里,玛雅文化不是只剩下了一堆废墟吗?世界上最伟大的古希腊和古埃及文明不也倒在历史的激流中了吗?

六、高原福音

把历史时针倒拨1000年,解读西藏宗教孕育、诞生、发展、交替和最终定型的曲曲折折。

有人问,人世间为什么会有宗教?其实原因并不复杂。即便是科学技术高度发达的今天,人们仍对许多自然和人生问题大惑不解,何况是科学尚处于童年时代的古人了。古人既然对于成千上万的问题想不通、看不透、辨不明,就只有"求问"于上苍、大地和万物,于是就有了原始的宗教。

藏地早期流行的是宣扬万物有灵论、崇拜天神与魔神的本教,它的创立者是拥有8000年历史的藏地土著——象雄。

本教的衰落,原因在于象雄王的一个不太明智的举动。

象雄王名叫李迷夏,是松赞干布的妹夫。可能是嫌弃松赞干布的妹妹赛玛葛不够美丽、体贴,李迷夏居然把这位王妃打入了冷宫。这一愚蠢的举动给了处于强盛时期的松赞干布出兵的借口,于是松赞干布发兵杀死了自己的妹夫,象雄随即灭亡。

之后,和平成为时代的主旋律,以祈祷为专业、"能逢凶化吉"的本教不得不让位给劝人向善、"能度人去天国"的佛教。

佛教真正占据上风还是在松赞干布逝世77年之后。唐玄宗开元十五年(727),吐蕃赞普弃隶缩赞对佛教进行了精心的改造和完善。新的佛教以因果报应说为基础,吸取本教的神秘法术,遵从显宗、密宗的传承方式,加进了灌顶修行等宗教仪规,形成了独具特色的神秘而深奥的藏传佛教(俗称"喇嘛教"),使之在与本教的对抗中处在了必胜的地位。唐代宗大历十四年(779),吐蕃有了首座佛寺桑耶寺,从此,佛教寺院遍布高原。在僧侣派掌握了实权的可黎可足赞普时期,佛教达到极盛,这一阶段也被称为藏传佛教的"前弘期"。

不是说佛教万能吗?为什么佛教占据上风的吐蕃走向了衰亡呢?第四节谈到的状况,让吐蕃百姓和上层集团产生了重重疑惑,于是灭佛派拥立的达摩赞普趁机兴本灭佛。

此后是300年的论战、争斗和纠缠。其实争斗并不可怕,因为它本身就是互相吸收、接近、融合的过程。问题在于谁更明智、更主动、更宽容。最终,佛教在纠缠和对比中胜出,并在公元10世纪后期完成了西藏化的过程。至此,佛教进入了"后弘期"。

而且这里出现了历史罕见的宗教景观——西藏"佛教之花"朵朵争艳,影响较大的教派有宁玛派①、萨迦派②、噶举派③、噶当派④、格鲁派⑤、觉囊派⑥等,整个雪域被装点得姹紫嫣红。

每个人来到这里都将无一例外地受到心灵的震撼,就连提着滴血的马刀四处游荡的蒙古人也被深深感染。蒙古进藏仅仅20年,忽必烈聘请藏传佛教萨迦派领袖八思巴为国师,负责掌管全国宗教事务,并被授予了与中央直属的宣政院一起管理卫藏13万户的特权。

元朝灭亡后,明朝在西藏设立了乌思藏都司和朵甘都司。

一个名叫宗喀巴的人进入历史的视线。这个出生在今青海湟水之滨的佛教徒,为改变萨迦王朝上层喇嘛唯利是图、生活腐化、以修密法为名玩弄妇女的污浊风气,于明太祖洪武二十一年(1388)创立了崇尚苦修、严格戒律的格鲁派。他53岁时在拉萨大昭寺主持了有僧众上万、俗众数万人参加的规模空前的大祈愿会,一举成为藏传佛教的最高经师。会后,他在拉萨以东创建了甘丹寺。他还以隐语诗的形式,宣称自己直系噶当派祖师阿底夏之传,使得众多的噶当派寺院改宗格鲁派。

格鲁派异军突起。

七、达赖与班禅

宗喀巴是黄教的创始人,但却不是第一世达赖。

第一世达赖喇嘛(被认为是观世音菩萨的化身)名叫根敦朱巴,是宗喀巴的著名弟子,他最大的功劳是筹建了后藏的扎什伦布⑦寺。宗喀巴的另一个重要弟子撰写了《宗喀巴传》,这就是后来被追封为一世班禅(被认为是无量光佛的化身)的克珠杰。

根敦朱巴圆寂后的三年,后藏平民家庭出身的根敦嘉措被格鲁派认定为

---

① 意为旧派,又称"红教"。
② 意为白土,又称"花教"。
③ 意为口传派,又称"白教"。本派细分为噶玛噶举、帕竹噶举、蔡巴噶举、巴绒噶举等;噶玛噶举再分为黑帽派和红帽派。
④ 意为教授佛语,后改宗格鲁派。
⑤ 意为善律,因藏黄色僧帽,又被称为"黄教"。
⑥ 因教派位于日喀则觉摩囊地区而得名。
⑦ 意为吉祥须弥。

"转世灵童","转世说"遂成惯例。明世宗嘉靖九年(1530),根敦嘉错设立了"第巴"一职来管理格鲁派庄园、农奴事务,使得自己有精力专心修行。明神宗万历五年(1577),三世达赖喇嘛索南嘉措与蒙古土默特部俺答汗在青海聚会并互赠尊号,俺答汗赠给索南嘉措的尊号是"圣识一切瓦齐尔达喇[①]达赖[②]喇嘛[③]"。从此,蒙古人宣布放弃传统的萨满教,改信黄教。

也许是对黄教的过度发展心怀恐惧,噶玛政权的第巴藏巴汗下达了禁止黄教的命令。面对生与死的挑战,五世达赖罗桑嘉措与黄教的另一领袖罗桑曲结(后来的班禅)派人恳请已经皈依黄教的固始汗[④]于清太宗崇德六年(1641)率兵入藏,将藏巴汗政权一举荡平,黄教重新成为西藏的主导。

固始汗于清顺治二年(1645)驱逐了后藏的宁玛派,尊黄教另一领袖罗桑曲结为四世"班[⑤]禅[⑥]博克多[⑦]"(前三世为追封)。至此,整个藏区成为金色的海洋。

我们不得不佩服黄教领袖们的先见之明。早在清军未入关之前,固始汗和五世达赖、四世班禅就于崇德七年(1642)派使臣前往盛京拜见皇太极。大清入主北京后,达赖又亲自率领3000人的西藏代表团前往北京朝贺,顺治以隆重的礼仪接待了来自雪域的客人。

返程的路显得十分遥远,不知不觉走了一年。一天,这支慢腾腾的队伍后面追来一支清朝马队,马队向五世达赖送上了顺治册封的金册和金印。从此,中央政府册封达赖成为定制。清康熙五十二年(1713),五世班禅被康熙册封为"班禅额尔德尼"[⑧]。之后,达赖以布达拉宫为中心主前藏事务,班禅以扎什伦布寺为中心主后藏事务,历世达赖、班禅互为师徒,共同主宰着万千藏民的精神世界。

说起达赖,人们的脑海里会自然浮现出慈眉善目、正襟危坐的形象,事实也的确如此。但万事万物总有特例和另类,达赖中的一个另类是爱情诗人,名叫仓央嘉措[⑨]。

他生于西藏门隅宇松地区一个宁玛派咒师之家,康熙三十六年(1697)被

---

① 梵文金刚持之意。
② 蒙古语大海之意。
③ 藏语上师之意。
④ 卫特拉蒙古四部之一,清太宗崇德二年即公元1637年从天山来到青海。
⑤ 梵语意为智慧。
⑥ 藏语意为大。
⑦ 蒙古语意为睿智英武之人。
⑧ 满语意为智慧之光、德之光。
⑨ 意为音律之海。

第巴桑结嘉措指定为转世灵童，继而成为六世达赖喇嘛。本来喇嘛应该老成持重、气定神闲，但他骨子里偏偏洋溢着诗人特有的浪漫气质。少年时代，他就与美丽的藏族姑娘仁珍翁姆爱得死去活来。其实宁玛派并不禁止娶妻生子，而达赖所属的格鲁派则严禁女色。角色与天性的冲突在他20岁那年爆发，为了得到不属于喇嘛所有的爱情，他曾拒绝接受比丘戒。他在诗中写道："默思上师的尊面，怎么也没能出现。没想那情人的脸蛋儿，却栩栩地在心上浮现。"但他又十分矛盾："若依了情妹的心意，今生就断了法缘；若去了那深山修行，又违了姑娘的心愿。"因而恋恋不舍："一个把帽子戴在头，一个把辫子甩背后；一个说请你慢慢走，一个说请把步儿留；一个说心儿莫难受，一个说很快会聚首。"《仓央嘉措情歌》是一首首令人心醉神迷的歌，它表达的欲望如一池的云影，一天的涛声，一舟的明月，一袭盈袖的暗香，因而成为藏族文学史上一颗别样的明珠。

如同中原的宋徽宗一样，他的文学天赋远胜于宗教才干。但这并非他人生悲剧的主要起因，他的悲剧在于五世达赖圆寂后，桑结嘉措秘不向清朝报丧达15年之久，并与蒙古拉藏汗矛盾激化。在桑结嘉措被拉藏汗杀掉后，未受清朝册封的仓央嘉措被康熙作为假达赖喇嘛谕旨解送北京。仓央嘉措在解送途中病故于西宁口，年仅25岁。如今的门巴族自称是仓央嘉措的后人，"门巴"意为居住在门隅的人。

六世达赖死了，但麻烦并未结束。康熙四十六年（1707），拉藏汗与第巴隆素重新立伊喜嘉措为六世达赖，清朝也一度给予了认可，但西藏僧众一直不承认他的身份。3年后，格鲁派僧侣在西康理塘寻得仓央嘉措的转世灵童格桑嘉措，与拉藏汗各挟一个达赖喇嘛互争真伪。康熙五十六年（1717），准噶尔部策零敦多布出兵西藏，杀死了拉藏汗，结束了固始汗子孙对西藏75年的控制。

清朝不会无动于衷。康熙五十九年（1720），清朝出兵赶走了策零敦多布，结束了蒙古人统治西藏的历史，公开宣布格桑嘉措为七世达赖喇嘛。

八世达赖强白嘉措时期，廓尔喀（尼泊尔）与西藏因银钱交换发生争执，3000名廓尔喀军人挺进西藏，洗劫了黄教圣地扎什伦布寺。清将福康安率军入藏，赶走了廓尔喀人并攻入了廓尔喀国境，迫使廓尔喀成为清朝藩属，顺便为藏传佛教确立了金瓶掣（chè）签的转世灵童认定制度。乾隆五十八年（1793），乾隆规定驻藏大臣与达赖、班禅地位平等，总摄政教权力，西藏政教合一的体制正式定型。

从此，清朝将吐蕃划分为卫（前藏）、藏（后藏）、阿里三部，在这一地区生活的吐蕃人从此被称为"藏族"。

清代,藏人在唐代逻些遗址上建立了一个新的城市,取名喇萨①。夏宫——罗布林卡②和冬宫——布达拉③宫都是达赖处理政务的地方。班禅的办公地点则固定在扎什伦布寺。

十三世达赖土登嘉措和九世班禅曲吉尼玛是清朝册封的最后的藏传佛教领袖,他们分别圆寂于公元1933年和1937年。

八、不丹与锡金

谈到藏传佛教,不得不赘述与西藏有着千丝万缕的联系且同样信仰藏传佛教的不丹、锡金。

位于喜马拉雅山南坡东段的不丹王国,早在公元8世纪就引入了藏传佛教。公元17世纪中叶,在西藏宗教竞争中败下阵来的噶举派教主逃到不丹,后来借鉴西藏政教合一的制度建立了不丹国,政权由"转世"的宗教领袖沙布东和世俗领袖德布王共同执掌。康熙年间,随着西藏成为中国疆域的一部分,不丹也主动认宗中国,开始向清朝称臣纳贡。

公元1865年,英国殖民者侵入不丹王国,与不丹签订了不平等的《辛楚拉条约》;公元1910年,英国又规定不丹的对外关系接受英国指导。英国势力退出南亚之时,印度继承了英国人的殖民政策,规定印度有权对不丹的外交提出"劝告",实际上将不丹置于了印度的"保护"之下。直到公元1979年,不丹才开始在外交上独立。现在不丹王国的居民仍信仰喇嘛教,并奉拉萨教廷为宗教中心。

位于喜马拉雅山南麓中段,总面积7100平方公里,人口只有30余万的锡金王国,始建于17世纪。原为西藏属地,历史上被称为"哲孟雄"或"木雄"。锡金人无论是血统、语言,还是习俗、信仰,都与邻近的西藏密不可分。锡金人大多信仰藏传佛教,奉拉萨教廷为宗教中心。

锡金的苦难岁月缘于公元19世纪初期。当时,尼泊尔与哲孟雄因边界争端引发了战争,弱小的哲孟雄很快就处于了下风。早就对南亚虎视眈眈的英国人以调解为名,介入了哲孟雄的政治事务。

众所周知,把蚯蚓抛入河中的人并不一定是鱼的朋友,但饥不择食的哲孟雄人热情接纳了这些"远方的友好使者"。英国人先是帮助哲孟雄击退了尼

---

① 意为圣地,今名"拉萨"。
② 意为宝贝园林。
③ 指拉萨城西北的玛波日山,藏传佛教把此山称为观世音菩萨的住地普陀山,藏语称之为布达拉。

泊尔的进攻,继而挟功邀赏,以每年300英镑的租金割占了大片领土,随后得寸进尺,向哲孟雄发起进攻。万般无奈之下,哲孟雄向清朝驻藏大臣紧急求援,但此时的清朝自顾不暇,英国殖民者得以长驱直入,以武力把西藏血统的哲孟雄国王赶回了西藏,强迫哲孟雄订立了城下之盟,将其纳入了英国的势力范围,还于清光绪十六年(1890)逼迫驻藏大臣升泰签订了《藏印条约》,承认哲孟雄内政外交均由英国一国经办。从此,哲孟雄正式沦为英国的"保护国",旧中国与哲孟雄原有的政治关系随即终止。就在这一年,哲孟雄改名锡金。

好不容易等到英国人退出南亚,锡金人就体会到了什么叫"刚出狼群又入虎穴"。公元1947年,新独立的印度逼着锡金订立了《维持现状协定》,继而派军进驻锡金,由印度外交官以执政官身份接管了锡金政府。公元1974年,印度通过宪法修正案,改锡金为印度的"联系邦"。第二年,又废黜了名义上的锡金国王,改联系邦为印度的第二十二个邦。

印度的霸道行径自然激起了锡金人民一轮又一轮的反抗浪潮,也引起了国际社会的广泛关注和深切同情。中国政府曾于公元1974年和1975年两次发表声明,不承认印度对锡金的吞并。公元1982年继任的旺楚克·滕辛·纳姆加尔国王也对外宣称印度吞并锡金非法。

九、英军进藏

英国在占领印度、尼泊尔、不丹和哲孟雄后,便像习惯了吃辣椒的人一样胃口大开,把流着口水的大嘴对准了西藏这个位于英属印度边界上、面积与西欧不相上下的广袤领土。

面对日益迫近的刀光和血腥,西藏民众和爱国僧侣被迫于清同治五年(1866)在隆吐山设立了哨卡,修建了日光护法灵庙,企图以军事、精神两种力量阻止张着血盆大口的英国人。

藏军在自己的领土上设卡本是天经地义的事情,却成了不讲理的英国人出兵的理由。英军打着"促使西藏进入文明时代"的招牌(类似日本的"大东亚共荣"),于清光绪十四年(1888)初向隆吐山哨卡发起进攻,手持古老兵器的西藏军民被迫撤退。就在藏民准备前赴后继痛击来犯之敌时,清朝驻藏大臣升泰走到了前台。在加尔各答,中英代表握手讲和,英国如愿取得了勘界、通商、自由出入西藏的特权。

果实来得如此容易,他们能从此收手吗?15年后,又一伙英国人蜂拥而至。英国准将麦克唐纳和上校荣赫鹏纠集廓尔喀、锡克、英国联军3000余人于清光绪二十九年(1903)底发动了对西藏的第二次侵略战争。这支装备着新式枪炮的军队在10天之内就连续攻克了仁进岗、帕里、春丕,但却在曲眉仙果被严阵以待的藏军和突如其来的大雪挡住了去路。次年3月,随着喜马拉雅山积雪的消融,英国人又开始蠢蠢欲动。

接下来是一段让"以诚实为本"的西方人感到恶心的著名事件。在曲眉仙果中央的一处石墙内,气势汹汹的英军和同仇敌忾的藏军再次相遇。荣赫鹏一边暗中埋伏军队,一边要求进行和平谈判,他提出:"既然双方议和,必须枪火停息。"当和谈进行到15分钟时,将子弹暗藏在枪托装匣中的英军和埋伏在四周的外国联军突然向如约熄灭了火枪点火绳的藏军开火,曲眉仙果之战成了英国人的射击表演,上千名没有抵抗能力的藏军壮烈殉国。刽子手荣赫鹏在给妻子海伦的信中无耻地说:"这些可怜的家伙全部被困在离我们的枪支仅数码的地方,大屠杀皆肇因于西藏将领的无知与愚昧。"

尽管不公平的战争使藏军元气大伤,但他们还是在江孜宗保卫战中保留了一点尊严。就在双方僵持不下时,意外发生了。

正如美国人毕尔斯在《魔鬼辞典》中所言:历史,大体是恶的支配者和笨的士兵惹起的记述。当时,一位笨拙的藏兵装药不慎,点燃了自己的火药库,许多藏兵被活活烧死,江孜意外失守。电影《红河谷》生动地再现了曲眉仙果大屠杀和江孜保卫战的惨烈场面。

江孜一失,拉萨已经无险可守。破晓时分,28岁的十三世达赖喇嘛土登嘉措只带了8个随从,策马北去投奔蒙古库伦活佛哲布尊丹巴,留下甘丹寺巴罗桑坚参处理善后。

光绪三十年(1904)英军进入拉萨那天,侵略者身着盛装,伴着廓尔喀军乐队的鼓点穿越市区。沿途的拉萨居民大声念经求雨,并且击掌表示排斥,英国人还以为受到了欢迎,不断摘下帽子向居民致意。

英国人强迫清朝驻藏大臣有泰和西藏地方政府签订了《拉萨条约》,规定西藏为英国势力范围,赔偿英军战争损失750万卢比,春丕割让给英国75年。

条约能得到批准吗?大为恼火的清朝撤掉了"自作主张"的有泰,远在蒙古的达赖也大骂签字的西藏官员卖国求荣,条约被搁置起来。

一个月后,被高原气候折磨得脑袋发炸的英国人开始部分撤军,撤离的英国人对西藏实施了空前的浩劫。仅麦克唐纳与另一军官劫掠的经书、神像、盔甲、瓷器等,需有4万头骡子才能驮运。英国《每日记事报》前方记者披露:"远征队洗劫了寺院,过去几星期内,成袋的胜利品通过山间小道,陆续不断地运往印度,这些袋子里的东西给军官妻子和朋友带来了欢乐,他们的山间驿舍里开始充满了掠来的古董珍品,就像四年前洗劫了北京后,他们屋子里充满古董珍品一样。"

回到英国的荣赫鹏受到了国王爱德华七世的接见。他在皇家地理学会发表西藏探险演讲时,听众排到了街头,盛况空前。有趣的是,荣赫鹏不仅因写《印度与西藏》一书成了作家,而且在晚年成了一名参悟人生的哲学家。

十、"麦克马洪线"

在外流浪了两年的十三世达赖于光绪三十二年(1906)启程返藏,但却在中途受到了清朝的制止。光绪三十四年(1908),他奉命晋见慈禧太后和光绪皇帝。在北京,他目睹了清朝的腐败无能,加上清朝又要求他行跪拜之礼,残存的一丝希望最终消失得无影无踪。在保证不反对英国后,在外游荡了5年的达赖终于踏上了归途。

辛亥革命之后,英国借机与西藏地方政府策划独立。民国二年(1913)11月,他们胁迫窃国大盗袁世凯在印度北部的西姆拉举行由中、英、藏三方参加的所谓西姆拉会议,英国全权代表、英属印度外交大臣麦克马洪,中华民国驻藏宣抚使陈贻范,西藏首席噶伦夏扎·班觉多吉参加了会议。会议由麦克马洪主持。英国人指使夏扎提出了"确定西藏的独立国,汉藏疆界重新划分"等6条要求。陈贻范当然不会答应,于是麦克马洪按照事先预谋,以调解汉藏矛盾的名义抛出了11条草约,进而压缩为8条,无奈的陈贻范只得在草约上签下了名字。消息传到国内,激起了全国人民的一片谴责声浪。袁世凯迫于压力,电令陈贻范不得在正约上签字,英国人的如意算盘落空了。

不甘心空手而回的英国人又打起了西藏人的主意。在陈贻范拒签正约后,麦克马洪干脆背着中国代表,以支持西藏独立为诱饵,诱骗夏扎以秘密换文的形式,划定了一条中印东部边界的"麦克马洪线"。此线从未实际勘定,也不是两国平等谈判划定的边界,而是麦克马洪本人大笔一挥,将中印边界从喜马拉雅山南面山脚移到了山脊上,整整向北推进了100公里,这一笔就将门隅、珞隅、下察隅三地9万多平方公里的中国领土划给了印度。古今中外获得领土之易,莫过于此。

对麦克马洪线,历届中国政府从未承认过。印度摆脱英国的殖民统治后,企图继承英国的殖民遗产,继续侵占该线以南的中国领土,并深入到该线以北。中印曾于公元20世纪60年代爆发过大规模的边界战争。迄今为止,这9万多平方公里的国土仍被印度实际控制着,并组建了非法的阿鲁纳恰尔邦,中印两国的传统友谊也因此变得十分脆弱。

达赖投靠英国并没有带来预想中的好处,反而在西姆拉会议上失去了9

万多平方公里的土地。因此,达赖晚年思想再度转化,像小羊一样开始疏远狼外婆一般的英国。民国九年(1920),达赖主动向中央表达了维护祖国统一的强烈愿望:"余誓倾心内向,同谋五族幸福。"

十一、黎明前的黑暗

颠沛流离的十三世达赖于民国二十二年(1933)突然去世,23岁的热振活佛被推举为摄政,负责处理达赖喇嘛暂缺时期的政务和达赖转世灵童的寻访、认定工作。他积极改善与中央政府的关系,在民国末年的凄风苦雨中顽强地维系着与中国内地的血脉联系。

热振毕竟太年轻了。

他一直在寺庙中修炼,对处理政务严重缺乏经验,因而把柄经常落在敌对者手中,尤其是他与美丽弟媳的种种传闻被西藏上层亲英分子渲染得活灵活现。民国三十年(1941),内外交困的热振被迫自动让位给自己最信任的经教师、年逾古稀的小活佛达札。

据说两人在权力移交时曾有几年后再行轮换摄政的密约。即便是在权力交接时,热振还与眼中闪烁着危险的老师交流着信任的目光。万万想不到,达札和汉朝的王莽一样心怀异志、善于伪装,他一旦身居高位,便一头倒向了亲英势力,对十四世达赖一味灌输独立思想,对热振极尽打压之能事。民国三十六年(1947)春天,一出恩将仇报的闹剧终于上演——热振被达札派出的军队从热振寺押回拉萨,投入布达拉宫内一座"像伦敦塔那样为高级官员设立的地牢",很快就死于所谓的"中风"。

与此同时,一出独立闹剧也悄悄拉开了帷幕,幕后导演还是达札,前台是达札所卖身投靠的英国人。同年3月,英国在印度新德里召集了所谓的"泛亚洲会议",邀请包括西藏在内的所有亚洲"独立国家"参加会议。为了达到不可告人的目的,他们对会场做了精心布置,一是把西藏地方藏军的"雪山狮子旗"作为西藏国旗与亚洲各国国旗并排悬挂;二是让西藏地方政府的代表坐在主席台上;三是在会场悬挂的亚洲地图上竟将西藏从中国版图上划出。由于中国代表团的严正抗议和国内人民的强烈反对,他们的阴谋才未能得逞。

8月,西藏的近邻印度宣布独立,原英国驻拉萨商务代办处也变成了印度的商务代办处。达札敏感地意识到,日不落帝国在南亚已经日薄西山,自己必须在世界上寻找新的依靠,于是他派出代表团,赴国际地位迅速上升的美国考察商务。此时的美国正热衷于扶植蒋介石集团,只给西藏商务代表团发放了

"257签证"①,杜鲁门与夏格巴的会晤也因蒋介石要求中华民国驻美大使顾维钧参加而被取消。尽管从美国空手而归,但此前印度总理尼赫鲁和圣雄甘地以国家礼仪会见了西藏商务代表团,会见"友好而热烈",可能还达成了"军火"买卖。

在新中国晨曦初现时分,西藏的独立步伐也突然加快。民国三十八年(1949)7月,噶厦当局以西藏国民党官员和驻军可能引来解放军、汉人中谁是共产党真假难辨为由,制造了前所未有的"驱汉事件",所有的汉人被驱逐出境,连寺院的汉籍喇嘛也无一幸免。

与此同时,他们将藏军由14个代本(相当于团)扩充到17个代本,并把10个代本部署在金沙江一线,拉开了以武力阻止人民解放军西进的战斗架势,大战一触即发。

十二、告别过去

历史一再告诉我们,在统一的问题上,最能说明问题的往往不仅是嘴巴,而是还有不得不使用的拳头。公元1950年1月,邓小平、刘伯承把川南行署主任召到重庆,传达毛泽东在飞机上下达的命令:"进军西藏宜早不宜迟。"这位刚刚当了4天地方官的将军就是18军军长张国华。

进藏准备工作开始了,张国华通宵达旦地工作,根本顾不上身边出麻疹的女儿小难。一天,他正要出门,2岁的女儿突然抓住爸爸的衣袖说:"爸爸,你别走。我好难受,好难受呀!"将军好像突然记起了父亲的责任,忙叫来医生,又亲亲这个跟着自己颠簸了大半个中国的娃娃。可是当他开完会赶回家时,女儿已经转成急性肺炎离开了人世。心痛欲裂的将军抛下一汪泪水,决然踏上了西去的征程。

3月29日,18军先遣支队从四川乐山出发,向西康的甘孜迅猛挺进,揭开了进军西藏的序幕。10月6日,在和平攻势无效的情况下,18军发起了昌都战役,歼灭了孤注一掷的藏军主力5700余人,使西藏地方政府丧失了近三分之二的总兵力。

昌都战役的惨败使西藏亲帝分子开始孤立,爱国势力逐步抬头。公元1951年1月,摄政达札被迫下台,出生于今青海省平安县红崖村、经国民政府批准坐床、此时已17岁的十四世达赖喇嘛提前亲政。因大势所趋,达赖派出以阿沛·阿旺晋美为首的5名全权代表进京与中央政府谈判,双方签订了

---

① 美国不承认国家护照。

《关于和平解放西藏办法的协议》(即17条协议),达赖从亚东回到拉萨。10月,中国人民解放军进抵拉萨,西藏回到祖国怀抱。十世班禅也从青海返回西藏,达赖和班禅顺利会晤,双方30多年的仇视对立冰消雪融。

公元1954年,达赖到北京参加了第一届全国人民代表大会,并当选为全国人大常委会副委员长。当时的中共中央给了他最优厚的待遇,毛泽东主席还亲自到住所看望他。年轻的达赖在感激涕零之余,连夜创作出了歌颂毛主席的诗——《创世主大梵天》。

然而,西藏的阴云并未散尽。一方面上层僧侣独立的念头始终未灭(达赖的长兄当彩活佛越境去了英国,二哥嘉乐顿珠与美国中央情报局联系密切),尽管在公元1956年召开的西藏自治区筹委会成立大会上,达赖当选为主任,班禅、张国华当选为第一、二副主任,但在西藏地方政府的6名噶伦中,除阿沛·阿旺晋美和桑颇·才旺仁增2人拥护中央政府外,其余4人都是坚持分裂的顽固派。由于顽固势力不断设置障碍,改编藏军、改革农奴制度的工作几乎没有进展。另一方面美国等西方国家加紧了促使西藏独立的行动。从民国三十一年(1942)开始,美国战略情报局特工、俄国文豪托尔斯泰的孙子伊利亚·托尔斯泰上校就潜入西藏秘密活动。民国三十八年(1949),美国国会通过了一项总额为7500万美元的款项,专门用于对新中国的情报工作。第二年,国防部长约翰逊又从中划出3000万美元作为西藏和台湾的"应急准备金"。

而导火索则是首先在四川康巴地区开始的——百万翻身农奴望眼欲穿,但直接侵害了少数农奴主既得利益的民主改革。

为了抵制日益临近的民主改革,农奴主公元1955年发动了试探性的康巴武装叛乱,而公元1957年经美国中央情报局训练结业的康巴叛军被空投到西藏,无异于为叛乱之火浇了一桶油。于是,大规模的叛乱于公元1959年在拉萨爆发,叛乱者举起"雪山狮子国"旗帜,高呼"西藏独立"、"汉人滚出去"的口号,与中央政府公开决裂。在做到仁至义尽之后,人民解放军以不足两个团的1000多名兵力,在当地爱国民兵的协助下,一举歼灭叛乱分子5300余人。

乘着茫茫夜色,达赖等600余名叛乱集团顽固分子仓皇出逃印度。达赖在印度提斯浦尔发表了背叛祖国的"达赖喇嘛声明",成立了所谓的"西藏流亡政府",开始了为藏族人民所不齿的尴尬岁月。之后,达赖叛乱集团及8万跟随他的藏民被印度安置在喜马偕尔邦的偏僻山区小镇达兰萨拉①。

---

① 海拔1800米的上达兰萨拉地区(又名"麦克罗干吉"),是十四世达赖和"西藏流亡政府"的驻地,被寄人篱下的流亡藏人称作"小拉萨"。

第十四章　吐蕃——盛开在雪域的格桑花　　323

利弊相随,顽固分子的出逃的确带来了一些负面的国际影响,但同时也使西藏改革的障碍自动消除。抓住机遇,西藏顺利实施了民主改革,废除了万恶的农奴制度,百万被压迫农奴获得了真正意义上的解放。公元1965年,人民代表齐聚拉萨,召开了西藏自治区第一届人民代表大会,选举阿沛·阿旺晋美为自治区主席,西藏自治区正式成立。

西藏的历史进程证明:信仰固然重要,但仅仅有信仰是不够的,"安贫乐道"不能最后解决灵与肉、心与物这个人类永恒的难题。众所周知,经济向来都支配着这个世界,马克思也承认政治是经济的集中反映。

西藏的主题只有发展。

十三、挑战极限

西藏的平均海拔在4000米以上,每立方米空气的含氧量仅有150—170克,只相当于平原地区的62%—65%。不仅前来的外地人普遍感到呼吸困难,就连一搂粗的大树也只长得一人多高。正因为如此[1],在占全国总面积12.8%的122万平方公里的区域内,只生活着占全国总人口2‰[2]的365万人口。

制约这个世界屋脊走向现代、走向繁荣的是什么?从根本上讲,既不是资源,也不是观念,更不是人口,而是交通——要么依靠价格昂贵的大型飞机,要么依靠可能随时抛锚的汽车。

难怪美国旅行家保罗·泰鲁在公元20世纪80年代发出了"有昆仑山脉在,铁路就永远到不了拉萨"的断言。

但是就在这个断言发出之后仅仅20多年,一个划时代的镜头定格在全人类面前:青藏铁路第一趟长途客运列车于公元2006年7月3日18时准时抵达西藏拉萨。

就在这样一个接近人类极限的地方,就在被誉为地球第三极的青藏高原,中国人建成了世界上海拔最高、线路最长的高原铁路,创造了在冻土连绵、高寒缺氧、生态脆弱的地带架设铁路的奇迹,完成了人类铁路建设史上前所未有

---

[1] 据世界人口组织统计,地形高度和世界人口分布的比例为:海拔200米以下为56.2%,海拔200—500米为24%,海拔500—2000米为18.3%,海拔2000米以上只生活着1.5%的人口。

[2] 藏族不仅分布在西藏,青海、四川、甘肃、云南也聚居着大量的藏民,藏族总人口已近700万。藏族还有一个体征相似的孪生兄弟——珞巴族(意为南方人),分布在西藏东南的洛瑜地区,总人口只相当于内地的一个大村(3000余人)。

的壮举。正如笔者的老上司、原中共西藏自治区委书记张庆黎所言："这是一条纵贯南北、源源不断为雪域高原输送新鲜血液的开发之路,是穿越尘封的历史、凝聚了几代藏民期盼与梦想的希望之路,是一条风景如画,充满神奇、圣洁、激情的旅游观光之路,是带藏民走进人间天堂的神奇天路。"

西藏已经插上了腾飞的翅膀,这只雄鹰的上空一片光明。

但奇怪的是,如今这只凌空飞翔的雄鹰周边仍喧嚣着鼓噪——一直流亡在外的达赖不断地说三道四。更有趣的是,达赖被授予了"诺贝尔和平奖",美国竟然任命了所谓的西藏问题协调员,很多不懂历史的西方政客还一次次要求中国把西藏让出去——他们说这些话时,难道就没有想到应该把美国还给印第安人,把澳大利亚和新西兰还给原住民,让英国大度地放弃不断闹事的北爱尔兰和用炮舰夺回的马尔维纳斯群岛吗?

嫣红似火的格桑花灿烂着吐蕃,也绚丽着羌人。现在,我就引领读者走向西部高原,细细解读羌——这个牧羊人的前世今生。

第十五章
羌——西部牧羊人

> 羌,初为"羊"字,是殷人对西方"牧羊人"的称呼。①
> 姜,炎帝姓氏,西戎羌族的一支,自西部游牧进入中原。②
> 美,从羊,从大羊。③

一、牧羊人是汉人的祖先吗

当我提出这个令人震惊的问题时,也许每一个汉族读者都想抽我的嘴巴,但职业敏感告诉我,我还没有发烧烧到胡说八道的地步。

据中国近代史学家范文澜推测,炎黄二帝都出自远古的羌族。炎帝首先从西戎游牧区进入中原,黄帝则于随后从黄土高原进入黄河流域。直到如今,许多汉字仍带有羌人的游牧血统胎记。如汉字以羊为"美",以羊为"善",以羊为"祥",以羊为"義",以献羊为"羞",有人据此设问,如果汉人的祖先是农民,那"美"字就不是"大羊",而可能是"大米"了。

不承想最具说服力的考古发掘也从另一个侧面印证了这一观点:陕西蓝田人遗址距今已有 80 万年,今内蒙古呼和浩特东北的大窑文化遗址距今约 70 万年,北京猿人遗址距今也有 60 万年。而这 3 处旧石器时代的遗址不在蒙古草原,就在西北草原,就连如今的北京古时也是典型的北方,没有一处属于水灾泛滥的中原。

尽管历史不容假设,但毕竟免不了推测,少不了论证,也充满了变数。我们暂且认为羌人是华夏民族的一支源流,并继续我们的羌族历史之旅。

---

① 见《现代汉语词典》,商务印书馆 2005 年版。
② 见范文澜《中国通史简编》,生活·读书·新知三联书店 1949 年版。
③ 见东汉许慎《说文解字》,九州出版社 2006 年版。

让我们穿越元明的古道西风、唐宋的江枫渔火、秦汉的雄关冷月,一步步走进如梦的远古——大禹成为部落联盟首领后,把舜(姚重华)的小儿子封到西戎担任羌人酋长①,这也就是五胡十六国时期的姚苌之所以姓姚的原因。卜辞上记载,殷商时期的羌人位于殷的西部,是广义"西戎"的一部分(中原史学家习惯把周边民族称为东夷、西戎、南蛮、北狄)。后来,在周武王伐纣的战争中,羌人作为"庸、蜀、羌、髳、微、卢、彭、濮"八国联军之一,直接参与并见证了纣王的自焚和妲己的被杀。之后,陕甘的羌氏戎人和北来的狄人、东来的畎(quǎn)夷融合,发展成为西部最强大的部族——犬戎。

犬戎就是中国版"狼来了"故事中的一个主角。

二、"狼来了"的故事

在《伊索寓言》中,有个放羊的孩子,有一天闲极无聊,突然高喊:"狼来了——狼来了!"大人们闻声赶来,结果是放羊娃的恶作剧。第二天,放羊娃故伎重演,善良的农夫们又赶来打狼,可还是没有狼的影子。过了几天,狼真的来了,放羊娃拼命地向农夫们喊:"狼来了!狼真的来了!"农夫们以为他又在说谎,再也没有人去帮他,结果他的羊都被狼活活咬死了。

羌族参与了一个中国版"狼来了"的故事,而且故事的精彩程度不亚于原版。

故事中的"放羊娃"名叫姬宫涅(shēng),是西周的最后一任国王——周幽王。周幽王二年(前780),他娶了一位玫瑰般艳丽的女人褒姒。我之所以把美女比作玫瑰,是因为最美丽的玫瑰花一定长着最锋利的刺,这也许就是许多人对玫瑰和美女敬而远之的一大原因。在这里,我也奉劝读者,你想占有玫瑰,首先要有终生与刺为伴的心理预期。

这朵"玫瑰花"尽管漂亮得令人震颤,但就是从来不笑。国王用尽了所有的手段,包括跳舞、唱歌、打猎,立她为王后,立她的儿子为太子,让她听彩帛撕裂的声音(共撕了100匹帛),仍难博得美人一笑。万般无奈之下,国王发出诏书:"悬赏千金,博她一笑。"

奸臣虢(guó)石父献上一计:燃起报警烽火,让诸侯前来救驾,看王后是否能笑?

按照预定的计划,国王带着褒姒来到镐(hào)京(西安附近)东30公里的骊山。当天晚上,国王举行了盛大的宴会。酒足饭饱之后,他突然下令点燃

---

① 见唐代房玄龄等《晋书·姚弋仲载记》卷一一六,中华书局1974年版。

烽火。

烽火台作为古代最为重要的军事联络方式,从首都做放射状通往边疆和各个封国,每隔10—15公里建筑一个高高的碉堡,碉堡里常年储存着木屑和狼粪。哪里有难,燃起烽火狼烟①,各个封国就会发兵增援。

尽管许多大臣对这一莫名其妙的举动强烈反对,但国王一意孤行。立时,一股股烽火腾空而起,使巨大的天幕变得更加阴森恐怖,将国都附近封国的国君们从梦中惊醒,而国王和他的美人则携手进入了甜蜜的梦乡,以便清晨有更好的心情观看那壮观的一幕。

黎明时分,一轮红日从地平线上喷薄而出,那些身披重甲、汗出如浆、衔枚疾进的勤王之师从四面八方会聚到骊山脚下。可是哪里有敌人的踪影?哪里有厮杀的喊声?骊山上的国王发话了:"这里没有敌人,我只是想用烽火解闷罢了。"

封国的军队只得自认倒霉,一个个骂骂咧咧地狼狈撤退了。直到这时,一向阴沉着脸的美人才嫣然一笑,献计的奸臣也得到了千金的封赏,成语"千金买笑"即由此来。

周幽王十一年(前771),为了给褒姒的儿子继承王位扫清障碍,周幽王下令让申国国君把先前废掉的太子杀掉。申国国君不肯杀掉自己的外孙,便回信规劝国王不要宠信褒姒,以免重蹈妲己乱国的覆辙。周幽王见信暴跳如雷,立即撤销了申国的封国地位,并且下令向申国兴师问罪。

面对日益临近的死神,势单力孤的申国向犬戎部落联盟紧急求援。申国国君向犬戎部落酋长保证,自己只是为外孙夺取王位,至于攻下镐京后的财产和女人,悉听尊便。

那可是个黄金满堂、美女如云的地方,于是15000人的犬戎兵团向镐京发动了闪电般的攻击。

"狼真的来了!"等到一个个眼睛冒着绿光的犬戎士兵进逼镐京,周幽王才令士兵点起烽火,再次发出了"狼来了"的呼喊。但是与正版"狼来了"的故事几乎惊人一致的是,周围的封国以为国王又在搞恶作剧,竟然没有一支军队前来勤王。

没有办法,只有逃命。国王和褒姒在御林军的护卫下,狼狈逃向骊山,也就是2700年后蒋介石被捉的地方。正在歇息之际,犬戎拍马赶到,御林军全部被擒,国王被砍作两段,比原版"狼来了"故事的结尾还要惨烈,更可怜花容月貌的褒姒被长头发、红脸膛、穿着布条的犬戎酋长带回帐中。

---

① 夜间燃起木屑谓之"烽火",白天点起狼粪谓之"狼烟"。

从此,镐京辉煌不再,西周残阳西落。周王朝被迫将都城从镐京东迁到成周(今河南洛阳),历史上最为混乱的东周列国时代拉开了帷幕。

得胜后的犬戎将镐京劫掠一空,象征华夏最高权力的"九鼎"也被掠往草原。

东方的诸侯能容忍他们这样纵横驰骋、咄咄逼人吗?

从公元前9世纪开始,八百里秦川哺育的秦国(含有浓重的西戎血统)与戎人展开了旷日持久的战争。

三、美人计

岁月如沙,一粒粒一丝丝滑过。

时光流淌到刀光剑影的战国末年,中国的戎患已经基本平息,秦国接近成为西戎霸主,只有边境上一支名叫义渠的羌人部落①,仍旧是秦国的心腹之患。

周赧王八年(前307)秋,秦武王与大力士孟说比武折断筋骨而死。他年少的异母弟弟嬴则于第二年继位,是为秦昭襄王。新王的母亲是一位楚国芈(mǐ)姓公主,进宫后被称为"芈八子",昭襄王继位后被尊为宣太后。

因为儿子尚未达弱冠②之年,宣太后便按照惯例代替儿子亲政。她上台后,与弟弟魏冉平定了宗室的叛乱,从而确立了昭襄王这个决定秦国未来的时代。

她还是一位外表羞涩,但内心开放的女人,历史上曾经记载了她和韩国使者尚靳的一段精彩对话。尚靳对宣太后说:"韩国和秦国是近邻,齿冷则唇寒(一个成语诞生),如今楚国发兵攻打我们,请太后救援。"宣太后则回答:"想当年我侍奉惠文王的时候,如果他坐在我身上,我就会觉得累;如果他整个身子趴在我身上,我却一点也不累,为什么呢?因为后面这个姿势对我有好处啊。但是,如果我们出兵,战争费用一日千金,对我们有什么好处呢?所以我们不能出兵!"

就是这样一位美丽而开放的女人,为了国家的安宁决定舍身救国。

如同所有的悲剧一样,这个故事也有着一个喜剧的开头。她以美色勾引义渠王到宫中私通,准备选择适当的机会将对方刺杀。但在勾引过程中,守寡多日的她居然被义渠王的阳刚之气所迷醉,不免有了一丝丝说不清、道不明、

---

① 历史上称之为最后一个戎人部落。
② 古代男子20岁要行冠礼(加冠),因此古称男子20岁为"弱冠"。

又分外真切的缠绵、怜惜与不舍。犹豫不决中，太后为义渠王生下了两个儿子，而沉溺在温柔乡里的义渠王也放弃了进攻秦国的打算。于是秦国放手富国强兵和对付诸侯，正如《史记》中记载的那样，秦国"东益地，弱诸侯，尝称帝于天下，天下皆西向稽首"。

朝花待至夕拾已成颓黄。渐渐地，宣太后菊老荷枯、风韵不再，曾经维系两人之间感情的两个孩子也不幸夭折，这位仍旧具有原生态激情和狂野特质的义渠王转而将目光投向了一位义渠少女。

太后那华美的深宫里已经很少见到那个熟悉的男人脊背，孤灯照壁，冷雨敲窗，思念如水涣涣，芳心似影悠悠。每到夜晚，这里传出的只有一声声无奈的叹息。

后来，她有了一位新的情人魏丑夫。

她感觉自己的"美人计"该收场了，不仅仅是因为对方的无情，而是因为义渠与赵国暗中勾结，特别是此时的秦国不再孱弱，已经成为可以对任何国家说不的超级大国。

秦昭襄王嬴则三十五年（前272）一个万里无云的日子，义渠王从今甘肃宁县西北的义渠国都来到甘泉宫做最后的告别。太后苦口婆心地规劝他，好菜好酒地伺候他，做出一副恋恋不舍的样子，但他去意已决。"为了34年的情义，让我们再温柔一次吧。"太后热泪涟涟地哀求他。

义渠王难以回绝，一场即将分离的情人之间爱的肉搏开始了。急风暴雨终于过去，义渠王沉沉睡去。太后想起34年前自己勾引这位男人的真正目的，也想起了这位男人近来对自己的背叛和冷漠，特别是太后已经找到了更为年轻的"替代品"，因此，"美人计"的女主角终于动手了。

在恍惚的烛光里，一把袖剑扎进了义渠王宽阔的胸膛。

秦宫里传出一阵欢呼。

"美人计"得逞的当年，秦昭襄王发兵攻击义渠国，用两年时间彻底击败了群龙无首的戎人，甘肃、宁夏一带原属义渠王的领地全部被秦国收入囊中。之后，秦国在那里设置了北地郡，修筑了防备匈奴侵袭的秦昭襄王长城。

历史上不再有戎人称谓而代之以羌人。

岸边多少事，依旧大河流。此后，秦国不再有西部边陲的后顾之忧，进而为宣太后的玄孙嬴政放手一搏、统一中国做好了铺垫。

四、无弋爱剑的传说

与一般意义上的传说不同，少数民族的传说具有巨大的史料价值，因为他们没有文字,只有靠传说记录历史。

公元前5世纪70年代秦厉公当政时期,一位名叫爱剑的羌人首领做了秦国的奴隶,这也是历史上羌人被秦人俘虏的首次记载。后来,他设法逃出了秦人的魔掌。半路上,他遇到了一位少女。在追兵蜂拥而至时,少女把他藏进了一个山洞。就像羌族的诗史中吟唱的那样,凶残的秦兵在洞口放火焚烧,结果一只老虎冲了出来,秦人狼狈逃窜。大难不死的爱剑出洞后,便与这位少女相依为命并结为夫妻,后来一起逃回湟水、洮河、黄河交界处。回归后,他再次被推举为首领。由于他做过奴隶,而羌人一般称奴隶为无弋(yì),所以他就有了一个类似武林高手一样的名字——"无弋爱剑"。

这本来是个十分浪漫的爱情故事,唯一遗憾的是那位少女受过劓(yì)①刑。这位羌族的祖母对此一直耿耿于怀,总是把长发盖在脸上遮丑。子孙们为了尊敬她,也像她一样长发覆面,渐渐演化成羌族的一大风俗。

在三河地区,无弋爱剑将秦人的农耕方法介绍给了自己的部落,使羌人在游牧的同时学会了农耕。从此,填饱了肚子的羌人有了娶妻生子的本钱。

看到无弋爱剑的所作所为,你也许会对我把他称为"英雄"不以为然。但对于根本没有生存空间的羌人来说,还有什么比逃出魔掌、繁衍后代和填饱肚子更为重要的事情呢?从这个意义上说,无弋爱剑在羌族历史进程中的地位丝毫不亚于华夏民族的伏羲、神农和大禹。

爱剑的曾孙忍和舞妻妾成群,忍生九子为九种,舞生十七子为十七种,忍的季父卬(áng)也子孙满堂,羌人因而支系众多、部落林立。

后来,"战国七雄"之一的秦献公出兵征讨羌人,忍主张坚决对抗,而他的叔叔卬则畏惧秦国的国威,主张以和为贵。两人分道扬镳,勇毅果敢的忍率领部下向南转而向西,翻越海拔6282米的阿尼玛卿雪山,在富饶美丽的河湟一带开辟了新的天地,河湟羌以及后来的研种羌从此诞生。卬则辗转南下来到山高路远的四川老少边贫地区,其后人牦牛部因居住在越巂(xī)郡(今四川西昌东南)称"越巂羌",白马部因居住在广汉郡(今四川梓潼)称"广汉羌"。从此,他们再也梦不到青海的故乡。

五、"去胡来"

岁月无痕,就好像失去岸和岛屿的海水。

曾几何时,在西出阳关的古道上,罗布泊东南的群山中崛起了一个古老而

---

① 割掉鼻子的刑罚。

遥远的地方政权——婼羌人建立的婼羌国。它属于西域三十六国之一,距离长安3000公里。活动区域从东方的敦煌沿着昆仑山一直伸展到遥远的帕米尔高原,势力遍及整个西域。

当东方的平原上升起了汉朝那轮火红的太阳,婼羌感觉自己时刻有被烤焦的危险,因而与北部的匈奴联手抗击汉朝的渗透与扩张。

汉建元三年(前138),张骞奉汉武帝之命出使西域,路经婼羌,因为婼羌与匈奴关系暧昧,张骞一行并没有在此停留。

后来,汉武帝主动发起了对匈奴的连续冲锋,然后在新近占领的西部边境设立了敦煌、酒泉、张掖等郡,这些郡如一把伸展的匕首,从地域上将婼羌与匈奴分割开来,婼羌这个匈奴人的"右臂"被切断。从此,汉朝开始专心对付匈奴。

匈奴被驱赶到漠北,中国西北全部落入汉朝囊中。婼羌不但站在汉朝一边与匈奴作战,而且还时常参加对羌人部落的征伐。为了奖赏他们的可贵转变,婼羌国王被汉朝授予了"去胡来"①的有趣称号。

如同楼兰、精绝等西域绿洲城邦一样,残酷的战争、过度的开垦使婼羌环境急剧恶化。到公元1世纪中期,婼羌绿洲已经缩小到微不足道的地步,登记的居民只剩下可怜的1750人。

翻开东汉地图,已经找不到那个骋步西域的婼羌国。

这个已经完全消失的婼羌国,如今位于新疆巴音郭楞蒙古自治州若羌县境内,是中国面积最大而人口密度最小的一个县,面积20.23万平方公里,人口只有2.66万。

遗迹不再,只能从它的县名中依稀感知一丝曾经的辉煌。

六、女儿国

一位美丽痴情的女王、一条喝了其中的水就能生孩子的子母河,《西游记》中描写的"女儿国"曾经留给人们无尽的幻想,它究竟是吴承恩天马行空的虚构,还是历史的真实?

读者也许有些意外:历史上的确有一个女儿国,创立者是一个名叫唐旄(máo)羌的原始部落。

很久以前,在天山以南到葱岭一带的温馨牧场里,游牧着成百上千个饱食终日、心满意足的唐旄羌人,但偏偏有一些年轻人感到不悦,他们很想知道牧

---

① 意为离弃匈奴,投向汉朝之王。

场的外面有什么,是山,是水,是森林,是沙漠,还是更加辽阔的牧场?

一个晴朗的日子,年轻人告别了流泪的亲人和熟悉的帐篷,结伴去远方寻求答案。也许他们会被暴雨冲走,也许他们会渴死大漠,也许他们会被野兽吃掉,也许他们会两手空空地回来……在多少次失败之后,有一伙人最终获得了成功。这伙大胆而幸运的年轻人辗转迁徙到现在的西藏,以雅鲁藏布江北岸的逻些为中心,占有了广大的高原牧场。两汉时期,唐牦羌和发羌几乎占据了整个西藏地区。魏晋时期,唐牦羌改称"葱茈(zǐ)羌",地盘南邻象雄、发羌,北靠西域长史府。五胡十六国时期,葱茈羌开始被称为"女国"。

它之所以被称为"女国",大概是以女人为王的缘故,明显具有母系氏族社会的遗风。它或许就是《西游记》中唐僧取经路过的女儿国的原型。试想,一个美丽、骄傲而诗意的女子,支配着这样一个遥远、神秘而浪漫的王国,将是一件多么令人回味和遐想的往事。

其实女国并非没有男人,只不过男人不当家罢了。在这个特殊的国度里,男人专管战争,生产和生活由女人负责。国政由女王和小女王共同执掌。女王死后,按惯例在王族中选出贤女二人,一为女王,次为小女王。女王的丈夫号金聚,不能参与政事。

女国北接于阗,东北与居住在青海玉树一带的苏毗为邻,西境是天竺,南面是吐蕃。女国有两个都城,女王驻年卡宁巴(今西藏尼木县东南),小女王驻儒那堡寨(今西藏墨竹工卡县西北)。

问题还是出在她们"大小女王并存"的政治体制上,因为汉语的造字者早就告诉我们:一个中心叫"忠",两个中心叫"患"。在吐蕃三十世赞普达布聂西执政时期,女国发生内讧,小女王弃邦孙吞并了大女王达甲瓦的领地。大女王的一些男性旧将不服,开始对吐蕃赞普暗送秋波。后一任吐蕃赞普论赞弄囊在得到女国叛臣里应外合的承诺后,亲率精兵1万人,顺利攻克了小女王的儒那堡寨,女国被吐蕃吞并。

一喜之下,论赞弄囊对叛归吐蕃的4位女国领主论功行赏:以都瓦堡寨及1500户奴隶赐给娘·臧古,以萨格森的土地及1500户奴隶赐给巴·鱼泽布,以1500户奴隶赐给农·仲波,以1300户奴隶赐给哲蚌·纳生。就这样,女国断送在了4位男人手中。

如今,当你走进丹巴嘉绒藏区,当地人会不无骄傲地告诉你,"嘉绒"即"女王的河谷",女国国王是一位穿着青色绸缎长裙的美丽女子,历史上神秘消亡的东女国故都遗址就在这里。

七、东进，东进

在刘汉王朝时期，羌人以今青海为中心，在黄河、赐支河、湟河、雅鲁藏布江流域来回游荡，部落达到150多个，能够查到的部落是有研、牦牛、白马、参狼、先零、卑湳、封养、牢姐、罕、开、煎巩、黄羝(dí)、烧当、烧何、勒姐、吾良、当煎、当阆(láng)、发、唐旄、钟、虔人、且冻、傅难、巩唐。

为了约束多如牛毛的羌人部落，汉朝于汉元鼎六年(前111)在羌人居住区设立了护羌校尉，冠冕堂皇的职责是通过培养羌人的好感来维持边境和平，其实充当了一边屯田一边用武力控制羌人造反的角色。在东汉时期，至少有4名护羌校尉死于忍无可忍的羌人的暗算。

羌人难以排解的人口压力和汉朝的残酷镇压政策迫使许多羌人由西北举部向西南方向迁徙，发羌来到雪域高原上融入了吐蕃；后来建立了西夏的党项羌，也曾于东汉年间试图在青藏高原落脚，只是因为早已占据此地的唐旄羌的阻挠才折回松州附近；青海的烧当羌被东汉击败后，残兵败卒在首领迷唐率领下西去投奔了发羌。

更多的羌人无奈地定居在汉朝的领土上。从西汉到东汉的漫长岁月里，研、先零等几十万羌人被强行驱赶到汉朝境内。这场沿汉代中国西部边境所有地点进入汉朝的大规模的人口移动导致关中人口比例发生了惊人的变化，羌族人数几乎占到了总人口的一半。

大量的羌人部落流入汉朝的凉州和关中地区，不可能立即并入正规的郡县管理体制，这就迫使东汉建立更多的属国收容他们。但是任凭属国怎样调整和扩展，对于汉朝管理机构来说，羌人的压力太大以致难以承受了。当一次大规模的羌人叛乱于汉安帝刘祜永初四年(110)在凉州爆发时，东汉朝廷的直接反应是想将全部的西北边境让给羌人。

朝廷的收缩政策立即引起了凉州驻军和平民的强烈反对。凉州的中国人已经蛮夷化，就连那里的妇女都因羌人的影响而变成了凶猛的战士。而且此时凉州已经崛起了一个强大的军事集团，这个集团的代表人物是建立了一支汉人和羌人联合军团的董卓。正是靠这一令人生畏的军事力量，他于汉灵帝中平六年(189)至汉献帝初平三年(192)成功地领兵进入首都，成为相国。他掌握实权后的第一个步骤就是将都城西迁长安，因为那里靠近他的权力基地凉州。为了彻底执行这一步骤，董卓纵火焚烧了洛阳。自公元前12世纪姬旦在洛阳建都以来，经营了1400年的世界上最伟大、最繁华的都市化为一片焦土，百里以内不见炊烟。都城西迁既没有计划，又没有准备，凉州兵团夹驰两旁,居民像囚犯一样行走在中间,马蹄的践踏和饥饿的折磨使人死亡不断,洛阳到长安500公里的路途上堆满了发出恶臭的尸体。

凉州人蛮横的天性使董卓在得势后飞扬跋扈、为所欲为,他不仅擅自废立汉帝,掘开皇陵盗取宝物,而且奸淫宫女和公主,并与义子吕布争风吃醋。在初平三年(192)董卓被王允设计暗杀后,凉州集团的其他将领发起了报复性的叛乱。从此,中原进入了血雨腥风的军阀混战时代。

凉州在东汉的衰落与崩溃中起到了关键性的作用,这不能不说是由羌人内移以后该地区文化和社会的变化造成的。从这一点上看,汉与羌的关系对于中国历史所产生的直接影响要比汉与匈奴的关系更为重要,尽管在该时期的历史上匈奴有更加活跃的表现。

八、忘恩负义

一支从西部高原射来的响箭射穿了汉晋,也射穿了中原的宫墙。

张弓搭箭的是西羌大都督姚弋仲的儿子、烧当羌部落首领姚襄的弟弟,名叫姚苌。算起来,他是羌人的第一位皇帝,也是611位中国帝王中人品最差的皇帝之一。

想当年,前秦大将苻黄眉斩杀了姚襄,俘虏了姚苌,并准备将其斩首。幸亏另一位大将苻坚从旁解劝,留下了姚苌一条性命,并以公侯之礼下葬了姚弋仲、姚襄父子。苻坚对于姚苌可谓义薄云天。

淝水之战中,龙骧将军姚苌被已是前秦皇帝的苻坚任命为南征大军的副帅。

淝水之战的惨败导致刚刚统一的北方重新走上了分裂的老路,原已归属前秦的部族首领纷纷自立为王。苻坚逃回长安不久,鲜卑慕容泓率先起兵反秦。

这时的姚苌还没有造反,而且还参与了讨泓之战,但讨泓之战的失败使他心中残存的那点信心荡然无存,万般无奈之下,他逃回老巢渭北。

想不到他意外地受到了当地羌人及西州豪族的拥戴,于是他也开始拥兵割据,在前秦建元二十年(384)自称大将军、大单于、万年秦王。终于,他破茧成蝶,在弥漫着腥风血雨的历史长空翩翩起舞。

之后,姚苌率军进屯北地(今陕西耀县),将渭北10万多户羌胡收归麾下。

建元二十一年(385),苻坚从长安逃到五将山,进入了姚苌的势力范围。按说这是姚苌报答昔日恩情的绝佳机会,然而他却落井下石,将苻坚扣为人质,因为姚

第十五章 羌——西部牧羊人　335

苌迫切需要使自己的"万年秦王"称号名正言顺起来。他派人向苻坚索要传国玉玺，结果受到苻坚的一顿臭骂；此后，他又要求苻坚把帝位禅让给他，结果又被苻坚严词拒绝。一怒之下，姚苌将昔日的恩人吊死在一座寺庙里。

第二年，姚苌入据长安称帝，恬不知耻地将国家命名为"大秦"，俨然以苻坚的接班人自居，但他与前秦皇帝没有丝毫血统关系，因此在历史上被称为"后秦"。事实上，他只占有了前秦的一部分，整个前秦已自东向西分裂为后燕、西燕、后秦、后凉、西秦、后魏6国。

他的为人，打着手电也找不到亮点。但再无心肝的人做了忘恩负义的事，也会受到良心的谴责。每逢作战，姚苌都要在营帐里竖起"苻坚大帝神主"木像，亲自祷告，要求宽恕和保佑。晚年的他更是常常梦见苻坚向他索命，吓得他半夜三更满宫殿乱窜，结果被宫廷卫士当成妖怪挺矛刺中阴部，伤口感染化脓，阴囊肿胀得形同西瓜。

临死前，他跪在床上不停地向半空叩首："是当年苻黄眉所杀的兄长姚襄谕示我杀陛下报仇，陛下被吊死非我之罪，愿陛下饶我一命。"

九、好人的悲哀

与父亲截然不同，姚苌之子姚兴是历史上鲜有的仁德帝王之一。

继位之后，他先后灭掉了前秦残余，取得了西燕的河东，攻占了东晋的洛阳，臣服了西秦，攻灭了后凉。

他解放奴隶，设置律学，提倡儒学，大兴佛教，招贤纳士，劝课农桑。对己不事铺张，宴席无山珍海味，车马无金玉之饰，后宫无纨绣之服。东晋安帝隆安三年（399）夏天发生天灾后，他认为是上天惩戒他不够贤明，因此自降帝号，赢得了朝野的一片赞叹；他与邻为善，为了表达和平诚意，一次割让12郡给东晋，使边疆人民享受到了久违的安宁。

可喜而又可悲的是，帝王只要一有书生气，就缺少了古代政治家的残忍与果敢；宽容过了头，有时就会给自己培养了掘墓人。其实处理与归附者的关系是一门很深的学问："当你晓以大义的时候，别忘了施以小惠；当你给见面礼的时候，别忘了给下马威。"但姚兴显然不懂这些，而且也不屑此道。南凉的秃发、北凉的沮渠蒙逊、大夏的赫连勃勃、西秦的乞伏乾归，都是因为姚兴的宽容捡得一命，后来反目成仇，从他的手下变出了4个国家的首领。

姚兴在东晋安帝义熙十二年（416）春天病死，又一位好人——太子姚泓继位。

好人生活在这个时代是悲哀的，因为这是一个只有杀人魔王和江湖浪子才能自由飞翔的时代。正像一个人因充血而死去一样,过度的善良会摧毁他的本身。

姚泓身上的孝服还未脱下来,他的兄弟就开始欺他柔弱,鹬蚌相争,自相残杀。北面的赫连勃勃刚刚劫掠数郡满载而归,东面的东晋权臣刘裕已经临近边境。

乌云蔽日,山雨欲来。

东晋大军从建康出发,兵分五路,水陆并进,如五把利剑直指后秦。后秦被迫两面应付,全国上下手足无措,檀道济军尽管孤军深入,也能势如破竹,于后秦永和元年(416)秋攻陷洛阳,第二年3月攻克潼关。

沧海横流方显出英雄本色。被称为中流砥柱的后秦大将军姚绍危难时刻挺身而出,在定城(在潼关西30里处)横刀将晋军挡住。两军在潼关以西形成相持,战争的发展态势变得含混不清。

一位东晋大将站了出来,他叫王镇恶,是前秦宰相王猛的孙子(他的出现似乎是为前秦复仇的)。

他向刘裕建议率水军绕过潼关,自黄河入渭水直捣长安。此计的可怕之处在于避实就虚直捣命门。以后类似战例很多,大辽国就是绕过杨延昭坚守的遂城,顺利地夺取了疏于防范的瀛州。明朝的朱棣也是绕过久攻不下的德州直捣兵力空虚的南京,意外地取得了"靖难之役"的最终胜利。

听完部下的建议,刘裕随即答复:"那就试试吧。"

一个偷天换日的计划开始实施。

一天,后秦军人远远望见河上漂来无数艨艟小舰,只见船行而不见人动,都以为大白天遇到了鬼,并无一人前去探个究竟。其实是东晋士兵藏在船内隐蔽划桨。

"神兵天降"到长安以北的渭桥,弃舟登岸,任小船顺水冲走。自立于绝境的晋军以一当十,向措手不及的后秦军队发起冲锋。后秦军队一泻如水,姚泓率兵来救时也不战而溃,单骑逃回宫中。

远方传来了大将军姚绍病逝的消息,后秦的最后一点希望宣告破灭。义熙十三年(417),姚泓率群臣宗室步行到城门的东晋大营投降。除皇帝外的其他人被就地处决,喷涌的鲜血将刘裕的营盘染成了殷红色,天空中弥漫起一股难以名状的气味。当刘裕望着自己的士兵砍瓜切菜一般处斩后秦宗室时,他是否忆起姚兴昔日不使他动一兵一刀就收回12郡的旧情?

历史是灰色的,战争本来就无义可言。

皇帝姚泓被囚车押送到遥远的建康,择日处斩在人声鼎沸的闹市里,他死时年仅30岁。原来,刘裕之所以让他多活几天,是为了向首都的臣民炫耀他的丰功伟绩,以便为自己取代皇帝制造舆论。

就这样,34岁的后秦退出了历史舞台。

十、惊艳的亮相

到了宋代,一个闻所未闻的名字——党项羌,高频率地赫然出现在史册中。

回顾一下事物发展的历程就会发现,一个政权的"突然"崛起,一个家庭的"突然"暴富以及一位默默无闻的运动员"突然"冒尖,都是某项秘密计划的成果,而这种计划又必然经历漫长的、耐心细致的努力才行。党项羌的崛起也不例外。

追寻党项羌的源头,史书恐怕要翻到哀鸿遍野、天怒人怨的公元4世纪了。当时,在羌人的世袭领地上,从遥远的中国东北迁来了一支令人生畏的游牧部落——鲜卑慕容部。他们在首领吐谷浑的率领下,征服了青海一带的羌人,占据了这块水草丰美的牧地。

这是一块令人垂涎的土地,山麓、草场上游走着一群群雪团、棉絮似的臃肿的肥羊与展现在高远无垠的湛蓝天宇上层层片片的云罗霞锦上下交辉,遥相交衬,织成一幅丽景天成、悠然意远的图画。就在这里,吐谷浑属下的鲜卑人与羌人的上层人士逐渐通婚融合。

纸上数行字,空中几朵云,人间已百年。当时光流逝到隋代的时候,"党项"这个陌生的名字作为吐谷浑属部宕昌和邓至的遗种第一次出现在历史视野里。隋文帝开皇五年(585),大批党项部落在首领拓跋宁丛的带领下归顺隋朝,被安置在旭州。党项羌涌现出细封氏、费听氏、往利氏、颇超氏、野利氏、房当氏、米擒氏、拓跋氏八大族姓。①

由于吐蕃的军事压力,党项开始了长达180年的持续内迁。大多数人迁到银州、夏州,被称为"平夏部";部分人迁到庆州,因庆州位于六盘山以东,俗称"东山部";还有部分人迁到绥州、延州一带。

黄巢起义爆发后,党项羌应邀平叛。唐僖宗中和元年(881),党项平夏部首领拓跋思恭与唐将李克用组成联合兵团,一举将黄巢逐出长安。因镇压起义有功,唐朝封拓跋思恭为夏州节度使、夏国公,名字也写进了李氏族谱。

从此,夏州拓跋氏自称李氏,坐拥银、夏、绥、静、宥五州。

直到有一天,内地传来宋朝建立的消息。党项首领李继捧以为找到了一

---

① 见后晋刘昫等《旧唐书·党项传》卷一九八,中华书局1975年版。

棵大树,于宋太宗太平兴国七年(982)率部落氏族长270余人、民户5万余帐投奔宋朝,并献上了五州地图。宋太宗赵匡义大喜过望,加封李继捧为彰德军节度使,赐赵姓,允许他们迁居东京,并出兵占领了五州。

十一、历史骤然拐弯

草原永远是游牧民族的母体,他们已经习惯了用马蹄敲打广阔的牧场,用琴声向草原倾诉衷肠,因此李继捧的内附引起了党项贵族集团的迅速裂变。

第一个说"不"的是李继捧的弟弟李继迁。

这是一位改写党项历史的人物,生于宋太祖乾德元年(963)。据说如今的米脂县殿市乡李继迁寨仍流传着他"生而有齿"的传说,这也许有些言过其实,但他11岁担任都知蕃落使确是不容置疑的历史事实。

就是这样一位才华出众的少年将军,在哥哥宣布归降宋朝的历史时刻,与弟弟李继冲、汉人张浦钻进密室商讨对策。

很快,部落内传出李继迁的乳母病故的消息。"发丧"之日,换上孝服的李继迁部下抬着装有大量兵器的灵柩顺利出城,然后直奔夏州东北150公里的地斤泽(今内蒙古鄂尔多斯市鄂托克旗东北),在这块水草丰美的牧地上纠集起一支2万人的武装,宣布抗宋自立。

李继迁娶南山野利氏女子为妻,使南山部族成为自己忠实的追随者。辽圣宗统和四年(986),他又娶辽国义成公主为妻,被辽国封为夏国公,与契丹形成了掎角之势。

随后,李继迁卷土重来,巧施诈降之计,击败了投降宋朝的长兄、夏州刺史李继捧,于宋太宗淳化二年(991)攻占了银、绥二州。

在战争中吃了大亏的宋朝被迫采取软化政策,一厢情愿地授予李继迁银州观察使的封号,赐姓名赵保吉。同时宋朝还禁止在边界地区出售优质党项盐,试图卡断李继迁的财源,逼迫他们归降。

尽管不是赌徒,但李继迁明白,天下赌之大成者无非两条——输时要忍,赢时要狠。在人为设置的障碍面前,他只有两条路可走,一是窝窝囊囊地投降;二是轰轰烈烈地奋起。宋朝边拉边打的拙劣手段反而激发了他的万丈雄心。党项军队逐渐发展到5万人,他们于宋真宗咸平五年(1002)攻陷了灵州(今宁夏灵武),将其作为自己的首都并改名西平府。到了这一步,一贯妥协退让的宋真宗只得承认既成事实,正式将李继捧献上的五州归还了李继迁。

得意不可忘形,人得意的时候最容易丧失警惕。宋真宗景德元年(1004),吐蕃六谷部首领潘罗支前来投降,大喜过望的李继迁亲自带领少数随从前去迎降,结果被诈降的潘罗支用暗箭射死。

临终前,他认定刚与辽缔结"澶渊之盟"的宋朝急于缓和西北战局,于是给儿子李德明留下了"上表附宋"的著名政治遗嘱(情形与成吉思汗临终前相似):"一表不听,则再表,不得请,不止也!"

在低沉的气氛中,李德明接过了接力棒。他一方面向辽报丧,被辽封为平西王;另一方面按照父亲的临终嘱咐向宋进表降附,与宋朝签订了《景德和约》,被宋封为定难军节度使、西平王。再无后顾之忧的李德明派儿子元昊相继攻下了甘州(今甘肃张掖)、凉州(今甘肃武威),控制了回鹘占据多时的河西走廊,在怀远镇另建了新都,取名兴州(今宁夏银川)。他还仿照宋制,立元昊为太子,一个崭新的帝国呼之欲出。

黄叶的意义在于哺育春天。李德明没有急于称帝,他把这一光宗耀祖的机遇留给了儿子。这是一个政治领袖的英明之处,李德明的政治远见在中国历史上应该留下一笔。

十二、金戈铁马

冥冥中似乎有一双命运之手有意拨快了历史的时钟,给李元昊腾出了一块一展雄姿的舞台。宋仁宗天圣十年(1031),正值壮年的李德明病逝了,战功卓著的太子李元昊子承父业。

李德明下了蛋,李元昊把蛋孵了出来。

让我们浏览一下李元昊的精神路标:即位伊始,这位通晓汉蕃佛典、法律、占卜,尤其精于军事谋略的少年便举起改革大旗,发布了秃发令,推行剃去头顶的毛发,将刘海从前额垂到腮边的传统发式;废除了唐宋赐予的李姓和赵姓,改用党项姓"嵬(wéi)名";废去了宋朝的西平王和辽国的平西王封号,用党项语称"吾祖"①;废除了用宋朝年号纪年的方法,自立年号为显道;创制了西夏文——蕃书,要求夏国文书纪事一律采用新制的文字;改革了官制,使仿照宋朝建立的官职与党项官职并存;订立了兵制,设立了擒生军、侍卫军和地方驻军。宋仁宗明道二年、夏显道三年(1033),他把兴州升为兴庆府,扩建了宫城殿宇。一切都昭示着一个结论:元昊是最具天才、最富想象力的党项领袖。无论是在他生前或死后,党项人的头脑中和西夏的政体中都深深地打上了他的烙印。

之后,他攻下了吐蕃唃(gǔ)厮罗部的氂(lí)牛城,继而攻占了瓜州(今甘

---

① 意为皇帝、可汗、青天之子。

肃安西)、沙州(今甘肃敦煌)、肃州(今甘肃酒泉),辖境"东尽黄河,西界玉门,南接萧关,北控大漠",包含夏、宥、银、会、绥、静、灵、盐、胜、威、定、永、甘、凉、瓜、沙、肃州。

元昊大庆三年(1038)农历十月十一日,羌历年的清晨,正值而立之年的元昊身穿白色帝袍在阳光的沐浴下走上帝座,自称"始文英武兴法建礼仁孝皇帝",定都兴庆府,国号大夏(今俗称"西夏",也称"白高大夏国"),改元"天授礼法延祚",成为与宋、辽、金并列的东方主权国家。

元昊在建国的同时,派遣特使前往宋朝通报建国的消息,请求宋朝承认自己为友好而独立的邻邦。宋仁宗无法接受原来称臣的党项与自己并驾齐驱,下诏削去元昊的赐姓和官爵,关闭边市,贴出告示悬赏擒拿元昊。而元昊这时已经羽翼丰满,于是他撕毁了与宋的和约,从宋仁宗康定元年、天授礼法延祚三年(1040)起,连续对宋发动了大规模进攻,中国西部狼烟四起,哀鸿遍野。

康定元年(1040)初,元昊进攻延州,宋将范雍一败再败,驰援的将军只求自保、互不接应,延州和宋塞门寨、安远寨皆落入敌手。宋朝30年来第一次用兵,便遭受如此惨败,朝野上下一片哗然,而延州地方将领竟无一人出来承担责任,致使百姓的告状信像雪片一样飞向朝廷。

在众声喧嚣中,宋仁宗任命韩琦为陕西经略使,范仲淹为陕西经略副使兼知延州,勉强抵抗西夏达4年之久①——在沾满了鲜血、弥漫着烽烟的城墙上,我仿佛看见一个戎装文人迎风而立,秋风吹起他的盔缨和胡须,在空中飘舞,也把他那首著名的《渔家傲》送进了我的耳际:"塞下秋来风景异,衡阳雁去无留意。四面边声连角起,千嶂里,长烟落日孤城闭。 浊酒一杯家万里,燕然未勒归无计。羌管②悠悠霜满地,人不寐,将军白发征夫泪。"

西夏虽然稍占上风,但是人困马乏,财力不济,加上宋朝停止了岁币供应,封闭了边关,西夏民众无法得到茶与布,因此西夏民间传出了"十不如"的反战歌谣。元昊被迫于天授礼法延祚七年、宋仁宗庆历四年(1044)提出停战。双方议定西夏取消帝号,由宋朝册封为夏国王,夏对宋仍在名义上称臣,宋朝每年赐给夏国绢15万匹,银7万两,茶3万斤。和议使西夏获得了宋朝的承认并坐享岁币,范仲淹也得以回到朝廷当了一阵子副宰相而后被贬为邓州知州。在那里,范仲淹凭借少年时代的记忆和好友滕子京寄来的《洞庭晚秋图》,写下了传诵千古的《岳阳楼记》。

人生中最难以忍受的不是连续的坏天气,而是持续晴空万里的日子。战

---

① "军中有一韩,西贼闻之心胆寒;军中有一范,西贼闻之惊破胆"的民谣显然有些言过其实。
② 指羌笛,羌人管乐器,双管并在一起,每管各有6个音孔,上端装有竹簧口哨,竖着吹。

争会给人民带来苦难,但没有战争也会使英雄沉沦。从此,这个铁血男儿心海里翻腾的不再是"金戈铁马,气吞万里如虎",而代之以"纤云弄巧,飞星传恨,银河迢迢暗渡"。元昊先是中了宋朝的反间计,错杀了野利皇后的两位叔叔野利旺荣和野利遇乞。后来为表达悔意,将野利遇乞的妻子——婶婶没藏氏迎入宫中。谁知两人一见钟情,很快就如胶似漆起来。醋意大发的野利皇后背着元昊将没藏氏送入戒坛寺削发为尼。天授礼法延祚十年(1047),不甘寂寞的元昊不仅继续与没藏氏暗度陈仓,而且宣布废掉了野利后,将太子宁令哥的新娘没移氏据为己有,立为皇后。接着,他在天都山建造了一座壮丽的宫殿,供他与新皇后尽情浪漫。

温柔乡是英雄冢。天授礼法延祚十一年(1048)正月十五,一个"月上柳梢头,人约黄昏后"的元宵之夜,被父亲夺走妻子的宁令哥与同伙入宫行刺,酩酊大醉的元昊被割掉了鼻子。第二天,因流血过多,这位年仅46岁的一代枭雄离开了人间。其结局一如苏妲己之于殷纣王、褒姒之于周幽王、西施之于夫差、郑袖之于楚怀王、杨玉环之于李隆基。我们应该注意到漂亮女子在历史上冲击性的力量所造成的悲剧景观。

其实我们没有理由对元昊过多地说长道短,因为处在风口浪尖上的人从来就不可能有完美的人生。

十三、噩梦难醒

刺客并未赢得预想的成功。

元昊被刺后,参与刺杀的太子宁令哥和背后的主使野利后被手握兵权的没藏氏族长讹庞杀死,元昊与没藏氏私生的谅诈被立为帝。从谅诈开始,年幼的秉常、乾顺相继继位,政权一直由皇后家族控制,直到宋哲宗元符二年(1099)乾顺亲政后,西夏才重新进入强盛时期,先后与辽、金建立了牢固的攻守同盟,使西宁、湟、鄯尽入西夏版图。

西夏的危机并非来自什么内讧,而是愚蠢透顶的外交政策。

当时,柔弱的宋朝已经被金国赶到了温和多雨的南方,中原北部和西部并排站立着已经雄风不再的金国和西夏,而在金国和西夏北部的广阔草原上,纵横驰骋着被誉为东方雄鹰的蒙古铁骑。金国和西夏联合起来尚能够苟延残喘,否则将时刻面临着被虎视眈眈的蒙古人各个击破的悲惨境地。

乾顺之子仁孝死后,西夏竟然背弃盟友金国,一头扑进了铁木真的怀抱。夏桓宗嵬名纯祐天庆十二年(1205),铁木真在消灭了乃蛮之后,以追击克烈部残匪的名义进入西夏,使西夏蒙受了第一次,也是建国以来最大的劫难。

桓宗开始反思自己的外交策略,并将兴庆府改名中兴府,乞求上天的保佑。第二年,蒙古传来了铁木真在蒙古斡难河畔建国并自称成吉思汗的消息。心惊肉跳的西夏国王连续派遣使者前往金国,希望与之重续中断已久的联合战线。不幸的是,金国执政的是顽固不化、愚蠢透顶的卫绍王,他不仅断然拒绝了西夏的要求,而且用幸灾乐祸的口吻说:"敌人相攻,中国之福,何患焉?"

一个身居高位的人在最应该清醒的历史关头做出了一个最为愚蠢的决定。试想,如果两国能够达成协议,自愿忘记渺小的嫉妒之心,或许会出现令历史重写的重大转折。

此后,西夏不再附金抗蒙,而是重新和成吉思汗走到了一起。在公元1216年、1217年、1221年3次攻金战役中,充当蒙古炮灰的西夏军队遭受了重大伤亡。党项人对附蒙抗金的政策开始不满,成吉思汗又下达了灭夏的指令。立时,西夏这只破船被推进了湍急的历史旋涡。

眼看大势已去,附蒙抗金的夏神宗嵬名遵顼沉浸在后悔和恼羞中不能自拔,于夏神宗光定十三年(1223)传位给次子献宗德旺,自称"上皇"黯然退居幕后。

送你一枝玫瑰,原来是要刺你。侥幸当上皇帝的献宗不得不改变父亲几十年的国策,派遣使者与漠北诸部联络,企图结为外援牵制蒙古。他还派出使者前往金朝议和,提议在危难时刻互相援助,但此时的金国已经兵虚财尽,处于亡国前夜,哪还有能力援助西夏呢?这种情形多像一个频频堕胎的妇人,由于年轻时的荒淫无耻,当她有朝一日真诚地想做母亲时,却落下了"习惯性流产"的顽症。

得到西夏四处求援的消息,蒙古立即组织大军扑向西夏。夏献宗乾定二年(1224),蒙古骑兵从东路攻入银州,夏军万人战死。元太祖二十一年(1226),成吉思汗率大军攻下沙州、肃州、甘州、西凉府。64岁的太上皇神宗和46岁的献宗都被吓死,帝位留给了献宗倒霉的侄子嵬名睍(xián)。

攻下河西之后,成吉思汗于11月渡过黄河,进抵西夏陪都——灵州,即位于多事之秋、受命于危难之际的嵬名睍紧急征调10万党项大军由嵬名令公率领前往增援。

黄河一直被西夏视为伟大而亲切的母亲河,他们多么希望这时的黄河能够波涛汹涌,替他们挡住如狼似虎的蒙古人,然而母亲河的乳汁已经在寒冷的冬天渐渐枯竭,有限的水流也已经冰封如铁,根本不再是灵州的天然屏障。成吉思汗轻易地踏过封冻的黄河,与前来增援的党项军队在冰天雪地里展开了生死肉搏。

蒙古和西夏联手为世界奉献了一场没有观众的精彩战役。战役的惨烈程度在蒙古军队作战史上也属罕见,党项军队与蒙古军团的死伤人数达到了十比一,大败的西夏军人尸体堆积如山,西夏主力在这次决战中损失殆尽。最终灵州陷落,民众无一幸免。

压轴戏一旦结束,西夏的大幕开始徐徐下落。

中兴府被蒙古军队围困6个月后,粮尽援绝又遭遇地震的党项人只得于夏末帝宝义二年(1227)6月绝望地向蒙古人协议投降,请求蒙古宽限一个月献城。7月,成吉思汗病逝于六盘山,但消息被严密封锁。据说成吉思汗死前降下遗旨:每饮则言,殄(tiǎn)灭无遗,以死之,以灭之。

几天后,当西夏君臣根据投降协议打开城门时,蒙古人突然宣布了成吉思汗的死讯。未等党项人反悔,他们就杀死了国王嵬名睍,继而背弃协议对投降的军民实施了灭绝性的屠城,不但人尽灭,物尽掠,城市宫殿、国宝史典、皇家陵园也被毁盗殆尽,其状惨不忍睹。

战争的屠刀抹杀了西夏王朝,传10帝,立国194年,实际存在了347年的西夏政权消失了。西夏来如雷霆收震怒,罢如江海凝清光,如一节戛然而止的雄浑乐曲,又像一个血腥而又浪漫的噩梦。

元朝建立后,蒙古人在西夏故地设立了宁夏路,宁夏的字面含义就是"扫平西夏,永保安宁"。

六盘山高,贺兰山远,当西夏对元、明后世不再成为威胁,朝廷也就不再为它多费心思,于是战火远去,刀枪入库。九曲黄河方能拍打出田园似锦的银川平原,滋养出姹紫嫣红的婀娜水乡。今天,我们看到塞上的江南水色,涟漪中仍荡漾着一个王朝的千年白发。

十四、余脉尚存

党项人没有被赶尽杀绝。

那些在战争中投降蒙古的党项人,被元朝称为"唐兀",列为二等人——色目人,享有比女真人和契丹人更高的社会地位。察罕等上层家族融入了蒙古,一般党项平民则融入了汉族。

在蒙古铁骑大肆蹂躏西夏时,一支党项人向南方冒险长征。他们渡过洮河,跨越松潘草原,沿金川河谷南下,经丹巴、乾宁,到达今四川甘孜藏族自治州的木雅地区,建立了一个名叫西吴(夏)的袖珍政权。这个边裔小政权居然默默无闻地与蒙古王朝平行存在了一个世纪,后来因为讨伐四川军阀明玉珍有功,被明成祖封为土司,直到清朝康熙时期因为没有男性继承人为止。①

---

① 见吴天墀《西夏史稿》,四川人民出版社1980年版。

元宪宗蒙哥元年（1251），忽必烈远征大理。奇怪的是，他没有走内地大道，而是选择山高路远的川西高原行进。唯一合理的解释是，这一路是西夏遗民的逃亡路线，他的目的在于一箭双雕：既要一统天下，又要实现成吉思汗灭绝西夏人的遗愿。此前，他与西藏萨迦派宗教领袖八思巴在六盘山会面，达成了蒙藏联合阻止西夏遗民进入西藏的默契。

显然他低估了川西、川南对逃亡者有利的复杂地形，也高估了自己与藏人的默契度。就在他南征大理的同时，木雅地区部分党项人逃往后藏，落居樟木口岸、定结、陈塘、定日绒辖等地，人口在千人以上，他们就是如今西藏的夏尔巴人。也许是惊魂未定，也许是高原缺氧，逃到后藏的部分党项人再次南迁，翻越喜马拉雅山的囊巴拉山口，到达今尼泊尔境内的索卢昆布，形成了人口近10万的谢尔巴族。[1]

另外，在川藏之间的皑皑雪山上，生活着30万羌人后裔——这就是红军长征路过的四川阿坝藏族羌族自治州的现代羌人。据考证，这支羌人属于古老的羌族冉駹部落。隋唐时期，他们处于汉族与吐蕃之间，成为双方争夺的对象，靠近吐蕃的一部分部众被藏族融合，靠近汉族的部分部众与汉民长期通婚而被汉族融合，只有生活在中间地带的一小部分人顽强地保留着羌人的民族习性和民族名称，一直延续至今。如今，他们自称"尔玛"[2]。

2008年5月12日，那场里氏8级的汶川地震就发生在羌人聚居区，在众志成城的全国人民援助下，他们已经顽强地从地震废墟中站了起来。

一个没有民族文字、没有民族武装、没有民族英雄的弱小部落能坚持到现代并且人数还在顽强地回升不能不说是一个历史奇迹。

尽管人数已经很少了，但他们又是幸运的，同样不可一世的羯、氐不是连一点纯正的血脉也没有留下吗？

有人说羌氐是分不开的。如果我要将羌氐分开，并专章叙述氐人的故事，将会出现什么样的后果呢？

请读者拭目以待。

---

[1] 见白滨《寻找被遗忘的王朝》，山东画报出版社1997年版。
[2] 意思是本地人。

第十六章
氐——兵败淝水的历史童话

> 文明是一种运动,不是状态,是航海,而不是港口。①

一、内迁何时终止

在布满蛛网的书库里,笔者发现了一行字:"氐羌,氐地羌。"

氐族的称谓可能与分布在秦陇巴蜀之间低洼的地势有关;氐与羌曾经是一对形影不离的孪生兄弟。

氐人和其他部落一样都是由各种各样的人组成,有的聪明,有的不太聪明,有的相当愚蠢。第三种人数量最多,他们对任何事情都没有兴趣,习惯于逆来顺受,知足常乐,就像愚蠢的鸭子整天泡在水里一样;第二种人意识到应该做点什么,但他们却知难而退,一事无成;第一种人往往是极少数,他们敢于冒险,也富于谋略,能够在关键时刻挺身而出并逐渐成为整个部落的领袖。

一天,这些不甘寂寞的领袖突然发现了东方那块富裕的宝地,宝地上那些身穿银光闪闪的丝绸服装的汉人,还有那些他们在梦中也没有见过的巍峨宫殿,他们开始说服那些相当愚蠢的和不太聪明的人迁出世代居住的封闭大山。

内迁是明智的、必然的,是古人类从采猎文明向以种植、养殖为标志的农业文明过渡的必由之路。数千年之前,正是得益于这一意义巨大的过渡,印度河谷地、尼罗河谷地、美索不达米亚平原、黄河—长江中下游平原成为世界文明的发祥地。

氐人的内迁最早可以追溯到汉武帝时期。汉武帝元鼎六年(前111),汉朝发兵镇压了西南边境的氐王,在战败者居住区设置了武都郡。许多氐人民不堪命,便去国离家,远的辗转流浪到海角天涯,近的颠沛流离到河西、关中、

---

① 语出英国史学家阿诺德·托因比,他著有《第二次世界大战史大全》。

留下的只有不停地造反。3年后,汉武帝出兵平息了氐人叛乱,将令人头痛的河西禄福氐人迁徙到汉人居多的酒泉郡,这也是有史记载的首次氐人迁移。①

第二次迁徙发生在东汉末年。当时,在曹操、刘备两大军事集团之间的武都地区,形成了兴国(今甘肃秦安县东北)氐王阿贵、百顷(仇池山)氐王杨千万、下辩(今甘肃省成县西)氐帅雷定、河池(今甘肃徽县西)氐王窦茂四股势力。他们既不附汉,也不降魏,我行我素,独往独来。更加具有讽刺意味的是,连自己都无法保全的阿贵、杨千万竟然跟着西川将领马超去反叛曹操。

盲人骑瞎马,夜半临深池。闭着眼睛走路能不跌跤吗?建安十八年(213),腾出手来的曹操命令夏侯渊大举西征,经过一年的拉锯战,阿贵脑袋搬了家,侥幸保住性命的杨千万和马超南下蜀川投奔了刘备,没来得及逃走的氐人都成了俘虏。曹操对被征服的氐人区别对待,如墙头草一样的"前后两端者",强行迁徙到内地的扶风、美阳;真心归附的"守善者",允许留驻天水、南安(今甘肃陇西县东南)。

按说前面的人跌得鼻青脸肿,后面的人就该加倍小心了,但历史的发展远非如此,飞蛾扑火者大有人在。建安二十年(215),曹操领兵征讨汉中军阀张鲁从武都经过,却被武都氐人横刀挡住了去路。当曹操好不容易扫清障碍来到河池时,氐人首领窦茂又率众据险抵抗。

尽管窦茂被顺利清除,曹操还是发怒了。曹操先是命令雍州刺史将5万氐人驱赶到扶风、天水郡内,再后来又命令武都太守将数万氐人迁徙到京兆、雍、天水、南安、广魏等地。就这样,因为几个首领的愚蠢举动,氐人拖家带口远走他乡的噩梦一直持续到魏齐王曹芳正始元年(240)。

魏晋时期,氐人除居住在武都、阴平二郡外,又在关中、陇西形成了两个与其他民族交错杂处的聚居区:一是京兆、扶风、始平三郡;二是天水、南安、广魏(后来的略阳,今甘肃秦安县东南)三郡。

迁徙远未结束,尽管他们并不情愿。五胡十六国时期,汉国、前赵、后赵、前秦多次将氐人迁往关东、河北等地,以取得对汉人在人数上的均势。这样一来,氐族分布区域已经遍布中原。氐族最强盛的时期,人口达到了创纪录的100万人。

二、揭竿而起

"内迁"其实就是"寄人篱下"的代名词。在"非我族类,其心必异,戎狄志

---

① 见三国魏鱼豢《魏略·西戎传》,中华书局1975年版。

态,不与华同"的顽固观念支配下,魏晋朝廷对内迁的氐族上层集团一方面封官赐爵百般拉拢;另一方面设置护西戎校尉严加管理。不管怎么说,这些氐族官僚还有爵位,有房子,有土地,有妻妾,只是少了一点自由。那些随同他们内迁的平民呢?

这些依附氐族官僚而生存的平民给自己的酋长交租子、出苦力也就罢了,但是那些负责监督当地氐人的晋朝官吏也变着法子盘剥他们。只要人能想出来的科目,他们都想到了;只要有人烟的地方,他们也都收到了。氐人记忆犹新的是曹魏时期的苛捐杂税就够多了,而晋朝出台的田租居然比曹魏多出一倍,不仅有田的要交租,而且官府还规定:"远方无田可种的少数民族,每户需要交米三斛(hú),再远的交五斗,更远的每人交钱 28 文。"读到这里,我们能不为晋朝这个口口声声"民为重,社稷次之,君为轻"的汉族政权感到脸红吗?

本来就无田可种的氐族平民更加衣食无着,他们不得不沦为依附农民的士兵,甚至被卖到大户人家当了奴婢。

如果在婴儿还没有吃饱的时候就让他的小嘴巴离开奶嘴,他立即就会"哇"的一声大哭起来。不平则鸣,这是个连婴儿也懂得的道理。同样,移民的忍耐力在达到极限后被引爆,晋惠帝元康四年(294)秋天那个收获继而交租的季节,一场轰轰烈烈的起义在秦、雍二州的氐、羌中爆发。

起义的发起者是一位来自关中扶风的氐豪,他有一个汉化并且响亮的名字——齐万年。他振臂一呼,少数民族被压抑已久的怒火就立即燃烧起来,并很快形成燎原之势,天水、略阳、扶风、始平、武都、阴平氐羌纷纷响应。齐万年被推举为皇帝,整装北上,向腐败的晋朝发起了一轮又一轮不间断的攻击。

元康七年(297),7 万起义大军占领了今陕西乾县西北的梁山,矛头直指古城长安。慌乱之中,那位著名的白痴(晋惠帝)做出了一个荒唐透顶的军事部署:封梁王肜为大都督,御史中丞周处①为建威将军,与安西将军夏侯骏合兵征讨。这一部署的荒唐之处在于梁王当初惹了大祸,被刚直不阿的周处弹劾,正愁没有报复的机会。在 3 人合兵好時(今陕西乾县东南)的第一次军事部署会上,梁王就为周处布下了陷阱:"你率领一支精兵作为前锋先与敌人交战,我将在敌人精疲力竭时领兵增援,这样,我们将大获全胜。"

精明的周处遭遇了一生最大的尴尬:不出兵将意味着临阵脱逃、违抗军令,出兵将意味着泥牛入海、有去无回。明明知道梁王是在官报私仇、设置陷阱,但他有口难辩、有苦难言。他只有硬着头皮率领 5000 精兵与起义军在六

---

① 周处年轻时因为仗力欺人,与虎、蛟一起被故乡民众视为"三害",后来主动请缨杀死虎、蛟并改过自新。

陌（今陕西乾县东北）展开一场殊死的会战。一方的起义军尽管军容不整，但众志成城、人数众多；另一方的官兵尽管久经沙场，但兵力单薄、援军不至。结果，杂牌军使正规军尝到了内讧的苦头，"常胜将军"周处被10倍于己的敌人团团围住，在精疲力竭后被乱军杀死，投入会战的晋朝前锋部队全军覆没。

按说最兴奋的当属梁王，但他却无论如何也高兴不起来。因为他在借助敌人之手除去宿怨的同时，也使晋军被敌人吓破了胆，没有任何将军再敢出阵迎敌，而是统统龟缩在城中请求朝廷增援。

毕竟齐万年面对的是地广人众、兵多粮丰的晋朝。不久，晋朝殿中将军孟观统领3万精兵发起反攻。一日，两军列队完毕，武艺精湛的孟观出阵与齐万年单独交战。战至10余回合，齐万年大败而逃。孟观纵兵赶杀，一连大战十数阵，氐兵十损七八，一直逃回梁山军营。

齐万年并不死心，纠集残兵败卒于元康九年（299）正月在今陕西省渭水支流漆水河回马再战，齐万年在阵前高喊："挡我者死，避我者生。"言罢挥刀冲向孟观，结果民军领袖仍然不是晋朝将军的对手，不出几个回合，齐万年就落马被擒。明知不可为而为之，不是执着，就是弱智，齐万年的最后选择令人深思。

一代豪雄齐万年被押送洛阳，第二天便被斩首示众。

很多时候，命运就是如此残忍，它曾经逼迫你不得不千万次抗争，但又一次次抹杀你的努力。

民众只能化长风为悲歌，以眼泪作祭酒，默默为他送行。

摆在战败的氐人面前的只剩下两条路，或坐以待毙，或背井离乡。已经习惯流浪的氐人毫不犹豫地选择了后者，齐万年的残余部队1万余人化整为零进入四川。

三、借尸还魂

在这支垂头丧气的流亡队伍中，行进着李特、李流兄弟，因为他们是世袭的酋长，因而也就顺理成章地成为这支流亡大军的首领。

可是在动乱的年代里，哪里能找到一块平静的乐土？晋惠帝永宁元年（301），乱成一团糟的晋朝忽然下令，将流亡各地的难民全部遣返故乡。既昏又贪的益州刺史罗尚认为发财的机会来了，一面命令氐人在朝廷规定的限期内离开本州，一面设立关卡把氐人辛辛苦苦积蓄的财物全部没收。愤怒的氐人这时得到了"八王之乱"愈演愈烈，故乡仍然千里枯槁、饿殍满道的消息，生与死的抉择又一次摆在他们面前：一是回到略阳饿死；二是留下来被刺史杀

第十六章　氐——兵败淝水的历史童话　349

死；当然，还有一条最为冒险的选择，那就是再次揭竿而起。

尽管对齐万年起义的血腥场面记忆犹新，但他们还是一致推举酋长之一的李特为镇北大将军，李特的弟弟李流为镇东将军，李特的三子李雄为前将军，在绵竹（今四川德阳北）宣布起义。

卧薪尝胆两年后，义军向成都发起进攻，李特、李流兄弟先后战死和病死。杀红了眼的李雄亲自率领敢死队冲锋陷阵，终于攻陷了这座坚不可摧的古城，占据了流淌着白米和黄金的益州（今四川成都）。

晋惠帝永安元年（304），李雄称成都王。

两年后的一天，李雄竟然以刘禅的曾孙刘玄为安乐公，继承"乐不思蜀"的傻瓜皇帝刘禅的爵位，定国号为大成，自己就任大成皇帝。就这样，三国之一的蜀汉得以借尸还魂。这就是十六国之一的所谓成汉。

大戏一开场，他们还真有点复兴汉室的气势。李雄一方面对地方大族称兄道弟，刻意拉拢，另一方面采取了"降低赋税、休养生息"的开明政策，境内出现了"路不拾遗，夜不闭户"的盛世美景。

想让国家昌盛下去吗？如果想，就选择一位英明的接班人，然后像唐太宗一样在自己活着的时候把所有可能威胁到接班人的亲王统统干掉。但李雄不仅没有这样做，而且还在病死前莫名其妙地宣布养子李班①继位。更要命的是，他的亲生儿子们个个军权在握。不久，文质彬彬的李班就被杀掉，李雄的四子李期被推上王位。

想不到杀掉绵羊却迎来了恶狼。李期上台后，平均一年就要毒死一个亲王。无奈之下，镇守边关的亲王李寿率1万轻骑杀进成都，将皇帝李期降职为鄸都县令（这可能是中国有史以来最大的一次降职安排，因而李期在接到任命后悬梁自尽）。

李寿掌握政权后，他的称呼成了一道难题。一天，他找来道士算了一卦，算出他只可以做几年的天子。一些部将劝他继续当他的诸侯，但李寿公开宣称："朝闻道，夕死可矣。"

一个叫"成汉"的国家宣布诞生，新皇帝就是算过命的李寿。

事实证明，他确实具备一个优秀皇帝的素质，使得我不得不把历史上明君继位后干的那些恢复生产、勤于政事、宽容勤俭之类的套话放在他的身上，又是一片莺歌燕舞，又是一个太平盛世。

然而好景不长，在李寿的三把火烧过不久，一件小事彻底改变了他，也使那位道士的预言得到应验。

---

① 李雄的侄子。

一天,出使赵国的使臣照例向皇帝汇报工作,其情景如同刚刚经历了十年动乱的中国官员到美国转了一圈一样,从中原归来的使臣再也按捺不住心底的震撼,满脸羡慕、满嘴泡沫地叙述起石虎那巍峨的宫殿,如云的嫔妃,醇厚的美酒,高雅的音乐和无上的威严,引得李寿心痒难忍。从此,他变得奢侈骄横起来。左仆射(yè)蔡兴入宫进谏,竟被拉出去斩首。右仆射李嶷仗义执言,也被下狱处死。就这样过了5年,皇帝突然得了一种怪病,整日胡言乱语,不是说李嶷索命,就是说蔡兴申冤,几天后便两腿一蹬,一命呜呼。

他的儿子能否重振雄风?

四、大胖子的表演

接班人名叫李势,生得脑满肠肥、大腹便便,腰带十四围,然而却起卧自如,被国民称为"神奇的大胖子"。

胖子继位后,所娶的妻室也都姓李。奇怪的是,附近山陵上的月亮阴晴圆缺了多少次,他的后宫佳丽竟然连生数女,没有一个人为他生下身后治国安邦的儿子。他整天闷闷不乐,民间也议论纷纷。从此以后,他命令手下到民间搜索美人,即便是已经嫁人,只要有点姿色也要强娶入宫,如果她的丈夫胆敢争执,一律格杀勿论。一时,后宫美女如云,繁花争艳。他关上宫门,日夜宣淫。后来,宫中传出一连串惊人的消息:一名姓张的美丽宫女,忽然化为一丈多长的大斑蛇,搞得宫内人心惶惶。还有一个郑美人,忽然化为一只吃人的母老虎,被太监持械赶走。出了如此多的怪事,胖子仍旧我行我素——只要能生个继承皇位的儿子,听点怪话又有什么?!

一个皇帝绝对不能只管后宫而不管政务、军务,特别是边防,如同一个人学几何,却不涉及弦、三角和长方体。结果,伴随着胖子如火如荼的"造子运动",成汉帝国走向了自取灭亡的深渊。即便是东晋荆州刺史桓温只率7000人在东晋穆帝永和二年(346)发起试探性进攻时,成汉的边防已形同虚设。次年3月,晋军抵达成都西南2公里的笮(zuó)桥,胖子皇帝亲临前线督战。当时,成汉军团进行了孤注一掷的抵抗,桓温的前锋部队受到致命打击,一名叫龚护的将军战死,流矢险些射中桓温马头。慌乱之中,桓温下令击鼓退却。

一个童话里才有的插曲发生了。不知什么原因,晋军击鼓手稀里糊涂击出了进军的鼓点。晋军发起了猛烈的反扑,虚张声势的成汉军团一败涂地,退入成都的胖子成了瓮中之鳖。在晋军发起火攻后,胖子乘着夜色从东门突围,逃到晋寿(今四川广元)躲了起来。后来,胖子实在受不了一夕数惊的日子,于是派人向桓温送上降表,然后反绑双手,携带棺材到晋营投降。在投降的同时,胖子将如花的妹妹偷偷送给桓温做了小妾。

英国有一句谚语:锁见美女自然开。果然,美女一到手,桓温的态度大变(因为胖子从俘虏一下变成了大舅子),胖子不仅没有被立刻杀掉,而且被好酒好菜地供养起来。

桓温的老婆南康长公主一向以嫉妒闻名于世,听说老公偷娶了一房小妾,便率领女兵提刀赶来,准备把这位二奶生吞活剥。公主赶到金屋藏娇的地方时,正值李小妹在窗前梳妆,只见她长发委地,雪容月貌,眼波流转,矕轻笑浅,美丽得令人战栗,是一位典型的四川美女。四川美女一见公主就趴在地上泪流满面地说:"国破家亡的时候,我能情愿来这里吗?今日如果被杀,也遂了我的心愿。"闻言,公主立即掷刀于地,把美女一把揽入怀中说:"小妹,对于你我见犹怜,何况好色的老公。"公主一不小心,发明出一个叫"我见犹怜"的成语。从此,公主与李小妹结为姊妹,她的妒病也从此痊愈。

经过桓温的一再争取,胖子被朝廷封为归义侯,好酒、好肉、好房子,安居建康12年后死去。后人写诗解嘲说:"笮桥一败蜀中休,面缚迎降也足羞。试问十年天子贵,何如百世做诸侯?"

五、统一北方

少数民族被强迫迁离世代栖息的故乡是痛苦的,但很快他们就感受到了苦尽甘来的欢愉。因为痛苦是把双刃剑,它一方面割破了人心,另一方面掘出了生命的新水源。

从荒草坡来到茵茵平川的氐人在解决了温饱后开始团结起来。晋怀帝永嘉四年(310),从武都郡迁到略阳郡的氐人蒲洪被推为盟主,自称护氐校尉、秦川刺史、略阳公,先是听命于刘曜的前赵,前赵灭亡后又投奔后赵的石虎。东晋永和六年(350),蒲洪背弃衰亡的后赵遣使归附东晋,被封为征北将军、都督河北诸军事。此时正值冉闵滥杀胡羯,关陇流民纷纷西归,蒲洪抓住时机在枋头设立流民收容站,竟然拥众10余万,然后自称大将军、大单于、三秦王,改姓苻氏。

在迅速扩张的岁月里,苻洪根本无暇鉴别投降者的忠奸,这一点让他在日后付出了血的代价。看到苻洪的意外成功,一个名叫麻秋的降将异心再起,将苻洪下毒毒死,消息传出,氐人大乱。

好在苻洪之子苻健还有些手段和威信。他率众杀掉了麻秋,然后挥兵西入长安,占据了关陇地区,于永和七年(351)自号天王、大单于,定国号为大秦——也就是历史上不得不说的前秦。

苻健于5年后不幸病逝,其子苻生世袭了帝位,改元寿光。

苻生从小瞎了一只眼,既能空手与猛兽格斗,又能徒步与骏马赛跑,是中国历史上有名的暴君。在他10岁的时候,爷爷苻洪想逗他,便问身旁的侍者:"听说瞎眼的孩子一只眼流泪,是真的吗?"侍者回答:"是真的。"苻生在一旁听了,拔出佩刀往自己那只瞎眼刺了一刀,鲜血喷涌而出,狠狠地说:"这不是眼泪吗?"爷爷大惊失色,拿起鞭子猛抽这个凶残的孙子,苻生既不躲闪,也不求饶,反而口出狂言:"我喜欢被刀砍,不喜欢被鞭打!"气得爷爷暴跳如雷——如果不是看他年幼,早把这个小畜生宰了。

苻生21岁当上皇帝后,身旁不离铁锤、钢锯、刀斧,一言不合就亲自动手杀人。他曾经问大臣:"你看我是什么样的君主?"大臣惶恐地回答:"陛下是圣主。"苻生大怒:"你故意奉承我!"这位大臣被拉出去斩首。再问别人,那人谨慎地回答:"陛下是仁君,但刑罚稍重。"苻生同样大怒:"你竟敢诽谤我?!"这位大臣也被处斩。

因为只有一只眼睛,所以他最忌讳听到少、无、缺、伤、残之类的话。有一次,他问御医人参能否多用,御医回答:"人参力量很大,应该少用。"于是犯忌的御医被挖去双眼。

他命宫女与男人性交,自己和群臣在一旁观看。又命宫女与公羊性交,看她们能否生下小羊。还把牛、马、驴、羊活活剥皮,让它们在宫殿上奔跑哀鸣。甚至把人的面皮剥下,再让他们表演歌舞。他杀得高兴的时候,连宰相、皇后、舅舅也不能幸免。

一个人到了这种不可理喻的地步,任何正常方法都会失效。于是,苻健的侄子苻坚在寿光三年(357)杀掉苻生,自立为皇帝。

苻坚在汉人宰相王猛(今山东寿光人)的协助下,废除了胡汉分治这一社会不稳定的根源,出台了劝课农桑、鼓励生产等稳定人心的举措,一个稳定而强劲的前秦悄然崛起。从前秦建元六年(370)开始,仅仅用了12年时间,前秦就先后灭掉了前燕、仇池、前凉、代国,攻取了东晋的梁州(今陕西汉中)、益州,迫使邛笮、夜郎归附,进占了西域,完成了统一北方的伟业。此时的前秦,东极沧海,西并龟兹,南达襄阳,北尽大漠,只剩下偏据东南角的东晋与其对峙。

六、淝水之战

王猛之于苻坚绝不亚于姜子牙之于周武王,管仲之于齐桓公,诸葛亮之于刘备。前秦统一北方的辉煌之路上,无不镌刻着这位多谋善断的重臣的印记。

似乎中国的统一指日可待,但是前秦还不具备一击制胜的底蕴,因为后方还不稳固,内部也并非铁板一块。显然,王猛意识到了年轻皇帝的血气方刚和好大喜功,因此在临终前谆谆告诫苻坚:"晋虽僻陋吴越,乃正朔相承。亲仁善邻,国之宝也。臣没之后,愿不以晋为图。鲜卑羌虏,我之仇也,终为人患,宜渐除之,以便社稷。"

这是一个类似于成吉思汗临终嘱托的著名遗嘱,但王猛一死,还有人劝得了苻坚吗?

名利是一条死胡同,谁走进去就只看到自己,看不见别人。苻坚这位被盖世武功和阿谀逢迎吹成了气球的皇帝,早把王猛的遗训抛到了九霄云外,不久就提出了讨伐东晋、统一中国的动议。

左仆射权翼第一个站出来反对:"晋国虽然弱小,但内部没有危机,微臣认为不宜讨伐。"大将石越也坚决反对:"晋朝人才云集,又有长江天险,窃以为不可出兵。"随后,满朝文武纷纷表示反对,支持南征的唯有心怀鬼胎的鲜卑人慕容垂和羌人姚苌。

散朝后,苻坚单独留下苻融商讨出兵事宜,想不到苻融的态度更为坚决:"讨伐晋国有三不利,一是天时不利;二是晋国安定,我们无机可乘;三是最近战况不利,军队有畏敌之心。"最后,苻融动情地落下了眼泪:"我最担心的不是晋国,而是陛下最宠信的鲜卑和羌人。难道陛下忘了宰相的临终遗言了吗?"

面对弟弟的苦苦劝告和满朝文武的冒死劝谏,苻坚仍不屑一顾,执意妄为,他自恃"有众百万,资杖如山",急欲完成厘清天下、一并宇内的旷世伟业,甚至一厢情愿地下诏任命东晋孝武帝司马曜为尚书左仆射,东晋宰相谢安为吏部尚书,并在长安腾出房子等他们前来就位。

这使我想到了一则寓言:一头驴突然离开大路跑向陡峭的悬崖,许多人抓住它的尾巴用力往回拖,但驴非要跳崖不可,人们只好松开手,说:"你赢了,但你的胜利是以付出生命为代价的。"

建元十九年(383),苻坚任命弟弟苻融为先锋,张蚝、梁成、慕容垂为副将,率领20万大军先行,自己随后带领步兵60万、骑兵27万滚滚南去,此外还有水师8万从巴蜀沿长江、汉水顺流东下。前秦大军像一片卷动的乌云,扑向天光灿烂的东晋天空,去做统一中国的最后冲刺。

出师前,苻坚吹嘘自己的百万大军"投鞭于水,足断其流"。由于兵马太多,前秦的战线拉得很长,苻坚到达项城时,凉州的兵马才到咸阳,幽、冀州的官兵才到彭城,水军才从长江上游起航。

主力部队还未到达,苻融的先锋部队就与东晋谢石、谢玄①率领的8万精锐师在安徽淝水隔岸对峙。一天,苻坚和苻融登上寿阳城举目东望,见淝水对岸旌旗招展,精甲耀日;又见八公山上草木摇动,以为"草木皆兵",心中掠过丝丝寒意。

晋军送来书信:"两军隔水作战根本无法定出输赢,秦军能否稍稍撤退,待晋军渡江后决一死战。"苻坚召集将领们商讨对策,有人提醒能否等大军全部到齐后再战,有人提醒这是否是晋军的阴谋,而苻坚早已胸有成竹:"我既不是怕死鬼,也不是宋襄公。我们可以下令秦军后撤,然后在晋军半渡时发动突击。"

一切按皇帝的意志行事。

"后撤!后撤!!后撤!!!"接到命令的各族士兵本来就毫无斗志,加上被俘的晋将朱序在军中高喊"秦军败了"!于是秦军把后退命令当成了撤退,又在实施中把撤退变成了逃跑,近百万人的庞大军阵一退便如断线的风筝无法把握,又如突发的地震山崩地裂,更如崩溃的大堤一泻千里。

晋军乘势渡过淝水奋勇掩杀,百万秦军顷刻间土崩瓦解。

败退的秦军听见风声鹤唳,也以为是晋军追来,所以昼夜狂奔,草行露宿,自相践踏和饥冻而死者不计其数。苻融为阻止大军溃退被乱兵践踏而死。苻坚被流箭射中,撇下军队单骑逃回淮北。一路上,黄叶纷飞,惊鸿声声,坐在马背上的他须发飘零,瘦若秋风。这正应了500多年前一位名叫汉尼拔的西方将军所言:遭到轻视的军队往往会带给敌人沉重的挫败,而盛名之下的国家或君主却常常不堪一击。

世事东流水,乾坤一局棋。"淝水之战"使中国的统一整整延缓了两个世纪,也导致苻坚的前秦轰然倒地,并使其千秋万代也洗不去"风声鹤唳"、"草木皆兵"这两道耻辱的印记。

失去制衡的各族将领纷纷割据自立,在"淝水之战"中率先逃跑的慕容垂回到旧部,恢复了燕国(俗称"后燕"),姚苌则干脆建立了秦国(俗称"后秦"),王猛的担心最终变成了现实。

建元二十一年(385),长安遭到西燕围攻,苻坚听信方士"帝出五将久长得"的鬼话,逃到今陕西岐山县东北部的五将山,被昔日的部下姚苌活捉。

人间沧桑、是非成败像江水缓缓流逝;人情冷暖、酸甜苦辣一次次涌上心头。精神敏感、心灵脆弱的苻坚不可能像普罗米修斯那样日复一日地忍受被雄鹰叼走心脏的痛苦。在受尽昔日臣子的百般折磨、千般侮辱后,这位曾经凌

---

① 东晋宰相谢安的弟弟和侄子。

空翱翔在中国北方的雄鹰,椎心泣血,痛悔不已。据说他自缢身死(一说被吊死)在今陕西彬县石佛寺中,时年48岁。

同一个月,"淝水之战"的胜方主帅谢安也撒手人寰,死时66岁。一南一北两个叱咤风云的历史人物同时离开历史舞台,不能不说是一种意味深长的历史巧合。

七、黑色休止符

前秦受伤太重,失血太多了,任凭苻坚的子孙使出浑身解数,也未能拖住从山巅滚落的前秦巨石。

苻坚逃跑后,留守长安的太子苻宏突围南去,投奔了昔日的死敌东晋。而镇守邺城的长子苻丕也突出重围,逃到晋阳做了皇帝。

风光不再的前秦韬光养晦也就罢了,但这位新皇帝偏偏要立志复兴。他留下部分人守卫都城,自己亲率4万大军进攻被鲜卑人占领的平阳(今山西临汾)。结果,被慕容永打得丢盔弃甲,在南逃途中被东晋军队击杀。他的太子被押送到建康,好在有先前投降的叔叔苻宏求情,才留下一条小命。

苻丕一死,苻坚的孙子苻登被推举为皇帝。这可是一员真正的猛将,他尤其痛恨杀死爷爷的羌人。当时交战各方都缺少军粮,苻登每次攻打羌人,都把羌人的尸体称为"熟食",命令氐人在战后吃羌人生肉。同时将士都在铠甲上刻下"死休"二字,展示必死的决心。

苻登进击到姚苌驻扎的胡空堡时,氐军已经饥饿难耐,急需用羌人的人肉充饥,但姚苌的羌军胆怯不出。于是氐军10万铁骑环绕着姚苌大营,边走边哭,哀声震天。姚苌毛骨悚然,赶忙下令手下回哭。氐军因饥饿而万口同哭,羌军因恐惧而万口同号。一时间,哭声盈野,飞鸟逃遁。这一幕在世界战争史上也属于空前绝后。

氐羌你来我往,连年累月,直打到姚苌病死,姚苌之子姚兴继位。

"回光返照"让黎明前的黑暗有了一抹亮色。因为几场胜利,一切都可以被原谅,既往不咎;一切都可以被蒙蔽,从头再来。但也正因为这几场胜利,"淝水之战"的沉痛伤疤很长时间不再被揭起,前秦最终失去了刮骨疗伤的机会,直至病入膏肓,一命呜呼。

苻登骄傲了,他自认杀的人比姚兴见的人还多,因而口出狂言:"姚兴小儿,我将折杖以笞之。"

说完大话,苻登率军大摇大摆地向关中腹地挺进。不知不觉间,他被年轻的姚兴设计前后堵住,拼上老命才单骑逃回老窝。

胡空堡老窝的弟弟和儿子听说了他的败讯,早已逃得人去堡空。他很失望,但他又不能表现出来;他完全可以通过选择投降保住脑袋,但他不能那样做,因为他是前秦的象征和希望,他要做一个铮铮汉子。

他强打起精神,在平凉重整旗鼓,押上了最后的赌注。

决战在固原山南上演,尽管他不再懈怠,尽管他机关算尽,但还是又一次,也是最后一次输给了乳臭未干的姚兴。军队一败涂地不说,他也被乱军踏死在阵中。这一年是东晋太元十九年(394)。

传6帝、立国44年的前秦咽下了最后一口气。

他死了,国亡了,但他不会后悔,因为他已经为前秦付出了全部的努力。我以为,并非所有的失败者都不值得尊敬,历史应该而且需要记住那些为了民族的利益流尽最后一滴血的勇士们。是鸟,就应该翱翔天际;是鱼,就应该畅游浅底;是锤,就应该奋力敲击。至于结果,得之,我幸;不得,我命,如此而已。

八、晚霞夕照

前秦的主力消亡了,可是分支还在。

略阳氐人吕光是苻坚手下的一员猛将。前秦建元十九年(383),吕光奉苻坚之命,率精兵7万、轻骑5000远征西域,迫使西域30余国相继归附。

"淝水之战"后,长安告急。吕光于建元二十一年(385)以200余头骆驼满载着珍宝奇玩东返救驾。大军东返途中,被前秦凉州刺史梁熙阻挡在玉门关前。愤怒的吕光纵兵击败了梁熙,趁势夺取了战略要冲姑臧城(今甘肃武威),代理了凉州刺史。第二年,远方传来了主子苻坚自杀的消息,吕光如丧考妣,肝肠寸断,命令所有凉州人不论老少一律为苻坚披麻戴孝,立时,一种低沉、悲凉的气氛笼罩了凉州。

行到水穷处,坐看云起时。"前秦已经无可救药,你不能也不应该就此沉沦!"擦干眼泪之后,吕光听凭心灵的指引,回应直觉的呼唤,理直气壮地自称大将军、凉州牧、酒泉公,以姑臧为国都,建元太安,替处于低潮的氐族建立了一个史称"后凉"的国家。太安四年(389),吕光称三河王。太安十一年(396),称大凉天王,改元龙飞。

一位英国人①曾经告诫后人,有一个叫做"怀疑之城"的城堡,它的主人是一个叫做"绝望"的巨人。吕光之所以能够成功执政,是因为他的身边聚集了一群"旷世英才"。但他在上台后唯恐前秦的悲剧重演,开始变得疑神疑鬼,

---

① 指英国文人约翰·班扬,著有《天路历程》、《圣战》。

到了后期发展到了滥杀无辜的地步。在死心塌地跟随他西征的大将杜进也惨遭杀戮之后,重臣沮渠蒙逊、段业等人纷纷逃走自立为王。

几根支柱一抽,后凉这座大厦便岌岌可危了。龙飞四年(399),吕光病逝,吕光的儿子和侄子互不服气,上演了一幕幕内讧的惨剧。庶长子吕纂发动宫廷政变,吕光的长子吕绍被迫自尽。

荒耽酒色、游猎无度的吕纂于后凉咸宁三年(401)为堂弟吕超所杀。吕超之兄吕隆即天王位后,走到了另一个极端,他天天上朝,夜夜办公,竟然通过杀豪门望族来显示自身的权威,致使许多人早晨一起床便要先摸摸自己的脑袋是否还在脖子上。

人们不禁要问,说一不二的吕隆是否有着显赫的战功?对不起,这位皇帝恰似当今中国一位围棋高手,属于典型的"内战内行、外战外行"。南凉和北凉相继围攻姑臧,后凉都城一斗谷子的价格飙升到了 5000 文,后来发展到人吃人的地步,饿死的人达 10 万以上。

已经形同"植物人"的后凉苟延残喘到后主吕隆神鼎三年(403),被迫向后秦姚兴投降,算来他们立国只有短短的 19 年。

植物人终于断气了,这应该是个令所有人都松了口气的好消息。

九、避实就虚

打得赢就打,打不赢就跑,无疑是古今战争屡试不爽的一条定律。在东汉末年的战乱中,略阳清水氐人杨氏避实就虚,率领部下迁到战争夹缝中的仇池。

仇池山位于今甘肃西和县境内,山地平缓,良田百顷,清泉 99 眼,四面壁立,易守难攻,是一个形同钓鱼城的理想栖息之地。

氐帅杨名腾在仇池山巅筑城为都,于晋惠帝元康六年(296)建立了前仇池国。强盛时期的版图一度扩散到武都、阴平两郡和西汉水上游地区。一方面,他们太不起眼;另一方面,他们据险扼守,因而这个袖珍政权能够苟延残喘 75 年之久,并被曹魏封为百顷王,被西晋封为平西将军。到了前秦建元七年(371),前仇池国才被同族的苻坚吞并。

但他们雄心未泯。"淝水之战"后,清水氐人杨定于东晋太元十年(385)在距仇池 60 公里的历城(今甘肃成县北)举起了后仇池国的大旗,夺取了天水、略阳,只是在名义上藩属于遥远的东晋。杨定被西秦国王乞伏乾规杀死后,弟弟杨盛被东晋封为征西大将、仇池王。后来,杨盛的儿子杨玄、长孙杨保宗世袭了这一王位。

长子继承是王朝定制,但当这位长子或天生愚钝或与世无争,恰恰有一位弟弟或才干超群或阴险毒辣的时候,情况就不同了。常见的情况是弟弟发动政变将哥哥推翻或者杀掉,导演出一幕惊心动魄的宫廷血案,如隋炀帝、唐太宗。但历史在这里发生了一个特例,那就是弟弟索要王位,哥哥自愿让贤,两者相安无事。随后,弟弟杨难当任命自愿退位的哥哥杨保宗为镇南将军,替他守卫宕昌。

然而自以为是的杨难当并无过人之处,胆量也小得可怜。敌人一到,他就丢下军队和儿子逃走。更加令人意外的是,那位因为懦弱而退位的哥哥杨保宗竟然壮烈牺牲在抵御外侮的战场上。

经历了这场笑话般的波折,谁也不再把他们当一回事。已成笑料的杨氏或称藩于宋,或称臣于魏,直至后仇池国于北魏太平真君四年(443)被拓跋焘所灭,北魏将仇池国改为武兴镇,一下子降了4级,统治这里的人由国王变成了镇长。更好玩的是,杨氏贵族连镇长也没能当上,他们和许多氐人被强行迁移到洛阳。从此,杨氏永远失去了仇池。

失去了故乡的杨氏并未立刻沉寂,他们的残余分别于公元447年在葭芦(今甘肃武都东南)建武都国,于公元478—553年在武兴(今陕西略阳县)建武兴国,于公元477—580年在阴平(今甘肃文县西)建阴平国。这些地方政权忽而降南据北,忽而降北据南,时而独立,时而南北俱降,周旋于各个大政权之间,断续存在了380余年。

他们还称得上国吗?

除了对他们的灵活性表示敬佩,实在想不出别的词句赞美他们。

十、被误读的"白马人"

之后,氐人成为强弩之末,特别是苻坚对氐人的分散迁徙政策,使得氐人再也不能在某个地区形成人数上的优势。尽管从北魏太武帝始光三年(426)至北齐孝昭帝高演皇建元年(560),氐人先后发动了37次以上的起义,但这些起义多是各族的联合行动,而且仅限于反抗暴政,缺乏进一步建立政权的目的。渐渐地,分散的氐人血脉以与汉人婚配的形式销蚀在民族融合的滔滔洪流中。

当然还有例外,一部分居住在四川北部及甘肃东南的氐人因唐蕃和战不定,未被两者同化——如今,在甘肃省南部的文县和四川省北部的平武、南坪县一带,峰峦叠嶂、松杉耸翠、溪流纵横的大山深处,生活着一个总人口只有2万的独特民族——白马藏族。这朵绽放在大山深处的奇葩,近来成了民俗专家考察研究和中外游客观光旅游的热点。据说他们就是氐人的后裔。

由于白马人聚居区和藏族聚居区地缘相连,许多白马人会说藏话且识藏文,他们崇尚白色、敬奉白马神、以"白马"为图腾,甘肃白马人居住在白马河流域,四川白马人分布在平武县白马等地,人们便习惯性地称之为"白马藏族"。

细心一点就会发现,他们有别于藏族的证据俯拾皆是。他们一般不修寺院,不信仰藏传佛教,不放牧牲畜;一般不与外族通婚,不与同姓人通婚,不与藏族通婚。据语言学专家考证,白马语音与羌语、普米语相近,而与藏语稍远,在词汇上更是与藏语大相径庭。白马人有杨、王、余、田、李、曹等姓,而藏名中的扎西、多吉、达瓦、卓玛在白马人中从未发现,这也应了《魏略·西戎传》中"氐语异于中国,姓为中国姓"的说法。当地的白马人几乎众口一词地说,他们是古代仇池国的后裔,祖先是生活在陇南的氐人。

陇南西汉水北岸的仇池是史学界公认的氐族发源地,也是诸葛亮六出祁山的古战场。从汉代到魏晋南北朝的几百年里,仇池国一直由白马氐族杨氏统治。至今,此地居民还在庙里敬奉三只眼的马王爷;白马人表演的池哥昼(面具舞)里,还有与诸葛亮征战的曲折情节。这也从另一个角度印证,白马人的根的确在陇南仇池。

美国学者王浩曼也曾著文在国外介绍:"岷山深处有一个人所罕知的部落,这个部落自称为氐人。"

不管怎么说,氐人几乎被彻底同化了,残存的只是一些断断续续且模糊不清的历史记忆。这太可悲了,因为氐人无论在体魄上,还是在精神上,都有许多非常优秀的品质。

事情往往如此,也只能如此。

而且仔细审视一件事情,总会发现"幸"与"不幸"其实是一个问题的两个方面。建议大家读读安徒生的童话《老头子做的事总是对的》。要知道,在所有的事物中发现安慰和价值是上天和历史送给人类最大的补偿。

显然,羌和氐是两朵唇齿相依的姊妹花。尽管他们地处荒僻、山高水远,但几乎没有享受过一天的安宁。即便是他们西边戈壁茫茫、黄沙漫漫的西域,也不是一个宁静的所在。在那里,不仅匈奴和乌孙打得不可开交,而且有一天,一伙金发碧眼的西方人也加入了对西域的争夺。

《史记》告诉我们,他叫月氏。

第十七章
月氏——印欧人伸向东方的箭头

> 如果有谁说,"嫦娥奔月"是一个辗转迁徙的故事,是后羿夺取夏政权后,夏的一个分支嫦姓部落,向西投奔了河西走廊的月氏,而月氏在西迁阿姆河以后依然把国名定为大夏,你会相信吗?①

一、印欧人大迁徙

人类的历史其实也是一部饥饿的人们寻觅食物的历史。

早在公元前 3000—2000 年,欧亚大陆边缘地区古老文明中心的种种景象——丰富的农作物、堆满谷物的粮仓、城市里令人眼花缭乱的奢侈品,有如一块块有着不可抗拒吸引力的磁铁,诱惑着草原上、沙漠里环境日渐恶化的游牧者,于是南部沙漠地带的闪米特部落民、欧亚大草原西部的印欧人、东方大草原上的匈奴人开始了改变历史的侵略和迁徙。

其中在公元前 3000 年前后,原本居住在今伏尔加河、顿河流域的古印欧人游牧部落——高加索人种中的金头发白皮肤的诺迪克种族,分成四部离开故土。

南路纵队——印欧人的先驱赫梯人,勇敢地翻越高加索山脉,在公元前 3000 年左右出现在小亚细亚半岛。公元前 1595 年,这个发明了成熟战车的赫梯王国灭亡了辉煌的古巴比伦王朝。公元前 1269 年,赫梯王国与古埃及缔结了世界历史上第一个有记载的国际和约,瓜分了在叙利亚—巴勒斯坦的势力范围。直到公元前 13 世纪末,他们才在后来的一支印欧人——迈锡尼人的攻击下败下阵来。

---

① 见《冯并通讯集》,华文出版社 1999 年版。

西南纵队——被亚述人称为"古提人",于大约公元前 2300 年出现在伊朗高原西部,一度推翻了两河流域的政治明星——巴比伦王朝。可惜的是,他们大约在公元前 2082 年被苏美尔人征服,并从此在近东①历史上消失。

西路纵队——东欧平原上的印欧人,在公元前 2000 年左右,沿黑海西海岸西迁、南下,他们渡过了美丽的多瑙河,穿越喀尔巴阡山,进入巴尔干半岛,摧毁了伟大的希腊爱琴海文明,开启了希腊的青铜时代。之后,一批又一批的印欧人先后进入迈锡尼、色雷斯、意大利、北欧等地,逐渐成为欧洲的主宰,后来一部分人还漂洋过海到了北美大陆,成为欧美的主人。

东路纵队——自称"雅利安人",顽强地越过兴都库什山和喜马拉雅山之间的山口,其中一个分支于公元前 1500 年左右南下来到印度河、恒河、布拉马普特拉河流域,建立起了名为"印度斯坦"的灿烂国家。另一个分支于公元前 11 世纪从阿富汗高原西向进入伊朗,创造了辉煌的古波斯文明。还有一个分支吐火罗人(有人说是从巴比伦撤退的古提人),穿越高耸入云的葱岭和遍地黄沙的塔里木盆地,在公元前 2000 年左右大规模来到罗布泊地区,成为中国新疆地区最早的开发者。公元前 1000 年左右,他们中的一支游牧部落进一步向东深入到中国的祁连山下,占据了绿宝石般的河西走廊,这部分人被中国古籍称为"禺知"(或禺支、禺氏),也就是后来《史记》中所记载的月氏(ròu zhī)②。剩下的一支渔猎部落在罗布泊地区手创了伟大的楼兰。

直到公元前 500 年左右,印欧人的大规模迁徙才浪低潮平,而此时的欧亚大平原已经被这次迁徙改变了模样——从印度河到不列颠岛,印欧人用自己发明的轮式车、战马和青铜冶炼术唤醒了东西上万公里沉睡的土地,将那里带入了青铜时代和铁器时代(据猜测,中国商朝公元前 16 世纪出现的青铜器,或许就是借用的西部印欧人的冶炼成果并通过贸易获得了锡资源,理由是作为贫锡地区的商朝无法独立发明铜锡合铸的青铜器;而在亚述人、埃及人普遍使用铁器几百年后的公元前 500 年左右,铁器才传入东周),这些游牧诗人们在不经意间创造了伟大的安纳托利亚文明、吠陀文明、古波斯文明、古希腊文明、古意大利文明、古日耳曼文明以及凯尔特文明,使整个欧亚大陆从此在真正意义上告别了蒙昧时代。

对于月氏的来源,虽然时至今日仍存有较大争议,但大部分学者,特别是希腊学者倾向于月氏人是吐火罗人的一支(其同胞还包括楼兰人、龟兹人),

---

① 近东,通常指地中海东部沿岸地区,包括非洲东北部、亚洲西南部及巴尔干半岛,第二次世界大战后被"中东"之称取代。

② 曾有历史学家据此推断它的字面意义为"吃肉的部落",上海辞书出版社的《辞海》将月氏注音为 yuè zhī。

是古印欧迁徙浪潮中延伸到最东方的一个箭头。

与之相印证,中国的史书也开始提到这伙游荡在河西走廊的神秘之旅。黑头发、黄皮肤的周穆王(属蒙古利亚人种)从中原西行,周游西域诸国,曾经到过祁连山下黑水河畔的"禺知之平",受到了相貌迥异于黄色人种的禺知人民的真诚接待[①],这被认为是月氏人第一次在传说中与中华文明正面碰撞。

更为离奇的是,周穆王见到了也许就是月氏部落首领的西王母,献上了白圭玄璧,并且"乐而忘归"。

到了公元前7世纪,禺氏以自己手中的白璧与中原王朝频繁地进行易货贸易。[②] 我推测,也许早在"丝绸之路"命名前,作为西方贸易代理人的月氏人已经把他们占据的河西走廊变成了神奇的"青铜之路"和"玉石之路"。

二、败走河西

在中国西部战史上高频率出现的河西走廊,是指黄河以西被祁连山和北山夹在中间的、从乌鞘岭到星星峡的狭长地带,宽度从几公里到100公里,长度竟然达到1200公里。读者且不可忽视它,这个被称为"游牧者天堂"的地方,可是抓一把泥土就能攥出古老文明汁液的所在。

正因为如此,这里成为游牧部落争夺的焦点。春秋战国时期,此地就已经聚集了三大部落:一个是河西走廊东部的匈奴,另一个是敦煌一带的乌孙,还有一个就是我们所要叙述的月氏。

也许凭借古印欧人驯养的战马、发明的战车和青铜武器,月氏人在遥远的东方创造了史书上所说的"东胡强而月氏盛"的异彩辉煌。从"匈奴"一章我们已经知道,首任匈奴单于为了寻求与月氏的和平,曾将长子冒顿送往月氏做人质。强大的月氏还以强凌弱,杀掉了乌孙的首领难兜靡,迫使乌孙残余流亡匈奴。就这样,月氏人一度独霸了敦煌、祁连间的大片绿洲。

之后,他们在有可能是如今的黑城遗址上建立了属于自己的都城——昭武城,否则我们就无法解释如今黑水河畔那座公元前3世纪的古城遗址。而西夏建立的那座黑城有可能是在已经夷为平地的昭武城原址上的新建筑。

月氏的灾难来自于那位曾经在月氏做人质,后来使匈奴成为草原霸主的冒顿。这位连妻子都舍得送人的匈奴单于于汉文帝三年(前177)派右贤王协同乌孙血踏了月氏。

---

① 见《穆天子传》(又名《周王游行记》),上海古籍出版社1990年版。
② 见李山译注《管子·国蓄》第七十三,中华书局2009年版。

厄运从来都不喜欢单独挑衅,它们酷爱群殴。汉文帝六年(前174),冒顿之子老上单于再次发难,可怜的月氏王被杀死,月氏王的人头被老上做了酒壶(这比冒顿将东胡大人的人头做成尿壶温和多了)。

大部分月氏人被迫背井离乡西去,史称"大月氏";小部分不能随军西迁的老弱病残被迫退进南山(可能是昆仑山)与羌人杂居,被称为"小月氏"。

大月氏人西迁的第一站是伊犁河流域及迤西一带。这些狼狈如丧家之犬的亡命者,虽然被匈奴打得溃不成军,但其拼命求生存的心境,却使得他们在伊犁河流域的塞种人面前表现得势不可当。当地的塞种人被大月氏驱逐,他们如同狼群,在被猎人不断驱赶的同时,又在不断地侵扰着弱者——一支进入费尔干纳地区建立了大宛国;另一支进入阿姆河上游,占领了希腊人的巴克特里亚(大夏);还有一支顺锡尔河而下,建立了康居和奄蔡国。

远走伊犁河流域的大月氏并没有过上安宁的日子,原因还在于他们过去欠下的血债。乌孙首领难兜靡的儿子昆莫长大后,发誓要为被月氏人杀掉的父亲报仇。汉武帝初年,也就是匈奴老上单于末年,大约在汉文帝后元三年(前161)至后元四年(前160),昆莫率乌孙军团攻入大月氏,占据了伊犁河流域及伊塞克湖周围地区,建立了强大的乌孙国,大月氏人被迫第二次迁徙。

他们沿着塞种人逃走的路线,取道费尔干纳盆地的大宛,到达大宛西南部的索格底亚那。当时的大宛处于巴克特里亚王国的统治之下,拥有高度的城市文明,因而大月氏的到来成为大宛永恒的噩梦。汉景帝中元五年(前145),大宛历史名城埃斯哈塔亚历山大(遗址在今乌兹别克斯坦和塔吉克斯坦交界处)被大月氏军团焚毁,这座由亚历山大建设,经由塞琉古王朝和巴克特里亚王国不断返修,兼收并蓄了西方希腊风格和东方波斯元素的著名城市从此消失。

汉武帝建元二年(前139),大月氏进占大夏,使曾经的手下败将塞种人再次臣服,宣布成立了大月氏国,在妫(guī)水(今阿姆河)以北营造了王国的都城。大月氏西通安息,南接罽宾(今克什米尔),北连康居,拥有人口40万,军队10万,一跃成为葱岭西侧的游牧大国。

三、张骞出使西域

在月氏辗转西去的同时,背后的东方狼烟四起。

汉武帝当政的汉朝,经过高、惠、文、景四帝的休养生息,已有了与匈奴一决雌雄的资本,于是决定发动对匈奴的战争。

这时,一个投降的匈奴人透露,和匈奴有着深仇大恨的月氏已经西迁,月氏一直在寻求合作伙伴共同进攻匈奴。一开始,汉朝还将信将疑,后来不断有人证实了这一消息,于是汉武帝决定招募志愿者出使大月氏。

招募书一发,历史给了曾经默默无闻的勇士们千载难逢的机会,时任郎官的汉中郡城固县人张骞欣然应招。

大月氏距汉都长安直线距离有3000余公里。当时汉朝的西部边界只到今甘肃兰州,再向西走便是匈奴汗国的势力范围。而祁连山南麓又有喜好劫掠的羌人部落。向西便是神秘的西域,风言风语传说西域全是无边无际的沙漠,沙漠风暴一起,万物都会荡然无存,光天化日之下,处处鬼哭神号。又有寸草不生的罗布泊,上不见飞鸟,下不见走兽,往往走一个月不见人烟。还没有道路,行旅只有沿着前人死在途中的枯骨摸索前进。出使这样一个恐怖而陌生的地方,的确需要胆量。

狭义上的西域主要包括葱岭以东的绿洲"三十六国"(泛指):从丝绸之路南道西行有且末、小宛、精绝、楼兰、鄯善国;戎卢、扞(hàn)弥、渠勒、皮山、于阗国;中道西行有尉犁(yù lí)、危须、山王、焉耆国、姑墨、温宿、尉头、龟兹国、桢中、莎车、竭石、渠莎、西夜、依耐、满犁、亿若、榆令、捐毒、休修、疏勒、琴国;北新道西行有东且弥、西且弥、单桓、毕陆、蒲陆、乌贪、车师国。广义上的西域则包括葱岭以西的大月氏、塞人、贵霜、康居、大宛、安息、条支、大夏、萨珊王朝等。

建元三年(前138),张骞率百人使团从长安出发,取道陇西,踏上了通往遥远的中亚阿姆河的漫漫征程。随行的翻译是一位西域胡人,名叫甘夫,因甘夫曾沦为堂邑氏的奴隶,所以又称为"堂邑父"。当时的河西走廊和塔里木盆地皆在匈奴控制下,今玉门关和阳关以西、葱岭以东、天山以南的西域有大小国36个,由匈奴日逐王派遣僮仆都尉统治。张骞一行刚进入匈奴控制区便被匈奴扣留,一扣就是10余年,匈奴给他提供了丰厚的生活条件,还送给他一名美丽的胡女为妻,但张骞念念不忘使命,一直暗中保存着代表汉使身份的符节。终于,张骞在汉武帝元光六年(前129)寻机逃脱,西行数十天,才到达今吉尔吉斯斯坦境内的大宛国。大宛王热情地接待了他,并送上日行千里的白马,派出翻译将他送到今乌兹别克斯坦境内的康居,然后由康居转送大月氏。

张骞从长安出发时,大月氏王尚且健在,他们仍在阿姆河以北的索格底亚那游牧。而在张骞滞留匈奴的十几年中,大月氏已经征服了阿姆河以南的大夏,战败的塞种人向南逃入赫尔曼德湖地区,原希腊统治者赫里奥克里斯及其家族也于建元六年(前135)撤出大夏本土,退到了兴都库什山以南的希腊人统治地区。

时间和距离是造物主最妙的魔具,它能让人慢慢地忘记痛苦。当张骞到

第十七章 月氏——印欧人伸向东方的箭头　　365

达大月氏时,大月氏王已死,王后当政,已在中亚安居乐业的大月氏人已经摆脱了血腥而残酷的梦魇,不想再与凶悍的匈奴厮杀。难道那里真有一种忘忧草,抚平了他们昔日的伤疤吗？张骞不信。

张骞在大夏整整住了一年,使出了浑身解数并磨破了嘴皮,也未能说服大月氏与汉朝夹击匈奴。万般无奈之下,只得带着深深的遗憾回国。

为避开匈奴,张骞选择了南路,打算经青海羌人部落返回长安。戏剧中的曲折情节再次出现,倒霉透顶的张骞再次落入匈奴之手。一年多后,匈奴单于去世,张骞才与胡人妻子和堂邑父乘乱逃回长安。张骞使团出发时百余人,13年后返回时仅剩2人。张骞此行虽未达到预期目的,却意外地了解了西域及南亚人文地理,为中国发现了一片比汉朝还要广大的崭新世界,他的贡献也许只有哥伦布发现新大陆可以比肩,从而被司马迁称为"凿空"了西域。当张骞将西行见闻向汉武帝汇报后,汉武帝又惊又喜,不仅没有怪罪他未完成使命,而且升其为太中大夫,封博望侯,就连那位小小的胡人翻译堂邑父也被破格封为奉使君。

此后,中国的丝绸①、瓷器等传入中亚,西域的各种物产源源不断地传入汉地。物产传入情况我将在"乌孙"一章做详细介绍。

细细想来,汉武帝并非和平使者,他派张骞出使西域的目的在于断匈奴右臂,割断蒙古草原与青藏高原的联系。因为这两块大陆上的羌胡一旦连为一体,天朝扩张的梦想就会破灭。张骞出使西域与发动对匈战争一样,都是汉武帝经略西域的组成部分。经略的收获：一是开通了著名的丝路,掀开了汉朝与西方的外交史章；二是设置了武威、张掖、酒泉、敦煌四郡,将四把楔子牢牢钉入了祁连山草原。

多少年后(约公元1882年),德国地理学家李希霍芬在《中国》第二卷里给这条通路起了一个流芳千古的名字——丝绸之路。至今,我仍十分钦佩这位德国人的智慧,能为这样一条充满诱惑、也充满险恶、阳光灿烂、又危机四伏的路径命名一个如此柔曼如云、飘逸灵动、色彩光艳、富于质感的名字,真需要一点浪漫情怀。

据我所知,当时外国人想象"丝"是东方人从一种奇特的树叶上梳理出来的细软绒毛。如此说来,"丝绸之路"的得名也就没什么奇怪了。

打开世界文明进步的浩繁史册,"丝绸之路"绝非如此轻描淡写。如果有人说,没有"丝绸之路",就没有亚洲大陆的历史光彩,进而也没有欧洲异军突起的现代文明,甚至也没有西方人引以为荣的地中海式蓝色文明的成长与扩

---

① 丝绸始创于距今5000年的新石器时代晚期的黄帝时代,是人类文明的奇葩。

张,绝非夸大其词。

因为"丝绸之路",古老而权威的《旧约》称中国人为"丝人",古希腊称中国"赛里斯",罗马人把中国叫做"新浪"(Sina),印度人把中国称为"支那"(Cina),在印度文里钢铁被称为"中国生",硝石被阿拉伯人称为"中国雪",中世纪之后,中国则被欧洲国家叫做"陶瓷之国",此后中国的英文名就被永久地确定为China。

如果说张骞出使西域激起了欧亚经济文化交流的第一次浪潮的话,那么第二次浪潮则发生在宋元时期,中国的四大发明经欧亚大陆桥传向西方,催生了欧洲的文艺复兴,拨动了欧洲工业革命的时针,也使大地理发现成为可能。对此,共产主义学说的奠基人马克思不无感慨地说:"火药、罗盘、印刷术——这是预兆资产阶级社会到来的三项伟大发明。火药把骑士阶层炸得粉碎,罗盘打开了世界市场并建立了殖民地,而印刷术却变成新教的工具,并且逐渐演变成为科学复兴的手段,变成创造精神发展的必要前提的最强大的推动。"

四、贵霜崛起

应付走了张骞,大月氏人专心应付内务。

控制阿姆河与锡尔河后,大月氏将辖境分为5个侯国,部落首领被称为"翕侯"。休密翕侯在今瓦罕,双靡翕侯在今契特腊耳,贵霜翕侯在今犍陀罗,肸($xī$)顿翕侯在喀布尔河支流潘吉希尔河畔的帕尔万,都密翕侯在喀布尔附近。公元1世纪初,贵霜翕侯丘就却打败了其他四部翕侯,自立为王,国号贵霜。

任何国家一旦成为王国(众国之王),便会肆无忌惮地蹂躏周边的小王,迫使他们就范、称臣、纳贡,贵霜王国当然也不例外。他们曾先后入侵安息、高附(喀布尔)、濮达(乾陀罗)和罽宾,在那里留下了满目的血腥和断壁。80岁高龄的丘就却去世后,已不很年轻的儿子阎膏珍即位,他人老雄心在,天竺(印度)西北部的旁遮普地区和大夏希腊人、塞种人小国被一一吞并。

继承阎膏珍衣钵的并非他的儿子,而是他手下的一位将领,名叫迦腻色迦。东汉明帝永平十八年(75),阎膏珍突然病死,帝国陷入了混乱和无序之中,驻守印度的迦腻色迦乘势而起,用3年时间才控制了整个贵霜。

之后,将军出身的迦腻色迦开始了伟大的征服事业。向东,帝国推进到印度的恒河中游;向南,深入到南亚次大陆;向西,战败了安息国,将疆土扩张到伊朗东部。

当时正值东汉班超经营西域,大月氏不仅帮助班超平定了疏勒的反叛,而且还帮助东汉击破了莎车。

东汉章帝刘炟(dá)章和元年(87),迦腻色迦在遣使向东汉贡奉珍宝、扶拔①和狮子的同时,仿照乌孙国迎娶汉朝公主的先例,请求东汉公主嫁给迦腻色迦。但是他太天真了,"和亲"是建立在国家平等基础之上的,而这时的东汉根本没有把边远的大月氏放在眼里。

果然,班超不仅没有答应大月氏人的要求,而且气愤地将要求和亲的使者拘留起来。

一场战争在所难免。

五、超级刺客

东汉和帝永元二年(90)夏天,迦腻色迦派大月氏副王谢领兵7万,越过葱岭,直扑班超。而班超手中根本没有多少兵马,汉朝士兵开始惊恐不安。是战、是逃、是降?一个人生的重大抉择摆在了汉朝主将面前。

在他做出最终抉择之前,我们有必要了解一下他的人生轨迹。

班超,今陕西咸阳东北人,出身于书香门第,是著名史学家班彪的幼子,史学家班固的弟弟,才女班昭的哥哥。按说他应该是一个文质彬彬的书生。

不知为什么,他不仅生得虎背熊腰,浓眉豹眼,满脸络腮胡子如钢针一般,而且性格豪爽,行侠仗义,俨然一位地道的武林中人。

30岁那年,班超一家随兄长班固迁居洛阳。由于家境贫寒,写得一手好字的班超只得替官府抄写文书维持生计。没日没夜地伏案挥毫,对于胸怀大志的班超来说,无异于将猛虎投入了樊笼。一天,这个堂堂七尺男儿长叹道:"大丈夫应当效法傅介子、张骞立功异域而封侯,怎么能天天悠闲地围着笔砚转呢?!"然后,将笔狠狠地扔到地上——"投笔从戎"的成语由此诞生。

东汉明帝永平十六年(73),41岁的班超随同奉车都尉窦固北征匈奴,职务是假司马(代理司马)。假司马官虽小,但却是班超文墨生涯转向军旅生活的第一步。一到军中,他就显示了与众不同的胆略,并在伊吾(今新疆哈密)和蒲类海(今新疆巴里昆湖)之战中小试牛刀,迅速赢得了窦固的赏识。

窦固将出使西域的重任交给了班超。经过短暂而认真的准备,班超率领36名骑兵向西进发,一个旷古的传奇开场了。

班超一行来到了今新疆罗布泊西南的鄯善,受到了鄯善王的热情接待。

---

① 一种状似麟,但头上无角的动物。

368　另一半中国史

但是不久,鄯善王突然变得疏懈冷淡起来,敏感的班超开始暗中调查。原来,匈奴使者也已到访鄯善。傍晚,班超摆酒宴请36名部下。酒到酣处,班超通报了调查结果,并发出了战前动员令:"不入虎穴,焉得虎子。① 当今之计,唯有乘夜色火攻匈奴使者。灭此虏,则鄯善破胆,大功即成。"

天一黑,大风突起,正所谓月黑杀人夜,风高放火天。班超率领将士悄悄来到匈奴使者大帐,一边顺风放火,一边挥刀冲杀,匈奴使者及其随从几十人或身首分家,或葬身火海。

正如斯大林所说,胜利是不应该受到指责的,即使是赌博式的胜利。第二天一早,班超将鄯善王请到了自己的营地,让他认真参观了匈奴使者的首级。立刻,惊恐万状的鄯善王宣布归附汉朝,并且同意把王子送到汉朝做人质。

不久,这伙超级刺客从丝路南道来到了巫风日盛的于阗(今新疆和田)。和鄯善一样,这里也驻扎着匈奴使者,名为监国,实为执政。班超首先设计处死了于阗王十分倚重的神巫,然后手提神巫的首级去见于阗王。于阗王对班超在鄯善国的暗杀伎俩早有耳闻,如今又得到了当面证实,因而担心自己也性命不保,当即下令屠杀匈奴使者,归附汉朝。

东汉西域都护府重新设立,"丝绸之路"在班超的马蹄声中重现光彩。

前方就是疏勒(今新疆喀什)国。这时的疏勒国王已经被匈奴支持的龟兹所杀,疏勒王也换成了龟兹人兜题。第二年春天,班超率骑兵从小道出发,暗中逼近兜题的居住地并劫持了他。然后,班超宣布另立被杀掉的疏勒国君的侄子忠为国王,疏勒平定。

东汉章帝建初元年(76),西域都护陈睦被杀,新君汉章帝担心班超安危,下诏命班超回国。消息传出,疏勒举国忧恐,都尉黎弇自刎而死。班超东归经过于阗时,于阗国王放声大哭,不少大臣和百姓抱住班超的马腿苦苦挽留。班超见状,百感交集,人生还有比信赖更大的尊重吗?没有,从来没有!于是,他毅然决定重返疏勒。

之后,班超征服了尉头国、姑墨国、莎车,从此威震西域,他的官职也升为将军长史、假鼓吹幢麾。

就是这样一位义薄云天、视死如归,凭借一支小分队就能纵横西域的超级杀手,能在远道而来的大月氏军队面前发抖吗?

没人相信。因为在危险面前,狗可能会疯,狼可能会狂,老虎给我们的从来都是沉稳的身影。

---

① 又一个成语随之诞生。

第十七章 月氏——印欧人伸向东方的箭头

班超不慌不忙地定下对策："我方收谷坚守,敌人饥穷自降。"

待到大月氏军队久攻不下、粮尽气丧时,班超在东去龟兹的要道上设下伏兵。果然,满载金银珠宝前往龟兹求粮的月氏使者被全部截杀,使者的首级被送往谢的营帐。

谢大惊失色,进退两难,只好遣使向班超请罪,希望放他们一条生路。班超大度地礼送他们回国。从此,大月氏人年年向东汉进贡,再也不提迎娶公主一事。龟兹(今新疆库车)、姑墨(今新疆阿克苏)、温宿(今新疆温宿)闻风归顺,班超也荣升为西域都护,而后受封定远侯。从此,连续发明了两个成语的班超,以其倚天仗剑的造型载入史册,成为中国知识分子戍边报国的一大楷模。

其实兵败班超只是贵霜国史上一个小小的波澜,对于他们在中亚的霸主地位并没有太大的影响。只要表示顺从,东汉还是希望中亚有一个听话的二级霸主的。公元78—102年,迦腻色伽当政时期的贵霜已经建立了纵贯中亚和南亚的庞大帝国,领土包括中亚的阿姆河、锡尔河直至波罗奈以西的北印度大半部地区,帝国首都也由中亚南移到富楼沙(今巴基斯坦白沙瓦),形成了与罗马、安息、东汉并列的四大帝国。

印度的帝国地位被他们取而代之。

六、佛教走廊

令后来人震惊的是,印度被贵霜帝国取代的不仅仅是军事地位,还有佛教的中心地位。游牧民族对文明的无限向往和盲目崇拜,使贵霜帝国成为当时正在流行的大乘(shèng)佛教的坚定弘扬者。

大乘佛教产生于公元1世纪,是经院哲学家和神学家以佛祖的学说为基础建立起的豪华思想宫殿。这些思想家力图把难以形容、莫名其妙的安详安静转化为适宜大众信仰的闪烁着金光瑞气的天国。天国里神鸟吟唱,绿树成荫,鲜花遍地,美妙绝伦。获救的灵魂其罪孽已被赦免,端坐在绽开的五彩莲花上得以不朽,而且高声赞美解救众生出魔障的神奇的佛祖。大乘佛教取"承载量大"之意,蔑称主张自度的原始佛教为"小乘",主张不仅自度,而且要普度众生;自己成佛,还要助他人成佛。与要求出家的小乘佛教相比,主张普度众生的大乘佛教无疑更有利于帝国的巩固。

迦腻色伽就是大乘佛教的忠实信徒。正因为有他的鼎力支持,大乘佛教才得以迅速传播开来,以至当东印度佛教已不那么兴旺时,西北印度的富楼沙成为佛教的伟大中心。迦腻色伽在富楼沙投资兴建了众多金碧辉煌的寺院和佛塔,亲自召集了佛教史上的第四次结盟。世界上最高的立佛巴米扬大佛①就完工于此时。因振兴大乘佛教有功,他被认为是佛教史上继阿育王之后最伟大的人物。

地域广阔的贵霜帝国的建立,打开了东亚与南亚之间固有的屏障,这里南可至印度、花剌子模,西可至罗马、埃及,东可去中国、朝鲜,丝路变得更加畅通,也为神秘的佛教东传搭起了无限伸展的桥梁。汉哀帝刘欣元寿元年(前2),大月氏王使伊存来到中国,以口授的方式将佛经传给了中国的博士弟子景卢,这是佛教传到中国的最早记载。② 东汉永平十年(67),汉明帝派18名汉使去西域求佛,大月氏高僧迦叶摩腾、竺法兰受邀以白马负佛经东来。第二年,汉朝在洛阳东门修建了中国最早的寺院——白马寺,两位高僧在这里用毕生精力编译出第一本汉译佛经《四十二章经》。今白马寺内仍可看到两位高僧的墓地,寺内有一座白马像昂首挺立,似乎在向后人诉说着白马东来的历史故事。

魏晋之后,正如《西游记》中所描述的那样,常常有中国高僧不远万里赴西天取经,西域的佛教雕刻、塑造、壁画艺术随之传到新疆和内地,敦煌、云冈、龙门石窟开始开凿。到了唐朝,佛教达到鼎盛(甚至有人说,中国学者在翻译佛教经典时掌握了音韵上的技巧,才使得唐诗大放异彩)。大乘佛教于公元4世纪后半期经中国传入朝鲜,公元6世纪中叶经朝鲜传入日本。至此,佛教发展成为世界性宗教。

由于佛教在与东方各国本教的比拼中如"晴空一鹤排云上"般独领风骚,所以也就处处散发出令人迷惑和沉醉的气息,它被从不同的角度讲述着、阐释着,被不同的民族赋予了崭新的内涵,形成了许多五彩缤纷的分支。源远流长且毫无衰落迹象的有流行于中亚、中国、日本、朝鲜的大乘佛教,流行于斯里兰卡和东南亚的小乘佛教,还有流行于中国西藏和蒙古地区的喇嘛教。

每一个佛教徒都应该记住贵霜。

七、油尽灯枯

一个惊人的一致现象呈现在我们面前:几乎所有的以佛教为国教的国家

---

① 大唐和尚玄奘有幸目睹过的两座53米高的立佛石像,位于今喀布尔西北97公里处的巴米扬河谷断崖上,是佛教建筑史上的一大奇观,已于2001年被伊斯兰极端主义政权阿富汗塔利班用大炮摧毁。
② 印度佛教到底何时传入中国,史学界说法众多。此处作者持三国时期魏国鱼豢所著《魏略·西戎传》的观点。

都先后衰落了,如古印度、尼婆罗、吐蕃、贵霜、蒙古……

在不同的国度,原因肯定千差万别,而且即便是在同一个国家里,原因也不会只有一个,但有一点似乎是共同的,那就是以佛教为国教的国家一味主张向善、内敛、包容,时间一长,霸气、张力和武力便急剧削弱,直到将霸权交到另一个崇尚武力和扩张的政权手上。

贵霜的衰落还有自己的个性原因。迦腻色伽帝国幅员辽阔,民族众多,各有各的生活方式,没有统一的经济基础,统治民族和被统治民族之间的不平等感日渐强烈,国内厌战情绪高涨,矛盾一触即发。

最不明智的是,晚年的迦腻色伽竟然萌发了北征的念头。就在北征途中,老皇帝突然病倒,这就给了厌战的将军们下手的机会。夜里,一位将军派遣的刺客进入大帐,将老皇帝闷死在被子里,迦腻色伽没能以一个佛教徒的方式结束生命是他最大的遗憾。

老皇帝的被害,使全盛的贵霜元气大伤。贵霜王位先后由瓦西什伽和胡维什伽继承。随后的迦腻色伽二世曾力图恢复迦腻色伽一世的辉煌,还仿效同时代的罗马皇帝采用了恺撒的尊号,但收效甚微。

继之为王的是采用了纯印度名字的婆苏提婆,他似乎觉察到了佛教作为国教的弊病,曾经大度地允许各种信仰存在。此举肯定有些收效,帝国的张力有所恢复,但可惜他的寿命太短暂了。

接班人的无能导致帝国走向了全面衰退。到公元 3 世纪时,贵霜已分裂为若干小公国,其年代和历史非常模糊。此时,日渐兴盛的西亚萨珊王朝开始向中亚、阿富汗、印度扩张,就连旁遮普地区也被迫向萨珊王朝缴纳贡赋,大月氏国已经无法维持对广大国土的统治。公元 4 世纪上半叶,东印度的笈多帝国兴起后统一了北印度,北印度的贵霜王公们处在了笈多帝国的控制之下。

大夏故地的大月氏人仍然保持着独立,直到嚈哒出现为止。被西方称为"白匈奴"的嚈哒人于公元 4 世纪 70 年代被柔然驱赶出塞北草原后,被迫循着大月氏西迁的路线来到索格里底亚那,于公元 425 年攻灭了巴克特里亚的大月氏残余小国,在贵霜故地上建立起了恐怖的嚈哒国。公元 6 世纪初,印度河流域受笈多王朝控制的各个月氏小国也被嚈哒灭掉。

面积巨大的贵霜帝国被从地图上抹掉,这个在当时家喻户晓的名字不再被后人知晓。

八、昭武九姓

大月氏人虽然越过阿姆河征服了南面的大夏,但他们并未放弃索格底亚那,阿姆河以北仍然归大月氏人所有,隋唐时期的所谓昭武九姓其实就是大月氏人。[①]

持这一观点的历史学家认为,月氏人称王为诏,昭武本义就是京城、王都。他们进一步解释说,"昭武"之名来源于河西走廊的昭武城,也就是原来的月氏国都。月氏西迁后,国都之名也被带到了西域。

在没有更加令人信服的证据出现前,我们不妨先采用这些历史学家的推论。既然昭武属月氏专利,那么昭武九姓显然就是九个月氏部落在中亚这块茵茵绿洲上建立的九个兄弟国——康国,在撒马尔罕;米国,在今泽拉夫善河以西、卡什卡河以北;史国,在卡什卡河以南;何国,又称贵霜尼亚,在那密水以南;安国,即今希哈拉地区;石国,又称者舌国,即今塔什干地区;曹国;火寻国;戊地国。

尽管他们来自于同一个种族,但封妻荫子和出人头地的私心使他们从来就没有真正团结过。这些小国各占各的地盘,各打各的算盘,因而哦哒人、突厥人一到,他们就悉数沦为附庸。

特别是在西突厥统治中亚的日子里,昭武九姓战战兢兢、如履薄冰。康国甘心担当了西突厥的"女婿国",而对此不以为然的石国国王被西突厥可汗砍了脑袋。之后,西突厥可汗传话给每一个昭武九姓:顺突厥者昌,逆突厥者亡。

"苦日子终于到头了!"唐高宗显庆三年(658),西突厥被唐朝灭亡,昭武九姓纷纷投入了唐朝怀抱。唐朝在撒马尔罕设置了康居都督府,任命其国王拂呼缦为都督;在米国设南谧(mì)州,在何国设贵霜州,在史国设佉沙州,在安国设安息州,原来的国王一律被任命为刺史。难得的是,他们整整赢得了半个世纪的和平安宁。

50多年后,吐蕃和阿拉伯倭马亚王朝联合向中亚渗透,昭武九姓被迫向正逢"开元盛世"的大唐求援。唐开元三年(715),唐玄宗派出大军横扫西域,一举击败了吐蕃和阿拉伯联军,恢复了在中亚说话的权利。

接下来就是不停地感恩、祝福与歌功颂德,西域王子、使团连同舞女纷纷东来,康国的"胡旋舞"与石国的"胡腾舞"、"柘枝舞"因而风靡长安,引得白居易诗兴大发,一首《胡旋女》得以千古流传:"胡旋女,胡旋女,心应弦,手应鼓。弦鼓一声双袖举,回雪飘飘转蓬舞。左旋右转不知疲,千匝万周无已时。人间物类无可比,奔车轮缓旋风迟。胡旋女,出康居,徒劳东来万里余。中原自有胡旋者,斗妙争能尔不如。天宝季年时欲变,臣妾人人学圆转。中有太真

[①] 因为昭武九姓统治区内居住有许多粟特人,所以许多人误认为昭武九姓就是粟特人,还有人把月氏人与粟特人混为一谈。据历史学家考证,西域月氏人、乌孙人、塞人、粟特人根本没有相同的族源。

外禄山,二人最道能胡旋。"

据野史记载,安国出生的粟特人安禄山就曾为唐玄宗表演胡旋舞。他大腹便便,仍能旋转自如,引得杨贵妃芳心大悦,并因此演绎出一段不明不白的桃色故事。

大国对中亚的争夺从来就没有停止过。公元8世纪中叶,新兴的阿拔斯王朝开始挑战大唐在中亚的权威。唐玄宗派大将高仙芝领兵1万进驻西域。很快,胜利不断降临,高仙芝也因功受封为安西节度使。一切为了胜利、一切为了讨好圣上的理念使得这位大将的政绩观严重扭曲。唐天宝九年(750),高仙芝攻打石国,石国国王请求投降。这在以往是再正常不过的事情了,事情的结果当然是安抚了事并要求皇帝赐封职务。

但是高仙芝的脑子里只有两个字——请功,于是石国国王的脑袋被砍下来,快马传送到长安的皇帝脚下,而且石国的珍宝统统流入了高仙芝的私囊。结果,西域各国都对这位大将敬而远之,大唐军队也逐渐军心涣散。

侥幸逃走的石国王子来到大食,请求阿拉伯人发兵复仇。大食派出奴隶出身的波斯人阿布·穆苏里姆率军进入西域。天宝十年(751),高仙芝与阿布·穆苏里姆在怛(dá)逻斯展开决战,唐军惨败,几乎全军覆没。

因为这次不太有名的战争,一件影响世界,特别是西方历史的重大事件随之发生——在战役中被俘的唐朝士兵和工匠被押送到撒马尔罕,唐朝工匠协助阿拉伯人开办了中国境外第一个生产麻纸的造纸厂,中国的造纸术从此传到了伊斯兰世界,进而传到西方。

当时的西方还不懂得用碎布浆制成一定大小的纸张,他们造书的材料是羊皮纸和一种叫纸莎草的芦苇条,这种材料制成的书必须卷起来保存,因此阅读、查找起来极不方便,而且价格昂贵。正因为如此,思想、科学的光芒未曾照亮权贵、富人和哲学家小圈子以外的人们。好像黑色灯笼里的灯,在其内部可能光芒耀眼,但外面的广阔世界仍漆黑一片。在这知识传播的漫漫黑夜里,苏格拉底、柏拉图、亚里士多德等先哲们播下的古希腊文明的种子一直被掩藏着。直到中国俘虏们将造纸术透露给阿拉伯人,继而传到西方,这颗种子才开始萌芽、发育并装点了文艺复兴的灿烂花树,西方文明史才得以放射出璀璨的光辉并开始引领世界潮流。

与阿拉伯决战的失利,加上内地的"安史之乱",唐朝的力量渐渐从中亚淡出。唐德宗贞元八年(792),唐朝在西域的最后一个据点西州陷落,中亚的大月氏小国统统被阿拔斯王朝吞并。

往事并不如烟。唐朝灭亡后,包括昭武九姓在内的中亚各族心目中仍然只知有唐(中国),称自己为唐宗子。

九、英雄莫问出处

我们还是从大月氏被湮没的遗憾气氛中走出来,把镜头切换到中国西部,去看看那伙没有西迁的小月氏吧。

带着匈奴骑兵留下的深深创痛,他们躲进偏僻的南山,过起了隐姓埋名的日子。直到汉武帝元狩二年(前121)霍去病把匈奴从湟中赶走,小月氏人才走出深山归附汉朝,在张掖一带与汉人杂居,先是被官方称为"义从胡"①,后来被改称"羯②族"。

魏晋南北朝时期,出于对平原和城市、文明和富裕的无限向往,散居上党郡的羯人与匈奴、鲜卑、氐、羌一起汇成了一股内迁的洪流,使中原地区的民族构成发生了深刻的变化,从而导致了所谓的"五胡乱华"和中原人口南迁的第一次高潮。③

与匈奴和鲜卑成群结队内迁不同,单个地、零星地来到中原的羯人既没有亲友,更没有土地,只能沦为悲惨的雇工、奴隶和兵丁。按说人是生而平等的,也是生而自由的,但却无所不在枷锁之中,人们一出生毫无例外地都要分出高低贵贱。富家子弟即使白痴一个,也能妻妾成群;奴隶即使有肺,也不能自由呼吸。

接下来是一段动荡年代兵荒马乱里沧海横流的故事。

主人公是一位名叫石勒的上党羯人,他自幼丧父,与母亲相依为命,靠为人做苦工维持生计。因为贫苦和卑贱,他连姓也没有,只能算茫茫人海中的一个泡沫。八王之一的司马腾为了筹措粮饷,竟然想出了贩卖奴隶的卑鄙手段,无数穷苦青年被戴上枷锁,徒步越过2000米高的太行山,走向500公里外的山东奴隶市场,被卖入商人和地主家为奴。石勒从母亲身边被抓走时已经21岁,今天,我们还仿佛能听到那衣不遮体的老妇人绝望的哭声。

石勒最初被卖给山东茌平的一户地主为奴,后来被转租给武安的一户地主。半路上被一伙靠卖人为生的军士抓住,捆在一起准备拉到集市上卖掉。凑巧荒野里有一群鹿飞驰而过,惹得这伙嘴馋的强盗前去追逐鹿群,石勒乘机挣脱绳索逃之夭夭。

---

① 取"归顺"之意。
② 指羯羊。
③ 西晋八王之乱,导致北方陷入长期混战,山西、山东沦为血雨腥风的战场,由此引发了第一次中原人口南迁的高潮,截至南朝刘宋时期,南渡人口已达90多万,占当时南方人口的六分之一。

第十七章　月氏——印欧人伸向东方的箭头

在绝望的时候,他不止一次地祈求上天,从太上老君到观音菩萨,只要他知道的神灵都求到了,但结果总是让他绝望。

对于如今的很多人来说,心灵是最柔弱的地方。爱情的背叛,亲人的离去,财富的丢失,都可能使自己的心灵受到伤害。然而对于石勒来说,还有什么不可以承受的呢?他失去了亲人,失去了自由,失去了尊严,连最起码的温饱都无法得到。他已经成为真正的无产者,具备了彻底革命的一切条件,于是他那颗本来很稚嫩的心开始变得冰冷、残酷、嗜血起来。

他决定铤而走险。

他找来一起干活的奴隶王阳、桃豹、郭敖、呼延莫、支屈六等人,号称"飞天十八骑",将农具磨尖擦亮,干起了四处抢劫的勾当。

后来,他依附于一个农民暴动集团,被这个集团的首领汲桑取名"石勒",但不久,他们就被晋朝军队打散。

只要另起一行,人人都可以成为第一。被打散的石勒集结了一支属于自己的上党军队,投奔了北汉皇帝刘渊,被封为辅汉将军,奉命在中原一带开展游击战争。他的游击战略,居然逐渐把晋王朝的内脏挖空。

他个人魅力的万丈光芒,照穿了晋朝官员的黑心烂肺,也温暖了贫苦百姓冰冷的心田。渐渐地,他的军队像雪球般越滚越大。渐渐地,过去的苦难经历和如今的呼风唤雨,让这个普通人的心变得复杂起来。远大的志向如带雨的云团,长时间在他的胸中翻腾着,挤压着。不只是一个不眠的夜晚,石勒的耳边不断地响起秦末戍卒陈胜的那句话:"王侯将相宁有种乎!"

十、逐鹿中原

机会终于给了石勒。

北汉昭武帝刘聪麟嘉三年(318),北汉朝廷爆发内乱,镇守长安的将军刘曜宣布建立赵国(俗称"前赵")。军功并不亚于刘曜的石勒也于第二年在襄国(今河北邢台)自称赵王(俗称"后赵")。后赵太和三年(330),石勒出兵灭亡了前赵,自称大单于、大赵天王,改元建平。后赵最为强盛时拥有北方15州。

世人在重视一个人成功的时候,往往只看到成功的辉煌,而不理会之所以成功的原因。石勒的成功绝非只凭蛮力,他虽然大字不识,但善于学习,在戎马倥偬中常令儒生读书给他听,因而成为既有勇武臂膀,又有智慧大脑的乱世豪雄。

在他眼里,人才是不分民族的,只要有一技之长并真心归附的汉人一样可以入朝为官。基于此,北方隐居多年的"衣冠之士"纷纷依附于他。在一次大宴群臣的时候,石勒乘着酒兴问大臣们:"你们看我比得上古代哪位帝王?"身边一位大臣恭维他说:"陛下的英名与功德已经超越汉高祖,其他帝王都无法与陛下相提并论。"石勒仰天大笑道:"你言过了,如果生逢汉高祖,我只能做他的臣子,同本领与我相当的韩信、彭越一起辅佐汉高祖;如果生在光武帝时代,我倒是可以与他逐鹿中原,究竟鹿死谁手还说不定呢!"

这位"大老粗"话音刚落,两个文采飞扬的成语随之诞生。

更为难能可贵的是,他抛弃了民族仇视心理,在征战中小心谨慎地处置与汉人的关系,集中汉族士人组成了"君子营",推行了"汉夷分治、汉夷互尊"的政策。

尽管没有文化,但绝不嫉贤妒能;尽管身为胡人,却绝不排斥汉人,这就是为什么一个蕞(zuì)茸小国的几乎目不识丁的国王能够神奇地称霸一方,成为熠辉于历史星空上的一颗明星的根本原因。如今晋戏中的霸王鞭就源于1600年前这位少数民族英豪的指挥马鞭。

于是我们感叹:面对平原上天仙般的牡丹,也许山花是个落魄者。但当山花烂漫的时节,谁又能不赞赏有加呢?!

他也有遗憾:如果早日南征,或许能成就一统中国的大业,但年龄的衰老使他壮志消磨,他于后赵建平四年(333)死于疾病。

十一、瓦釜雷鸣

石勒死后,太子石弘继位。但在黄钟毁弃、瓦釜雷鸣的年代,温文尔雅的君子是很难立足的。石勒的侄子石虎领兵多年,以残暴和善战威震内外,石勒一死,手握兵权的石虎便于次年废掉了温和的石弘,自立为王,并于随后杀掉了石勒所有的子女。

对此,已经去世的石勒难辞其咎。因为连农夫都知道,让庄稼长好的最好办法就是锄去周围的杂草。而且石勒身边的人都知道,最高的"杂草"石虎人如其名,平时就蛮横无理,属于那种无风要起三尺浪,见树还要踢三脚的人。但石勒偏偏对这位侄子百般恣惠,倍加宠信,并给了他统领军队的大权。后来,太子石弘的舅舅程遐建议将石虎调出京城。一天夜里,石虎竟然选拔数十名彪形大汉,飞檐走壁进入程家,将程遐打得体无完肤,还当着程遐的面将他的妻子、女儿一一轮奸。消息传到石勒那里,他竟然无动于衷。

多数时候,历史只是人类寻找食物进而在吃饱之后寻求享乐、拥抱女人的历史,这一点在夺取了政权的石虎身上表现得尤为突出。石虎的脑子里只有两件事，一是杀戮；二是性欲。他将都城从襄国迁到邺城后，在邺城以南开辟了世界上最大的狩猎围场，任何人不许向野兽投掷一块石头，否则就是"犯兽"，要判处死刑。官员们遂用"犯兽"作为敲诈勒索的工具，谁要是被指控"犯兽"，就死定了。当时的国民每天起床都得摸摸脖子，证实脑袋是否真的没有搬家。石虎还硬征13岁以上，20岁以下的百姓女3万人，填充到在邺城、长安、洛阳动用40万人兴建的宫殿中，供自己随时享乐。人民被迫卖子卖女来供奉石虎的挥霍，等到子女卖尽或没有人再买得起时，善良的农民便全家自缢而死，道路两侧的树上经常可以看到悬挂的尸体。倔强的农民只有揭竿而起，梁犊领导的戍卒起义曾一度攻陷长安。

后赵石虎建武三年(337)，他立儿子石邃为皇太子。

石邃少年时代就随父从军，血液中遗传着父亲的残暴与野性。他常常在与宫女裸身性交后，活活地将她们斩首，洗净宫女尸体的脖子和脸上的鲜血后，把人头冰冻起来，放在精美的盘子里让大臣们欣赏。兴之所至，他还在宫外招纳了许多美貌的尼姑，奸淫之后将尼姑杀掉碎尸，与牛羊一起放在大锅里煮熟，并与下属打赌看谁能吃出哪一块是尼姑肉。后来，他竟带着骑兵去刺杀河间公石宣并试图发动叛乱。

石虎先是亲自用鞭子抽打他，然后宣布废为平民，当天夜里又把他连同妻子、儿女26人全部杀死。

后来的太子石宣害怕弟弟石韬跟自己争位，先派人刺杀了弟弟，然后密谋干掉老爹，提前接班。

事败之后，不久前还对大臣讲"我实在不懂晋朝司马家自相残杀的原因，我们石家多么和睦"的石虎，立即选择地点进行公开宣判。

公审大会的地点选择在邺城铜雀台附近的一片开阔地上，那里堆起了数丈高的柴垛，柴垛上制作了处决犯人用的木桩，木桩伸出的横木上安置着转轮，以此协助犯人升天。行刑的刽子手则是被杀的石韬平时最喜爱的太监郝稚和刘霸。

郝稚先用一把锋利的快刀在石宣的腮上一边扎了一个洞，然后把绳子穿入面颊，用转轮将石宣吊在柴堆上。刘霸则开始仔仔细细地挖去石宣的双眼。郝稚则用双手将石宣的头发拔光，将石宣的舌头用铁钩钩出连根砍断。挖完双眼的刘霸又用刀砍断石宣的四肢，剖开石宣的腹部，任肠子流了出来。见伤口和四肢被截断的位置与自己的主人石韬的尸身相吻合，两个太监才满意地走下柴堆。

大火熊熊燃烧起来，石宣仍在痛苦地挣扎。一个时辰后，昔日的太子变成了灰烬。石虎让人将骨灰撒在十字路口，任人践踏。

悲剧还未闭幕,目睹了被焚惨状的石宣所有的妻妾、儿女均用钢刀剁去头颅,扔进还在燃烧的柴堆中。

石宣那只有5岁的幼子紧紧拉着祖父石虎的衣带不肯放松,连衣带都拉断了,还是被杀人不眨眼的太监扔进了大火。

太子宫的太监和官吏350人被五马分尸,肢解后的尸体被扔进漳水喂鱼。石宣、石韬的生母杜氏被废为庶人,东宫卫士10万人也被送到凉州"劳改"。

读到这里,不知那些得出"人之所以不同于其他动物,是因为人不仅仅是自然的存在,还是一种道德的存在"这一结论的中国古代哲学家做何感想?

十二、民族大仇杀

石虎生前宣布年方10岁的石世为接班人。石虎死后,石世只当了33天皇帝就被石遵杀掉。

石遵当上皇帝后,开会研究如何杀死因镇压了梁犊起义而声威大振的石虎养孙——汉人冉闵(被石虎赐姓石,又叫石闵)和汉人权臣李农。石鉴将会议内容报告了冉闵和李农,在位183天的石遵被除掉。

在冉闵和李农的推举下,告密者石鉴如愿登上皇帝宝座。但不几天,石鉴就暗中派人刺杀冉闵和李农。阴谋被冉闵和李农粉碎,石鉴也被幽禁起来。

为试探人心,冉闵在首都邺城贴出告示:"自今日起,与本官同心者留于城内,不同心者听任外出。"

此令一下,方圆百里之内的汉人扶老携幼拥进邺城,而一直以邺城为家的胡羯则推车赶马向外逃命。许多人蜂拥向城里挤,许多人拼命向城外跑,混乱且壮观的场面百年不遇。

看来胡羯对冉闵已经没有一丝信任,于是冉闵颁布了中国历史上著名的《杀胡令》:"汉人斩一胡人首级送凤阳门者,文官进位三等,武职悉拜东门。"

两晋时代的汉人,血液中仍澎湃着雄武和复仇的血性,怯懦、忍让、退缩还未成为文化传统中的主要积淀,汉人一旦找到翻身的机会,主体民族曾经成为被奴役民族的莫大屈辱一下子得到宣泄,他们所爆发出的毁灭性力量必定令人瞠目结舌。

于是汉人把对石虎的仇恨全部发泄到了整个羯族身上。他们见胡人就追,追上就杀,一天就有数万颗人头堆在邺城凤阳门的广场上。

每一个破衣人走过,巴儿狗就叫起来,其实并非是主人的旨意。当时,屯据四方的诸侯也声称按照冉闵的意旨大杀羯人,就连一些相貌类似羯人的高鼻梁、黄胡须的汉人也被滥杀,仅首都邺城及其周围就有包括羯族皇亲和平民在内的20万人被杀。

因此,十六国时期最为残酷的一次民族仇杀在这个古老的文明国度残酷地上演。羯族统治者30年的残暴在极短的历史瞬间内遭到了报应,一个民族就这样完全消失在茫茫的历史沧海中。

一定是心有不甘吧。一天,后赵纠集残余势力前来报复,冉闵与之在城外展开激战。已成笼中之鸟的石鉴仍不死心,竟然派出一位太监给城外的自己人送信,要求他们乘邺城空虚之机发起进攻。不曾想那位太监竟然把信直接送到了冉闵手上。

冉闵回到邺城,直奔幽禁石鉴的皇宫,二话不说就把在位103天的石鉴剁成数段,石虎的28个孙子也被统统杀光。

在血海的衬托下,汉人冉闵自立为大魏皇帝。

《新约》中说,当你埋葬前人的时候,把你抬出来的人已经站在门口。仅仅在两年后,滥杀胡羯的冉闵就被前燕大将慕容恪的"连环马"生擒,被押送到龙城,以所有被杀的胡人的名义抽了300鞭后斩首示众。然后,前燕军队把冉魏的首都邺城团团围住,邺城内无粮草,外无救兵,饿殍盈郭,哀鸿蔽日,那些被石虎千方百计搜罗来的数万美女不是活活饿死,就是被饥饿的军人烹食。邺城很快陷落,在胡羯尸体上建立起来的冉魏帝国只存在了短而又短的3年。

经过大战、饥荒以及无数次杀戮幸存下来的20万汉人对胡人的恐惧已经达到了顶点。听说冉魏灭亡,他们便聚集起来抢渡黄河投奔东晋,但东晋的征北大都督提前回军,这20万汉人最终被快马赶上的胡人报复性地屠杀殆尽,成为冉魏灭亡后的一个黑色感叹号。

大魏像飞鸟划过天空一样不留痕迹,以至于中国历史学家很少把它算作一个国家。

十三、侯景之乱

这是一个战争狂人的故事,双手沾满鲜血的主人公很容易让人联想到近代的希特勒、东条英机和墨索里尼。如果不是涉及羯族的结束语,作者曾经一再犹豫是否应该将它收入本书中。

主人公侯景属于羯族,出生在北方边城怀朔镇,一条腿比另一条腿短,相貌平平,是一位从士卒一步步走上来的乱世豪强。

他深知没有雨伞的人必须努力奔跑。侯景武功不高,但善于谋略;生性残暴,但体贴部下。他深深地明白金钱和财富犹如粪便,堆积起来发出恶臭,散布开来变成沃土,因此将掳掠所得一分不留地赏赐给将士,部下都甘愿为他拼死卖命。他和高欢先是投奔北魏尔朱荣，官至定州刺史；在高欢灭掉尔朱荣建立东魏后，他又追随高欢，领兵10万镇守颍川（今河南长葛），几乎掌握了一半的东魏国土。

梁武帝萧衍太清元年（547），高欢病死，他的长子高澄（chéng）继承了宰相的职位。作为高欢少年时代贫贱伙伴的侯景，一向厌恶高欢那些不成才的儿子，那些儿子们自然也瞧不起父亲手下的这位部将。果然，高澄上台后秘不发丧，以高欢的名义召侯景回京述职，阴谋之网悄然张开。

侯景意识到了危险，便以河南13州11万平方公里的领地作为见面礼向西魏宇文泰协议投降。狐狸肚里装的故事再多，也是关于偷鸡的。西魏深知侯景为人狡诈多变，便要他把土地与兵权一并交出。在东、西魏的夹攻下，无奈的侯景转而求救于南方的梁朝。老朽昏庸的梁武帝萧衍以为此乃恢复中原的天大机遇，便不假思索地接纳了侯景，封他为河南王并保留了他的兵权。结果开门揖盗，引狼入室，引发了历时4年的"侯景之乱"。

本来侯景并不想惹出什么事来，可是后来，萧衍的侄子、梁将萧渊明在梁魏战争中被东魏俘获，东魏提出以降梁的侯景交换被俘的萧渊明，而风传梁武帝还真动了交换战俘的念头。为了证实此事，侯景假冒东魏高澄写了一封信给萧衍，萧衍果然复信说："你早上送还萧渊明，我晚上就送上侯景。"

在灼热的沙砾上行走，人的步履肯定会加快。没有经过多少考虑，侯景就于太清二年（548）在寿春誓师伐梁。听到侯景叛乱的消息，萧衍大笑着说："我折根树枝就能打死他。"但侯景胸有成竹，因为他已经提前选择了一名足以影响胜负的内应。

内应名叫萧正德，是萧衍六弟萧宏的儿子。早年，萧衍因无子而把他过继为子。在萧衍生出儿子萧统并立为储君后，太子梦破灭的萧正德一气之下叛逃东魏，只是因为东魏对他不屑一顾才又逃回梁朝。对于这样一位卖国小人，萧衍竟然轻易原谅了他，并封他为临贺王。这位野心不死的亲王在接到侯景立他为帝的书信后，一拍即合。

听说侯景已经渡过长江，太子萧纲穿起戎装，担当起军事指挥重任。他最大的失误在于令"内奸"萧正德把守其中一个城门。

见侯景大军临近，萧正德打开宣阳门，在张侯桥上接应侯景。两人合兵攻克了建康外城，自大的萧衍被围困在了建康的核心——台城。

渡江的时候，侯景只有8000人。进入建康后，奴隶出身的侯景发出告示，梁朝的奴隶凡归降者，一概免为良民。他还让一位被封为仪同三司的奴隶穿上锦袍向内城喊话。榜样的力量是无穷的。3天之内，就有上千名奴隶从台城逃出投奔侯景，他的队伍猛增到10万人。

面对越聚越多的攻城部队,守将羊侃①纠集城内的所有力量拼死抵抗。可惜这位中流砥柱突然在苦战中病死。而南梁各路勤王的部队由胆小如鼠的亲王统领,在城外每天和美女饮酒作乐。萧衍把诏书系在风筝上命他们解围,竟然没有一支军队敢正面迎敌。在台城被围困130余天后,86岁高龄的萧衍被活活饿死,台城被疯狂的侯景军队攻破。

按照约定,侯景立萧正德为帝。不久就改立梁武帝的太子萧纲为简文帝,已无利用价值的盟友萧正德被缢杀。侯景将自己命名为相国、宇宙大将军、都督六合诸军事,还像煞有介事地请皇帝批准。皇帝惊叹道:"我才是天之子,将军有加宇宙之号的吗?"消息传到侯景耳朵里,他大骂皇帝不识时务,随即改立豫章王萧栋为帝,将萧纲用土袋压死。可怜的萧纲就像一个剧务,送来一个人头道具、说了一句台词就下台了。

梁简文帝萧纲大宝二年(551),侯景干脆自立为汉帝,血洗了萧家子孙。

读到这里,恐怕所有的读者都会大骂侯景反复无常,不讲原则。其实一个反复无常的人并非不讲原则,这个原则就是为了自身的利益可以不择手段。

他的反复无常还在继续。进入建康前,侯景曾向王、谢两个仕族求婚,但遭到了断然回绝。攻破建康后,作为复仇者面目出现的侯景如狂飙突起,冤鬼索债,挟裹着求婚被拒的冲天怨气,开始了风卷残云般的报复。他首先强占萧纲年仅14岁的女儿溧阳公主为妻,然后将士族妻女抢入军营供官兵淫乐,对全城居民,特别是士族进行了血腥屠杀,百万人口的城市只剩不足万人。曾经繁华绝代的王谢家族从此成为乌衣巷口的一抹斜晖,就连商贾云集、富甲天下的扬州也变得"千里绝烟、人迹罕见"。是时,随东晋南下的江南士族被屠戮殆尽,南弱北强的格局开始形成。

泯灭人性的逻辑一旦启动,就好像一块抛出去的石头,最终必然落回来打在自己的头上。江南民众到了宁肯引颈自戮,也不愿归附侯景的程度,杀人如麻的侯景很快便陷入了自掘的泥塘之中。梁元帝萧绎承圣元年(552),梁朝将领陈霸先、王僧辩攻破建康,侯景乘飞舟欲东渡入海。据说侯景的许多旧将都纷纷投降了,两个幼子也因为累赘被他推入水中,只有侯景爱妾的哥哥羊鹍②紧紧相随。趁侯景不注意,这位山东泰安人将尖利的长矛捅进了侯景的后背,用智慧和勇气捍卫了羊家的美名,羊鹍也因此被封为明威将军、青州刺史、昌国县公。③

---

① 山东泰山梁甫人,东汉南阳太守羊续和西晋军事家羊祜的后裔。
② 羊侃的三子。
③ 见《山东新泰博物馆解说词》。

侯景的尸体被分成3份，尸首由王僧辩送到江陵萧绎①处"检验真伪"，双手被送到与梁朝关系友好的北齐，躯干则运往建康。

侯景的遗体被扔在建康大街上暴尸，士民争相割食他的肉，啃食他的骨，就连他的妻子溧阳公主也亲口吃他的肉。其仇恨达到了如此地步，实在令人毛骨悚然。但没过多久，梁军清算侯景的罪恶，溧阳公主毕竟是侯景的妻子，还为他生了一个孩子，结果被抓送集市用油锅烹死。

侯景死后，羯人也作鸟兽散。因石虎和侯景而导致名声不佳的羯族从此被湮没在了民族融合的滔滔洪流之中。

至于他们的荣耀，除了毁坏了许多别人千辛万苦的成果这一恶名外，什么也没有留下，留下的只有一声叹息。

读者是否还记得月氏曾经有一个关系紧张的邻居，名叫乌孙。

下一章就是乌孙的故事。

---

① 梁武帝的第七子，后来的梁元帝。

第十八章

乌孙——名副其实的"流浪汉"

> 人无法选择自然的故乡,但可以选择心灵的故乡。①

一、逐梦天涯

迁徙是人类不容回避的一个话题。

一般认为造成一个人、一个部落、一个民族迁徙的主因是战争、气候、瘟疫等客观因素。但我以为造成人类迁徙的主要因素还是内因,也就是人类那不甘寂寞、喜新厌旧的天性。不信请做个试验,如果让一个人一生就住在一个地方,他(或她)能接受得了吗?如果硬要其接受的话,那个地方只有监狱。

世界上有哪个民族不是在迁徙中诞生的呢?穷尽上下五千年,你不可能找到一个固守洞穴和山林的族群。再向上追溯,就是我们的祖先"夏娃"了,据说这个人类的祖母来自于如今住满黑人的非洲。"短短"几万年时间,她的子孙后代已经遍布全球。

从这个意义上说,大家都是"哈萨克"②。

如今的哈萨克族就是在迁徙中形成的民族共同体。其中的主流名叫乌孙,是哈萨克的主要先民,也是哈萨克最大的部落。

乌孙是一个典型的游牧部落,公元前2世纪之前与月氏一起驻牧于祁连至敦煌间的茵茵绿洲上。汉初,因争夺绿洲,月氏与乌孙发生了摩擦,人多势众的月氏攻杀了乌孙部落首领难兜靡,夺取了乌孙国的世袭领地,乌孙民众被迫纷纷逃往临近的匈奴。

---

① 见美国哈佛大学校训。
② 突厥语意为脱离、迁徙。

逃难途中,难兜靡之子昆莫①猎骄靡不合时宜地降生了。母亲失血而死,新生儿被悲惨地弃之荒野。

西方有位哲人说过,把走运的男人抛进大海,他也可能会衔着条鱼浮上来。史料记载,当人们发现昆莫的时候,竟有野狼以乳喂养着他,飞鸟叼肉守护着他。神奇的消息传到匈奴,老上单于认为他是神人,因而抱回王廷收养起来。

或许这是乌孙人杜撰的故事。人们总是愿意围绕成功者编造种种耸人听闻的传说,赋予他们许多附加的神性。而能享有最高荣誉,为后代顶礼膜拜的莫过于神,所以便挖空心思地加以杜撰。这种攀附神灵的说法,说穿了,不过表现了人们对英雄的崇拜,表现了古人对超常人格力量的向往和恐惧,同时成为人们行为的一种驱动力。

气流阻碍着鸟的翅膀,天空才有了飞翔。在寄人篱下的环境中,国难家仇集于一身,时刻梦想东山再起的昆莫不仅练就了一身的武艺,而且练就了非凡的胆略。

他还年轻,他在等待。他深深地明白,时间既然能使河水枯竭、沧桑巨变、美人色衰,那就没有什么不可能的。

昆莫长大后,老上单于让其带领乌孙降众守卫西部边塞,直接面对曾经的仇人——月氏(被匈奴击溃的月氏人已经西迁到伊犁河、楚河流域)。你可知道,童年的记忆就如同菜园里的杂草一样顽固,他永远忘不掉被赶出故乡的痛楚。汉文帝后元三年(前161)左右,昆莫请求老上单于允许他西攻大月氏,以报杀父之仇。老上单于也想假借昆莫之手消耗大月氏,于是就痛快地答应了他。

此举无异于放虎归山、纵龙入海,早已厌倦了寄人篱下生活的昆莫率部倾全力猛攻大月氏,迫使大月氏进一步西迁大夏。从此,乌孙在伊犁河流域建立了自己的领地,收服了未及撤走的塞种人和大月氏人②,使域内居民达到了12万户,63万人,军队也达到了创纪录的18万人。

有了自己的地盘、臣民、军队,乌孙国正式开张,都城设在赤谷城(今吉尔吉斯伊什提克一带)。这个崭新的绿洲国家东接匈奴,南靠焉耆、龟兹,西和西北与大宛、康居为邻,统治区域纵横5000里。

对自己有养育之恩的老上单于死后,昆莫不再按期朝会匈奴。匈奴新单于不甘心昔日的臣属与自己平起平坐,便兴兵讨伐。

---

① 意为最高统治者。
② 见东汉班固《汉书·西域传》卷九六载:"乌孙民有塞种、大月氏种云。"

人们常说胜利属于敢于牺牲的一方。尽管匈奴军队气势汹汹,但乌孙军民众志成城,结果来犯者大败而归。经此一战,匈奴更加相信昆莫有神相助,从此打消了与乌孙为敌的念头。

人们不得不相信宿命的存在,否则这个沼泽地一样的世界上怎么会允许昆莫这样一个不湿鞋袜的人走一遭呢?

二、张骞二使西域

当时有一个人不相信宿命,那就是第一次出使西域没有达到目的、后来随同李广出兵匈奴吃了败仗被剥夺了爵位的张骞。

张骞在自己疲惫的身心稍显舒缓后,又在某一天向汉武帝献计,要求派出使团与伊犁河流域的乌孙结盟,砍断匈奴的"右臂"。稍加思索后,汉武帝批准了这一建议。

使团的领袖当然还是心不死、胆奇大的张骞。汉武帝元狩四年(前119),张骞率领300人的庞大使团二使西域。因为占据河西走廊的匈奴浑邪王投降,汉朝已经直接与西域接壤,所以使团顺利到达了乌孙。

张骞受到了昆莫的热情欢迎,如同外交辞令中常说的那样,宾主进行了热情友好的谈话。张骞建议双方联合夹击匈奴,许诺在战后允许乌孙回祁连山旧地居住。但乌孙距匈奴近,大臣皆畏惧匈奴;距汉朝远,不知汉之大小,因而不敢下决心与汉朝结盟,更不愿盲目东归。据理力争已没有任何意义,张骞再一次在宿命面前败下阵来。

令张骞稍感安慰的是,昆莫派人送张骞的副使分别访问了大宛、康居、大月氏、大夏、安息、条支、奄蔡、身毒、于阗等国。

更令张骞意想不到的是,在汉武帝元鼎二年(前115)张骞返回长安时,昆莫派数十名使臣携礼陪同,到汉朝长安窥探虚实。

宽阔的大道、辉煌的宫殿、如织的人流令乌孙使臣眼界大开,瞠目结舌,其情其景比张骞的描述有过之而无不及。回到乌孙的使臣们将盛况如实报告了昆莫,使之萌生了与汉朝结盟的强烈欲望。

张骞二次出使西域虽然未能达到与乌孙合击匈奴的目的,但以艰难困苦为代价,使中原人得到了前所未有的关于西域的丰富知识,使汉朝的声威和汉文化的影响传播到了当时中原人世界观中的西极之地,沟通了一条通向中亚、西亚和南亚乃至欧洲的陆路通道。此后,中亚、西亚、南亚诸国陆续派使节随张骞的副使来到汉朝。与此同时,汉朝商人接踵西行,大量的丝绸、瓷器、铜镜、铁器、炼钢术、灌溉术、造纸术、桃、梨、杏、姜、桂、茶、白矾、砂糖、樟脑不断西运。西域的植物安石榴①、葡萄、苜蓿、胡桃(核桃)、胡麻(芝麻)、胡豆(蚕豆和豌豆)、胡瓜(黄瓜)、胡蒜(大蒜)、芫荽(香菜)、绿豆、波斯草(菠菜)、胡萝卜、无花果、番红花、酒杯藤、茴香、葱等进入中原;动物大宛马、犀牛、狮子、大象、安息雀、瘤牛、大狗、沐猴、鹦鹉、鸵鸟、孔雀、黑貂等传入内地;其他物产包括琉璃、宝石、珊瑚、琥珀、象牙、玳瑁、珠玑、犀角和香料源源不断地传入汉地。无怪乎一位诗人感叹:"不是张骞通西域,安能佳种自西来?"

震惊世界的"丝绸之路"通过河西四郡,出玉门关或阳关,穿过白龙堆,到达神秘的楼兰(鄯善)。自此分出南、北二道,北道自楼兰向西,沿孔雀河至今新疆库尔勒、乌垒、轮台,再经龟兹(今新疆库车)、姑墨(今新疆阿克苏)直抵疏勒(今新疆喀什);南道经且末、于阗、皮山、莎车抵达疏勒。在疏勒又分出岔道,自疏勒向西,越过葱岭,向西南到达大月氏(今阿富汗境内),再西行可经安息(今伊朗)、条支(今伊拉克一带)直达大秦(罗马);疏勒越过葱岭向北,可到大宛(费尔干纳盆地)、康居(今乌兹别克撒马尔罕)。从此,中华文明伴随着阿拉伯人的驼铃传向西方。

丝路的开通及西方国家使臣的络绎东来令好大喜功的汉武帝喜不自胜,于是他拜张骞为大行,负责掌管汉朝各族事务。一年后,博望侯张骞因长年在外奔波而病逝于大行任上。

无论时间的流水如何一去不返,动摇了多少权威的根基;无论岁月的风尘如何起落飞扬,黯淡了多少偶像的色彩,既非权威,也非偶像的张骞却风采依旧。张骞死后数年,出使西域的汉使仍以博望侯自称并屡试不爽。这个把戏好比妇女在孩子哭闹不休时说"老虎来了"。

三、扬州美女

往事永远如画,距离产生美感。闻听故土东方的汉朝富甲天下,美女如云,昆莫便派遣使者返回长安,声明取消王号向汉称臣,并以珍贵的西域良马作为聘礼请求和亲。

不久前,汉武帝就在一次占卜中得到了"神马当从西北来"的兆示。乌孙良马一到,汉武帝立即将它命名为"天马",并兴致勃勃地作《天马歌》以宣泄自己骋步万里、降服四夷的雄心。

汉武帝答应了乌孙王永结姻好的要求。立刻,比昭君出塞早了72年的扬

---

① 因产于安国和石国而得名,现名"石榴"。

州美女细君出塞的故事拉开了序幕。①

其实细君公主并不是汉武帝的女儿,而是一位从小就失去父母的孤儿。她的生父就是荒唐透顶的江都王刘建。据说这位藩王在做江都王太子时,就与父王的美人私通。服丧期间,他竟与父王的10多个姬妾轮流淫乱。他甚至下令要宫姬与羊、狗交媾。据野史记载,刘建一日无聊至极,让一匹马和一头驴子交媾,数月后母驴竟然生出一头"四不像"来,比马更有耐力、比驴更为高大、适合长途驮运的牲畜——骡子,由此而诞生。

如果情况属实,这无疑是一项可以载入史册的发明,尽管它的意义比不上长城、运河、火药、指南针和印刷术。遗憾的是,他同秦始皇和隋炀帝一样都是头脑发热、颠倒人伦的坏蛋,他们创新的直接目的都不是为了人民,而且都有在战争和玩乐中歪打正着的嫌疑。秦始皇修筑长城只是为了向匈奴人耀武扬威,隋炀帝开凿大运河完全是为了侵略高句丽,司南(最早的磁铁指南仪器)是战国时期郑国人担心在采玉(献给国王可以得到封赏)时迷失方向而发明的,火药不过是历代方士们在给帝王炼取长生不老丹时的意外收获。

众所周知,循规蹈矩、天不变道亦不变是古代中国的主流传统。而创造力一般都是在思维发生偏差的时候产生的(正如珍珠是蚌的病态一样),发明创造需要标新立异。这大概就是愈是到了近代,中国的发明创造愈加可怜的一大原因。但如果相当一部分创新要寄托在刘建这类人或者客观上发生在这些人身上,无疑是中国历史的悲哀。

因发明了骡子名声大振的刘建头脑发热,后来竟然做起了皇帝梦,直到汉武帝元狩二年(前121)东窗事发,自缢身亡,他的妻子也因为同谋罪被斩首。江都国从此被改为广陵郡。

父母死时,细君因为幼小得到赦免,被叔祖父汉武帝收养在宫中。

就连父母双亡和背井离乡的悲苦也无法遮蔽她雨后春笋般向上的日子,细君不仅出落得雪乳玉腕,风姿绰约,而且出人意料地成长为汉代诗坛上一株凄美的修篁。据说她还是乐器琵琶的首创人。

大凡美好的事物,尤其是美丽的生命(其中以姣好聪慧的女性为最),总会有接踵的苦难煎熬她。当时的汉朝女人崇尚骨感、轻盈。细君显然受到了这一"美女流行病"的长期感染,也是一位典型的骨感美人,身子如"娇花照水,弱柳扶风"一般,"心较比干多一窍,病如西子胜三分"。而且这位扬州美

---

① 她是汉代和亲公主中第一个有名字记载的人,此前已有4位公主远嫁,分别是汉高帝以家人子为公主嫁匈奴冒顿单于,汉惠帝以宗女为公主嫁冒顿单于,汉文帝遣宗女翁主嫁匈奴老上单于,汉景帝遣公主嫁匈奴军臣单于。

女从未出过远门,让这位娇弱女子承载一个国家的和亲使命,的确有些难为她了。

为解细君的途中寂寞,汉武帝令人沿途弹奏琵琶,千方百计引得公主一笑。看来细君的脸上并没有现出灿烂和喜悦,必定是"马上拨弦诉离情,塞燕高飞伴女行",要不后代诗人为什么感叹"行人刁斗风沙暗,公主琵琶幽怨多"呢?

为了显示汉朝的威风和恩赐,朝廷对公主远嫁乌孙一事大肆渲染,以至于公主还未启程,周围的国家就得到了消息。

下面发生的事情无情地证明,汉朝过度的宣传是多么愚蠢和多余。汉武帝元封六年(前105),细君启程的消息传到匈奴,匈奴单于赶紧把自己的女儿嫁给昆莫。细君到达乌孙后,最尊贵的"左夫人"一位已经被匈奴公主占据,她只能屈居"右夫人"。好在年方17岁的她太漂亮了,乌孙人皆称她为"柯木孜公主",意思是"肤色白净美丽得如同马奶酒一样的公主"。

但不管怎么说,一开始就不顺利,加上不懂胡语,过不惯异族生活,而且对年迈的昆莫心存遗憾,细君公主开始以诗歌寄托心志,最终吟咏出了千古流传的《悲愁歌》(又名《黄鹄歌》):"吾家嫁我兮天一方,远托异国兮乌孙王,穹庐为室兮旃(zhān)为墙,以肉为食兮酪为浆,居常土思兮心内伤,愿为黄鹄兮归故乡。"

细君的青春里披了太多道不出、诉不尽、挥不去、甩不脱的酸楚、哀怨、孤寂和伤感。对于一位在深宫中长大的嫩苗,我们不能从政治的高度对她求全责备。汉武帝也很同情她,每隔一年就派使臣前往探望,并令随嫁的工匠在夏都(今新疆昭苏草原)为她修建了一座汉式宫殿。老乌孙王更是善解人意,愿意把她改嫁给未来的接班人——青春年少的孙子岑陬(zōu)。一下子降了两辈,饱受孔孟之道熏陶的细君一时难以接受。汉武帝亲自写信,规劝细君为了国家利益"从其国俗",于是细君含羞改嫁给了往日的孙子岑陬。从此,人生于她,只余下远方的长天和永恒的沉默,那种不再望归的悲楚,恰如荒漠深处被摒弃的小羊。

昆莫死后,孙子岑陬军须靡继任昆弥①(昆莫之子早死),而且她也为新丈夫生下了一个女儿,名叫少夫。

可惜刚刚生下女儿,细君就因身体虚弱撒手人寰。

为国家的和亲无奈地远嫁西域的细君就这样骤然离世,成为中原女子们心中久久不能消去的隐痛。

---

① 乌孙的最高首领,相当于匈奴的单于。

四、怒放在西域的铿锵玫瑰

乌孙王肯定对东方美人情有独钟。因为细君刚刚病逝,岑陬就以维持汉乌亲善为名,请求汉武帝再赠一女。

新公主名叫解忧,楚王刘戊的孙女,也是一位南国美人。与细君不同的是,解忧不仅生得丰腴健美,英姿飒爽,而且落落大方,胆识过人,娇媚中蕴涵着浓浓的英雄情结,具有一副忠君报国的侠骨柔肠。

汉武帝太初三年(前102),19岁的解忧被封为"楚公主",踏上了远去西域的漫漫途程。到了乌孙,解忧的侍女冯嫽也嫁给了乌孙右大将。

初到乌孙的解忧并不顺利,因为丈夫岑陬像祖父一样,也拥有汉匈两位公主。匈奴公主生有一子,取名泥靡,而解忧却未能生子。后来岑陬暴死,儿子泥靡年龄尚小,昆弥之位依据惯例传给了季父大禄的儿子翁归靡。因翁归靡看上去又肥又痴,所以乌孙人戏称他为"肥王"。

按照风俗,"肥王"继承了解忧与匈奴公主。也许是性情相投吧,解忧接连为肥王生下了3位王子和两位公主。长子元贵靡被立为嗣子,次子万年后来成为莎车王,小儿子大乐官至左大将,长女弟史嫁给龟兹王绛宾为妻,次女素光则嫁给乌孙呼翎侯为妻。"肥王"对解忧言听计从,乌汉双方进入了蜜月期,一度沉寂的丝路也恢复了往日的喧闹。

也许对乌孙亲近汉朝心怀不满,也许对匈奴公主受到冷落心有不甘,匈奴单于发兵攻打乌孙国,并声称得到解忧方才退兵。汉宣帝刘询于本始二年(前72)派出5员大将率军挺进塞外,迫使匈奴仓皇退走。随后,西域校尉常惠与乌孙合击匈奴,使匈奴付出了4万颗脑袋和70余万头牲口的惨重代价。汉宣帝神爵三年(前59),汉朝在乌垒城(在今新疆库尔勒和轮台之间)设置了西域都护府,匈奴僮仆都尉被迫退出西域。

天道循环是不以人的意志为转移的。"肥王"病逝后,泥靡被拥立为昆弥,解忧之子元贵靡的继承权被剥夺。此时,不仅解忧失去了往日的风光,稳固多年的汉乌关系也在一夜间付诸东流。

这位饱经冷漠的昆弥开始以10倍的疯狂倒行逆施,弄得乌孙国鸡犬不宁,人人自危,因此被称为"狂王"。而解忧也无奈地第三次嫁给了这位"狂王",并忍辱为他生下了儿子鸱靡。

忍无可忍的解忧与汉使魏和意、任昌密谋,准备在酒宴上除掉"狂王"。但行刺未能成功,"狂王"负伤逃走,"狂王"的一个儿子发兵将解忧和汉使围困在赤谷城内。在接下来的日子里,公主和城中军民击退了无数次的血腥进攻。城墙上众志成城,城墙下血流成河。

数月后,西域都护郑吉调来西域诸国兵马方才解除重围。为了顾全大局,汉宣帝派人前往乌孙给"狂王"疗伤,还违心地将两名汉使斩首。那一刻的解忧,唯有泪如雨下。

螳螂捕蝉,黄雀在后。虽然解忧的计划流产了,但"肥王"与匈奴公主所生的儿子乌就屠却成功地刺杀了泥靡,自立为昆弥。由于担心乌就屠归附匈奴,汉皇命令破羌将军辛武贤领兵15000人火速到达敦煌,准备西征乌孙,恶战一触即发。

西域都护郑吉了解到冯嫽的丈夫与乌就屠关系密切,便派冯嫽前往劝说乌就屠投降。接到郑吉下达的任务,中国移植在西域的第二朵绝色玫瑰铿锵登场。冒着掉头的危险,冯嫽只身来到乌就屠的营帐,凭着凛然正气和伶牙俐齿,对乌就屠析以时势,晓以利害,硬是让乌就屠低下了高昂的头颅。冯嫽在乌就屠答应投降的前提下,回到长安向汉宣帝报告了事件的经过。汉宣帝任命冯嫽为正使,竺次、甘延寿为副使,锦车持节回到西域,全权处置乌孙事件。她将乌孙分为大、小昆弥二部,让"肥王"与解忧所生的元贵靡担任大昆弥,领户6万;让乌就屠担任小昆弥,领户4万。经过一双纤纤玉手的点拨,一场错综复杂的恶性事件潮退波平。

尽管深明大义,尽管毅力非凡,但她们毕竟有自己魂牵梦绕的家乡,有家乡望眼欲穿的亲人。多少年的风刀雪剑,依然载不走对故乡太真、太实、太沉、太痴的眷恋。哪怕天上飘过一丝云,原上刮来一缕风,戈壁绽放一朵花,都会牵动她们无穷无尽的情愫。汉宣帝甘露三年(前51),元贵靡病死,其子星靡代为大昆弥。经历了太多风霜雨雪、喜怒哀乐且已经红颜褪尽、华发尽染、高龄70的解忧带着3个儿女与冯夫人一起返回汉朝。两年后,公主在长安仙逝。

即位后的星靡为人怯懦,难以服众,乌孙再次发生内乱。

解忧已逝,谁堪大任?汉帝想到了冯夫人。很快,冯夫人奉诏西行。一到乌孙,内乱戛然而止,星靡和乌就屠从此17年相安无事。前赴后继的解忧公主与冯夫人得以在西域纵横捭阖50年而一言九鼎。①

尽管冯嫽只是一个仆人,但名气早已超越了女主人,恰如高悬在西域上空的璀璨星斗。从此,乌孙国生活在了汉朝西域都护府的阴影里。

---

① 见《汉书·西域传》卷九六,中华书局1974年版。

五、改名哈萨克

如果乌孙人因此而埋怨汉朝,那就大错而特错了。因为强盛的汉朝一灭亡,乌孙人就甘尽苦来了。

首先,草原新霸主柔然发兵来攻,战败后的乌孙被迫逃到葱岭放牧。柔然西去后,天山以北的乌孙故地又被东、西突厥瓜分。到了公元12世纪西辽统治西域时期,乌孙人早已不成其为国了。

在成吉思汗占领中亚后,他们相继成为金帐(术赤的封地)、白帐(术赤长子斡尔达的封地)、蓝帐(术赤幼子昔班的封地)汗国的臣属。后来,蓝帐汗国贵族与突厥人、乌孙人长期融合,形成了一个新的民族群体——月即别人(以蓝帐汗国月即别可汗的名字命名)。

明景帝景泰七年(1456),月即别克烈汗和贾尼别克汗率领下属的乌孙、康里、克烈、乃蛮、弘吉剌惕、杜拉特、札拉亦儿等部落投奔了东察合台汗国,东迁到楚河流域,正式取名为"哈萨克"。

受到东察合台汗国热情欢迎的哈萨克人以楚河和塔拉斯河流域为基地,建立了独立的哈萨克汗国,都城为土尔克斯坦城。

随后,哈萨克汗国与东察合台汗国、帖木儿帝国及昔班尼汗所率领的乌兹别克部落展开了长达30年的混战。善于保存实力的哈萨克汗国日益强大,在哈斯木汗统治时期达到了鼎盛,领地东南据有七河流域,南至锡尔河,西达乌拉尔河流域,北到伊施姆河,东北包括巴尔喀什湖以东以南的辽阔区域,人口膨胀到百万以上。

公元16世纪末,各汗国的哈萨克部落全部归附到哈萨克汗国境内,众多部落按血缘关系划分为大、中、小三个玉兹①。

大玉兹即乌鲁玉兹,又称"大帐"、"右部",占据着七河流域及楚河、塔拉斯河流域的肥美草原,这是一个由古老的乌孙人为主体,由康居国后裔康里部、突厥咄陆后裔杜拉特部、突厥可萨部、北匈奴悦般国后人阿勒班部、撒里乌孙突骑施部、札剌亦儿部等共同构成的部落。

中玉兹即奥尔塔玉兹,又称"中帐"、"左部",是哈萨克中人口最多、力量最强的部分。他们冬季在萨雷苏河和锡尔河中下游放牧,夏季牧场则位于额尔齐斯河与托博尔河、伊施姆河一带,以古代葛逻禄的后裔阿尔根部为主体,主要由克普恰克部(东钦察人)、塞种人后裔克尔塞克、别斯塞克、波尔塞克、

---

① 突厥语意为部分、方面。

卡尔塞克部,克烈部(王罕被成吉思汗击败后,克烈余部西迁),乃蛮部(太阳汗被成吉思汗杀死后,乃蛮部众西逃),篾儿乞惕部(被蒙古击败后遗众辗转西去),弘吉刺惕部(随蒙古人西征到达此地)构成。

小玉兹即基希玉兹,又称"小帐"、"西部",以奄蔡(阿兰人)后裔阿里钦部为主体,由拜乌勒部、艾里木乌勒部和节特乌勒部构成,冬季在伊别克河、乌拉尔河畔游牧,夏季则迁往阿克提尤别草原。

不难看出,哈萨克是一个地地道道的混血民族,而其他中亚民族又何尝不是如此呢?

六、挥之不去的噩梦

曾几何时,西域崛起了准噶尔。这是一个继承了成吉思汗衣钵的蒙古部落,其征服的欲望丝毫不亚于他们的祖先。公元18世纪20年代,准噶尔部攻占了哈萨克汗国首都土尔克斯坦城和军事重镇塔什干,哈萨克遭受到了前所未有的沉重打击。好在公元18世纪50年代,清军出兵新疆平定了准噶尔叛乱,才将哈萨克人从火坑中拯救出来。饱受战乱之苦的哈萨克中玉兹阿布赉(lài)汗率部归附了清朝,大玉兹和小玉兹也于随后上表臣服清廷。

不久,远方又响起了俄罗斯的枪炮声。西部的小玉兹和中玉兹首先被俄国人占领,哈萨克汗体制被废除,小玉兹被划归奥伦堡总督管辖,中玉兹则被划归西伯利亚总督管理。

清同治三年(1864),俄国人的铁蹄踏上了大玉兹旧地上的浩罕汗国,用枪炮逼迫浩罕汗国俯首称臣。为了实现永久占领,沙皇将俄罗斯人大量地迁入了哈萨克地区。同时,占领者放出话来:"哈萨克人如果想活命,就赶紧离开这片富庶的土地!"几乎是在刀尖的驱赶下,哈萨克人被迫背井离乡,迁移到人畜难以存活的沙漠地带。

人们只能奋起反抗,大玉兹所在的浩罕汗国于清光绪元年(1875)爆发了反对沙俄奴役的起义。按说俄国人应该做些让步,最起码也应该软硬兼施吧。但沙皇说:我这里没有自由和平等,只有屠刀和大炮!在扑灭起义之火后,沙皇索性废掉了浩罕汗国,在那里设置了费尔干纳省,隶属于土耳其斯坦总督。哈萨克人被一分为三,分别归三个俄国总督府管辖。

从同治三年(1864)到光绪九年(1883)短短20年间,俄国强迫清朝签订了一系列不平等条约,割占了原属清朝的巴尔喀什湖以南、以东和斋桑湖一带的哈萨克居住区,并按照"人随地归"的原则,不允许哈萨克人归附大清。尽管如此,仍有许多不屈的哈萨克人结伴回到伊犁和博尔特拉。

七、万里无云万里天

地球是运动的,一个人不会永远处在倒霉的位置。十月革命后,俄国境内的哈萨克人建立了自己的苏维埃政权。公元 1920 年,吉尔吉斯(即哈萨克,俄国一度将他们与吉尔吉斯混淆)成为自治共和国,奥伦堡被确定为首都。公元 1925 年,他们的历史称呼被恢复,居住区改名为哈萨克苏维埃社会主义自治共和国,新首都改在阿克—梅契奇市。几年后,首都迁向阿拉木图并成为苏联加盟共和国。

唯物主义导师恩格斯曾经预言:"我们有希望活下去和看下去。我们已经看到了俾斯麦的飞黄腾达、骄横一世和垮台。为什么我们不应该在看到大家最大的敌人——俄国沙皇制度的骄横一世之后,再看到它的衰落和彻底垮台呢?"

恩格斯虽然不是预言家,但他深知把语言、风俗、信仰和民族感情毫无联系的部族硬捏到一起是不会长久的。

一个世纪后,他的预言实现在了一位自称要对马克思、恩格斯主义进行改革的人手中。此人名叫戈尔巴乔夫,是一位脑袋里装着全球、脑瓜上绘着地图的改革家。他在公元 1985 年继任苏共总书记后,立即向斯大林的"旧体制"开刀,推出了民主化、公开化改革,建立了行政、立法、司法三权分立制度和多党制,当上了社会主义国家史无前例的所谓"总统",从而导致统一而伟大的苏联局势失控,苏联之下又冒出了若干主权共和国。在公元 1991 年 8 月 19 日苏联老共产党人发动的所谓政变流产后,戈尔巴乔夫要求苏共中央解散,听凭各共和国共产党决定自己的命运。此语一出,联盟便以雪崩的速度轰然解体。

先是乌克兰在全民公决的基础上宣布独立。几天后,俄罗斯、白俄罗斯、乌克兰 3 个斯拉夫共和国抛开戈尔巴乔夫单独会晤,成立了独立国家联合体。12 月 13 日,中亚 5 国在土库曼斯坦首都阿什哈巴德会晤,决定以创始国的身份加入独联体。哈萨克斯坦从此实现了真正的独立,国名改为哈萨克斯坦共和国。

哈萨克斯坦总面积 271.73 万平方公里,居世界第九位;总人口 1800 多万,哈萨克族近 1200 万;新首都阿斯塔纳(原名阿克莫拉)。

公元 1992 年 1 月 3 日,中哈两国建交。与中国有着 1700 多公里共同边界并参加了"上海五国集团"的哈萨克斯坦已成为中国人民的朋友。哈萨克斯坦的冼星海大街是中哈两国人民友好的象征。一条把北京与阿拉木图、塔什干连接起来的铁路已经贯通,两国领导人还表示了使东起中国连云港,经过中亚,西达荷兰鹿特丹的欧亚铁路(第二大陆桥)保持畅通的美好意愿。

除了境内,另有上百万哈萨克人散居中亚,其中乌兹别克斯坦有100万人,土库曼斯坦有10余万人。

八、"熊"口夺食

我们最不愿意提到的历史偏偏最难以忘怀。清同治九年(1870),阿古柏攻陷了乌鲁木齐。第二年,俄国人发动突然袭击,赶走了清朝在新疆的最高官府——伊犁将军衙门,占领了新疆耕地最为肥沃、人口最为稠密、工商业最为发达的伊犁地区。

对此,他们向清朝解释说,因为清朝已经无法在那里行使主权,所以基于朋友的道义,暂时代为管理,以免落入叛军之手;一旦新疆的叛乱平息,俄国就将双手奉还。在他们看来,清朝再也不可能回到新疆,伊犁地区并入俄国已成定局。

清军没有放任新疆丢失。陕甘总督左宗棠在65岁的多病垂暮之年,接受了"钦差大臣、督办新疆军务"的重任,率6万湖湘子弟西行,短短一年就扫荡了阿古柏并收复了天山南北的大片国土。

清光绪二年(1876),清朝竟然回到了新疆,还打了一个久违的胜仗,这令俄国人十分惊诧。依它过去所作的承诺,必须无条件地从伊犁撤退。俄国人实在无法拒绝撤退,但却要求谈判撤退的条件。

俄国人实属谈判高手,此前的清咸丰八年(1858)、咸丰十年(1860年)、同治三年(1864),他们分别通过《瑷珲条约》、《北京条约》、《塔城条约》(《中俄勘分西北界记》)割占了清朝黑龙江以北、外兴安岭以南、乌苏里江以东、新疆西北的156万平方公里的土地。这一次,他们岂能甘心空手而归?

清军对分裂势力的仗是打胜了,但对"北极熊"却无可奈何。按照惯例,谈判地点应在两国边界或第三国,但俄国却硬将谈判地点定在自己的首都圣彼得堡。于是清朝于光绪五年(1879)派遣满洲权贵崇厚前往俄国,这是中国历史上第一次派遣使者到外国首都办理交涉。

这位满脑袋糨糊的使者认为,只要收回伊犁,就算完成了任务。而且临行前,他通过占卜得知此行不利(汉人的糟粕也被满人学会)。因此,他到达俄国后,很快签订了包括赔款白银280万两,割让霍尔果斯河以西和特克斯河流域5万平方公里土地给俄国,斋桑湖以东重新划界在内的《里瓦几亚条约》。然后,崇厚仓促回国。

按照条约,清朝只收回了一个伊犁孤城,城西和城南的土地全部丧失,从伊犁到天山南麓必经的特克斯河也被切断。此时的清朝已经略懂国际事务,加上英国暗中出谋划策,于是做出了三个决定:一是拒绝批准这个条约;二是将没有接到训令就擅自回国的崇厚判处死刑(卦象果然应验);三是令左宗棠集结军队准备进攻伊犁。

尽管俄国人不甘示弱,但他们还没有西伯利亚铁路,从国内运兵要浪费很多时间,而且新征服的中亚有同清朝联合反抗的苗头,最后,两个国家重新谈判。这一次,清朝没有再派满洲权贵,而是派出有些外交经验的汉人曾纪泽作为全权代表。

光绪七年(1881),《圣彼得堡条约》(又称《收回伊犁条约》)终于诞生,霍尔果斯河以西2万平方公里的土地割让给了俄国,上个条约中割让特克斯河流域的条款被删掉,不过赔偿的军费增加到500万两白银。

不管怎么说,整个新疆总算重新回到了祖国的怀抱。①

两年后,自感吃了亏的俄国人再次跟清廷勘定斋桑泊以东的边界,通过《科塔条约》割走了3万平方公里的土地。至此,"北极熊"共从中国西北割走土地63万平方公里。哈萨克人的生活区域基本被并入俄国版图,中国境内的哈萨克人只剩下中玉兹的克烈部和乃蛮部。

公元1954年11月27日,中国在哈萨克聚居区成立了伊犁哈萨克自治州,辖伊犁、塔城、阿勒泰3个地区24个县市(还设立了新疆木垒、巴里坤哈萨克自治县,青海海西蒙古族哈萨克族自治州,甘肃阿克塞哈萨克族自治县。中国境内的哈萨克人已达125万)。

在新疆这方高山、沙漠、戈壁占据主导地位的土地上,哈萨克人聚居的伊犁河谷是一个妙曼而奇异的去处,这里是"瀚海湿岛",这里是"塞外江南"。她使人们梦想的天平在这片干旱的大陆上保持了微妙的平衡——那块绿色的砝码上深深地刻着一行字:西部,展示着女人般的浪漫与诱惑,演绎着男人般的雄壮与神奇。

民族史说穿了就是迁徙史。与乌孙由东向西迁徙完全相反的是,一些西亚、中亚人自西向东不断迁徙,最终在中国形成了一个美丽而智慧的混血民族。

他叫回族。

---

① 见柏杨《中国人史纲》,同心出版社2005年版。

第十九章

回族——千年商海的弄潮儿

> 如果你想走得快,那么就一个人走;
> 如果你想走得远,那么就一起走。①

一、神秘使团

唐贞观二年(628),一个波澜不惊的年份。

一个引人注目的神秘使团来到唐太宗李世民的宫廷。这是一伙说闪米特语的阿拉伯人,他们从阿拉伯半岛麦地那港口延布启程,由波斯湾经马来半岛至南中国海的"香料之路"和"陶瓷之路"来到广州。

他们自称是"真主的使者"穆罕默德派来的,郑重其事地向大唐皇帝呈上了一封信,信的内容应该与同一年送给拜占庭皇帝赫拉克利乌斯和忒西丰国王卡瓦德的信一样。

我们从西方历史上得知,穆罕默德写给赫拉克利乌斯的信几乎就是一张挑战书,信中要求拜占庭皇帝承认唯一的真主并且侍奉这个真主。关于这位皇帝接到信后的情景已无文献可考,很可能没有给予答复,或许只是耸耸肩一笑了之。其后果是,许多年后,穆罕默德的妹夫奥马尔、信仰伊斯兰教的塞尔柱人、奥斯曼突厥人遵照穆罕默德的遗言,对拜占庭发起了一轮又一轮的报复性进攻,直至君士坦丁堡变成伊斯坦布尔。

而接到同样的信件时,弑父自立的波斯忒西丰国王卡瓦德正忙着收拾国内的持不同政见者。莫名其妙的挑战书使心情糟糕的他极为愤怒,他把信撕碎,扔向使者,喝令他滚回老家去。当使者将这一情形报告给麦地那的发信人时,发信人雷霆震怒:"啊,真主!就这样吧,请你夺去他的王国吧。"后来,发信人的继承者按照真主的旨意,发起了疯狂的报复,这支高呼"安拉"的穆斯

---

① 非洲民间谚语。

林铁蹄挺进波斯，在那里建立了一系列伊斯兰王朝，使波斯逐渐成为世界伊斯兰教的一个伟大中心。直到公元21世纪的今天，伊朗宗教领袖的地位还在伊朗总统之上。

不过，中国皇帝没有像赫拉克利乌斯那样对信不理不睬，更没有像卡瓦德那样粗暴地辱骂信使，他诚挚友好地接待了他们，像对待此前印度的佛教和此后的波斯景教一样表示了对外来宗教的兴趣，还帮助他们为广州的阿拉伯商人建了一座清真寺。这座庙宇至今犹在，是世界上最早的清真寺之一。

正因为有着唐太宗这样包容万象的宽广胸怀，"丝绸之路"这个令全球商旅心驰神往的黄金商路才得以在经历了两晋南北朝的长期静谧之后重新喧闹起来。

驼铃悠悠，摇落大漠多少星月。通过沙漠中那些若隐若现的驼队，隋唐那如同落霞与彩云般的丝绸、那魅力四射的瓷器、那令外国文人如获至宝的纸张源源不断地输入波斯，波斯的珠宝、香料、药品也如涓涓细流汇入隋唐。

从此，一批多过一批的回族先民——穆斯林"蕃客"海陆分程，闪现在陆上"丝绸之路"和"海上丝绸之路"上。都城长安、河西走廊地区以及东南沿海的广州、扬州、泉州、杭州是他们经商落居的主要去处，他们在此行商坐贾，开设"胡店"和"波斯肆"，经营香药、珠宝、象牙、犀角及中国的丝绸、药材、铜器、陶瓷等。尤其别出心裁的是，他们在土地稀缺的广州、泉州周边优先占据了几块风水宝地，经营起了公共墓地生意（这种创意直到公元21世纪初还是中国房地产商的一大生财之道）。同时他们还进行着一种具有国家性质的易货贸易，中国史书称之为"朝贡"，即阿拉伯商人以"进贡"的方式，把自己的货物运到中国，"卖"给中国朝廷，再把回赐的礼物运回阿拉伯卖给当地的富人。通过这种方式，他们可以免纳沿途的商税，获取更为丰厚的利润。

唐朝的中国是一个鸟儿在天空任意翱翔，鱼儿在水中自由游弋的时代。没有外贸壁垒，没有民族歧视，也无须办理身份证或者绿卡。商场得意的大食商人们干脆定居中国，有人还考中了大唐进士。东西交流鼎盛时期，留居中国的阿拉伯和波斯人达到了创纪录的十几万。

二、感谢成吉思汗

落花无声，春秋代序。时光流淌到五代十国时期，飘逸的丝路被金戈铁马撕成了碎片，穆斯林"蕃客"的生财梦也随之破灭，他们只能听天由命、困坐愁城，并祈祷着一个强权政府的诞生。

祈祷终于生效了,而且这个新巨人强大得让人瞠目结舌,辽阔得令人匪夷所思,这就是冷兵器时代的主宰——日行千里、来去无踪的蒙古骑兵。在成吉思汗、拔都、旭烈兀3次西征中,葱岭以西、黑海以东广阔的地区被铁蹄踏平,成吉思汗子孙建立的汗国连成了一片,古老而漫长的"丝绸之路"全部进入了蒙古人的版图。

一位外国人在书中感叹:"在成吉思汗的统治下,从伊朗到图兰之间的一切地区内是如此平静,以至一个头顶大金盘的人从日出走到日落之处,都不会受到任何人的一点暴力。"于是沉寂已久的丝路重新开放,久违的驼铃重新回荡在漫漫长路上,浓眉大眼、胡须飘飘的西域回回随获胜的蒙古大军接踵东来,他们以入仕、经商、求官、传教的名义,甚至以俘虏的身份联翩而至,不绝于途。

成吉思汗病逝后,他的继承者并未终止从中亚移民的步伐。被迫东迁的中亚细亚人除一部分作为奴隶使用外,大都被编为"探马赤军",参加了忽必烈统一中国的战争。硝烟散尽之后,元朝要求"探马赤军"上马则备战,下马则牧养。部分回回军士过起了兵农合一的生活,并在"社"的编制下,逐渐由双重职责的"兵农"转为一心耕田的农民。著名的回回垦区主要集中在中国西北的宁夏和甘肃的河西、五条河地区,西南边陲的昆明和大理,中原的河南开封。即便是在作者的家乡山东,忽必烈也认为它与河南一样位居天下腹心,有着非凡的战略地位,因而把聚居屯田的回回村落像楔子一样插进了汉族中间。① 就这样,几十万穆斯林散布全国,形成了明人所称"元时回回遍天下"的独特风景。

蒙古人付出了血的代价灭亡南宋之后,为了永葆江山不变颜色,本想将大量蒙古骑士移民南方,但习惯了草原羊群和凛冽寒风的蒙古人对这一美差不感兴趣,而漂泊惯了的回回们却毫不挑剔。于是大量战功卓著的回回从干燥贫瘠的北方迁徙到温润富庶的东南沿海,镇江、泉州、杭州渐次成为回回聚居区。

对于有着商业细胞的回回来说,这里无疑是快速暴富的天堂。最离奇的是,泉州回回商人佛莲竟然拥有舶船80艘、珍珠130万石之多。他们缴纳的税款在忽必烈的财政收入中占了相当比例。可以说,蒙古人不善商贾,给了回回移民中国,进而一展才华的广阔舞台。

日落月升,云涌水起。军事和经济上的贡献自然带来政治地位的提升,他

---

① 山东境内许多回族聚居地如无棣县的五营,阳信县的六营、大营、小营,济阳县的刘家营、马家营,泰安市的前营,甄城县的军屯,禹城县的韩家寨,齐河县的老寨子、小寨子,陵县的亚虎寨、柳福寨,冠县的七甲、八甲,都是当年回回屯垦定居的历史见证。

们被确定为仅次于蒙古人的色目人。

三、入乡随俗

东迁的回回商人大都未带家眷,因而他们在中原定居多年后,不管骨子里情愿与否,总耐不住年复一年的寂寞,血统观念被迫服从传宗接代的需要,他们只能娶当地女子(多为汉女)为妻。

大概是入乡随俗吧,从第三代开始,一些与当地女子结成家庭的回回将本名音译中的某一个音转化成汉字,作为本家族的姓氏。后来的回族大姓纳、速、喇、达、丁、忽、哈、撒、赛、闪、马、麻、木、穆、买、白、鲁、以、海、沙、改、安、锁、米,都是中亚人、波斯人、阿拉伯人常用人名首音、尾音或中间音的译写。

穆罕默德第三十一世孙——云南平章政事赛典赤·瞻思丁①,生有纳速拉丁、哈散、忽辛、苫速丁、马速忽5个儿子,后代分别形成了纳、速、丁、忽(后分出虎、胡二姓)、哈、撒、赛、闪(后为陕姓)、马、穆、沙、郝、苏十三大姓。

穆罕默德当时被翻译为马罕默德、马合麻、马罕默、马圣人,大批回回怀着对先知的无限崇敬,在取姓时以"马"字开头,这也就是"十个回回九个马"的真正原因。

先知易卜拉欣被翻译为亦不喇金,回族中的金姓多取自其名后的"金"字。

还有部分回回被赐了汉姓。南宋灭亡后,元朝布下天罗地网搜缉皇室赵姓致使赵姓民众纷纷改姓。元宪帝为打消民众的恐惧,便将纳速拉丁的长子、中书省平章政事(宰相)伯颜赐姓为赵,成为山东青州回族赵氏的先祖。回族中的赵姓即由此始。大唐时期,大食人李诃末、敕勒人李光颜因战功卓著,波斯人李舜铉、李珣、李成三兄妹因文采非凡皆被赐予国姓。宋朝的一名穆斯林骨伤外科专家受聘担任护驾疮科御医,被宋神宗赐名梁柱②。到了明朝,归化为穆斯林的维吾尔将军哈八十因屡立战功,被朱元璋赐姓剪③(后改姓翦),赏给湖南桃源县良田1170亩。现代史学家翦伯赞就出生于此。回族将领常遇春、胡大海则被朱元璋赐予了皇姓,从此山东、安徽有了朱姓回民(因"朱"与"猪"同音,后来部分朱姓回民改姓"黑",这也是回族朱、黑不分的原因)。

---

① 意为荣耀的圣裔。
② 意为皇家支柱。
③ 取"剪除敌人"之意。

四、一个民族的诞生

应该感谢和尚出身的朱元璋，因为加速回族共同体形成的是他在明洪武五年（1372）下达的一道著名诏书："蒙古色目人现居中国，许与中国人结婚姻，不许与本类自相嫁娶。"根据诏令，不但汉女嫁回男可以成为回族，汉男娶回女同样可以成为回族。今日青海东部的孔姓回民，无疑是孔子的后裔。泉州籍回族文学家李贽（原名林载贽）的先祖——汉人林驽在波斯经商时娶当地穆斯林女子为妻，他的后代全部融入了回族。回族中的周、刘、陈姓，也无一例外地归因于回汉联姻。

部分维吾尔人也是回族的一条支脉。据说明英宗将甘州、凉州"寄居回回"1749人，凉州"归属回回"702人先后迁徙江南成为回族。

蒙古将军阿难答及其部下15万人大半皈依了伊斯兰教，成为回族一支奔涌的血脉。回族的铁、脱、朵、达、妥、火姓，大多源于蒙古名字铁木耳、脱不花、朵不花、达不花、火力忽达。今日宁夏固原的铁、脱、妥姓回族，就自称拥有蒙古血统。

被回族吸收的还有唐兀人（党项羌），今日回民中的党姓就是典型的西夏党项人姓氏。

女真人中的完颜氏与回族融合后，衍生出了完、颜两个回族姓氏。

宋元以来到达开封的犹太人也多与回族通婚，被称为"蓝帽回回"（犹太教的旧称）。

更离奇的是，山东德州北营村的回族温、安二姓竟然有着菲律宾皇家血统。时光倒流到明永乐十五年（1417），苏禄（今菲律宾的一部分）东王巴都噶·叭哈喇率领使团访问大明，归国途中不幸病逝于德州。永乐帝下令将他厚葬在北营村，留下王妃和次子温哈喇、三子安都鲁守墓。守墓人的后代在雍正年间加入了中国国籍，取祖先的字首温、安为姓。因其信仰伊斯兰教并与回族通婚，也成为名副其实的回族。

一粒沙，再加一粒沙，不停地加下去，就成了沙漠。一个人，再加一个人，不停地加下去，就成了一个族群。这个漫长而有趣的过程确凿无误地告诉我们：回回东来是形成回族的基础，伊斯兰教及其文化、习俗是回族形成与发展的纽带，汉语是回汉民族的共同语言，中国是回族人民真正的祖国。

正是在回族最终成为单独民族共同体的明代，优秀的回族儿女"星"光璀璨，如明朝开国功臣常遇春、胡大海、沐英、蓝玉、冯胜、丁德兴，政治家马文瑞、海瑞，思想家李贽，诗人丁鹤年、金大车、金大舆……

其中最为闪亮的,首推郑和。

五、世界级航海家

公元 1840 年之前,葡萄牙、西班牙一直以世界发现者自居。直到英国鸦片叩开中国大门的那一刻,"夜郎自大"的西方人才恍然大悟:世界最早的航海家既不是发现美洲的哥伦布,也不是到达印度的达·伽马,更不是环球航行的麦哲伦,而是东方中国的一位太监。

几乎所有识字的中国人都知道他的名字——郑和。

他本姓马,乳名三保,回族,出生在四季如春的云南昆阳(今云南昆明晋宁),据说是赛典赤·瞻思丁的后裔。他的父亲与祖父都从海路到过伊斯兰教圣地麦加,所以他从小就对航海和探险情有独钟。

如同多数元朝官宦之家一样,他的家庭在明朝建立之后迅速败落下去,后来发展到食不果腹的地步。无奈之下,他被家人送入大明燕王府做了太监。

做太监本身就够倒霉的了,何况是在远离京城的藩王府了,但事情有时偏偏歪打正着,马三保的主子燕王朱棣并不甘心做藩王,后来寻机发起了名为清君侧,实为争天下的"靖难之役"。三保随同主子出生入死,并在北平郊区的郑村坝(东坝)立下了赫赫战功。

夺取政权后,明成祖朱棣论功封赏,因为明朝有"马不能登金殿"的忌讳,有功的马三保被赐姓郑(可能与在郑村坝立功有关),名和,成为皇宫的太监总头目。

为了向海外传播明朝的声威,据说也为了追捕神秘失踪的建文帝,明成祖朱棣开始组建远洋舰队。选来选去,有家庭航海背景且对皇帝忠心不二的郑和竟然成了航海舰队总指挥的最佳人选。

"郑和,正合我意!"朱棣说。

永乐三年(1405),35 岁的郑和与副使王景弘肩负着大明帝国的神圣使命,率领 27800 人,分乘 62 艘海船,满载着西方奇缺的丝绸、瓷器、茶叶、金饰、银器,浩浩荡荡地从刘家港(今江苏太仓浏河)出发首航西洋。船队第一号海船长 44 丈,宽 18 丈,船员多达上千人。船上备有航海图、指南针等世界最前卫的航海设备。船队途经近 10 个国家,先后到达占城(越南)、爪哇、苏门答腊(印尼)、满剌加(马来西亚马六甲)、古里(印度南部),历时两度春秋才胜利返航。

郑和共七下西洋,先后到达中南群岛、南洋群岛、孟加拉、印度、伊朗、阿拉伯地区,最远抵达非洲东海岸和红海沿岸。明宣宗朱瞻基宣德八年(1433),

63岁高龄的郑和病逝于第七次航行返航途中的古里。

郑和的武装船队以独步天下的恢宏气度穿行在"洪涛接天,巨浪如山"的海洋上,"云帆高张,昼夜星驰,涉彼狂澜,若履通衢",轻松随意的程度如同泛舟于中国的内湖,它带给各国政治、军事和新闻上的冲击绝不亚于如今的美国进攻南斯拉夫、阿富汗和伊拉克。每到一地,他们便大肆弘扬明朝的国威,代表皇帝将中国的特产"赐"给当地的国王,邀请他们在方便的时候回访中国。当然,郑和并未空手而归,他不仅收下了当地国王所"贡"的象牙、香料、珊瑚、珠宝,而且有时也直接将当地的使臣搭载到中国访问。正是由于郑和船队的外交努力,才有众多的南洋、西洋官员络绎来访。浡泥(今加里曼丹岛北部)、苏禄(今菲律宾苏禄群岛)、满剌加等国的国王与王后都在郑和的邀请下对中国进行了正式友好访问。后人完全可以展开思绪的翅膀,想象一下自负的中国皇帝迎送外国元首时的威严和宴请他们时的排场。

如果你对航海有兴趣,说不定能有幸一览散发着岁月幽香的《郑和航海图》。此图原名《自宝船厂开船从龙江关出水直抵外国诸番图》,共24页,不仅有每次航海的图示,而且有航海行程的详细记录。从这些珍贵的资料里,你会深刻地感受到郑和作为一名世界级航海家的经验、毅力、胆略和非凡的应变能力,并会情不自禁地发出对这位回族优秀儿子的由衷赞叹。有人说,生理上的缺陷造成的自卑往往能形成一种生命的张力、意志力和爆发力,郑和就是一个例证。

郑和的成功也成就了他的主子。凭着派遣郑和下西洋和编纂《永乐大典》这两大杰作,朱棣得以昭彰史册。

郑和第一次下西洋比欧洲最早的航海家哥伦布1492年发现美洲早87年,比达·伽马1498年到达印度海岸早93年,比麦哲伦环球航行整整早了110多年。他的船队有船200艘,最大载重量超过1000顿;而哥伦布、麦哲伦的船队仅有船只三四艘,最大载重量才120吨。按照这样一个真实的对比,当时的中国完全可以轻而易举地获得世界制海权,甚至可以独占非洲、南北美洲乃至大洋洲。这样的话,将不会有后来的海上霸主西班牙、葡萄牙、荷兰、日不落帝国、美国。

西方人认为,中国在公元15世纪初放弃制海权是一个"千年之谜"。其实答案很简单,永乐大帝派郑和下西洋,乃封建君主"虚荣政治"(如今叫政绩工程)的典型症状,不过是一场耗资巨大的政治巡回表演,凭借这一盛举既可以向世界各国耀武扬威,也可以消除朝野对他武力夺权的不满和蔑视。永乐除下西洋、编纂《永乐大典》外,还有一项引人注目的盛举——把国都从长江南岸的金陵迁移到靠近长城的北京并重修被冷落数百年的长城。

第十九章　回族——千年商海的弄潮儿　　403

固守住疆界，笼络住人口，成为明清实行海禁的真正目的。在他们眼中，世界上最大的洋与世界上最高的山脉一样，不过是上天赐给他们的免费的长城。直到坚船利炮逼近中国、好梦被无情震碎的时候，他们才猛然醒悟到：大洋原来也是路，而且是最快捷、最宽阔的路——当然只是洋人而非自己的路。

我们只有发出一声长叹：郑和下西洋就这样成了一个传奇，也仅仅是一个传奇。这一声叹息是萦绕在曾经盛极一时的帝国心头的噩梦。

难怪梁启超说，郑和之后，再无郑和。

六、另类海瑞

廉洁是一支曲高和寡的歌，总是在掌声稀落的时刻响起。

封建制度下的官宦制度其实是一个极易滋生腐败的土壤。但是有一个人却出淤泥而不染，而且他出生在偏僻的海南，是一位毫无背景的回族人。他倾尽一生，都在演奏这支孤独的歌。

海南出现回族需要追溯到明洪武十六年（1383），当时一个名叫海答儿的回族人从军来到海南琼山。面对风平浪静的大海和人迹罕至的大山，海氏做出了弃武从文的抉择，从此琼山海氏文人学士辈出，仅明代就涌现出举人、进士8人。

海瑞是海氏第五世后裔，生于明武宗朱厚照正德九年（1514），35岁中举后踏进了暗流涌动的官场。

我们知道海瑞的大名是因为1966年对新编历史剧《海瑞罢官》的批判，从此引发了那场持续十年的动乱。结果，海瑞的名字家喻户晓，而且一提起海瑞，便让人联想起罢官。

海瑞这个人的确与罢官有缘。海瑞的一生，经历了正德、嘉靖、隆庆、万历四朝。从明世宗朱厚熜嘉靖三十三年（1554）初任福建南平教谕，到明神宗朱翊钧万历十五年（1587）病死在南京都察院右都御史任上，他踏入仕途长达33年之久，但细算下来，他竟然有一半时间处于罢官状态。

奇怪的是，海瑞罢官也升官，而且罢一次升一次，官也越做越大。他第一次罢官是在嘉靖四十一年（1562），被免去了淳安知县职务，原因是他秉公处置了总督胡宗宪的儿子和权相严嵩的党羽。

幸运的是，曾担任海瑞上司的朱衡已任吏部侍郎，他极力向吏部尚书推荐这位耿直的部下，海瑞得以平调江西赣州府兴国县。一年半以后，严嵩的倒台引起了多米诺骨牌效应，人们开始对严嵩当权时的人事进行清理和甄别。以人画线的结果，以卑微身份公然对抗严嵩、胡宗宪的海瑞，一下子成为了不起的英雄。这样的人物如果得不到重用,不仅是国家的耻辱,而且明摆着是吏部的失职,于是海瑞被选调进京,升任户部云南司主事,官阶也由正七品升到了正六品。

官是升了,但明眼人一看就是个闲差。海瑞是个闲不住的人,既然小事不多,那就只好考虑大事,于是一股"位卑未敢忘忧国"的使命感在胸中升腾。这一回,他把斗争的矛头指向了当朝皇帝。

嘉靖四十五年(1566),这位"胆大包天"的六品官向嘉靖皇帝呈上的《直言天下第一事疏》指出,汉文帝创造了"文景之治",而天资远胜汉文帝的您创造的却是"吏贪官横,民不聊生"。原因就是您心惑、苛断、情偏,既是昏君,也是暴君。他进一步指出,从政治角度看您不是好皇帝,从伦理角度看也不怎么样,"三纲"一纲也不具备:任意怀疑、谩骂、杀戮臣下,是不君;对亲生儿子连面都不见,是不父;与皇后分居,躲在西苑炼丹,是不夫。难怪老百姓说"嘉靖嘉靖,家家皆净"!恳切希望您"幡然悔悟"。

皇帝审阅奏折时的震怒可想而知,据说当时就把奏折摔在地上,下令捉拿这个不知天高地厚的人,千万别让他跑了。想不到海瑞的奏折已经折服了无数的人,也包括皇帝最信任的宦官。一个叫黄锦的宦官跪下报告:万岁不必动怒,听说上书前这个痴人已经买好了棺材,辞退了家丁,诀别了妻女,他是不会逃跑的。

他的小命被留下,只是受到了入狱的惩罚。尽管他成了囚犯,但他的上书引起的轩然大波,已经足以让第二次被罢官的他名震天下。

10个月后,嘉靖病死,明穆宗朱载垕即位。官民纷纷为海瑞鸣冤,海瑞如愿获释。出狱后的他先是官复原职,然后一步步升了上去——大理寺寺丞(正五品)、通政司右通政(正四品)、右佥都御史(正三品)、钦差总督粮道巡抚应天十府。

已经成为封疆大吏的他一如既往地惩治贪官,打击豪强,并推行"一条鞭法",强令贪官污吏退田还民,于是有了"海青天"的美誉。后来的皇帝也明白了海瑞身为道德楷模的作用,凡事都罩着他。

才高人欲妒,过洁世同嫌,他成了孤独的人。如果说上两次海瑞反对的是个人,这一回他反对的就是整个官场。正所谓"声高和寡"、"水清无鱼",内阁和官员们都深感对这个咬不动、煮不烂、杀不死、吓不怕又死不开窍的怪人毫无办法,于是弹劾如雪片一般飞到皇帝的案头。

闻听被不断弹劾的消息,海瑞的脾气似乎超过了官场的公愤,他于明穆宗隆庆四年(1570)给皇帝留下了"今举朝之士皆妇人也,皇上勿听可也"的告诫愤然辞职,一气之下跑回海南老家,在家坐冷板凳达16年之久。

万历十三年(1585),已经 70 岁的他才重新出山,先是南京右金都御史一职被恢复,上任途中被提升为南京吏部右侍郎,第二年又被提升为南京都察院右都御史,官至二品。

他一上台就向万历建议继续执行朱元璋的反贪规定:凡贪赃 60 两以上的官员都要先斩首,后剥皮,再填上稻草。这一提议引起了震动,因为按照明朝初年的这一标准,整个朝廷除了海瑞将全部达到被剥皮的标准。

弹劾如雪片般再次飞到皇帝桌前,只不过这次攻击有了新花样:海瑞是一名伪君子。结果令人啼笑皆非,万历在弹劾奏章上给海瑞的评语是:"虽当局任事,恐非所长,而用以镇雅俗、励颓风,未为无补,合令本官照旧供职。"

没有犯罪,却不断被加刑——这就是衰老的感受。两年后,这位大众心目中的英雄走完了人生的最后历程。海瑞没有儿子,死时仅仅留下俸银 10 余两,旧衣袍数件,幸亏同事慷慨解囊,他才得以入殓。

当海瑞的灵柩从水路运回故乡时,长江两岸站满了白衣白冠送行的人群,很多百姓制作了他的遗像供在家中。他的故事开始广为流传,或编成小说,成为后世公案范例,如《海公大红袍》、《海公小红袍》等;或编成剧本,搬上了戏剧舞台,如《海瑞》、《海瑞罢官》、《海瑞上疏》等。海瑞和宋朝的包拯一样成为中国历史上清官的典范、正义的化身,被像"神"一样供奉起来(其实神也是人,只是他们做了别人做不到的事,所以成了神)。

海瑞在大明官场上略显寂寞和孤独的身影,在中国历史发黄且绵软的书页里显得很高很高,拖得很长很长。

我仿佛看见大明历史上出现了一道别样的风景——一轮明月孤寂地高悬在王朝上空,湛蓝深邃的夜空没有一颗星星。

七、腥风血雨

抛开"丰功"与"威名"不说,仅就郑和远航、海瑞入仕,就足以证实明朝采取了宽厚、温和的民族政策。因而清军入关对于汉族和与汉族和平相处的回族来说同样难以接受。清军遇到剧烈抵抗的扬州和陕甘地区都是典型的回族聚居区,是回族在清军前进的路线上布下了丛丛荆棘。

大清对回族实施了残酷的民族压迫、民族隔离和精神约束政策,对伊斯兰教极尽歧视、限制、挑拨之能事。大清官文把"回"字加了"犭"旁,以示回族"有别于人类"。那部颁行天下的《大清律》上赫然写着三个以上的回民持兵器行路要罪加一等,流徙一般可以声请留界而回民除外,回民罪犯要在脸上刺"回贼"二字。

要知道脸是人与人区别的标志,也是个体生命的永恒广告,面部刺字应该算是对人类最野蛮,也最恶劣的宣判了。回民忍无可忍,只有造反。

火把首先于咸丰六年(1856)在大理点燃,大理回民元帅府最盛时占有云南53城。陕甘回民起义尽管时隔6年才爆发,但无论规模,还是声势,都远远超过了云南。同治六年(1867),马占鳌占据河州,马化龙占据宁夏金积堡,白彦虎、马文禄占据肃州。三股义军与陕西的西捻军遥相呼应,搅得朝廷君臣辗转难寐、噩梦连连。

慈禧太后——这个没落王朝遗留在人间的最后一点余孽,下血本委派左宗棠率清军12万,集12个省的银饷、5个海关的税银及向洋行筹借的白银共5195万两,向反清最强烈、最彻底的陕甘回民起义军进行了"痛剿以服其心","老弱妇女,亦颇不免"的大剿杀。

金秋十月,左宗棠指挥湘军挺进西北。

西捻军被左宗棠清除。然后,回民义军的第一个堡垒——金积堡于同治十年(1871)被清军包围。眼看大势已去,回民首领马化龙反绑了自己出堡向清军投降。左宗棠一面把马化龙关进牢房,一面下达了总攻的命令,群龙无首的金积堡被攻陷。左宗棠发出命令,回族出堡门时必须肩背草绳以便识别,凡背草绳的男子年龄在60岁以下、12岁以上的统统处死。一时,堡门口血流成河。第二年,已经投降的马化龙及其家属亲信1800人被全部屠杀。

同治十一年(1872)早春二月的一个傍晚,斜阳带雁,夕霞如焚。马占鳌的手下悍将马海晏率领敢死队与清军在甘肃临夏广河县太子寺南新路山坡上遭遇,湘军死伤惨重、尸横遍野,被迫向洮河一带溃退,左宗棠遭受了进军西北以来的首次惨败。

左宗棠惊魂未定,马占鳌的使者已来到他的营帐,原来对方拼命夺取胜利的目的居然只是为了增加投降的砝码,左宗棠大喜过望。

军营里摆满了筵席,回族官兵们狼吞虎咽,不是因为打了胜仗,而是因为先前的胜利为现在的投降增添了砝码和荣光。马占鳌被清廷授予六品军功顶戴,官至督带;马海晏(生有三子:长子马麒、次子马麟、三子马凤)、马安良(马占鳌之子,原名马七五,投降后被左宗棠赐名马安良)、马永瑞、马荣被任命为旗官,力主降清的马千龄(生有四子:马福财、马福禄、马福寿、马福祥)受到重赏。

到同治十二年(1873),三股回民义军已经投降了两股,剩下的肃州回民义军成为一支孤军。

由于清军和投降的回民军的联合进攻,肃州回民义军首领白彦虎被迫率领上万部众出走新疆,担任掩护的马文禄一直坚持到靠宰食马肉充饥才不得不开城投降，但左宗棠却下达了纵兵屠城的命令。远离家乡7年的怨恨，大西北艰苦环境的折磨，军人的本性和胜利者的惯性，促使湖湘弟子们开始了疯狂而任性的屠城，已经放下武器的肃州军民被尽数杀害。

《镜花缘》里说："言必道德的国度，是最缺乏道德的国度。"这是一次"汉唐以来未有之奇"的屠杀，也是中华五千年文明史上一幕"被祸之惨，实为天下所无"的历史悲剧。事后，满口仁义的左宗棠公开宣称："数十年征伐之事，以此役为最妥善。"接下来，清廷又是一顿嘉奖。左宗棠的心里一定明白，是回民义军的鲜血染红了他的顶戴花翎。

而他身后的肃州已经成为一座死城，只留下荒冢蔓草，还有那挂在草尖、尚未风干的泪珠，在夕阳的余晖里诉说以往湿漉漉的故事。

八、跨国长征

读者肯定要问：那支出走的回民义军哪里去了？

答案毫无疑问：如今中亚的东干族人——国外最大的回民群体，就是那支从中国出走的回民义军的后裔。

130多年前，在左宗棠的清剿和屠杀之下，一支数万人的陕甘回民义军由领袖白彦虎率领出走新疆，投靠已经占据新疆大部土地的阿古柏（浩罕塔吉克人）。

左宗棠收复肃州后，集中清军和投降的回民军进入新疆，向受英、俄支持入侵的阿古柏发起进攻。狡猾的阿古柏将陕甘回民义军放置在第一线，白彦虎无奈地充当了炮灰的角色。光绪二年（1876），血战在古牧地爆发，回民义军被清军击败，白彦虎随阿古柏退出天山北路。

之后，天山防线被突破，气急败坏的阿古柏饮鸩自杀，阿古柏的儿子海拉古也被其胞兄伯克胡里所杀，伯克胡里与白彦虎节节败退到大本营喀什噶尔。

战争没有周末，根本不会给弱者以喘息的机会。光绪三年（1877）12月26日，喀什噶尔保卫战以失败告终，白彦虎连同陕甘回民义军开始了奔逃。

已是隆冬时节，前方的天山被大雪覆盖，背后的清军举着屠刀步步逼近。正是在逼近生命极限的地方，人的生命感觉才最为敏锐和强烈。上万人的义军残部和家眷毅然启程，从新疆喀什向北翻越了海拔4000余米的天山山脉，蹚着一条血路，增加着一个个雪堆（每个雪堆下永远沉睡着一个亡灵），最终逃脱了清军的前堵后追，进入俄国七河地区（伯克胡里也一起死里逃生）。当他们终于在楚河岸边扎下营盘的时候，却发现上万人的队伍只剩下3314人，其余的人或战死、或冻死、或饿死、或葬身在雪崩之中，其景何其惨然，其情何等悲壮!

从此,他们成为被中国人遗忘的一个群落。

这批义军流落到中亚后,沙皇政府划给他们7万亩土地,并免征10年赋税。此后,陕甘人在异国土地上播下从老家带来的种子,就此繁衍生息,村落也由"营盘"向四周扩散。聚居点集中在吉尔吉斯、哈萨克和乌兹别克斯坦交界处的楚河两岸,距离中国边界约1000公里。

进入七河地区后的若干年,他们被官方认定为中亚最年轻的少数民族——东干族。东干就是指甘肃东部。[①]

130年过去了,时间抚平了历史的伤疤,风沙湮没了岁月的苔藓,但永远掩不住的是他们那血浓于水的中国情结。直到如今,东干人后裔仍自称大清国人、小清国人或中原回回、中国回族,而且他们没有丢掉作为身份标记的中华文化。为了继承母语,他们创立了世界上独一无二的唯一把中文用38个斯拉夫字母拼写的中国语言,编印了以斯拉夫语拼写的报纸及完整的1—12号(小学至中学)教材。

如今他们的许多生活方式仍旧滞留在清代,譬如把总统叫做"皇上",政府叫"衙门",警察叫"衙役",学校叫"学堂",路费叫"盘缠",连女人的头饰和衣裳也残存着浓重的大清遗风。

他们怎能忘记自己的根在东方的中国?! 怀恋故土是几代东干人不死的情结。东干女诗人曼苏洛娃在《喜爱祖国》中动情地咏叹:

我太泼烦想你哩,喜爱祖国。
星星落到中国哩,连箭一样。
落到哪个城里呢?我肯思量:
单怕落到兰州哩,我的乡庄。

九、蒋氏逻辑

终于,辛亥革命的枪声如报春的鹂鸪,宣告了长达2000年封建专制统治的末日,唤醒了"中国"这头昏睡百年的东方雄狮。特别是孙中山的"五族共和"主张,点燃了各族人民心中的希望,回族民众长期的压抑开始尽情释放。

之后,这撮希望之火被现实兜头浇灭。因为蒋介石一直奉行大汉族主义,"五族共和"不过是要弄3岁小儿的口号罢了。特别是回族连这个空洞的口号也不适用,国民政府所谓的汉满蒙回藏五族中的"回"是指维吾尔(原称"回

[①] 见王国杰《东干族形成发展史》,陕西人民出版社1997年版。

鹘")。蒋介石公开声称"中国只有汉族,其他民族都是汉族的大小宗支",把回族称为"宗教信仰不同的国民",国民政府仍旧延续着清朝的"以回制回"政策。

清朝的官员——马安良、马福祥、马麒摇身一变成了北洋政府和国民政府的爪牙,官衔也由提督、统领换成了主席、委员。民国九年(1920)底,在风生水起的地方自治浪潮中,宁夏护军使马福祥联络甘州镇守使马璘、凉州镇守使马廷勷①、西宁镇守使马麒、宁夏新军司令马鸿宾②共"五马",在银川公民大会上喊出了"甘人治甘"的口号,呼吁将甘肃护军使张广建驱逐出境。无奈之下,北洋政府撤换了张广建,马福祥被任命为绥远都统。"西北五马"从此名扬全国。

随着新任西北边防督办冯玉祥于民国十四年(1925)走马上任,"西北五马"的格局随之改变。马廷勷因暗中支持马仲英叛乱被冯玉祥捕杀,马璘因不买西北军的账被撤职,只有马福祥、马麒对冯玉祥言听计从,俯首帖耳,因而不仅毫发未损,而且羽翼渐丰。

冯玉祥失势后,马麒立刻倒向蒋介石。马麒生有三子:长子马步青、次子马步芳、三子马步瀛③。马麒死后,其弟马麟成为青海省政府主席,但在民国二十五年(1936)因为受不了侄子马步芳的排挤赴麦加朝觐(回国后与儿子马步荣、马步援回到家乡),青海的军政大权全部落入了马步芳兄弟手中。马福祥也学会了见风使舵,他在民国十七年(1928)的蒋冯阎大战中伙同韩复榘、石友三向蒋介石倒戈。因反冯投蒋有功,他先后任青岛市长、安徽省政府主席、蒙藏委员会委员长。经马福祥斡旋,侄子马鸿宾被任命为甘肃省代理主席。马福祥病逝后,儿子马鸿逵被任命为宁夏省主席。

"新西北四马"浮出水面——马鸿逵(宁夏省主席)、马鸿宾(甘肃省代理主席)、马步芳(青海省代理主席)、马步青(新编骑兵2师师长),这种家族式统治一直持续到五星红旗在北京升起前夕。

十、拥抱太阳

人民的历史必然要由人民书写。

抛开另类的"马家军"不说,众多回族仁人志士为了民族的解放、祖国的富强、人民的幸福做出了惊天地、泣鬼神的壮举,将青春和热血抛洒到了生于

---

① 马安良之子。
② 在抗击八国联军时壮烈殉国的马福禄之子。
③ 马步青与马步芳的异母兄,曾任西宁城防副司令。

斯、长于斯、歌哭于斯的中华大地上,留下了一座座令时人震撼、让后人崇敬的丰碑。在五四运动"民主与科学"的火红旗帜上,赫然书写着回族青年郭隆真、刘清扬的名字。在凄苦惨烈的抗日战场,马本斋旗下的冀中回民支队粉碎了日军的数次残酷扫荡,被誉为"打不垮、拖不烂的铁军"[1]。在蒋介石撕毁《双十协定》发动全面内战后,"回协"、"回联"和广大回族人民勇敢站在共产党一边,为中国人民的彻底解放立下了不朽功勋,与各族人民一起共同托起了新中国的一轮红日。

在太平洋东岸晨曦初现,距离新中国成立仅有12天的时候,"西北四马"之一的马鸿宾也弃暗投明(马鸿逵、马步芳逃亡台湾后被撤职查办,马步青逃奔香港默默度过残生)。他和驻守中卫的儿子——国民党81军军长马惇靖、副军长马惇信一起率部起义,部队改编为解放军西北军区独立第二军(后来这支军队作为农建第一师进驻贺兰山东麓的西大滩进行农垦,如今的沙湖旅游风景区就是他们的农垦成果)。获得政治新生的马鸿宾顺利当选为宁夏省人民政府副主席。

随后,宁夏回族自治区、甘肃临夏回族自治州、新疆昌吉回族自治州,甘肃张家川、青海门源和化隆、新疆焉耆、河北大厂和孟村6个回族自治县以及与其他民族联合组成的5个自治县相继成立。如今,回族人口已超过一千万,在中国民族大家庭中仅次于汉族、壮族、维吾尔族,位居第四。

在已经由计划经济转型为市场经济的中国,这个有着天生市场经济细胞的民族应该如鱼得水,如虎添翼。

我唯一的忠告是,将经商的理念和习惯保持下去固然重要,但千万不要让孩子们中途辍学。因为一个拥有知识的民族,才能拥有不断前行的力量。德国和日本"二战"后迅速崛起的历史一再表明,软实力比硬实力更具决定意义。

中国周代典籍把华夏周边的民族称作"东夷"、"西戎"、"北狄"、"南蛮"。东夷早在春秋战国时期就融入了华夏,西戎、北狄的故事我基本讲完了,接下来应该是所谓的"南蛮"——也就是江南的少数民族了。

---

[1] 马本斋的母亲于1941年被日军抓住后绝食而死,马本斋也于1944年不幸病逝,八路军总司令朱德所送的挽联是:"壮志难移,回汉各族模范;大节不死,母子两代英雄。"

第二十章
越人——从句践"卧薪尝胆"说起

留下一个诺言,却一去不复还。①

一、吴越争霸

提起越族,请你不要仅仅与越南②画等号,其实越族是中国南方相当古老的一个族系,壮侗语族中的绝大多数源于越族(而且我惊奇地发现,藏缅语族多为氐羌,苗瑶语族和孟高棉语族多为濮人)。

之所以得出这样一个结论,还应当感谢那些风餐露宿、满脸胡须的考古工作者。他们告诉我,殷墟出土的甲骨文上就有"戉"(通"越")字。越人之所以称"越",是因为习惯使用砍伐林木的钺(石斧)。

越国的第一个开拓者名叫无余,是夏朝第五代帝王少康的幼子。为了守护祖先大禹的陵墓,被封于会稽③,成为一名外放的诸侯。

也许这个诸侯太微不足道了,无余的传承者竟然长时间没有记载。当无余第十九代传到夫镡(xín)时,历史才给了他们一点笔墨。

中国的史官一向吝啬笔墨,文字记载已经精练到了无法再精练的程度(《左传》有时一年就记载几十个字),除非发生了惊天动地的事件,到了他们不得不记录的地步。其实夫镡没有什么,他之所以被历史记载,是因为他有一位不一般的儿子允常。

人从虎豹丛中健,天在峰峦缺处明。在群雄争霸、弱肉强食的春秋时期,尽管中华大地上诸侯国数目已从周朝"封建"的71个减少到不足20个,但以强悍著称的越人和吴人(荆吴和夏人联合体)不仅没有被吃掉,而且在今浙江和江苏一带并排崛起。允常在大肆拓展国土之后,于东周敬王姬匄(gài)十年

---

① 语出智利诗人巴勃鲁·聂鲁达,他于1971年获诺贝尔文学奖。
② 越南主体民族越族是以百越的分支雒越为主体,融合占人、高棉人、汉人形成的民族。
③ 据《史记》载,会稽山传说是大禹治水的地方和大禹的葬地。

(前510)建立了春秋时期著名的国家——越国。吴国也在"战神"孙武和"智多星"伍子胥的辅佐下日渐强盛。

最初,两国的关系还说得过去。周敬王十四年(前506),吴王阖闾①率兵攻打楚国,他的弟弟夫概私自脱离战场,跑回国内自立为王,并得到了越国的暗中相助。尽管阖闾回师赶跑了夫概,但内心深处已经恨透了那位邻居——越国。

周敬王二十四年(前496),越王允常病逝,儿子句践继位。阖闾认为这是报仇雪恨的绝佳机遇,便不听孙武、伍子胥的极力劝告,不等准备工作就绪,就率儿子夫毅和3万士卒攻打越国,历史上一场小有名气的战争——槜李(zuì lǐ,今浙江嘉兴西南)之战残酷地上演。

那时的战争司空见惯,青铜武器的鸣响已经成为春秋大地上最动听的打击乐。

战争初期发生的事情充满了鬼魅的气氛,年轻的句践派死刑犯首先出阵,排成3行,把剑放在脖子上,一个个陈述表演后,自刎于阵前。吴国士兵不知那是一个个罪犯,居然看得忘了神,傻了眼,越军乘机发动冲锋,吴军仓皇败退,稳操胜券的吴王光不仅大败,而且脚趾中了毒箭,溃烂而死。

就这样,一向按兵法作战的阖闾"马失前蹄"。(这正应了美国西点军校的那句校训:专业士兵的行为是可以预测的,但世上却充满了业余玩家。)

阖闾的儿子夫毅也不幸死去,太子夫差(有人认为他是阖闾的孙子、太子波的儿子)继任吴王。

年轻的夫差会甘心失败吗?

二、卧薪尝胆

血气方刚的夫差并未沉沦。

身怀国仇家恨的夫差常常安排一人立于内宫庭院,每当夫差出入,此人就面对夫差大喊:"你忘掉越王杀父之仇了吗?"夫差随口应答:"深仇大恨,岂能忘怀!"与此惊人相似的是,在相隔数千里外的波斯,也是在同一时期,国王大流士为铭记雅典人对他的侮辱,每当进餐时都让一位侍从在他耳边喊三遍:"老爷,勿忘雅典人!"

很快,夫差便重建起一支令人恐怖的军队。消息传到越国,越王开始寝食难安。

---

① 即公子光。

进攻是最好的防守。越王句践对此深信不疑,因此决定先发制人。周敬王二十六年(前494),句践与夫差在夫椒(今太湖洞庭山)展开会战。结果,3万越军被10万吴军打得落花流水。越国大将灵姑浮阵亡,越国水军全军覆没,句践被迫带领5000名残兵败卒退守会稽山。为免于亡国,句践派人向夫差请罪,表示甘愿做吴王的仆人。

一位波斯人告诫帝王:你不要把弱小的敌人傲慢地看待,骨头里都有骨髓,衣衫里都有人在。可夫差未听从伍子胥杀句践以绝后患的建议,答应了句践到吴国为奴的请求。说穿了,这是夫差的虚荣心在作祟,另一个原因就是夫差身边有一位小人——太宰伯嚭(pǐ)。

伯嚭鼻子上的白粉是后半生涂上去的,当初他和伍子胥一样因遭受迫害从楚国逃到吴国,后来怀着刻骨的仇恨与伍子胥一起参与了对楚平王掘墓鞭尸事件。但从吴国取得攻越胜利开始,他就与伍子胥在灭不灭越国的问题上发生了争执。在拿了越国的"好处"后,伯嚭更是积极地为句践奔走斡旋,直到把句践从泥潭里拽出来。

古代的政治军事斗争你死我活,瞬息万变,忍受暂时的屈辱,磨炼自己的意志,寻找合适的机会,也就成了一个成功者必不可少的心理素质,所谓"尺蠖(huò)之曲,以求伸也;龙蛇之蛰,以求存也"就是此意。句践在吴国当臣仆3年,住囚室,服劳役,替夫差驾车养马,受尽了唾弃和凌辱。据说有一次夫差病了,句践亲自去尝夫差的粪便,然后用一种唯恐别人听不到的惊喜声调说:"病人的粪便如果是香的,性命就有危险;如果是臭的,表示生理正常。大王的粪便很臭,一定会立即痊愈的。"

就是这种在常人看来装模作样的"忠诚",却深深地感动了夫差。3年后,夫差允许低三下四的句践回国。句践回国后,第一件事就是遍求破吴良策。一位名叫文种的大臣针对吴强越弱、吴荣越辱的格局,搜肠刮肚,熟虑深思,一下子向句践献上了七种破吴秘方:一是用货币取悦吴国的君臣;二是高价买吴国粮草让他们的积聚空虚;三是送上绝色美女迷惑夫差的心志;四是送去巧工良材让其大造宫室导致财富穷尽;五是贿赂吴国的佞臣帮我们说话;六是强其谏臣自杀削弱夫差的辅助力量;七是积累财富操练兵马等待吴国出现问题。

句践一一照办。他组织选拔越女西施(又称西子,诸暨苎萝村人,据说她在浣江浣纱时,其美貌使游鱼忘记呼吸,沉入水底)和郑旦(字修明,鸬鹚湾村人)送给夫差。轻民赋,重生产,并亲自下田耕种,让夫人带头纺织,在10年内完成了富民强国的既定目标。与此同时,他们又背着夫差偷偷打造兵器,训练军队,建立起了一支同仇敌忾、训练有素的精兵。

更令人惊叹的是,句践冬常抱冰,夏还握火,食不加肉,衣不重彩,睡觉时卧薪,出入时尝胆(成语"卧薪尝胆"从此诞生),并经常提醒自己:"你忘记会稽之耻了吗?"

三、作茧自缚

一方卧薪尝胆,另一方却歌舞升平。

在风景秀丽的灵岩山,夫差建造了金碧辉煌的馆娃宫,也就是今天所谓的"美女集中营",作为自己与比香香不语、比玉玉无瑕的越女们调情嬉戏的地方。连一位诗人也受到震撼:"君不见,馆娃初起鸳鸯宿,越女如花看不足。香径尘生鸟自啼,屧廊人去苔空绿。换羽移宫万里愁,珠歌翠舞古梁州。为君别唱吴宫曲,汉水东南日夜流。"

夫差沉醉在温柔乡里,就像愚蠢的孔雀一见参观者就骄傲地开屏一样,再也不把越国放在眼里,并且最烦别人说越国的坏话。投其所好,他的周围聚集了一伙唯命是从、阿谀逢迎之徒。我于是想起了安徒生那篇著名的童话:所有人都装着相信皇帝穿着天下最漂亮的新衣,只有一个孩子高喊:"他什么也没有穿!"

结果,孩子被孤立了,因为众人皆醉他独醒。

这个独醒的"孩子"就是伍子胥。伍子胥不厌其烦地告诫夫差远离美色、警惕越国,结果招致了被颂歌包围的夫差的厌恶。

伍子胥怎能看不出夫差的脸色,但他痴心不改,一再强谏。

如果命运存心将一个人玩弄于股掌之上,你抗争得越认真就跌得越惨。早就试图取而代之的伯嚭趁机落井下石,伍子胥最终落了个被逼自杀的下场。伍子胥刎颈前吩咐舍人:我死之后,在我的坟墓上种上楸树,楸树长大后正好做被越国杀死的夫差的棺材;把我的眼睛挖出来悬挂在东门上,让我看到越国的军队是如何经过此门灭吴的。

这些话深深刺激了刚愎自用的夫差,他下令把伍子胥的头颅砍下挂到高高的城头上,令人用马革裹住尸体投入奔腾咆哮的江河。余怒未消的夫差诅咒说:"日月晒焦你的骨,鱼鳖吃光你的肉。"

至此我们为夫差悲哀的同时,更为伍子胥愤愤不平。其实我们大可不必大惊小怪,因为中国有句话叫"性格决定命运"。

西方人一直崇尚开放的性格,因此早在学生时代就喜欢标新立异,成年之后便纷纷参与竞争,并且乐于在公开场合宣扬自己的成就和优势,敢于向世界上任何一个强大的团体或个人叫板,不管是否会碰得头破血流。一旦真的败下阵来,他们会主动走上前去诚恳地祝贺对方,边握手边说:"我会继续和你竞争的。"一切都那么自然。

中国人却恰恰相反,人们更加崇尚内敛。孩子们受到的最大表扬是"很听话",受到的最大批评是"不听话"。走上社会后更加安分守己、中规中矩,因为几乎所有的亲朋和领导都告诫自己:"烦恼皆因强出头,是非只因多开口。"内向沉稳成了最大的优点,毛遂自荐成了另类。当在不太普遍的竞争中败下阵来,大多数人会找一堆客观理由安慰自己,从此意志消磨,得过且过;还有不少人因为失败而输不起,以小人之心猜疑对方,个别的还实施了螃蟹战术,通过写"人民来信"、贴"小字报"、传播小道消息将对方搞臭。这种内敛式的性格造就的阴暗心理,使许多正直、有为之士防不胜防,苦不堪言。在伍子胥被伯嚭暗箭射杀后,悲剧一而再、再而三地上演:孙膑被师兄庞涓致残,韩非子死于同学李斯之手,岳飞死在秦桧手上,于谦被自己推举的门生陷害,"戊戌六君子"被袁世凯出卖,"文革"中许多老帅死于康生的诬陷。

水晶破开了,碎片依然纯美清澈。历史是人民写就的,夫差的厌恶、伯嚭的得志丝毫掩盖不了伍子胥的英名,人民永远忘不了这位正直无私、为国捐躯的仁人志士。尸体被大潮冲走的伍子胥,被当地人民尊为"潮王"。姑苏城(苏州老城)因传说由伍子胥设计建造,至今仍被民间称为"胥城"。

"将星"孙武早在灭楚之后就已经离开,他临行前劝伍子胥:"你知道天道吗?暑往则寒来,春暖则秋至。吴王恃其强盛,骄乐必生。若功成不退,将有后患!"然而伍子胥不为所动。

孙武沿途撒下吴王所赠的数车金帛,悄然归隐,息隐山林。在那里,他根据自己训练军队、指挥作战的经验教训,给后人留下了一部经典的兵书——《孙子兵法》。就凭这短短的13篇5000字的兵法,他与孔子、老子一起被称为春秋末期思想界上空3颗明亮的星体,被古今中外的军事家一致尊崇为"兵家鼻祖"。就连海湾战争中趴在沙漠里的多国部队的大兵们,每个人的怀中都揣着一本《孙子兵法》。

按照惯常的规律,资源向君主英明、制度先进、国力强大的地区流动。既然人才开始外流,只能证明吴国正在从山顶急剧下滑。

四、三千越甲终吞吴

越国则恰恰相反,人才正受到空前的重视。

句践以文种理国政,以范蠡治军队,用超群绝伦的文武二将托起了越国的太阳。伍子胥自杀的第二年,即周敬王三十八年(前482),当吴国大举北伐齐鲁,到达航空距离700公里以外的黄池(今河南封丘),后方空虚之时,蓄势已久的句践不失时机地突入吴国,放火焚烧了西施和夫差的"安乐窝"——姑苏台,又在姑苏城外将狼狈回援的夫差一举击溃。昔日高高在上的夫差只好向句践低声下气地求和,句践也乐得乘胜班师。算起来此战距句践被俘不过10年。

吴王老了,昔日教卫士呼喊他不要忘了杀父之仇的英雄气概已经成为遥远的过去。在越军撤退后,他没有振作起来,反而像鸵鸟一样把头埋在以西施为首的美人窝里得过且过,苟延残喘。这不禁使我想起了"水温效应"中的青蛙:瓶子里的青蛙由于感受不到渐渐升高的水温,失去了一跃而起的动力和激情,只有在水温接近沸点时死去。

9年后,攒足了力量的句践发动总攻,彻底击败了疲于应付的吴军,夫差从姑苏乘夜色逃到阳山(今江苏吴县万安山),仍被越军团团围住。文种宣布了夫差六大罪状:一是杀忠臣伍子胥;二是杀谏臣公孙圣;三是重用小人伯嚭;四是数次挞伐无罪的齐鲁;五是数度攻打应和平共存的越国;六是越王杀掉吴王,而夫差不知报仇,反而纵敌为患。在后人看来,前五条还算勉强,最后一条未免令人啼笑皆非。

无奈之下,夫差请求仿效20年前的他,准许吴国降为越国的附庸国。句践不许,夫差只得自裁。他自裁前对侍卫说:"我没有颜面在地下见伍子胥,请用布蒙上我的脸。"其实还有一个原因没有总结,那就是他败在最欣赏的小人(伯嚭)和最宠爱的女子(西施)手上。孔子那句颇有争议的话"唯小人与女子难养也",他应该体会最深。

除掉了夫差,占有了整个吴国,句践终于实现了刻骨铭心的誓言。正所谓苦心人,天不负,卧薪尝胆,三千越甲可吞吴。

在吴国灭亡不久,对句践有姑息、保护之功的伯嚭带着得意的神情来到越廷,恬不知耻地向句践求赏。然而他太不了解曾经向他行过贿、磕过头的句践了。因为按照正常的思维,任何明智的君主都不会喜欢吃里爬外、卖主求荣的小人。于是句践借伯嚭的人头警示自己的臣民:"这,就是不忠诚的代价!"

那位在灭吴中不算无功的西施也未能幸免,王后担心她犹存的风韵让句践分心,因此将她装入皮袋沉入了钱塘江。望着水中冒出的气泡,句践夫人幸灾乐祸地说:"此亡国之物,留之何用?!"

3000年后,我们仿佛仍能听到她被溺死前惊恐挣扎的哭声。唐末诗人罗隐不无遗憾地说:"家国兴亡自有时,时人何苦咎西施?西施若解亡吴国,越国亡来又是谁?"

后人不愿看到美丽的西施这样悲惨地死去,因而关于西施下落的传说始终不绝,有人说她随范蠡而去,有人说她回到了家乡,最意味深长的莫过于

《东坡异物志》的记载:"扬子江有美人鱼,又称西施鱼,一日数易其色,肉细味美,妇人食之,可增媚态,据云系西施沉江后幻化而成。"

是一代美人逐浪花,还是范蠡携美归隐?岁月无声,如今嘉兴一中西邻的范蠡湖边仍伫立着一座洁白的西施雕像,任风雨传说。

这真是其身虽已没,千载有余情。

五、"狡兔死,走狗烹"

在许多人的印象里,句践是中国历史上最忍辱负重的人物,也是最著名的卸磨杀驴的君主。认为句践绝对不是一个好人,他冷酷、残忍,为了保住性命,不惜卑躬屈膝;为了巩固政权,不惜过河拆桥。

然而他却是一个实实在在的好国王,他坚韧、顽强,为了复国居然卧薪尝胆,为了强国竟然带头耕田。

"皇帝"这个行业压根儿就不是给好人准备的。温恭仁厚的好人很难当上皇帝,如秦朝太子扶苏、西汉太子刘据、东汉太子刘强、隋朝太子杨勇、唐朝太子李承乾、后梁太子朱友文、契丹太子耶律倍、元朝太子真金;有些好人即便是当上皇帝也干不长,如唐朝皇帝李旦、明朝皇帝朱允炆、清朝皇帝光绪。只有无赖方能摆平一切,如刘邦、朱元璋、朱温;只有刽子手方能叱咤风云,如嬴政、刘彻、李世民、朱棣。

一个人从登上王位的那天起,就要面对形形色色的敌人,不但要与天斗,与地斗,与邻国斗,还要与自己身边的每一个人斗,如父母(李世民之于父亲李渊、李显之于母亲武则天),如叔侄(顺治之于叔叔多尔衮),如兄弟(景泰帝之于哥哥明英宗),如大臣(后周柴宗训之于赵匡胤),如外戚(汉平帝之于王莽),如太监(秦二世之于赵高)等。为了王位,为了性命,必须翻云覆雨,必须六亲不认,要比恶霸还要恶霸,比无赖更加无赖。

吴灭之时,本应是越国君臣弹冠相庆的日子,但君臣只能同辱,不能共荣的历史悲剧已经开场。武臣范蠡还算聪明,他不顾句践的恳切挽留,乘盈盈西风,驾一叶扁舟,涉三江,入五湖,泛大海,听凭丝雨拍打他的行旅,最后流落到桃花掩映的齐国陶山(一说山东肥城陶山,另一说山东定陶),做了隐士,闲暇时做起了买卖,竟不知不觉成了商场巨贾。后来流传的《致富奇书》,有人说是他写的。

岁月老人说:该走的时候不走,历史就会辗过你迟疑的身躯。据说范蠡临行前给文种留下一封信:"飞鸟尽,良弓藏;狡兔死,走狗烹。越王为人长颈鸟喙,可与共患难,不可与同乐。子何不去?"为此,文种曾经动心过,但他终究舍不得多年辛苦拼来的荣华。后来,句践亲自登门拜访这位名闻天下的功臣,并不阴不阳地说:我用了你七术中的三术就灭了吴国,你剩下的四术将派何用场?

文种无言以对,句践扔下伍子胥自杀用过的"属镂剑"扬长而去。

"留下一个诺言,却一去不复还。"这本是一句简洁而浪漫的诗,却化为一位传奇人物陨落的悲伤。他曾在漫长的岁月里与国王共苦,如今却没有任何机会与之同甘。直到此时,文种方才仰天长叹自己愚不可及,口中吟咏着范蠡的绝世忠告伏剑自杀。

夫差对待人才的教训仍历历在目,但句践就在人才问题上重蹈覆辙,这也是历代君王因担心部下功高震主而难以解开的一个死结。

对任何一个皇帝来说,确保江山万代永不变色是至关重要的,因此功臣们造不造反就顺理成章地成为皇帝们绞尽脑汁解决的问题。解决功臣们造不造反问题的关键在于识别到底谁会造反,但这是一个信息经济学理论中信息不对称的格局:大臣们知道自己造不造反,皇帝却不知道谁是奸臣,谁是忠臣。

每个开国皇帝都面临着同样的困境:无法从功臣集团中分离出忠臣和奸臣,但又必须想尽办法保证自己的儿孙能顺利执政。在不能辨别忠奸时,皇帝们只有把大臣分成两类:有能力造反的和无能力造反的。只要把有能力造反的杀掉,剩下的人即使有造反之心,也无造反之力了。每一代皇帝都面临同样的困境,面临着对大臣同样的分类,最后都做出了几乎同样的选择,让我们后人见识了一幕幕令人性蒙羞的惨剧和闹剧。汉朝的开国皇帝刘邦杀掉功臣韩信是这样,宋朝刚刚黄袍加身的赵匡胤"杯酒释兵权"是这样,明朝的首任皇帝朱元璋屠戮功臣是这样,就连太平天国天皇洪秀全除掉杨秀清也是这样。

既然对皇帝无可奈何,那么功臣们自己的选择就显得举足轻重了。血的教训历历在目,为什么后来的功臣们却很少有人急流勇退呢?哲人说,是名利让智者变成了傻瓜。

范蠡与文种已经死去多少年了,可是像他们一样的故事仍在后代将领中延续:法国的拿破仑打了25场胜仗,几乎占领了整个欧洲仍不罢休,终于在第二十六次惨遭滑铁卢之败,自己被流放到一个人迹罕至的荒岛上了此残生;而日本的宫本武藏在第二十五次决战之后宣布退隐,成了永远的不败者。能否适可而止是衡量一个人智慧还是愚蠢的分水岭,回避争斗比分出胜负更为重要。

除掉了对手,杀掉了功臣,句践率军北渡淮河,与齐国、晋国等诸侯在徐州会盟,并发起了对徒有虚名的东周王室的进攻,逼迫周元王封句践为伯,越国成为名副其实的春秋一霸。当了霸主的句践不再甘心蜗居江南,他于东周贞定王姬介元年(前468)把首都从诸暨迁到了北方650公里外的琅玡(今山东胶南),距齐国首都临淄只有不到200公里的路程,使得齐国和鲁国不得不谨慎而恭敬地对待这位不平凡的越人。

句践很幸运,他不仅自身智商很高,而且生了一位同样英明的儿子。句践之子朱句当政时,越国的疆土东至大海,西邻楚国,南达福建,北到山东南部。

后来,有勇无谋、底蕴不深的越王后裔再也没有能力维持一个庞大的政权,各部落酋长纷纷拔帐而去,越国像暴风下的沙堆,不断地层层吹散。东周安王姬骄二十三年(前379),越王只好放弃琅玡,南迁会稽①。时隔6年,越国被楚威王发兵击败,末代越王无疆被乱兵所杀,立国165年的越国走出历史的视线。

六、灵渠——大胆的创意

分崩离析的越人在战国后期涌现出众多的分支,被统称为"百越"。留下姓名的有扬越、瓯越②、闽越、南越、雒越(骆越、西瓯)、于越、句吴、东越、夷越、夔越、山越。

即便如此,忙于中原统一的秦国仍然没有放过他们。秦始皇帝二十五年(前222),秦将王翦领兵进入荆江以南,在战刀的交响中设置了会稽郡和闽中郡。放眼四顾,越人的地盘只剩下荒蛮的岭南。

为了在那张显示霸权与尊严的地图上少留空白,秦在灭掉六国后,转而把矛头对准了岭南的越人。秦朝派50万大军兵分5路向岭南进军,其中在越城岭的秦朝军团遭到越人的顽强抵抗,加上五岭(越城岭、都庞岭、萌渚岭、大庾岭、骑田岭)的阻隔,军粮供应不上,秦军主将屠睢又被越人在偷袭中杀死,秦军陷入了前所未有的困境。《史记》记载,秦始皇焦虑万分,他亲自赶往南方,一直到了湘江一带。他明白,要结束南方战争,必须解决军粮运输问题。陆路运输路程长且成本高,当时的核心问题是寻找水路。

奇迹往往发生在无奈的时候,潜力会在陷入绝境的时刻被激发出来。当秦始皇心急如焚时,一个叫史禄的人提出了一个大胆的建议:在湘江和漓江之间开挖一条运河,打通南、北两大水系。如同后来为了运输物资而开凿京杭大运河一样,一项世界级的水利工程——灵渠,仅仅是基于军事原因无奈地开工了。

---

① 今浙江绍兴,如今绍兴仍简称"越"。
② 今温州境内,如今温州仍简称"瓯"。

从始皇帝二十八年（前219）到三十三年（前214），史禄借鉴都江堰和郑国渠的经验，受命主持开凿灵渠。

与都江堰、郑国渠齐名的灵渠，又名兴安运河，位于兴安县境内，在广西桂林市以北60公里。它有南北二渠、分水铧嘴、大小天平、泄水天平、36座闸水陡门。全长34公里，其中南渠长30公里，北渠长4公里。分水铧嘴的石坝伸入江心，在分水塘这个地方，将湘江上游的海洋河一分为二，使其十分之三的水流入漓江，十分之七的水进入湘江。这就是人们所说的"三分漓水七分湘"，也就是诗中所说的"海阳一水化湘漓，南北分流各有期"，"谁知万里分流去，到海还应有会时"。大小天平乃两道石堤，主要作用是调节分派的流量。闸水陡门可提升渠道的水位，保证船只顺利通过。

灵渠设计精巧，工程巨大，它将湘江水引入漓江，沟通了长江和珠江两大水系，不仅使秦军解决了物资运输困难，为秦统一岭南发挥了决定作用，而且在客观上加强了中原与岭南的经济文化交流，促进了岭南的民族进步。

有了后勤保障，秦军方于始皇帝三十三年（前214）击败了西瓯武装，完成了岭南统一的大业。之后，朝廷设置了南海郡，辖今广东大部地区；桂林郡，辖今广西大部与广东西南部；象郡，辖今广西西部、贵州一部分及越南北部。50万大军在五岭与越人杂居，迅速改变了此地的民族布局。

秦朝为了战争而开挖的灵渠成为世界上开挖运河的最早记录（此前，秦将白起在战争中发明了"水淹法"，引汉水的支流夷水灌进楚国的鄢城而将其攻陷，那条百里长渠后来用于农业灌溉，被命名为"白起渠"），秦始皇也因此成为包括万里长城、郑国渠、灵渠在内的诸多宏伟工程的世界级发明家。从此，我们明白了一个闻所未闻的道理：并非所有伟大的工程都有伟大而高尚的出发点，有时它的最初意图甚至是低劣和卑鄙的。

结果却泽被后世，从秦代到清代，灵渠一直是重要的交通通道和农业命脉。湘桂铁路开通后，灵渠的交通运输作用被铁路、公路所代替，但作为一条灌溉总渠，它仍然滋润着兴安县上万亩良田。

七、以卵击石

越王句践六世孙无彊被楚威王打败后，王族纷纷沿海岸线向南逃窜，其中的一支进入福建，同土著人结合形成了"闽越"。无彊的第七代孙子无诸还曾经自立为闽越王，但后来被秦王朝降为闽中郡君长。

他当然不会死心。秦末，也许是得到了事后封王的承诺，无诸率领闽越兵团参加了反秦阵线。秦朝灭亡后，执掌政令的项羽并未封无诸为王。这是一种受愚弄的感觉,就如同一个大人给孩子舔了一口糖,然后指着一堆臭袜子说:"把它们洗干净,糖就属于你了。"可当孩子使出吃奶的力气洗净袜子后,大人却说:"这些臭袜子卖给收破烂的了,根本没有洗的必要。"

后来,楚汉战争爆发,无诸带着被愚弄的满腔怨愤,率兵协助刘邦打垮了项羽。这一次他没有失望,刘邦在汉高祖五年(前202)"复立无诸为闽越王,王闽中故地,都东冶"①。

无诸病逝后,在深宫里长大的儿子郢(yǐng)即位。这位没有经历过创业艰辛,只是凭借血统得到王位的小皇帝,根本不懂得树大招风的道理,也不注意收敛我行我素的个性。在吃饱喝足之后,竟然因为试图吞并东瓯和南越等邻近小国,与作为天下家长的汉廷发生了多次摩擦。汉武帝建元六年(前135),闽越又出兵攻打南越,进一步惹恼了同样我行我素的汉武帝。

很快,汉武帝就组织起一支大军,由严助率领兵进福建。汉军刚到边境,郢的弟弟余善便杀郢降汉。经历了这次变故以后,汉廷将闽越地盘一分为二,封繇君丑为越繇王,封余善为东越王。

善于见风使舵的余善与汉廷之间长达22年相安无事,这种和谐的态势在汉武帝元鼎五年(前112)急转而下。当时,南越宰相吕嘉发动兵变,汉朝派出杨仆领兵平叛。余善主动请缨率兵8000援助汉军,但兵到揭阳时,他却以海上风高浪急为由滞留不前。汉廷见其反复无常,便认定他与南越私通。杨仆灭了南越后,便挥军进驻闽越边界。

余善先发制人,于元鼎六年(前111)秋主动攻击汉军,连克白沙、武林、梅岭3座要隘,并击杀了汉军3位校尉。到这里,余善似乎应该有所收敛了,但他注定是一个有两分颜色就要开染坊的人,他自以为已经具备了与汉朝抗衡的实力,便擅自刻制玉玺,缝制龙袍,自封为东越武帝。

中国的版图上有了两位武帝。

勇敢不是包赚不赔的特别股权,穿上了足球鞋并不意味着一定能射门得分。果然,地盘更大的那个武帝(汉武帝)于元封元年(前110)派朱买臣率领大军兵分4路进攻闽越。余善高筑六城抗击汉军,但因抵挡不住汉军的凌厉攻势,不得不退守王都冶城。

冶城被围得水泄不通。之后,汉军将劝降标语绑在箭上射入城中,劝降标语的标题是首恶必办,胁从不问,立功有赏,并给余善很周到地标上了生擒和杀头两种价码。城中的人立时蠢蠢欲动,就连余善身边的随从也有些心动,他们看着自己主子时的眼神,如同看着一个金灿灿的猪头。

---

① 见司马迁《史记·东越列传》卷一一四。

贵族们捷足先登。看准机会，建成侯敖和繇君居股刺杀了余善，然后开城投降。

经过两次变故，汉朝认定闽越反复无常，于是把大批闽越贵族、官僚和解散的军人迁往江淮一带，闽越族统治集团逐步汉化。

闽越国虽然灭亡了，但在福州留存的诸如欧冶池、越王山、于山、大庙山、白马王庙这样的遗迹和传说，折射着闽越国历史的辉煌，是福州两千多年城市文明的佐证。

而且闽越的一支漂过海峡来到台湾，成为如今高山族的一条重要血脉。

八、赵佗与南越

《孙子兵法》诞生后，立时成为军人首选的战争教科书。多数将领都能对用兵之道烂熟于心，信手拈来，赵佗也不例外。

赵佗，今河北正定人，汉族，秦朝旧将，参加过北击匈奴、南进岭南的战争，在统一岭南后留下来担任了南海郡龙川县令。秦二世胡亥二年（前208），南海尉任嚣病逝，赵佗拾遗补阙接替了死者的职务。此后，赵佗找理由杀死了秦朝设置的长吏，以自己的亲信代理郡守、县令，使南越地区成为清一色的"赵家军"。他相继修筑了赵佗城、秦城、万人城，从而构成了北江流域三道钢铁防线，切断了中原兵马南下的所有通道。秦二世三年（前207），赵佗发兵吞并了临近的桂林、象郡，从此划岭而治，割据一方。在国名问题上，他采用借尸还魂之计，建立了足以勾起当地越人美好回忆的"南越国"，定都番禺（今广东广州），自称南越武王、蛮夷大长。

赵佗又用美人计（让长子赵始去勾引安阳王的女儿媚珠，盗取了安阳国大将神皋通的神弩）灭掉了红河下游的安阳王国及瓯雒国，得胜后设置了交趾、九真两郡。

南越国疆域最盛时，东与闽越相接，北与长沙王吴芮相连，西与句町国、夜郎国为界，南达今越南北部、中部，与马来人原始部落相邻，几乎奠定了汉代中国的南疆规模。赵佗在岭南地区大力推进汉文化，并积极引进中原先进的农业技术，使南越各族摆脱了刀耕火种的原始生产方式，被称为"开发岭南第一人"。

人老到一定程度，个性已经完成，是非了若指掌，言笑适可而止。到了后来，眼角爬满皱纹的赵佗不仅谋事如神，而且开明勤勉，年逾百岁的他对岭南的有效统治长达67年，在岭南政治统治及经济开发史上成为一个叱咤风云的人物。有人说，他是山头的白云，爬上山头云却不远；他是潭中的皎月，拨开水面月却更深。

再也没有人敢轻视他。只有一个人例外,他叫陆贾。

陆贾,在汉代和南越历史上是一个不能不说的人物,比赵佗小10岁的他,是著名学者荀况的学生,他那"天下安,注意相,天下危,注意将"的名言警句曾令陈平茅塞顿开。他第一次出使是汉高祖十年(前197),在与赵佗一番舌战之后,赵佗心悦诚服地发出了"至生来,令我日闻所不闻"的赞叹。第二次是陈平向汉文帝推荐陆贾出使,使赵佗不再称帝。从此,南越对汉朝建立了名义上的臣服关系。

显而易见,这时的南越绝非后来的越南,中心在今日的广州,它在越南东北部和中部也只是设立了交趾、九真二郡。而越南旧史把南越国列入越南史的正统,称之为赵朝,视赵佗为开国之君。按照这一逻辑,赵佗的老家是河北正定,难道中国河北也算越南的历史疆域?

汉武帝建元四年(前137)深秋,大队人马把番禺古城郊外的山岭包围得密不透风,4支一样的送葬队伍,抬着一样的灵柩,从番禺的4个城门同时出城,而送葬队伍最终去向何方成为巨大的秘密,这个被秘密安葬的人正是赵佗,他活了101岁。

两千年过去了,人们一直在苦苦寻找的岭南考古"天字号"大墓——赵佗的陵墓,就像在人间蒸发了一般不见踪影。先是南越国第三代王赵婴齐墓被三国的孙权意外盗掘,后是现代考古工作者在广州郊外发掘出包括南越第二代王赵胡墓在内的200多座墓葬,但唯独没有赵佗的影子。有人大胆地预测,赵佗的陵墓应该在越秀山上:赵佗这个真正领略过秦皇汉祖风采的一代英杰,正静静地躺在那里聆听珠江千年的涛声,欣赏阡陌纵横的田园风光。

百岁高龄的赵佗逝世时,他的太子赵始早已死掉多年了,他只有传位给已不算年轻的孙子赵胡。① 文王赵胡死后,其子赵婴齐、其孙赵兴先后继位。

时间不紧不慢地走着,在无声无息中酝酿云谲(jué)波诡的变化。国王在换,可宰相没换。国相吕嘉已经做了三朝的宰相,吕嘉宗族在朝中为官者已达70余人,男性后代尽与王女为婚,女性后代只嫁给王室为妻,他已经权倾王室,为所欲为,成了一位令人望而生畏的人物,他额头上密密的皱纹中不知隐藏了多少阴谋和陷阱。

人到了这一步,就别再指望他过一天仰人鼻息的日子,因而吕嘉顽固坚持地方割据,坚决反对归附汉朝。他不仅公开斩杀了汉朝派来谈判归附条件的官员,而且秘密处死了主张统一的南越王及王太后,私立赵婴齐长子、赵兴长

---

① 见司马迁《史记·南越列传·集解》卷一一三。

兄赵建德为第五代南越王,并按照惯例派人通知了驻守苍梧的秦王赵光。

南越兵变的消息传到汉朝,汉武帝于元鼎五年(前112)兵发南越,途中得到了赵光的鼎力相助,第二年冬天战局终见分晓,吕嘉和他所立的南越王赵建德兵败被俘,一同被押上了北去汉朝的不归路,南越都城被汉军纵火焚毁。至此,93岁高龄的南越国断送在了吕嘉手中。荡平南越后,汉武帝在岭南设置了南海、苍梧、郁林、合浦、交趾(今越南河内)、九真(今越南清化)、日南(今越南广治)七郡。

借平定岭南的余威,汉朝于次年兵发大洲(海南岛),在这座拥有"天涯海角"和"绿树银沙"的美丽岛屿上设置了儋耳、珠崖二郡。

九、千古一女

往事过眼,岁月无痕。多年后的一天,越人后裔——岭南西瓯、骆越后人(今壮侗语族的先民,壮侗语源于古代的百越语)才又以"俚僚"的称谓出现在发黄的线装书上。

还是那个被秦兵蹂躏过的云遮雾障的岭南。

在岭南的一个山寨里,一个女人在倚寨沉思。她没有魁梧的身材,也没有满脸的杀气,但到了只有男子才能横行的战场上,却能够挥舞马刀,削头如泥。

她叫冼英,出嫁前还有一个香艳的名字"百合",世代为南越首领,拥有部落10余万家,是岭南俚人中最大的头目,活动中心在高凉郡(今广东阳江市、高州市)一带。梁武帝大同元年(535),18岁的冼英与高凉太守冯宝成婚,从此被称为"冼夫人"。结婚后的她并没有甘心做家庭妇女,而是常常协助丈夫处理政务。时间不长,她就从丈夫背后走到前台。年方20多岁的她在领兵进驻海南后,力请梁朝在海南设置了崖州,使自汉元帝起脱离大陆近600年的海南岛回归中央统治。她还亲自传播先进文化与技术,改变了海南部族割据、互相残杀、茹毛饮血的原始状态,使海南和岭南一起步入了新时代。

海南能够回归,她居功至伟。

英雄或许不能创造历史,但一定可以创造出精彩的历史瞬间。她的第一次精彩表演发生在梁朝侯景之乱时期。当时,高州(今广东阳江西)刺史李迁仕趁机起兵反梁,并派人召冯宝共谋独立大业。冼夫人劝冯宝将计就计,先派遣使者应允,接着由她亲率千余精兵挑着担子佯装送礼,袭击了李迁仕的刺史府,使毫无防备的李迁仕大败逃走。随后,她率兵协助交州刺史陈霸先灭亡了臭名昭著的侯景。

从此,她被写进历史。特别是陈霸先代替梁朝建立陈朝初期,政局不稳,号令难行,陈朝政权时时受到以广州刺史欧阳纥为首的割据势力的威胁。这时,丈夫冯宝已经病逝,时任阳春(今广东阳江西北)太守的儿子冯仆被欧阳纥扣为人质。又是冼夫人挺身而出,协助陈朝扑灭了这股割据势力,活捉了欧阳纥并救出了被扣押的儿子。陈朝册封她为中郎将、石龙(郡)太夫人,并以刺史的礼仪对待她。

在她被推上名誉浪尖的同时,历史的考验也随之降临。隋文帝杨坚灭陈后,冼夫人被岭南民众奉为"圣母",周围的地方势力也纷纷表示听从她的调遣,按说她完全可以借机称王,以填补陈国灭亡留下的权力真空。可是,当隋文帝于开皇九年(589)派军南下时,冼夫人却能审时度势,派长孙冯魂(冯仆已死)北上迎接隋朝总管韦洸,以自己所辖八州归附隋朝,协助隋将击败了陈朝南康太守徐镫,使隋军顺利进入广州。隋朝封冯魂为仪同三司,封冼夫人为宋康郡夫人。

韦洸到达广州的第二年,番禺地方首领王仲宣起兵反隋,广州城被团团围困,韦洸力战而死。隋朝闻讯,立刻派出裴矩安抚岭南。冼夫人要求孙子冯暄带兵增援广州,但冯暄与王仲宣的部将陈佛智私交甚密,迟迟不肯出兵。冼夫人闻讯,立刻把冯暄关进牢狱,转而把兵权交给了幼孙冯盎。冯盎设计攻杀了陈佛智,与隋朝援兵在广州城郊顺利会合,风卷残云一般扫荡了王仲宣。

已经70高龄的冼夫人亲自披着沉重的铠甲,骑着高头大马,打着"圣母"特有的锦伞,率领大队骑兵,护卫着隋朝将军裴矩巡抚岭南各州。所到之处,各州的少数民族首领纷纷前来拜见,岭南重又变得像黑夜一般寂静。冼夫人的事迹震惊了遥控指挥的隋文帝,隋文帝破例封其为谯国夫人,视之为统一大业的南天一柱,准许她开幕府和统率部落六州兵马,遇到非常事情可以先斩后奏。同时,冯盎被封为高州刺史,冯暄也被赦免并封为罗州刺史。

她的可贵之处就在于能够超越单一民族的狭隘视野,以大忠大义、大智大勇冲击"宁为鸡首,不当牛后"的流行观念,在部族和国家之间做出了在今天看来十分简单,但在当时却惊世骇俗的抉择,从而在中华民族大一统的版图上留下了倚天仗剑的永久造型。如今高州和海南的冼夫人庙仍赫然屹立,香火缭绕。周恩来总理称赞她是"我国历史上第一位巾帼英雄"。

冼夫人始终维护祖国统一,反对分裂割据的行为,深深影响了她的后代。冼夫人病故后,冯盎仍遵从冼夫人遗志,尽管占据番禺、苍梧、朱崖等地,辖地数千里,仍旧拒绝称王。唐高祖武德五年(622),唐朝前来岭南招抚,冯盎率领部下纳土归唐,唐朝在那里设置了高、罗、春、白、崖、儋、林、振八州,册封冯盎为越国公。①

在这个世界上,有明智的人就有愚蠢的人,带支手枪就敢抢坦克的人也不是没有。当时,就有一个叫肖铣的岭南地方首领对冯盎的所作所为嗤之以鼻,趁隋末天下大乱自称梁帝,坚决不肯向唐朝屈服。后来,这位不识时务的人被唐将李靖在西湖击败并被打入死牢。

看到割据自立的肖铣被投入牢狱,俚僚豪酋纷纷归附唐朝,岭南重新回到祖国的怀抱。

十、伟大的决定

真正伟大的人与勉强算得上伟大的人之间的差别就在于,前者从不目空一切、急功近利。

越族后裔钱镠(liǔ)就是一位识时务、明大义的不凡君主,他于天下大乱的后梁太祖朱全忠开平元年(907)创建了吴越国,被代唐自立的朱全忠封为吴越王,其疆域包括今浙江、江苏、福建的十三州。在后唐灭掉梁朝后,他赶忙派遣使者送去了唐朝的传国玉玺,依然被封为吴越王。在五代十国的乱世中,他一直以"善事中国"和"保境安民"为国策,临终时谆谆告诫子孙"要度德量力而识时务,如遇真主宜速归附"。正因为如此,不仅他活到了须发皆白的81岁,而且使钱家成为五代十国中寿祚最长的一姓君主。

此后的四代吴越王一直遵循开国君主的遗训,始终没有称皇道帝,而是不断地向中原朝廷称臣纳贡。

遇到真正的明主,他们真的甘心归附吗?

考验他们判断能力的时刻终于来到了。

在北宋发动攻灭南唐的战争前,同为小国的南唐君主李煜致信吴越国主钱俶(tì):"今日无我,明日岂有君。"吴越国丞相沈虎子也以南唐乃"国之屏蔽"相劝,而钱俶非但没有援助南唐,反而派出大批精锐与北宋一起夹击这个不视时务的邻居。

在南唐灭亡后的日子里,吴越国仍旧十分强盛。我无法与笔下的历史人物做穿越时空的心灵沟通,可以肯定的是他们一定经历了激烈的思想交锋。但继承了祖父衣钵的这位君主没有心存侥幸,经过深思熟虑,终于在宋太宗太平兴国三年(978)决定"保族全民",将3000里锦绣河山和11万带甲将士,悉

---

① 唐玄宗时著名宦官高力士,本是冯盎的曾孙,原名冯五一,后因父亲谋反阉割入宫,被宦官高延福收为养子,改姓高。

数呈献给北宋朝廷,从而在中国历史上第一次实现了一个强盛的割据王国与中央政权的和平交割。

一个人是否应该在短暂的生命历程中学着把握一点儿处事的尺度,让生命多一点儿舒缓的日子,使自己劳碌有加的心灵得到一些本真的自由？也许这时你会发现,生活会变得分外轻松、精彩、充盈。一个国家何尝不是如此呢？吴越国的选择就是一个铁证。

与生灵涂炭的南唐形成鲜明的对照,"纳土归宋"的吴越国民无一死伤,吴越国都城钱塘(钱家之塘——杭州)保持了昔日的风樯云舵,桨声灯影。以至于杭州很快取代在战火中遭殃的南唐金陵,名副其实地上升为"东南第一州"。宋太宗赵光义也当面称誉钱俶:"卿能保一方以归于我,不致血刃,深可嘉也。"

钱俶献出吴越国版图之后,北宋在扬州虚设了一个淮海国,封他为名义上的国王,实际上仍把他留在开封。这位淮海国王十分谨慎小心,每天早朝都提前赶到宫门等候。一日清晨,狂风暴雨大作,众节度使、国王没有一人上朝,只有钱俶父子二人恭恭敬敬地等在宫外,连宋太宗也倍感怜悯。他也因此得到善终,在献国后又活了10年,病逝时正好60岁,死后还被追封为忠懿王。

北宋编辑的《百家姓》在皇姓"赵"之后就是"钱",原因是否就在于此？

十一、越南独立

历史上存在一个规律:一个王朝愈强盛,它灭亡后的天下就愈加混乱。秦朝之后是楚汉相争,汉朝之后是三国鼎立,唐朝之后是五代十国。安南割据就发生在五代十国的无序之中。

后晋天福二年(937),出生于唐林州(今越南和西省)的吴权接手了岳父的南汉①交州刺史之位,此后又在海战中击退了南汉军队,正式宣布脱离南汉,自称"交趾王",定都古螺。

交趾王吴权一死,安南地区就爆发了12个封建主的割据纷争。宋太祖开宝元年(968),安南人丁部领削平了各大封建主,建立了大瞿越国,随后派遣使者携带方物向宋王朝请封,宋太祖封丁部领为检校太尉、交趾郡王,将越南视为"藩属"。学术界一般将丁部领建立大瞿越国作为越南建立自主国家的开始。

---

① 河南上蔡人刘岩在番禺建立的大越(因境内多为越人后裔而得名,第二年改国号为南汉),并非真正的越人政权。

可惜这一让越南人引以为荣的王朝只存在了13年。丁朝因王位继承问题发生宫廷政变,大将黎桓扶植丁部领之子丁璇继位,自己独揽大权。后来,黎桓不甘心躲在幕后,宣布建立了前黎朝。

前黎朝也只是存在了短暂的30年时光,黎桓的儿子龙铤病死后,禁卫军首领李公蕴于宋真宗大中祥符二年(1009)篡位建立李朝。

据称是闽人后裔的李公蕴建立的越南李朝共传9世216年,定都于红河三角洲的大罗城。宋仁宗至和元年(1054),李朝第三代国王李日尊将国号"大瞿越"改为"大越",强占了南方弱小的占婆王国(占城)并于宋神宗熙宁八年(1075)发兵攻击宋朝。宋朝派兵反击,一直攻入大越境内,大越李朝宣布降服。宋孝宗淳熙元年(1174),南宋正式册封大越国王李英宗为安南国王。

同为闽人后裔的陈日煚(jiǒng)于宋理宗宝庆元年(1225)篡夺了没落的李氏王位,建立陈朝,越南进入了盛世。

陈朝末年,浙江人后裔——外戚黎民篡夺了王位,将姓氏改回原姓胡氏,于明惠帝朱允炆建文二年(1400)建立了胡朝,国号大虞。明成祖于永乐四年(1406)发兵征讨篡位的胡氏,远征军在名将张辅的率领下进入安南,用戴着狮子面具的战马大破胡一元的象阵,最终俘虏了胡氏父子。之后,中国宣布撤销安南王国,改称"交趾省",下辖15府,41州,210县。这方从10世纪宣布独立的国土在400年后重新划入中国版图。

十二、因为孔雀尾巴

可惜明朝带给新交趾的并非灿烂的阳光。

当时的太监在朝廷红得发紫,郑和被指派率领船队下西洋,马骐被派到交趾担任监军。名义上是监军,实际上大权独揽。事实证明,这就等于明朝把交趾这个小红帽交给了一个狼外婆照管。

说起宦官,人们自然联想到口里操着娘娘腔、脸上没有一根胡须的男人,其实世界上没有一个男人高兴阉割自己。那些没有被奴性完全控制大脑的宦官,一旦掌握了权力,就会以百倍的疯狂来报复给他们带来身心摧残或者自认为比他们健全的社会群体。这位宦官对当地民众的勒索无所不用其极,仅孔雀尾巴就要1万只,数目不足时就拿当地人的皮肉出气。当地人申诉无门,只有造反。在明朝进驻13年之后,一场因孔雀尾巴引发的国民起义终于爆发。

挑头造反的是清化府俄乐县一名小小的巡检,名叫黎利。

在盲人国里,一只眼的是国王。他的官衔实在不够大,但起义者看中的是他的军事经验。因此,临时拼凑起来的越南游击队与太监指挥的正规军打起仗来,竟然不太吃亏。

民众不合作的态度和起义军不间断的骚扰让明军陷入泥淖不能自拔,接近10万人在越南丧命,明军只得于明宣宗朱瞻基宣德二年(1427)无奈地撤出越南。谁来为失败埋单?大家都把矛头对准了那位说一不二的太监。结果,马骐被以激变番邦罪处斩抄家,但已经于事无补。

没有了外力干扰,越南起义军领袖黎利顺利统一了国内各支力量,于明宣德三年(1428)在东京(今越南河内)建立了大越,史称"后黎朝"。后黎朝也不平静,明嘉靖六年(1527),莫氏篡位称王;与此同时,反对莫氏的黎朝旧臣在南部迎立黎宁为王,越南进入了战乱频仍的南北朝时期。

当一个家庭后院起火时,前门也能大摇大摆地走进盗贼。越南内乱耗尽了国家精力,远道而来的法国人乘虚而入。清嘉庆七年(1802),法国殖民主义者勾结阮福映建立了阮氏王朝,定都顺化。清咸丰八年(1858),法国以保护传教士为借口,调集军队入侵越南。清光绪十年(1884),越南阮朝与法国签订《顺化条约》,承认法国对越南的保护权,此举引起了对越南拥有保护权并赐给了他们"越南"之名的清朝的不满,中法在镇南关爆发战争。可笑且可怒的是,战争中获胜的清朝竟然在光绪十一年(1885)与法国缔结的《天津条约》中,承认越南是法国的保护国,从而彻底结束了中国与越南上千年的"藩属"关系。

法国占领越南后,全面推行分而治之的殖民政策,将越南分割为南圻(交趾支那)、中圻(安南)、北圻(东京)三部分。光绪十三年(1887),法国把越南的三个部分和柬埔寨、老挝一起拼凑成"法属印度支那联邦",由驻西贡的法国总督统治,越南完全沦为法国的殖民地。

第二次世界大战期间,被日本解除武装的法国人与日本人签订了《日法河内协定》,越南这个"丛林少妇"被转让给了日本。

十三、重见天日

"丛林少妇"重见天日,得益于"二战"后那场伴随着民族解放运动而席卷大半个世界的共产主义风潮。1945年8月,日本宣布投降后,印度支那共产党中央和越南独立同盟总部发动武装起义,阮氏王朝末代皇帝保大被推翻。9月,共产党首领胡志明(原名阮必成、阮爱国)在河内巴帝广场宣读了《独立宣言》,越南民主共和国宣告成立。

日本人终于投降了,傀儡政权倒台了,越南人不再被随意屠杀了,游击队员不必在丛林里东躲西藏了。人们渴望笑,也渴望哭,但却欲哭无泪,欲笑无声。因为喜庆的鞭炮还未燃尽,事情就节外生枝。"二战"结束后,负责解除日军武装的英国竟支持法国卷土重来。同年9月,法国军队进入越南本土,战争的硝烟再次弥漫了千疮百孔的越南。几年后,当新中国全力支持越南的共产党盟友时,战争的天平开始向胡志明倾斜。

1954年5月,越南奠边府,法国远征军投入了15700人,而越南则集结了6万军队,由武元甲指挥,中国军事顾问团团长韦国清辅佐,中国还提供了从朝鲜战场缴获的美军大炮、高射炮、1000辆卡车、大量劳工和刚在朝鲜战场实践过的现代版的17世纪围歼术,苏联则提供了令人生畏的"斯大林元件"——苏制"喀秋莎"火箭发射器。

高炮、火箭像烟花般掠过天空,奠边府立时成为人间地狱。经历了56天震耳欲聋的轰炸,56天忘我的浴血奋战,56天刺刀见红的肉搏,身陷重围的法国远征军前线总指挥克里斯蒂下令停火,这位昔日的常胜将军低下了高昂的头颅,历史老人收拾起狼藉的断枪和勋章。

7月20日,旨在恢复印度支那和平的日内瓦会议召开。会议规定以北纬17度界将越南划为两部分,越南与德国、朝鲜一样成为两种意识形态斗争的牺牲品,以致这种凭意识形态人为地把一个国家分裂开来的悲剧持续到21世纪,朝鲜南北方至今未能统一。

本来日内瓦会议规定两年后在国际监督下举行实现国家统一的选举,但是在法国退出后,美国公开支持从华盛顿赶回南越的反共产主义的天主教领导人吴庭艳,而且喊出了"是天主教徒就去南方"的煽动性口号。其情其景与印度和巴基斯坦分治时惊人地相似。于是北方80万天主教徒由美国军舰运往南方,南部9万越盟的同情者则被苏联船只运到北方。

1955年,美国正式在南方扶植吴庭艳建立"越南共和国",南北分裂的格局正式形成。好景不长,吴庭艳的只照顾上层集团的政策激起了基层农民和势力强大的佛教徒的反对,致使他的政权在1963年被推翻。接着南越发生了一系列政变,直至华盛顿支持的阮高其、阮文绍先后掌权为止。他们能够在西贡坚持下去,仅仅是因为美国不断升级的干涉。

1964年8月5日,美国制造了"北部湾事件",开始对越南北方狂轰滥炸,轰炸甚至超过了朝鲜战争的规模。随后,美国人以北越的共产党潜入南方进行宣传及游击战为借口,派遣海军陆战队在越南中部岘港登陆,发动了一场长达8年的"局部战争"。

尽管从脚板武装到了牙齿,尽管投入了整整50万大军,美国仍于1968年1月在由中国支持的北越的攻势面前一筹莫展。在国内外一片反战声中,美国总统约翰逊不得不下令抛下大片的官兵尸骨撤出越南。1975年,南越阮文绍集团被打垮。1976年7月2日,越南民主共和国正式宣布南北统一,改国名为越南社会主义共和国。

随着外国军队的最终撤离,这个曾经战火纷飞的地方,如今已是太阳照常升起,鲜花四处开放。至于谁或谁的野心已被埋葬,谁或谁的灵魂还在飘荡,恐怕不太重要了吧?

十四、自由的土地

美国史学家戴维·K·怀亚特在《泰国史》中告诉我们,直到大约1000年前,那些把当代泰人身份的核心元素带到今日泰国来的民族,才到达印度支那半岛中部。我们为他们保留了最好的单词"傣族"——一个通常被用来表示各种各样傣民族的术语,而这些民族共享一个共同的语言和文化上的身份。历经多个世纪,"泰人"的文化、文明和身份已经演变成为傣族与原住民和移民文化互动的产物。

显然,泰国的主体民族泰人(占人口总数的40%)与中国境内的傣族、缅甸境内的掸族、老挝境内的老族有着相同的历史血脉,他们应该是长江下游越人的后裔。

公元前2世纪左右,来自中国长江流域的泰族先民开始向南迁徙。650年左右,在中国南部即现在的云南、广西和广东,建立了他们的国家。迫于中国的扩张,许多不屈的泰人向南移居到湄南河盆地,并在高棉帝国统治下的中央平原定居下来,逐渐接受了高棉帝国悠久而灿烂的文化。

1238年,乘吴哥王朝衰微,邦央的泰族首领坤·邦克朗刀领导泰族人民在素可泰城举行起义,赶走吴哥王朝的太守,建立了独立的国家素可泰①,这就是《元史》上所谓的暹国,也就是史上著名的暹罗。

暹罗先后经历了素可泰王朝、大城王朝、吞武里王朝和曼谷王朝。

清乾隆三十二年(1767),缅甸军队入侵暹罗,攻破了暹罗国都大城。大城王朝的达府太守披耶·达信组织暹罗人民击退了入侵的缅军,重新统一了暹罗。次年,达信派遣使节到清朝,请求清廷封他为暹罗国王。鉴于达信的非王族血统,清廷在是否加封上曾一再犹豫。乾隆四十二年(1777),清朝终于承认了达信王朝,准许暹罗使节到清廷朝贡。从此,暹罗成为大清藩属。

之后,尽管葡、荷、英、法、美、德、意等殖民主义者曾先后入侵暹罗,也曾逼

---

① 意为幸福的黎明。

迫暹罗签订了五花八门的通商条约,但一位名叫朱拉隆功的国王,巧妙地利用西部邻居英国与东部邻居法国的不和,以微小的让步换取最大的利益。他从不用英、法人当顾问,而从对自己没有威胁的小国家中挑选专家。凭借着王族的智慧和民众的配合,暹罗得以成为东南亚唯一没有沦为殖民地的国家。

与大清的保守与封闭形成鲜明对照的是,暹罗国王从19世纪末就主动开始了有可能冲击王族地位的对外开放,借鉴西方经验进行了包括开办大学、训练军队、修建铁路、建立邮政电报系统在内的一系列现代化改革。尽管1932年暹罗民党发动了政变,但也只是改君主专制政体为君主立宪政体,君主的世袭地位并未因改革而得到废弃。当时的日本、英国、荷兰、挪威、瑞典、丹麦、比利时、西班牙等莫不如此。而大清却因为一位老女人的狭隘与自私,错过了让王族光耀千古的最佳时机。

1933年,暹罗更名为泰国——意为"自由之地"。也难怪,在这块人人可以自由呼吸的土地上,不仅保留着古老的小乘上座部佛教,拥有"佛教之国"、"大象之国"、"微笑之国"的美誉,而且拥有以阳光、沙滩、海鲜名扬天下,被誉为"东方夏威夷"的旅游胜地芭堤雅,还有世界上独一无二、众说纷纭、惊世骇俗的"人妖"。

十五、湄公河圆月

在中南半岛的北部,中国、柬埔寨、越南、缅甸、泰国共同环抱着一片山地和高原,这里森林遍布,寺塔林立,阳光灿烂,古朴祥和。以红色为底色的国旗上,一轮圆月高悬在蓝色的湄公河上空,它就是东南亚唯一的内陆国家——老挝①。

这里至今仍信仰古老的小乘佛教,人们的生活节奏自然而缓慢,被誉为"人间香格里拉"。古都琅勃拉邦②和首都万象③那些旧日皇宫、佛教寺庙发出的灿烂金光和昔日法国人留下的乡村别墅与咖啡馆,浪漫得令人忘记时光和时空的流转。这是一个没有铁路、高速公路的国家,缓慢的开发让它保有浑然天成的美景与淳朴的民风,在这里可以缓慢地体验东西文化交融之美。镶嵌在湄公河北岸的老挝首都万象,更像一座安静的小镇,市区东西长、南北窄,从空中俯瞰状似一弯皎洁的新月,因此得了个"月亮之城"的名号。

在这里,随处可见如浙江美女一样清秀、白净的老挝少女,身穿条纹布黑

---

① 新加坡和中国台湾称其为寮国。
② 勃拉邦金佛(薄金佛)为该城镇城之宝,琅勃拉邦意为"勃拉邦佛之都"。
③ 意为"檀木之城",据传从前此处多檀木。

色筒裙,悠然徜徉在青山绿水之间,婀娜多姿,摇曳生风,钟灵毓秀,柔曼如水。

说她们和浙江美女一样清秀、白净,是因为她们许多人与今部分浙江人有着共同的民族渊源。老挝的主体民族老族占总人口的一半,老族有老龙、老松和老听族三大分支,其中的老龙族与泰国的泰族在历史上同属一支,乃是从今浙江一带迁移到中国南部的古越人后裔。早在元顺帝至正十三年(1353),勐老的泰族首领法昂武力统一了今老挝全境,建立了辉煌灿烂的澜沧王国①。18世纪初叶,澜沧王国分裂为琅勃拉邦、万象、川圹、占巴塞4个国家。正因为如此,在从18世纪末叶到1893年的漫长岁月里,这些小国逐步为暹罗分而治之。

之后的日子更为悲惨。暹罗被赶走了,法国人骑在了头上。法国战败了,日本人又手握滴血的战刀成为主宰。日本人战败了,法国又卷土重来。好不容易把法国赶走了,美国又取代法国控制了寮国国政。

迟到的春天毕竟也是春天。1973年2月,老挝各方签署了关于在老挝恢复和平和实现民族和睦的协定,次年4月成立了新的联合政府和政治联合委员会。1975年12月,首届全国人民代表大会在万象召开,宣布废除君主制,成立老挝人民民主共和国,作为老挝唯一政党的人民革命党开始独立执政,至今仍是东南亚仅有的两个社会主义国家之一。

十六、神秘的金三角

"金三角"位于缅甸、泰国、老挝三国交界处,其大部分位于缅甸掸邦东部。1852年,大英帝国通过第二次英缅战争占领了缅甸。早已在本国禁烟的大英帝国,在缅北山区发现了这个适宜种植鸦片的所在。于是英国殖民者强迫当地土著人种植罂粟,提炼成鸦片后销往世界各地,从而在世界版图上逐渐形成了一个被后人称作"金三角"的神秘所在,成为与哥伦比亚比肩的世界两大毒巢之一。之后,那些无处不在的贩毒集团,在高额利润的引诱下,赴汤蹈火,前赴后继……在阳光灿烂的金三角,罂粟花还在怒放,古柯叶仍在摇曳,从"催眠"、②"快乐植物"、"忘忧草"到"魔鬼之花"的嬗变,是罂粟花的不幸还是人类的悲剧?

渐渐地,绚烂的罂粟花开遍了掸邦高原,贩卖鸦片成为掸邦土司聚敛财富的重要手段,"以毒养军、以军护毒"在他们眼脑中似乎变得天经地义。1950

---

① 意为万象之国。
② 罂粟学名 Papaver somniferum 的原意。

年,解放军以秋风扫落叶之势向国民党残余军队发动进攻,据守滇南的国民党第八兵团势如山崩,数万人被歼于元江河谷东岸,国民党第8军军长李弥丢下将士逃亡台湾,第8军93师一路败逃,从广西退到缅甸、泰国、老挝交界处的"金三角",成为一支没有上司的"孤军"。这支孤军在反共的同时开始构建恐怖的鸦片帝国。莱莫山掸族最后一任土司坤沙就是在国民党残部庇护下成长起来的一代毒枭。1976年,走出军政府监狱的坤沙和参谋长——国民党残军少校张苏泉率领4000人的掸族武装进入泰北山区,组建"蒙泰军"并宣布正式成立了"掸邦共和国",控制了400公里长的缅泰边界,辖区面积达到10万平方公里,总兵力一度达到了2.5万人。他们生产的"双狮地球"牌和"三星环球"牌海洛因纯度高达99%而"享誉全球"。据美国中央情报局估计,坤沙所获的毒品利润1988年为2亿美元,1989年为4亿美元,之后每年均在5亿美元以上。

20世纪90年代,在缅甸军队和国际社会的双重打击下,因贩卖鸦片名声不佳的坤沙被迫与缅甸联邦政府妥协。1996年1月5日,蒙泰军与缅甸政府正式签署投降协议。随着一代毒王的离开,金三角的罂粟花开始凋零。

需要读者知道的是,坤沙所属的掸族乃越人后裔泰族的一个分支,是缅甸第二大少数民族,人口300万,13至16世纪一度统治了缅甸大部地区。大概是难以忘记曾经居高临下的风光岁月,近代被边缘化的掸族土司常与缅甸联邦政府就地方自治问题发生争执甚至武斗。

这使我想起了20世纪30年代一位美国通俗作家[①]的叹息:"人类是唯一有能力对自己同类采取大规模敌对行动的动物。狗不会吃掉狗,老虎也不会吃掉老虎,就连最让人嫌恶的鬣狗也与自己的同类和平相处。而人却在憎恨着人,人在杀害着人,今天世界上那么多的国家最首要最关切的都是在准备着杀戮更多的邻居。"我们应该庆幸坤沙的协议投降,也应该敬佩官方对坤沙生存权的尊重。这一点,值得至今仍争斗不休的阿富汗、北非和中东地区的人们深思。

我们应该意识到,只有在人们忘记了黄金的时候,黄金时代才会到来。

十七、壮侗语族十姐妹

记忆如歌。被分割在国门之外的越国后人毕竟有限,更多的部落世代繁衍在祖国的怀抱中,他们以五彩纷呈的语言、歌舞和习俗成为中国大家庭里一

---

① 指美国通俗作家亨德里克·房龙。

道亮丽的风景。

(一)绣球传递爱情的壮族

精致艳丽的五彩绣球代表着一份浓浓的情意,在人如海歌如潮的传统对歌中,姑娘把绣球抛给了谁,便抛去了一片柔情。这个玩对歌和绣球的民族就是我国人口最多的少数民族——壮族。

他们属汉藏语系壮侗语族壮傣语支,现有人口1700万,聚居在广西壮族自治区、云南文山壮族苗族自治州、广东连山壮族瑶族自治县、贵州黔东南苗族侗族自治州和湖南江华瑶族自治县。

壮族是骆越、西瓯的后人,汉代称乌武僚、俚僚、峒僚,隋唐时期称乌浒,宋代被称为僮(zhuàng)①。因"僮"字读音易混且含有贬义,周恩来总理于公元1965年提议将其改为壮族。

壮族的过去并不缺少辉煌。田州瓦氏夫人因领兵抗倭被明朝诏封为二品夫人。太平天国金田起义发源于壮族聚居区。邓小平、张云逸在壮族聚居区发动了"百色起义"。红军将领韦拔群、解放军上将韦国清都是壮族人民的优秀儿子。

(二)与孔雀为伴的傣族

彩云以南的西双版纳和德宏地区是孔雀的故乡。特别是西双版纳,作为北回归线上最后的绿洲,当北回归线所经之处几乎都被沙漠覆盖的时候,这里却绿得令人沉醉,似乎插根筷子也会长出绿叶。就在这样一个生长绿色、生长生命、生长美丽的地方,生活着一个拥有120多万人口的民族——傣(dǎi)②族。

他们属壮侗语族壮傣语支。据说傣族、壮族与泰国的泰人、老挝的寮(liáo)人、缅甸的掸(shàn)人同源。

傣族的先人滇越乃是汉代百越的一支。魏晋以后被称为"鸠僚"和"掸人"。唐宋时期,居住在孟力的被称为"茫蛮"("茫"为"孟力"的转音),居住在保山的被称为"黑齿",居住在伊洛瓦底江以西的被称为"金齿"、"白衣"。南宋孝宗淳熙七年(1180),西双版纳傣族首领叭真还曾建立了流星般闪过的"景龙金殿国"。近代,傣族被称为"摆夷"、"旱傣"、"水傣"。新中国成立后统称"傣族"。

---

① 指未成年的仆人。
② 自由之意。

或许是山水灵气的滋润,或许与美丽的孔雀有缘,傣家姑娘不仅个个生得窈窕柔美,而且借助"孔雀舞"把肢体语言表达得如梦如幻。

一旦你真的有幸来到云南边陲,会常常看到一群群傣家少女,穿着短短的筒裙,拎着小小的水桶,扭着细细的腰肢,赤着白白的天足,一溜烟穿行在小溪畔的石板路竹林间,如画、如诗、如酒、如歌。

(三)环黄果树瀑布而居的布依族

气势磅礴的世界级大瀑布——黄果树瀑布,就在贵州省镇宁布依族苗族自治县境内。

布依族属壮侗语族壮傣语支,现有人口近300万,主要居住在贵州黔南、黔西南、黔东南等地区及云南罗平。

他们的祖先是百越的一个支系,汉代居住在夜郎国境内,唐代从俚僚中分离出来被称为"蛮僚",元代改称"仲家",近代才自称"布依",有"水稻民族"、"蜡染之乡"之称。

在布依人村寨边往往流淌着清澈见底的小河,也就是青年人所说的浪哨(恋爱)河。在有一弯新月的夜晚,会有一些青年男女下河嬉戏,男女各居一处,是一种似乎能看见又似乎看不清的距离。

浪哨的歌子也会在此时响起,嘹亮而柔情。

一个男子唱:小河流水哗啦啦地淌,竹林洒满银月光,阿哥有心叫阿妹,哪个帮忙洗衣裳。

不一会儿就会有心仪的女子接唱:小河流水向呀向远方,竹林洒月盼春光,阿妹有意帮阿哥,去来相会水中央……①

(四)能演唱复调音乐的侗族

从"高山瑶,矮山苗,壮侗居山槽"的民谚可以得知,侗族是一个依山傍水而居的民族。他们属壮侗语族侗水语支。现有人口296万,星星般撒落在贵州、湖南、广西。

侗族乃骆越的后人,魏晋时期称僚,宋代从僚中独立为伶,明清时期被称为"洞僚"、"洞人"、"峒人"、"洞蛮"、"侗苗",近代方才定名为"侗(dòng)族"。

侗族大歌与鼓楼、风雨桥一起被称为侗族文化"三宝"。特别是三宝中名列第一的侗族大歌,是当今世界上罕见的多声部、无指挥、无伴奏民间合唱音

---

① 见王剑冰《浪哨·梳花》,收入《中国精美散文选》,湖北教育出版社2007年版。

乐,这种无伴奏的多声部合唱,填补了世界上认为中国没有复调音乐的空白。公元1986年10月,法国巴黎金秋艺术节执行主席约瑟芬·玛尔格维茨听了侗族大歌演唱之后分外激动地说:"在亚洲的东方一个仅百余万人口的少数民族,能够创造和保存这样古老而纯正的、如此闪光的民间合唱艺术,在世界上实为少见。"

这还是一个流淌着自由爱情的去处,每一位成年的侗乡男女都将经历浪漫的"行歌坐月"①。为了方便青年男女谈情说爱,很多侗寨建有专供聚会的"月堂"②。当然,多数情况下是小伙子去姑娘家的吊楼对歌。

月上柳梢头,人约黄昏后。寨子里的小伙会踏着斑斑点点的月光,一面拉着牛腿琴,一面唱着邀约歌,走到姑娘的吊脚楼下。

悠扬的琴声伴着缠绵的歌声拨动了姑娘的心弦,她们急忙推开窗子往楼下窥视,见是喜欢的人来了,就打手势让他进楼。如果是自己不喜欢或素昧平生的人,就赶忙将窗户关上。假若小伙子不识好歹,仍一厢情愿地歌唱、敲打,耐性好的姑娘会请家人出来干涉,有个性的姑娘会从楼上将一瓢冷水劈头浇下。

(五)傍水而居的水族

顾名思义,是因为傍水而居而起名"水族"吗?

事情远非如此简单。

水族乃是骆越的一支,早期从广西海岸迁移到红河清水边。唐代,抚水州俚僚的一部分沿龙江、融江而上,到达今水族居住区。明末,他们自称为"虽"(汉字写作"水")。因为汉人一直称他们为"水族",时间一长,他们也就顺水推舟地自称"海水"③了。

如今的苗岭山脉以南,都柳江和龙江上游,森林密布,山水如画,在这里生活着40多万水族人民,他们属壮侗语族侗水语支。"水书"是水族人古老的雏形文字,有300个多字,大多使用在宗教活动中。

这里流传着一个妇孺皆知的《金凤凰的故事》,故事中穷小伙阿诺和大财主的女儿水花的凄美爱情打动了一代又一代水族人,他们因此把家乡称为"凤凰羽毛一样美丽的地方"。

---

① 意为谈情说爱。
② 即吊脚楼。
③ 意思是水人。

(六)凤凰故乡的仫佬族

在广西罗城处处都可以见到以凤凰命名的山、水、村寨,因为在这里聚居着 20 多万以凤凰为图腾的民族——仫佬族。

仫佬族乃西瓯、骆越、俚僚、乌浒的后裔,属壮侗语族侗水语支。魏晋时期称"穆佬",宋元时期称"木篓苗",新中国成立后定名为"仫佬"。

八月十五的"走坡节"是仫佬青年男女最为向往的日子。仫佬族诗人包玉堂在《少女小夜曲》中描述了明天将第一次走坡的仫佬族姑娘夜不成寐的情景:

> 睡去的村庄多宁静,我却不愿熄掉床头的小灯,激情使我全身发烫,我要站在窗口吹一夜风。凉风越吹心儿越跳得紧,我想着明天走坡的情景:和我结交的是一位漂亮的后生,太阳一样的脸,清泉般的眼睛……谁知道交上什么样的人,想着想着我脸儿热到耳朵根,双手蒙脸我伏倒窗台上,却又偏偏碰着新买的小圆镜。我轻轻把它拿到手中,在窗台下对着月光照了又照,我的脸比后塘的莲花还红!明天把镜儿送给心爱的人,镜背有我新照的一张照片,谁得了它就得了我的爱情……我想呀想呀禁不住笑出声,啊!窗外夜空滑落了一颗星星;今夜我再也不能入睡了,我站在这小窗子下等待天明……

(七)贫瘠土地上的毛南族

最美的风景往往在最偏僻和最贫穷的地方。

广西柳州西北数百公里是一个群山绵延、岩溶遍布的所在。这里有着桂林一般甲天下的山,只是土地贫瘠,常闹水荒,云遮雾罩,日为山蔽,让人不免感叹如此美丽的自然景观和如此恶劣的自然环境的巨大反差,这里就是广西环江毛南族自治县。

毛南族是骆越、西瓯、俚僚的后裔,属壮侗语族侗水语支,现有人口 10 万余人,聚居于云贵高原的茅南山、九万大山、凤凰山和大石山一带,而广西环江的上南、中南、下南一带山区则被称为"三南",素有"毛南之乡"的美称。

正因为这里重峦叠嶂,耕地不足,所以他们垒石成土,精耕细作。

(八)生长在天涯海角的黎族

蔚蓝的天,浩瀚的海,银色的沙滩,纯净的礁石,醉人的椰风,常青的芭蕉——黎族就生长在这座风光旖旎的海南岛上。

他们属壮侗语族黎语支,公元 1957 年,国家为他们设计了拉丁字母的黎文,现通用汉文。146多万人口分布在海南中南部七县二市。骆越的一支在秦汉时移居海南,隋唐时被称为"俚僚",唐末"俚"变名为"黎"。

因为远离中原,过去这里是内地获罪的官员充军发配最遥远的去处。如今乘飞机前来度假已经成为内地人的一大时尚。

然而它现在远不如20世纪下半叶有名。因为如今可供人们选择的风景区数不胜数,而想当年供全中国人观看的电影只有那么几部。其中的《红色娘子军》展现的就是海南黎族女游击战士的铁血英姿。

(九)傩戏的传承者仡佬族

被艺术界誉为"活化石"的傩戏是一种宗教与艺术、酬神与娱人相结合的原始戏曲,伴着鼓乐的叮咚,文武美丑头戴面具粉墨登场,演绎出一幕幕充满了神秘色彩的傩戏。傩戏的传承者是我国西南地区古老的民族——仡佬族。

先秦时期,越的一支在西南地区与当地的濮人杂居,逐步形成了新的群体——僚(被官方写作"獠",读"佬")。僚人的一部分在唐宋以后组成了单一的民族——仡佬。他们属壮侗语族,人口约58万,主要居住在贵州、广西、云南。

(十)以大海为生的京族

在南海北部湾西部海域,一望无际的大海水天相连,烟波浩渺,缓缓的白浪簇拥着三座"品"字形的小岛,这就是被称为京族三岛的山心、巫头、潫尾。

如今2万多京族人口尽管是越人后裔,但他们所说的京语(越南语)显然不属于壮侗语族。京族在500年前由越南的主体民族越族分离出来,从越南海防地区来到京族三岛定居。在历史上,曾经自称"京"、"越"、"安南",新中国成立后通称"越族"。公元1958年,他们为了与越南的越族相区别,提请国务院将他们改回曾经的自称——京族。

一位导游告诉我,仅仅在四季如春的云南,人口超过8000的少数民族就有20多个。我刚刚讲述了作为越族后裔的10个少数民族,显然还有若干民族之花在祖国的大西南尽情绽放着。

如风花雪月里的白族,玉龙雪山下的纳西族……

第二十一章
西南夷——大理国的另类传奇

> 没有一颗心会因为追求梦想而受伤,当你真心渴望某种东西时,整个宇宙都会联合起来帮助你完成。①

一、来到云南

颠沛流离几乎一直伴随着每一个弱小民族的成长脚步。

在很久很久以前,氐羌部落游牧在风如刀、沙如鞭的青甘藏高原上。公元前3世纪,通过"商鞅变法"而强壮起来的西部巨人——秦国开始恃强凌弱,大规模进军边疆少数民族部落。没有办法,氐羌的一支在印率领下,离开故乡赐支河,沿着青海、甘肃、四川的山谷辗转南逃,经过数千里的艰难跋涉,漫无目的地流浪到大渡河、雅砻江流域,也就是今四川西昌、汉源和滇西北、滇东北地区。

你知道什么是幸福定律吗?幸福就是在你没有刻意追求的时候,突然来到身边的。你知道什么是快乐定律吗?快乐就是在你不慎失足落水后,口袋里却装进了大鱼。

对于这些没有奢望的流浪者来说,这里太出乎意外了——一年四季"天气常如二三月,鲜花不断四时春",春夏秋冬都是琼花瑶草的王国。

老人们不禁感叹:"啊,这里感觉像家一样!"按照规律,一个使人感觉像家的所在,除了出生的故乡,就是命运的归宿。因此这伙流浪汉就在这个名叫"西南夷"的地方停了下来。② 他们就是中国境内藏缅语族各兄弟民族的祖先。

---

① 见巴西著名作家保罗·科埃略《牧羊少年奇幻之旅》,南海出版社2009年版。
② 他们的居住区集中在益州武都郡(今贵州遵义)、越嶲郡(今四川西昌)、牂牁郡(今贵州贵定与黄平间)、益州郡(今云南滇池)和永昌郡(今云南保山)。

他们着手营造自己的家园,于是就有了滇国,在云南滇池周围,东接夜郎国,北邻邛(qióng)都,西至嶲昆明。嶲昆明位于滇西洱海地区,东邻滇国,西接滇越,北至四川西南。邛都在四川西昌地区,南邻滇国,北邻笮(zuò)都。

因为在迁徙中形成的那份深深的患难之情,所以他们并未像西部氐、羌那样分离得那么清楚。大种叫昆明,以羌人为主;小种叫叟,以氐人为主。至于僰(bó)人和摩沙夷是羌人多还是氐人多尚难断定。

他们的最终流向及分布大概是:

——居住在川西南及滇西洱海地区的嶲昆明,居住在云南中部和东北部的叟人,后来分化成东爨(cuān)乌蛮、嶲州地区乌蛮和洱海地区乌蛮(在唐初形成了六诏),他们是今彝族的先民。

——居住在滇东南及川南的氐羌部落,被称为"僰中";云南南部、西北部氐人地区和西部邛作地区的僰人被称为"西僰"、"邛僰"、"氐僰"、"羌僰"、"滇僰"。后来僰人按居住区域分为西爨白蛮和洱海周围白蛮,他们是今白族的先民。

——居住在今四川盐源东北的摩沙夷,后来逐渐与叟和嶲昆明杂居,成为纳西族的先民。

——汉晋时期的摩沙夷,后来叫么些蛮(又称"公些磨"),是今纳西族的先民。

——居住在山坡上的和夷①,后称"和蛮",是今哈尼族的先民。

——分布在今川、滇雅砻江、金沙江、澜沧江两岸的古羌人后裔,被称为"施蛮"、"顺蛮"、"栗粟蛮",是今傈僳族的先民。

——乌蛮的一支在唐代流落到寻传地区,被称为"寻传蛮"、"祁鲜"、"裸形蛮"、"野蛮"、"高黎共人",是今阿昌、景颇族和缅甸克钦族的先民。

二、南中大姓

历史上的发明并非全是智慧的产物和聪明者的专利,有时可能是无奈之举和应急之法。以夷制夷就是最无能的人采取的没有办法的办法(如果一个愚蠢的方法有效,那它就不是愚蠢的方法)。

这一发明应该归功于东汉末年那些黔驴技穷的汉朝官员。

风雨飘摇的东汉末年,东汉驻西南夷地区的太守为了应付少数民族日益强烈的反抗,不得不依赖少数民族的夷帅来实施统治。从此,"以夷制夷"这

---

① 彝语半山坡的意思。

个借助少数民族首领管理少数民族的模式成为一种成功的选择,并在未来的年代里被中外统治者广泛应用。

东汉太守尽管黔驴技穷,但并未愚蠢透顶,考虑到夷帅势力过大会危及自己的权力,太守又通过扶植当地的大姓来制衡夷帅,从而赋予了"以夷制夷"更加深刻的内容。久而久之,"南中大姓"(西南夷地区在魏晋时期被称为"南中")成为左右当地局势的力量。当时著名的大姓有孟、爨、焦、雍、量、毛、李。《三国演义》中被诸葛亮"七纵七擒"的孟获就是其中之一。诸葛亮平定南中后,任命大姓中的孟获为御史中丞,爨习为领军将军,孟琰为辅国将军。

三国归晋后,南中大姓只剩下爨、霍、孟3支。爨习的后人趁霍、孟二姓火并时,鹬蚌相争而渔翁得利,最终独霸了南中,从此南中被称为"爨地"。东晋十六国时期,爨地分裂为东、西两部分,西爨白蛮由僰、汉融合而成,主要分布在云南东部滇池和西部洱海地区;东爨乌蛮由叟与昆明融合而成,居住在白蛮的东、南、北三面。此时的南中各姓皆受宁州统辖,而宁州刺史就是爨人。由于中原王国互相征战,自顾不暇,因而爨氏得以窃据一方,独来独往。

隋文帝完成统一大业后,着手收拾独来独往的爨氏,爨人首领被隋朝正法,首领之子被押送长安为奴。

冰冻三尺,非一日之寒,爨氏百年的势力岂能在朝夕之间烟消云散?爨氏仍如水中的葫芦,隋朝一松手便又立即浮起来,从此南宁州麻烦不休、乱子不断,直到隋炀帝当了皇帝,爨人也未被完全压服。不管也罢,隋炀帝宣布废弃南宁州。

唐高祖显然比隋文帝明智得多,他深知爨氏在南中的长期影响,便下令释放了被隋朝扣押在长安为奴的爨弘达,委任其为昆州刺史前往爨地招附南中诸部。此招果然奏效,爨地的喧闹戛然而止。

当一个地方平安下来,负责平安的部门就不再显得那么重要了,于是唐朝再次设立隋朝废弃了的南宁州,辖南宁、恭、协、姚等九州,南中地区被分割管理。在爨人势力越来越弱、唐朝控制愈来愈严的情况下,以南宁州都督爨归王为首的诸爨于唐玄宗天宝四年(745)聚众反唐,唐令南诏首领皮罗阁配合唐军平叛,唐朝有意扶持的南诏最终占有了滇东爨地。

三、三国演义

南诏是踩着白子国的肩膀发迹的。

白子国是从今云南昭通迁到洱海东南的僰人,在东汉末年以今弥渡红崖为中心建立的袖珍政权。诸葛亮南征时,将白子国国王龙佑那降为西洱河侯,赐姓张。唐朝建立后,白子国国王张乐尽求归附唐朝,被唐朝封为云南国诏和云南镇守将军。在从东汉到唐初的漫长岁月时空中,白子国是洱海上空一轮不落的太阳。

至于白子国是如何衰落的,历史上没有多少记载,只知道是南诏取代了它的霸主地位。

南诏的奠基者是今彝族的先人乌蛮。乌蛮建立了蒙舍诏、蒙巂诏、越析诏、施浪诏、浪穹诏、邓赕诏六大部落(史称"六诏"),而蒙舍诏位于各诏以南,故名"南诏"。

在吞并白子国之后,南诏首领细奴逻于唐太宗贞观二十三年(649)自立为奇王,举起了大蒙国的国旗,在今巍山县修筑了巍峨的王城。

仿佛是一次7级以上地震,它带来的冲击波一直延伸到遥远的唐朝和吐蕃。因为洱海地区处于高原与丘陵的缓冲地带,一直是唐朝与吐蕃争夺的目标。为了控制中南地区,唐朝看中了南诏这支潜力股,并把它当成了重点扶持对象,对它从名声上和武力上进行了精心包装。南诏也很争气,经罗盛炎、盛罗皮、皮罗阁3代首领的努力,相继吃掉了其他五诏,统治中心也迁移到太和城(今云南大理南太和村西)。南诏不仅被唐朝封为云南王,而且成了事实上的中南一霸。

种下希望,收获的却是沮丧。一天,唐朝皇帝的脸上布满了阴云,因为南方传来消息,羽翼丰满的南诏不再听从唐朝调遣,而且与同属藏缅语系的吐蕃结成了兄弟之邦,上演了三国时代刘备联吴抗曹的精彩一幕。接下来的消息更加糟糕,唐朝的边镇不断受到南诏的蚕食。

唐朝甘心让"赤壁之战"的历史重演吗?

唐代宗大历十四年(779),精心准备的唐军在西川击败了吐蕃与南诏联军。因为失败之后互相推卸责任,南诏与吐蕃反目成仇。唐朝乘虚而入,与南诏举行了苍山会盟,南诏王异牟寻宣布臣服于过去的恩人——唐朝。

在度过一段美丽而和谐的蜜月后,南诏与唐朝再次翻脸。这一次不怪南诏,只怪中原皇帝不允许别人与自己重名的浑蛋逻辑。南诏王世隆即位后,因名字犯唐太宗李世民和唐玄宗李隆基的名讳,唐朝没有按惯例册封云南王的名号。世隆派人去催,得到的答复是:只要世隆不改名,就别指望得到赐封。

对于这种霸道的行为,一般人也就忍了,但世隆大小也是个国王,而且是个要面子不要命的主儿。世隆干脆将国王的头衔改成了皇帝,将国号改成了大理国,不再使用唐朝历法,也不再奉唐朝为正朔,还派出军队帮助安南土著攻陷了唐朝已经占领的交趾,继而出兵黔中,兵围成都,挑起了与唐朝的战争。

前人曾经告诫我们,迎风吐口水的人将弄脏自己的衣服。世隆出了一口恶气,但却使国家吃尽了苦头,连年的征战使南诏迅速衰落下去。看到南诏日落西山,南诏宰相、汉人郑买嗣于唐昭宗天复二年(902)联合和蛮大姓发动宫廷政变,将蒙氏宗亲800余人残杀在五华楼下,南诏国247年的统治宣告结束,代之而起的是郑氏的大长和国。

大长和国既不长久,也不和平。26年之后,与郑买嗣联合发动政变的和蛮大姓赵氏将郑氏赶下台去,建立了大天兴国。不到一年,大天兴国的开国元勋、剑川节度使杨干贞废掉赵氏,自立为王,改国号为大义宁国。

国王就这样换来换去,南中地区一片狼烟。

四、段氏大理

群众性和部落性的暴乱同时爆发。

在浩荡的暴乱大军中,走在最前面的是南诏开国功臣段俭魏的后人、白蛮大姓、通海节度使段思平。

他从南诏东部起兵后,与滇东37部贵族武装和白蛮大姓高氏、董氏在石城(今云南曲靖)会盟,被各路诸侯推举为盟主。后晋天福二年(937),这位盟主率军到达洱海,攻破大义宁国都龙尾城(今云南大理下关),驱逐了国王杨干贞,结束了中南地区长达34年的动乱。

顺理成章,段思平宣布建立了大理①国,定都于羊苴咩(今云南大理),设置了8府、4郡、37部。

早在起兵时,段思平就喊出了"减尔岁粮丰,宽尔徭役三年"、"赦免国中有罪无子孙者"、"免东方37部蛮徭役"等口号,因而赢得了万民的拥戴。当了皇帝的段思平并未食言,他减免了繁重的徭役,调"理"了政策法令和部落关系,开始向"天下大理"的目标迈进。

后晋开运元年(944),段思平在巡视途中病逝,一个豪雄就这样完结了一个花开花落的不凡人生,他那刚刚有点眉目的"大理之花"也随之零落。

儿子段思英②继位。他在位仅仅一年,就因荒淫昏庸被叔叔段思良代替。

尽管相国董氏在思良篡位事件中居功至伟,但随着佛教的兴盛,信奉密教的董氏渐渐衰落下去,而曾经短暂建立大天兴国的和蛮大姓赵氏也已日落西山,国中只有白蛮大姓高氏未受冲击。

段思良之后,大位在其子孙中传了7代(思聪、素顺、素英、素廉、素隆、素

---

① 取"大治大理,富国兴邦"之意。
② 段氏取名类似于日本古代,没有辈分,不避先讳。

贞、素兴），将近百年。后来年幼无能的段素兴引起国人不满，而段思平的玄孙段思廉却人望很高，于是布燮（相当于宰相）高氏废素兴而立思廉。

因为拥立之功，高氏开始凌驾于各个白蛮大姓之上。段思廉在位31年后出家，儿子段廉义继位，政务全权委托高智升处理，大理国出现了"段与高，共天下"的局面。

宋神宗元丰三年（1080），白蛮大姓杨义贞杀死段廉义，自立为广安皇帝。危难时刻，高智升和儿子高升泰挺身而出。几经周折，高氏举兵讨平了叛乱的杨氏。

为了酬劳高氏集团的勤王之功，国王先是封高氏为善阐（昆明）侯，后来则让高氏留住皇城，成为又一位挟天子以令诸侯的"曹操"。

从此，一切都是高氏说了算。

死去的段廉义无子，因此高氏拥立其侄子段寿辉为国王。大概是烦透了做傀儡皇帝的日子，上明帝段寿辉仅仅当了一年国王就到天龙寺出家当了和尚。之后，高智升立段思廉的孙子段正明为帝。段正明生性懦弱，是个完完全全的傀儡皇帝，并不像《天龙八部》里描写的保定帝那般明智练达，实权一直掌握在高智升和儿子高升泰手中。

高升泰掌权久了，想过过皇帝瘾，便于宋哲宗绍圣元年（1094）以"天变不祥"和段正明"为君不振"为名，逼迫段正明出家为僧并禅位给他，精心导演了一幕篡废大戏，将国号改为大中国。

五、挂名君主

大理并非中原，改朝换代不是只有当权者说了算，当时大理世族领主们势力很大，几乎与官府平起平坐。现在高升泰称帝独大，打破了部族间的平衡，因此处境非常孤立，还落得一身骂名，在位仅两年便郁郁而死。临终，高升泰命令儿子高泰明将王位还给段氏，并叮嘱后人千万不要仿效他。

高泰明遵照父亲的遗言，让段正明的弟弟段正淳继位大理国王，史称"后理国"，高泰明被封为中国公。

后理，其实国号还是大理，只不过史学家如此区分而已。虽然国王是段氏，但相国却由高氏世袭，朝廷被高氏玩弄于股掌之中。发展到后来，外国来使先见相国，后见段王。国家设置的8个地方分支机构，也全部由高氏子孙世代把守。在后理国，高氏的地位如同幕府之天皇、镰仓之将军、战国之足利公方，段氏不过是徒有虚名的摆设罢了。这种名不正言不顺的局面一直延续到元朝灭亡大理的那一天，而国人在此期间始终称高氏为高国主。

段氏不是一点想法也没有的。安文帝段正淳登基后,力图通过改革振兴王室,在国内赦免了国民差役,在外交上重建了与宋朝的友好关系。可惜安文帝在位11年后,彗星西落,瘟疫流行,种种不祥之兆接踵而来,最根本的是他斗不过手握兵权的高氏一族。安文帝回天无术,最后不得不走上"禅位为僧"的传统老路,让位给儿子段和誉(段正严)。

这位大理国第十六代皇帝,从北宋徽宗年间接班,直至南宋高宗绍兴十七年(1147)禅位为僧,在位长达39年,是后理国皇帝中在位时间最长的一个。在漫长的岁月里,他甘心担当傀儡,几乎毫无作为,唯一值得一提的是他曾经派使者到宋朝汴京朝贡,被宋徽宗封为云南节度使、上柱国、大理国王。此后,后理国又传了六世,始终也未改变段氏挂名君主、高氏掌握实权的尴尬局面。

长期的气血不调必然引起身体恶化,宋朝末年的大理国已被高氏折腾得满目疮痍、奄奄一息。到了后来,高氏集团为了争夺布燮发生内讧,东方37部趁机拥兵自重,大理国出现了"酋领星碎,相为雄长,干戈日寻,民坠涂炭"的惨状。这种持续的混乱局面为忽必烈灭亡大理国铺平了道路。

元宪宗蒙哥三年(1253),蒙古大军兵分3路挺进大理,除一路被宋军所阻外,其余两路顺利进入云南。忽必烈亲率中路军经青藏高原南下,纵马越过空气稀薄的雪山,以革囊渡过湍急的金沙江,于第二年年底发动了对大理国都太和城的总攻。大理国的实际统治者——布燮高泰祥进行了死命抵抗,在让蒙古人付出了血的代价后兵败被俘。高泰祥在五华楼前被斩首示众,死前仍高喊对不起他所服务的段氏。

就在高泰祥为国家挥洒热血的时候,最应该站在城头的段兴智却选择了逃跑(如此看来,他们被世代架空丝毫不冤),逃跑的方向是东部靠近宋朝的善阐。蒙古人当然不允许作为大理标志的傀儡国王苟延残喘,第二年春天就发兵擒获了他。至此,大理国5城、8府、4郡、37部悉数归降,前后传22王,立国316年的大理淡出史册。

蒙古在云南建立了行省,做了俘虏的段兴智被意外地任命为世袭总管,还被蒙哥汗赐予了"摩诃罗嵯"①的荣誉称号。不过,段氏的所有头衔不过是一个口头上的名誉而已,实际权力有多少应当管多少事,他们自然心知肚明。

尽管是一种名誉职位,但毕竟是一种形式上的承认。大理段氏继续世代担任元朝的大理总管达130年之久,直到元朝灭亡后,仍然效忠已经逃到草原上的北元,以武力抗拒明朝的统一。明太祖洪武十四年(1381),朱元璋派傅友德、蓝玉、沐英3员大将领兵征讨云南,元将达里麻战败被擒。第二年,明军

---

① 梵文意为大王。

进逼大理,末代总管段世请求依照唐宋惯例降服明朝并求封(又一个软骨头),傅友德因为明朝采取了"改土归流"政策①而断然拒绝了他的要求,进而攻克羊苴咩城,使段氏第十一代总管沦为阶下囚。

此后,段氏已无尺寸之土,但皇皇华夏,六合一家,处处又都是段氏子孙的安身之所(连台湾都有大理段氏后裔)。然而他们中的多数人还是留居云南,以不离故土的方式缅怀着先辈的辉煌与荣耀。

六、立足缅甸

拥有3000多万人的缅族占缅甸总人口的百分之七十。缅语属汉藏语系藏缅语族缅彝语支。缅族主要居住在伊洛瓦底江中下游及三角洲——"缅甸粮仓"一带,这里又被称为"缅甸本部"。

缅族与吉仁族、克耶族、克钦族、钦族、若开族等都是从青藏高原南下的羌人后裔。唐肃宗至德二年(757),缅族先人建立的南诏国南下击败了骠国,通过持续的移民形成了缅甸主体民族缅族。从宋仁宗庆历四年(1044)开始,缅人建立了蒲甘王朝。元世祖至元二十四年(1287),大元入侵缅甸,结束了蒲甘王朝,设立了"缅甸行省",缅甸的称谓从此诞生。明初,缅甸成为大明藩属国。

明嘉靖十年(1531),缅人莽应体统一缅甸,建立东吁王朝;之后是贡榜王朝。直至19世纪南亚响起英国人的枪声。

已在印度站稳脚跟的英国殖民者,于清道光四年(1824)、咸丰二年(1852)、光绪十一年(1885)连续发起了三次侵缅战争,最终缅甸成为英属印度的一个独立省,还人为地被划分为上缅甸和下缅甸。

蜜蜂盗花,结果却使花开得更茂盛。第二次世界大战爆发后,试图独吞南亚的日本军国主义者,联合以巴莫为首的缅甸执行政府和以昂山将军为首的缅甸独立义勇军赶走了英军。之后,羽翼渐丰的昂山又反过头来与日军作战。

只是,在日本投降后,缅甸再次划入英国势力范围。面对昂山的独立诉求,英国千方百计予以阻挠。1947年7月19日,正在举行部长会议的临时政府首脑昂山与6名部长同时遇刺身亡。昂山的继承人吴努(德钦努)继续领导独立运动,最终迫使英国议会于1948年1月4日承认缅甸独立。

可惜的是,1962年吴努民主政府被军权在握的奈温将军推翻,多党民主

---

① 明朝推行了"改土归流"政策,废除了世袭土官,改派"流官"治理,云南土官和土司被全部取消。

议会制成为过去;更可惜的是,1990年缅甸军政府拒绝向在多党制大选中获胜的昂山素季①交权,还悍然废除了1947年组成缅甸联邦大家庭的唯一条约——联邦宪法。

我忧虑的是,如今的缅甸联邦共和国境内居住着42个民族,135个支系,其中掸族、吉仁族、克耶族、克伦族、孟族、克钦族、钦族、若开族都有着辉煌的过去。军政府与反对派之间,民族武装与军政府之间有着无数扯不清、理不明的历史纠葛。好在,金三角问题已经得到和平解决,军政府已经承诺推进民主进程。缅甸的天空应该更蓝,古城仰光应该更加灿烂,新首都内比都应该更加新鲜。

正如昂山素季所言:"我们并不缺少发展所需要的科学与技术,但我们内心深处依然缺少些什么,一种真正的心理温暖的感觉。"

七、藏缅语族的兄弟姐妹

在如今中国西南边陲的青山碧水之间生活着13个古老得不留一点痕迹、遥远得望不到尽头的民族,他们的民族服饰五颜六色,他们的生活习俗千奇百怪,但他们有一点是共同的,那就是来自于同一个语族藏缅语族——都是中国西部的氐羌后裔。

(一)风花雪月里的白族

以大理石②和风花雪月(下关的风,上关的花,苍山的雪,洱海的月)闻名于世的云南大理,曾经被誉为"南方丝绸之路"上的国际通道,也曾是一条绵延千年的茶马古道。这里就是大理国后人——白族生活的地方。

白族属汉藏语系藏缅语族白语支,通用汉文,总人口190万,大部分居住在云南大理白族自治州,其余分布在云南各地及贵州毕节、四川凉山、湖南张家界等地。白族的先民最早可以追溯到氐羌部落,汉代被称为"僰人",白子国和大理国就是他们引以为荣的历史记忆。

大理是电影《五朵金花》的故乡,因古迹众多、佛寺林立被称为"妙香古国",以山水云石和风花雪月引来了如织的游人。

---

① 昂山将军的女儿,她所领导的缅甸民主联盟在1990年多党制大选中获胜,然后被军政府软禁达14年之久,1991年获诺贝尔和平奖。
② 我国著名的建筑材料大理石因产自云南大理境内的苍山而名"苍山石",宋代建立大理国后才统称为"大理石"。苍山大理石主要有彩花石、天灰石、汉白玉3种。

(二)阿诗玛所在的彝族

这是一个诗意的民族,长篇叙事诗《阿诗玛》在这里广为流传,阿诗玛和阿黑分别成了彝族姑娘和小伙的美称,而且大三弦舞和阿细跳月像内地的流行歌曲一样风靡彝区。

这还是一个智慧的民族。早在成吉思汗饮马欧洲的公元13世纪,他们就创造出了自己的"十月太阳历"(即彝夏太阳历):将一年的365.25天平均分为10个月,每月36天,多余的5天用来"过年"。

彝族属藏缅语族彝语支,彝文字是一种音节文字,现有819个规范彝字。总人口870万,聚居云南、四川、贵州、广西。我国卫星发射基地西昌,即是凉山彝族自治州州府。中国名牌"石林"香烟盒上的风景,也出在彝族生活的地方。

彝族源自氐羌部落,汉代叫巂昆明、叟,魏晋南北朝时期叫乌蛮,唐朝之后被称为"夷人"。红军长征途经夷区时,总参谋长刘伯承曾与彝族首领小叶丹在彝海结盟,演绎出一段因诚释惑的曲折往事。

公元20世纪50年代,毛泽东在研究民族识别问题时提议:"能否将夷改成彝呢?"他操着浓重的湖南口音幽默地解释道:"彝字里面有米有线,有吃有穿多好哇!"中央政府在征得夷人同意后,正式改"夷"为"彝"。

(三)玉龙雪山哺育着纳西族

在终年积雪、晶莹剔透的玉龙雪山怀抱里,生活着一个有着悠久历史和灿烂文化的民族——纳西族。纳西族人口有30多万,属藏缅语族彝语支,现通用汉文。

纳西族源于牦牛羌。秦汉时期,牦牛羌的一支摩沙夷在今四川盐源东北与叟和巂昆明杂居,被称为"么些蛮"。后来建立了"六诏"之一的越析诏。纳西[①]是他们的自称。

纳西人在公元7世纪创制的象形表意文字东巴文和音节文字哥巴文,是世界上唯一保留完整的"活着的象形文字"。

这也是个神秘的去处。仙居泸沽湖[②]地区的纳西分支摩梭人,一直流行散发着原始气息、融注着浪漫情调的阿夏[③]婚姻。其特点是男不娶妻,女不嫁夫。彼此不算夫妻,而以"阿夏"相称。只要女子愿意,男子夜间可到她家

---

① "纳"有大、黑二意,"西"的意思是人。
② 意为母海。
③ 意为亲密的伙伴。

过夜。

这一风俗带来的问题是,美丽女子追求者往往趋之若鹜,而容貌欠佳且体弱多病的女子往往门可罗雀。世间的事林林总总,终究躲不过一个"情"字,人们仿佛都在追求一种充满温馨、情投意合的心境。对此,外族人不必大惊小怪。

这还是个美丽的地方。纳西族聚居的丽江古城街巷幽深、清泉密布、家家流水、户户垂柳,以其完好的古城风貌和深厚的文化底蕴于公元1997年被联合国教科文组织列入了"世界文化遗产名录"。

(四)哈尼梯田堪称人类奇迹

在云南红土高原上奔涌着一条色红如染的大江(在云南境内称"元江",进入越南后称"红河")。在红河谷里和哀牢山、无量山区,繁衍着一个170多万人口的民族——哈尼族。他们的口语属藏缅语族彝语支。哈尼人家中都有几段打了结的绳子,被珍藏在家中最安全的地方,它是主人的账本,记录着借贷、离婚、典当土地等要事。这种结绳记事的方法长期流行在只有民族语言而没有民族文字的哈尼人中间,直到公元1975年创制了以拉丁字母为基础的拼音文字。

很久以前,一支羌人部落从西北南下,消失在南方的密林中。后来,一支被称为"和夷"的新兴农耕民族在羌族消失的地方崛起。他们的第一个聚居地就是传说中的"努玛阿美"(大渡河与金沙江交界处)。不久,因为周边民族的攻击,他们被迫辗转南迁到今滇池、洱海沿岸。在这里,浦尼向他们发起了突然袭击,他们无奈地开始了第三次大规模迁徙。在1000年的颠沛流离中,他们一次次创建家园,又一次次眼睁睁地看着落入他人之手。疲惫的队伍最后在贫瘠的哀牢山、无量山定居下来,他们劈山石、开山路、搭田埂,开始用愚公移山的精神,一代一代在人迹罕至的半山坡上开垦梯田。

与举世闻名的金字塔、空中花园、长城相提并论,被列为人类最伟大的100个工程之一的哈尼梯田诞生了。如今,哈尼梯田共有70万亩,全部镶嵌在海拔600—2000米之间的山坡上,坡度都在75度以上。群山深处,哈尼梯田一层一层漫向田野,朝着天际铺陈。面积最大的老虎嘴梯田落差达1400米,占地1700亩,粗略估计有5000级之多。而印加人的马丘比梯田也不过800多级。公元1999年,联合国教科文组织亚太地区官员理查德面对哈尼梯田慨叹不已:"我一见到它,魂好像都丢掉了。哈尼梯田简直是人与自然高度和谐的典范。"

(五)狩猎民族的后裔拉祜族

信马由缰在云南澜沧江拉祜(hù)族自治县和孟连、双江自治县的拉祜人被认为是特点最为鲜明的民族之一,那黑帽、黑褂、黑裤、斜背猎枪的装束,使你能在任何地方、任何环境中一眼辨认出他们。

拉祜纳(黑)、拉祜西(黄)和红河州"苦聪"[①]是拉祜族的主要分支。公元1985年,红河州政府根据国务院人口普查领导小组、公安部、国家民委《关于恢复或改正民族成分的处理原则的通知》,恢复了苦聪人的自称——拉祜[②]。

他们的祖先也是南下的氐羌部落,西汉时被称为"昆明之属"。后来受到南诏打压,历经10个世纪辗转南迁到澜沧江畔。他们属于藏缅语族彝语支,如今人口已近50万。

拉祜族人以黑为美,自称是从葫芦里孕育出来的民族,以葫芦作为民族象征。动画片《金刚葫芦娃》的创意或许有感于他们的民族传说。

(六)挂在山壁上的傈僳族

在云南怒江傈僳(lì sù)族自治州和丽江、迪庆、大理、楚雄及四川盐源、盐边、木里的崇山峻岭中居住着一个以冒险著称的民族,其田地挂在山壁上,木楼架在山坡上,就连农历二月初八的"刀杆节"也是比谁能赤脚蹬着锋利的刀刃爬上竿顶,这个民族被称为"傈僳族"。他们属藏缅语族彝语支,现有人口70万。

傈僳族与彝族同源。元明时期因不堪丽江土司的压榨,在酋长括木必的率领下,跨过湍急的金沙江、澜沧江,翻越高高的碧罗雪山,来到怒江流域。还有一部分人走出国门,进入了缅甸、老挝、泰国。

这里最令人津津乐道的是傈僳族社交仪式上的"贴面酒"。饮酒时,男女主人取来竹筒酒,与客人脸贴脸地一同喝光,不得有酒溢流滴地,否则就要从头再来。饮贴面酒是不避男女之嫌的,即便是在夫妻同宴的情况下,丈夫与其他女子贴面而饮,妻子与其他男子同杯喝尽,双方都不会无端地吃醋。

(七)舅舅的后代——基诺族

这是一个小而又小的民族,如今人口只有2万。公元1979年6月6日,他们才被国务院正式宣布为单一民族,从此中国有了第五十六个兄弟姐

---

① 意为高山上的人。
② "拉"指老虎,"祜"表示用火烤食,"拉祜"的含义是猎虎。

妹——基诺族。

他们的来历非同寻常：传说当年诸葛亮率军南征，转战普洱、思茅一带时，几个士兵因贪睡被"丢落"在途中，醒来后他们日夜兼程，终于在西双版纳的小黑江赶上了大队人马。而诸葛亮为严肃军纪，不再收留他们，给他们一包茶种、一包棉籽，让其自谋生路。这些人便在基诺山一带定居下来，入赘当地的少数民族，后来"丢落人"渐渐变音为"基诺人"。

如果你表示怀疑，基诺人会反驳说：为什么我们如今仍供奉着诸葛亮呢？为什么我们的竹楼要以孔明的帽子为式样呢？

基诺族的含义是舅舅的后代或尊重舅舅的民族。这里的成年男子晚上到自己的女人家同居，白天要回到自己的母亲和舅舅身边，因而在家庭中没有"爸爸"，只有孩子的"舅舅"。这一称呼无疑残留着母系氏族社会的遗风。

的确，原始社会的脚步在这里停留了很久很久。直到公元20世纪50年代初期，氏族公社的炊烟仍在这方水土的上空袅袅飘荡。昔日的大公房、残存的刻木记事、恢宏厚重的大鼓声、浓郁的基诺族风情，像一块巨大的磁铁，深深地吸引着淳朴的基诺人。

他们如今居住在云南西双版纳景洪市基诺民族乡和周围山区，语言属于藏缅语族彝语支。

（八）中缅边境的景颇族

他们很不幸，因为一个民族被分割在了两个国家里。

他们的先民早期被称为"氐羌"、"西南夷"、"叟"、"乌蛮"、"寻传蛮"、"峨昌"。明清之交，峨昌分成了景颇族和阿昌族两部分。后来，景颇人又分成了两支，其中的一支迁徙到云南西南部，分布在云南德宏傣族景颇族自治州和怒江傈僳族自治州，他们就是今天的景颇人；另一支走出了国门，落脚缅甸，他们就是今缅甸克钦邦的克钦族。

如今的景颇族共有15万人，属于藏缅语族景颇语支。

（九）一刀一线打天下的阿昌族

这是一个靠手艺吃饭的民族，男人打造的户撒刀和女人制作的过手米线完全可以称得上是独门绝技。

他们属于藏缅语族景颇语支，与景颇族乃一奶同胞，明末清初与景颇族分离，清代起名阿昌。

靠手吃饭的阿昌人也不缺乏浪漫，无论在村边、寨旁，还是赶街的路上，随身带着葫芦箫的男青年只要遇到心仪的姑娘，便吹起动听的乐曲，上前询问姑娘的芳名。如果姑娘情无所属，又有意相识，便会巧妙地回应。心领神会的小伙子则主动提出送姑娘回家，姑娘则以"要送就要送到寨子头，不能送半路"回复对方。于是，一段爱情故事便开始叮咚流淌。

每当夕阳西下，月上树梢，年轻的小伙子便一个个悄然来到心爱的姑娘门前，吹起葫芦箫，用缠绵的曲调向心上人传递相思。姑娘听到这亲切而熟悉的曲调，必然会借故外出与情人幽会。在火塘边，小伙子和姑娘含情脉脉地相对而坐，或对唱情歌，或窃窃私语，直到雄鸡报晓的黎明。

(十) 独龙江上有个独龙族

在云南贡山独龙族怒族自治县奔腾着一条神秘而湍急的河谷，她就是发源于西藏伯舒拉岑雪山，最后注入缅甸境内的独龙江。独龙江沿岸，群峰竞秀，古木争奇，瀑布飞悬，乱云飞渡。碧绿的独龙江上间或有一两座原始的藤网桥飞架两岸。在这个神秘的河谷地带生活着仅有7500人的独龙族。

他们属于藏缅语族景颇语支，没有自己的民族文字。

民族内部有50多个父系氏族，每个氏族中又划分成若干个兄弟族群。他们传统的生活方式是以家族公社为中心的原始共产制。家族长负责处理协调公共事务，族人同耕共食，儿媳轮流煮饭，进餐时由主妇按人头平均分配。

在喧嚣纷扰的现代，这是一方没有污染的净土，至今路不拾遗，夜不闭户，被誉为"不锁门的民族"。

(十一) 远道而来的普米族

在云岭地区的大山中，也就是云南兰坪、丽江、永胜、维西、宁蒗县和四川木里、盐源县境内，居住着4万多自给自足的普米族。他们属于藏缅语族，史称"西番"、"巴苴"，因皮肤白皙而骄傲地自称"普英米"、"普日米"[①]。新中国成立之后统称"普米族"。

普米族的先人是青海、四川、甘肃交界处的氐羌游牧部落，后来从高寒的大西北向温暖的大西南进行了历时千年的迁徙。公元13世纪中叶，一部分青壮年随忽必烈远征云南。从此，普米族的先民结束了"逐水草而迁徙"的游牧状态，开始了以农耕为主的生活。如今生活在云岭的普米族，是中国迁徙时间最长、路途最为遥远的民族之一。

千百年过去了，我们仍能感受到普米人对民族发源地——北方草原的孜孜眷恋。宁蒗地区的普米族妇女那束腰、多褶的长裙中间，通常都横绣着一道

---

① 意为白人。

红色的彩线。她们说这是祖先迁移的路线,人死以后需沿着这条路去寻找自己的归宿,否则就回不了魂牵梦绕的老家。

(十二)怒江大峡谷深处的怒族

横断山中有一条气势磅礴的大江,狂涛巨浪伴着震天的咆哮,由地之北向地之南一泻千里,这就是中国西南著名的怒江。怒江造就了一江拽两山、两山夹一江、纵贯大地600公里,被誉为仅次于美国科罗拉多大峡谷的世界第二大峡谷——怒江大峡谷,峡谷之高、之深、之狭、之长,堪称世间一奇。更奇的是尽管峡谷在千山万壑中百折千回,但却与地理坐标始终保持平行。大峡谷的水光山色,集雄奇俊秀于一身,那里的奇峰怪石、飞泉流瀑、激流险滩、古树名木随着季节与气候的变幻,时而有云遮雾罩飘飘然的虚幻,时而有云消雾散赫赫然的伟岸,是一个远足、写生、猎奇、休闲的绝佳去处。

他们属于藏缅语族,没有自己的民族文字,只有区区3.8万人,以大小不等的聚居形式,断断续续地分布在峡谷深处的怒江傈僳族自治州泸水、福贡、贡山三县直至西藏察隅县察瓦龙乡南端约500公里的地段上。怒族的祖先名叫潞蛮,因为云南人"潞"与"怒"难辨,久而久之,他们又被称为"怒蛮",他们身旁的大江也因此被命名为"怒江"。汉人掌权的明朝,他们才被允许将可恶的"蛮"字去掉,直称"怒人"。

怒族每村都有一间被称为"哦噻"①的小楼,每到星光灿烂的夜晚,相爱的成年男女便到哦噻中谈情说爱、相抱而寝。这种相抱而寝的情侣被美其名曰加尤②。

(十三)巴人后裔土家族

他们是南方顽强保留下来的为数极少的土著民族之一。

早在茹毛饮血的洪荒时代,今湖北清江一带的洞穴中就活跃着一个古老的巴人部落。部落头人为了摆脱穷山恶水,率领巴人沿清江向盐阳迁徙,进入了鸟鸣山幽的武陵山、大娄山、大巴山区。武王伐纣时,巴人曾随同东征。春秋战国时代,巴人首领也顺应潮流自称巴王。"五溪蛮"、"思州蛮"、"播州蛮"是唐朝强加在他们头上的不雅之称。蒙古和满洲人掌握政权后,尽管他们自称"毕兹卡"③,但朝廷却偏偏称他们为"土蛮"。直到文明之火照亮了中国天空的近代,"土家族"这一中性名称才出现在中国文献中。

---

① 意为村里寄宿的房子。
② 意为睡伴。
③ 意为本地人。

土家族属于藏缅语族,语支不明,人口已经达到了中国东部沿海地级市的规模(840万),居住在湖南湘西土家族苗族自治州、湖北恩施土家族苗族自治州及四川、重庆一带。

土家人的祖先独具慧眼,因为他们生活的武陵源风景区(包括张家界),尽管长期"养在深闺人未识",但"天生丽质难自弃",最终在20世纪80年代被旅游开发者"隆重推出",成为现代旅游王国里的一个"绝代佳人"。

似乎南方丛林的故事还没有结束,因为连孩子们都知道"夜郎自大"的成语。

夜郎国是一个躲避不开的话题。

第二十二章

濮人——被历史冤屈的夜郎王

> 滇王与汉使者言曰:"汉孰与我大?"
> 及夜郎王亦然。以道不通故,各自以为一
> 州主,不知汉之大。①

一、夜郎真的自大吗

进入每一个民族的历史隧道都是一件劳神费力的事情。对于"夜郎"这个奇怪的名字,有人说是"议郎"②的译音。

在模糊的历史陈迹中披沙拣金,钩沉发微,才勉强知道南方有个古老的濮族。史书上说它是参加周武王伐纣联军的18蛮夷国之一,后来出土的殷墟甲骨卜辞中也找到了关于濮人的记载。据推测,濮人的活动区域大约在楚国西南方向,即今湖南和贵州北部的崇山峻岭中。

尽管这里有山中树、水边草、路边花、蓝天若水、红叶如鱼,但龟缩在大山大河之间,整天跟动物打交道,与中原文明远远隔绝,他们不可能取得实质性的进步。直到春秋时期,濮人仍然没有自己的君长,三五成群,自得其乐,狩猎劳作,自生自灭,所以被称为"百濮"。

但到了弱肉强食的战国时代,就连山林里也找不到一片净土。面对战国群雄的压榨和渗透,他们明白,在紧急情况下需要找一个发号施令的人指挥全体部众。没有首领,他们就会被各个击破。于是就有了居于一般濮人之上的大王,有了大小不等的濮人国家,如且兰、句町(góu dīng),其中最大、最著名的当属夜郎。

这个小国之中的大国存在的时间比一般的中原王朝还长。从周赧王十七

---

① 见司马迁《史记·西南夷列传》。
② 指议事联盟。

年(前298)楚国讨伐夜郎开始,到汉成帝河平二年(前27)夜郎国被废,夜郎国存在了足足3个世纪。其疆土东接交趾,西邻滇国,北有邛都,方位在今贵州中西部和与贵州比邻的四川、云南部分地区。在这个三晴两雨、四季如春的区域内,生活着百濮族系和百越族系的众多民族,人口有10余万户,数十万人,仅精兵就有10余万,是西南夷地区名副其实的盟主。直到汉朝初年,夜郎王仍凭借强大的兵力笑傲群邻。

笑话就出在夜郎王不可一世的时候。当时,汉武帝听说南方丛林中有一个派头不小的夜郎国,便两次派出大臣进行招附。第一次是建元六年(前135),汉武帝在击溃东越后,派出唐蒙出使夜郎,说服夜郎及周边小国答应汉朝在那里设置了犍为郡。第二次是元狩元年(前122),汉武帝因通向身毒(印度)的道路被匈奴阻隔,试图通过西南夷另外开辟一条去身毒的路,便再次派汉使前往夜郎。夜郎王多同破例接待了远方的客人,待汉使说明来历后,夜郎王竟然发出了"汉孰与我大"的疑问。这一问非同小可,"夜郎自大"的成语从此诞生。

像"夜郎自大"这样一件转瞬即逝、似灰如尘的事情,却往往最容易镌刻在人们的历史记忆中,被人们正说反道,嬉笑怒骂。其实他们的境界和视野是由他们所处的客观环境决定的,换了别人也同样如此。因为一个社会集团的文化进步主要取决于它是否有机会吸取邻近社会集团的经验,文化最原始的部落基本上就是那些长期与世隔绝、缺乏外界刺激的部落。

就在夜郎王发出"汉孰与我大"的疑问之前,汉朝使者到达了邻近的滇国,滇王套芜最先发出了"汉孰与我大"的疑问。古人之所以把这句贬义的话加在夜郎王身上传扬,不过因为夜郎王比滇王名气大罢了。就如同我们吓唬小孩用阎王比用小鬼更有作用一样。

"夜郎自大"也完全可以解释为一种强烈的民族自豪感和自信心,因为夜郎国的确独领西南夷之风骚。而且"汉孰与我大"的问题,也透出了夜郎王在群山封闭中急于了解外部世界的求知热望。

在听说汉朝疆域开阔、兵多将广,自己仅仅相当于汉朝103个郡国中的一个之后,夜郎王并没有"妄自尊大",他不仅痛快地答应了汉使的要求,而且对汉朝文明表现出非同寻常的认同,"约为置吏,归属汉朝,接受册封",并派出使者到京城朝贡。

其实把这个贬义的成语与明智的夜郎王捆绑在一起是不公平的,历史上的夜郎王比窦娥还冤。因为他们在交通闭塞、信息不畅的环境里,问一声汉使者谁大,并不为过。不过,一个误读的成语,不经意间传扬了一个存世300年的古国历史,并升华了一个人、一个民族虚怀若谷的境界与风范,实属功莫大焉。

二、地位下降

握紧拳头你将一无所有,张开双手才能拥抱一切。尽管夜郎王的臣下嘀嘀咕咕,但后来发生在夜郎身边的事件明白无误地证明了他的高明之处。元鼎六年(前111),在汉朝征讨南越时拒不出兵的且兰君主,被汉武帝派大军一举击杀。看到此情此景,暗自庆幸的夜郎王派出大臣向汉朝正式投降,汉武帝对他的明智之举大为赞赏,仍赐其为夜郎王,在此设置了牂牁(zāng kē)郡。

随着牂牁郡的建立,曾经雄踞西南几百年的夜郎国地位骤然下降,它不再是部落联盟盟主,而是郡守治下的小邦,首领被封为王、侯、邑长。

并非每一位夜郎王都能审时度势,历史的悲剧终于到来。汉成帝河平二年(前27),濮人聚居区的夜郎王兴、句町王禹和漏卧侯俞之间经常因为小事相互挞伐,战火连绵不断,民众怨声载道,作为众王之王的汉成帝不得不派人持节调解。

"这是我们的内部事务,汉朝何必多管闲事!"夜郎王兴公然不从调停,仍一意孤行继续征讨其他两个小国。

一气之下,汉朝牂牁太守陈立报经汉成帝同意,摆下鸿门宴,谋杀了不识时务的兴,讨平了兴的妻子和儿子拼凑起来的叛军,夜郎王从此被废,部分夜郎贵族因惧怕汉朝镇压和句町报复而南逃交趾。这正应了道家鼻祖老子那段话:人身上牙齿最硬,舌头最软。所以牙齿最先脱落,而舌头永远鲜嫩。

三、历史的必然

夜郎国的消失真的怪兴不识时务吗? 如果夜郎国低眉顺眼,就可以摆脱被废的命运吗?

回答是否定的。

这还要从血液里流淌着改革热血的秦始皇说起。

秦始皇兼并六国后,彻底颠覆了延续上千年的"邦国制"①,新建了"帝国制"②。

历史的惯性使得人们对新生事物总有一个适应的过程。开始的时候,并非所有的人都赞成"郡县制",甚至有人把秦朝"二世而亡"归罪为没有分

---

① 历史上叫封建制,也就是把天下分封给诸侯,建立各自为政的邦国。
② 历史上叫郡县制,也就是把原来的诸多国家变成一个国家,把原来各自为政的邦国变成中央统一管辖的郡县。

封诸侯。迫于无奈，刘邦在建国初期只好实行了"一个王朝，两种制度"：在京畿地区实行"郡县制"，由中央政府统一领导；外围地区实行"封建制"，封了许多刘姓王国（后来还将归顺的少数民族首领封为国王，夜郎王就属此列），由王国的君主自行治理，让他们充当中央政府的屏障，也就是所谓的"藩[①]王"。

事实无情地证明，刘邦委曲求全地部分恢复"郡国制"是一个重大决策失误。汉景帝被七国之乱搞得方寸大乱、焦头烂额，搭上了亲信大臣晁错的脑袋，又请出了名将周勃的儿子周亚夫，费了九牛二虎之力，才勉强将造反的藩王平定下去。（此后分封制偶有复发，每次都酿成了血光之灾，如西晋分封引发了"八王之乱"，朱元璋分封造成了"靖难之役"，洪秀全分封导致了"天京事变"。）

经历了此次血的教训，汉王朝开始彻底检讨刘邦的"一国两制"。元朔二年（前127），汉武帝颁布了"推恩令"，诸侯王的支庶得以受封为列侯。结果，汉初分封的王国有的变成了郡县，有的分成了只有虚名、没有实权的小侯国，这就为汉武帝的大显身手打牢了根基，汉朝的国祚也因此延续了漫长的300年。

夜郎王的被废就是在这样一个大背景下发生的。试想，和皇帝一脉相承的刘姓藩王都变成"侯"了，皇帝还能容忍他姓国王存在吗？

四、选择沉默

夜郎王被诛杀后，濮人感到没有了主心骨，因而多次聚众闹事，有一次还把牂牁郡府团团围起来表示抗议。为了息事宁人，汉朝只得修建了一座"竹王祠"（夜郎王姓竹）祭奠夜郎王，还封竹王幸存的3个儿子为侯。

众所周知，"侯"比"王"不仅低了一等，更重要的是没有相对独立的权力。但封侯也比被杀好啊，连别的刘姓国王都降为侯了，自己还有什么不知足的呢？3个夜郎侯不敢（也懒得）争辩，只有（也只能）听之任之。

夜郎国从此消失了，但就因为那个对夜郎人极尽嘲笑之能事的成语，夜郎国得以经常挂在后人嘴边。当然，还有一件事名气很大，那就是在今夜郎故土上酿出的美酒，在民国四年（1915）美国主办的巴拿马万国博览会上大放异彩，同法国的库尼克白兰地、英国的苏格兰威士忌一同被誉为世界三大蒸馏

[①] 意为篱笆。

酒,它就是中国酒中之王——贵州茅台①。另外,还有一件事鲜为人知,那就是作为夜郎象征的"竹"通"筑",如今的贵州贵阳就简称"筑"(zhú)。

时间冲淡了记忆,尘土一天天把都邑掩埋。如今,滇王印已经在云南找到,句町王墓在广西被发掘,而夜郎王都废墟至今没有踪影。

沉默以后就是平淡。此后,百濮失去了记载。因汉朝在百濮之地设置了武陵郡(今湖南溆浦)、长沙郡(今湖南长沙)、零陵郡(今广西兴安)、贵阳郡(今湖南郴州),所以他们以地名被称为武陵等郡蛮。岁月流转到隋唐时期,因蛮人聚居的湘西与四川、贵州、湖北交界处五溪汇流,所以武陵蛮改称"五溪蛮"。今日苗瑶语族的苗族、瑶族、畲族,就是由五溪蛮、长沙蛮、零陵蛮和贵阳蛮分化而来。

五、"破天荒"的故事

说起蛮人,自然让人联想到"破天荒"的故事。

故事发生在湖南,古时典型的蛮人居住区,一片圣人不到的地方。

早在汉朝中期,这里就纳入了中央政府统治范围,成为最著名的官员流放地。贾谊被贬到长沙,终日以泪洗面,竟然哭死在那里。

越来越多的落魄汉人迁居此地,尽管有与蛮人争夺土地之嫌,但却给湖湘大地带来了丰厚的文化养分,也造就了"先天下之忧而忧,后天下之乐而乐"的岳阳楼精神。并且因为说起了汉话,写起了汉文,这里的子民终于可以同内地的汉民一样"入仕"为官了。

但途径在哪里呢?凭着武艺超群在军队混出个样子吧?他们又发育不良。凭着朝官举荐混个一官半职吧?他们又朝中无人。

整个汉朝,这里只出了一个名人,他就是东汉湖南耒阳人、中国古代四大发明之一的造纸术的发明者——蔡伦。可惜,他只是一个宦官。之后的人物再也没有什么名气,如果非要找出什么名人来,恐怕只有三国时蜀汉丞相诸葛亮的接班人蒋琬(零陵人)。

到了隋唐时期,朝廷传来了爆炸性的消息:中国土地上的任何一个普通百姓,只要在中国长期居住,哪怕你是红发蓝眼的外国人,也可以通过科举考试谋取官位。

如同中国公元1977年突然恢复了高考一样,万千黎民百姓开始省吃俭用

---

① 贵州茅台酒厂位于黔北赤水河畔茅台镇海拔423米处,早在1915年就获巴拿马万国博览会金奖。

地供孩子读书,教书先生成为最为稀缺的人力资源,私塾成为最为吃香的投资项目。

可是隋唐开科取士300年了,可能因为湖南教育基础太差,文化底蕴不足,同时因为当时的科举没有现在开明,不像现在的高考一样按照省份画线,而且少数民族考生可以加分,结果,不论湖南考生如何头悬梁、锥刺股,闻鸡即起,寒窗苦读,一代又一代举人进京赶考,竟然没有一人及第,被天下笑称为"天荒①解"。

好不容易有个名叫刘蜕的长沙人在唐宣宗李忱大中四年(850年)考中进士,故称为"破天荒"。时任荆南节度使的魏国公崔铉特地奖赏给刘蜕70万贯钱,这笔钱的名堂就叫"破天荒钱"。刘蜕回信辞而不受,并答谢说:"五十年来,自是人废;一千里外,岂曰天荒。"

宋代以后,湖南人高中科举的仍然不多。但随着南宋迁都江南,中华文化也尾随而至,著名的岳麓书院在长沙设立,在外做官的永州人周敦颐回乡讲学,开理学之先声,并启迪了宋明时代几大著名学者——朱熹、二程兄弟、陆九渊。

明末清初,湖南衡阳出了个文人王船山(王夫之),他曾经与黄宗羲、顾炎武一起参加了抗清起义。兵败之后,躲进深山瑶洞中潜心治学,勤奋著述40载,写就了等身著作,直到临死也没有剃掉头发留起辫子。荒僻蛮荒的湖南,开始挺起民族的脊梁。

清道光十八年(1838),出身湘乡贫困山区的曾国藩进京赶考,在会试中以殿试三甲第四十二名的成绩进入皇榜,被赐同进士出身。接下来的朝考,又高中一等第三名,并由道光皇帝提拔为第二名,授翰林院庶吉士。3年后再通过了散馆考试,被授翰林院检讨,官居从七品。道光二十七年(1847),再升内阁学士兼礼部侍郎,官居从二品,年仅37岁。他在湖南引起的震动丝毫不亚于当年刘蜕的"破天荒"。

湖南开始让人刮目相看,中国也进入了"湖南人时代"。魏源(邵阳)、曾国藩(湘乡)、左宗棠(湘阴)是第一拨;谭嗣同(浏阳)、唐才常(浏阳)是第二拨;黄兴(长沙)、蔡锷(邵阳)、宋教仁(桃源)、陈天华(新化)是第三拨;然后是毛泽东(湘潭)、李立三(醴陵)、刘少奇(宁乡)、彭德怀(湘潭)、任弼时(湘阴)、贺龙(桑植)、罗荣桓(衡东)。

如今,谁还记得湖南曾经是个"天荒之地"?

---

① 混沌未开的状态。

六、哀牢王

濮人并非只有夜郎一支。

另一支蜗居在云南西南部的濮人,乃是先秦百濮的一部分。因为天高皇帝远,这支居住在今保山、永平、施甸的濮人,在汉代还建立了稍有名气的哀牢古国。《后汉书》言之凿凿:哀牢古国东西3000里,南北4000里,地盘包括怒江、澜沧江两岸的广阔区域,国内生活着穿胸、闽、越、濮、鸠、僚等五花八门的民族,共5万余户,55万多人。

他们独立的日子随着汉朝疆域的扩大而日益缩短,终于在光武帝刘秀当政时走到了尽头。眼看就有被灭亡的危险,哀牢国王主动要求归附汉朝。汉朝皇帝一高兴,只是把他们降到了属国的地位,哀牢境内的渠帅①仍然各自称王。汉明帝刘庄永平十二年(69),哀牢王柳貌正式内附东汉,汉明帝在哀牢国土上设置了永昌郡,郡内杂居的濮、闽、鸠僚、倮、越、身毒被统称为"哀牢人"。

从此,它成为一个温驯的民族,不管命运如何对待他们,他们总是耸耸肩膀,低声说:"算了,这就是生活。"

哀牢人没有蒙古、女真人走得那么远,不免令人有些遗憾。但最美的风景并不只在彼岸,生命也不完全为了抵达。就像泉水,并非到达什么地方才算完成使命;就像花草,并非到达哪个季节才算实现价值。生命中的绝大多数风景总是在途中,就像候鸟,不停地迁徙是为了经历季节和风雨;就像江水,不停地奔流是为了交汇与起伏。尽管融入其他民族略显平凡、安静,但这恰恰构成了一个个真实而精彩的人生。历史证明,每一个安于途中、主动融合的生命体都将尽享人生。

正因为如此,他们才能顽强地延续到公元21世纪的今天。

如今的元江,古称"濮水",永昌郡内的大龙竹又称"濮竹",这些足以证明濮人是这里的土著民族。历史记载,他们不仅定居永昌较早,而且凭着不笨的头脑创造了优秀的濮人文化。他们利用此地土地沃腴、宜植谷桑的天然优势,很早就开始种植水稻和纺织木棉布匹,以至于三国时的蜀汉征服此地后,这里成了蜀汉主要的军资供应区之一。

"哀牢"这个名字并未叫响,还是叫他们"永昌濮人"吧。到了隋唐时期,永昌濮人因为内部矛盾和地域关系一分为二,一支叫扑子蛮,分布在今思茅、

---

① 旧时中原王朝对参与武装反抗的少数民族首领或部落酋长的一种称谓。

临沧、保山、德宏及澜沧江以西的广大地区,是布朗族和德昂族的先民;另一支叫望蛮,大部分居住在永昌西北,是佤族的先民。

七、苗瑶语族三兄弟

(一) 源远流长的苗族

要认识苗族的祖先,还要从《圣经》说起。

诺亚方舟是《圣经·创世记》中一个神奇的传说。有一天,上帝突然告诉义人诺亚,人类在7天后要面临洪水泛滥的灭顶之灾。于是诺亚开始用歌斐木制造方舟。7天后的2月17日,海洋的泉源裂开了,巨大的水柱从地下喷涌而出;天上的窗户敞开了,大雨连续下了40天,水位高过了最高的山巅,只剩下诺亚一家和一些动物乘坐着巨大的方舟在茫茫的水上漂荡。

与诺亚方舟的故事几乎同时,东方的华夏大地阴雨连绵,洪水泛滥,于是就有了精卫填海的故事,有了鲧、禹父子治水的传说。

为何东西方的传说如此巧合,难道史前时期的地球真的发生了什么?因此,人类史学家、地质学家、科学家开始了大量的研究、考察、推理,谜底逐渐被揭开。

按照渐渐达成共识的地球板块构造说,作为地球最早居住者的巨大冰盖,由于受到渐渐升高的气温的影响,在地球离心力的作用下,首先在今非洲一带发生抛移,产生了地球上的第一块大陆——非洲板块,人类最早的祖母夏娃就诞生在那里。紧随其后诞生的欧亚板块成为人类的第二个发祥地,盘古开天地、共工怒触不周山、精卫填海的神话大概就发生在这个时期。到了距今1万年前,也就是大理冰川时代末期,由于地球气温升高3—6度,导致冰川融化,海平面上升。特别是9000年前,北美冰盖突然滑入墨西哥湾,引发了连续7天的巨大海啸,致使全球无数的平原被迅速淹没,地中海平原的人类只有少数人像传说中的诺亚一样乘船逃离家园,到达埃及、希腊及两河流域;而处在东海平原的东夷(九黎部落81个氏族),多数人葬身海啸,只有少数人向西逃窜到地势较高的炎黄居住区。

大约在公元前27世纪,中华民族的母亲河——黄河岸边生活着3个相互抗衡的原始部落:一个是没落中的神农部落,大本营设在陈丘(今河南淮阳);一个是以蚩尤为首领的九黎部落,根据地设在涿鹿(今山西运城);另一个是新兴的有熊(今河南新郑)部落,首领是老谋深算的轩辕(后来被称为"黄帝")。

三国演义悄悄上演。

新兴的有熊部落率先发难,在今河南扶沟战役中击败并吞并了没落的神农部落。接着,轩辕借助余威渡过黄河,一直挺进到九黎部落中心涿鹿,历史上最早的大战在涿鹿郊外爆发。

在鬼魅神奇、扑朔迷离的神话传说中,能够喷云吐雾的蚩尤最终败给了有女神助阵的轩辕,蚩尤战死,九黎部落联盟成为轩辕的附庸。

他们的子孙时刻都在寻找东山再起的机会,而最理想的空间莫过于远离中原的南方,于是九黎人开始神不知鬼不觉地悄悄转移。到了尧舜禹时期,九黎部落已经基本完成了战略退却,集中收缩在长江一线,形成了足以与华夏相抗衡的"三苗"部落联盟。后来,他们被称为濮人和南蛮、武陵蛮和五溪蛮。到了近代,他们的名称多以服饰的颜色和类型冠名,如红苗、白苗、黑苗、青苗、长裙苗、短裙苗、大花苗、小花苗。在民族识别时,他们被统称为"苗族"。

他们属汉藏语系苗瑶语族苗语支,国内现有人口近900万,聚居于黔、云、湘三省;国外则集中在越南、老挝。

(二)苦难深重的瑶族

这是一个深受歧视和侮辱的民族。

尽管他们自称是龙犬盘瓠(hù)的后裔,实际上是商周濮人、汉代武陵蛮和长沙蛮的后代。隋唐时期才独立出来,抛弃了屈辱的蛮称而改名"莫徭",成为洞庭湖区的渔猎者。

在某个寒风裂骨的冬日,遭贬的诗圣杜甫垂头丧气地到达今湖南常德,竟然被洞庭湖上辛勤渔猎的莫徭触发了诗情:"岁云暮矣多北风,潇湘洞庭白雪中;渔夫无寒网罟(gǔ)冻,莫徭射雁鸣桑弓。"

杜甫是同情他们也好,怜悯他们也罢,我想这首诗不会在他们民族的记忆里刻得太深,因为对于瑶人来说,吃苦受累尚且能够忍受,最令人难以忍受的还是元、清两朝对他们的人格侮辱——由"徭"变为"猺"。直到公元20世纪20年代,广州中山大学的几位进步学者一再倡议,瑶人的名字才得到恢复。更令他们欣喜的是,新中国将"徭"进一步改为晶莹剔透的"瑶",一个金玉般美好的童话开始了。

如今,他们的生活已经像他们赚取外汇的瑶斑布一样色彩斑斓。

他们属苗瑶语族瑶语支,国内人口已达260多万,聚居在云、桂、湘、黔、赣、粤六省区;国外主要分布在越南、老挝。

(三)披荆斩棘的畲族

畲(shē)族和瑶族一样,也自称是龙犬盘瓠的后代。

相传在战火烧到家园的时候,有个叫盘瓠的青年自告奋勇领兵抗敌,凭着出众的智慧和惊人的毅力,击退了来犯的敌军。皇帝一高兴,就把自己最漂亮的三女儿许配给了他。盘瓠和公主带上嫁妆,双双回到鸟语花香的山中,生下了三男一女,老大姓盘,老二姓蓝,老三姓雷,女婿姓钟,他们就是今天的畲族。

过于美妙的终归是虚幻的。真实的他们发祥于广东的凤凰山,是商周濮人、南蛮,汉代武陵蛮的后裔。在南宋末年的移民浪潮中,畲族的先民来到福建北部和浙江南部过起了开荒辟地、刀耕火种的日子。他们之所以被称为"畲族",是因为"畲"的原意就是刀耕火种。

据我所知,畲人是汉人朝廷为少数民族所起的为数极少的不含侮辱性的名字之一。但古代畲人并不领情,他们一直自称"山哈"或"山达"①。新中国成立后,他们被正式定名"畲族"。

如今,他们聚居于闽、浙、赣、粤、皖的茫茫大山中,属苗瑶语族苗语支,人口已超过 70 万。

八、孟高棉语族三姐妹

(一)"唱新歌"的阿佤

如果你有幸光临佤族山寨,仍随时可以听到那首传唱了几十年的亲切老歌:"村村寨寨哟,打起鼓,敲起锣,阿佤唱新歌。毛主席光辉照边疆,山笑水笑人欢乐。修起幸福路,架起幸福桥,日子越过越快乐哟,越快乐!"

这个被歌声和幸福笼罩的民族可能与先秦的百濮、东汉的哀牢人、唐代的望蛮有着渊源关系。由于"望"与"佤"为同音异写,望蛮因而自称"阿佤"②。

他们属南亚语系孟高棉语族佤崩语支,现有人口 40 万,分布在云南西盟佤族自治县和沧源佤族自治县。

(二)布朗山中的布朗人

布朗人居住的布朗山,是云南普洱茶的主产地。

---

① 意为住在山里的客人。
② 意为住在山上的人。

作为阿佤人的孪生兄弟,他们是先秦的百濮、东汉的哀牢人、唐代的扑子蛮的直系后裔。在大理国如日中天的日子里,他们被驱赶到澜沧江以东的深山中。元代被蒙古人称为蒲蛮、蒲人。满洲人入关后,他们有了"满"、"蒲满"这些沾点皇味的称呼,并自称为"阿娃"、"波朗"。新中国将他们定名为"布朗"。

他们属孟高棉语族佤崩语支,现有人口9万,分布在云南西双版纳勐海县的布朗山、西定和巴达山区。

(三)重获土地的德昂人

丢掉了土地,就丧失了部落的主权和生存的空间。对于这一点,历史上的德昂人感受最深。

与阿佤、布朗一样,他们是云南羌、濮、越三大族群之一的濮人的后裔。后来,他们被称为"哀牢人"、"扑子蛮",先后充当南诏、金齿国的雇佣军。元朝没落后,德昂先人居住区被傣族控制,土地被傣族土司强占,他们只得在狭窄的谷地重新开荒。在这些十分有限的谷地里,他们共同耕种,节衣缩食,平均分配,直到新中国成立前还停留在父系氏族公社阶段。新中国成立后,通过"和平协商改革"和"直接过渡",土地重新还给了像土地一样淳朴的崩龙父老,他们丈量着土地,也丈量着希望;蓝天重新还给了像蓝天一样纯洁的崩龙青年,他们享受着蓝天,也享受着爱情。

因为他们在清代被官方称为"崩龙",所以中央人民政府进行民族识别时仍沿用了这一名称。公元1985年,经国务院批准,他们改称"德昂族"。

他们属孟高棉语族佤崩语支,会汉、傣、景颇3种文字,现有人口不足2万,聚居在云南潞西县与镇康县境内。

仅用三章,我就划着语言学分类之舟,奇迹般追寻到了南方各少数民族的源头,并讲完了南部29个少数民族的故事。最后一章,我将毫不吝啬地把笔墨留给如梦的西部,一步步揭开沙漠中的庞培城——楼兰的神秘面纱。

第二十三章
楼兰——沉睡千年的绿洲神话

> 我很奇怪,我们瑞典怎么就没有一块比我在楼兰发现的木简和纸片更古老的石头?①

一、一方绿洲

我很疑惑,在人满为患的小小地球上,居然还有一个去处能让人失踪,如地质科学家彭加木。在交通工具相当发达的今天,居然还有一个去处令人望而却步,作为地质工作者的我曾三次临近了它,每一次新疆同行都阻止了我。他们反复解释说,去那里需要适宜的天气、三部以上越野车、卫星电话、充足的汽油和饮用水、野营的帐篷以及向导。一句话,这是一段近乎玩命的艰难行程。

她的名字叫罗布泊,又名罗布淖尔②、幼泽、盐泽、蒲昌海,还是传说中西王母的瑶池。它位于塔克拉玛干沙漠东部,东距玉门关和阳关 800 公里。作为中国西北干旱地区最大的湖泊,罗布泊湖面曾经多达 12000 平方公里,20 世纪初期仍有 500 平方公里。1972 年美国总统尼克松访华时,拿出一张地球物理卫星拍摄的图片告诉中国人,罗布泊已经干涸。如今啊,罗布泊就像塔里木盆地忧伤的眼睛,但眼睛里已经看不到一滴泪水。

最美的风景属于远古的西域。当时,孔雀河、塔里木河、车尔臣河从北向南并排注入罗布泊,使之成为一方碧波万顷、绿树成荫、群鸟翔集、野兽成群的大漠绿洲。

川流不息的孔雀河是楼兰人的母亲河。早在 4700 年以前,楼兰人就在这

---

① 见瑞典著名探险家斯文·赫定《亚洲腹地旅行记》,远方出版社 2003 年版。
② 蒙古语意为多水汇集的湖泊。

条河上繁衍生息。从人种学的角度看,早期的楼兰土著与帕米尔塞克①人种、安德罗诺沃②人种和敦煌附近的月氏人接近。从文字学的角度看,楼兰人使用中亚佉(qū)卢文③作为官方文字,而楼兰本族语言却是印欧语系的吐火罗语。种种迹象在我们的脑海里打了个巨大的问号:在遥远的古代,是否真有一只诺亚方舟,载着一支金头发、白皮肤的古印欧部落长途跋涉来到了罗布泊地区?

我只能想象,古代楼兰人头上插缀着代表种族的翎羽,划着独木舟在鱼肥水美的孔雀河上渔猎。后来,他们在烟波浩渺的罗布泊西北岸边定居下来。

大概在汉文帝四年(前176)之前,仿照周边部落最高统治者的称谓,他们的酋长也欣然戴上了国王的桂冠,并将这个绿洲城邦定名为楼兰④,昂然加入了西域36国的行列。

抱歉——这些大半属于想象,因为除了一点可怜的考古发现聊为佐证,我们在秦汉之前几乎找不到任何关于古楼兰的文字记载,甚至当时中原的太史令压根儿就没有听说过这个地方,而且这种令人遗憾的状况一直延续到"丝绸之路"开通前后。

二、丝路明珠

当秦国统一中原的血腥计划临近尾声的时候,草原上也刮起了强劲的匈奴"旋风"。面对这个杀人如同割马草一样简单的草原霸主,楼兰和邻居国的选择除了俯首帖耳,就只有引颈受戮。匈奴日逐王派到西域的管理者叫僮仆都尉。僮仆,顾名思义就是未成年的仆人。可见,匈奴是在把西域各族当做孩子和奴隶看待。除了不断地纳贡,还要像孙子一样侍奉前来巡查的匈奴使者,楼兰王苦不堪言。

这种状况被一阵从遥远的东方飘来的驼铃声打断了。

建元三年(前138),汉武帝的使者张骞率百人使团从长安出发,穿过西域前往中亚阿姆河畔的大月氏,试图与大月氏结成同盟,东西夹击匈奴。匈奴人得到消息后,发令西域各国对汉人使团围追堵截,楼兰人当然不敢怠慢。结果,张骞一行被匈奴俘虏。后来,张骞侥幸逃脱,造访了西域各国,西域被宣布"凿空",伟大的"丝绸之路"随之开通。

---

① 指地中海类型。
② 起源于俄罗斯阿钦斯克附近的安德罗诺沃村,体型属于欧罗巴人种。
③ 公元2—4世纪流传于鄯善、于阗一带的一种古印度文字,又被称为"尼雅俗语"。
④ 佉卢文"KRORAINA"的音译,含义为城市。

因为西域南部被塔克拉玛干沙漠及白龙堆沙漠分割为南、北两部分,所以当"丝绸之路"从敦煌到达楼兰后,被迫分成南、北两条通道,一条直接向西,沿塔里木河,经库车、阿克苏,到达疏勒,再经塔什库尔干翻越帕米尔高原到达中亚、西亚和西南亚地区以及欧洲,称丝路北道;另一条路由此向西南,经若羌、且末、和田,在疏勒与北道交会,称丝路南道。作为"丝绸之路"的必经之地、重要驿站和交通枢纽,楼兰因此成为亚洲与欧洲文明交流的代名词。

楼兰城内客栈商铺连片,佛寺香火缭绕。中国的丝绸、茶叶,西域的良马、葡萄、珠宝,最早都是通过楼兰进行交易的。各色商队经过这里,都要落脚休整。对于无数穿行在"丝绸之路"漫漫征途上的使者、客商、僧侣来说,楼兰开始成为他们心中的灯塔、歇脚的港湾、精神的驿站。很快,楼兰成为塔里木盆地中六个人口超过万人的国家之一。

地处"丝绸之路"要冲的楼兰成为汉匈争夺的热点地区。

丝路开通后,汉武帝每年都派出使团前往西域和中亚,匈奴不会眼睁睁地看着汉使从自己的势力范围内通过,因此摩擦突起。

楼兰和姑师在匈奴汗国指使下,派出联合巡逻部队截杀中国使节,切断了丝路交通线。幸存者将使团受到袭击的消息向汉武帝做了详尽的报告,性情暴躁的中国皇帝大为光火,发誓要狠狠教训这两个不知好歹的家伙。

汉武帝元封三年(前108),汉朝将军赵破奴率领数万精兵进入西域。当时的楼兰军队仅有可怜的3000人,男女老少加起来也只有14000多人,根本不是西汉大军的对手。得知楼兰根本不堪一击,赵破奴只率领700轻骑就俘虏了楼兰王,将他关进了楼兰人自己的牢房。接着,姑师被顺利征服。不久,楼兰王心悦诚服地投降汉朝。

听到这个消息,汉武帝笑了:"把楼兰王放了吧,官复原职!"

三、楼兰易名

汉朝皇帝高兴了,但匈奴可汗在生气。

听到楼兰王投降汉朝的消息,匈奴不久就派兵攻打楼兰。楼兰坚持不住,汉朝又鞭长莫及,楼兰王只能坐下来和匈奴谈判。谈判的结果,楼兰表示暗中服从匈奴。

楼兰王派长子安归到匈奴担当人质,派次子尉屠耆到汉朝做人质。

这不是典型的墙头草、两面派吗?汉武帝听说后,派玉门关守将引兵逮捕了楼兰王,押到长安严词责问。楼兰王无奈地说:"楼兰作为一个小国,处于汉朝和匈奴两个大国之间,得罪了谁都不得安宁啊。如果非要我做出明确的归属,我只能申请带领全体国民到汉朝内地居住。"

汉武帝感觉他说的也是实情,便派使者把他送回了楼兰。

汉武帝征和元年(前92),楼兰王去世,亲汉的大臣们要求在汉朝担当人质的王子回去继位,王子非常悲痛,不愿轻易回国,由其弟继承了王位。新王在位时间不长就死了,匈奴趁机把在自己国家做人质的前国王的长子送回楼兰继承了王位,这位几乎成了半个匈奴人的王子一头倒向了匈奴。汉朝被他疏远,汉使也多次被他遮杀。

作为一个独立的主权国家,是不容他国公民任意出入的,虽然直接杀掉汉使是一种过火行为,但也不能说楼兰的做法完全不合法。然而,汉朝的"天威"岂容小国践踏? 为了挽回面子,汉朝权臣霍光向傅介子将军下达了刺杀令。

汉昭帝元凤四年(前77),傅介子带着几名精心挑选的刺客来到楼兰,宣称要代表皇帝向安归赏赐金币。在欢迎宴会上,傅介子有意灌醉了安归,将其扶到屏风后面,让刺客砍下了安归的头颅。然后,向大惊失色的楼兰大臣宣布住在汉朝的楼兰王子尉屠耆为新王。安归的首级被快马送回长安,高悬在长安未央宫北门下,供过往的行人,特别是外国使节参观和评论。

为了与被杀的楼兰王划清界限,汉朝将楼兰国改名鄯善国,为鄯善王刻制了新的印玺,将一位宫女赐给他做夫人(她比王昭君出塞整整早了44年),前呼后拥、大张旗鼓地将尉屠耆送回了新鄯善。

鄯善取代了那个人们耳熟能详的古楼兰。

这并非仅仅是一个更名的问题,接下来的变化对于楼兰的历史走向是具有根本性的。

首先,鄯善王上书汉昭帝说:"我长期在汉朝做人质,回国后势单力薄,说不定哪一天会遭遇不测。鄯善国内有一个肥美的地方叫伊循城,陛下能否派将士到那里屯田。只有这样,我才能放心地听从您的调遣。"汉皇批准了他的请求,派出一名司马和40名士兵到伊循城(米兰遗址)屯田。这样一来,鄯善真正纳入了汉朝的统治之下。

其次,新的鄯善王于上任的第二年将都城向南迁移到扜泥城(今新疆若羌县卡克里克)。冠冕堂皇的理由是塔里木河已经改道从罗布地区南部与车尔臣河一起汇入罗布泊,河流的改道使得扜泥城所在的罗布泊南部灌溉区水量充沛。而深层次的原因恐怕是躲开旧势力占主导地位的楼兰古城吧。

只有那些居心叵测的王室贵族被强行留在楼兰故都。随后,汉朝在扜泥城以东的伊循城设立了屯田都尉,虎视眈眈地监督着不远处的国王。到了后来,鄯善国干脆迁到了汉军驻扎的伊循城。

第二十三章 楼兰——沉睡千年的绿洲神话

已经不是国都的楼兰古城还会延续以往的辉煌吗？

这是一个永恒的疑问。

四、神秘消失

东汉班超的儿子班勇继承父业担任西域长史的时候，派一名手下将军肩负着一项重要使命来到楼兰。

这名将军名叫索励，他不仅亲自率领酒泉、敦煌官兵1000人来到罗布泊屯田造房，还召集鄯善、焉耆、龟兹等国士兵各1000人在孔雀河下游拦河筑坝，引水开荒，目的无非是要把罗布泊周围地区变成西域都护府的粮食基地。索励很听话，也很能干，几年下来，罗布泊军粮基地已经积粟百万。班勇很高兴，索励也得到了褒奖。

岂不知将军们的高兴和升迁是以牺牲罗布泊的生态环境为代价的。由于几千名屯田官兵需要造房，结果大量的树木被砍伐，罗布泊地区绿化覆盖率急剧下降。孔雀河被拦，导致下游的楼兰故都水源断绝，楼兰古城只能遗憾地废弃。

没有办法，屯田士卒只得在罗布泊西岸起"白屋"建新城逐渐形成了今天依稀可见的有"三间房"的楼兰古城，并将此发展成为西域长史府治所。而建设新城又使得大量树木被砍伐，罗布泊的生态灾难再次在屯田官兵的无意识中降临。

孔雀河的流水越来越少，罗布泊的面积越来越小，鄯善的绿地、游鱼、飞鸟、老虎在慢慢消失。

到了这个时候，鄯善国王和西域都护才感到了保护生态的极端重要性。发掘于楼兰的佉卢文律法赫然写着："凡砍伐一棵活树者罚马一匹，伐小树者罚牛一头，砍倒树苗者罚羊两只。"

可是这太晚了。当人们已经意识到要生存下去必须保护生态环境时，大自然已经失去了耐心，楼兰被沙漠吞没的脚步已经无法停下。

经过解读出土的楼兰汉文简牍得知，继塔里木河改道之后，孔雀河主流也向南汇入塔里木河，整个罗布泊向西南飘移，楼兰古城所在的罗布泊北部三角洲生态急剧恶化——随之而来的是茂盛的胡杨林大片地枯死，庄稼因为干旱无法播种，绿地抵挡不住流沙的侵袭而逐渐变成荒漠，绿洲内繁华的古城、汉晋驿路和从敦煌到罗布泊的汉代烽燧系统全被废弃，文明的链条骤然断裂。

罗布泊的周围已经变成了乌紫色，如同黄昏时分缓缓闭合的天空，如同荒芜深处无法窥见起始的从前。东晋成帝咸和五年（330）前后，楼兰人被迫放弃家园,选择了悲壮的撤离和迁徙。

70年后的一天,和尚法显西行路经楼兰时,那里已是"上无飞鸟,下无走兽,遍望极目,欲求度处则莫知所疑,惟以死人枯骨为标志耳"。

鄯善新城也没有坚持多久。南朝宋文帝刘义隆元嘉二十二年(445),鄯善作为一个国家正式灭亡,灭亡他们的是维吾尔人和土库曼人的祖先——丁零人。

公元5世纪末,南齐使者江景玄受命出访西域。当他到达鄯善(可能是伊循城)时,发现这个富庶的绿洲之星已经陨落,百姓们已四处逃散,整座城池空无一人。

到了隋唐时期,因为丝路明珠楼兰已经人去城空,黄沙漫漫,所以丝路北道被新开辟的伊吾大道(安西到哈密路线)所代替,穿越白龙堆到古楼兰的艰险路段不再是"丝绸之路"的必经之路,"路断城空"也成为楼兰及其塔里木河下游城邦消失的一大原因。

此后,鄯善绿洲耕作区被另一个游牧民族吐谷浑统治长达180年之久。继吐谷浑之后,唐朝在这里勉强经营了35年时间。再以后,就记载全无。

在失去记载的岁月里,楼兰这个承载了上万人的绿洲城邦逐渐被流沙湮没,成了完全废弃的遗址和人迹罕至的浩瀚荒漠,这里除了枯死的胡杨林,奇特的雅丹地貌,连绵的沙丘,肆虐的沙尘暴,再也看不到生命的踪迹。

此后的1500年间,全世界再也没有听到楼兰的消息,这个曾经声名远扬的古国有如一阵风般消失在浩瀚的塔克拉玛干沙漠之中。

直到今天,仿佛还能听到土著居民罗布人在吟唱:"沙漠是干涸了的海,楼兰是沉没了的船。"

既然南北朝时期楼兰就已经消失,为什么楼兰还在唐诗中频频出现?先是军旅诗人王昌龄在《从军行》中信誓旦旦:"青海长云暗雪山,孤城遥望玉门关。黄沙百战穿金甲,不破楼兰终不还。"后来,白面书生李白也在《塞下曲》中高喊:"愿将腰下剑,直为斩楼兰!"其实真实的楼兰已经消失上百年了,因为古楼兰名气很大的缘故,唐代的"楼兰"也就成了西部边关民族的代号。

诸多谜团摆在了人们面前:楼兰是怎样灭亡的?楼兰人是怎样的民族?楼兰人使用什么语言、文字?国家灭亡后的楼兰人逃到哪里去了?楼兰古城到底在哪里?

五、石破天惊

那么多问号摆在那里,对于热衷于亚洲腹地考察的西方探险家们(其实是不折不扣的文物大盗)来说,无疑是一个巨大的诱惑。

第一个来到这里的是名叫斯文·赫定的瑞典探险家。

光绪二十六年(1900)3月28日,罗布荒漠里一个难耐的日子,疲惫的赫定几乎已经错过了沉睡的楼兰。中午,探险队员在沙漠中发现了一些活着的红柳。有植物生长的地方必定有水,赫定决定停下来挖水,但铁锹不见了,原来他的罗布向导奥尔得克将铁锹遗忘在昨晚的露营地了。向导决定回去寻找铁锹。当向导终于找到铁锹的时候,大漠突然刮起了漫天的沙尘,风沙过处露出了一处废墟。当他第二天中午终于追上队伍,并将在废墟上捡到的一块雕花木板和几枚铜钱交给苦苦等待的赫定时,瑞典人惊呆了:木板的花纹具有典型的希腊艺术风格!探险家和考古学家的直觉告诉他,向导发现的一定是在沙漠中有着辉煌历史的古城,他有可能成为第一个揭开塔克拉玛干沙漠文明之谜的人。但考虑到带的水已经所剩无几,他决定第二年从头再来。

光绪二十七年(1901)3月,瑞典佬果然来了。一天,他发现了被沙漠掩埋已久的绿洲古城楼兰。那些在细沙之下保存完好的院落、生活用具、纸片、木简、树叶,让他惊喜不已。他一边发掘,一边想象古楼兰人的日常生活。一所完整的房子清理出来了,房子的木门朝外敞开着。对此,他在《亚洲腹地旅行记》中不无深情地写道:"这一定是1500年前,这座古城的最后一位居民在离开家时所开的门。"

这个文物大盗将发掘出的文物运回西方,并骄傲地向全世界宣布:沙漠中的庞培城——古楼兰重现人间!

楼兰的谜底就这样被揭开了。(这是否预示着遥远的过去将不再由学者和诗人,而是由喜欢冒险的考古学家来诠释?)

消息震惊了世界,也引来了许多世界级探险队和考古学家。美国的亨廷顿探险队(1905)、英国的斯坦因探险队(1906)、日本的大谷光瑞探险队(1908—1909)纷纷来到荒漠,为揭开古楼兰城的神秘面纱并顺便抢夺中国的文物宝库展开竞赛。

经过层层挖掘,古楼兰城遗址现出原形。这座古城坐落在东经89度,北纬40度处,西南距今新疆若羌县城220公里,东距罗布泊西岸28公里。它建在地势平缓的低洼处,近正方形,面积约16000平方米,城北有小河流过,与史书记载的楼兰城郭恰好相符。

更令人震惊的是,中国考古工作者于公元1980年在楼兰墓葬群中发掘出一具女性木乃伊,经测定距今已有3000年的历史,干尸衣饰完整,高鼻深目,面目清秀,有着白种人的某些特征,被诗意地定名为"楼兰美女"。第一眼看到"楼兰美女"复原图,我居然受到了难以言表的震撼,并且平生第一次拥有了喷薄而出的诗意——

楼兰美女印象

浩瀚的罗布泊微波荡漾
湖边走来了楼兰姑娘
百合一样的肌肤
刀锋一样的鼻梁
太息一般的目光
丁香一般的芬芳

蜿蜒的孔雀河淙淙流淌
河边走来了楼兰姑娘
秀发隐入纱巾
蜂腰藏进霓裳
手腕上珠宝闪闪
脚脖里叮当作响

她,西域大漠里的一株红柳
她,丝绸之路上的一片霞光
一个沉睡千年的绿洲神话
一张刚刚曝光的楼兰印象

遥远是美丽的,因为长距离留下了想象的空间,如悠悠的远山,沉沉的夜空;朦胧是美丽的,因为舍去了粗糙的外形而抽象出美的轮廓,如月光下的凤尾竹,灯影里的美人;逝去是美丽的,因为留给了我们永不能再的惆怅,如初恋的心跳,破灭的理想和永远的楼兰姑娘。

六、叩问楼兰

尽管楼兰古城消失了,但楼兰人并没有被灭族。那么,上万的楼兰人到哪里去了?

1500年过去了,要找到准确的答案几乎是不可能的,我们只能凭着一些支离破碎的历史记录去推断。

史书记载①，南朝宋武帝永初三年（422），鄯善王比龙的太子率4000余楼兰人归降北凉王并迁居高昌，被安置在库木塔格沙漠北缘的名为蒲昌的绿洲。如今吐鲁番的善姓居民，就是鄯善国遗民。

又过了70年，鄯善国被丁零人攻破，部分楼兰人北逃伊吾（今新疆哈密）筑城而居。他们修筑的城池名叫纳职②，是今日哈密五堡乡四堡村北部的拉甫乔克古城。

也有部分楼兰人远迁中原。

新疆还有一支罗布人（也叫罗布泊人），据说也是楼兰人的后裔。他们以渔猎为生，与世隔绝，世世代代傍湖而居，聚集之地叫阿不旦，捕鱼的独木舟叫卡盆，芦苇小屋叫萨托玛，地上的草叫罗布麻……100多年前，塔里木河逐渐缩短，罗布人赖以生存的湖泊相继干涸，他们只好弃船上岸，由打鱼人变成了放牧人，并沿着孔雀河西迁到若羌、尉犁、轮台、洛浦四县，至今在册人口已经上万。

最新的研究资料表明，亡国后的楼兰子民并未全部逃散，一部分人固守罗布泊逐水而居，湖水一滴滴蒸发迫使他们持续迁徙，直到公元1972年罗布泊完全干涸，最后一批楼兰后裔才迁到了今天的鄯善县境内。③ 也就是说，楼兰人的迁移跨越了1500年的漫漫时空。如果你有兴趣追根求源，请从楼兰古城一路北去——踏过库姆塔格漫天飞舞的黄沙，便可以看到被誉为大漠绿宝石的鄯善绿洲。绿洲中的第一抹绿色就是你要找的楼兰后裔聚居区——迪坎村。

楼兰的消失带给我们的是深深的遗憾，但我们的遗憾何止于此？

就在这个曾经升起过36个绿洲古国的地方，已经有14个绿洲城邦葬身于茫茫沙海和洪水淤泥——米兰遗址（鄯善国古城）、约特干遗址（于阗国古城）、民丰尼雅遗址（精绝国古城）、库车皮朗古城遗址（龟兹国古城）、博格达沁遗址（焉耆国古城）……

太多的历史遗憾给后人留下了太多沉重的思考，这使得我们在遥望未来之前，每每先要回过头去叹息。

但对古人叹息的同时，我们也应该汗颜。

与漫长的地球史和生命史相比，人类在地球上的存在只是短暂的一瞬。然而人们习惯地认为地球的空间是巨大的，地球的容量是充足的，地球的资源是无限的，因而当征服自然的渴望一旦成为现实，往往与之伴生出意想不到的

---

① 见《魏书·鄯善传》卷一〇二、《宋书·索虏传》卷九五，中华书局1974年版。
② 见范晔《后汉书·西域传》卷八八，中华书局1974年版。
③ 见英国约翰·海尔《迷失的骆驼》，新疆人民出版社2006年版。

后果:人口急剧膨胀,资源迅速枯竭,环境日趋恶化。我们有理由担心:长此以往,地球将会成为一个不适合人类居住的家园。

不是吗?在这块充溢着历史遗憾的土地上或者距此不远的黄土高原上,因为我们的生存需要和生活惯性,新的遗憾还在扩大和延续。

譬如中国最长的内陆河流塔里木河已经变成了一条小溪,譬如敦煌月牙泉正在渐渐萎缩,譬如甘肃石羊河下游的民勤绿洲正在迅速消失,譬如宁夏盐池县的中国甘草基地已经被挖掘得沙尘满天……

希望我是捕风捉影,但愿我是杞人忧天!

后　记

一

　　记得是蓝天若水、红叶如鱼的2001年深秋,我首次走进内蒙古历史博物馆,在北国边陲雄奇瑰丽的历史画卷中,见闻了马背民族狂飙突进、拓土开疆的血色传奇,经历了一场甘醴灌顶般的精神洗礼,参与了草原民族的一路歌哭。唯一的遗憾是,这里居然找不到草原帝国柔然的任何文字。

　　如阵阵秋风扫过旷野草木,我的心弦被持续拨动着。因为在此之前,已有太多诸如此类的历史遗漏、常识缺失甚至观点误解让我纠结不已,如很多中国人不明白匈牙利的字面意义是匈奴人,如许多维吾尔人不清楚自己的祖先回鹘与土耳其的祖先突厥仇深似海,如多数南方人不知道越南越族、泰国泰族、老挝老族以及云南壮侗语族拥有同一个祖先——春秋战国的越人。

　　于是,我有了一种喷薄而出的创作冲动。我决定打破编年史和断代史的常规,分章追溯每一个少数民族的来龙去脉,通过一系列引人入胜的历史故事和风霜雪雨的鲜活记忆,带领读者突围尘封的历史大门,串联出泱泱中华56个民族碰撞、交往、融合的瑰丽画卷,展示给希望轻轻松松读史的千千万万的普通读者,让大家在娓娓的和风细雨中感受历史人物惊涛拍岸的英雄情怀,在起伏跌宕的历史长河中找到对应当代生活的提醒与注释。

　　从此,我抛下繁杂的尘世喧嚣,避开正常的人际交往,远离诱人的灯红酒绿,一头扎进寂寥而幽深的中国少数民族历史园林。为经得起岁月的检验,我一遍又一遍地翻阅历史典籍,如中国的《史记》、《汉书》、《后汉书》、《三国志》……如外国的《世界史》、《中亚史》、《波斯史》、《阿拉伯史》、《印度史》、《泰国史》、《朝鲜史》、《蒙古史》、《剑桥中国史》……为增加作品的现场感,我走进了历史的山山水水,从蒙哥折戟沉沙的钓鱼城,到赫连勃勃威震四方的白城子;从楼兰美女濯足的孔雀河,到乙弗氏自尽的麦积山;从细君垂泪的昭苏草原,到女真驰骋的白山黑水;从草木青青的昭君墓,到绿柳依依的姑苏城;从巍峨俊俏的天山,到风花雪月的大理;从金达莱盛开的长白山,到格桑花铺展的日光城……经过3300多个日日夜夜的写作、考证与修改,最终以《另一半中国史》的书名艰难面世。

二

出乎我的意料,她一出世就引起了社会的关注。《北京晨报》、《新京报》、《中国青年报》、《中国民族报》等迅速发了书评,《作家文摘》作了连载,《光明日报》将其列为2011年"一月光明书榜"榜首图书并配发了长篇评论。中宣部主办的中国文明网两次将该书作为"好书"向社会作了推荐。《人民日报》、《解放日报》、《澳门日报》等上百家报纸,新华网、凤凰网、国家新闻出版总署网等数百个网站发了书评与书讯。国家民委、文化部、公安部、国土资源部,新疆维吾尔自治区、贵州省、四川省、江苏省等把该书列为重点推荐图书。根据本书录制的长篇历史故事已在北京人民广播电台等多家电台播出,获得"2012年中国广播文艺专家奖"一等奖。以该书为蓝本摄制的电影《冒顿》,在2012年洛杉矶世界民族电影节上获世界文化遗产奖。2012年9月,本书被中组部党员教育中心、国家新闻出版总署出版司、国家图书馆评为全国党员教育创新教材。该书还先后入选山东省社会科学普及十大优秀作品、中国出版集团优秀常销书、出版商务周报风云历史书、"中国宝石文学奖"。

该书版权已经输出到韩国和台湾,并已出版了蒙古文、维吾尔文、柯尔克孜文、锡伯文等多个民族版本。其中的维吾尔文版,还被新疆维吾尔自治区党委宣传部、新闻出版广电局列为"庆祝新中国成立65周年"党员干部读物。

三

本书创作的过程,也是我对中华民族大历史观进行归纳、提炼和升华的过程。正如评论家唐山所说,我们真的了解中国吗？事实上,我们以往的解读带有强烈的中原核心论倾向,我们忽视了,中华民族的文化是多元一体的,每一个民族都有辉煌的过去和个性的文化,大家在彼此的磨合与碰撞、交融与参照中奉献着自己的文明,这才铸就了中华文明的整体辉煌。

尽管在中华上下七千年的历史时空中存在过众多的族群,尽管在这些族群的远古神话里不约而同地强调自身文化的"纯正性",尽管各个族群有过太多的分分合合,你来我往,但严肃的学术研究和考古发掘表明,各种族群在频繁的迁徙过程中都经历过不止一次的交错与融合,各种文明几乎无一例外有着"多元一体"的基本形态,从"多元"走向"一体"的大趋势无疑是历史演进的主线,"你中有我,我中有你,各具特色并多元一体"的中华民族大格局早已形成。

中国,是一个有着相对宽松文化传统的国度。中华文化的多样性,是多元化的少数民族文化得以"不朽"的最可靠保证。一种文化,只有融入更为丰富、更为多样、更为博大的复合型华夏文化之中,才能保证在"和而不同"的中华大文化背景下的个性生存。人们常说,只有民族的,才是世界的。反之,只有世界的,才是民族的,才能使这个民族的文化长盛不衰。文化上的唯我独尊、故步自封,对其他文明的视而不见甚至肆意排斥,都不是一种明智的理念。一个孤立民族的涓涓细流在历史的长河中微不足道,各民族团结互助汇成滔滔江河结伴前行,才能抛弃历史的包袱,超越现实的阻隔,奔向未来的大海。这是一条踏平了偏见、铺展着平等、输送着团结、叠加着文明的金光大道。在华夏这个温馨的大家庭里,我们每一个民族都将无一例外地享受到团结、和谐、富强、民主、文明的盛宴。

必须承认,民族是昨天的长长留影。它特定的地貌、面容、服饰和歌谣正在远去和模糊。不管你愿不愿意,现代移民们不再有旧时的山长水远,不再有牵动世界的驿路遥遥。世界,不过是电子网络中一点鼠标就近在眼前的景象。一个人走出县(旗),走出省(区),也可以走出国门。可以在异国他乡保留国籍,也可以热爱拥有绿卡的国家。曾经无限强烈的地域概念正在被经济一体化所淡化,民族歧视、人类自残和毁灭家园的惨剧正渐渐退向灰色而蒙昧的远方。地球,开始在真正意义上成为人类共同的家园。

我企盼着没有民族歧视、没有民族隔阂、没有民族战争的时代,这一天的到来是文明的人类共同的梦想。

四

一个人的阅读史,就是其精神发育史。阅读,不一定能改变我们的长相,但一定可以改变我们的气质与品位;阅读,不一定能延长我们的生命长度,但一定可以增加我们的生命宽度与厚度;阅读,不一定使我们变得富有,但一定可以使我们变得智慧与充实。

作为一个民族共同的精神密码,共同的语言从哪里来?只能来自历史,来自远古的传说,来自对民族文明进程的共同阅读。遍布世界的华夏儿女,如果不了解中华民族在世界文明史上的独特地位,总是一个缺憾。作为中华民族大家庭里56个成员的一分子,如果不强化本民族在共同开拓祖国疆域中的红色记忆,更是一个缺憾。在这样一个行色匆匆的年代,特别需要我们重新进入跌宕起伏的历史,寻找自己的精神源头,从那些黑暗与耻辱、光荣与梦想的历史大变局中重新审视我们的来路和去路,从对历史的反思、甄别、扬弃中重新确立我们的民族信念,强化我们的文化认同,弘扬我们的民族精神。正如《朗读手册》所言:"阅读是消灭无知、贫穷与绝望的终极武器,我们要在它们消灭我们之前歼灭它们。"

因此,我特别期望把本书献给那些对本民族历史知之甚少,至今仍被西方过时观念所蒙蔽的朋友们。可惜啊,他们中的许多人因为地处偏远、信息闭塞、经济拮据等原因无法成为我的读者。

五

我不想为绚丽的民族史增加任何色彩,因为她的色彩已经足够斑斓与浓艳。我不想为漫长的民族史添加任何厚度,因为他们已用个性独具的人文景观与文化宝典在中华文明史上耸起了一座座不朽的丰碑。我只想忠实地记录他们的所源、所行、所思、所在,极力使自己的书写变得客观、准确而完整,但中华民族史本身的深邃、博大与庄严,使我的所有努力显得分外渺小且无奈——渺小如汪洋中的一叶扁舟,无奈如大漠中的一只飞鸟。

自己深知,如果少数民族史是一片瀚海,我只写出了一滴水的几丝亮色;如果它是一片森林,我只写出了一棵树的少许枝叶。因为那里承载了太多的春花秋月,太多的风霜雨雪,太多的潮起潮落,太多的阴晴圆缺。学识浅陋的我即便是搜肠刮肚,也难以将各民族悠远交错的脉络理清;即便是绞尽脑汁,也难以将各民族博大精深的底蕴参透。但水滴虽小,却能反映大千世界;树木枯荣,也能唱高季候冷暖。尽管历史是睡着的,而读者却在醒着。每一个读者都可以随我一起进入尘封的历史殿堂,以历史的视野、辩证的思维、开阔的胸襟、个性的视角去解读和参悟她。

因此,我的书写厚重与否不太重要了,重要的是我们学会了在历史的悲剧中记取训诫,在前人的成功中吮吸养料,在偶尔的闹剧中体验幽默,在旷古的疑问中独立思索,在独立的思索中感悟人生。而且,我的书写选择什么样的风格并不重要了,因为所有的风格,就像道路,路宽、路窄、路长、路短,都将通向未来。同样,我的书写选择什么样的题材也不重要了,因为所有的题材,就像河流,大了、小了、分了、合了,终将奔腾入海。

六

我们必须学会感恩,如同一个公民必须感恩自己的祖国,一个子女必须感恩自己的父母。我要特别鸣谢国家民族事务委员会政法司、宣教司对本书的审读,感谢范曾先生为本书题写书名,感谢左中一、陈国栋、潘凯雄、刘焕立、王红勇、刘静、李恩祥、侯健飞、付如初、林铭山、乔新家、索郎央金、成爱民、杨文军为本书出版付出的艰辛与智慧,感谢贾平凹、张炜、阎肃、聂震宁、田青、陈梧桐、王铁志、张若璞、濮继红、刘增人、冯小宁、阎志、胡银芳、唐山、王楠、肖春平、张继焦、刘正寅、吴军、戴冰、陈玉玺、蔺时工、谭践、聂炳华、张用蓬、张欣、卢敏、尹凤、唐亮、鲁小光、徐峙、孙妮桔子、马轶、王江、张建立、肖宝巨、王云菲、魏学来对本书的评点与推介,感谢成爱军以埋没自我的情怀给我腾出了一片从容笔耕的家庭空间,也感谢本书最早也最较真的读者——儿子天成和女儿洁如。书中每一丝智慧的火花,无不凝结着同事、亲友乃至素昧平生的学者、编辑们的关爱与扶持。

七

写完后记,是一个可以填一阕好词的午后,暖暖的春日把婆娑的竹影印在我宽大的窗户上,仿佛远古的梦境。浏览着弥漫着墨香的样书,我想象的翅膀开始翔舞——似乎,我又一次进入了飞歌流韵的民族历史长河,看到了和亲的马队、互市的人潮、竞渡的龙舟,听到了悠扬的驼铃、绵长的羌笛、激奋的羯鼓,还有爱情、希望与梦想的窃窃私语。

然后,坐在窗前,望着峻拔而神奇的泰山,我像漫画家慕容引刀所说的那样"慢慢地喝一杯水,专注,安静,听得到自己内心蓄水的声音"。

高洪雷
2015 年 3 月 3 日于泰山

中国古代少数民族历史脉络图

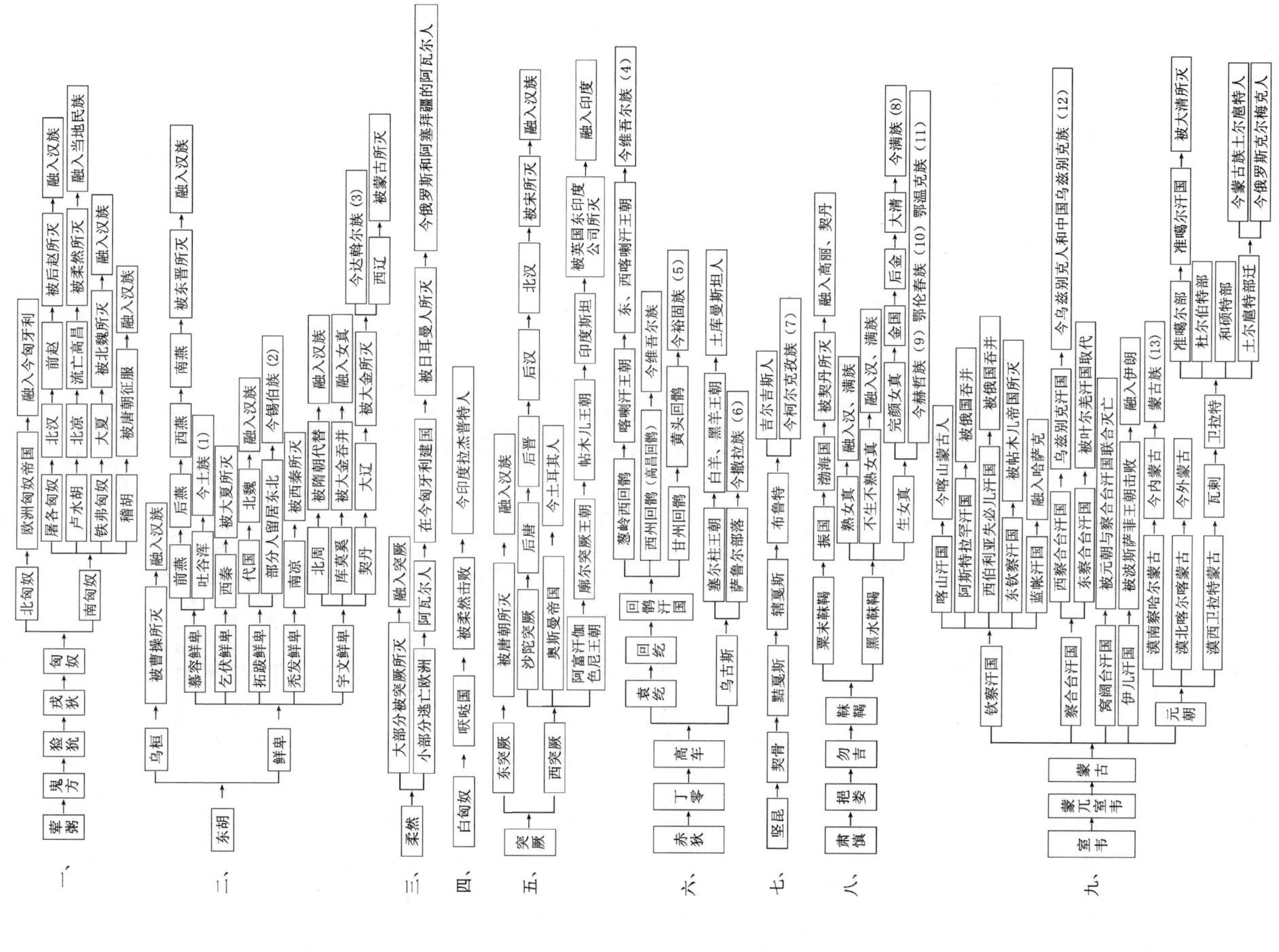

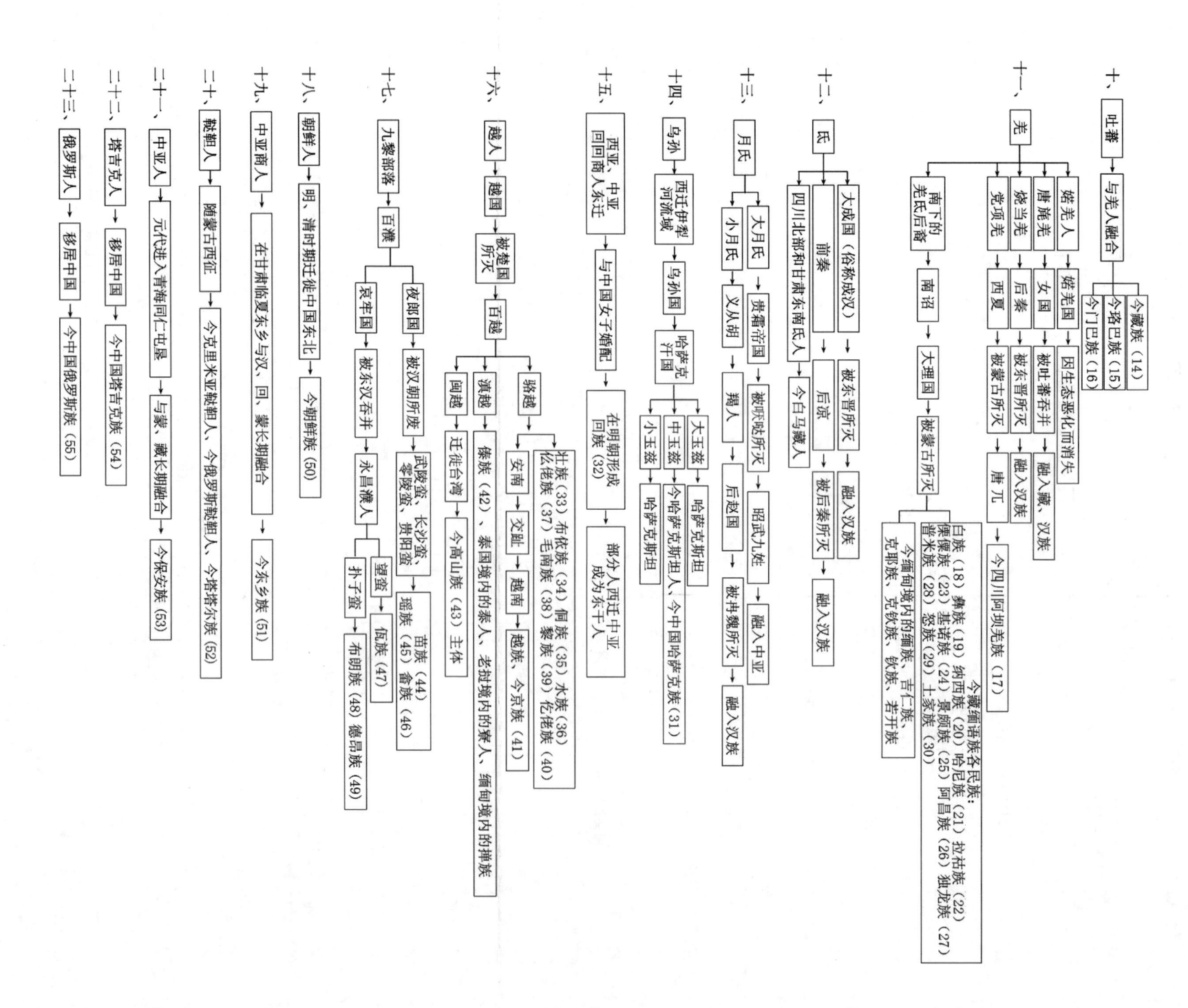

十、吐蕃 → 与羌人融合
- 今藏族（14）
- 今门巴族（15）
- 今珞巴族（16）

十一、羌
- 塔羌人 → 因生态恶化而消失
- 唐旄羌 → 女国 → 被吐蕃吞并
- 烧当羌 → 后秦 → 被东晋所灭 → 融入汉族
- 党项羌 → 西夏 → 被蒙古所灭 → 融入汉藏、汉族
- 南下的羌氐后裔 → 南诏 → 大理国 → 被蒙古所灭 → 唐兀
  - 今四川间坝羌族（17）
  - 今藏缅语族各民族：白族（18）彝族（19）纳西族（20）哈尼族（21）拉祜族（22）傈僳族（23）基诺族（24）景颇族（25）阿昌族（26）独龙族（27）普米族（28）怒族（29）土家族（30）
  - 今缅甸境内的缅族、克耶族、克钦族、钦族、吉仁族、若开族

十二、氐 → 大成国（俗称成汉）前秦 → 被东晋和甘肃南氐人 → 被后秦所灭 → 融入汉人

十三、月氏
- 大月氏 → 贵霜帝国 → 被嚈哒所灭 → 今巴基斯坦
- 小月氏 → 又从胡 → 羯人 → 昭武九姓 → 融入汉人

十四、乌孙 → 西迁伊犁河流域 → 乌孙国 → 哈萨克汗国
- 大玉兹 → 哈萨克斯坦
- 中玉兹 → 今哈萨克斯坦人、今中国哈萨克族（31）
- 小玉兹 → 被沙俄所灭 → 融入汉族

十五、西亚、中亚 回回商人东迁 → 与中国女子婚配 → 在明朝形成回族（32） → 部分人西迁中亚成为东干人

十六、越人
- 越国 → 被楚国所灭
- 百越
  - 骆越 → 壮族（33）布依族（34）侗族（35）水族（36）仫佬族（37）毛南族（38）黎族（39）仡佬族（40）
  - 安南 → 交趾 → 越南 → 今京族（41）越族、老挝境内的寮人、缅甸境内的掸族
  - 夜郎国 → 被汉朝所灭 → 僚族（42）、泰国境内的泰人
  - 滇越 → 今高山族（43）主体
  - 闽越 → 迁往台湾
  - 武陵蛮、零陵蛮、长沙蛮、贵阳蛮 → 苗族（44）瑶族（45）畲族（46）
  - 哀牢蛮 → 永昌僰人
  - 僰蛋 → 被汉吞并
  - 扑子蛮 → 布朗族（48）德昂族（49）佤族（47）

十七、九黎部落 → 被东汉吞并

十八、朝鲜人 → 明、清时期迁从中国东北 → 今朝鲜族（50）

十九、中亚商人 → 在甘肃临夏东乡与汉、回、蒙长期融合 → 今东乡族（51）

二十、鞑靼人 → 随蒙古西征 → 今克里米亚鞑靼人、今俄罗斯鞑靼人、今塔塔尔族（52）

二十一、中亚人 → 元代进入青海同仁屯垦 → 与蒙、藏长期融合 → 今保安族（53）

二十二、塔吉克人 → 移居中国 → 今中国塔吉克族（54）

二十三、俄罗斯人 → 移居中国 → 今中国俄罗斯族（55）